제국일본의 문화권력

이 도서는 한림대학교 일본학연구소 발전기금과 2008년 정부(과학기술부)의 재원으로 한국연구재단의 지원을 받아 수행된 연구임 (KRF-2008-411-J00701, KRF-2008-411-J00702)

한림일본학연구총서 I　**제국일본의 문화권력**

제국일본의 문화권력

서정완 · 임성모 · 송석원 편

小花

차례

일러두기

1. 각 논문의 원 출처 및 집필 경위에 대해서는 후기와 논문 「'제국일본'이라는 시공간, '문화권력' 연구의 전망」에 밝혀 두었다.
2. 1부 논문의 각 번역자는 논문의 말미에 표기했다.
3. 일본과 중국의 명사와 고유명사는 가급적 「외래어 표기법」대로 표기하는 것을 원칙으로 했으나, 우리에게 익숙한 한자는 우리말 한자음으로 표기했다.
4. 1부 논문 중 저자의 각주 외에 이해를 돕기 위해 설명이 필요한 부분은 역주를 달았다.
5. 단행본과 잡지는 겹낫표(『 』), 논문과 법령, 기사는 홑낫표(「 」), 노래, 연극 제목과 표에는 홑꺾쇠(〈 〉)를 써서 구분했다.

‘제국일본’이라는 시공간, ‘문화권력’ 연구의 전망

서정완 · 임성모 · 송석원

I. 연구의 시각

메이지유신(明治維新)으로부터 22년이 지난 1889년에 일본은 마침내 근대 국가 체제를 확립했음을 상징하는 대일본제국헌법을 공포했다. 이후 일본은 부국강병과 근대화에 한층 박차를 가하여 아시아에서 유일한 식민 지배국이자 침략국이 되었고, 거듭되는 팽창의 결과 국제무대에서 우월적인 지위를 서구열강으로부터 인정받았다. 극동(Far East)의 가장 끝머리에 위치하는 섬나라이며, 중화문화권 최변방에 자리했던 일본이 ‘제국’을 꿈꾸며 ‘아시아의 맹주’를 넘어 세계열강의 일원이 된 것이다. 그 결과 제국일본은 기존의 동아시아 질서를 근본부터 뒤바꾸어 놓았으며, 동아시아 근대에 절대적인 영향력을 행사하게 되었다.

식민통치를 영토적 팽창과 경제적 팽창을 위해서 식민지를 획득하고, 이 식민지에 자국의 국민/인민을 '식민(植民)'하며, 식민지로 전락한 원래의 국민/인민을 '피식민(被植民)'으로 관리하고 통제하고 나아가 동화시키려는 행위로 규정할 수 있다면, 이것은 식민지의 기층문화에도 추가적, 강제적인 작용을 가한다. 식민권력을 표상하기도 하는 본국 일본의 문화는 고유한 문화를 영위하는 피식민국 관점에서는 후발 표층문화에 불과했다. 하지만 그럼에도 불구하고 식민지라는 시공간에서는 식민지배자(colonizer)로서 기층문화를 침식하고 변용할 수 있는 힘을 가지고 있었다. 그리고 이러한 힘 뒤에는 '권력'이라는 차별적인 장치가 유기적으로 작동하고 있기 때문에 지배자-피지배자 혹은 발신자-수신자라는 양자 사이에 형성되는 권력의 거리와 해당 문화의 특성 그리고 헤게모니 획득을 향한 세력의 의도와 기도 등에 따라서 다양한 패러다임이 생성된다.

그러나 여기서 주의해야 할 점은 권력이라는 것은 지배자가 장악할 수 있으나, 문화라는 것은 강력한 영향력은 미칠 수 있을지언정 지배자가 일방적으로 지배할 수 있는 것이 아니라는 점이다. 특정 사회구조 안에서 지배자의 영위, 피지배자의 영위 때로는 양자의 영위와 상호작용에 의해서 문화라는 것은 스스로 세포분열을 일으키는 자생력이 있기 때문이다. 즉 권력과 문화가 조우했을 때 역학적인 구조적 특성과 이를 둘러싸는 세력에 의한 헤게모니 쟁탈의 양상 등에 따라서 패러다임의 모양이 정해진다. 다양한 모양의 패러다임이라는 모자이크 조각을 하나하나 맞출 때 우리는 식민지라는 시공간에서 전개되는 모자이크의 집합체이자 연속체인 '문화권력'의 실체와 작동원리를 규명할 수 있다. 그것이 바로 제국일본의 '국민' 창출을 위한 장치가 아니었는가?

식민지조선과 제국일본이라는 이항대립적인 시각은 실제로 한반도에 실존한 구도였으며, 그러한 프레임 설정 하에서 식민권력에 의한 통치행위의 실상을 밝히는 연구는 상당한 축적을 이루고 있다고 본다. 그러나 동아시아의 기존 질서를 해체해 버린 '제국일본'이라는 시공간 아래에서 작동한 문화권력의 실태를 파악하는 일은 거꾸로 식민권력의 본질을 찌르는 접근이 될 수 있으며, 이는 동시에 동아시아에게 또는 조선에게 '근대'란 무엇이었는가 하는 근본적인 물음에 대한 고민을 낳기도 한다. 물론 '제국'의 경계라는 것이 반드시 분명한 것은 아니며, 과연 당시 일본이 팽창의 경계를 어디까지 설정했었는가, 정말로 설정했었는가라는 문제도 정리되어야 할 것이다. 호주까지를 그 경계에 넣는다면 그럼 남극은 어떠한가? 오늘날 남극 조사는 과학적 탐사로 지구를 지키기 위한 일로 인식되고 있으나, 당시 남극에 상륙하고 깃발을 꽂은 것은 결국은 일본을 비롯한 식민지배국가, 식민지배자가 아니었던가? 시라세 노부(白瀨矗)가 가이난마루(開南丸)를 타고 호주 시드니를 경유해서 남극에 상륙, 1912년 1월 28일 남극 남위 80도 5분, 서경 156도 37분 지점에 일장기를 꽂고 일대를 '야마토(大和) 설원'으로 명명하고 일본영토라 선언한 사실은 어떻게 볼 것이며, 그로부터 2년 후에 영국이 파견한 제국남극횡단탐험대(Imperial Trans-Antarctic Expedition)는 어떻게 인식할 것인가? 즉 '제국'이라는 프레임을 설정했을 때 비로소 식민지 조선, 대만, 남태평양은 물론이고 남극까지 이어지는 식민권력이 획책한 팽창의 판도와 그 실체가 보인다는 점을 간과해서는 안 된다. 바꾸어 말하면 '제국'이란 무엇이었는가, '근대'란 결국 '제국'의 역사이고 시대였는가, 그렇다면 과연 '근대'란 무엇이었는가, 라는 물음에 귀착하게 된다. 우리는 이 물음을 결코 가볍게 여겨서는 안 된다. 왜냐하면 이 물음이 바로 이 문제에 대한 시발점이자 동시에 종착점이기 때문이다. 팽창하고 침략하는 국가의 국민인 일본인과 침략당하고 식민지 지배를 받는 조선인이라는 동시대를 산 두 당사자에게 각각 '근대'란 어떻게 달랐으며 같았는가, 하는 물음이기도 하기 때문이다. 일본은 메이지유신에 의해서 막부를 무너뜨리고 봉건국가에서 천황을 정점에 두는 근대 국민국가를 확립했는데 그렇다면 일본이 지향한 '제국'과 '근대 국민국가'라는 것은 동일한 레이어(layer)에 놓이는가, 하는 물음이기도 하기 때문이다. 또는 천황을 정점으로 하는 국민국가에서 '국민/인민'은 어떤 존재이며, 제국에서 '국민/인민/신민'의 경계는 무엇이며 과연 실재하였는가? 그 안에서 '조선인'이란 그들에게는 누구였으며, 우리에게는 또 누구였는가, 하는 문제이기도 하기 때문이다. 이러한 물음에 대한 답을 찾고 탐구하는 일, 즉 시발점과 종착점 사이에서 우리가 무엇을 증명하고 주장할 것인가가 우리 연구자가 떠안은 과제이자 책무가 아닌가 생각한다.

이러한 물음에 대한 책무에 미력하나마 적극 동참하고 성실하고 진지하게 임하기 위해서 한림대학교 일본학연구소는 2008년도 중점연구소 사업으로《제국일본의 문화권력 : 학지(學知)와 문화매체》를 수행하고 있으며, 이 연구는 일본이 제국을 지향한 19세기 말에서 1945년 전후까지의 기간을 중심으로 식민권력과 식민지를 포함하는 '제국일본'의 시공간에 주목하고, 거기서 전개된 '문화권력'의 실체를 규명하려는 시도이다.

한림일본학연구총서의 첫 번째 기획테마인 [제국일본의 문화권력] 시리즈는 이러한 근본적인 문제제기와 인식의 장(場)으로서 사명을 다하기를 바라면서 기획되었다. 제1권인 이 책 『제국일본의 문화권력』은 기획 명을 그대로 따랐을 정도로 의미가 크다. '제국일본의 문화권력'에 대한 공동작업의 성과를 한데 모아서 처음으로 세상에 내놓는 것이다. 이 책은 총 3부로 구성되어 있는데, 제1부에는 식민지 연구사를 비롯한 일본 연구진에 의한 연구 실적을 담았고, 제2부와 제3부는 본 연구소에서 수행하는 2008년도 한국연구재단 중점연구소 사업인《제국일본의 문화권력: 학지(學知)와 문화매체》연구 1단계 3년간의 성과를 중심으로 담았다. 서문에 해당하는 이 글에서는 아직은 시작에 불과한 공동작업의 성과를 전체적으로 조망하고, 지난 3년간 연구를 추진했기에 새로이 인지할 수 있었던 문제점을 짚어 보고 앞으로 3년간 수행할 연구의 방향을 보다 명확하게 한다는 차원에서 '제국일본'이라는 시공간적 지평에 입각해서 '문화권력'을 분석한다는 본 연구의 의의와 쟁점을 다시 음미할 수 있는 기회로 삼고자 한다.

II. 제국사 연구의 지평: 방법론 및 연구사

이 책의 제1부는 제국일본의 문화권력에 대한 분석과 관련하여 기존 제국(주의) 연구사와 방법론을 다룬 최근의 주목할 만한 일본의 연구성과들을 집중적으로 소개한다. 이른바 '제국사' 연구의 조류가 전후(戰後) 일본의 제국주의, 식민지 연구의 흐름 가운데 어떻게 대두했으며 그 특징은 무엇인지, 또 어떤 위치를 점하고 있는지 일목요연하게 정리한 논문들을 선별했다. 국내에 처음 번역되는 글들이 대부분인 만큼 한국 학계의 향후 연구에도 적지 않은 자극이 될 것이라 믿는다.

「제국주의론과 식민지 연구」와 「포스트식민주의와 제국사 연구」는 전후 일본 역사학과 사회과학이 일궈 낸 식민지 연구의 성과들을 시기별·주제별로 상세하게 정리한 연구사적 성격의 논고로서 상호 보완적이다. 앞의 글이 제국주의론에 입각한 식민지 연구의 흐름을 최근까지 시기별로 정리하고 1970년대와 90년대에 일어난 연구방법론의 다양화와 문제점을 지적한다면, 뒤의 글은 90년대 이후의 변화에 초점을 맞추어 포스트식민주의 입장에서 방법론적 문제들을 세밀하게 고찰한다. 앞글은 얼마 전 작고한 노장 연구사가, 뒷글은 최근 두각을 나타내고 있는 신진 연구자가 썼다는 점에도 유의할 필요가 있다. 일본 학계에서 제국주의·식민지 연구의 세대 간 '계승' 작업이 원활하게 진행되고 있음을 보여 주기 때문이다.

먼저 「제국주의론과 식민지 연구」는 제국주의론에 의한 식민지사 연구의 계보를 상대화하여 역사상을 장기 지속적 관점에서 객관적으로 파악하려면 전후 초기의 이론적 논의와 구체적인 실증연구의 양상에 주목해야 한다고 본다. 에드워드 사이드(Edward W. Said)의 말처럼 연구에서 '시작'이 결정적으로 중요한 것은 누가 무엇을 어떻게 기억/망각했는지가 거기에 오롯이 담겨 있기 때문이다. 필자는 레닌(V. I. Lenin)의 '베타형(β型) 제국주의'론과 일본자본주의 논쟁의 쟁점들이 전후 초기에 어떻게 이월되었는지 고찰하면서 제국주의 일반론부터 역사적 실증까지 망라한 정보를 집약적으로 제공한다.

필자가 보기에 1970년대 이후 일본의 식민지사 연구는 양적으로 크게 발전하고 문제의식과 방법론의 다양화가 나타났으며, 특히 80년대 후반 이래 전통적 제국주의론 이외에 제국주의 사회사와 문화제국주의론, 세계체계론, 포스트식민주의론 등이 등장했다. 새로운 식민지 연구의 특징은 다양한 '제국'론의 부상, 제국주의 문화사 · 과학사에 대한 주목, 동아시아 지역사 속에 일본제국주의를 상대화하려는 노력이다.

특히 필자는 '제국주의 문화사'가 최근 식민지 연구의 '중심테마'라 할 만큼 풍부한 연구성과를 내고 있다고 지적하는데, 바로 이 지점에서 「포스트식민주의와 제국사 연구」의 연구사 정리와 접점이 형성된다. 1970~80년대에 영미권 학계에서 포스트식민주의가 등장하게 된 역사적 경위, 그리고 이러한 변화에 둔감했던 일본 사회의 내부적 요인들을 지적한 이 글의 필자는 일본에서 1990년대에 비로소 시작된 포스트식민주의적 연구의 중요한 특징을 '문화론적 전환'이라 보기 때문이다. 필자는 이를 '공간론적 전환'과 함께 포스트식민주의가 이룩한 방법론적 혁신의 양대 축이라고 규정한다.

'공간론적 전환'은 국민국가를 넘어서는 광역 네트워크, 역내외의 쌍방향적 인구이동과 사회경제적 교류에 대한 관심을 통해 종래 국민국가 단위의 일국사적 분석틀을 혁신하는 접근방식으로서 '제국사(帝國史)'라는 용어의 등장 자체에 함축적으로 나타난다. 필자는 '제국사'가 패전에 의해 종결되지 않고 지금도 동아시아에서 작동되고 있기 때문에 체제적 · 정신적 탈식민화의 과제를 제기한다고 보았다. 여기서 '정신적 탈식민화'와 직결되는 문제 영역이 바로 '문화'이다. 필자는 문화를 '대상으로서의 문화'와 '방법으로서의 문화'로 구별한다. 전자가 개별 문화 장르나 매스미디어, 신체문화 등의 구체적인 장을 가리킨다면, 후자는 정치 · 경제적 지배-피지배 관계에 그치지 않고 일상생활까지 포섭한 식민지 상황을 총체적으로 드러내는 추상화된 장(場)이다. 필자는 주로 식민지 조선을 대상으로 활성화된 '식민지근대론'의 최근 성과들을 사례로 들면서 식민지 상황을 창출하는 권력작용이 일상생활의 다양한 회로를 통해 작동하는 양상에 주목하는 새로운 흐름을 '문화론적 전환'이라고 총괄한다. 이때 경제나 정치 영역은 문화적 실천의 조건이지 결코 배제의 대상이 아니다. 새로운 흐름이 기존 제국주의사 연구의 부정이 아니라 지양인 까닭이다.

이 책에서 우리가 사용하는 '문화권력'의 '문화'란 이 두 가지 개념을 모두 포괄한다. '대상으로서의 문화'에 관해서는 「식민지와 문화」라는 글에서 영화, 미술, 음악, 관광, 스포츠, 미디어 등 개별 문화 영역에서의 연구성과를 살펴보기로 한다. 또한 조선을 무대로 한 '식민지근대론'의 구체적인 내용에 대해서는 「한국사 연구에서의 근대 문제」라는 글을 통해 전체상을 파악할 수 있을 것이다.

'공간론적 · 문화론적 전환'이 지향하는 것은 제국주의 · 식민지 연구의 적확한 방법론을 찾는 것이다. 「제국의 틈새로부터 생각한다」는 이 문제를 정면으로 제기한다. 1990년대 일본 '제국사' 연구의 흐름을 주도하고 있는 필자는 일본 식민주의를 근본적으로 비판하려면 구미가 만든 식민주의의 '글로벌 스탠더드' 자체를 겨냥해야 한다고 지적한다. 기존 연구는 일본 식민주의를 특수일본적인 것으로 취급하거나 구미와의 비교를 통해 '우열'을 따지는 경향을 보였다. 이때 설령 구미 연구자와 일본 연구자 사이에 상반되는 평가가 나온다 하더라도, 피식민지인들에게 식민주의가 어떤 의미였는지를 경시한다는 점에서는 '적대적 공범관계'가 성립한다. 이 악순환에서 벗어나기 위해서는 구미와 일본 식민주의의 관계성을 구체적으로 파악해야 하는데, 필자는 내셔널리즘과 성차별주의와 접합되는 '레이시즘(인종/민족차별주의)'을 식민주의의 핵심으로 보고 구미와 일본을 관통하는 양상에 주목하고 있다.

이처럼 최근 일본에서의 식민지 연구는 종래 국민국가 일본의 확대판으로서 제국을 조망하려 했던 연구경향과는 질적으로 다른 방향성을 보이고 있다. 무엇보다 피식민지 민중의 주체성을 올바로 상정하여, 제국 안팎으로 '주변'에 대한 '중심'의 일방적 헤게모니를 명시적 · 암묵적으로 전제하는 경향을 해체하려 한다는 점에서 자기성찰적인 움직임이다. 고마고메가 위로부터의 비교 자세를 지양하고 착종된 '제국의 틈새'에서 사고할 것을 주장한 점, 도베가 (구)종주국과 식민지가 상호 규정적으로 형성되고 구조화되어 가는 역사상으로 근대 식민지화의 역사를 재해석해 극복할 것을 양자의 공통과제로서 제기한 점은 귀담아 들어야 할 대목이다.

제1부에서는 이상과 같은 연구사적 · 방법론적 논고들 외에 두 편의 글을

추가했다. 「근대 일본에서 '국민' 개념의 변천」은 '민족'과 함께 근대 국민국가와 내셔널리즘의 키워드인 '국민' 개념이 일본의 경우 어떻게 수용·변용되었는지를 개념사적으로 추적한 글로서 한국에서의 국민 개념사에 많은 시사점을 제공한다. 「전후 일본의 국민재통합과 '속죄'를 둘러싼 대외문화정책」은 전후 일본의 국민 재통합 과정에서 누락된 전쟁과 식민지지배의 책임 문제를 아시아 각국과의 국교 재개 국면에서 이루어진 문화교류에 대한 조명을 통해서 접근한 글이다. 전후 일본의 문화교류 정책의 세 가지 기조, 즉 전전·전시기 정책의 계승, 대미 협조의 보완, 공산권과의 연대라는 기조가 어떻게 상호 갈등하면서 오늘날에 이르고 있는지를, 한·일간의 문화재 반환과 문화협정 논의 과정을 사례로 고찰한다. 필자는 전후의 한일교섭에서 문화재와 문화교류의 방식은 '국민감정'을 매개로 정치경제 관계와 단절될 수 없었으며, 이 실패한 경험을 통해 '문화'를 헤게모니 경쟁의 장에서 협력과 교류의 장으로 뒤바꿀 필요성을 엿보아야 한다고 주장한다. 제국일본의 문화권력에 대한 지적 관심이 미래지향적 현실과 맞닥뜨리는 지점을 잘 드러내고 있다고 할 것이다.

지면 관계상 이번에 수록하지 못한 훌륭한 논고들도 많아 아쉽지만, 일본에서의 제국주의·문화권력 연구의 현 단계를 스케치하는 데에는 아무 지장이 없다고 여겨진다. 이 기획이 동아시아 지역사 차원에서 문화권력의 역사와 현상을 올바로 진단하고 바람직한 미래를 전망하는 데 지적인 촉매가 될 수 있기를 기대한다.

III. 지식과 권력의 운동: 학지(學知)

이 책의 제2부에서는 지식과 권력의 상호작용에 의해 이데올로기적 지배기구로서 구축된 제국학지의 실태를 다각도로 조명한다. 식민정책학, 민속·인류학, 민족주의 담론 등의 전형적인 제국학지와 함께 이에 맞선 대항학지였던 초기 아나키즘까지 분석하는 한편, 제국학지의 포섭대상이었던 식민지 조선에서 교육과 번역을 통한 헤게모니 구축과정도 고찰할 것이다. 그리고 일본 학지의 압도적인 영향력 아래서 형성된 근현대 한국 학지의 자립을 위해 어떠한 문제의식이 필요한지에 대한 문제제기가 이어진다.

일본의 제국학지를 상징하는 분야는 역시 식민정책학이다. 패전 이후 국제경제학이라는 분과로 재정립된 식민정책학은 본래 홋카이도(北海道)의 내지화 과정에서 지배담론으로 만들어진 학지였다. 그 때문에 일본 식민정책학의 원류는 홋카이도 제국대학의 전신인 삿포로(札幌) 농업학교였다. 후일 도쿄와 교토 제국대학에서 식민정책학을 강의하게 되는 니토베 이나조(新渡戸稲造) 등이 그 대표적 담당자이다. 일본의 식민정책학은 이들에 의해 홋카이도 식민에서 배태되고 타이완 영유 과정을 통해 체계화된 뒤, 러일전쟁부터 제1차 세계대전에 이르는 시기가 되면 국민통합, 정주식민, 속령경영을 삼위일체로 한 본격적인 학지의 체계를 구성하면서 확립되었다. 1930년대 이후 이러한 식민정책학의 체계는 서구 열강과의 패권쟁탈전 가운데서 변모하게 되는데, 「전시기 일본 식민정책학의 변용」은 이 시기 식민정책학의 변용을 민족이론·개발주의·지정학이라는 세 가지 담론을 중심으로 고찰한다.

이 글에서는 '민족이론의 르네상스기'로 평가되기도 하는 이 시기 민족이론의 공통적인 특징이 '광민족주의' 같은 다민족주의(소위 '복합민족론')를 지역 통합의 원리로 제시하면서 역내의 민족별 중층구조를 결합시키는 논리를 전개했다는 데에서 찾고 있다. 그리고 민족이론을 근거로 한 지역 통합 전략이 '복지' 등 경제적 인센티브를 강조한 개발주의, 그리고 지정학적 사명론에 의해서 보완되기에 이른다고 보았다. 여기서는 이들 논리가 서로 분리되기보다 상호 결합하는 형태로 전개되는 양상을 보였다는 데 주목했다. 또한 식민정책학의 이러한 논리를 이념적으로 뒷받침하려 했던 교토학파, 특히 '우파'의 '도의'론을 조명하여, '도의'에 입각한 새로운 세계사의 창조와 지정학적 위계를 전제로 한 지역개발 전략이 표방되었다는 점, 그러나 이 전략과 이념에 대한 피지배 지역의 내부적 동의가 결코 원활히 조달될 수 없었다는 점을 밝혀 내고 있다.

「일본 민속학/인류학의 접점과 문화권력」은 일본인 기원론과 민족론을 통해 제국일본의 학지를 구축했던 민속학과 인류학이 식민지 지배를 위한 문화권력을 어떻게 형성해 나갔는지를 고찰했다. 제국대학에서 서양학자의 영향을 받은 인류학이 혼합민족론을 전개한 반면, 이에 대항해 제도권 밖에서 형성된 민속학은 단일민족론을 전개해 나갔다. 인류학의 혼합민족론은 아이누를 '개량'의 대상으로 보고 '문명화'가 필요한 이민족으로 보았다. 그것은 본래 혈족국가를 지향한 가족국가관적 천황제 이데올로기와는 모순되는 역사관이었다. 한편 야나기타 구니오(柳田国男)가 수립한 민속학의 단일민족론은 이민족과의 비교를 통해 자민족의 과거를 구성하는 민족통합의 이데올로기를 내재하고 있었다. 그러나 외견상 인류학과 대비되는 단일민족론을 내세웠던 민속학 역시 혼합민족론의 성격을 드러냈다. 이는 류큐(琉球) 민족을 야마토(大和) 민족으로 포섭하는 주장에서 전형적으로 나타났는데, 필자는 국민보다 민족을 중시한 이들 논리가 천황제 이데올로기를 아래로부터 지지하는 역할을 했다고 보아 관학과 민간학의 접점, 혹은 민간학의 관학화를 찾는다.

한편 제국일본이 지배지역의 팽창과 함께 실질적인 혼합민족 국가를 형성해 감에 따라, 식민지 통치 시책은 이민족을 '내지연장주의'에 의한 '개량'의 대상으로 보느냐, '혈족 내셔널리즘'에 의한 '동화'의 대상으로 보느냐에 따라 달라질 수밖에 없었다. 이 글에서는 경성제국대학 민속학 교수 아키바 다카시(秋葉隆)의 일선동조론을 분석하여 야나기타 민속학의 단일민족론이 수용되고 있었음을 확인하고 있다. 일본 민족론 파악의 상이성에도 불구하고 민속학과 인류학이라는 학지가 제국일본의 팽창과 함께 지적·인적 상호 교착을 거치면서 식민지 지배를 위한 문화권력을 형성해 나갔다는 것이 이 글의 주장이다.

그러나 민간학의 관학화에서 잘 드러나는 제국학지의 헤게모니가 반드시 전일화로 귀결되었던 것만은 아니다. 「일본 초기 사회주의·아나키즘의 형성과 분화」는 고토쿠 슈스이(幸德秋水)로 대표되는 일본 아나키즘의 형성과정을 제국학지에 대한 대항학지의 등장과 전개과정으로써 고찰한다. 근대 산업사회의 모순과 억압에 대한 대응논리로 출발한 아나키즘은 처음부터 완결된 사상이나 논리를 가지고 출발한 것이 아니라 동시대의 다른 사상적 실천들과의 교류와 충돌, 교착의 과정 속에서 자신의 모습을 형성해 갔다. 일본 아나키즘의 형성과 전개과정은 대체로 지식인들에 의한 이론적 소개와 수용의 단계, 여타 사상들과의 대립과 교착을 통한 이론적 형성의 단계, 그리고 독자적인 이론 구축과 분화의 단계로 진전되었으며, 공간적으로도 제국 규모의 확산과 전유의 과정을 거치게 된다.

이 글에서는 러일전쟁을 전후하여 '비전론'을 주창하며 일본 정부나 다른 신문 등 매체, 일본 국민의 군국주의(제국주의)적 내셔널리즘에 맞섰던 『헤이민신문(平民新聞)』에 주목하고 있다. 1903년 말에 창간되어 1905년 초에 폐간될 때까지 일본 초기 사회주의의 형성과정에 중요한 족적을 남긴 주간 『헤이민신문』의 특징을 필자는 두 가지로 정리한다. 하나는 다른 매체와 달리 일본 근대 민권운동 시기의 정론지 선통을 이었다는 점이고, 또 하나는 사회주의 기관지라는 성격을 갖추려 했다는 점이다. 다른 매체들과의 대립의식은 주로 '비전론'을 통해 표출되었다. 정부는 물론 일반 국민조차 러시아에 맞선 군사대국화를 지향하는 상황에서 대부분의 미디어들이 주전론으로 경사했으나, 『헤이민신문』은 구성원들의 다양한 사상적 배경과 편차에도 불구하고 '비전론'이라는 공통의 입장에 서서 맞섰다. 이를 통해 소수파의 입장에서나마 대항학지로서 초기 아나키즘의 성격을 각인시킬 수 있었다.

한편 「제국일본의 낭만적 민족주의」는 동아시아 차원에서 문화권력을 구성하고 창출하는 주요한 사상이자 집단적 감정 운동이기도 했던 민족주의에 주목한 논문이다. 여기서는 민족주의의 동아시아적 연환 속에서 일본 낭만파의 존재를 재고하는 작업을 시도했다. 필자는 특히 만주사변 이후에 탄생한 제국일본의 일본낭만파에 대해서 고찰한 후, 그것이 동시대 조선의 문화운동과 관계 맺는 현상을 고찰했다.

일본낭만파는 1930년대에 제국일본이 동아시아 지역질서를 재편하는 과정에서 태동한 것으로, 식민지를 포함한 제국적 범위에서 사상 및 문화의 주체화를 시도했다. 예술의 대중적 통속화, 예술의 기술화, 정신의 물신화와 같은 근대적 징표를 비판하면서 탄생한 일본낭만파는 마르크스주의 문예운동에 대해서도 '진보성'을 가장한 허위적 이념으로 비판했다. 서양의 문물이 이입되어 순식간에 지식화되고 있지만 그것이 예술화된 사례는 거의 없다는 것이다. 요컨대 일본낭만파는 '근대적 진보'를 신앙하는 시대의 조류에 맞서서 고전을 사랑하고 모방하는 '민족문학'의 창조를 추구했다는 것이다.

서양의 근대문화 수용에 비판적 거리를 취했던 그들의 담론은 또한 제국 차원에서 학지로서 체계화되고 시대를 관통하는 사상운동으로서 추동되었다. 민족문화의 혈통과 운율을 구가하는 일본낭만파의 이념과 태도는 조선과 만주를 포괄하는 제국의 학지로 성장하고 문화운동의 주류를 형성했다. 특히 중일전쟁 발발 이후에는 민족주의적 주체화의 정념과 마르크스주의적 혁명화의 정념이 서로 여전히 대립하면서도, 사상의 주체화 및 그 현실적 구현이란 목적의식 속에서 결합되어 제국일본의 문화권력을 강화했다. 일본낭만파의 민족문학론과 전향좌파의 국민문학론은 '동아신질서'를 구축하는 제국일본의 국책문학론으로 전개된 것이다. 필자는 일본낭만파가 1945년 이후에도 일본 민족주의를 대변하는 상징으로서 표상되었으며 1950년대에 동아시아 민족주의와 공명하는 일본의 사상운동으로서 기억되었다는 사실도 확인하고 있다.

그렇다면 식민정책학에서부터 민족주의 담론까지 제국일본이 일본 내부의 다양한 지적 운동을 국가적으로 포섭해 나가는 가운데 식민지의 학지에서는 어떤 상황이 전개되고 있었던 것일까? 여기서는 교육과 번역이라는 렌즈를 통해서 이 문제에 접근했다. 먼저 「동화의 이면(裏面)」은 1910년대 식민지 조선의 교육, 특히 고등교육을 둘러싼 식민지 행위주체의 경합양상을 분석함으로써 식민지 교육체제가 단순한 식민지배의 도구가 아니라, 근대교육을 둘러싸고 행위주체의 '동상이몽'이 펼쳐진 '격전장(arena)'이었음을 입증하고자 했다. 제국일본의 문화권력이란 결국 이 격전장에서 펼쳐진 헤게모니 경쟁 속에서 역설적으로 구축된 것이기 때문이다.

제국일본은 식민지조선에서 외견상 국가교육체제의 수립을 표방했으나 실제로는 중·고등교육을 배제한 종속적 교육체제를 만들었고 이는 '1차 조선교육령'(1911년)에 의해 뒷받침되었다. 조선교육령의 교육이념은 '동화주의'라는 교육이념상의 당위와 '종속주의·차별주의'라는 교육정책상의 현실과 양립 가능성을 모색한 것이었다. 그러나 1915년 이후 총독부는 종래 의도적으로 방치해 왔던 중등 및 고등교육을 재편하지 않을 수 없었는데, 이는 장로교파 서양인 선교사들을 중심으로 한 미션스쿨의 도전 때문이었다.

서양인 선교사들은 서구적 근대성이 조선인들에게 주는 매력을 선교전략으로 적극 활용하면서 교육의 장에서 총독부 권력과 대립각을 세웠으나 그 대립은 제한적이었다는 것이 필자의 분석이다. 베어드(W. M. Baird)처럼 세속교육으로부터 자율을 추구하든, 언더우드(H. H. Underwood)처럼 세속교육과의 타협을 추구하든, 서양인 선교사들 역시 세속교육 그 자체를 부정하지는 못했다는 것이다. 더욱이 세속권력이 조선총독부였다는 점에서 서양인 선교사는 현실 식민지 권력에 대한 인정이라는 점에서 타협적인 관계를 형성할 수밖에 없었다고 본다. 1910년대 식민지 중·고등교육을 둘러싸고, 일본인 지배자와 서양인 선교사라는 식민지 행위주체들이 어떻게 경합하면서 식민지 교육체제를 성립해 나갔는지를 세밀하게 분석한 글이다.

한편 「번역으로 재현된 '조선(인)' 담론」에서는 제국일본이 식민지조선을 부정적 타자로서 창출함과 동시에 지배자 일본을 긍정적 주체로 만들고자 했던 작업의 일환으로서 번역에 주목했다. 조선연구회(1910년), 자유토구사(1920년), 봉공회(1924년), 조선문제연구소(1936년) 등은 조선 고서의 일본어 번역을 통해 조선에 관한 폭넓은 지식을 일본 사회에 제공했는데, 필자는 이들 가운데서 특히 자유토구사에 주목하고 있다. 어용언론인 겸 출판인인 호소이 하지메(細井肇)가 세운 자유토구사는 1921년에 『통속 조선문고』, 1922～23년에는 『선만(鮮滿)총서』를 발행하는 한편 조선 고서를 다량으로 번역했는데 이 가운데 『장화홍련전』, 『제비다리』, 『심청전』 등이 있었다. 문제는 이들 조선 고소설의 번역을 통해 재현해 낸 '조선(인)'의 이미지였다.

필자는 이들 번역이 조선을 사대주의 국가, 중국의 속국, 모방 문명으로서의 문약(文弱)한 조선 등으로 표상하였으며, 그 연장선상에서 조선인에 대한 부정적 이미지를 표상하는 데 기여했다고 본다, 즉 당쟁을 즐기고 탐관오리에 시달리면서도 미신을 믿는 조선인, 여성을 물격화하고 잔인한 복수를 하는 조선인, 가족주의의 폐해에 찌들고 의혜주의적인 조선인, 악정(惡政)에 순종적인 노예적 및 굴종적인 조선인, 시기심과 의심(猜疑)이 많은 조선인 등이 그러한 이미지였다는 것이다. 결국 식민지 시기 조선 고서의 일본어 번역은 가치중립적이라기보다 '정치적'인 행위였다. 이러한 정치와 권력의 상호작용 속에서 번역에 있어서도 제국학지의 의도가 철저히 관철되고 있었음을 잘 드러내 준다.

물론 제국학지와 식민지의 관계를 조명할 때 행위주체로서의 식민지인들의 대응이 어떠했는가는 결정적으로 중요한 변수이다. 식민정책학을 비롯한 기존 제국학지 연구에서 가장 취약한 부분도 바로 이 상호작용의 측면이며, 한국 학계가 집중적으로 고찰해야 할 부분이기도 하다. 위의 연구들에서도 지적하고 있듯이, 향후의 과제로서 중요하게 설정되지 않으면 안 될 것이다. 이와 관련하여 마지막 논문인 「한국의 현대사적 학지에 대하여」는 근대 일본과 한국의 학지를 대비시키면서 동아시아(동북아시아) 차원에서의 학지를 전망하는 문제제기적인 글이다.

제국주의 사관에 입각한 근대 일본의 학지와 달리 한국의 학지는 저항사관에 근거한 대일(반일) 내셔널리즘이었다. 즉 일본 지식인들이 유럽을 기준으로 자기 사상을 전개한 반면, 한국의 경우는 그러한 일본에 대항하는 형태로 사상을 전개했다. 일본의 학지가 낭만주의나 자유주의 등 유럽의 사상적 발전에 상응하는 길을 걸어갔다면, 한국은 그러한 일본 학지의 전개에 대항하는 형태로 사상적 변화를 모색했던 것이다. 필자는 일본 학지의 계보를 제1세대인 후쿠자와 유키치(福沢諭吉)부터 2세대의 나쓰메 소세키(夏目漱石), 3세대의 야나기 무네요시(柳宗悅)까지 개관하고, 이에 조응하는 한국의 사상적 모색을 최익현, 신채호, 최남선의 반일 내셔널리즘에 대한 분석을 통해서 정리하고 있다. 일본에서는 약육강식의 진화론적 사고를 대변한 후쿠자와의 국가주의가 학지의 주류를 점한 이후 서구 근대에 대한 회의론을 제기한 나쓰메나 '한국미의 발견자' 야나기가 등장했지만 소외되었음을 지적한다. 한편 한국의 경우 최익현의 양이론은 개국론을 뒷받침할 혁명적 기반의 부재를 드러내며, 신채호의 망명사학과 최남선의 국내사학은 제국주의에 대한 경화와 연화의 대조적 경로를 밟으면서 국민국가 수립이라는 과제의 이월로 귀결되었음을 지적한다.

중요한 것은 필자가 이러한 한일 양국의 대조적이면서도 동질적인 학지의 흐름을 왜 지적하느냐 하는 데 있을 것이다. 이 글에서는 한국의 현대적 학지가 특히 동북아시아 또는 동아시아라는 발상을 요구받게 되었음이 강조된다. 일본에서 처음 사용한 '학지'라는 용어에도 반일 내셔널리즘의 뒤얽힌 그림자가 드리워져 있으며, 이를 극복하고 사상적 자립을 이룩하기 위해서는 내셔널리즘의 틀 자체에 대한 비판과 극복이 필요하다는 제언이다. 동아시아 역사상 처음으로 국민국가 간의 수평적 관계가 성립되기에 이른 오늘날, 동아시아의 학지에 관한 연구에서도 국민국가 체제에 대한 근본적 사색을 토대로 수평적이고 자립적인 접근방법이 필요함을 정확하게 지적한 것이 아닐 수 없다. 우리의 연구가 그러한 사상적 자립에 자그마한 초석이 될 수 있기를 소망한다.

IV. 문화와 권력의 교차: 매체

이 책의 제3부는 매체를 통해 제국일본의 문화와 권력의 교차양태를 살펴본다. 모두 5편의 논문으로 구성되어 있는데, 신문, 음악, 라디오, 연극, 노(能) 등의 문화매체 속에 투영된 권력을 읽음으로써 제국일본의 문화적 표상의 양태를 살펴보고자 했다. 각각의 매체에 대한 논문을 1편씩 수록하였는데, 매체 분야 전체의 특성을 살리면서도, 각 매체별 개성을 드러내는 논리전개가 필요하다는 관점에서 이를 개별 주제에서 충분히 밝힐 수 있도록 하는 데에 주력하였다.

「메이지 시기 신문을 통해 본 제국일본의 국가이상」에서는 메이지 시대 제국일본의 국가이상이 형성되고 전파되어 가는 양상을 활자 미디어로서의 신문에 주목하여 살펴본다. 그동안 제국일본 시기의 신문에 대한 연구는 주로 신문편집자나 독자를 각각 중심으로 하는 연구가 주류를 이루고 있었다. 신문편집자(기자 포함) 중심의 연구는 정론(政論)의 견지와 상업적 성공 사이의 간극을 신문인으로서 어떻게 인식하고 대처했는지에 역점을 두고 있는 반면에, 독자 중심의 연구는 일반인들이 독서국민으로 성장해 가는 과정에 주목하면서 신문을 '독서'하는 것을 통해 변화하는 세상을 어떻게 이해하고 수용하였는지에 주된 관심이 집중되어 있다. 이와 같이, 신문을 만드는 측(신문편집자)과 소비하는 측(독자)에 대한 연구가 분리되어 진행됨으로써 신문 연구의 전체상 파악이 용이하지 못했다. 더욱이 국가형성(state building) 및 국민형성(nation building) 시기의 신문은 국가이상과 불가분의 관계를 맺을 수밖에 없다는 점에서, 국가의 신문 정책을 시야에 넣는 연구만이 신문에 대한 종합적인 이해를 가능케 할 수 있을 것이다.

이상과 같은 사정을 염두에 두고, 이 글은 활자 미디어로서의 신문에 나타난 제국일본의 국가이상을 국민 창출과 전쟁(청일전쟁과 러일전쟁) 수행이라는 두 가지 측면을 중심으로 살펴보고 있다. 제국일본이 국민 창출과 전쟁 수행이라는 국가이상에 신문을 동원하기까지에는 먼저 탄생 직후의 신문에 대한 보호 장려 정책의 추진과 함께 신문을 국가이상 구현에 봉사하도록 규율해 가는 제도적 장치의 마련과정이 설정될 필요가 있었다. 다시 말해서, 제국일본의 신문에 대한 보호 장려 정책과 언론통제의 제도적 장치 구축은 신문(활자 미디어)을 통한 국가이상 실현을 위한 필요하고도 불가결한 조건이었다. 그러한 점에서, 이 글은 청일전쟁과 러일전쟁에 즈음해서 신문이 국민 창출과 전쟁 수행이라는 국가이상을 전면적으로 수용, 전파해 간 과정을 분석함으로써 신문에서 드러나는 문화와 권력의 교차를 잘 설명해 주고 있다.

「제국일본과 식민지 조선의 음악정책」은 중일전쟁과 태평양전쟁 시기에 일본과 조선에서 행해진 음악의 통제 및 보급 정책을 국민가와 국민개창운동을 중심으로 살펴본 것이다. 중일전쟁의 발발로 일본 정부 주도의 관제운동인 국민정신총동원운동이 추진됨에 따라 음악 분야에서는 불건전한 가요를 정화하여 시국정신을 고취시키고자 음반검열이라는 '통제정책'이 시행되었고, 이와 동시에 국민을 교화, 동원시키는 역할을 수행한 국민가의 '보급정책'이 실시되었는데, 이 글은 이러한 과정을 명확히 밝힌다. 특히 국민가의 제정을 위한 여론 지지의 수단으로 현상모집이라는 형식이 채택되고, 정부기관, 미디어, 국민운동기관이 담당주체가 된 사정에 대해 밝히고 있을 뿐만 아니라 전시기 악곡모집이 '국책선전'과 '국민계몽'이라는 획일적인 목적 속에 이루어졌음을 보여 준다. 태평양전쟁 발발로 음악에 대한 통제와 보급 정책은 더욱 강화되어 갔는데, 그 결과 미국과 영국 음악은 적성음악으로서 모두 금지되었고, 반면에 국민개창운동이 실시되어 강압적인 방법에 의해서 국민가를 보급해 나간 과정에 대한 설명은 음악에서의 문화와 권력의 교차 양태에 대해 흥미로운 분석이라고 할 만하다.

한편, 이 글에서는 조선에서의 음악정책에 대해서도 다루고 있는데, 내지의 정책이 그대로 적용되는 경우도 있고, 조선의 실정에 맞게 변형되거나 조선에서만 실시되는 경우도 있는 등 식민지라는 특성상 일본보다 복합적인 양상으로 나타나고 있음을 밝히고 있다. 조선에서의 음악 검열의 결과가 '치안방해'를 이유로 한 것이 많았다는 점에서 '풍속교란'의 이유가 많았던 일본에서의 음악 검열 결과와 확연히 구별되고 있다는 점, 무엇보다도 조선총독부가 모든 음악 관련 정책의 구심점에 위치하고 있었다는 점 등은 식민지에 대한 '제국의 눈'의 일반적인 표상이기도 할 것이다. 특히, 이 논문에서는 전시체제 하에서의 음악은 단순한 오락이 아니라 소리를 매개로 한 파급력을 통하여 전쟁완수를 위한 무기로서 활용되었다는 점을 잘 설명해 주고 있다.

「프로파간다와 엔터테인먼트 사이」는 전쟁 기간이라는 시간적 배경을 가지고 위안방송의 전쟁표상, 즉 특히 라디오 방송극을 중심으로 라디오방송의 성격을 살펴본 것이다. 이 글은 제국일본의 라디오 방송극이 대체로 직접적으로 전쟁을 미화하는 작품들도 상당수 있었으나, 일본의 민족혼,

향토애를 불러일으키는 작품들 역시 다수를 차지하고 있었고, 또한 반드시 재미(entertainment) 요소도 가미되어 있었음을 밝혀 주고 있다.

라디오 방송극의 음(音)이 갖고 있는 권력성이 현저하게 나타나는 것은 말할 것도 없이 전시 하이다. 특히 아시아는 전쟁의 격화와 함께 각국에 국민정신총동원체제가 포고되고 라디오방송은 엄격한 관리를 받았다. 청취자는 라디오에서 흘러나온 '음(音)'을 진실이라고 굳게 믿고, 국가와의 일체감을 강하게 느끼게 되었다. 국가는 내셔널리즘(nationalism)이라는 어려운 용어가 아닌 '나라를 위해서', '고향을 위해서'를 슬로건으로 사람들에게 애국주의를 불러일으키며 그 애국심은 동시에 적에 대한 증오심으로 환기된다. 본격적인 태평양전쟁으로 돌입한 후의 제국일본은 다양한 프로파간다의 수단을 강구했는데, 본 논문에서는 대표적인 것으로 '에로전단(선전삐라)'과 '도쿄 로즈(東京ローズ)'를 중심으로 라디오에서의 문화와 권력의 교차가 엔터테인먼트와 프로파간다의 동시적 추구 속에 이루어지고 있음을 잘 설명해 주고 있다.

「총동원체제의 이동연극과 프로파간다」는 연극 매체를 다루고 있다. 특히, 근대 이후 연극과 관객이 만나는 필수적인 공간이 고정적인 '극장'에서 유동적인 새롭고 다양한 공간으로 확장되어 가는 과정에서 이동연극이 어떻게 권력에 포섭되어 갔는지를 분석한 논문이다. 이동연극의 탄생은 무대장치와 소품의 간소화 등 새로운 형태를 지향해 갔는데, 1940년대 총동원체제 하에서 권력에 부응하는 양상은 여타의 매체와 마찬가지였다. 오히려 이동이라는 편의성, 지리적 이동성, 관객의 다변화 등의 특성을 갖춤으로써 다른 어떤 매체보다도 쉽고 광범위하게 영향을 미칠 수 있는 조건에 있었다고 할 수 있다. 논문에서는 총동원체제 하에서 '일본이동연극연맹'의 이념, 조직과 활동 내용을 검토함으로써 이동연극과 국책연극이 어떻게 호응했는가를 살펴본다. 철저하게 국가주도로 결성된 '이동연맹'의 연극은 증산장려와 전의(戰意) 고양을 위한 국책연극임에 틀림없었다. 그러나 또 다른 측면에서는 연극을 접한 적이 없던 '내지'의 산간벽지 마을과 전선, '외지'의 조선, 대만, 만주에까지 진출함으로써 가장 적극적으로 관객 속에 파고든

연극이었다. 이는 이동연극연맹의 활동이 연극의 '예술성'보다 '공리성'을 중요시한 결과이기도 했다.

특히 이 글은 구체적으로 이동연극의 대표적인 레퍼토리였던 미요시 주로(三好十郞)의 「한역(寒驛)」에 주목하여 국책연극과 선전선동의 문제를 규명하고 있다. 「한역」에는 국책연극으로서의 성격이 뚜렷이 보임에도 불구하고 프롤레타리아 연극적 방법론이 공존하고 있었다. 단순하게 보자면 프롤레타리아 연극의 글쓰기와 국책연극의 글쓰기는 그 지향하는 바가 매우 상반된 것으로 나타나야 마땅하다. 그런데 「한역」이라는 텍스트에는 이러한 상반된 요소들이 서로 의존하면서 공존하고 있었다. 따라서 논문에서는 총동원체제 하에서 이동연극이 방식과 내용 면에서 '공공성' 혹은 '민중성'을 구현하고자 하였으나 궁극적으로는 '국민문화'를 지향함으로써 문화 팽창적인 성격을 노정할 수밖에 없었다는 점, 즉 소수 엘리트 중심, 도시 하이칼라 중심, 혹은 '내지' 중심이던 연극은 이동연극을 통해 '제국'의 관객으로 전파하여 '국민문화운동'으로서 전개되었다는 점을 흥미롭게 분석하고 있다.

「식민지 조선과 노(能)」는 조선을 비롯한 제국일본의 식민지에서의 노 연구가 전무한 상황에서 1905년 5월 25일에 남대문역 광장에서 열린 경부철도개통식전에 동원된 노(能)가 제국을 지향하며 팽창을 거듭하던 일본의 국가적 위관(偉觀)을 과시하는 '국가예능'으로 기능하고 있었다는 점을 지적한 글이다. 이 글이 다루고 있는 것은 지금까지 제국일본 연구나 일제강점기 연구에서 거론된 적이 없는 주제이다. 그러나 극히 일본적인 예능/연희인 노(能)라는 문화매체가 식민지 조선이라는 시공간에서 식민권력과 재조일본인, 조선인 사이에 어떠한 문화권력의 패러다임을 생성하고 있는지를 고찰하는 것을 목적으로 한 것이다.

이 글에서는 1904년에 헌금노(獻金能) 공연이 열리고 그 자리에 조선의 공사가 참석한 점, 러일전쟁전승축전에 "朝鮮國戰爭祝捷之大使義陽殿下 이재각 전하"라는 칭호를 받으며 이재각이 참석한 자리에서도 노가 공연된 점 등 노가 공식적인 외교무대에 동원되는 사실을 두고 메이지유신 이후

존폐의 기로에 선 노가 근대국가 일본의 국격(國格)에 걸맞은 국가예능으로서의 지위를 확보하고 있다고 본다. 이를 결정적으로 확인하게 되는 것이 바로 경부철도개통식전에 동원된 노였다. 러시아와 한반도에 대한 주도권을 놓고 치열한 싸움을 벌이고 있던 일본이 전략적으로 대러시아 우위를 점하기 위해서 공학박사 후루이치 고이(古市公威)를 철도국 총재로 임명하고 공사 기간을 앞당긴 것이 경부철도이다. 귀족원의원의 1/4, 중의원의원의 반 이상이 참석할 정도로 이 식전은 제국 건설과 팽창에 전략적으로 매우 중요한 행사였는데, 이 식전에서 '본격적'인 노 무대까지 건설하면서 '최대 여흥'으로 노가 공연된 것이다. 여기에는 팽창하는 일본의 위관을 과시하는 권력의 힘, 그 규모와 성대함이 "한인들(조선인들)의 눈을 경악케 하고도 남"았다고 타전하는 조선에 대한 오리엔탈리즘적인 시선과 제국일본의 신민임을 자부하는 기자의 눈, 조선에서의 노 공연에 삼국정벌이라는 만들어진 이데올로기를 동원하면서 일본의 팽창을 정당화하는 언론의 팽창주의, 스스로 무대에 올라 비장의 곡인 '야맘바'를 선보인 예능/연희로서의 노에 대한 강한 애집을 소유한 문화인이면서 동시에 권력자라는 후루이치 고이의 양면성, 노가 무엇인지도 모르고 관심도 없는 조선인, 노보다는 오히려 한기(韓妓)의 춤에 관심을 보인 일본인…. 이 글은 이러한 혼돈과 부조화 그리고 산만함이 바로 제국일본과 식민지화를 앞둔 조선이라는 시공간에서 전개된 당시 문화권력의 한 층(layer)이자 현주소라고 지적하고 있는 것이다. 경부철도개통식전에서 공연된 노는 조선에 노를 소개하거나 조선인에게 노를 이해시키기 위한 공연이 아니었다는 점, 그런 의미에서는 '조선과 조선인 부재'였으며 노 또한 예능/연희 본연의 기능은 작동하지 않고 있었다는 점, 바로 여기에 '국가예능'으로 작동하는 노의 동력이 있다는 점을 잘 설명해 주고 있다.

V.『제국일본의 문화권력』 연구와 일본학

위에서도 언급되었지만, 이 책은 지난 3년간 다양한 학제와 분야의 연구자들이 한국학과 일본학, 인문학과 사회과학의 경계를 가로질러서 협력연구를 의욕적으로 추진해 온 결과를 정리한 것들이다. 특히 제2부와 제3부에 수록된 연구들은 연구가 진행되는 단계에서 여러 학술잡지에 독립된 논문으로 투고하여 학계의 검증을 받은 것들이기도 하다. 하지만 참여한 필자들은 3년간의 연구 과제 1단계를 결산한다는 이 책의 취지에 공감하여 대폭적인 수정이라는 편자들의 어려운 부탁에 적극적으로 호응해 주었다. 따라서 어떤 장은 애초 발표된 논문을 짐작하기 어려울 정도로 완전히 새로운 연구가 되었다. 참여한 필자들의 노고에 감사드린다.

제2부의 1장(임성모)은 「대동아공영권 구상에서의 '지역'과 '세계'」(『세계정치』 26(2), 2005)를 「제국일본의 문화권력과 학지」(『한림일본학』 18, 2011)의 시각에서 전면적으로 개편하여 완전히 새로운 연구가 된 경우이다. 3장(유병관), 6장(박상현)도 기존에 발표했던 글을 참조하면서 이 책의 기획의도에 맞추어 새롭게 작성된 것들이다. 그 밖에 제2부에 수록된 장들은 기존에 발표한 논문들을 대폭 수정한 것들이다. 4장(조관자)은 기존에 발표된 「제국일본의 로망과 동아시아 민족주의」(『일본비평』 2, 2010)와 「일본낭만파와 조선의 문화연구」(『일본연구』 45, 2010)를 종합한 것이고, 2장(조규헌)은 「일국민속학의 단일민족론과 민족통합」(『한림일본학』 16, 2010)을, 5장(정준영)은 「1910년대 조선총독부의 식민지교육정책과 미션스쿨: 중고등교육의 경우」(『사회와 역사』 72, 2006)를, 7장(지명관)은 「한국의 현대사적 〈學知〉에 대하여」(『한림일본학』 15, 2009)를 각각 고쳐 쓴 것이다.

제3부의 3장(홍선영)과 4장(이지선)도 이 책을 위해 기존의 연구성과를 종합한 것들이다. 3장은 「전시하 국책연극과 '프로파간다': 미요시 주로(三好十郎) 「한역(寒駅)」을 중심으로」(『일본어문학』 50, 2010)와 「전시기 이동연극과 '국민문화'운동: 일본이동연극연맹(1941.6~1945.8)을 중심으로」(『일본어문학』 45, 2009)를 대폭 고치고 합한 것이고, 4장은 「제국 일본과 식민지 조선의 음악

정책」(중앙대 일본연구소 편 『일본연구』 29, 2010)과 「제국 일본과 식민지 조선의 음악정책 2: 국민개창운동을 중심으로」(『일본연구』 45, 2010)를 통합한 것들이다. 그 밖에 제3부에 수록된 장들도 기존에 발표한 논문들을 대폭 수정한 것들이다. 1장(송석원)은 「신문에서 보는 제국 일본의 국가이상: 메이지 시대를 중심으로」(『현대일본논총』 31, 2010)를, 2장(엄현섭)은 「전파(電波)와 전파(傳播) II — 태평양전쟁의 라디오방송과 방송극을 중심으로」(『일본학연구』 31, 2010)를 각각 고쳐 쓴 것이다. 5장(서정완)은 「植民地朝鮮における能 — 京釜鉄道開通式典における「国家芸能」能」(『アジア遊学』 138 〈植民地朝鮮と帝国日本 民族・都市・文化〉, 勉誠出版, 2010)의 한글판으로, 한국어 독자들에 대한 가독성을 고려해서 대폭적으로 새로 쓴 이른바 증보판 성격의 글이다. 이들 글의 게재를 허락해 준 학술잡지 측에 감사드린다.

한편 이 책은 한국의 일본학이라는 입장에서 최근 학계에서도 관심이 고조되고 있는 '식민통치와 그 유산' 문제에 적극적으로 호응하려는 시도라는 의미도 가지고 있다. 최근 20여 년간 일본의 학계는 전전(戰前) 일본 사회와 식민지 문제를 새로운 시각에서 접근하려는 시도를 계속하고 있다. 이에 따라 다양한 분야에서 많은 이론적, 실증적 성과를 낳고 있는데, 이 책의 1부는 제국사 연구라는 새로운 지평을 제기하고 관련 연구의 성과와 쟁점을 소개하는 주요 논자들의 연구를 번역 수록했다. 제1부의 1장(오카베 마키오), 2장(도베 히데아키), 3장(미쓰이 다카시)은 일본식민지연구회(日本植民地研究会) 편 『일본식민지연구의 현상과 과제(日本植民地研究の現状と課題)』(アテネ社, 2008)에 수록된 글이다. 특히 3장의 필자 미쓰이 다카시는 이 책의 취지에 적극 공감하여 원래의 글이 출간된 2008년 이후 일본 학계 내의 조선 연구의 현황을 반영해 주었다. 한편 4장(고마고메 다케시)과 5장(미야모토 마사아키)은 『연보 일본근대사(年報 | 日本近代史)』 제10호(現代史料出版, 2005) "제국과 식민지: '대일본제국' 붕괴 60년(「帝国」と植民地 —「大日本帝国」崩壊六〇年)"에 수록된 글이다. 6장(가노 마사나오)은 『한림일본학연구』 3집(1998)에 수록된 글이며, 7장(아사노 도요미)은 「戦後日本の国民再統合と「贖罪」をめぐる対外文化政策」(中京大国際教養学部編 『国際教養学部論叢』 3(2), 2011)을 바탕으로 필자가

직접 이 책의 취지에 맞추어 새롭게 고쳐 쓴 글이다. 번역, 게재를 허락해 준 1부의 필자들과 출판사 측에 감사드린다.

마지막으로 이 책을 포함한 [제국일본의 문화권력] 시리즈는 국내 일본학 연구의 진전 및 보다 적극적인 소통의 가능성에 대한 기대도 담고 있다. 일본어문학 연구를 포함해서 한국에서 일본학이라는 연구 영역이 울음소리를 내며 걸음마를 걷기 시작한 지 40년이라는 세월이 흘렀다. 작금의 일본학 연구자 중 50대가 초기 유학파일 정도로 상대적으로 젊은 일본학은 그동안 질적으로도 양적으로도 빠른 발전을 이룩하였다. 그러나 앞으로 40년 동안 이룰 발전과 이뤄야 할 미래를 바라본다면 두 가지 과제를 인식하고 극복해야 한다. 첫째는 이제는 일본학이 인문과학, 사회과학 등의 토양과 융화해야 한다. 그동안 일본학 연구는 일본과 일본인을 객체화하고 대상화하는 경향이 강한 나머지 거기서 도출되는 결론은 결국 한국 내에서는 고립되어 있다고 해도 과언이 아닐 정도로 약간은 저만치 떨어진 '일본 이야기'였다. 일본과 일본인을 탐구하고 분석하기 위한 유효한 접근임에는 틀림이 없고 필요한 과정이었다. 그러나 이제는 "우리 이야기"에 대해서도 일본학이 역할을 해야 하지 않는가? 약간 단순화해서 말하면 이른바 일제강점기 연구는 주로 사학 또는 국문학 등에서 전담해 왔다. 일본학에 이러한 연구가 전무하지는 않았으나, 자장 주변에 점재했다고 하는 표현이 옳을 것이다. 지난 40년 동안 축적한 역량과 경험을 볼 때 이제는 일본학이 보다 적극적인 역할을 할 수 있는 준비가 되었다고 생각한다.

둘째는 일본에서 일본인이 수행하는 일본 연구와 한국에서 한국인이 수행하는 일본 연구는 무엇이 같고 다른가 하는 문제에 대한 인식이다. 물론 완전히 동일해야 할 필요도 없고 모두 달라야 할 필요도 없다. 그러나 우리가 수행하는 일본학 연구에 대한 주체화는 필요하다. 여기서 굳이 '차별화'라는 말을 쓰지 않고 '주체화'라는 말을 사용한 이유는 첫 번째 항목에서 언급한 '객체화'에 대한 '주체화'가 필요하다는 인식에 의한다. 이를 위해서는 국내 일본학 연구가 국내 학계에만 머물고 있어서는 안 되며, 일본의 일본학 연구와 문제와 인식에 대한 공유가 이루어져야 하며, 거기에 이르기 위한 적극적인 소통과 교섭이 필요하다. 상호소통적인 연구가 학문의 발전에 좋은 자극제가 된다. 대부분의 국내 일본학 학술지가 국내에만 배포되고 있는데, 한림대학교 일본학연구소가 상호소통적 연구를 고집하며 제작비에 버금가는 재정적 부담을 감내하면서까지 일본의 주요 대학과 연구기관에 배포하는 이유이기도 하다. 다행스럽게도 30대 젊은 일본학 연구자 중에는 이 두 가지를 극복하려는 경향이 보이는 점이 매우 희망적이다. 이러한 흐름을 가속화시키고 정착시켰으면 하는 바람에서 知를 공유하고 場을 제공하기 위함이 이 한림일본학연구총서를 기획하는 동기의 하나이기도 했다는 말로 이야기를 맺을까 한다.

제1부

제국사 연구의 지평: 방법론 및 연구사

제국주의론과 식민지 연구

오카베 마키오(岡部牧夫)

I. 들어가며

이 글의 목적은 일본 역사학 및 사회과학 전개에서 기본적 인식틀인 제국주의론의 관점에서 식민지 문제를 어떻게 연구하고 서술해 왔는가를 장기적으로 돌아보고, 향후 식민지 연구의 과제를 모색하는 것이다. 먼저 전후(戰後) 초기의 실증적인 식민지 연구에서 제국주의론이 전쟁 이전부터 역사적으로 면면히 존재해 왔음을 확인하고 이를 현재의 다양한 연구와 연관시켜 독자가 긴 안목과 복합적인 시야로 연구사적 의미를 이해하고 새로운 이론과 실증연구의 영역을 발견하는 데 기여하고자 한다.

II. 일본제국주의론의 문제 관심

청일전쟁 이후 일본은 식민지 획득과 팽창을 거듭하며 동아시아에서 유일한 제국주의 국가를 형성하였다. 그리고 1930년대에는 파시즘과 총력전 체제를 구축하는 가운데 국민의 전 계층을 강제적으로 포섭, 동질화하였다. 이러한 15년 전쟁의 과정에서 역사학, 사회과학의 객관적이고 비판적인 학문은 권력의 탄압으로 지리멸렬할 수밖에 없었다. 15년 전쟁의 완전한 패배를 딛고 재출발한 전후 사회과학에서 당면한 긴급과제는 일본제국주의, 천황제, 파시즘의 본질을 해명하는 일이다. 다만 제국주의론에 대해서 말하자면 전전(戰前) · 전중(戰中)에도 일정하게 중요한 연구업적이 있었음을 간과해서는 안 된다.

일본의 자본주의화가 선진국에 비해 후발인 만큼 명확한 정책의도로 급속하게 추진되었으며, 매우 단기간에 생산의 축적을 이루고 독점단계에 도달하여 제국주의화하였음은 주지의 사실이다. 이는 전쟁 전부터 학계에서 상식이었다. 홉슨(John Atkinson Hobson), 힐퍼딩(Rudolf Hilferding), 레닌(Vladimir Il'ich Lenin) 등 사회주의, 마르크스주의 제국주의 이론은 이미 1920년대부터 번역 소개되었고,[1] 이를 이은 야나이하라 다다오(矢内原忠雄), 이노마타

---

1) 예를 들어 홉슨의 『제국주의연구』(1902)의 수정2판(1905), 힐퍼딩의 『금융자본론: 자본주의의 최근 발전에 대한 연구』(1910)에는 하야시 가나메(林要)가 번역한 『金融資本論』(전3권, 弘文堂書房, 1926)이 있고, 레닌의 『자본주의의 현재적 단계로서 제국주의(평이한 개설)』(1917)에는 하세베 후미오(長谷部文雄)가 번역한 『資本主義の最近の段階としての帝国主義』(岩波文庫, 1929)가 있다. 호소카와 가로쿠(細川嘉六)는 1926년에 「홉슨 저 『帝国主義研究』」를 발표하였다(『小原社会問題研究所雑誌』 第4巻1号, 1926年3月). 미노베 료키치(美濃部亮吉)의 『카르텔, 트러스트, 콘체른(하)(カルテル・トラスト・コンツェルン(下))』(経済学全集47, 改造社, 1931)은 힐퍼딩의 영향이 확실하며, 또 이노마타 쓰나오(猪俣津南雄)의 『극동에서 제국주의(極東に於ける帝国主義)』(経済学全集24, 改造社 1932)에는 금융자본 '정의의 창제자'로서 힐퍼딩의 이름이 올라 있다(344쪽). 야나이하라 다다오(矢内原忠雄)는 주요 저서 중 하나인 『식민 및 식민정책(植民及び植民政策)』에서 레닌의 제국주의론의 요점을 소개하고 이를 "근대 제국주의시대의 특징을 명료하게 드러내고 있다"고 평하고 있다(『矢内原忠雄全集』1 岩波書店, 1963: 85).

쓰나오(猪俣津南雄), 호소카와 가로쿠(細川嘉六)를 비롯한 제국주의론과 식민지 연구의 선구적인 업적이 적지 않았다.[2)]

---

2) 이전에 야나기사와 아소부(柳沢遊)와 공동 편찬으로 전후 식민지 연구의 대표적인 논문을 집성한 『전망 일본역사 20(제국주의와 식민지)(展望日本歴史20(帝国主義と植民地))』(東京堂出版, 2001, 이하 『전망 일본역사』)를 출간하였다. 그런데 연구 발전에 대한 개략을 언급한 당시의 「해설 제국주의와 식민지」는 선행 연구사로서의 패전 전의 연구에 대해서는 전혀 언급하지 않았다. 지면의 제약으로 생략하였지만 다시 읽을 때마다 반성하고 있다. 여기에서도 전쟁 전, 전쟁 중의 연구에 관해서 구체적으로 언급할 여유는 없지만 제국주의론을 염두에 둔 식민지 연구가 전쟁 전부터 오랫동안 이어 온 주요 관심이었음은 지적해 두고자 한다.
예를 들어 야나이하라의 『식민 및 식민정책』(有斐閣, 1926)과 『제국주의하의 대만(帝国主義下の台湾)』(岩波書店, 1929, 초출은 1928년 출판된 『国家学会雑誌』와 『経済学論集』에 게재. 이와 함께 전후의 이와나미 판 『矢内原忠雄全集』에 수록되어 있다), 호소카와의 「제국주의 무산계급(帝国主義無産階級)」(『小原社会問題研究所雑誌』 第3巻1号, 1925年1月), 「현대식민운동에서 계급이해의 대립(現代植民運動における階級利害の対立)」(『小原社会問題研究所雑誌』 第5巻1号, 1927年3月), 『帝国主義論』(マルクス主義講座 1, 同刊行会, 1929), 『植民史』(現代日本文明史10, 東洋経済新報社, 1941) 등, 이노마타는 『帝国主義論』(社会問題講座3, 新潮社, 1927), 『極東に於ける帝国主義』 등이 있다.
다만, 『식민사(植民史)』는 호소카와의 직접 집필이 아니라고 한다. 이무라 데쓰로(井村哲郎)에 의하면 1930년대에 오하라사회문제연구소에서 호소카와의 조수로 근무하고 후일 오자키 히데미(尾崎秀実)에 협력한 미즈노 시게루(水野成)가 대부분을 집필하였다(井村哲郎編, 『満鉄調査部 — 関係者の証言』(アジア経済研究所, 1996), 762쪽). 이전부터 진짜 필자는 아키사사 마사노스케(秋笹正之輔)라는 설도 있었다. 대만 식민지사 연구의 일인자였던 다이궈후이(戴國煇)도 『식민사』의 사실상의 필자는 호소카와가 아니라고 평소 말하곤 했다. 하지만 그는 「호소카와 가로쿠와 야나이하라 다다오(細川嘉六と矢内原忠雄)」(『朝日ジャーナル』, 1972年12月15日; 竹内好・橋川文三編, 『近代日本と中国(下)』(朝日選書, 1974)에 재수록)에서 미즈노 시게루를 언급하면서도 『식민사』에 대해서는 전혀 언급하지 않았다. 다이궈후이의 갑작스런 죽음으로 그 이유를 들을 수 없었던 것이 유감이다. 졸고, 「식민지 연구와 호소카와 가로쿠 — 『호소카와 가로쿠 저작집』에 붙여(植民地研究と細川嘉六 — 『細川嘉六著作集』によせて)」(『現代と思想』 13号, 1973年9月)는 호소카와의 제국주의론, 식민지 연구의 선구성과 역사적 의의를 논했지만 지금 읽어 보니 호소카와가 의거한 레닌의 제국주의론을 보다 상대화시켜 봐야 했다는 생각이 든다. 또 『식민사』의 필자 문제에 대해서는 나에게 확실한 재료가 없으므로 서지대로 호소카와 저작으로 하였다.
또 여기에서 식민지 연구의 '선구적인 업적'이라고 한 것은 인정식(印貞植)의 『조선의 농업기구 분석(朝鮮の農業機構分析)』(白揚社, 1937; 나중에 『조선의 농업기구(朝鮮の農業機構)』(1940)로 제목을 바꿈)과 『(조선농촌 재편성 연구(朝鮮農村再編

홉슨은 제국주의가 전체 국민의 경제적 이익에는 반하지만 금융자본가의 이익에는 합치한다는 것을 다각적으로 검증하였다. 그가 염두에 둔 금융자본가의 전형은 로스차일드(Rothchild)와 모건(Morgan) 등 독점적 국제금융재벌이다.[3] 그리고 제국주의의 식민지 획득 요구의 기저에 있는 것은 상품과 시장의 과잉으로 보았다. 힐퍼딩은 근대자본주의의 특징을 독점화에 의한 '경쟁의 지양'과 은행자본과 산업자본의 유착에 의한 금융자본의 형성에서 찾았다.[4] 양자의 제국주의 연구를 비판적으로 섭취한 레닌은 (1) 생산과 자본의 고도한 집적, (2) 은행자본과 산업자본의 융합에 의한 금융과두제의 성립, (3) 상품수출에 비견되는 자본수출의 중요성 획득, (4) 자본가의 국제적 독점단체에 의한 세계 분할, (5) 자본주의열강에 의한 지구 영토 분할의 완료라는 다섯 가지를 제국주의 성립조건으로 전제하고 그러한 발달단계의 자본주의를 제국주의라고 정의하였다.[5]

일본의 전후 역사학 · 사회과학에서는 레닌의 제국주의 규정을 그대로 답습하여 논의하는 경우가 많았다. 특히 1950, 60년대에 그러한 경향이 두드러졌다.[6] 그러나 청일전쟁과 러일전쟁 사이에 일본의 식민지 획득은 자본

成の研究)』(白揚社, 1943), 히사마 겐이치(久間健一)의 『조선농정의 과제(朝鮮農政の課題)』(成美堂書店, 1943) 등 객관적인 실증연구를 염두에 두고 있다.

3) 矢内原忠雄訳, 『帝国主議論』(上)(岩波文庫, 1951)의 제4장인 「제국주의의 경제적 기생자(帝国主義の経済的寄生者)」, 96-116쪽. 홉슨은 1938년판 서문에서 제국적 팽창의 주요 동기로 금융업자와 함께 수출업자의 이익을 덧붙이고 있다(12쪽).

4) 岡崎次郎訳, 『金融資本論 — 資本主義の最近発展に関する一研究(上)』(岩波文庫(新版), 1982), 「서언(序言)」, 9쪽.

5) 宇高基輔訳, 『資本主義の最高の段階としての帝国主義』(岩波文庫, 1956), 7장 145-146쪽.

6) 1950, 60년대에 레닌의 제국주의 규정에 대해 연구자들이 선험적으로 경사(傾斜)되었던 것은 당시 레닌의 제국주의론이 성행했던 것과 상호의존 관계에 있으며, 레닌의 주장을 시대배경과 함께 상대화하고자 하는 발상이 당시에는 희박했다. 예를 들어 이 시기 레닌 제국주의 연구의 대표작 중의 하나인 시미즈 요시하루(清水嘉治)의 『제국주의론 연구서설(帝国主義論研究序説)』(有斐閣, 1965)에는 상대화의 의도나 계기가 거의 보이지 않는다. 1970년대의 이리에 세쓰지로(入江節次郎) · 호시노 나카(星野中) 편의 『帝国主義研究 I : 帝国主義論の方法』(お茶の水書房, 1973)과 『帝国主義の研究 II : 帝国主義の古典的学説』(お茶の水書房, 1977)의 여러 논고들의 자극적인

주의가 생산과 자본의 면에서 독점단계에 도달하지 않았고 금융자본의 성숙 역시 불충분한 시기에 이루어졌으며, 레닌의 정의와는 분명하게 어긋나 있었다. 이 문제가 일찍이 논자들을 고민하게 만들었고 일본 자본주의 발달의 특수성을 둘러싼 소소한 논쟁을 일으킨 점은 주지하는 바와 같다.

무라카미 가쓰히코(村上勝彦)는 식민지 연구의 입장에서 이 문제에 대해 간결하게 언급하기를, "일본 제국주의 성립에 관한 이론적 어려움은 '레닌의 설(說)'에 의거했을 때 독점자본주가 아직 성립하지 못했고, 침략주의를 중심으로 하는 정치적 특징과도 괴리가 존재"한다. 그리고 이에 대한 타개책으로 (1) 제국주의를 정치적 범주로 끌어들여 독점자본주의 성립을 세계사적 단계로 정리한 노농파, (2) 레닌의 설에 따라 독점자본주의 성립을 근대적 제국주의의 전제라고 간주하고, 일본은 근대적 제국주의의 변종인 군사적 봉건적 제국주의로 보는 군봉(軍封)제국주의론, (3) 사회의 경제기반과 성립한 제국주의의 일본적인 특질 및 독점의 단계적 진전에 주목하는 설이 제기되었다고 서술했다. "일본 제국주의 성립의 열쇠는 '자본주의 확립=제국주의 전화(轉化)'설이 시간적 동시성의 확인에 머무르는 것이 아니라 양자의 유기적 관련성에서 규명되는 것에 있다"는 것이다.[7] 논쟁사의 정리 및 향후의 연구과제로서 타당한 내용이다.

그러나 레닌의 제국주의론은 당시 첨단 자본주의국인 독일, 프랑스, 영국, 미국의 사례를 논거로 한 논의이고 그러한 제국주의 정의는 모든 시대, 모든 나라에 적용되는 법칙이 아니다. 레닌 자신도 "무릇 정의라는 것은 현상의 전면적인 관련성을 그것의 완전한 발전으로 파악할 수는 없다"라고 명기하였고, "모든 정의에 따르는 제약적, 상대적인 의의를 잊지 말도록" 당부하며 상기의 다섯 가지 조건을 제시하였다. 또 이러한 순수 경제적 개념만이 아니라 제국주의 단계가 자본주의 일반에서 가지는 역사적인 지위, 노동운동의 경향과 제국주의의 관계를 염두에 둔다면 "제국주의는 이와 다

다양성과는 대칭적이며, 이런 점에서 학설사적으로도 흥미롭다.

7) 村上勝彦, 「日本帝国主義と植民地」, 石井寛治・海野福寿・中村政則編, 『近代日本経済史を学ぶ(上) 明治』(有斐閣選書, 1977), 176-177쪽.

르게 정의할 수 있으며 또 정의하지 않으면 안 된다"라고도 했다. 자신의 제국주의 정의를 금과옥조로 여기지 말라고 마치 후세의 학문 전개를 예측이라도 한듯 못 박고 있는 것이다.

후발 일본자본주의의 경력을 '현상의 전면적인 관련' 속에 집어넣어 생각한다면 세계사의 현실은 이미 제국주의 단계에 도달해 있고, 강대국이 대치하는 국제체제로의 진입을 정책목표로 삼은 일본은 독점단계 이전의 금융자본도 미성숙한 가운데 의도적이고 조숙한 상태로 식민지를 획득하여 자본수출을 획책했다고 해도 전혀 이상하지 않다. 그러한 후발 제국주의의 존재를 전제로 하는 새로운 제국주의의 정의를 필요에 따라 만들어 내면 되는 것이다. 당장에 레닌 자신이 『제국주의』 집필을 준비하는 과정에서 그것을 실천하였다. 나중에 간행된 『제국주의에 관한 노트』에서 독립국이지만 금융적으로 영미에 종속하는 러일전쟁 후의 일본에 제시한 'β형 자본주의국가'라는 규정이다.[8]

이 정의에 의하면 일본자본주의 특질은 청일, 러일전쟁을 거쳐 군사력을 비약적으로 증강시켜 독점단계 이전에 조급하게 제국주의화하였고 그 과정에서 선진국에 금융적으로 종속하면서 β형 제국주의국가로서 γ형(반식민지) 중국과 δ형(식민지) 조선을 지배한 점에 있다.

일본자본주의 논쟁은 한편에서는 이론적인 논의를 크게 발전시켰고 그 때마다 새로운 실증연구를 촉진시켰으나 논쟁의 발단은 현실의 역사과정을 정의에 맞추어 설명하려고 하는 이론의 역전에서 생겨났고 그러한 의미에서 비생산적인 논의였다고도 볼 수 있다. 일본의 역사학·사회과학은 마르

8) 레닌의 자본주의국 유형분석에 대해서는 안도 미노루(安藤実)의 일련의 연구가 여전히 참고가 될 것이다. 예를 들면, 安藤実, 「레닌의 '제국주의 도표'에 대해서(レーニンによる『帝国主義の図表』について)」(『法経研究』(静岡大) 第16巻1号, 1967年7月); 「일본제국주의와 동아시아(日本帝国主義と東アジア — 日本帝国主義の中国侵略形態について)」(『歴史学研究』 第336号, 1968年5月). 또 레닌이 러시아에 대해서도 사용한 군사적 봉건적 제국주의의 개념에 대해서는 矢吹満男, 「'두 개의 길'과 『제국주의론』(「二つの道」と『帝国主義論』 — レーニンの軍事的=封建的帝国主義規定との関連において)」(『土地制度史学』 第73号, 1976年10月) 등을 참조.

크스주의의 현실에 대한 적용이라는 문제의식에 강하게 규정받아 왔다. 일본자본주의 논쟁은 그 일환이고 제국주의 인식을 둘러싼 이론상의 다양한 논의도 한 축을 이룬다. 이론 문제에 많은 정력을 쏟는 것은 학문구성을 머리만 비대해지도록 만들기 쉽지만, 전후 학문의 재출발에 있어 이론 문제를 정리하는 일이 긴요한 과제라는 필연성을 띠고 있었다. 15년 전쟁을 초래한 일본자본주의 · 일본제국주의의 역사적 성격, 세계사 속에서의 독자성과 보편성, 천황제와의 관련 등 여러 문제가 동시대사의 실패에 대한 강렬한 기억을 동반하면서 연구자의 주체적 관심을 이끌었던 것은 너무나 당연한 일이다.

이 실패의 결과, 식민지를 모두 상실하고 일본인의 구식민지 잔류도 연합국에 의하여 원칙적으로 부인당한 것은 패전 직후의 시기에 식민지 연구를 현저하게 정체시킨 요인이 되었다. 지나간 일은 잊어버리는 사회적 심리가 작용했을 것이다. 게다가 당시 학문에 대한 권력의 간섭이 없어졌을 뿐 전쟁 전과 전쟁 후의 연구 환경에서 근본적으로 개선된 것이 아니었기 때문에 식민지의 실증적인 연구에 불가결한 1차 사료도 매우 제한적이었다. 이러한 연구 동기의 감소와 사료 부족은 1960년대 초까지 지속되었다. 각주 2에서 든 야나기사와 아소부(柳沢遊) · 오카베 마키오 편의 선집, 『전망 일본역사 20 (제국주의와 식민지)』[展望日本歷史 20 (帝國主義と植民地). 이하 『전망 일본역사』]의 「해설 제국주의와 식민지」는 전후 연구사의 구체적인 개설임에도 불구하고 1960년대 이후의 것만을 취급하고 있다. 후술하듯 이전에도 성과가 없는 것은 아니므로 그 점에서 이 해설은 불충분하지만, 1950년대까지는 식민지 연구에 대한 관심이 전반적으로 저조했음은 부인하기 어렵다.

그 가운데 예외적으로 1950년에 나온 이노우에 하루마루(井上晴丸) · 우사미 세이지로(宇佐美誠次郎)의 『국가독점자본주의론 — 일본 경제의 현단계 분석(國家獨占資本主義論 — 日本經濟の現段階分析)』[9]이다. 이 책은 전편(前篇)

9) 井上晴丸 · 宇佐美誠次郎, 『国家独占資本主義論 —日本経済の現段階分析』(潮流社,

「전쟁경제와 국가독점자본주의」의 제2장 「위기 격화와 국가독점자본주의로의 이행」에서 대공황을 계기로 식민지침략에 대한 충동이 고양되었음을 지적하며 「3. 식민지에서의 일본자본주의」라는 절을 설정하였고, 그 밖에 제3장 「식민지 침략과 국가독점자본주의」에서는 15년 전쟁기의 국가독점자본주의 성립과 식민지 지배와의 관계를 분석하고 제국주의적 수탈의 실태를 규명하였다. 이들 논고는 『조류(潮流)』 1948년 1월호 초출의 「전쟁경제의 유산」[이노우에 · 우사미 · 우치다 요시히코(内田義彦)]을 발단으로 같은 해 10월호로 시작하는 특집 「일본파시즘과 그 저항선」을 위한 연구회를 계기로 지속적으로 써나갔고, 이듬해 7월 「국가자본주의와 인민민주주의」로 완료되었다.[10] 식민지 지배의 1차 사료가 거의 알려지지 않은 시기임에도 불구하고 구체적인 사실을 폭넓게 지적하고 국가독점자본주의를 구조적으로 파악하여 강좌파 제국주의론의 이론 수준을 선구적으로 올려놓은 점이 놀랍기 그지없다. 세계사의 현재적 동향을 직접 반영하고 인민민주주의의 실현에 의한 국가독점자본주의의 혁명적 지양을 예상하는 후편(後篇) 부분에는 커다란 난점이 있지만, 이 연구는 마르크스주의에 입각한 이후의 경제사 연구자에게 지속적으로 커다란 영향을 끼쳤다.[11]

1950). 이듬해 1951년에는 증보 개정하여 이와나미서점으로 옮겨 『위기에서의 일본자본주의의 구조(危機における日本資本主義の構造)』로 제목을 바꾸어 출간하였다.

10) 井上晴丸 · 宇佐美誠次郎 · 内田義彦, 「戦争経済の遺産」(『潮流』 第3巻1号, 1948年1月). 이후 모두 이노우에 · 우사미의 공저로 「日本国家独占資本主義の展開 — 戦争経済の遺産(2)」(『潮流』 第3巻9号, 1948年10月), 「日本国家独占資本主義の展開 — 戦争経済の遺産(3)」(『潮流』 第3巻10号, 1948年11月; 이 글의 제2장이 「식민지 침략과 국가독점자본주의(植民地侵略と国家独占資本主義)」), 「戦後日本経済の再編成の過程」(『潮流』 第4巻4号, 1949年4月), 「戦後独占資本主義の補強機構 — 再編国家独占資本主義の一齣」(『潮流』 第4巻6号, 1949年6月), 「国家独占資本主義と人民民主主義」(『潮流』 第4巻7号, 1949年7月).

11) 물론 이노우에 · 우사미 설에는 비판도 있다. 예를 들어 오우치 쓰토무(大内力)는 국가독점자본주의론의 개념, 용어의 불명확성을 예리하게 지적하고 있다. 하지만 국가독점자본주의가 혁명으로의 조건을 이끌어 낸다고 하는 테제와 국가독점자본주의 성립단계의 식민지 지배에 대한 서술 등 이노우에 · 우사미 설의 내용에 대해서는 언급하지 않고 있다(大内力, 『国家独占資本主義』(東京大学出版会(UP選書),

III. 전후 식민지 연구의 출발: 1950 · 1960년대

전후 역사학 · 사회과학의 인식틀에 제국주의론이 크게 자리 잡게 된 것은 일본제국주의가 15년 전쟁 시기에 자국민과 식민지민의 권리를 철저하게 억압하고 '전쟁위법화(戰爭違法化)' 체제를 모색하는 국제정세를 외면했으며 무질서한 경합 상태를 고집하여 비억압민족의 해방운동의 추세와 선진연합국의 일정한 민주적 국민동원체제에서 볼 때 분명하게 시대착오적인 정책을 추진했기 때문이다. 이에 대항하여 국민이 유효하게 저항할 수 없었던 점에 대한 반성도 학계에 공유되었고, 연구자에게는 동시대적 실패와 파멸을 철저하게 비판하고 총괄하지 않는다면 전후 일본의 진로에 대한 전망을 열 수 없다는 생각이 뿌리 깊었다. 과제의 핵심은 일본제국주의와 이를 체현한 국가체제로서의 천황제, 그리고 전시기의 형태로서의 일본파시즘의 역사적 특성을 각각 해명하는 것이었다. 그리하여 제국주의론 · 천황제론 · 일본파시즘론의 틀은 근현대사 인식의 방법을 달리 떠올릴 수 없을 정도로 자명한 것이 되었다.[12)]

1970), 제2장 「국가독점자본주의의 제 학설(国家独占資本主義の諸学説)」).

12) 전후 초기의 레닌 제국주의론의 교조적인 영향은 이미 지적하였지만 이와는 별도로 제국주의론을 둘러싼 이 시기의 대표적인 업적을 살펴본다. 1950년대에는 에구치 보쿠로(江口朴郎)의 『제국주의와 민족(帝国主義と民族)』(東京大学出版会, 1954), 우노 고조(宇野弘蔵)의 『경제정책론(経済政策論)』(弘文堂, 1954), 야나이 가쓰미(揚井克巳) · 오코우치 가즈오(大河内一男) · 오쓰카 히사오(大塚久雄) 편의 『제국주의 연구(帝国主義研究)』(岩波書店, 1959) 등을 제외하면 오히려 주체적인 논의는 적다. 문헌으로서는 그 외 J. 슘페터(쓰루 시게토(都留重人) 역)의 『제국주의와 사회계급(帝国主義と社会階級)』(岩波書店, 1956; J. Shumpeter, Zur Soziologie der Imperialismus(1919)의 번역), 제국주의론이라기보다는 식민지주의의 세계적 진전과 제2차 세계대전 후의 그 변용을 조망한 개설서 구시마 가네사부로(具島兼三郎)의 『현대식민지주의(現代植民地主義)』(岩波新書, 1958)가 눈에 띌 정도이다.
1960년대가 되면 다케다 다카오(武田隆夫) · 엔도 쇼키치(遠藤湘吉) 편의 『제국주의론(帝国主義論)』 전2권(経済学大系4, 5, 東京大学出版会, 1961, 1965), 이쿠미 다쿠이치(井汲卓一) · 이마이 노리요시(今井則義) · 요시무라 마사하루(吉村正晴) · 우타카 모토스케(宇高基輔) · 에구치 보쿠로 편의 『현대제국주의강좌(現代帝国主義講座)』 전5권(日本評論社, 1963), 스즈키 고이치로(鈴木鴻一郎)의 『제국주의연구(帝国主義研究)』(日本評論社, 1964), 에구치의 『제국주의의 시대(帝国主義の

제국주의론에 의한 일본자본주의 특징 해명 작업은 전후 초기에 제국주의 본국의 정치경제구조를 직접 대상으로 이루어졌다. 이노우에·우사미의 지적이 있었지만 식민지 문제에 대한 관심은 전술한 식민지 상실과 사료적 제약에 의한 연구동기의 저하라는 문제도 있어서 상대적으로 희박했다. 그러나 1950년대가 되면 식민지·점령지의 제 문제를 연구와 역사인식의 대상으로 삼는 자세가 하나의 실마리로서 나타나기 시작하였다.[13)]

예를 들어 1950년대 초 이미 식민지시대를 포함하는 조선사를 간행하고 나중에 조선사연구의 성황을 주도한 하타다 다카시(旗田巍),[14)] 그리고 3·1운동 연구에 선구적인 논고를 발표한 야마베 겐타로(山辺健太郎),[15)] 아시아 태평양전쟁기의 동남아시아 항일운동 연구를 시작한 다니가와 요시히코

時代)』(岩波全書, 1969) 등을 비롯하여 역사학, 사회과학의 분야에서는 제국주의를 주제로 다양한 논의가 있었으며 전반적인 식민지 연구의 이론적 배경을 형성해 간다.

13) 예외로서 1940년대의 선구적인 논고로 15년 전쟁기의 중국을 논한 오카모토 사부로(オカモト・サブロウ)의 「항일민족통일전선의 형성과정(抗日民族統一戦線の形成過程)」(『歴史学研究』 第138号, 1949年3月)이 있다. 하지만 이것은 실증연구라기보다는 시평(時評)을 포함한 역사론이다. 1950년대가 되면 『歴史学研究』의 특집호로 「조선사의 제 문제(朝鮮史の諸問題)」(1953年7月)가 나왔는데, 후술하겠지만 여기에 박경식과 야마베 겐타로(山辺健太郎)가 식민지화를 둘러싼 논문을 게재하고 있다. 또 임광철(林光澈)의 「재일조선인문제(在日朝鮮人問題)」는 재일조선인의 형성과정을 통계에 의거하여 논한 것이다. 같은 해인 1953년부터 다음 해에 걸쳐 역사학연구회(歴史学研究会) 편의 『태평양전쟁사(太平洋戦争史)』 구판 전5권(東洋経済新報社, 1953-54)이 간행되어 I, III, IV권에 15년 전쟁 하의 식민지에 대한 언급이 있다. 편집위원의 한 사람이던 우사미 세이지로가 집필한 것으로 여겨진다.
또 전후 식민지 연구 업적에 대해서는 앞에서 언급한 『전망 일본역사』의 권말에 어느 정도 문헌목록을 망라하여 첨부하였는데 편자의 잘못으로 누락된 것도 적지 않다. 그것을 보충하면서 여기서는 1950년대의 대표적인 성과를 돌아본다.

14) 旗田巍, 『朝鮮史』(岩波全書, 1951). 그 외 하타다의 연구로는 「朝鮮史の外圧と抵抗」(『歴史学研究』 特集号「朝鮮史の諸問題」, 1953年7月); 「日本人の朝鮮観」, 旗田巍編, 『アジア・アフリカ講座3 (日本と朝鮮)』(勁草書房, 1965); 『日本人の朝鮮観』(勁草書房, 1969); 『シンポジウム日本と朝鮮』(勁草書房, 1969) 등이 있다.

15) 山辺健太郎, 「日本帝国主義の朝鮮侵略と朝鮮人民の反抗闘争」(『歴史学研究』 特輯号(184号)~185号, 1955年6·7月); 「3·1運動と現代的意義」(『思想』 第372号, 1955年6月).

(谷川栄彦),[16] 조선의 식민지화와 관련한 연구에 종사했으나 요절한 이재무(李在茂)[17] 등의 작업이 대표적이다. 또 1950년대 후반에는 와세다(早稲田) 대학을 무대로 주목할 만한 공동연구가 시작되었다. 하나는 사회과학연구소의 니시지마 시게타다(西島重忠), 기시 고이치(岸幸一) 등에 의한 『인도네시아의 일본군정 연구(インドネシアにおける日本軍政の研究)』[18]이고, 다른 하나는 정치경제학부의 안도 히코타로(安藤彦太郎)를 중심으로 하는 만철사 연구그룹의 활동이다. 후자는 1959년 기관지 『연구노트 일중문제(研究ノート日中問題)』를 창간하고 연구를 진행하였으며 그 성과를 모아 『만철: 일본제국주의와 중국(滿鐵 — 日本帝國主義と中國)』[19]을 간행하였다.

전자는 외무성과 방위청 소장 공문서를 비롯하여 일본 신문사가 점령지에서 발행한 신문, 관계자의 채록, 인도네시아 측 문헌 등 사료를 광범위하게 수집하여 진행한 점에서 시기적으로 볼 때 선구적인 면이 두드러진다. 이에 관계한 구성원들은 이후 오랫동안 인도네시아 연구에 전념하고 이 분야를 주도하였다. 후자의 경우 주로 『일본외교문서』, 주요 인물의 전기·

---

16) 谷川栄彦, 「태평양전쟁 중의 동남아시아항일운동(太平洋戦争中の東南アジア抗日運動 — ビルマ、ヴェトナム、インドネシア、マラヤの抗日運動を中心に)」(『アジア研究』 第4巻1号, 1957年9月). 다니가와는 나중에 일본 국제정치학회의 국제심포지엄(1986년 9월)에서 보고한 논의를 기초로 「태평양전쟁과 동남아시아 민족독립운동(太平洋戦争と東南アジア民族独立運動)」(『九州大学法政研究』 第53巻3号, 1987年3月)을 발표했고, 노부오 세이자부로(信夫清三郎)는 이 논고의 영향을 받아 독특한 역사인식을 바탕으로 『'태평양전쟁'과 '또 하나의 태평양전쟁'(「太平洋戦争」と「もうひとつの太平洋戦争」 — 第二次大戦における日本と東南アジア)』(勁草書房, 1988)을 출간하였다. 다니가와의 주요 저서 중 하나인 『동남아시아의 민족해방운동사 — 태평양전쟁까지(東南アジアの民族解放運動史 — 太平洋戦争まで)』(勁草書房, 1969)와 「동남아시아에서의 민족운동(東南アジアにおける民族運動」(『岩波講座世界歴史 28 (現代 5)』(岩波書店, 1971)은 모두 일본점령기의 전사(前史)에 해당된다.

17) 李在茂, 「朝鮮における『土地調査事業の実態』」(東京大学社会科学研究所 『社会科学研究』 第7巻5号, 1956年5月); 「いわゆる『日韓合併』 — 『強占』前の日本帝国主義による朝鮮植民地化」(『社会科学研究』 第9巻6号, 1958年3月).

18) 早稲田大学大隈記念社会科学研究所編, 『インドネシアにおける日本軍政の研究』(紀伊國屋書店, 1959).

19) 安藤彦太郎編, 『満鉄 — 日本帝国主義と中国』(お茶の水書房, 1965).

일기, 회사의 사사(社史)와 통계, 『만주공산비연구』와 같은 간행사료에 의존하고 미간행 1차 사료의 발굴이라는 점에서는 『가쓰다가(勝田家)의 문서』를 이용할 정도이다. 그러나 중국의 국제경쟁과 민족운동 속에서 권익신장을 획책하는 일본제국주의의 위상을 기본적인 사실의 검증에 의해 실증적으로 해명하고 이후의 만주·만철 연구 성황의 기초를 다졌다는 점에서 높이 평가할 만하다. 구성원이 『연구노트 중일문제』와 그 밖의 장에서 발표한 논고에도 뛰어난 것이 많고 나중에 식민지 연구에서 이들 그룹이 해낸 역할은 매우 지대하다.[20)]

또 1950년대에는 미나미 도쿠코(南とく子), 후지와라 요코(藤原菱子) 등의 여성연구자가 등장한 일도 주목할 만하다.[21)] 미나미는 나중에 오모리(大森)로 성이 바뀌어 조선을 중심으로 하는 식민지 경제사의 분야를 개척하였다.

이러한 선행연구에 이어 1960년대에는 연구자의 노력에 의해 사료의 발굴과 재조명이 이루어졌고 의욕적인 실증연구가 다수 나타나게 되었다. 예를 들어 일본의 만주지배를 주로 정치외교사의 측면에서 파악한 스즈키 다카시(鈴木隆史),[22)] 일본제국주의의 조선지배와 민족운동의 양면을 통일적으로 파악하고자 한 미야타 세쓰코(宮田節子),[23)] 앞의 작업을 발전시켜 일본의

---

20) 만철사연구그룹의 안도 미노루는 각주 8에 언급한 바와 같이 레닌의 β형자본주의의 유형을 일본제국주의의 특징을 인식하는 데 사용하여 만철의 성격을 논하였으며, 이 밖에도 그는 「만철회사의 창립과 자금(満鉄会社の創立と資金)」(『研究ノート日中問題』 2, 1959年7月)과 「만철회사 창립에 대해(満鉄会社の創立について)」(『歴史評論』 第117-8号, 1960年5·6月), 「만철경영의 국제적 조건(満鉄経営の国際的条件 — 満鉄史研究の序章)」(『現代中国』 第35号, 1960) 등을 썼다.

21) 南とく子, 「청일전쟁과 조선무역(日清戦争と朝鮮貿易)」(『歴史学研究』 第149号, 1951年1月); 藤原菱子, 「의병운동(義兵運動)」(『歴史学研究』 第187号, 1955年9月).

22) 鈴木隆史, 「満州経済開発と満州重工業の成立」(『徳島大学学芸紀要(社会科学)』 第13号, 1964); 「『満州国』と王道政治 — 満州国の評価について」(『歴史評論』 第170号, 1964年10月); 「南満州鉄道株式会社(満鉄)の創立過程」(『徳島大学教養部紀要(人文社会科学)』 第4号, 1969年3月); 「総力戦体制と植民地支配」(『日本史研究』 第111号, 1970年4月). 스즈키는 그 후에도 만주를 중심으로 식민지 연구를 계속하였으며 나중에 대저 『일본제국주의와 만주: 1900~1945(日本帝国主義と満州 — 1900~1945)』 전2권(塙書房, 1992)을 출간했다.

23) 宮田節子, 「三·一運動の実態と現代的意義」(『歴史評論』 第157号, 1963年9月); 「一

조선지배 확립과정, 통치 실정 및 민족운동의 본격적인 실증을 한 야마베 겐타로,[24] 재일조선인의 입장에서 15년 전쟁기의 조선인 강제연행의 실태를 규명하고 또 독립운동의 추진 주체를 해명한 박경식(朴慶植),[25] 식민지 지주제 연구를 시작으로 일본제국주의의 식민지 지배와 이에 대한 저항운동 전체 연구로 시야를 넓히는 한편, 젊은 연구자를 규합하여 의욕적인 공동연구와 연구회를 조직한 아사다 교지(浅田喬二),[26] 식민지 공업화와 노동

九三〇年代日帝下朝鮮における『農村振興運動』の展開」(『歴史学研究』 第297号, 1965年2月); 「朝鮮の植民地化と反帝国主義運動」, 『岩波講座世界歴史 23(近代 10)』(岩波書店, 1969).

24) 山辺健太郎, 『日韓併合小史』(岩波新書, 1966); 『日本の韓国併合』(太平出版社, 1966); 「日本帝国主義と植民地」, 『岩波講座日本歴史 19(現代 2)』(岩波書店, 1968); 『日本統治下の朝鮮』(岩波新書, 1971). 『한일병합소사(日韓併合小史)』에서 그의 진가는 한국의 친일개혁파 정치가 김옥균의 수기 『갑신일록(甲申日錄)』의 사본 등 사료, 문헌을 치밀하게 검토하여 이를 기초로 쉽게 서술한 것에 있다. 그는 일본의 사회운동을 연구했지만 이를 위해 자본주의 발달시 검토가 필요하며 지금까지의 연구에서 식민지 문제가 무시되어 왔음을 깨닫고 우선 조선의 근대사를 연구하게 되었다고 언급하고 있다(『일본의 한국병합(日本の韓国併合)』, 361쪽). 앞에서 언급한 바와 같이 종래 연구가 식민지를 무시한 것은 아니지만 관심이 적었던 것은 사실이며 야마베의 학문적 행보는 식민지 연구자의 공통된 문제 관심의 원점이었다고 할 수 있다.

25) 박경식은 1950년대에 조선식민지의 전사(前史)라 할 만한 「개국과 갑오농민전쟁(開国と甲午農民戦争)」(앞의 글, 『歴史学研究』 특집호)을 발표하고 있음이 주목된다. 그 후 60년대에는 「태평양전쟁 시기 조선인 강제연행(太平洋戦争時における朝鮮人強制連行)」(『歴史学研究』 第297号, 1965年2月), 『조선인 강제연행의 기록(朝鮮人強制連行の記録)』(未来社, 1965), 「3·1독립운동의 역사적 전제 — 주체적 조건의 파악을 위해(三·一独立運動の歴史的前提 — 主体的条件の把握のために)」(『思想』 第550号, 1970年4月), 「3·1독립운동연구의 제 문제 — 민족주의의 평가에 대해서(三·一独立運動研究の諸問題 — 民族主義の評価について)」(『思想』 第556号, 1970年10月) 등의 역작을 내놓았다. 특히 마지막 논고는 민족주의자의 역할을 부정적으로 평가하는 강덕상(姜德相)의 견해(「3·1운동의 『민족대표』와 조선인민(三·一運動における『民族代表』と朝鮮人民)」(『思想』 第537号, 1969年3月))에 대해서 민족주의자들의 한계를 인정하면서도 일정 부분 평가하고 있다. 박경식은 그 후 『일본제국주의의 조선지배(日本帝国主義の朝鮮支配)』 전2권(青木書店, 1973)을 출간했으며 재일조선인사의 사료수집과 연구에 커다란 족적을 남겼다.

26) 浅田喬二, 『日本帝国主義と旧植民地地主制 — 台湾·朝鮮·満州における日本帝国主義と旧植民地地主制』(お茶の水書房, 1968; 增補版, 龍溪書舍, 1989). 그 후

자의 저항에서 출발하여 마침내 일본제국주의의 식민지 전체 역사상(像) 구축으로 향한 고바야시 히데오(小林英夫)[27]의 업적이 그것이다.

그 밖에 1960년대에는 노무라 고이치(野村浩一), 모리 요시조(森芳三), 우사미 세이지로, 권영욱(權寧旭), 하기노 도시오(萩野敏雄), 기쿠치 다카하루(菊池貴晴), 구와노 히로시(桑野仁), 사토 쇼이치로(佐藤昌一郎), 요시다 가즈키(吉田和起), 가지무라 히데키(梶村秀樹), 강덕상(姜德相), 아키사다 요시카즈(秋定嘉和), 박종근(朴宗根), 모리 가즈코(毛里和子), 와타나베 마나부(渡辺学), 나카쓰카 아키라(中塚明), 미도리가와 가쓰코(綠川勝子), 도시타니 노부요시(利谷信義), 니시카와 히로시(西川宏), 히라노 겐이치로(平野健一郎), 마쓰무라 다카오(松村高夫) 등이 실증연구논문을 잇달아 발표하였다.[28] 이처럼 전후 식민지

의 아사다 저서 및 편서는 앞의 글 『전망 일본역사』의 문헌목록을 참조.

27) 小林英夫, 「조선산금장려정책(朝鮮産金奨励政策について)」(『歴史学研究』 第321号, 1967年2月); 「1930년대 조선'공업화'정책의 전개과정(一九三〇年代朝鮮『工業化』政策の展開過程)」(『朝鮮史研究会論文集』 第3号, 1967年10月), 「1930년대 전반기의 조선노동운동에 대해서(一九三〇年代前半期の朝鮮労働運動について — 平壌ゴム工場労働者のゼネストを中心にして)」(『朝鮮史研究会論文集』 第6号, 1969年6月), 「1930년대 '만주 공업화'의 전개과정(一九三〇年代『満州工業化』の展開過程)」(『土地制度史学』 第11巻4号, 1969年7月).

28) 野村浩一, 「만주사변 직전의 동삼성 문제(満州事変直前の東三省問題)」(『国際政治』 15号, 1961年3月); 森芳三, 「메이지29년 청일통상조약과 자본수출(明治二九年日清通商条約と資本輸出)」(『山形大学紀要(社会学科)』 第1巻3号, 1961); 宇佐美誠次郎, 「만주침략(満州侵略)」, 『岩波講座日本歴史 20(現代 3)』(岩波書店, 1964); 權寧旭, 「조선에서의 일본제국주의의 식민지적 산림정책(朝鮮における日本帝国主義の植民地的山林政策)」(『歴史学研究』 第297号, 1965年2月); 萩野敏雄, 『조선·만주·대만 임업발달사론(朝鮮·満州·台湾林業発達史論)』(林野弘済会, 1965); 菊池貴晴, 『중국민족운동의 기본구조(中国民族運動の基本構造 — 対日ボイコットの研究)』(大安, 1966; 증보판, 汲古書院, 1974); 桑野仁, 『전시통화공작사론(戦時通貨工作史論 — 日中通貨戦の分析)』(法政大学出版局, 1966); 佐藤昌一郎, 「'제철원료차관'에 대한 비망록(『製鉄原料借款』についての覚え書 — 官営製鉄所財政との関連について)」(『土地制度史学』 第8巻4号, 1966年7月); 吉田和起, 「일본제국주의의 조선병합(日本帝国主義の朝鮮併合 — 国際関係を中心に)」(『朝鮮史研究会論文集』 第2号, 1966年11月); 梶村秀樹, 「1930년대 만주의 항일투쟁에 대한 일본제국주의의 제 책동(一九三〇年代満州における抗日闘争にたいする日本帝国主義の諸策動 — 『在満朝鮮人問題』と関連して)」(『日本史研究』 第94号, 1967年11月); 「일제시대(전반기) 평양 메리야스 공업의 전개과정(日帝時代(前半期)平壌メリヤ

연구의 기본적인 문제들은 1960년대에 정해졌다고 할 수 있다. 이에 촉발되어 다음 시기에 활약하는 세대도 연구에 착수하였다.

한편 일본 경제가 부흥기를 거쳐 성장기를 맞이하자 독점자본주의의 부활에 보조를 맞추어 이러한 연구 상황에 대항하듯 1960년대에는 구식민지 관계자와 일부 국민 사이에 과거 일본의 통치와 대외정책을 미화하는 이른바 제국주의적 역사관이 대두하였다. 『만주개발40년사』, 『아아, 만주』, 『만주국사』 등의 회고적 역사기술, 하야시 후사오(林房雄)의 『대동아전쟁긍정론』[29] 등이 대표적이다. 학계에서도 이론적 파악을 문제 관심으로 하지 않

ス工業の展開過程 — 植民地経済体制下の朝鮮人ブルジョアジーの対応の一例)」(『朝鮮史研究会論文集』 第3号, 1967年10月); 「일제시대(후반기) 평양 메리야스 공업의 전개과정」(『朝鮮史研究会論文集』 第5号, 1968年11月); 姜德相, 「관동대지진 조선인 학살의 실태(関東大震災における朝鮮人虐殺の実態 — 特に四〇周年を記念して)」(『歴史学研究』 第278号, 1963年7月); 「헌병정치하의 조선(憲兵政治下の朝鮮)」(『歴史学研究』 第321号, 1969年2月); 秋定嘉和, 「조선금융조합의 기능과 구조(朝鮮金融組合の機能と構造 — 一九三〇年代~四〇年代にかけて)」(『朝鮮史研究会論文集』 第5号, 1968年11月); 朴宗根, 「1894년의 일본군 철병문제와 조선 '내정개혁'안 등장의 배경(一八九四年における日本軍撤兵問題と朝鮮『内政改革』案登場の背景)」(『朝鮮史研究会論文集』 第5号, 1968年11月); 毛里和子, 「중국공산당의 항일민족통일전선 이론의 형성에 관한 약간의 문제(中国共産党の抗日民族統一戦線理論の形成における若干の問題 — 東北抗日運動を軸にして)」(『国際問題研究』 第1号, 1968); 渡辺学, 『朝鮮近代史』(勁草書房 · A · A총서, 1968); 中塚明, 「조선의 민족운동과 일본의 조선지배(朝鮮の民族運動と日本の朝鮮支配)」(『思想』 第537号, 1969年3月); 緑川勝子, 「만보산 사건 및 조선 내 배화사건에 대한 일고찰(万宝山事件および朝鮮内排華事件についての一考察)」(『朝鮮史研究会論文集』 第6号, 1969年6月); 利谷信義, 「'동아신질서'와 '대아시아주의'의 교착(『東亜新秩序』と『大アジア主義』の交錯 — 汪政権の成立とその思想的背景)」(『仁井田陞博士追悼論文集(3) 日本法とアジア』 勁草書房, 1970); 西川宏, 「일본제국주의하에서 조선고고학의 형성(日本帝国主義下における朝鮮考古学の形成)」(『朝鮮史研究会論文集』 第7号, 1970年6月); 平野健一郎, 「만주사변 전에 있어서 재만일본인의 동향(満州事変前における在満日本人の動向)」(『国際政治』 43号, 1970年12月); 松村高夫, 「일본제국주의하에서의 '만주'로의 조선인 이동에 대해서(日本帝国主義下における『満州』への朝鮮人移動について)」(『三田学会雑誌』 第63巻6号, 1970年6月).

29) 満史会編, 『満州開発四〇年史』 전3권(満州開発四〇年史刊行会, 1964-5); 満州回顧集刊行会編, 『あ、満州 — 国つくり産業開発者の手記』(満州回顧集刊行会, 1965); 満州国史編纂刊行会編, 『満州国史』 전2권(満蒙同胞援護会, 1970); 林房雄, 「大東亜戦争肯定論」(『中央公論』, 1963年9-12月); 『大東亜戦争肯定論』(番町書房, 1964).

는 실증지상주의가 점차 강화되었다. 방위청 협력으로 구 육해군 사료를 마음껏 이용한 일본국제정치학회의 공동연구 『태평양전쟁으로의 길』[30]은 제국주의론에 대항하는 실증주의의 좋은 예이다.

또 1968년에는 메이지유신 백주년이라 명명하여 정부의 이니셔티브로 일본의 근대화를 무비판적으로 찬미하는 일대 캠페인이 일어났고 국민의 소박한 내셔널리즘 감각을 불러일으켰다. 이노우에 기요시(井上清)는 이러한 상황을 비판하고 제국주의론의 원칙적 입장에서 근대 일본의 침략 역사를 재인식하기 위하여 근대 일본 백년의 '영광'의 반대 측면을 보다 집약적·전형적으로 체현한 조선을 빌려 다시금 이론적으로 정리하였다.[31]

즉 일본의 조선 침략은 1868년에서 1910년 병합까지 네 단계를 거쳤으며 그것이 제국주의론의 견지에서 어떻게 규정되는가를 논하였다. 그리고 이노우에는 레닌이 차리즘(tsarism)에 적용했던 군사적 봉건적 제국주의 개념에 따라서 조선 침략의 제3단계, 즉 청일전쟁에서 러일전쟁까지의 시기를 '군봉제국주의와 함께 근대제국주의가 일어나는 시기'라고 주장하였다. III에서 소개한 무라카미 가쓰히코가 정리한 (2)의 입장의 확인이다. 그러나 이노우에에 의하면, 이 단계에서 근대제국주의는 아직 서두이며 다음의 4단계, 러일전쟁 개시부터 조선병합까지의 시기는 근대제국주의 자체의 제1단계이고 독점단계로의 이행기였다. 그리고 식민지 지배의 본질도 이 시기에 천황제 군봉제국주의의 전근대적인 군사적 강압에서 자본주의적 경제수탈

단, 『만주개발40년사』의 경우 상권의 「농업편」의 기록은 마르크스주의적인 관점이 확실하며 일정한 객관성이 느껴진다. 집필자의 역사관이 반드시 통일되어 있지는 않은 듯하다.

30) 日本国際政治学会太平洋戦争原因研究部編, 『太平洋戦争への道』 전7권+별권자료편(朝日新聞社, 1962~3; 신판 1987). 이러한 대규모적인 공동연구의 의의와 한계, 이에 대한 비판으로서의 歴史学研究会編, 『太平洋戦争史』 전6권(青木書店, 1971~1973)의 간행, 방위청(당시)의 사료공개의 비민주성 등에 대해서는 필자의 『50년전쟁사론 — 원인과 결과와 책임(五〇年戦争史論 — 原因と結果と責任と)』(青木書店, 1999), 42-45쪽을 참조.

31) 井上清, 「일본의 조선침략과 제국주의(日本の朝鮮侵略と帝国主義)」(『朝鮮史研究会論文集』 第5号, 1968年11月).

로 전환해 간다. 그러나 종래 연구가 전자를 강조한 나머지 후자를 경시하는 결과가 되었고 봉건적이므로 가혹하다는 인식의 오류가 생겨난 것이 아닌가라는 자기반성을 담은 과제를 제기하였다.

이상과 같이 1960년대까지의 문제 관심과 사회상황에 대해 앞서 언급한 『전망 일본역사』의 해설에서는 다루지 못하였다. 그러나 전전 · 전중에서 현재에 이르는 제국주의론에 의한 식민지사 연구의 계보를 상대화하면서 장기적 · 객관적으로 파악하기 위해서는 전후 초기의 이론적 논의와 구체적인 실증연구의 양상을 충분히 인식할 필요가 있다.

IV. 식민지 연구의 다양화와 문제성: 1970년대에서 현재까지

1970년대 이후 식민지사 연구는 양적으로 눈부시게 발전하였고 문제의식과 방법론도 눈에 띄게 확대되기 시작하였다. 구체적인 업적을 매우 대표적인 것으로 제한하더라도 여기에 각각 논술하기란 지면상 어려운 일이다. 의욕적인 연구가 매우 많아서 대표적인 업적을 선택하는 것 자체가 어렵다. 그러한 점에서 『전망 일본역사』 해설은 일종의 만용을 부려 1990년대까지의 주요 업적을 열거하여 소개했다. 또 어느 정도 망라된 문헌목록도 실었으므로 이를 참조하기 바란다.

식민지 연구의 이론적 모체를 이루는 일본제국주의 연구로서 우선 1970년대 초에 나온 야마자키 히로아키(山崎広明) 외의 『일본자본주의(日本資本主義)』가 주목할 만하다. 이것은 세계 각국 경제에 근거하여 제국주의 구조를 우노 고조(宇野弘藏) 이론에 의해 통일적으로 해명하고자 한 전 6권의 시리즈 가운데 한 권이고, 일본제국주의를 대외진출의 측면에서 분석하였다. 일본자본주의 논쟁에서의 입장은 언뜻 보기에 대척을 이루지만 문제 관심과 방법의 일부분에서 이노우에 · 우사미의 식민지론을 계승하는 것이라 할 수 있다. 이 책이 식민지 연구에 어느 정도 영향을 주었는가의 판단은 어렵지만 적어도 필자는 자신의 연구에서 같은 시리즈인 후리하타 세쓰오(降旗節雄) 외의 『제국주의론의 형성(帝國主義論の形成)』과 함께 많은 시사점을 얻었다.[32]

1970년대 전반은 개별 실증 분야에서 조선 연구의 심화, 야나이하라 다다오가 기초를 구축한 대만 연구의 재출발, 만주·만철 연구의 부흥이 현저하고, 현대사에서 식민지 연구의 중요성이 널리 인식됨과 동시에 방법론의 제기와 논의[33]가 이루어졌다는 점에서 연구사의 획을 달리한다. 그리고

---

32) 山崎広明·시바가키 가즈오(芝垣和夫)·하야시 다케히사(林健久), 『日本資本主義』(宇野弘蔵監修, 『講座 帝国主義研究』(6), 青木書店, 1973); 降旗節雄·사쿠라이 다케시(桜井毅)·와타나베 간(渡辺寛), 『帝国主義論の形成』(宇野弘蔵監修, 『講座帝国主義研究』(1), 青木書店, 1973). 또한 필자의 식민지 연구 논고에는 개설, 해제를 제외하고 다음과 같은 것이 있다. 필자의 「식민지 파시즘운동의 성립과 전개 — 만주청년연맹과 만주 협화당(植民地ファシズム運動の成立と展開 — 満州青年連盟と満州協和党)」(『歴史学研究』 第406号, 1974年3月); 「가사키 요시아키와 사상적 영향(笠木良明とその思想的影響)」(『歴史評論』 第295号, 1974년11月); 「식민지의 민중운동(植民地の民衆運動)」(藤原彰編, 『日本民衆の歴史』 第9巻(戦争と民衆), 三省堂, 1975); 「만주농업이민정책과 나가노현(満州農業移民政策と長野県)」(『信州白樺』 第20号, 1975年12月; 이후에 「만주농업이민정책의 전개 — 나가노현을 사례로(満州農業移民政策の展開 — 長野県を例として)」로 제목을 바꾸어 藤原彰·野沢豊編, 『일본 파시즘과 동아시아(日本ファシズムと東アジア)』(青木書店, 1977)에 수록); 『満州国』(三省堂選書, 1978; 복각 講談社学術文庫, 2007); 「일본제국주의와 만철(日本帝国主義と満鉄)」(『日本史研究』 第195号, 1978年11月); 「1920년대 만철과 만철조사부(一九二〇年代の満鉄と満鉄調査部)」(『歴史公論』 第5巻4号, 1979年4月); 「만주사변의 진상(満州事変の真相)」(藤原彰·今井清一·宇野俊一·栗屋憲太郎編, 『일본근대사의 허상과 실상(日本近代史の虚像と実像)』 제3권(満州事変~敗戦), 大月書店, 1989); 「〈대동아공영권〉과 도조정권(〈大東亜共栄圏〉と東条政権)」(『歴史評論』 第508号, 1992年8月); 「일본의 패전과 아시아 제국의 독립(日本の敗戦とアジア諸国の独立)」(浅田喬二編, 『근대일본의 궤적(近代日本の軌跡)』 제10권(「帝国」日本とアジア), 吉川弘文館, 1994); 『大東亜共栄圏論』(歴史学研究会編, 『講座世界史8(戦争と民衆 — 第二次世界大戦)』 東京大学出版会, 1996). 앞의 졸저 『五〇年戦争史論』.

33) 앞에서 언급한 무라카미 가쓰히코의 지적, 즉 레닌 제국주의론을 일본의 역사적 현실에 어떻게 적용할것인가라는 문제 외에도 아사다 교지는 「일본 식민지 연구의 현상과 문제점(日本植民地研究の現状と問題点)」(『歴史評論』 第300号, 1975年4月)을 써서 제국주의의 식민지 지배의 기본 정책은 종래부터 논의되어 온 것처럼 토지지배, 금융·재정지배, 철도지배의 3대 기본 정책이며 식민지 연구의 과제는 이러한 실증적 파악에 근거하여 제국주의와 식민지의 상호연관, 상호규정의

1970년대 후반에서 1980년대 전반에는 식민지 연구의 양이 폭발적으로 증가한 점에서 한층 주목할 만하다. 구체적인 성과에 관해서도 『전망 일본역사』의 해설로 대신하고자 한다.

제국주의론의 영역에서는 10년간의 마지막 시기에 이시이 간지(石井寛治)가 제국주의 세계체제 성립기의 동아시아 국제관계와 그 속에서 일본의 위치를 논한 훌륭한 개설을 발표한 것이 주목할 만하다.[34] 이 논문은 19세기 후기부터 20세기 초기의 국제관계의 추이를 구체적으로 뒷받침하면서 청일·러일의 대립이라는 형태로 일본이 적극적으로 이들 관계에 관여하고 제국주의 세계체제의 완성에 독특한 역할을 수행했음을 거시적으로 설명하였다. 식민지국가 일본의 출발기 국제환경을 동아시아에 근거하여 재인식하고 식민지 연구의 기본 시각을 자각한 중요한 논고라고 할 수 있다. 제국주의 세계사의 넓은 시야에서 제국주의사를 논해 온 에구치 보쿠로는 1930년대 이후의 논고를 집대성하였고 그 저작집이 간행된 점도 이 시기의 커다란 수확이었다.[35]

관계를 해명하는 것이라고 하였다. 후에 고바야시 히데오는 「15년 전쟁과 식민지(一五年戦争と植民地)」(石井寛治·海野福寿·中村政則編, 『근대일본경제사를 배운다(近代日本経済史を学ぶ)』 下巻(大正, 昭和), 有斐閣選書, 1977)에서 패전까지의 일본제국주의 전체를 통해서 이 세 가지 기본 정책은 지배를 시작하는 데 없어서는 안 되었기 때문인가, 이 모든 것을 만족시킬 정도로 일본제국주의의 식민지 지배가 강했는가라는 질문을 던지고 전 생애를 통하여 식민지 지배의 기본적인 핵심을 검출하는 것은 불가능하지 않을까라고 의문을 제기하였다. 그리고 경제지배에 중점을 둔 3대 기본정책론만으로는 식민지의 정치지배의 특질은 해명하지 못하고 제국주의와 식민지 상호관련의 동적 변환에 따라 지배의 축도 단계적으로 변화함을 강조했다. 아사다의 규정은 정적이고 통시적인 인상을 주지만 고바야시도 언급한 바와 같이 "분명하고 일관된 이론적 틀에 매력이 느껴진다."(215-316쪽) 요컨대 아사다 설은 추상적인 이론이며 고바야시 설은 보다 현실 동향에 눈을 돌린 서술적인 이론으로서 둘 중 하나만을 선택할 문제는 아니다. 양쪽의 시점을 합친다면 더욱 효과적인 식민지 연구의 방법이 나오리라 생각한다.

34) 石井寛治, 「동아시아의 제국주의(東アジアの帝国主義)」(歴史学研究会·日本史研究会編 『講座日本歴史(8) 近代(2)』 東京大学出版会, 1985).

35) 江口朴郎, 『帝国主義時代の研究』(岩波書店, 1975); 『江口朴郎著作集』 전5권(青木書店, 1974~1975).

그러나 과거 식민지 연구의 존재이유를 담보하는 이론적 기반이던 제국주의론이 이제 그것을 굳이 전제로 하지 않아도 연구가 성립할 정도로 식민지 연구가 자명한 것으로서 자립하게 된 것도 1970년대 후반 이후의 현상이 아닐까 한다. 제국주의론의 틀에 의한 식민지 연구는 뭔가 오래된 것, 극복해야 할 것이라는 의식이 무의식적이지만 확산되기 시작하였고 전통적인 의미의 제국주의론·제국주의 연구는 신세대 연구자의 관심을 끌지 못하게 되었다.

특히 1980년대 후반 세계사에서의 역사 주체(historical entity)[36]의 상호관계에는 제2차 세계대전 이래 매우 극단적인 전환이 일어났다. 과거 식민지 한국, 대만, 싱가포르 등을 중심으로 하는 '동아시아 신흥공업화경제(NIEs)'의 대두 및 이 체제들의 민주화, 이와 대조적인 사회주의체제의 급속한 쇠퇴와 붕괴이다. 아울러 기존 역사학이 분명하게 예상하지 못한 사태가 눈앞에서 일어나고 역사의 법칙적인 발전이라는 신념은 어처구니없이 무너지고 말았다. 마르크스주의·사회주의의 권위는 실추하였고 이들과 친화적인 제국주의론이 급속하게 매력을 잃어 감과 동시에 이렇다 할 근거도 없이 자본주의체제의 우위성 신화가 유포되었다. 자본주의의 근본적인 결함과 비인간성에 관한 논의는 퇴조하고 자본주의 특유의 인간 소외를 제도적으로 극복할 가능성조차 오늘날에는 잊혀지고 말았다.

이러한 현실을 배경으로 식민지사의 인식틀에도 전통적인 제국주의론

---

36) '역사의 주체'는 각각의 국가, 이를 뛰어넘은 지역, 혹은 세계 전체를 무대로 역사를 창조하거나 혹은 변혁하는 주체로서의 인간집단이다. 19, 20세기에 역사의 주체는 국민국가를 이룬 혹은 국민국가를 형성하는 도중에 있는 민족 집단이 전형적이었다. 이들은 세계체계 속에서 독립한 지위를 유지하거나 혹은 지금은 종속되어 있지만 곧 독립을 성취하려고 애쓰고 있다. 어느 쪽이든 각각의 주체는 많든 적든 민족주의의 신조, 사상을 지니고 있다. Okabe, "Empire Nation-State, and National Economy in East Southeast Asia, 1920s-1960s"(히타 야스유키(疋田康行)編, 『1920~60년대 동·동남아시아 경제의 통합과 반통합(一九二〇年代~六〇年代東·東南アジア経済の統合と反統合 — 政策と実践)』 1998年度立教大学国際会議成果報告書(私家版, 1999), 15쪽. 여기에서는 '역사의 주체'를 historical substance라고 표현하고 있지만 영어의 'substance'는 개념으로서 지나치게 다의적이므로 지금은 'historical entity'가 보다 이해하기 쉽다고 생각한다.

이외의 다양한 시각이 등장하게 되었다. 필자가 이해한 바에 따라 명명한다면 제국주의론을 정치와 경제 이외의 영역으로 확대하여 적용하려고 하는 제국주의사회사와 문화제국주의론, 단선적인 발달사관을 극복하고 그것의 상대화를 지향하는 세계체계론, 제국주의 개념을 통시적으로 확장하는 '제국'론의 무수한 전개,[37] 식민지 해방 후에도 강고하게 잔존하고 재생산되는 제국의식과 문화를 문제 삼는 포스트식민주의론, NIEs의 대두 요인을 식민지기의 사회변동에서 찾는 식민지근대화론 등이고, 이런 인식의 다양화는 현재도 진행되고 있다. 다카오카 히로유키(高岡裕之)는 전후 일본 근대사 연구를 총괄하고 이러한 인식의 전환을 설득력 있게 논하였다.[38]

이들 여러 가지 틀은 대부분 아직 충분히 기술·정의된 개념을 형성하고 있지 못하고 각각의 논자들마다 규정도 크게 상이했다. 전통적 제국주의론에 대한 거리를 두는 방식도 입장마다 제각각이고 어떤 것은 명확하게 제국주의론의 비판적 상대화를 의식하고 있는 데 반해 연구사의 고군분투에 그다지 관심을 두지 않는 순진한 논의도 적지 않다.[39]

이상과 같은 식민지 연구의 질적 전환을 계승하여 1980년대 후반 이후 구체적인 실증연구의 성과는 과거 이상으로 해마다 비약적으로 증가하고 있다. 그리고 사실상 제국주의론의 시각에 의한 연구도 여전히 건재하다. 1990년대 초에 간행된 『이와나미강좌 근대일본과 식민지』(岩波講座 近代日本

37) 1990년대 이후 세계적인 여러 제국론의 갑작스런 대두와 이에 대한 필자의 견해는 岡部牧夫, 「제국론에 부쳐(帝国論によせて)」(『年譜·日本現代史』 第10号(「帝国」と植民地) 現代史料出版, 2005年5月)를 참조.

38) 高岡裕之, 「일본근현대사연구의 현재(日本近現代史研究の現在)」(『歴史評論』 第693号, 2008年1月).

39) 예를 들어 사사키 이사오(佐々木力)는 다음에 언급하는 바와 같이 서양의 과학제국주의의 동아시아 적용과 일본에 의한 모방 혹은 섭취에 대해서 날카롭게 지적하고 있다. 각주 43의 글에서 그는 제국주의 개념의 다의성에 대해서 언급하면서 "'제국주의'란 일반적으로 강력한 중추적 정체(政體)가 주변부에 대해 어떤 의미에서 지배적 영향을 끼쳐서 폭넓은 영향이 미치는 지역을 만들고자 하는 사상 혹은 현실적인 움직임을 의미한다"라고 하였다. 이것은 제국론에서 논하고 있는 '제국'의 정의와 전혀 구별되지 않는 듯하다.

と植民地, 全8卷)[40]는 신구의 연구조류를 마침 편찬 · 집대성한 것으로 이후의 연구동향에 폭넓은 전망과 시사점을 주었다.

『전망 일본역사』의 해설은 거의 1990년대 말까지의 연구성과를 참조하여 썼고 문헌목록도 이에 대응하고 있는데 지면 제한 때문에 특히 1990년대 후반에 대해서는 매우 무성의했다. 또 목록에 빠진 것도 많다. 이를 보충하는 의미로 여기서는 1990년대 이후의 식민지 연구의 전반적인 동향을 몇 가지 경향으로 나누어 살펴보고자 한다. 지역에 따른 연구 상황에 대해서는 상세하게 언급하지 않고 다른 연구에 맡기도록 하겠다.

이미 언급했듯 이 시기 식민지 연구는 매우 다양한 문제 관심과 방법론의 분출로 진행되었고 그 전반적인 동향을 개괄하는 일은 매우 어렵고 불가능한 듯이 여겨진다. 그러나 문헌이 아무리 많아져도 그 때문에 총설의 필요성이 줄어드는 것은 아니다. 필자의 관심에 따라 크게 개괄하면 현재에 이르는 식민지 연구의 뚜렷한 특징으로서 다음과 같은 점을 지적할 수 있다.

(1) 일본제국주의를 동아시아 '지역사' 가운데 상대화하려는 의욕
(2) 다양한 제국론의 전개
(3) 제국주의문화사 · 과학사에 대한 주목
(4) 식민지 · 점령지 연구의 진전
(5) 중국 연구의 다각화
(6) 만주 연구의 다각화
(7) 만철 연구의 진전
(8) 인물사 · 인물론의 축적

40) 오에 시노부(大江志乃夫)ほか編, 『岩波講座近代日本と植民地』 전8권(岩波書店, 1992~1993).

(1)은 동아시아지역사론과 일본 국민국가 형성 및 급속한 제국주의화로의 관심 고양을 나타낸다. 일본 제국주의사를 일국사의 차원에서 지역사의 확대로 해방시키는 시도라고 할 수 있다. 비교적 빠른 작품은 오구마 에이지(小熊英二)의 『〈일본인〉의 경계(〈日本人〉の境界)』이고, 이어 나카무라 데쓰(中村哲)의 『근대동아시아사상의 재구성(近代東アジア史像の再構成)』, 가고타니 나오토(篭谷直人)의 『아시아 국제통상질서와 근대 일본(アジア國際通商秩序と近代日本)』, 스기하라 가오루(杉原薫)의 『아시아 간 무역의 형성과 구조(アジア間貿易の形成と構造)』, 후루야 데쓰오(古屋哲夫) · 야마무로 신이치(山室信一) 편의 『근대 일본의 동아시아 문제(近代日本における東アジア問題)』, 야마무로 신이치의 『사상과제로서의 아시아(思想課題としてのアジア)』, 야마시로 유키마쓰(山城幸松) · 김용권(金容權)의 『일본 '제국'의 성립(日本「帝國」の成立)』 등의 역작이 나왔다. 전전 · 전후의 연속성과 대 아시아관계에 초점을 맞춘 고바야시 히데오의 『제국일본과 총력전체제(帝國日本と總力戰體制)』도 이러한 계보라고 할 수 있다.[41)]

(2)는 제국론 · 제국의식론의 침투를 어떻게 생각할 것인가의 문제와 연관된다. 제국론에 관해서는 별도의 논고에서 상세히 서술하였는데 제국국민을 강력하게 받아들이는 제국의식의 다양한 위상도 포스트식민주의론의 성황과 함께 많은 연구자의 관심을 모으고 있다. 여기서는 미즈노 나오키(水野直樹) 편의 『생활 속의 식민지주의(生活の中の植民地主義)』와 하시야 히로시(橋谷弘)의 『제국일본과 식민지도시(帝國日本と植民地都市)』의 두 편을 든다.

---

41) 小熊英二, 『〈日本人〉の境界 — 沖縄 · アイヌ · 台湾 · 朝鮮植民地支配から復帰運動まで』(新曜社, 1998); 中村哲, 『近代東アジア史像の再構成』(桜井書店, 2000); 篭谷直人, 『アジア国際通商秩序と近代日本』(名古屋大学出版会, 2000); 杉原薫, 『アジア間貿易の形成と構造』(ミネルヴァ書房, 1996); 古屋哲夫 · 山室信一編, 『近代日本における東アジア問題』(吉川弘文館, 2001); 山室信一, 『思想課題としてのアジア — 基軸 · 連鎖 · 投企』(岩波書店, 2002); 山城幸松 · 金容權, 『日本「帝国」の成立 — 琉球 · 朝鮮 · 満州と日本の近代』(日本評論社, 2003); 小林英夫, 『帝国日本と総力戦体制 — 戦前 · 戦後の連続とアジア』(有志社(吉川弘文館発売), 2004).

『이와나미강좌 아시아·태평양전쟁』(전8권)은 (1)과 (2)에 걸쳐 있는 것이고 제4, 7권을 비롯하여 식민지관계 논문을 다수 포함하고 있다. 오비나타 스미오(大日方純夫)·야마다 아키라(山田朗) 편의 『강좌 전쟁과 현대 (3) 근대 일본의 전쟁을 어떻게 볼 것인가(戰争と現代 (3) 近代日本の戰争をどう見るか)』도 마찬가지로 고바야시 히로하루(小林啓治), 하시야 히로시, 야나기사와 아소부의 논고를 게재하여 연구과제의 재확인에 기여하는 바가 크다.[42]

(3)은 성과가 많기 때문에 현재 식민지 연구의 중심처럼 보인다. 문화라는 개념이 원래 매우 다양성을 띠는 만큼 제국주의문화사라고 해도 대상 영역은 거의 무한하다. 제국주의과학사(혹은 과학기술사)는 하나의 영역을 이루어 독자적인 중요 연구대상을 구성한다. 각주 39에서 잠시 비판한 사사키 이사오(佐々木力)는 뛰어난 과학사가이자 과학제국주의를 역사적으로 개념화한 루이스 피엔슨(Lewis Pyenson)을 소개한 인물이기도 하다. 사사키는 「서양의 과학혁명과 동아시아」에서 제국주의과학사의 인식틀을 제시하였다. 이것은 강연을 활자화한 것으로 서구 과학제국주의를 일본이 배워 동아시아에 실천한 역사현실을 논리화하여 시사하는 바가 크다. 이케다 히로시(池田浩士) 편의 『대동아공영권의 문화건설(大東亞共營圈の文化建設)』은 1940년대 일본 문화제국주의의 모습을 다룬 논집이다.[43]

그런데 제국주의 문화연구 영역에서는 1980년대부터 교육 분야가 앞서가 주로 만주를 대상으로 식민지교육사라는 연구영역이 형성되었는데 그

---

42) 水野直樹編, 『生活の中の植民地主義』(人文書院, 2004); 橋谷弘, 『帝国日本と植民地都市』(吉川弘文館, 2004). 구라사와 아이코(倉沢愛子)ほか編, 『岩波講座アジア·太平洋戦争』 전8권(岩波書店, 2005~6) 중에서 1~7권; 大日方純夫·山田朗編 『講座 戦争と現代(3) 近代日本の戦争をどう見るか』(大月書店, 2004); 小林啓治, 「근대 동아시아의 국제질서와 제국일본의 형성(近代東アジアの国際秩序と帝国日本の形成)」; 橋谷弘, 「식민지 지배와 전쟁체제(植民地支配と戦争体制)」; 柳沢遊, 「일본경제와 전쟁(日本経済と戦争)」(모두 大日方純夫·山田朗編(2004)).

43) 佐々木力, 「西洋の科学革命と東アジア」(『思想』 第905号, 1999年11月; 이후에 佐々木力, 『科学技術と現代政治』(筑摩新書, 2000)에 수록); 池田浩士編, 『大東亜共栄圏の文化建設』(人文書院, 2007).

후 계속 주목할 만한 성과를 낳았다. 그중 다케나카 겐이치(竹中憲一)의 활약이 눈부신데, 『'만주' 교육의 기초적인 연구(「滿州」に於ける教育の基礎的研究)』 전6권이 백미이다. 와타나베 소스케(渡辺宗助)·다케나카 겐이치 편의 『교육에서의 민족적 상극(教育における民族的相克)』, 다케나카 겐이치의 『'만주'의 중국어 교육(「滿州」における中國語教育)』도 중요하다. 조선에 대해서는 사노 미치오(佐野通夫)의 『일본 식민지교육의 전개와 조선 민중의 대응(日本植民地教育の展開と朝鮮民衆の對應)』이 커다란 수확이다. 만주국의 건국대학에 관해서는 긍정적인 평가를 한 미야자와 에리코(宮沢恵理子)의 『건국대학과 민족협화(建國大學と民族協和)』가 있는데 이에 대한 비판도 많아 야마네 유키오(山根幸夫)의 『건국대학 연구(建國大學の研究)』에 의해 건국대학의 역사적 상은 상대화되었다. 그 밖의 지역 교육사는 마쓰나가 노리코(松永典子)의 『일본 점령 하 말레이시아의 일본어교육(日本占領下のマラヤにおける日本語教育)』이 주목을 받았다.44)

한편 일본 식민지 의학교육기관인 만철경영의 만주의과대학(원래 남만의학당)에 관한 연구가 중요성에 비해 저조했고 스에나가 게이코(末永惠子)의 「구 만주의과대학의 역사」가 있는 정도이다. 인체실험과 세균병기 연구에 관여한 의혹 추구라는 관점에서 나온 군의학교 터에서 발견된 인골 문제를 규명하는 모임이 펴낸 『전시 의학의 실태 — 구 만주의과대학 연구(戰時醫學の實態 — 舊滿州醫科大學の研究)』는 심포지엄 기록 책자지만 식민지의학교육의 전체상 해명이 급무임을 제시하였다.45)

---

44) 竹中憲一, 『「満州」に於ける教育の基礎的研究』 전6권(柏書房, 2000); 渡辺宗助·竹中憲一編, 『教育における民族的相克』(『日本植民地教育史論 1』, 東方書店, 2000); 竹中憲一, 『「満州」における中国語教育』(柏書房, 2004). 佐野通夫, 『日本植民地教育の展開と朝鮮民衆の対応』(社会評論社, 2006). 宮沢恵理子, 『建国大学と民族協和』(風間書房, 1997); 山根幸夫, 『建国大学の研究 — 日本帝国主義一断面』(汲古書院, 2003). 미야자와 연구의 근본적인 비판으로서는 왕즈신(王智新), 「식민지 역사에서 무엇을 배울까(植民地の歴史に何を学ぶか)」(『日本植民地研究』 第11号, 1999年 7月). 이 글은 山根幸夫編, 『비판 식민지교육사인식(批判 植民地教育史認識)』(社会評論社, 2000)에도 수록되어 있다. 松永典子, 『日本占領下のマラヤにおける日本語教育』(風間書房, 2002).

45) 末永恵子, 「旧満州医科大学の歴史」(『一五年戦争と日本の医学医療研究会会誌』 第

사회교육 분야는 체계적인 연구가 없는 가운데 도서관에 관해서만큼은 눈에 띄는 연구축적이 있다. 도서관사 연구가 전반적으로 활발하기 때문일 것이다. 식민지·점령지 도서관 연구의 선구는 마쓰모토 쓰요시(松本剛)의 『약탈한 문화— 전쟁과 도서(略奪した文化—戰争と圖書)』와 오카무라 게이지(岡村敬二)의 『남겨진 장서—만철도서관·해외 일본도서관의 역사(遺された藏書—滿鐵圖書館·海外日本圖書館の歷史)』가 있다. 얼마 후 무라카미 미요지(村上美代治)의 『역사 속 만철도서관(歷史のなかの滿鐵圖書館)』, 도조 후미노리(東条文規)의 『도서관의 근대(圖書館の近代)』가 나타났다. 최근에는 가토 가즈오(加藤一夫)·가와다 이코히(河田いこひ)·도조 후미노리의 『일본 식민지 도서관(日本の植民地圖書館)』이 이 주제를 포괄적으로 다루고 있다. 도서관계는 전쟁 전부터 전문잡지가 많다는 전통이 있고 또 도서관원 중에는 역사에 관심이 있는 학구파 인재가 풍부하여 이들 잡지에는 종종 식민지 도서관에 관한 회상기와 연구보고가 게재되어 특집도 몇 차례 꾸미고 있다. 도서 유통 면에서는 오키다 신에쓰(沖田信悅)의 『식민지 시대 고서점상들(植民地時代の古本屋たち)』이라는 흥미로운 저작이 있다.[46]

식민지의 언어와 언어정책도 근래 인기 주제이다. 세키 고(石剛)의 『식민지 지배와 일본어—대만, 만주국, 대륙점령지의 언어정책(植民地支配と日本語—臺灣、滿州國、大陸占領地における言語政策)』, 가와무라 미나토(川村湊)의 『바다를 건넌 일본어(海を渡った日本語)』, 구보타 유코(久保田優子)의 『식민지 조선의 일본어교육(植民地朝鮮の日本語教育)』, 야스다 도시아키(安田敏明)의 『제국일본의 언어편제(帝國日本の言語編制)』와 『식민지 속의 '국어학'—도키

5巻2号, 2005年7月). 군의학교 터에서 발견된 인골 문제를 규명하는 모임 편, 『戦時医学の実態—満州医科大学の研究』(樹花舎(星雲社発売), 2005).

46) 松本剛, 『略奪した文化—戦争と図書』(岩波書店, 1993); 岡村敬二, 『遺された蔵書—満鉄図書館·海外日本図書館の歴史』(阿吽社, 1994); 村上美代治, 『歴史のなかの満鉄図書館—図書館活動の構図と原動力』(私家版(滋賀·野洲), 1999); 東条文規, 『図書館の近代—私論·図書館はこうして大きくなった』(ポット出版, 1999); 加藤一夫·河田いこひ·東条文規, 『日本の植民地図書館』(社会評論社, 2005); 沖田信悦, 『植民地時代の古本屋たち—樺太·朝鮮·台湾·滿州·中華民国—空白の庶民史』(寿郎社(札幌), 2007).

에다 모토키와 경성제국대학을 둘러싸고(植民地のなかの「國語學」— 時枝誠記と京城帝國大學をめぐって)』, 『'언어'의 구축 — 오구라 신페이와 식민지 조선(「言語」の構築 — 小倉進平と植民地朝鮮)』, 다니 야스요(多仁安代)의 『대동아공영권과 일본어(大東亞共營圈と日本語)』, 미우라 노부타카(三浦信孝)・가스야 게이스케(糟谷啓介) 편의 『언어제국주의란 무엇인가(言語帝國主義とは何か)』, 세키 고의 『일본 식민지언어정책 연구(日本の植民地言語政策研究)』 등 다채로운 성과들이 주목할 만하다.47)

식민지문학 연구는 오자키 히데키(尾崎秀樹), 박춘일(朴春日)이 선구적이며 그 뒤를 가와무라 미나토 등이 발전시켰다. 가와무라는 이후에도 『만주붕괴 — '대동아문학'과 작가들(滿州崩壞 —「大東亞文學」と作家たち)』, 『문학에서 본 '만주' — '오족협화의 꿈과 현실'(文學から見る「滿州」—「五族協和の夢と現實」)』을 간행하고 이 분야를 선도했다. 한편 일본사회문학회, 식민지문화연구회에 의한 연구자의 활동에서 일본사회문학회 편의 『식민지와 문학』(심포지엄 기록), 오카다 히데키(岡田秀樹)의 『문학에서 보는 '만주국'의 위상』(중국어문학 중심), 니시하라 가즈미(西原和海)・가와마타 마사루(川俣優) 편의 『만주국 문화』가 있고, 2002년에는 후자의 연보 형식 기관지 『식민지문화연구』가 간행되었다. 그 밖에 남부진(南富鎭)의 『문학의 식민지주의 — 근대 조선의 풍경과 기억(文學の植民地主義 — 近代朝鮮の風景と記憶)』, 가미야 다다타카(神谷忠孝)・기무라 신(木村信) 편의 『〈외지〉 일본어문학론(〈外地〉日本語文學論)』 등의 수확도 있었다.48)

---

47) 石剛, 『植民地支配と日本語 — 台湾、満州国、大陸占領地における言語政策』(三元社, 1993; 증보판 2003); 川村湊, 『海を渡った日本語 — 植民地の国語の時間』(青土社, 1994); 久保田優子, 『植民地朝鮮の日本語教育』(九州大学出版会, 1995); 安田敏明, 『帝国日本の言語編制』(世織書房, 1997); 『植民地のなかの「国語学」— 時枝誠記と京城帝国大学をめぐって』(三元社, 1999); 『「言語」の構築 — 小倉進平と植民地朝鮮』(三元社, 1999); 多仁安代, 『大東亜共栄圏と日本語』(勁草書房, 2000); 三浦信孝・糟谷啓介編, 『言語帝国主義とは何か』(藤原書店, 2000); 石剛, 『日本の植民地言語政策研究』(明石書店, 2005).

48) 尾崎秀樹, 『구식민지문학의 연구(旧植民地文学の研究)』(勁草書房, 1971); 朴春日, 『근대일본문학에서의 조선상(近代日本文学における朝鮮像)』(未来社, 1969; 증보

식민지 정책입안과 경제개발의 전제가 되는 조사·시험·연구기관에 대한 연구는 만철 조사기관을 제외하고는 대체로 지체되고 있으나 스에히로 아키라(末広昭) 편의 『이와나미강좌 '제국'일본의 학지 제6권 (지역연구로서의 아시아)』은 관련 논고를 모아 향후의 연구방향을 제시하고 있다.

1980년대 이후 사회사, 환경사 분야에서 질병과 위생 환경을 역사학의 대상으로 삼는 것이 세계적인 조류가 되었다. 식민지에 관해서도 이러한 시각은 유효하다. 근래 성과로서는 이지마 와타루(飯島渉)의 『페스트와 근대 중국(ペストと近代中國)』, 미이치 마사토시(見市雅俊)의 『질병·개발·제국의료—아시아의 질병과 의료의 역사(疾病·開發·帝國醫療—アジアにおける病気と醫療の歴史)』, 이지마 와타루의 『말라리아와 제국—식민지 의학과 동아시아의 광역질서(マラリアと帝國—植民地醫學と東アジアの廣域秩序)』를 들 수 있다. 또 『역사학연구』는 2007년에 「동아시아의 의료·위생의 제도화와 식민지 근대성」을 특집으로 네 편의 관련 원고를 게재하였다.[49)]

식민지에서 발행한 신문 연구도 진행되었다. 대표적인 노작으로 나카시타 마사하루(中下正治)의 『신문에서 보는 일중관계사—중국의 일본인경영지(新聞にみる日中關係史—中國の日本人經營誌)』, 이상철(李相哲)의 『만주의 일본인경영신문의 역사(滿州における日本人經營新聞の歴史)』를 들어 두겠다.[50)]

1985); 河村湊, 『満州崩壊—「大東亜文学」と作家たち』(文芸春秋, 1997); 『文学から見る「満州」—「五族協和の夢と現実」』(吉川弘文館, 1998); 日本社会文学会編, 『植民地と文学』(オリジン出版センター, 1993); 岡田秀樹, 『文学に見る「満州国」の位相』(研文出版, 2000); 西原和海·川俣優編, 『満州国の文化—中国東北のひとつの時代』(せらび書房, 2005); 南富鎭, 『文学の植民地主義—近代朝鮮の風景と記憶』(世界思想社, 2006); 神谷忠孝·木村信編, 『〈外地〉日本語文学論』(世界思想社, 2007).

49) 末広昭, 『岩波講座「帝国」日本の学知 第六巻(地域研究としてのアジア)』(岩波書店, 2006). 飯島渉, 『ペストと近代中国—衛生の制度化と社会変容』(研文出版, 2000); 見市雅俊, 『疾病·開発·帝国医療—アジアにおける病気と医療の歴史』(東京大学出版会, 2001); 飯島渉, 『マラリアと帝国—植民地医学と東アジアの広域秩序』(東京大学出版会, 2005); 『歴史学研究』 第834号(2007年11月).

50) 中下正治, 『新聞にみる日中関係史—中国の日本人経営誌』(研文出版 1996); 李相哲, 『満州における日本人経営新聞の歴史』(凱風社, 2000).

종교 분야에서는 식민지 신사 연구가 크게 전진하였다. 과거 신도 관계자에 의해 채워지던 신사 연구가 마침내 역사학의 대상으로 상대화되고 있다는 것이다. 닛타 미쓰코(新田光子)의 『대련 신사사 — 어느 해외 신사의 사회사(大連神社史 — ある海外神社の社會史)』, 스가 고지(菅浩二)의 『일본 통치하의 해외신사(日本統治下の海外神社)』, 아오이 아키히토(青井哲人)의 『식민지 신사와 제국일본(植民地神社と帝國日本)』 등이 대표적이다. 또 기독교에 관해서는 한석희(韓晳曦)의 『일본의 만주지배와 만주전도회(日本の滿州支配と滿州傳道會)』가 있고 불교와 신흥종교에 관한 연구는 정체해 있다.[51]

(4) 경제사는 식민지사 연구를 일관되게 선도해 왔지만 이 시기에도 역시 중요한 성과를 축적하였다. 사와이 미노루(沢井実)의 『일본철도차량공업사(日本鐵道車輛工業史)』, 시바타 요시마사(柴田善雅)의 『전시 일본의 특별회계(戰時日本の特別會計)』는 모두 식민지를 시야에 넣은 역작이다. 김낙년(金洛年)의 『일본제국주의 하의 조선 경제(日本帝國主義下の朝鮮經濟)』, 구로세 유지(黑瀨郁二)의 『동양척식회사(東洋拓殖會社)』, 호리 가즈오(堀和生)·나카무라 데쓰의 『일본자본주의와 조선·대만(日本資本主義と朝鮮·臺灣)』, 야나기사와 아소부·기무라 겐지(木村建二) 편의 『전시 하 아시아의 일본경제단체(戰時下アジアの日本經濟團體)』도 주목할 만하다. 다만 후자의 경우, 조선에 관해서는 신흥도시 청진의 상공회의소만으로 경성의 사례가 빠져 있어서 아쉽다. 간행이 늦어진 이시이 간지·하라 아키라(原朗)·다케다 하루히토(武田晴人) 편의 『일본경제사 (4) 전시·전후기(日本經濟史 (4) 戰時·戰後期)』에는 가네코 후미오(金子文夫)의 훌륭한 논고 「점령지·식민지 지배」를 실었고, 시바타 요시마사의 전시일본기업연구의 일환은 『중국 점령지 일본계기업의 활동』으로 결실을 맺었다. 가자마 히데토(風間秀人)의 「1930년대 '만주국'의 공업」도 수확이라 할 것이다. 정치적 시야에서는 운노 후쿠주(海野福寿)의

51) 新田光子, 『大連神社史 — ある海外神社の社会史』(おうふう, 1997); 菅浩二, 『日本統治下の海外神社』(弘文堂, 2005); 青井哲人, 『植民地神社と帝国日本』(吉川弘文館, 2005); 韓晳曦, 『日本の満州支配と満州伝道会』(日本基督教団出版局, 1999).

『이토 히로부미와 한국병합(伊藤博文と韓國併合)』, 강재호(姜再鎬)의 『식민지 조선의 지방제도(植民地朝鮮の地方制度)』의 수확이 있었다. 징병과 강제연행에 관해서는 히구치 유이치(樋口雄一)의 『전시 하 조선의 민중과 징병(戰時下朝鮮の民衆と徵兵)』, 니시나리타 유타카(西成田豊)의 『중국인 강제연행』, 스기하라 도루(杉原達)의 『중국인 강제연행(中國人强制連行)』, 야마다 쇼지(山田昭次)·고쇼 다다시(古庄正)·히구치 유이치의 『조선인 전시 노동동원(朝鮮人戰時勞動動員)』 등 축적이 많다. 남방에 관해서는 아카시 요지(明石陽至) 편의 『일본 점령 하의 영국령 말레이시아·싱가포르(日本占領下の英領マラヤ·シンガポール)』, 아다치 히로아키(安達宏昭)의 『전전기 일본과 동남아시아 — 자본획득의 시점에서(戰前期日本と東南アジア — 資本獲得の視點から)』, 시바타 요시마사의 『남양 일본계 재배회사의 시대(南洋日系栽培會社の時代)』가 주목할 만하다. 북양어업을 둘러싼 대소관계에서는 도미타 다케시(富田武)의 「만주사변 전후의 일소어업교섭(滿州事變前後の日ソ漁業交涉)」이 있다. 이들과 다른 관점에서의 연구는 최길성(崔吉城)·하라다 다마키(原田環)의 『식민지 조선과 대만 — 역사·문화인류학적 연구(植民地の朝鮮と臺灣 — 歷史·文化人類學的研究)』가 있다.[52)]

---

52) 沢井実, 『日本鉄道車輛工業史』(日本評論社, 1998); 柴田善雅, 『戦時日本の特別会計』(日本評論社, 2002); 金洛年, 『日本帝国主義下の朝鮮経済』(東京大学出版会, 2002); 黒瀬郁二, 『東洋拓殖会社 — 日本帝国主義とアジア太平洋』(日本経済評論社, 2002); 堀和生·中村哲編, 『日本資本主義と朝鮮·台湾 — 帝国主義下の経済変動』(京都大学学術出版会, 2004); 柳沢遊·木村建二, 『戦時下アジアの日本経済団体』(日本経済評論社, 2004); 石井寛治·原朗·武田晴人編, 『日本経済史 (4) 戦時·戦後期』(東京大学出版会, 2007); 柴田善雅, 『中国占領地日本系企業の活動』(日本経済評論社, 2008); 風間秀人, 「1930年代における『満州国』の工業 — 土着資本と日本資本の動向」(『アジア経済』 第48巻12号, 2007); 海野福寿, 『伊藤博文と韓国併合』(青木書店, 1998); 姜再鎬, 『植民地朝鮮の地方制度』(東京大学出版会, 2001); 樋口雄一, 『戦時下朝鮮の民衆と徴兵』(総和社, 2001); 西成田豊, 『中国人強制連行』(東京大学出版会, 2002); 杉原達, 『中国人強制連行』(岩波書店, 2002); 山田昭次·古庄正·樋口雄一, 『朝鮮人戦時労働動員』(岩波書店, 2005); 明石陽至編, 『日本占領下の英領マラヤ·シンガポール』(岩波書店, 2005); 安達宏昭, 『戦前期日本と東南アジア — 資本獲得の視点から』(吉川弘文館, 2002); 柴田善雅, 『南洋日系栽培会社の時代』(日本経済評論社, 2005); 富田武, 「満州事変前後の日ソ漁

(5) 본토를 중심으로 하는 중국 전반에 대한 연구는 항일전쟁기를 포함하여 다각화가 두드러지게 진행되고 있다. 우선 우노 시게아키(宇野重昭) 편의 『더해 가는 침략 굴절하는 저항—1930~40년대 중국과 일본의 사이(深まる侵略屈折する抵抗—1930年~40年代の日・中のはざま)』가 문제를 다면적으로 제시하였다. 고바야시 히데오・하야시 미치오(林道生)의 『중일전쟁사론—왕징웨이 정권과 중국점령지(日中戰爭史論—汪精衛政權と中國占領地)』는 일본사 측에서 괴뢰정권 하의 점령지를 분석한 것이다. 중일전쟁 전사(前史)에 해당하는 소위 화북침략기에 관해서는 야스이 산키치(安井三吉)의 『유조호 사건에서 노구교 사건까지(柳條湖事件から盧溝橋事件へ)』와 우치다 나오타카(內田尙孝)의 『화북사변 연구(華北事變の硏究)』는 모두 치밀하게 고찰한 것들이다. 화북경제 연구에는 판리(范力)의 『중일 '전쟁교류'연구—전시기 화북경제를 중심으로(中日「戰爭交流」硏究—戰時期の華北經濟を中心に)』가 있어서 '전쟁교류'라는 새로운 개념이 논의를 부를 듯하다. 우치다 도모유키(內田知行)의 『항일전쟁과 민중운동(抗日戰爭と民衆運動)』, 사사가와 유지(笹川裕史)・오쿠무라 데쓰(奧村哲)의 『후방의 중국사회—중일전쟁 하의 총동원과 농촌(銃後の中國社會—日中戰爭下の總動員と農村)』은 공산당, 국민당, 일본군이라는 세 세력들 간의 대항 아래에 있는 민중의 동향을 살핀 사회사의 관점이 두드러진 논고이다.53)

지방사・지역사・도시사에 대한 관심도 최근 특색 중 하나이다. 다카하시 고스케(高橋孝助)・후루마야 다다오(古厩忠夫)의 『상해사(上海史)』, 천진지역사연구회(天津地域史硏究会) 편의 『천진사(天津史)』는 모두 개항 이후 장기

業交渉」(『歴史学研究』 第834号, 2007年11月); 崔吉城・原田環, 『植民地の朝鮮と台湾 — 歴史・文化人類学的研究』(第一書房, 2007).

53) 宇野重昭編, 『深まる侵略屈折する抵抗 — 1930年~40年代の日・中のはざま』(研文出版, 2001); 小林英夫・林道生, 『日中戦争史論 — 汪精衛政権と中国占領地』(お茶の水書房, 2005); 安井三吉, 『柳条湖事件から盧溝橋事件へ — 1930年代華北をめぐる日中の対抗』(研文出版, 2003); 内田尚孝, 『華北事変の研究 — 塘沽停戦協定と華北危機下の日中関係』(汲古書院, 2006); 范力, 『中日「戦争交流」研究 — 戦時期の華北経済を中心に』(汲古書院, 2002); 内田知行, 『抗日戦争と民衆運動』(創土社, 2002); 笹川裕史・奥村哲, 『銃後の中国社会 — 日中戦争下の総動員と農村』(岩波書店, 2007).

간의 도시사(전자는 현대까지)에서 15년 전쟁기의 장(章)을 포함시키는 형태이다. 2000년대가 되면 야마다 마사유키(山田正行)의 『아이덴티티와 전쟁 — 전중기의 중국 운남성 전서지구의 심리역사적 연구(アイデンティティと戰爭 — 戰中期における中國雲南省滇西地區の心理歷史的硏究)』, 이시지마 노리유키(石島紀之)의 『운남과 근대 중국(雲南と近代中國)』, 후루마야 다다오의 『중일전쟁과 상해, 그리고 나(日中戰爭と上海、そして私)』, 다카쓰나 히로후미(高綱博文) 편의 『전시 상해(戰時上海)』, 우치다 도모유키의 『황토의 대지 — 산서성 점령지의 사회경제사(黃土の大地 — 山西省占領地の社會經濟史)』, 우치다 도모유키 · 시바타 요시마사의 『일본의 몽강점령 — 1937~45(日本の蒙疆占領 — 一九三七~四五)』, 이마이 슌(今井駿)의 『사천성과 근대 중국 — 군벌할거에서 항일전의 대후방으로(四川省と近代中國 — 軍閥割拠から抗日戰の大後方へ)』 등 역작들이 뒤를 이었다.[54)]

과학제국주의에 대해서는 인문 · 사회과학 계통도 포함하여 중일전쟁기의 중국 현지조사도 연구대상 중 하나인데 아직 축적된 바가 적다. 그중에서 혼조 히사코(本庄比佐子) · 우치야마 마사오(內山雅生) · 구보 도루(久保享) 편의 『흥아원과 전시 중국조사(興亞院と戰時中國調査)』는 귀중한 수확이라 할 것이다.[55)]

끝으로 위의 사천 연구의 이마이가 이 오랜 연구성과를 집대성한 『중국혁명과 대일항전(中國革命と對日抗戰)』을 펴냈음을 첨부한다.[56)]

---

54) 高橋孝助 · 古厩忠夫, 『上海史』(東方書店, 1995); 天津地域史硏究会編, 『天津史』(東方書店, 1999); 山田正行, 『アイデンティティと戦争 — 戦中期における中国雲南省滇西地区の心理歴史的研究』(グリーンピース出版会, 2002); 石島紀之, 『雲南と近代中国 — "周辺"の視点から』(青木書店, 2004); 古厩忠夫, 『日中戦争と上海、そして私』(研文出版, 2004); 高綱博文編, 『戦時上海 — 1937~45年』(研文出版, 2005); 内田知行, 『黄土の大地 一九三七~四五年 — 山西省占領地の社会経済史』(創土社, 2005); 内田知行 · 柴田善雅, 『日本の蒙疆占領 — 一九三七~四五』(研文出版, 2007); 今井駿, 『四川省と近代中国 — 軍閥割拠から抗日戦の大後方へ』(汲古書院, 2007).

55) 本庄比佐子 · 内山雅生 · 久保享編, 『興亜院と戦時中国調査』(岩波書店, 2002).

56) 今井駿, 『中国革命と対日抗戦 — 抗日民族統一戦線史研究序説』(汲古書院, 1997).

(6) 만주를 중국 본토 항과 따로 둔 것은 과거 제국주의적 발상을 용인하기 때문이 아니라 연구성과가 많기 때문에 편의상 나누었을 뿐이다(만주 가운데 만철 관계 연구는 다시 구별하여 (7)에서 서술한다). 여기서도 연구의 다양화가 진행되고 있다. 또 지방사로의 지향이 있음은 하치빈(何治賓)의 『중국 동북과 일본의 경제관계사 — 1910 · 20년대 하얼빈을 중심으로(中國東北と日本の經濟關係史 — 1910 · 20年代のハルビンを中心に)』 등에서 확인할 수 있다. 배부길(裵富吉)의 『만주국과 경영학 — 능률 증진 · 산업합리화를 둘러싼 시대정신과 경영사상(滿州國と經營學 — 能率增進 · 産業合理化をめぐる時代精神と經營思想)』은 매우 허를 찌르는 주제로서 15년 전쟁기의 만주 경영합리화의 사상과 실천을 고찰하고 있다. 표제에서 만주국이 경영학을 받아들인 듯이 읽히지만 오히려 만철의 주도성이 기조가 되고 있다. 만철 연구라 해도 좋을 것이다. 한편 제국주의의 중국 지배에서 필연적으로 동반하면서도 비교적 그 실상이 알려지지 않은 아편 문제를 정면에서 다룬 것은 야마다 고이치(山田豪一)의 괄목할 만한 노작 『만주국의 아편전매(滿洲國の阿片專賣)』이다. 몽고왕공과 가산정리 연구에 전념한 히로카와 사호(広川佐保)의 『내몽고 동부지역의 만주국 지적정리사업의 전개(內モンゴル東部地域における滿州國の地籍整理事業の展開について)』(나중에 히로카와의 『몽지봉상 — 만주국의 토지정책』에 수록)는 새로운 주제에 대한 연구로서 민족정책연구이자 지역사 연구이다. 야마모토 유조(山本有造)의 『'만주국'경제사연구(「滿洲國」經濟史硏究)』는 통계사료의 발굴 · 가공에 의한 확실한 실증으로서 자못 저자의 면목에 어울리는 느낌이 든다.

에나쓰 요시키(江夏由樹) · 나카미 다쓰오(中見立夫) · 니시무라 시게오(西村成雄) · 야마모토 유조 편의 『근대 중국 동북지역사 연구의 새로운 시각(近代中國東北地域史硏究の新視角)』은 경제 · 기업, 국제관계, 내전 하의 제 문제에 관한 논문집인데, 구로세 유지의 「양 대전 기간의 천도경편 철도와 중일외교」, 데라야마 교스케(寺山恭輔)의 「스탈린과 중동철도 매각」, 다지마 노부오(田嶋信雄)의 「루시코프 · 리스너 · 조르게 '만주국'을 둘러싼 일 · 독 · 소 관계의 일 측면」, 마루야마 고지(丸山鋼二)의 「전후 만주의 중공군의 무기조달 — 소련군의 '암묵적 협력'을 둘러싸고」 등 참신한 주제를 다룬 논문이 많다. 연구가 앞선 만주에서는 매력적인 주제가 여전히 끊이지 않음을 보여 준다.

끝으로 최근의 업적으로 중일 쌍방 개인과 제 집단에서의 다양한 만주체험과 기억의 제 상을 끄집어 낸 야마모토 유조 편의 『만주 — 기억과 역사(滿州 — 記憶と歷史)』, 만주를 둘러싼 정치사적 제 문제를 참신한 시각에서 논한 다나카 류이치(田中隆一)의 저서 『만주국과 일본의 제국지배(滿洲國と日本の帝國支配)』, 거의 모든 일본계기업의 기초적 정보를 망라한 괄목할 만한 대저, 스즈키 구니오(鈴木邦夫) 편의 『만주기업사 연구(滿州企業史研究)』를 들고 싶다.[57]

(7) 만철 연구는 2006년 창립 백년을 맞이하여 다시금 전성기를 보이고 있다. 고바야시 히데오 편의 『근대 일본과 만철(近代日本と滿鐵)』은 약간의 문제를 안고 있지만 현재 만철 연구의 수준을 나타내는 기준일 것이다. 집필자의 한 사람인 가토 기요후미(加藤聖文)의 저서 『만철전사(滿鐵全史)』에서는 만철이 정치의 노리개가 되어 파탄에 이른 '국책회사'로 그려지고 있다.

원래 만철사원의 지위향상을 목적으로 전후에 결성된 만철회는 회사창립 백년을 맞이하여 『만철40년사(滿鐵四○年史)』를 간행했다. 이 책은 하라

57) 何治賓,『中国東北と日本の経済関係史 — 1910・20年代のハルビンを中心に』(白帝社, 2002); 裵富吉,『満州国と経営学 — 能率増進・産業合理化をめぐる時代精神と経営思想』(日本図書センター(学術叢書), 2002); 山田豪一,『満洲国の阿片専売 — 「わが満蒙の特殊権益」の研究』(汲古書院, 2002); 山本有造,『「満洲国」経済史研究』(名古屋大学出版会, 2003); 広川佐保,『内モンゴル東部地域における満州国の地籍整理事業の展開について — 「蒙地奉上」と王公制度の廃止』(富士ゼロックス小林節太郎記念基金, 2004);『蒙地奉上 — 「満州国」の土地政策)』(汲古書院, 2007); 江夏由樹・中見立夫・西村成雄・山本有造編,『近代中国東北地域史研究の新視角』(山川出版社, 2006); 山本有造編,『満州 — 記憶と歴史』(京都大学学術出版会, 2007); 鈴木邦夫編,『満州企業史研究』(日本経済評論社, 2007); 田中隆一,『満洲国と日本の帝国支配』(有志社, 2007).

다 가쓰마사(原田勝正)의 「만철40년사」를 실은 「본문편」과 만철회 편의 「자료편」으로 되어 있다. 전자는 철도사·만철사 연구의 선구자에 의한 만철 설립에서 종언까지의 사적을 정리한 일반 독자를 위한 개설이고, 저자만이 쓸 수 있는 에피소드가 곳곳에 담겨 있으며 약 230쪽의 역작이지만 읽기 쉬운 한 편의 책으로 완성되었다. 그러나 현재까지 축적된 실증연구와 문제의식, 기본적인 1차 자료가 거의 고려되지 않고 있어서 이 책의 만철상은 구태의연한 감이 없지 않다. 후자는 만철에 관한 법령·조약과 총재의 훈론 등의 기본 사료를 모아 편람으로서 도움이 된다. 또 하라다가 이미 펴낸 『만철』도 2007년 증보판이 간행되었다.

노동문제에 관해서는 마쓰무라 다카오·가이 가쿠시(解学詩)·에다 겐지(江田憲治) 편의 『만철노동사연구(満鐵勞動史の硏究)』와 유병부(庾炳富)의 『만철 무순탄광의 노무관리사(満鐵撫順炭鑛の勞務管理史)』라는 역작 2편이 나왔다. 다만 후자는 2년 앞서 나온 전자를 참조한 흔적이 없다는 점이 납득하기 어렵다.

조사기관연구는 여전히 인기지만 이 분야는 거의 고바야시 히데오의 독무대다. 고바야시 히데오·가토 기요후미·난고 미도리(南郷みどり) 편의 『만철 경제조사회와 난고 다쓰네(満鐵經濟調査會と南郷龍音)』, 고바야시 히데오·후쿠이 신이치(福井紳一)의 『만철조사부 사건의 진상(満鐵調査部事件の眞相)』, 고바야시 히데오의 『만철조사부(満鐵調査部)』, 『만철조사부의 궤적(満鐵調査部の軌跡)』이 연이어 출판되었다.

또 창립 백년에 맞추어 초대 총재 고토 신페이(後藤新平)에 대한 재평가가 일종의 유행이 되었다. 그 중심은 만주 연구를 간접적으로 지원해 온 후지와라서점(藤原書店)이다. 동 사는 1937~38년 초판 쓰루미 유스케(鶴見祐輔)의 『고토 신페이』를 주석 포함하여 복각하였고 '고토 신페이의 모든 일'이라고 이름 붙인 일련의 출판 활동을 활발하게 진행하고 있다. 이 캠페인에는 연구자도 협력하여 만철의 존재를 일반 독서계에 재인식시킨 점에서 의의가 있지만 고토를 지나치게 높이 사는 것도 문제이며 아직은 연구 수준을 높이거나 과제를 제기하는 유의미한 성과를 내고 있지 못하다. 이와는 별도로 호시 료이치(星亮一)의 『고토 신페이 전(傳)』은 오래간만의 고토 평전으로서 주목할 만하다.[58)]

(8)에 관해서는 다음과 같은 다채로운 성과를 들 수 있다. 모리 히사오(森久男)의 『덕왕 연구(德王の硏究)』, 고토 겐이치(後藤乾一)·야마자키 이사오(山崎功)의 『수카르노 인도네시아 건국의 아버지와 일본(スカルノインドネシア建國の父と日本)』, 고바야시 히데오의 『중일전쟁과 왕자오밍(日中戰爭と汪兆銘)』, 후루마야 다다오의 『중일전쟁과 상해, 그리고 나』에서 왕징웨이(汪精衛)론, 시부야 유리(渋谷由里)의 『마적으로 보는 '만주' — 장쭤린이 걸은 길(馬賊で見る「滿州」— 張作霖のあゆんだ道)』, 『'한간'과 영웅의 만주(「漢奸」と英雄の滿洲)』, 기야마 히데오(木山英雄)의 『저우쭤런, '대일협력'의 전말(周作人「對日協力」の顚末)』, 야마다 다쓰오(山田辰雄)·이에치카 료코(家近亮子)·하마구치 유코(浜口裕子) 편의 『다치바나 시라키 번각과 연구 — 「경진일일신문」(橘樸翻刻と硏究 — 「京津日日新聞」)』, 이리에 요코(入江曜子)의 『푸이(溥儀)』, 후루카와 다카히사(古川隆久)의 『어느 엘리트 관료의 쇼와비사 — 「다케베 로쿠조 일기」를 읽다(あるエリート官僚の昭和秘史 — 「武部六藏日記」を讀む)』, 오타베 유지(小田部雄次)의 『이방자(李方子)』 등이 있다.[59)]

---

58) 小林英夫編, 『近代日本と満鉄』(吉川弘文館, 2000); 加藤聖文, 『満鉄全史 — 「国策会社の全貌」』(講談社選書メチエ, 2006); 満鉄会編, 『満鉄40年史』(吉川弘文館, 2007); 原田勝正, 『満鉄』(岩波新書, 1981); 『増補 満鉄』(日本経済評論社, 2007); 松村高夫·解学詩·江田憲治編, 『満鉄労働史の研究』(日本経済評論社, 2002); 庾炳富, 『満鉄撫順炭鉱の労務管理史』(九州大学出版会, 2004); 小林英夫·加藤聖文·南郷みどり編, 『満鉄経済調査会と南郷龍音 — 満州国通話金融政策史料』(社会評論社, 2004); 小林英夫·福井紳一, 『満鉄調査部事件の真相』(社会評論社, 2004); 小林英夫, 『満鉄調査部 — 「元祖シンクタンク」の誕生と崩壊』(平凡社新書, 2005); 『満鉄調査部の軌跡 1907~1945』(藤原書店, 2006); 鶴見祐輔(一海知義校訂), 『正伝 後藤新平 決定版』 전8권(藤原書店, 2004~6); 星亮一, 『後藤新平伝』(平凡社, 2005).

59) 森久男, 『徳王の研究』(創土社, 2000); 後藤乾一·山崎功, 『スカルノインドネシア建国の父と日本』(吉川弘文館, 2001); 小林英夫, 『日中戦争と汪兆銘』(吉川弘文館, 2003); 古厩忠夫, 『日中戦争と上海、そして私』; 渋谷由里, 『馬賊で見る「満州」 — 張作霖のあゆんだ道』(講談社選書メチエ, 2004); 『「漢奸」と英雄の満州』(講談社選書

이상과 같은 새로운 연구동향이 관심을 끄는 것에 비해, 과거에는 오히려 식민지 연구의 주류였던 정치외교사적인 실증연구가 요즘 데라모토 야스토시(寺本康俊)의 『러일전쟁 이후의 일본외교—파워 폴리틱스 속의 만한문제(日露戰爭後の日本外交—パワポリティクスの中の滿韓問題)』, 바바 아키라(馬場明)의 『러일전쟁 후의 만주문제(日露戰爭後の滿州問題)』가 관심을 끄는 정도로 매우 아쉬운 감이 있다.[60]

V. 맺음말

세계사의 현실은 단일 초강대국의 출현에 의한 비대칭적인 신패권주의, 거대 국제경제주체의 세계시장 제패와 빈부 격차의 극대화, 국민국가의 기능 부전과 무력행사 주체의 다원화를 낳은 국제테러리즘, 인구의 폭발적 증대와 자원 고갈 등 인류 존속에 위기적인 단계에 도달해 있고, 연구자들은 역사인식의 근본적인 재검토를 요구받고 있다.

그러나 그러하기에 제국주의론에 의한 식민지 문제의 역사적 인식과 현실 세계의 이해에 대한 역할을 비판적으로 계승하는 노력을 잊어서는 안 된다. 현실에 성립한 사회주의체제는 출발점에서는 커다란 결함과 모순을 안고 비인간성을 노정한 20세기 초의 자본주의 · 제국주의, 구체적으로는 러시아의 그것에 대하여 적합한 대항이념으로서 구상되었다. 이 소련형 사회주의체제는 제2차 세계대전을 거쳐 많은 나라에 다양한 파생 형태를 초

メチエ, 2008); 木山英雄, 『周作人「對日協力」の顛末 — 補注「北京苦住庵記」ならびに後日譚』(岩波書店, 2004); 山田辰雄 · 家近亮子 · 浜口裕子, 『橘樸 翻刻と研究 — 「京津日日新聞」』(慶応義塾大学出版会, 2005); 入江曜子, 『溥儀』(岩波書店, 2006); 古川隆久, 『あるエリート官僚の昭和秘史 — 「武部六蔵日記」を読む』(芙蓉書房, 2006); 小田部雄次, 『李方子 — 一韓国人として悔いはない』(ミネルヴァ書房, 2007).

60) 寺本康俊, 『日露戦争後の日本外交 — パワポリティクスの中の満韓問題』(信山社, 1999); 馬場明, 『日露戦争後の満州問題』(原書房, 2003).

래했다. 그러나 그 사회주의체제도 예외 없이 제국주의에 버금가는 모순에 빠졌고 그 자체가 또 다른 제국을 형성했음은 우리들이 목격한 바와 같다.

사회주의의 제국화, 독재적 군사국가화는 사멸하기는커녕 강력한 생명력을 지닌 자본주의체제가 사회주의라는 대항이념이 지닌 폭력혁명의 속성에 과잉반응하고 비정한 군사적 중압을 더한 결과, 이에 대한 회답으로서 등장한 또 다른 비인간적인 현실이었다.

그런데 자본주의체제 쪽은 사회주의를 적시하면서도 체제를 유지하기 위하여 한편에서는 사회적 배분의 극단적인 불평등을 시정하는 등 부분적이지만 자본주의의 수정을 시도해 왔다. 자본주의의 육성, 그것의 제국주의화와 전시화(戰時化), 비군사적 부흥과 고도성장에 항상 국가가 주도권을 발휘해 온 일본은 유럽형 사회민주주의체제와 나란히 수정자본주의 혹은 혼합경제체제의 기수라고 할 수 있을지 모른다. 레닌적인 제국주의론이 예상하지 못한 사태이다.

대항이념을 내건 체제가 붕괴하고 그것을 적시하여 무력까지 발동한 체제가 사실은 상대 이념을 원용하여 번영하고 있다고 한다면 그것은 인간역사의 씁쓸한 아이러니일 것이다. 그러나 그 때문에 역사적 현실로서의 사회주의국가가 붕괴한 사태와 제국주의론이 역사인식의 기본 틀로서 유효한가 아닌가라는 논의는 전혀 다른 차원의 문제임을 알 수 있다. 소련에서 시작된 사회주의가 붕괴했기 때문에 제국주의론도 진부해졌다고 생각하는 것은 비논리적이다. 역사인식의 기본적인 틀은 이것 아니면 저것이라는 단순한 선택의 문제가 아니라 늘 다른 틀과의 긴장과 복합을 거듭하며 역사적 문맥에서의 비판을 받고 도태되거나 연마되어 보다 객관적이고 상대적인 시대인식에 기여하는 것이 되어야 한다. 현실세계에 식민지 시대와 변함없는 혹은 그 이상의 빈부의 비대칭구조가 있는 한 식민지사 연구는 동시대의 과학적 이해에도 유익하다.

현실상황에 늘 이념을 대치시키고 보다 좋은 미래를 전망하는 것은 인간의 본성이다. 현대자본주의는 세계의 급속한 단일화를 추진하여 더욱 모순을 축적시키고 비인간성을 심화시키고 있다. 단일 초강대국 주도의 패권구조는 개개의 국민경제의 자율적인 정책 선택을 현저하게 제약하고, 수정자본주의는 존립을 위협받고 있다. 이는 명백하게 냉전체제 이후의 제국주의의 신단계이고 현대 일본의 여러 '개혁'도 소위 '초제국주의'로의 추종·적응을 목적으로 하는 면역반응이라 할 것이다.

이러한 사태에 대해서는 머지않아 새로운 발상에서 어떤 대항이념이 생겨나고 언젠가는 그것이 현실화할 것임에 틀림없다. 그것을 사회주의라고 부르든 말든 상관없지만 그 형성의 과정에서 레닌의 논의를 보다 갈고닦은 새로운 제국주의론이 유익한 시사를 제공할 것이다. 현대의 대항이념의 형성은 현대자본주의의 특질을 냉정하게 파악하기 위하여 제국주의론을 비판적으로 발전시키는 노력과 함께 양 수레바퀴의 관계로 나아가야 할 것이다.

끝으로 현재 연구 상황에 관한 한 가지 문제점을 제기하고자 한다. 식민지 연구가 양적으로 질적으로 두드러지게 발전하는 가운데 연구대상의 지역격차가 매우 크다는 점, 구체적으로는 구식민지 가운데 사할린[樺太(가라후토), 혹은 어업, 석유와 같은 대러시아·소련 북방권익전반]과 남양군도의 연구가 극히 미미하다는 문제가 있다[내국식민지로서의 홋카이도, 오키나와, 아마미(奄美), 오가사하라(小笠原) 등에 대해서는 여기서 제외한다].

물론 이들 지역은 인구, 경제규모 모두 대만, 조선, 만주와는 비교되지 않게 일본제국주의의 중요성에서 상대적으로 낮았다. 또 민족운동과 자치의 요구가 없고 식민지 지배의 모순이 표면화하지 않아서 연구할 동기가 적었다. 이 두 지역에 관해서는 영유·수탁 당시부터 현재에 이르기까지 역사적·사회과학적 연구가 상대적으로 적다고 할 수 있다.[61]

---

61) 사할린, 남양군도에 대한 문헌은 통치관청의 간행물과 수산, 제당, 제지업 등 개별 산업, 기업에 관한 것이 중심이다. 남양군도에 대해서는 제1차 세계대전 이후의 점령지로서의 시론이나 위임통치를 둘러싼 국제법상의 논의가 여기에 더해진다. 동시대의 본격적인 역사 사회과학적 연구는 야나이하라 다다오의 『남양군도 연구(南洋群島の研究)』(岩波書店, 1935; 이후 『矢内原忠雄全集(3)』(岩波書店, 1963)에 수록), 다카오카 구마오(高岡熊雄)의 『사할린농업식민문제(樺太農業植民問題)』(西ヶ原刊行会, 1935), 우에하라 데쓰사부로(上原轍三郎)의 『식민지로 본 남양군

그러나 사할린을 포함한 북방권익은 어업, 석탄, 석유광업, 임업, 제지업 등 일본 경제와 연결되어 일본제국주의의 국민경제에 상당한 역할을 담당하였고 이러한 것들이 항상 러시아 · 소련과의 끊임없는 긴장관계에 있었다는 점에서 정치 · 군사적으로 탁월한 중요성을 지니고 있었다. 또 남양도 인(燐)광업, 고구마(甘藷)재배, 제당, 어업 등의 산업을 통해 일본경제권으로 편입되었고 아시아태평양전쟁기에는 해군기지로서 일본 전략을 지탱하였다. 이를 종합적으로 본다면 근대일본의 역사를 전체로서 객관적으로 인식하고 특히 이를 제국주의론의 관점에서 이해하기 위해서 북방, 남양 쌍방의 연구가 여전히 긴요함은 말할 필요도 없다.

시기가 내려갈수록 중요성이 더해 가고 전략성이 비약적으로 높아 가는 이들 지역의 위상을 일본인 인구(군인 제외)의 면에서 살펴보자. 1941년 단계에서는 사할린이 약 40만 7천 명이었음에 비해 대만은 36만 8천 명이다. 조선은 역시 71만 7천 명(이듬해 42년에는 75만 2천 명으로 증가)에 달하지만 사할린보다 엄청나게 많았던 것은 아니다. 사할린의 인구는 이미 1925년에 대만보다 많았고 이는 어업, 공업의 진전과 탄광 개발에 의한 것이다. 남양군도에서는 1935년에 일본인 인구(대만 · 조선인을 포함)가 미크로네시아계 도민을 넘어 1941년에는 9만에 달했다.[62] 이들 인구만을 생각해도 상응하는 연구가 요구되는 지역임을 알 수 있다.

전후 얼마 지나지 않은 시기에 식료품 부족 등 목전의 난관에 대응하느라 바빠 일본 사회가 구식민지의 문제를 잊었더라도 그 자체는 이해할 수 있다. 일본이 식민지제국에서 탈각한 것은 독립전쟁의 귀결도 정치교섭의 타결도 아닌, 제국주의 전쟁의 완패에 의한 비주체적 사태의 결과였기 때문에, 전술한 바와 같이 일본은 전후처리의 탈식민지화가 진행되었던 국제

도의 연구(植民地として観たる南洋群島の研究)』(南洋協会, 1940) 정도이다.

62) 이상의 일본인 인구는 樺太終戦史刊行会編, 『사할린 종전사(樺太終戦史)』(全国樺太連盟, 1973), 10쪽; 다카하시 야스타카(高橋康隆), 『쇼와 전전기 농촌과 만주이민(昭和戦前期の農村と満州移民)』(吉川弘文館, 1997), 14쪽; 오카베 마키오, 「사할린과 남양군도(樺太と南洋群島)」(藤原彰 · 栗屋憲太郎 · 吉田裕編 『昭和二〇年 / 1945年』, 小学館, 1995), 134쪽에 의함.

정세와 완전히 차단되었다. 그리고 일본인은 이 일의 중요성을 스스로 고찰하는 문제의식을 의식적·무의식적으로 미뤄 두고 있었다. 중국이 국공내전으로 통일을 하느라 여러 해를 보낸 사정도 이러한 망각을 강화시켰을 것이다.

그러나 과거 식민지 통치국에는 통치의 책임과 부채가 동반한다. 일부 국민은 B·C급 전범으로 나라의 부채를 온몸으로 지지 않으면 안 되었지만, 일본 사회 전체는 현실에서 눈을 돌리고 구식민지의 재편과 독립의 고뇌에 냉혹한 무관심한 태도를 계속 취해 왔다. 정치적·경제적으로 중요하며 일본의 전후 침로를 직접 좌지우지하는 중국, 어업 문제 등을 안고 현실에 교섭을 필요로 하는 한국, 배상 지불처인 동남아시아의 몇 나라를 제외하면 거의 부흥을 마친 이후에도 구식민지 전체에 대한 관심은 학문 이전의 호기심조차 제대로 회복하지 않았다. 이러한 사고정지가 오래도록 지속되었다는 것은 지적으로 윤리적으로 변명의 여지가 없이 일본인의 태만이라고 할 수밖에 없다. 내전, 분단이라는 중국·조선의 전후 상황은 직접 간접으로 일본제국주의의 식민지 지배의 귀결이며, 이로 인하여 지역의 경제는 보다 피폐하고 민중의 생명·재산이 여전히 무참하게 유린당했기 때문이다.

이러한 사고정지에 관하여 북방에 대해서는 현대 일본 사회의 구조적인 모순에 예민한 감성을 제시한 생물학 연구자인 시부야 아쓰히로(渋谷篤弘)는 매번 불만을 표하며 역사가의 분기를 촉구했다.

세계사의 현실은 끊임없이 변한다. 소련이 붕괴하고 일본도 변하고 있다. 언제까지 '북방영토문제' 일변도가 아니라 적어도 학문의 세계에서 구북방 권익에서 현재의 러일관계에 이르는 역사의 현실을 유연하고 객관적으로 전체로서 인식하는 노력을 해야 하지 않을까. 같은 노력은 구 남양에 대해서도 마찬가지로 요구된다.

사회가 그러한 노력을 결여한 채 예를 들어 일본 기업이 이들 지역에 진출한다면 그곳에 새로운 경제·정치 면의 마찰이 일어날 것임에 틀림없다. 제국주의론에 기초한 식민지 연구에는 필시 그러한 국면에 대처할 만한 내용과 응용력이 있다. 연구자가 의도하지 않아도 거기에는 보이지 않는 어떤 손이 움직여 결과로써 국익에 기여하는 것이 될 것이다.

[번역: 홍선영]

추기

(1) II에서 일본 제국주의론의 선구로 고토쿠 슈스이(幸德秋水)의 『20세기의 괴물 제국주의』(二〇世紀の怪物帝国主義, 1901; 『帝国主義』, 岩波書店, 1952; 개정판 2004)도 있었음을 지적하고자 한다.

(2) IV 중 제국주의문화 연구에 고시자와 아키라(越沢明)의 『식민지만주의 도시계획』(植民地満州の都市計画, アジア経済研究所, 1978), 『만주국의 도시계획』(満州国の都市計画, 日本経済評論社, 1988; ちくま学芸文庫, 2002), 『하얼빈의 도시계획』[哈爾浜(ハルピン)の都市計画, 總和社, 1989; ちくま学芸文庫, 2004], 니시자와 야스히코(西沢康彦)의 『바다를 건너간 일본인 건축가—20세기 전기 중국동북지방에서의 건축활동』(海を渡った日本人建築家 — 二〇世紀前半の中国東北地方における建築活動, 彰国社, 1996), 『일본식민지건축론』(日本植民建築論, 名古屋大学出版会, 2008)을 보충한다.

(3) 최근 중요한 연구가 있음에도 불구하고 누락된 것이 있다면 모두 필자의 능력부족 탓이다.

포스트식민주의와 제국사 연구

도베 히데아키(戸邉秀明)

I. 들어가며

1990년대 이후의 '일본 식민지 연구' 현황을 포스트식민주의의 관점에서 어떻게 조망할 수 있을까. 이것이 이 글의 과제다. '독립 이후=제국의 붕괴' 이후에도 여전히 존재하는 식민주의, 게다가 그것은 단순히 잔재가 아니라 '식민지 이후=제국 이후'에 태어난 사람들 사이에 깊이 내면화되어 항상 재생산되고 갱신을 계속한다. 그 때문에 이를 극복하기 위해서는 제도적인 '탈식민지화=탈제국화'에 머무를 게 아니라(보다 철저한 제도적 '탈식민화=탈제국화'를 위해서라도), 정신의 '탈식민지화=탈제국화'까지도 전망하지 않으면 안 된다. 이런 관점의 주장은 적어도 1960년대 말 이후 세계 각지에서 되풀이되었기에 일본의 전후 사상에서도 결코 새로운 것은 아니다. 다만 그것이 학술적으로 검증해야 하는 과제로 자리 잡은 것은 극히 최근으로 일본 식민지 연구에서는 어쩌면 십몇 년 사이의 일이다.

그렇다면 이런 문제의식은 그 사이 얼마나 공유되었을까. 확실히 일본 식민지 연구는 전체적으로 장족의 발전을 이루어, 연구문헌의 현저한 증가나 사료의 다수 복각, 복간 등이 현재 가장 활발한 분야라고 해도 좋을 것이다.[1] 하지만 과거에 비슷한 기획의도를 바탕으로 연구동향을 정리했을 당시 가졌던 꺼림칙한 느낌은 유감스럽지만 지금도 해결되지 않았다.[2] 포스트식민주의에 관해서는 그때 이후에도 뛰어난 개설서가 쓰이고 보급되었지만 종래의 제국주의론의 관점에 선 식민지 연구(이하 '제국주의 연구')와의 관계는 아직 소극적인 공존에 머무르고 있는 것은 아닐까.[3]

그 결과, 예컨대 일본근현대사의 통사 서술에서 식민지 기술(記述)은 대부분 결락되어 왔다.[4] 전후사 기술에 관해서도 '전후(戰後)'가 '제국 이후'이

---

1) 그 단적인 징후로서『史学雑誌』의「회고와 전망(回顧と展望)」(매년 5월호에 수록)의 구성을 참고할 수 있다.「日本(近・現代)」의 절에서는 종전까지 정치, 경제, 문화 등의 각 항(項)에 흩어져 존재하든가, 중국사나 조선사의 절(節)에서만 언급되었을 뿐이었던 '식민지' 관계 업적이 제113편 5호(2004년 5월)「2003年の歴史学界」의 회고 이후부터 독립된 항목으로 검토되는 형식으로 정착되었다. 한편「동향과 전망」에서 대만사가「中国(近代)」의 항목에서 독립해서 한 절(節)이 된 것은 제112편 5호(2003년 5월)부터다.

2) 이 글은『日本植民地研究』第15号(2003年6月)에 게재된 졸고「연구동향 포스트식민주의의 충격과 가능성(〈研究動向〉 ポストコロニアリズムのインパクトと可能性 — 日本植民地研究とのかかわりで)」을 가필한 것이다. 여기서 검토한 문헌은 가필 전의 글과 마찬가지로 일본어로 된 것(번역물 포함)으로 한정했다. 또 일본어문헌에 한정한다고 해도 미간행 박사논문과 여러 연구기금에 관계된 성과보고서는, 물론 그중에는 아시아 유학생이나 방문연구자의 중요 성과들이 다수 발견되지만, 모두 망라해서 점검하는 것이 어렵기 때문에 이 글에는 할애하지 못했다. 참조되어야 할 다수의 귀중한 연구에 대해서 접근이 제한되어 있는 상황 자체가 연구자들 사이의 대화를 저해하는 요인일 것이다.

3) 대표적인 개설서로는 アーニャ・ルーンバ, 吉原ゆかり訳,『ポストコロニアル理論入門』(松柏社, 2001); 姜尙中編,『ポストコロニアリズム』(作品社, 2001); 本橋哲也,『ポストコロニアリズム』(岩波新書, 2005); ロバート・J・C・ヤング, 本橋哲也訳,『ポストコロニアリズム』(岩波新書, 2005)가 있다. 다만 로버트 영(Robert Young)의 저술은 이론 개설서는 아니다.

4) 최근 간행된 중앙공론신사(中央公論新社)판『日本近代』全16巻, 고단샤(講談社)판『日本歴史』全26巻 중 근현대 관계 책을 주로 염두에 둔 언급이다. 또한 최신

기도 하다는 맥락은 여전히 찾아보기 어렵다.[5] 종래의 제국주의 연구와 새로운 제국사 연구가 병립하고 있는 일본 식민지 연구의 현 상황은 이와 같은 일국사적인 일본사 연구의 연구 풍토를 구조적으로 지탱하고 있다. 물론 포스트식민주의의 과제는 식민지 연구자들만 받아들여야 하는 과제는 아니다. 다만 식민지 연구 그 자체, 그 관점과 방법에 관한 이해가 강하게 요청되는 것도 사실이다.

필요한 것은 복수의 연구 시각들 사이에 대화가 어려웠던 원인을 찾고 포스트식민주의의 과제를 받아들이거나, 혹은 그것과 접합 가능한 성과를 구체적인 식민지 연구 중에서 발견해 내는 작업일 것이다. 그렇지만 지금은 요청이 여기에 그치지 않는다. 지난 몇 년간의 확대 · 심화에 의해서, 새로운 연구 시각들 사이에도 분기(分岐)와 균열이 생겨나서 연구의 배치는 더욱 복잡하게 되었다. 그동안 급격히 증가한 간(間)아시아(inter-Asia) 지역사 연구나 '제국'을 둘러싼 논의는 일본 식민지 연구가 전제로 했넌 구조 자체를 뒤흔드는 커다란 흐름이 되고 있지만, 그것도 포스트식민주의와의 관련이 반드시 명확한 것은 아니다. 연구를 촉구하는 상황인식에 관해서도 연구자 사이에 미묘한 어긋남이 발생하고 있다. 그래서 이 글에서는 제국주의 연구 이외의 관점에서 일본의 식민지를 대상으로 하는 근래의 연구를 가능한 한 넓게 취해 몇 개의 방향성으로 정리하여 대범한 조망을 취하는 데 뜻을 둔다.

이론적인 동향이나 과제에 관해서는 이미 뛰어난 정리나 소개가 있으므로 또다시 덧붙일 필요는 없다.[6] 그 때문에 이 글에서는 크게 두 가지로

의 시도인 이와나미신서(岩波新書)의 『シリーズ日本近現代史』(全10巻, 2006)에서도 이것 이전의 책에 비해서 1930년대의 서술에서 식민지에 관련된 기술이 거의 없다.

5) 이 점에 대해서는 필자의 「『あいまいさ』をいかに抱きしめるか— ジョン・ダワー著『敗北を抱きしめて』と〈戦後日米関係〉の影」(『Quadrante』 第5号, 2003)을 참조할 수 있다.

6) 예컨대 内田じゅん · 宣在源, 「アメリカにおける西洋植民地研究 — 新しい視点の開拓 —」(『日本植民地研究』 第13号, 2001); マーク · E · カプリオ, 「朝鮮植民地研究: 英語文献紹介」(『日本植民地研究』 第13号, 2001); サンドラ · ウィルソン, 明田川融訳, 「歴史研究の断層を架橋するもの—日本植民地研究(1931~45年)の新見地」(『年報 ·

과제를 압축했다. 첫째는 포스트식민주의가 상황과 연구 사이의 상호작용 중에서 발견된 경위를 간결하게 그려 내는 것으로, 일본 식민지 연구의 분야에서는 왜 포스트식민주의적인 관심이 지금까지 약했는가를 역사적인 경위에 입각해 이해할 수 있을 것이다. 둘째는 포스트식민주의의 관점이 현재 일본 식민지 연구의 장(場)에서 어떻게 받아들여지고 있는가에 관해서 필자 나름의 조감도를 그려 보고자 한다. 각각의 지역에 관한 내재적 또는 통시적인 연구사의 정리는 다른 연구에 맡기고 이 글에서는 문화와 공간을 둘러싼 방법론적인 혁신을 중심축으로 삼아 복수(複數)의 새로운 탐구를 느슨하게 연결함으로써 그것들이 그려 내는 구도를 다소나마 부각시켜 보고자 한다.

II. 포스트식민주의의 역사적 맥락

신구의 연구 시각 사이에 대화가 활발하지 않은 이유 중 하나로, 걸핏하면 포스트식민적인 연구의 다양한 흐름을 '이론'으로 일괄해 버려 역사연구의 '실증'과는 대조적인 것이라고 관념적으로 생각하는 경향을 지적할 수 있다. 포스트식민주의의 문제군(群)은 대체로 상황과 연구의 양면에서 발견된다. 그렇지만 '이론'으로의 환언은 포스트식민적인 연구가 일본의 제국주의 연구와 동시대적인 모색이고, 부정의(不正義)에 저항하는 실천적 계기를 강하게 가지고 있다는 사실로부터 독자들을 멀어지게 만들고 만다. 게다가 서구에서 만들어진 '이론'의 이식 · 적응이라는 수준에서 어림잡아 평가되기 때문에 자연히 이론적 특성의 추출에 관심이 집중된다(혹은 반발을 일으킨다). 그것이 또한 이론과 실증(실제)이라는 경계를 다시 강화시킨다. 이러한 순환을 끊어 내기 위해서는 복수의 학문사를 대조하는 고찰이 필요하다. 다음은 이것에 대한 지극히 간략한 서술이다.

日本現代史』第10号, 2005) 등에서 해외(단, 미국을 중심으로 한 영어권)의 동향을 참조할 수 있다.

1. 포스트식민주의의 발생 현장과 문제 관심

우선, 포스트식민주의의 과제가 상황과 연구의 협력에 의해 발견되었던 세계적 과정을 영어권을 전형으로 하는 세 가지 측면의 계기적인 변화로 파악해 보고자 한다.[7)]

첫째, 20세기 후반의 탈식민지화가 각국의 정치적 독립으로서 일단 달성되었어도, 독립 후의 사회는 냉전이라는 질곡에 더해 잔존하는 식민지주의적인 사회구조나 심성에 강하게 규정되어 건국과정에서의 정치적 민주화나 경제적 자립이 심각하게 정체되었다(Ai). 그와 동시에 다음 두 가지의 측면도 간과할 수 없다. 둘째, 경제 성장에 흡인된 구식민지로부터 구종주국으로의 대량의 인구 이동이다(Bi). 이때의 이민은 '외국인 노동자'로 불리지만, 그들의 존재는 구제국의 중심에 새로운 인종 문제를 발생시켜 제국지배의 지속을 둘러싸고 심각한 항쟁을 야기했다. 셋째, 사회구조의 변화와 이론적 검토 양 측면에서 마르크스주의의 비판이론으로서 한계가 지적되었고 이에 대한 비판과 재구축이 시도되었다(Ci).

이런 과제의 발견이 대략 1970년 전반까지의 움직임이라면, 1970~90년대에는 다음과 같은 방향에서 타개책이 모색되었다. 첫째, 식민지 유제의 재편성에 의해 지속되었던 궁핍 상태에 대해서 해부가 진행되었다. 신(新)식민지주의론이나 종속이론에서 시작된 이런 시도는 경제 부문의 영향으로 80년대에 좌절될 수밖에 없었지만, 포스트구조주의의 영향이나 프란츠 파농(Frantz Fanon) 다시 읽기 등을 경유해서 결국에는 사람들의 사고방식이나 가치관 깊숙한 곳에서부터 식민지주의를 대상화하는 방법으로서 가다듬어졌다(Aii). 둘째, 구종주국에서 인종 문제의 발생은, 신자유주의가 다문화주의로 치장하고 은폐해 왔던 레이시즘(racism)에 대한 반작용으로 생겨났지만,

---

7) 포스트식민주의가 사상적 · 학문적 과제로 부상하게 된 경위를 사상사적으로 추적한 연구서는, 필자가 아는 한도 내이지만 다음의 문헌이 유익하다. 酒井隆史 · 道場親信, 「「帝国」へのまなざし: カルチュラル · スタディーズをめぐる地政学」(『状況』 第10巻 12号, 1999年12月別冊); 姜尙中編, 『ポストコロニアリズム』(作品社, 2001) 제2부 등을 참조.

이 문제에 대해 마이너리티로부터 다양한 이의 제기가 일어났다(Bii). 그런 와중에 일찍이 제국의 중심에 엘리트로서 건너왔던 구식민지 출신의 유학생이나 연구자들이 새삼 자기의 출신배경을 성찰하여 고향이 겪고 있던 탈식민지화의 어려움 그 자체를 학문적으로 다루기 시작했다. 거기에서 나타난 극적인 변용의 과정은 첫째 측면과 중요하게 연관된다. 셋째 측면에서는 마르크스주의가 주도했던 비판이론이 그때까지 최종심급이던 계급이나 경제를 상대화시켜 갖가지 카테고리나 경계를 둘러싼 '정치'를 발견하여 이론화해 나갔다(Cii). 실천적으로는 지역주의·반인종주의에 기반을 둔 '새로운 사회운동' 및 제3세계 페미니즘과의 교류를 통해서 이렇게 축적된 논의는 포스트식민 연구에 많은 이론적 시사점을 제시해 주었다고 할 수 있다.

이렇게 볼 때 포스트식민적인 연구가 갖는 다음과 같은 특징이 이해될 수 있을 것이다. 이들 연구는 소위 비교문학·문화 연구를 중심으로 '문화' 분석에 초점을 맞추어 먼저 연마(鍊磨)되었고(Aiii), 구제국의 중심에서(혹은 거기에서의 경험을 바탕으로) 시작된 프로젝트였으며(Biii), 마르크스주의 이론 이래의 실천적 계기와 비판이론을 현대에 부활시키려는 의지를 강하게 가지고 있었다(Ciii). 대부분의 포스트식민적인 연구가 구종주국 내부에서 출발하는 현상을 두고, 이를 엘리트주의로 비판하는 경향도 있지만, 앞에서 살핀 바에 따르자면 구식민지 출신자의 새로운 순례가 그런 순례를 강제했던 지(知)의 제국주의적 구조를 비판하는 계기가 되었다는 역설이야말로 주목할 가치가 있을 것이다. 그것은 동시에 포스트식민주의의 발견이 구종주국 '국내'의 정치·운동의 동향과 밀접하게 관련되어 있음을 의미한다. 그러므로 포스트식민적인 연구는 식민화의 역사 전체를 종주국과 식민지가 상호 규정적으로 형성되고 (지금까지도) 계속 구조화되어 가는 세계로서 총체적으로 다시 그려 내고, 이런 필연적 연관 때문에 과제의 극복은 양자가 협력하지 않으면 안 된다고 명확히 지적할 수 있었던 것이다. 그렇다면 이 과제는 근대세계 운영방식 전체와 연관되는 난제(難題)라고 할 수 있을 것이다.

이러한 연구 상의 특징은 1980년대 이래 세계적으로 주목받았던 일련의 논자들, 예컨대 에드워드 사이드(Edward W. Said), 스튜어트 홀(Stewart Hall), 라나지트 구하(Ranajit Guha)[서발턴 스터디 그룹], 가야트리 스피박(Gayatri Spivak), 베네딕트 앤더슨(Benedict R. O. Anderson) 등에서 거의 공통적으로 발견된다. 각자가 입각한 방법이나 학문이 다르기 때문에 일본에서는 이들의 동시대적인 연관이 간과되는 경향이 많았지만, 거의 동시대에 학문의 혁신이 일어난 것은 결코 우연이 아니다. 더욱이 냉전 붕괴 후 동서대립 하에서 억눌렸던 여러 요구가 해빙되는 것과 더불어, 이들의 사상적, 실천적 영향은 19세기에 독립을 이룬 라틴아메리카나 새롭게 민주화된 구공산국을 포함해 광범위한 지역에 파급되었다.

2. 일본에서 차이의 위상

개괄한 세 가지 측면의 전개는 같은 시기의 일본에서는 잘 검증되지 않는다. 첫 번째 측면에 관해서는 일본제국이 패전에 의해 식민지를 일거에 잃은 결과, 다른 제국이 제2차 세계대전 이후에 경험했던 식민지 독립전쟁의 고통(탈종주국화)을 겪지 않아서 제국의식이 오히려 온전히 보존되었다는 사실을 거론하는 것으로 충분할 것이다. 두 번째 측면에 관해서도 전후 일본의 경제성장이 1980년대 중반까지 기본적으로 '국내'의 노동력 조정에 의해 가능했기 때문에 대(對)이민정책이 인종·민족 문제의 쟁점으로는 발생하지 않았다. 이것은 오일쇼크 이래 구식민지로부터의 이민의 취급을 둘러싸고 '내부 식민지' 문제가 드러났던 다른 구제국(미국도 포함하여)과는 크게 달랐다. 세 번째 측면에서는 일본이 예외적으로 마르크스주의 방법이 아카데미즘 내부에서도 학문적 재생산의 기반을 확립했기 때문에 역설적으로 1960년대 말 이래의 마르크스주의의 이론적 혁신이라는 세계적 조류와 어긋났다는 것이 중요할 것이다.8)

8) 20세기 후반 세계 각국의 마르크스주의 이론이 어떻게 아카데미즘으로 침투해 가고,

이러한 사태가 전후 동아시아의 냉전체제 하의 '포스트식민적'인 상황에서 구종주국으로서 마주친 시련을 일본이 일관되게 회피해 왔던 결과라는 것은 일찍부터 지적되어 왔다. 제국의식은 실제로는 재일조선인 · 대만인들로부터 끊임없는 비판에 노출되고 있었음에도 불구하고, 일본 정부나 사회는 냉전 논리로 이런 비판을 압살해 왔다. 또한 동아시아에서는 냉전기에 사람의 이동이 극단적으로 제한되었기 때문에, '국내'의 재일조선인이나 미군점령지로부터 이주가 유도되었던 오키나와 사람들이 고도경제성장기의 일본노동시장에 저임금 노동력으로 편입되었던 구조도 '국제'적인 문제로는 발전하지 않았다.[9)]

동아시아의 냉전체제는 역사연구도 강하게 규정했다. 식민지에 관한 연구는 1960년대 이후 일본제국주의 연구와 구식민지 지역에서 내재적 발전이나 민족해방 투쟁을 중시하는 각국사로서 구성되었다. 개괄하면 전자가 경제사에 의한 일본의 제국주의적 대외활동의 해명을 중심으로 탄압이나 동화의 실상을 규명하는 침략사의 성격을 띠었고, 후자가 본래 가지고 있던 각 민족의 발전 가능성과 그것을 계승하는 민족의 주체성을 실증하는 저항사로서 상호보완 또는 분업의 관계를 담당했다. 이런 분업 관계는 지금까지 뛰어난 성과를 축적해 왔다.[10)]

학문적 재생산이 어떻게 구조화되었는가는 하는 문제는 세계 각지의 제국주의 연구들이 지향하는 차이와 밀접하게 관련이 있다고 생각한다. 이후의 국제적 비교가 기대된다.

9) 그렇지만 같은 시기에 대만 · 한국 출신의 연구자들이 일본에 유학이나 취업을 하면서 일본 제국주의의 실증연구를 심화시켰던 역할은 간과할 수 없다. 그 역사적 의의의 검증도 재일조선인들의 역사연구 의식과 더불어 일본의 포스트식민지적 연구에서 커다란 과제이다.

10) 柳沢遊 · 岡部牧夫, 「解説 · 帝国主義と植民地」(柳沢遊 · 岡部牧夫編 『展望日本歴史 20(帝国主義と植民地)』 東京堂出版, 2001). 柳沢遊, 「日本帝国主義史研究の現段階 ― 1930年代帝国主義の中国侵略と経済団体」(礼幌大学経済学部附属地域経済研究所 『地域と経済』 第3号, 2006). 당시 핵심적 실증 연구의 수준을 지금까지도 보여 주고 있는 사례로는, 松村高夫, 『日本帝国主義下の植民地労働史』(不二出版, 2007)의 간행에서도 확인된다. 이것의 연구사적 위치에 대해서는 같은 책에 실려 있는 스기하라 도루(衫原達)의 해설을 참조.

그러나 이런 연구 태도는 제국주의 연구에 한정해 말하면, 다음과 같은 문제를 내포한다.[11] 일본자본주의의 침략성을 해명하려는 지향은 경제적 심급을 우선적인 것으로 간주하기 때문에 식민화가 사회에 미치는 다양한 억압을 가늠하는 시각이 약했다. 억압받는 쪽의 주체성의 해명은 상대편의 민족해방투쟁사에 맡겨 버리고 지배에 관해서도 착취와 동화라는 일방통행적인 동향을 강조하는 논의구성이 되었다. 이것은 동아시아 냉전 하의 '민족'에게 연구의 시각이 속박당하고, 국민국가(민족국가)의 형성을 지향한 목적론적 의식에 강한 제약을 받은 결과다. 그래서 피지배민족의 주체성을 강하게 내세우는 경우는 민족주의의 성장, 그리하여 사회주의로의 도달을 염두에 두고, 여기에 이르는 발전단계로의 역사가 높은 평가를 받았다. 이와 같은 관점에서는 가령 대만사의 고유성이나 독립에 공헌하지 못했던 식민지 자치운동은 쉽게 시야에 들어오기 힘들다. 게다가 이런 분업이 반드시 긴밀한 것도 아니었다. 제국주의 연구의 중심은 만주 침략을 전형으로 하는 중국에 대한 경제적 침략의 해명에 놓여 있어, 식민지 그 자체를 대상으로 하거나 혹은 구식민지나 점령지의 지역에 내재하는 역사상(歷史像)을 탐구하려는 연구와는 간극이 생겨난다.[12]

물론 전후 역사학을 총체적으로 보면 포스트식민주의를 시야에 둔 연구가 완전히 없었던 것은 아니었다. 이미 1970년대 일본에서도 아시아사나 사회사 · 민중사의 입장에서 다른 지역의 연구와 비견되는 혁신이 생겨나고

11) 각 지역마다 전개된 식민지시기의 연구에 대해서는 다른 연구에 맡긴다. 특히 조선사에서 '일국사(一國史)'적인 발전의 가능성을 추구했던 내재적 발전론의 역사적 의의에 관해서는 이 책 제1부 3장에 수록된 미쓰이 다카시(三ツ井崇)의 글을 참조.

12) 1980년대 후반 이후 동아시아의 자본주의적 발전을 적극 수용해서 제기되었던 중진국론이나 식민지공업화론은 제국주의 연구에서 중국침략 연구에 비해서 상대적으로 허술했던 공식식민지에 대한 관심으로부터 생겨났다(高岡裕之, 「『十五年戦争』『総力戦』『帝国』日本」(歴史学研究会編 『現代歴史学の成果と課題 1980~2000年 I (歴史学における方法的転回)』 青木書店, 2002: 48)을 참조). 또한 거의 같은 시기부터 조선사 · 대만사 · 중국사 등 각 지역마다 일관된 역사상을 바탕으로 식민지시기를 포함한 근현대사가 논의되고 있으며, 더욱이 국제적인 장(場)에서의 논의 참가가 늘어나게 됨에 따라, 제국주의 연구와의 제휴나 긴장관계는 더욱이 불가결한 것이 되고 있다.

있었다. 포스트식민적인 연구는 유일한 기원이나 정전을 갖지 않는다. 그래서 고타니 히로유키(小谷汪之)가 지적한 것처럼, 이타가키 유조(板垣雄三)의 'n지역론'(특히 민족운동과 민중운동의 상위, 전자의 제국주의와의 공범관계)이나 라치 지카라(良知力)의 '가스트아르바이터(ガストアルバイター, Gastarbeiter)론', 그리고 고타니 자신의 인도·내셔널리즘 연구 등 선구적인 발언이 소급적으로 발견될 수 있다.[13] 포스트식민적인 연구의 기본 관점이 ① 식민지주의와 국민(민족)주의의 공범성과 ② 종속계급(서발턴)의 주체성 2가지로 수렴된다면, 그것은 근대 이행기를 주요 대상으로 하는 일본의 민중사상사·민중운동사 연구의 특징으로도 대단히 중요하다.[14] 하지만 그러한 축적이나 계보는 앞서 언급한 조건 탓에 일본의 식민지 연구의 자양분이 되기는 어려웠던 것 같다.

일반적으로 일본은 1990년대에 들어서 탈냉전·탈사회주의의 거대한 파고 속에서 포스트식민주의의 과제와 가까스로 직면했고, 관련된 해외 연구의 소개와 검토가 단숨에 진전되었다.[15] 이런 시간차에 의해서 전술했던 역사적 문맥은 소거되었고, 필연적으로 '이론'으로서의 도입이 현저해졌다. 게다가 역사연구에서의 검토는 더욱더 늦어졌다. 1990년대 일본근현대사 연구의 특징적인 조류로 국민국가론, 총력전론, 포스트식민주의, 이 세 가지가 순차적으로 거론되지만, 당초 국민국가론이나 총력전론에서는 식민지나 제국주의에 대한 관심은 오히려 매우 희박했다.[16] 이러한 지연은 동아

13) 小谷汪之, 「世界史像の行方」, 『現代歴史学の成果と課題 1980~2000年 I』(青木書店, 2002), 19쪽.

14) 小谷汪之, 「ポストコロニアル·アジア史研究の視界」(『思想』 第949号, 2003年5月), 23, 40쪽.

15) 1990년대 일본에서 미제의 탈제국화라는 과제가 표면화되었던 과정이나 요인에 대해서는 앞의 姜尙中編, 『ポストコロニアリズム』, 本橋哲也의 『ポストコロニアリズム』, 이 외에도 小森陽一, 『ポストコロニアル』(岩波書店, 2001) 및 로버트 영의 앞의 책(『ポストコロニアリズム』)에 실린 成田龍一과 本橋哲也의 해설 등을 참조.

16) 이 점에 주목한 1990년대 이후의 일본근현대사 연구에 대한 개괄은 貴堂嘉之·戸邉秀明, 『日米のナショナリズム·国民意識に関する研究史』(橋口映美·中條献編 『歴史のなかの「アメリカ」―国民化をめぐる語りと創造』 彩流社, 2006), 378-385쪽을

시아의 탈냉전이 미해결이라는 것과 크게 관련이 있다. 냉전 구조의 재편성과 지속은 전후 동아시아에서는 "미일 합작의 식민주의"에 의해서 유지되어 이 지역의 탈식민화를 지금까지도 가로막고 있다.

3. '과제로서의 식민지', 지금 현재

그러면 이상의 경위를 거쳐 식민지를 둘러싼 역사연구는 지금 어떻게 자리매김되고 있는가. 일본사 연구에 관해 말하자면, 앞서 언급한 통사의 문제는 여전히 남아 있지만 이미 '제국'이란 전제를 생략하고는 근대사를 말할 수 없게 되었다.[17] 또한 때때로 연구수준의 지표가 되는 『이와나미강좌(岩波講座)』의 기획에서도 1990년 이후의 이러한 변화는 명료하게 간파된다. 먼저, 『이와나미강좌 근대일본과 식민지(近代日本と植民地)』 전8권(1992~1993)은 전후 식민지 연구를 집대성하는 위치에 서 있다. 그러나 동시에 냉전붕괴의 와중에 편집된 이 강좌는 제국주의 연구를 주체로 하는 각 권 편성에 포스트식민주의를 의식한 새로운 연구가 산재해 있어 그 후의 변화를 예감케 했다. 그로부터 약 10년 후, 『이와나미강좌 근대일본의 문화사(近代日本の文化史)』 전10권(2001~2003)에서는 제국으로서의 근대 일본을 중시하는 포스트식민적인 연구방법이 종횡무진 활용되었다. 하지만 이런 작업은 주로 문화연구의 논자들에게 맡겨져 협의의 역사연구에 근거를 둔 집필자는 적었다. 이 두 가지 강좌의 커다란 진폭을 이어받아 다시 역사연구로의

참조할 수 있다.

17) 아리마 마나부(有馬学)의 통사 2권이 모두 '제국'이란 타이틀을 붙이고 있는 것은 가장 상징적인 사례일 것이다(有馬学, 『日本の近代(4) 「国際化」の中の帝国日本 — 1905~1924』(中央公論新社, 1999); 『日本の歴史 二三(帝国の昭和)』(講談社, 2002)). 다만, 아리마의 시선은 제국의 존재를 당연한 것으로 보고 있던 당시 '일본인'들의 사고나 감성에 주목하고 있어서(이런 점에서는 유사한 다른 책에는 없는 지적들이 풍부하지만) 제국이 내포한 식민지의 실태는 거의 언급하지 않는다. 아리마의 방법에 대한 비판으로는 오이카와 에이지로(及川英二郎)의 서평(『史林』 第86巻6号, 2003: 11)을 참조할 수 있다.

정착을 지향한 『이와나미강좌 아시아 · 태평양전쟁(アジア · 太平洋戰爭)』(이하, 『전쟁』), 『이와나미강좌 '제국'일본의 학지('帝國'日本の學知)』(이하, 『학지』. 모두 전8권), 두 가지 강좌가 2005~2006년에 걸쳐 거의 동시에 간행되었다. 전후 60년을 일단락 지은 이 강좌들은 그 동안의 식민지 연구 성과를 그대로 반영하여 연구 폭을 확대한 것이지만, 편집 의도나 책 편성 등에 주목하면 몇 가지 차이를 읽어 낼 수 있다.

『전쟁』은 15년 전쟁기의 역사를 고찰함에 있어서 "일찍이 식민지 · 점령지였던 아시아 · 태평양의 다양한 장소로부터 던져진 질문"을 이어받은 공간적인 시야의 확장과, 시간적으로 "1945년으로 구획하지 않고 전전, 전중, 전후를 총체적으로 파악하는 관점"을 목표로 강조한다. 이러한 각오는 분명히 포스트식민주의의 과제를 자각한 설정이다. 실제로도 강좌에 실린 각 논문은 "제국의 전쟁 경험"을 강하게 의식하면서 집필되었고, '강좌'를 구성하는 모든 책에서 제국과 전쟁이라는 이중의 경험이 '전후'에 남긴 과제를 비판적으로 검증하는 부문이 설정되었다. 연구방법의 측면에서는 "전후 역사학의 전쟁 연구의 축적을 계승하면서"도, 그간의 포스트식민적인 연구의 문제제기에 입각하여 연구의 종합을 시도하고 있다.[18)]

여기에 반해 『학지』는 개국(開國)의 시기부터 전후(戰後)의 변용까지를 응시하면서 "근대일본의 '제국'화 과정에서 구축된 일본의 제(諸) 학지의 형성과정"에 초점을 맞추었다. '학지'라는 설정에는 개별 학문사의 집성이 아니라 제도나 장치로서 지(知)가 내포한 실천적 성격(정치적 성격)을 반성적으로 고찰하려는 의도가 엿보인다. 다만 전자에 비해서 보다 직접적으로 '제국' 일본을 내걸고 있지만, 각 책, 각 논고마다 관심이나 방법의 차이가 두드러져 "근대 일본의 학지를 아시아 여러 지역과의 상호적 교섭의 장으로서 다시 파악한다"는 지향이 현저히 약한 책도 발견된다. 또한 1990년대 이후의

18) 이상은 이 강좌의 내용견본(2005年8月) 중에서 「刊行にあたって」, 「特色」에 의거한다[여기서 견본(見本)이란 강좌시리즈를 소개하기 위해 출판사가 별쇄한 인쇄물을 의미한다. 여기에는 강좌의 간행동기 및 의의, 편집자들의 인터뷰, 대담 등이 소개되어 있으며, 본 책과 더불어 배포된다.-옮긴이].

상황인식으로서 “아시아 공동체의 구축을 촉진하는 기운의 고조”를 들고, 글로벌화하는 가운데 “아시아 공동체”를 구상하려는 지적 인프라로서 “근대 일본의 학지”에 가치를 부여하고 있다.[19]

말꼬리에 얽매인 대조로 비칠지도 모르지만, 개개의 논문 내용을 넘어선 차원에서 이 두 강좌가 지향하고 있는 상황인식의 차이는 식민지 연구 전체의 상황을 어느 정도 반영하고 있는 것으로 생각된다.

III. 일본 식민지 연구의 현황과 문제군(群): 두 가지 방법론적 혁신을 중심으로

1990년대 이후 방법이나 대상이 다양해진 일본의 식민지 연구를 일괄해서 ‘제국사 연구’라고 한다면, 종래의 제국주의 연구와 대비되는 것이 많다. 글자 그대로 ‘제국사 연구’의 지평을 넓힌 고마고메 다케시(駒込武)에 따르면 그 특질은 다음과 같이 정리할 수 있다.[20] 곧 ① 복수의 식민지, 점령지와 일본 ‘국내’ 사이의 구조적 연관을 규명한다. ② 종주국과 식민지의 영향관계를 상호 규정적으로 파악하고, 특히 식민지의 상황이 종주국에 미친 영향을 주목한다. ③ (종래의 경제사적인 식민지 연구에 비해서) 정치사나 문화사의 영역을 적극적으로 해명한다. ④ 자명하다고 여겨졌던 민족·문화 개념이 역사적으로 식민지 지배와 불가분의 관계 속에서 형성되는 과정을 중시한다. 이와 같은 네 가지의 관점을 통해서 종래의 연구 틀로는 파악할 수 없었던 ‘식민지 제국’으로서의 일본에 대한 통합적인 탐구가 시도되었다.

이것은 새로운 연구 조류에 대한 총괄로서 지금까지도 유효하다. 다만 고마고메의 개괄로부터 7년여가 지난 지금, 극적으로 확대된 연구영역을 앞에 두고서는 좀 더 세분화된 분절화가 필요할 것이다. 그래서 이 장에서

---

19) 이상은 이 강좌의 내용견본(2005年12月) 중에서 「刊行の言葉」, 「刊行にあたって」에 의거한다.

20) 駒込武, 「「帝国史」研究の射程」(『日本史研究』 第452号, 2000年4月), 224쪽.

는 새로운 연구의 방법적 핵심을 문화론적 전환과 공간론적 전환, 두 가지에서 찾고 각각의 특징과 논의의 현황을 밝히고자 한다. 또한 이러한 '전환'의 결과, 1945년 이후의 '탈식민지화=탈제국화'를 둘러싼 연구에서 일어난 변화에 대해서도 지적하겠다. 이러한 검토를 통해 이미 하나로 포괄할 수 없는 연구의 다양성이 드러날 것이다. 하지만 뛰어난 연구들에는 식민지 또는 식민주의와의 조우를 통해서 근대를 시작할 수밖에 없었던 사람들이 '살아온 근대(生きられた近代)'가 어떤 의미였는지를 포착하려 한다는 공통의 문제 관심이 있다. 이런 점에 주의를 기울이며 이하에서는 연구의 현황을 세 가지 항목에 걸쳐 개관하려 한다.

1. 문화론적 전환

1) 왜 문화가 문제인가

포스트식민주의의 과제에 적극 호응하는 연구는 대부분의 경우 문화에 대한 연구이며, 방법적인 특징은 언설분석이라 할 수 있다. 하지만 여기서 말하는 문화란 무엇일까. 또한 분석은 언설에 국한될 수밖에 없는 것일까. 새로운 연구가 문화에 주목하는 경우, 이 문화란 '대상으로서의 문화', 즉 일반적인 문화사·문화연구가 염두에 두는 개별 문화장르의 작품이나 매스미디어, 신체문화 등 구체적인 대상으로는 환원되지 않는다.[21] '새로운' 연구에서 문화란 경제적·정치적인 지배-피지배에 머무르지 않는 식민지 상황을 지적하기 위해 선택된, 이를테면 '방법으로서의 문화'인 것이다.

'정신[혹은 상상력(imagination)]의 탈식민화'라고 하면, 물질적 영역이란 보통 분리된 허구나 내면적 세계를 상정하기 마련이다. 하지만 상상력이 '정동(情動)'이나 기대로 표현되면서 사회적 관계 속에 엮여 들어갔을 때, 현실을 움직이는 힘(작용)이 되며, 물질적인 결과를 동반하여 사람들의 관계성을

21) '대상으로서의 문화'에 입각한 연구들의 현황에 대해서는 이 책의 제1부 5장에 수록된 미야모토 마사아키(宮本正明)의 글이 상세하게 정리하고 있어 매우 유익하다.

뒤흔든다.[22] 문화에 주목한다는 것은 이러한 힘의 독자성을 포착하기 위해서다. 따라서 거기서 경제나 정치의 영역은 배제되는 것이 아니라 경제적(혹은 정치적) 제 관계와 그 효과를 다양한 설명원리 중 하나로 위치 지워지며, 경제(정치)를 그 밖의 것, 즉 이 글에서 말하는 문화의 "실천으로 존재조건으로" 고찰하려고 한다.[23]

이와 같은 문화 개념의 재정의가 발판이 될 수 있는 것은 식민지 상황을 창출하는 권력 작용이 일상생활의 다양한 회로를 통해서 작동하기 때문이다. 회로는 제국의 중심에서 작동하는 국민화의 제 장치와 비교하면, 식민지의 제도화는 위상이 낮고 제한도 압도적으로 많으며, 그 효과(작용)도 국민화와는 질적으로 다르다. 그 때문에 권력 작용은 보다 단편화되고 분산되어 있어서 이에 대응하는 식민지 사회의 반응도 사료로 남기가 쉽지 않다. 갖가지 실천들을 어떤 상세한 사료로도 읽어 낼 수 없다면, 한정된 표현으로밖에 허용되지 않는 식민지 사회의 동정이나 민중의 주체성은 언어화되기 어렵다. 역사연구의 '실증'은 거기서 무엇을 이룰 수 있겠는가.

2) '식민지 근대론'의 시각

새로운 문화 개념에 시사를 받아 식민지 연구는 커다란 변모를 이루었다. 물론 그것들은 다양한 관심에서 촉발되었으며, 어떤 하나의 이론을 적용한 것이 아니다. 다만 언제부터인가 문화론적 전환이라고 부르게 된 조류는 '식민지 근대(colonial modernity)론'과 결부되어 이해되었고, 지금은 어느 정도는 정리가 된 동향으로 파악된다.

---

22) 물질과 표상이라는 두 영역의 관계를 재검토할 필요성에 관해서는 테사 모리스 스즈키(テッサ・モーリス－鈴木)의 「거짓 아이덴티티에의 권리 — 어떤 포스트식민적인 이야기(僞りのアイデンティティへの権利 — あるポストコロニアルの物語)」(栗原彬ほか編『越境する知 6(知の植民地－越境する)』東京大学出版会, 2001)를 참조. 한편 이 저자의 인명표기는 최근 'モーリス－スズキ'로 대략 통일되었지만, 이 글에서는 각 논문의 초출표기를 따랐기 때문에 '鈴木'와 'スズキ'를 혼용한다.

23) スチュアート・ホール, 小笠原博毅訳, 「「ポスト・コロニアル」とはいつだったのか? — 越境にて思考すること」(『思想』第933号, 2002年1月), 134쪽.

마쓰모토 다케노리(松本武祝)의 뛰어난 정식을 참고하여 정리하자면, 식민지 근대론은 대체로 다음의 세 가지 시각을 갖는다.[24)]

① 역사적으로 존재했던 근대성은 식민지와 종주국 사이의 상호작용에 의해 창출되었으며, 이 양자가 '비동시적인 동시대성'을 공유하는 하나의 근대를 형성하고 있다. 이러한 인식은 식민지를 근대화가 지연된 지역이라고 파악하는 발전단계론의 사고방식을 다시 검토하게끔 하는데, 제국이야말로 식민지의 비(非)자본주의적 생산양식이나 사회형태를 필요로 하며 이를 근대의 일부로 재편성했다고 지적한다. 이에 따라 식민지 사회에서 나타나는 근대성의 극단적인 불균등은 근대화론적인 선행(발전) / 지연(수탈)의 도식에서 나온 것이 아니라 근대 그 자체가 만들어 낸 구조화의 산물로서 대상화된다.

② 이런 대상화를 위해서는 권력 작용에 대한 새로운 분석이 필요하다. 특히 식민지 사회의 일상생활의 장이나 실천에 초점을 맞추어, 공공성이나 규율권력, 헤게모니 등 다양한 사회이론 · 분석개념을 도입한 검증이 진행되고 있다. 최근에는 마쓰모토 자신이 식민지 조선에서 공공위생의 보급을 사회경제사적으로 검토하여 이를 통해 식민지에서 근대의 양상을 파헤친 것처럼, 이 개념은 소위 문화적인 대상 이외에서도 범용성을 높여 가고 있다.[25)]

③ 식민지주의와 국민(민족)주의는 식민지 민중을 어떻게 제어하는가 하는 점에서는 정통성의 창출을 둘러싸고 경합하고 있었으며, 양자는 (힘의 관계에서 압도적으로 불균형한 것이기는 했지만) 서로 적대하면서도 민중에 대해서는 이른바 '공범관계(complicity)'에 있었다. 이 때문에 독립 후의 국민주의는 급속한 국가 건설을 위해 식민지주의의 지배 시스템이나 이데올로기를 근

24) 松本武祝, 「"朝鮮における『植民地的近代』"に関する近年の研究動向 — 論点の整理と再構成の試み」(『アジア経済』 第43巻9号, 2002年9月; 이후 『朝鮮農村の〈植民地近代〉経験』(社会評論社, 2005)에 가필하여 수록). 식민지근대론의 동향에 대한 보다 상세한 정리는 이 책 제1부 3장의 미쓰이 다카시에 맡긴다.

25) 松本武祝, 『朝鮮農村の〈植民地近代〉経験』 제1장을 참조. 한편, 후술하겠지만 규율권력에 관해서는 특히 근대 동아시아의 위생 · 의료사업에 관한 연구가 급속히 진전되고 있다.

대성이라는 이름으로 재편·이용하여 민중을 거듭 종속시켰다. 물론 국민주의 대신에 여기에 사회주의나 전통의 주장을 대입시켜도, 반(反)근대 또는 초(超)근대의 지향 자체가 근대성의 한복판에서 만들어진 지향에 다름 아니기 때문에 민중에게는 억압적으로 작동한다. 독립 이후/제국붕괴 이후까지 사정거리에 넣어 고찰하기 위해서는 이러한 '적대적 공범관계'를 척결하려는 시각이 더 한층 요구된다.

이러한 시각을 느슨하게 공유하는 연구들이 문화를 대상으로 하는 연구를 넘어서 확장되고 있다. 다음에서는 그것을 세 가지 측면으로 나누어 소개하고, 또 그들 연구의 문제점에 대해서 최근의 논쟁과 아울러 언급하겠다.

3) 식민지에 "살아온 근대(生きられた近代)"에 대한 통찰

식민지에서 경험된 특유한 근대의 구체적인 양상에 관해서는 다음과 같은 연구의 진전에 주목하고자 한다.

첫째, 식민지의 '정치' 영역에 관해 재고찰이 진행되고 있다. 종래의 특정 담당자들에 한정된 정치과정만이 아니라, 식민지의 권력과 사회 사이에서 발생하는 접촉 가운데서 다양한 '정치'의 존재(분쟁, 합의조달이나 상징동원)를 찾아내는 작업이라 할 수 있다.[26] 윤해동이 제기한 '식민지공공성'이라는 개념은, 이상적인 토의 공간을 상정하는 서구 근대의 공공성론이 포착하지 못한 영역에서 굳이 정치를 찾아내는 '오독(誤讀)'을 시도하여, 공공성 개념이 전제로 삼는 '정치적인 것'의 부분성을 짚어 낸다.[27] 가령 교육이나 의료를 둘러싼 식민지 사회와 권력 사이의 교섭 장면은 종래라면 교육·사회

---

26) 다만, 이러한 관심 자체는 식민지근대론이 주창하기 이전부터 나미키 마사히토(並木真人)에 의해서 검토되었다. 並木真人, 「植民地期朝鮮人の政治参加について— 解放後史との関連について」(『朝鮮史研究会論文集』 第31集, 1993). 나미키가 식민지근대론을 정력적으로 검토한 배경에는 이러한 지속적 고찰이 있었다.

27) 尹海東, 藤井たけし訳, 『植民地認識の「グレーゾーン」— 日帝下の「公共性」と規律権力」(『現代思想』 第30巻6号, 2002年5月); 並木真人, 「「植民地公共性」と朝鮮社会 — 植民地期後半期を中心に」(朴忠錫·渡辺浩編著 『「文明」「開化」「平和」— 日本と韓国』 慶応義塾大学出版会, 2006)도 참조.

정책 등 지배의 일환으로 분석될 수 있던 영역이었지만, 여기에 식민지 사회의 다양한 주체가 참가하여 그것을 통해서 일정한 공공성이 만들어진다.[28] 물론 참가하는 주체는 민족 · 계급 · 성차(性差) 등에 따른 커다란 비대칭적 차이를 포함하며, 이해의 '조정'에는 노골적인 폭력이 유발될 위험이 항상 존재했다. 게다가 이런 공공성에 있어서는 저항의 계기만이 아니라, 교섭을 통한 주체화에 의해 오히려 새로운 종속이 침투한다. 식민지 사회 쪽이 시도하는 권력과의 필사적인 교섭은 근대성의 매력과 폭력을 분별이 어려운 형태로 동시에 드러내기 때문이다. 식민지의 '정치'를 재고찰하려는 연구동향은 계급적 이해나 민족주의의 입장에서 분류 · 평가되어 왔던 식민지 엘리트나 중간층을, 다시금 중요한 주체로 파악하여 그 역사적 역할을 검토할 것을 촉구한다. 이에 관해서도 마쓰모토는 식민지에서 사람들은 "어떻게 통치되었는가?"라는 질문을 던지며 국가와 지역사회 사이의 합의조달의 장면에서 일어났던 지역 엘리트의 '대일(對日)협력'에 주목하는데, 이러한 작업을 통해 〈지배－저항〉의 구조로는 파악하기 어려웠던 〈동원－협력〉의 실태로 시야가 넓어지고 있다.[29]

한편 공공성의 계기가 되는 사회적 쟁점의 질이 지배의 과정에서 변화를 겪는 점도 관심을 기울여야 할 것이다. 전간기(戰間期) 이후, 그때까지 '국가'가 관심을 기울이지 않았던 '사회적' 영역이 제국의 수준에서 조정 · 계획 · 관리의 대상이 되자, 진흥개발이나 구제 사업을 둘러싼 새로운 이해관계의 조정이 필요해졌고 국가나 제국의 엘리트들이 마치 조정자처럼 식민지 사회에 모습을 드러낸 것과 같은 전도가 일어난다.[30] 여기에서 생겨난

---

28) 松本武祝, 『朝鮮農村の〈植民地近代〉経験』 1장을 참조. 駒込武, 「台南長老教中学神社参拜問題 ― 踏絵的な権力の様式」(『思想』 第915号, 2000年9月); 「1930年代台湾におけるミション・スクール排撃運動」(小森陽一外編 『岩波講座 近代日本の文化史 第7巻(総力戦下の知と制度)』 岩波書店, 2002).

29) 松本武祝, 『朝鮮農村の〈植民地近代〉経験』 3~5장. 松本武祝, 「戦時期朝鮮における朝鮮人地方行政職員の"対日協力"」(倉沢愛子外編 『岩波講座 アジア · 太平洋戦争 第7巻(支配と暴力)』 岩波書店, 2006).

30) 富山一郎, 『暴力の予感 ― 伊波普猷における危機の問題』(岩波書店, 2002) 중 특히

새로운 폭력은 입법에 따른 것이기 때문에 '합법적'이라는 것과 당장은 모순되지 않는다.[31] 식민지에서는 법 자체가 폭력의 한 형태가 될 수도 있기 때문에 '근대 공법의 역사성'을 식민지 상황 속에서 찾아내는 작업은 법과 폭력의 근원적인 관계를 탐구하는 것과 연관된다.[32]

둘째, 식민지에서 자본주의의 양태를 경제사 연구와는 다른 관심에서 문제 삼는 연구동향이 있다. 식민지라는 조건 아래에서는 자본주의가 창출하는 불가역적인 변화가 사람들의 감각이나 정동(情動)에 어떻게 작용했을까. 이 물음은 표상분석에 그치고 마는 포스트식민적인 연구를 내재적으로 비판하고, 경제사적인 연구와의 교류 가능성을 시사한다. 그런 징후는 예컨대 관광을 둘러싸고 고조되고 있는 여러 연구들에서도 확인된다. 오리엔탈리즘 비판 이래 식민지의 관광개발이나 일본 국내의 식민지 표상(박람회 등)은 문화적 지배의 대명사가 되었지만, 최근에는 관광의 기반정비에 대한 실증적인 분석에 더해, 피식민자를 포함한 구체적인 관광의 실상이 검증되어 현지 사회에서의 변용이나 저항의 가능성에 대해서도 논의되고 있다.[33] 한편 관광개발의 욕구는 일본 '내지'의 주변부조차 휘말려 드는 개발경쟁을 유발하는 등, 제국 내의 지역간 관계를 변화시켰다. 게다가 이때 전시기 오

마지막 장. 米谷匡史, 「矢内原忠雄の〈植民・社会政策〉論 — 植民地帝国日本における「社会」統治の問題」(『思想』 第945号, 2003年1月).

31) 駒込武, 「「帝国史」研究の射程」, 230쪽. 그 밖에 고마고메가 쓴 신사참배 문제에 관한 일련의 연구를 참조.

32) 崎山政毅, 「コメント二」(歴史学研究会2002年度大会全体会 『グローバル資本主義と歴史認識』コメント)(『歴史学研究』 第768号, 2002年10月増刊), 20쪽.

33) 曽山毅, 『植民地台湾と近代ツーリズム』(青弓社, 2003) 등 다수. 또한 게스트(관광객) 측에 관한 흥미로운 분석으로는 長志珠絵, 「「満州」ツーリズムと学校・帝国空間・戦場 — 女子高等師範学校の「大陸旅行」記録を中心に」(駒込武・橋本伸也編 『帝国と学校』 昭和堂, 2007)을 참조. 관련해서 이(異)문화 표상에서의 식민주의에 대해서는 특히 松田京子, 『帝国の視線 — 博覧会と異文化表象』(吉川弘文館, 2003); 「1930年代の台湾原住民をめぐる統治実践と表象戦略 — 「原始芸術」という言説の展開」(『日本史研究』 第510号, 2005年2月) 등이 중요할 것이다. 다만 식민지 관광 연구에는 다소 안이하게 오리엔탈리즘을 비판하는 데 그치는 저작도 적지 않다. 연구사의 중간적인 총괄이 기대된다.

키나와를 전형으로 해서 관광산업에 의해 지역진흥의 전망이 열리게 되자, '게스트(guest)'가 가진 왜곡된 식민지주의의 이미지를 '호스트(host)'사회의 사람들도 수용하지 않을 수 없게 되었고, 이에 따라 개발의 욕구와 자문화에 대한 자존심 사이에 딜레마가 한층 고조되었다.[34] 관광에 한정하지 않는, 이와 같은 개발의 환상(fantasy)은 욕망을 자극해서 인간관계나 지향마저 변화시키고, 식민지 사회에서 분쟁과 균열을 야기한다. 이러한 새로운 질의 폭력(의 구조화)과 맞서 싸우면서 살아가는 사람들의 '주체성'을 읽어 내는 것은 쉽지 않다. 하지만 수탈인가 개발인가 따위의 일면적인 논의를 넘어서 식민지의 사회변용이 갖는 특유의 존재방식을 탐색하기 위해서는, 아이덴티티 및 생활세계의 위상과 경제 · 정치의 영역을 분리시키지 않고 논의하는 자세가 결여되어서는 안 된다.[35]

이러한 시도는 식민지에서 계급관계를 민족 · 젠더 · 세대 · 계층 등등 범주들이 폭주하는 제 관계의 복합으로 파악하는 식민지사회론의 기초 작업이 될 터이다. 이런 점에서 일련의 젠더 분석들이 개척해 왔던 지평은 식민지화에 의해 가부장제가 재편 · 강화되는 경향을 들추어내고, 계급이나 민족의 개념이 구축되는 과정에서 노동이나 성(性)역할, 섹슈얼리티 등의 변용을 수반한다고 지적하는 등 시사하는 바가 매우 많다.[36]

세 번째는 식민지에 관한 사상사나 운동사, 전체적으로는 주체의 소재(所在)를 중시하는 연구 분야에서의 새로운 관점이다. 이미 지적했던 식민지-종

34) 高媛, 「「楽土」を走る観光バス―1930年代の「満州」都市と帝国のドラマトゥルギ」(小森陽一外編 『岩波講座 近代日本の文化史 6(拡大するモダニティ』 岩波書店, 2002) 등 고엔(高媛)의 일련의 연구를 참조. '내지'에서 관광개발에 대한 기대에서 보이는 식민지주의의 착종에 관해서는 필자의 「沖縄 · 屈折 · 自立」(小森陽一外編 『岩波講座 近代日本の文化史 8(感情 · 記憶 · 戦争)』 岩波書店, 2002)를 참조할 수 있다.

35) 島山淳, 「地上戦の島の「戦後」―沖縄の米軍基地の成り立ちをめぐる断章」(『現代思想』 第29巻9号 臨時増刊「戦後東アジアとアメリカの存在」, 2001年7月)에서 '기대치'에 관한 논의를 참고할 수 있다.

36) 金富子, 『植民地期朝鮮の教育とジェンダー―就学 · 不就学をめぐる権力関係』(世織書房, 2005). 또한 '종군위안부'연구의 과정에서 실증적 검토가 수행된 식민지공창제에 대한 연구도 이러한 관점에서 평가할 수 있다.

주국을 내포하는 근대의 동시간성을 중시한다면, 제국의 중심-주변의 관계는 단순한 위계구조로나 전파의 일방통행으로는 파악되지 않는다. 여기에서 전시기 제국일본의 중심-주변(특히 조선), 내부-외부(특히 중국) 사이의 상호 침투에 주목하면서 동아시아 규모의 사상의 교류나 긴장을 '언설공간'으로서 파악하는 요네타니 마사후미(米谷匡史)의 문제제기가 중요하게 된다.[37] 중심에서 주변으로의 사상의 전파나 영향관계가 아니라 공통의 문제를 자장(磁場)으로 하는 논의의 공간이 만들어지게 되면, 응답관계는 착종되기 시작한다. 이때 얼핏 보기에 제국의 중심 논의의 이식으로 보이는 식민지 지식인의 말과 행동에서, 중심의 사상을 역이용한 중심에 대한 은밀한 응답과 비판을 읽어 낼 수 있다.

이로부터 지금껏 '전향'이나 '친일'로 일괄되었던 지식인들 중에 지금까지 와는 다른 주체성이 발견된다. 다만 이런 작업은 전향에서 저항으로 평가를 뒤집는 것이 아니라, 식민지의 지식인이 제국 중심에 있는 지식인의 입장을 구조적으로 지지해 버리고 마는 관계 그 자체에서 제국이 식민지 주체에 휘두르는 폭력의 흔적을 발견하려고 하는 시각에 바탕을 두고 있다.[38] 정치적인 폭력으로 재단(裁斷)되어 왔던 지배 권력에 대한 협력·전향·동화라는 부정적 경험을 어떻게 대상화할 수 있을까. 그것은 세계전쟁과 냉전을 거치면서 지금도 계속되는 〈식민지주의-국민주의-마르크스주의〉의 뒤엉킨 공범관계를 대상화하여 식민지화의 폭력을 보다 깊이 되묻는 작업이기도 하다.[39]

---

37) 米谷匡史, 「戦時期日本の社会思想 — 現代化と戦時変革」(『思想』 第882号, 1997年12月).

38) 일례로 '식민지/근대의 초극(植民地/近代の超克)연구회'에 의한 문헌소개를 여기에 거론해 둔다. '植民地/近代の超克'研究会編, 崔真碩訳, 戸邉秀明解題, 「日中戦争期·朝鮮知識人の東亜共同体論」(『Quadrante』 第6号, 2004); 崔真碩訳·解題, 「日中戦争期·朝鮮知識人の内鮮一体論」(『Quadrante』 第7号, 2005).

39) 趙寛子, 『植民地朝鮮/帝国日本の文化連環 —ナショナリズムと反復する植民地主義』(有志舎, 2007)을 참조. 또한 재만(在滿)조선인이나 피차별부락 활동가들의 '황국신민화' 언설을, 총력전 하의 '생활욕구'와 관련시켜 제국일본의 마이너리티가 안고 있던 공통의 문제로 읽어 낸 히로오카 기요노부(広岡浄進)의 작업도 참조. 広岡浄進, 「在満朝鮮人の「皇国臣民」言説 — 総力戦下の満州国協和会を中心に」(『朝鮮

4) '식민지근대론'을 둘러싼 논쟁

식민지근대론은 일본에서는 조선근대사 특히 1920년대 이후에 대한 분석을 중심으로 파급되었고, 그 후 대만사나 중국사의 연구에도 활용되는 등 범용성이 강해지고 있다.[40] 하지만 최근 조경달(趙景達)이 식민지근대론 비판을 잇달아 발표하면서, 연구를 주도하던 나미키 마사히토(並木眞人)나 마쓰모토 다케노리 사이에 논쟁으로 발전하고 있다. 조경달의 비판은 자신의 전문영역인 조선근대사 영역에 그치지 않고 일본 식민지 연구의 전체 상황을 식민지근대론의 입장인가 아닌가로 총람(總攬)하고 있으며, 이렇기 때문에 이 논쟁을 피해 갈 수 있는 사람은 없다.[41] 조선근대사 연구와 관련된 구체적인 논쟁에 대한 정리는 다른 글에 미루고, 여기서는 논쟁의 의의를 폭넓게 공유하기 위해 확인해야 할 몇 가지 점을 언급해 두고자 한다.

식민지근대론 비판에서는 근대성의 침투가 지극히 제한적인 식민지 사회의 현실이 대조적 위치에 설정되어, 근대성과는 무관한 민중세계의 두터운 실존을 중시하는 민중사적 관점의 필요성이 설파된다. 근대성 그 자체가 갖는 억압성을 강조하고 이를 통해 한국 사회에 뿌리박고 있는 식민지주의를 대상화하려는 식민지근대론에 대해서는, 식민지 하의 폭력을 근대성 일반으로 환언시켜 버림으로써 식민지 사회의 특질을 오히려 파악하기 힘들게 만드는 게 아닌지 의구심을 가진다.[42]

史研究会論文集』 第41集, 2003); 「主体化と動員の陣地戦 ― 植民地帝国日本の人種主義と総力戦体制下の部落解放運動を考えるために」(『待兼山論叢』 第40号 · 日本学編, 2006).

40) 『歴史学研究』 第802号(2005年6月)의 특집 「동아시아 식민지의 '근대'(東アジア植民地における「近代」)」와 『歴史学研究』 第834号(2007年11月)의 특집 「동아시아 식민지에서 의료, 위생의 제도화와 식민지근대성(東アジア植民地における医療 · 衛生の制度化と植民地近代性)」을 참조.

41) 趙景達, 「日本(近現代) 九 植民地」(『史学雑誌』 第116編5号 〈2006年の歴史学界回顧と展望〉, 2007年5月), 179-182쪽. 필자 또한 이런 비판을 받았던 당사자이지만, 이 글의 성격상 개별적인 대응은 별도의 기회로 미룬다.

42) 특히 한국에서 식민지근대성은 한국이라는 국민국가의 폭력을 조선근대사의 경험에 소급시켜 연속적인 전개로 파악하려는 지향이 강하며(이런 점에서는 일본의 국민국가론과 논의 구성이 유사하다), 그 때문에 (이미 비판한 것과 같이) 당시의 식민지

그렇지만 식민지근대론의 핵심은 무릇 근대성의 침투 여하를 측정하는 데 있는 것이 아니라, 근대성의 불균등한 전개에 의해서 사회의 알력과 낙차가 극대화되고 그런 불균등성 자체가 식민지성으로 구조화되어 있는 '사회' 전체에 접근하려고 한다는 점에 있다고 생각된다. 따라서 근대로부터 도망친(혹은 거부된) 사회 역시 '식민지의 근대'에 의해 불가결한 일부로 구조화되고 위치 지워져 있다. 그렇다면 식민지에서 사회의 독특한 구조화, 그리고 이런 구조화에 수반되는 기존의 차이 및 가치의 재편과 서열화를 우선은 문제 삼지 않으면 안 된다.[43] 그런 연후 식민지 사회의 단계적인 변화를 어떻게 그려 낼 것인가가 과제가 된다. 이런 점에서 식민지근대론에 의한 연구와 민중사 연구 사이에는 충분히 대화의 가능성이 있을 것이다. 여기에서 가지무라 히데키(梶村秀樹)가 만년에 식민지 사회구성체론의 이론적 심화를 위해 제기했던 논점이 참고가 된다. 그는 "구(舊)식민지 사회"에서는 "전(前)자본주의적인 제 관계가 얼핏 그냥 그대로 존속하고 있는 것처럼 보이는 것도 많지만, 그것은 외부조건에 규정받아 존속할 수 있게 된 것으로, 외형은 어떻든지 간에 실체는 이미 변용되어 있다"고 추상적이나마 식민지사회 변동의 특이성에 주의를 촉구하고 있다.[44]

또한 식민지근대론은 포스트식민적인 연구의 두 가지 논점 중 하나인 식민지주의와 국민주의 사이의 '공범관계'에 대해서는 열심히 논의하고 있지만, 다른 한편 서발턴(종속계급)의 '주체성'을 파악하려는 지향이 미약하다는 비판에 노출되어 있다. 식민지근대론도 주체성에 주의를 기울이고 있지만, 식민지 권력과의 '접근전(接近戰)'을 도모하는 교섭권역(윤해동의 표현을 빌리면 '회색지대')에 잠입한 사람들을 주된 대상으로 하기 때문에, 훨씬 거대한 층

사회의 전체성에 반드시 입각해 있는 것은 아닌 것과 같다.

43) 이상에 관해서는 필자의 「帝国後史への痛覚」(『年報・日本現代史』 第10号, 2005), 26쪽도 참고가 된다. 이와 같은 관점은 식민지 사회 내부의 공간편성을 둘러싼 논의를 촉진할 것이다. 여기에 공간론적 전환이 요청되는 또 하나의 초점이 있다.

44) 梶村秀樹, 「六〇～七〇年代NICs現象再検討のために — 主に韓国の事例から」(『歴史評論』 第432号, 1986年4月; 이후에 『梶村秀樹著作集』 第5巻(明石書店, 1993)에 수록), 253쪽.

으로 존재하는 민중의 주체성에 대한 관심은 상대적으로 미약하다. 다만 이런 비판의 핵심은 식민지근대론이 당시 식민지 사람들의 행동을 합리적·전략적인 것으로 이해하려고 한 나머지, 합리성에 바탕을 둔 설명방식을 관철시키려 하는 것이 식민지 사회의 현실을 무시한 설명처럼 비춰졌기 때문일 것이다. 식민지근대론은 식민지 사람들이 지배(예컨대 동화정책)와 타협하는 과정에서도 타협하는 이들의 독자적인 논리를 인정하고 거기에서 일정한 주체성을 발견하려 한다. 하지만 이렇게 당시의 이해구조를 정치(精緻)하게 재구성할수록, 도리어 지배의 관철을 증명하는 활동이 되고 만다.[45] 이에 반해 식민지 민중의 주체성은 그때그때의 합리적 계산에 바탕을 둔 권력과의 관계구축보다도, 소요나 범죄 등의 일탈행위나 폭력, 종교활동 등에서 확연히 드러난다고 비판하는 것은 민중사나 사회사의 성과를 보면 충분히 납득이 가는 것이다.[46] 식민지근대론 쪽의 연구는 저마다 주체의 이해구조가 어떤 요인에 의해서 역사적으로 구성되는가에 대한 보다 정밀한 분석이 요구된다.

다만 민중의 주체성의 근거에 관해서는 아직 논의의 여지가 있다고 생각된다. 민중세계를 자율성이 강한 전통사회의 지속으로 파악해, 거기서부터 민중운동을 근대에 대한 계기적인 저항으로 파악해서는 탈식민지 시기까지 넘어와 민중의 주체성을 조망하는 것이 어려워지는 것은 아닐까. 민중 개념의 재검토에서도 사태는 비슷할 것이다. 민중세계의 변동과 주체성의 존재방식 사이의 관계에 대해서 한층 더 검토할 필요가 있지 않을까.

어차피 식민지근대론에 대한 비판은 식민지가 근대 일반으로 해소될 수

---

45) 합리성에 대한 관심에 대해서는 並木真人, 「植民地期朝鮮における「公共性」の検討」(三谷博編 『東アジア公論形成』 東京大学出版会, 2004), 198-218쪽 참조. 다만 이와 같은 특징이 식민지근대론을 표방하는 대부분의 연구에 꼭 들어맞는 것은 아니다. 오히려 나미키나 마쓰모토(松本)의 연구는 지역 엘리트의 행동분석을 통해서 조선사회의 불가역적 변화를 포착하려는 구조론적인 시각이 처음부터 강했다는 점에서 특징적이다.

46) 다만, 윤해동의 「식민지인식의 회색지대」는 민중의 범죄 등의 일상적 저항도 식민지 권력과의 '정치' 즉 교섭의 장면으로 거론하고 있어서 서발턴 연구 등도 의식하고 있는 것 같지만, 그 이후 이런 함의가 충분히 전개되고 있지는 않다.

있는 것이 아니라는 자세로 '식민지의 근대'에 구조로서 배태되어 있는 식민지성을 어떻게 사고할 수 있을까 엄숙하게 캐묻고 있다. 이런 의미에서 이 논쟁은 조선사의 영역을 넘어서는 보편적인 의의를 가지며, 다른 분야의 연구자도 관심을 기울이기를 기대한다.

2. 공간론적 전환

1) 새로운 장과 주체의 발견

문화론적 전환에 필적하는 커다란 변화는 '식민지 제국'을 위치 짓기 위한 공간론적인 인식구조의 쇄신과, 이를 가능케 했던 다양한 장 및 담당자의 발견이다. 이것은 고찰 범위의 단순한 영역적 확대가 아니며 자율적인 국민경제나 주권의 수립을 이상으로 하는 국민국가 형성사의 규범적인 영역 모델에서는 무시해 왔던 영역에 주목하는 것이다. 그리고 이러한 주목은 역사연구를 활성화시키기 시작했다. 또한 그것은 아시아태평양전쟁과 국공(國共)내전 · 한국전쟁 등을 거치면서 이중의 전후(戰後)를 통해 동아시아에 강고하게 형성된 국민국가 체제가 지워 버렸던 장의 흔적을 회복시키는 시도라고 말할 수 있다. 이런 배경에는 1980년대 이후 지리학이나 사회학 · 인류학 분야에서는 세계적인 현상이 된 이동 및 공간을 둘러싼 인식론적인 논의의 쇄신이 있고, 식민지 연구도 이러한 보다 큰 지적 변혁과의 접촉을 통해서 변화해 가고 있다.[47]

우선 최대의 변화로서 제국 내, 제국 사이의 다방향, 다중심적인 교류의 여러 양상이 주목받게 되었다. 특정 식민지와 일본 '국내' 사이의 일대일 대응이라는 상호규정만이 아니라, 특정 사건이 개별 식민지의 법적 위치부여나 지정학적 차이에 따라 복잡한 굴절을 거치면서도 제국 규모의 연쇄적 반응을 불러일으키는 사례나, 더욱이 본국 정부의 개입 없이 개별 식민지

---

47) 최근의 역사연구에서 공간론의 영향을 살피기에 적당한 것은 テッサ · モーリス-鈴木, 「偽りのアイデンティティへの権利」를 참조.

상호간의 제국 내 교류로 시야가 확대되었다. 경제사는 이런 성과를 가장 풍부하게 산출해 냈는데, 제국 규모의 경제구조에 관한 연구에서부터 식민지 주변부의 지역 간 무역동향 분석에 이르기까지 사료의 발굴, 통계의 정리를 수반하며 급속히 연구가 진척되었다.[48] 또 정치사에서도 본국 정부와 식민지 정치과정 사이의 연관이, 관료·정당·군 그리고 식민지 엘리트나 식민지에 거주하는 '내지인' 등 각 세력들 간의 구체적인 대립이나 타협에 맞추어 해명됨에 따라, 제국 내 정치운영의 구조가 점차 드러나기 시작했다. 이것이 거시적인 수준의 연구라고 한다면, 이를 기초로 미시적인 흐름, 즉 관료나 직업군인의 식민지 부임상황과 커리어 형성 사이의 연관, 또는 그런 '이동(異動) / 이동(移動)'에 의해 식민지들(만주국을 포함한) 사이에서 정책이 모방되거나 반복되는 실태를 둘러싼 검증작업이 최근 착실하게 진행되고 있다.[49] 사상·문화의 측면에서는 예전부터 지적 교류에 관한 연구가

48) 식민지 경제사의 동향에 관해서는 山本有造, 『日本植民地経済史研究』(名古屋大学出版会, 1992); 『「満州国」経済史研究』(名古屋大学出版会, 2003); 堀和生, 『朝鮮工業化の史的分析』(有斐閣, 1995); 「植民地帝国日本の経済構造 ― 1930年代を中心に」(『日本史研究』 第462号, 2001年2月) 등을 참조했다.

49) 岡本真希子, 「1930年代における台湾地方選挙制度問題」(『日本史研究』 第452号, 2000年4月); 田中隆一, 「帝国日本の司法連鎖」(『朝鮮史研究会論文集』 第38集, 2000; 이후 『満州国と日本の帝国支配』(有志舎, 2007)에 수록) 등을 참조. 또한 야마무로 신이치(山室信一)는 「식민제국 일본의 구성과 만주국(植民帝国·日本の構成と満州国)」(ピーター・ドウス, 小林英夫編 『帝国という幻想 ― 「大東亜共栄圏」の思想と現実』 青木書店, 1998)에서 "통치양식의 천이(統治様式の遷移)", "통치인재의 주류(統治人才の周流)" 등의 전문용어를 구사하면서, 제국지배의 정치적 운영에 대한 전체상을 해명하기 위해 적극적으로 개념을 제기하고 있다. 이런 야마무로의 제언에 대해서는 최근 마쓰다 도시히코(松田利彦)가 조선근대사의 입장에서 '천이(遷移)'라는 개념을 가지고 과연 제국 통치의 통시적 일관성을 검증하는 것이 가능할까 의문을 제기하고 있는 것처럼, 이후 개별연구의 축적을 통해 개념으로서 더욱 다듬어질 필요가 있다(松田利彦, 「近代日本植民地における「憲兵警察制度」に見る「統治様式の遷移」― 朝鮮から関東州・「満州国」へ」(国際日本文化研究センター 『日本研究』 第35号, 2007 참조).

【부기】 이 글을 탈고한 후에 岡本真希子, 『植民地官僚の政治史 ― 朝鮮・台湾総督府と帝国日本』(三元社, 2008)을 접했다. 이 책은 방대한 인사(人事) 자료의 해석과 법제, 운용의 양면에서의 치밀한 분석을 통해 식민지에서 일본인·조선인·대만인의 고급관료의 실태와 그 관계성을 제국일본의 정치구조 안에 처음으로 위

비교문화론 등에서 활발하게 진행되었지만, 현재에는 '서양→도쿄→식민지'라는 일방향적인 전파연구에 머무르지 않고 쌍방향적 · 상호규정적인 교류의 존재양상이 유학이나 미디어의 기능적인 측면에서 상세하게 검토되고 있다.[50] 하지만 이와 같은 부분별 개괄은 연구의 전체 현황을 잘 반영하고 있지 못하다. 사람의 이동과 이런 이동이 만들어 내는 결합관계에 주목하는 것이 훨씬 큰 배경이 되어 개별 연구들을 떠받치고 있기 때문이다. 엘리트들의 '주류(周流)'나 '순례', '회유(回遊)' 이상으로, 식민지 지배 때문에 어쩔 수 없이 뿔뿔이 흩어지게 된 사람들, 즉 디아스포라의 이동과 정주(定住)의 여러 상황들, 월경(越境)적인 생활권, 정주하게 된 곳의 권력과의 교섭이나 저항 등이 일상생활의 실태를 통해 해명되기 시작했다. 일본 식민지 연구에서 이민사의 발상이나 방법이 본격적으로 도입된 것은 최근이지만, 종전까지 사회주의운동사의 맥락에서 초점이 맞추어져 있었던 재일조선인이나 재만조선인의 생활 실태를 파헤치고 들어가 이민사적 관점에서 이를 체계적으로 분석한 역사연구도 나타나고 있다.[51] 이에 반해 제국 각지의 일본

치 지운 연구로, 식민지 정치사의 연구 수준을 단숨에 끌어올린 노작이라고 말할 수 있다. 또한 여기서 자세히 설명할 수는 없지만, 만주국을 중심으로 해서 이를 모델로 설정되었던 야마무로의 "통치인재의 주류"론을 실증적으로 비판하는 등, 구체적인 검증을 통해 최근의 제국사 연구나 식민지근대론의 논의에 많은 문제를 던지고 있다. 이런 관점에서는 이 글에서 시도하는 '개괄'이 갖는 한계 또한 지적할 수 있겠지만, 유감스럽게도 입론에 활용할 수는 없었다. 앞으로 광범위한 논의를 기대한다.

50) 朴宣美, 『朝鮮女性の知の回遊 — 植民地文化支配と日本留学』(山川出版社, 2005) 등을 참조.

51) 杉原達, 『越境する民 — 近代大阪の朝鮮人史研究』(新幹社, 1998); 外村大, 『在日朝鮮人社会の歴史学的研究 — 形成 · 構造 · 変容』(緑蔭書房, 2004); 申奎燮, 「在満朝鮮人の「満州国」観および「日本帝国」像」(『朝鮮史研究会論文集』 第38集, 2000) 등을 참조. 게다가 젠더사 연구의 시각에서는 이민 커뮤니티나 결합관계가 '전통적'인 것으로 간주되는 가부장제를 재편, 강화하는 과정도 시사하고 있어서 문화론적 전환의 와중에 제시된 분석방법이 유효성을 시험받는 초점도 되고 있다. 다음의 글을 참조할 것. 宋連玉, 「在日朝鮮人女性にとっての「戦後復興」— 植民地主義の完成と家族への封じ込め」(中野敏男外編著 『沖縄の占領と日本の復興 — 植民地主義はいかに継続したか』 青弓社, 2006).

인 식민자 사회에 대한 연구는 아직도 불충분하다.[52] 정작 월경(越境)할 필요가 있는 것은 무엇보다 이민, 식민, 출가 등을 단절적으로 파악하는 우리의 발상법 그 자체라고 할 것이다.

물론 이동은 제국 내에만 머물지 않는다. 복수(複數)의 제국이나 경제권을 매개하는 다양한 주체들의 존재는 우리들의 타성적인 중심-주변의 도식을 깨부순다. 예컨대 화교·인교(印橋: 화교처럼 세계를 월경하는 인도인 디아스포라-옮긴이)가 창출하는 자율적인 네트워크는 여러 제국의 세력권을 매개하는 불가결한 역할을 제2차 세계대전기까지 맡고 있었다. 그런 까닭에 각축하는 제국의 틈새에서 활약하는 그들과, 그들의 힘을 이용하려는 열강의 의도 사이의 교착은 아시아의 국제관계를 규정하는 커다란 요인이었다. 이와 같은 점에 주목한 연구는, 종래 국제관계론의 연구 틀로는 파악하기 어려운 주체에 접근하여 경제사와 정치사의 통합 가능성을 시사하고 있는 것이 특히 눈에 띈다.[53] 또한 망명자나 혁명운동의 네트워크도 망명지의 커뮤니티나 코민테른과의 상극에 의해서 식민지와 제국 본국의 관계에 그치지 않는, 폭주하는 교류의 회로를 형성하고 있다.[54]

---

52) 야나기사와 아소부(柳沢遊)의 『일본인의 식민지경험: 다렌 일본인상공업자의 역사(日本人の植民地経験 — 大連日本人商工業者の歴史)』(青木書店, 1999)를 비롯한 일본인 경제단체 연구나 다카사키 소지(高崎宗司)의 『식민지 조선의 일본인(植民地朝鮮の日本人)』(岩波新書, 2002)이 현재의 연구수준을 보여 주고 있다. 또한 이동을 둘러싼 여러 가지 개념 자체의 역사성을 묻는 참신한 연구로 石原俊, 『近代日本と小笠原諸島 — 移動民の島島と帝国』(平凡社, 2007)도 참조.

53) 경제사에서는 가고타니 나오토(篭谷直人)의 일련의 연구(篭谷直人, 『アジア国際通商秩序と近代日本』(名古屋大学出版会, 2000)), 정치사에서는 마쓰우라 마사타카(松浦正孝)의 일련의 연구(松浦正孝, 「汎アジア主義における「インド要因」 — 日本帝国経済再編とディアスポラによる反英の論理」(石田憲編 「膨脹する帝国-拡散する帝国 — 第二次大戦に向かう日英とアジア』 東京大学出版会, 2007))를 참조. 두 사람의 방법론적인 논고로는 篭谷直人, 「十九世紀の東アジアにおける主権国家形成と帝国主義」(大阪歴史科学協議 『歴史科学』 第184号, 2006年5月); 松浦正孝, 「一国史·二国間関係史からアジア広域史へ」(日本国際政治学会 『国際政治』 146号(20世紀アジア広域史の可能性), 2006年11月)를 참조. 또 安井三吉, 『帝国日本と華僑 — 日本·台湾·朝鮮」(青木書店, 2005)가 전체를 조망하는 데 유익하다.

54) 長田彰文, 『日本の朝鮮統治と国際関係 — 朝鮮独立運動とアメリカ 1910~1922』

19세기 개항에서부터 냉전기에 이르기까지 계속되는 이러한 방대한 사람의 흐름에 직면해서, 그것을 순치하려는 여러 가지 통치의 테크닉 및 학지(學知)의 발달이 나타났다. 그리고 이것들도 각지에 적용되어 계승과 수용, 변용을 초래했다. 당연히 사람들의 이동과 관련해서는 이들을 식별하고 관리하는 데 초점이 맞추어졌는데, 따라서 연구도 이름, 호적, 도항관리 등을 둘러싸고 활발하게 이루어졌다. 더 나아가 연구는 법제사적 실증뿐만 아니라, 생활에 밀착한 운용의 실태, 제국 붕괴 이후의 통치기술의 재편·전용을 고찰하는 데까지 이르고 있다.[55] 또한 교류의 증가에 수반되는 감염증의 폭발적인 증가에 대처하기 위해서 광역적인 관리를 요청하는 의학·위생의 분야에 대해서는 식민지근대론도 도입한 새로운 연구의 전개가 나타나고 있다.[56]

2) 공간인식의 쇄신

제국일본이 위치했던 동아시아의 근대에는 어떠한 공간편성이나 지역질

(平凡社, 2005);「初期コミンテルンと東アジア」(研究会編『初期コミンテルンと東アジア』不二出版, 2007) 등을 참조.

55) 예를 들어 水野直樹,「国籍をめぐる東アジア関係」(古屋哲夫·山室信一編『近代日本における東アジア問題』吉川弘文館, 2001);「朝鮮人名前と植民地支配」(『生活の中の植民地主義』人文書院, 2004);『創氏改名ー日本の朝鮮支配の中で』(岩波新書, 2008) 등 미즈노 나오키(水野直樹)의 다수의 논고를 참조. 또한 テッサ·モーリス―スズキ, 辛島理人訳,「占領軍への有害な行動ー敗戦後日本における移民管理と在日朝鮮人」(岩崎稔外編著『継続する植民地主義ージェンダー/民族/人種/階級』青弓社, 2005); 杉遠達,「帝国という経験ー指紋押捺を問い直す視座から」(倉沢愛子外編『岩波講座 アジア·太平洋戦争 第1巻(なぜ、いまアジア·太平洋戦争か)』岩波書店, 2005) 등은 이와 같은 연구가 어떤 시점에서 성립되어야 하는지, 연구의 자세나 서술의 방식이 어떠해야 하는지를 생각할 때에도 시사하는 바가 많다.

56) 중국 근대사를 전공하는 이지마 와타루(飯島渉)는 '식민지의학'·'제국의료'의 개념을 사용해 동아시아 규모의 논의를 선도할 뿐만 아니라, 식민지근대론의 확장과 실증분석에 정력적으로 몰두하고 있다. 飯島渉,『マラリアと帝国ー植民地医学と東アジアの広域秩序』(東京大学出版会, 2005)를 참조.『歴史学研究』第834号(2007年11月)의 특집「동아시아 식민지에서 의료·위생의 제도화와 식민지근대성(東アジア植民地における医療·衛生の制度化と植民地近代性)」도 참조.

서가 존재했는가를 보다 정련된 방법론으로 다룬 연구들도 활발해졌는데, 이것이 현 단계의 또 하나의 특징이라고 말할 수 있다. 고마고메 다케시가 1990년대 중반에 제기했던 '식민지제국' 개념이 그 효시라고 할 수 있겠지만, 요즘에는 이런 문제의식에 대한 정치(精緻)화, 모델화, 유형화의 시도가 진행되고 있다.

이런 현상을 잘 드러내는 것이 국민국가의 규모를 넘는 광역적인 '질서'나 '네트워크'에 대한 관심의 고양이다. 우선, '제국질서'라는 표현이 빈번하게 나오며, 식민지 제국의 공간 편성의 특질이나 단계적 변화를 파악하려는 경향이 있다. 야마무로 신이치(山室信一)의 '국민제국'론은 논의의 내부에서 무엇보다 체계화의 지향이 강하다. 주권국가들 사이에서 국민국가로서 대치하는 본국이 이런 대치 때문에 이민족 혹은 이법역(異法域)이라는 복수의 정치공간을 격차원리에 따라 통합해 가는, 그런 근대제국의 존재방식을 야마무로는 '국민제국'으로 규정하고, 제국의 경쟁적 공존[즉 경존(競存)]으로 제국주의 단계의 세계를 조망하려 한다.57) '국민제국'론에서 하나의 초점이 되는 '제국질서'론은, 국민국가 체계를 정상적인 것으로 생각하는 현재의 국제질서를 전제로 삼지 않고, 제국일본의 공간편성을 총체적으로 다른 제국과의 비교를 통해 위치 지우고, 제국주의 단계의 국제질서에 대해 새로운 모델화를 시도했다는 점에서 획기적인 의미를 갖는다. 여기에서 흘러나온 연구의 흐름으로 '제국법제'의 전체상과 운용을 해명하는 작업이 법제사, 정치사 분야에서 시작되었다.58) 그리고 동시에 제국질서를 포함한 지역주의 · 지역 개념 자체의 역사성이나, 공간편성을 가능하게 만들었던 테크닉 · 학지와 정치 사이의 관계에 대한 연구가 진전되어, 제국질서의 리얼리티를 근거로 논의되어 왔던 지식인들의 논의가 갖는 의의가 일신되었다.59)

---

57) 山本信一, 「「国民帝国」論の射程」(山本有造編 『帝国の研究 — 原理 · 類型 · 関係』 名古屋大学出版会, 2003).

58) 浅野豊美 · 松田利彦編, 『植民地帝国日本の法的構造』(信山社, 2004); 『植民地帝国日本の法的展開』(信山社, 2004).

59) 山本信一, 「空間認識の視覚と空間の生産」; 「国民帝国日本の形成と空間知」(山本

또한 제국 '경존(競存)'체제의 틈새에서, 제국질서를 매개하는 담당자들을 낳은 네트워크에 주목하는 근대아시아 연구의 파악도 식민지 연구를 넓은 시야에서 끌어들인 논의라 할 것이다. 특히 아시아 간(間) 무역론이나, 아시아 국제통상 질서를 둘러싼 연구의 심화가 이런 논의를 선도하고 있다. 거기에는 특정 인맥이나 유통경로에서 시작해, 지금은 잃어버린 경제권에 대한 실증까지 다양한 수준에서 검증이 진척되고 있다. 하지만 중요한 것은 네트워크가 만들어 낸 자율적·자생적인 광역질서의 역사적 실재이다.[60] 앞 절에서 언급한 '언설공간'이란 개념 제기도 제국질서를 넘어서는 광역적인 논의의 공간을 상정한 것이다.[61] 다만, 이미 지적했던 것처럼 네트워크도 언설공간도 거기에서 상정된 자율성이나 쌍방향성은 제국질서로부터 독립된 수평적인 관계가 아니라 어디까지나 불균등한 관계 속에서 가까스로 성립하고 있었다는 점은 몇 번이라도 주의할 필요가 있을 것이다.

3) 전환의 방향성

광역질서론이나 네트워크에 주목함에 따라, 근대 동아시아 공간은 균질

信一責任編輯 『岩波講座 「帝国」日本の学知 第8巻(空間形成と世界認識)』 岩波書店, 2006); 酒井哲哉, 『近代日本の国際秩序論』(岩波書店, 2007) 등을 참조.

60) 이 점에 관해서도 경제사 연구가 주도하고 있다. 특히 古田和子, 『上海ネットワークと近代東アジア』(東京大学出版会, 2000); 秋田茂·籠谷直人編著, 『1930年代のアジア国際秩序』(溪水社, 2001); 三原薫, 「近代国際経済秩序の形成と展開 — 帝国·帝国主義·構造的権力」(山本有造編 『帝国の研究』, 2003); 籠谷直人, 「大英帝国 「自由貿易原則」とアジア·ネットワーク」(山本有造編, 『帝国の研究』, 2003) 등을 참조. 또한 과거의 경제권에 관한 연구에는 千田稔·宇野隆夫編, 『東アジアと"半島空間" — 山東半島と遼東半島』(思文閣出版, 2003)에 수록된 논문이나 本庄比佐子編, 『日本の青島占領と山東の社会経済 — 1914~22年」(東洋文庫, 2006)이 있다.

61) 米谷匡史, 「戦時期日本の社会思想」(『思想』 第882号, 1997年12月); 「植民地 / 帝国の「世界史の哲学」」(『日本思想史学』 第37号, 2005); 『アジア / 日本』(岩波書店, 2006) 등 일련의 연구를 참조할 것. 요네타니 마사후미의 시각이 예컨대 야마무로 신이치(山室信一, 『思想課題としてのアジア — 基軸·連鎖·投企』(岩波書店, 2001))가 구상한 "사상연쇄론"과 어떻게 결합되는가 등 일국사를 넘어서는 사상사의 방법에 관해서는 앞으로 논점의 정리가 기대된다.

적이지 않은 공간이 중층을 이룬 장으로 부각되면서, 종래의 연구가 전제해 왔던 현재의 국민국가 단위에 의한, 이른바 '국민화된 공간(국제관계)'의 분석틀도 상대화되었다. '국민제국'론을 하나의 성과로 해서 이를 보완하는 매력적인 설명을 차례로 끄집어냈던, 개별 연구의 종합을 겨냥한 야마무로의 일련의 연구들이 그 전형이다. 또한 "아시아 광역사"를 제창한 마쓰우라 마사타카(松浦正孝)는 6개의 제국(중화제국 질서, 서양제국 질서[대영제국 질서], 일본제국 질서[대동아공영권], 소련제국 질서, 아메리카제국 질서 I [~냉전기], II [1990년대 이후])의 퇴적(堆積)과 각축을 통해 근현대 동아시아 역사를 설명하는 장대한 연구 틀을 제기하고 있다.62) 이들 연구는 강력하게 일반화를 지향하면서도 글로벌화의 영향으로 지역통합이 현실적 과제가 된 냉전 이후 아시아의 국제관계를 염두에 두고 있어, 실천적 지식[實踐知]으로서 학문의 존재방식을 모색하는 시도로도 의미를 가질 수 있을 것이다.

이러한 조감도(鳥瞰圖)는 세계사의 전개에 일본제국을 자리매김하여 실증적인 국제비교의 토대를 마련한 중요한 성과지만, 비교 가능성이나 범용성을 높이기 위해 시도된 일반화 때문에 개별 지배가 야기한 폭력이나 그런 결과가 개별 지역에 미쳤던 변화들이 가지는 고유성과의 접점이 상대적으로 드러나기 어려웠다. 포스트식민주의의 관점에서 보면, 공간론적 전환이 간파했던 공간편성의 특징은 "식민지의 근대"를 살아왔던 사람들에게 어떤 영향을 끼쳤을까. 더욱 구체적인 탐구를 통해 연구자의 공간인식을 단련시켜 나가야 된다고 생각한다.

이 점과 관련해서 고마고메 다케시는 자신이 제창했던 "식민지 제국" 개념을 비판적으로 성찰하는 과정을 통해 "제국을 조감해 가면서 '비교'하는 것이 아니라, 착종된 사태에 파고들면서 '제국의 틈새'에서 생각하려는 작업"의 필요성을 호소하고 있다.63) 대만이라는 지역에 철저하게 밀착해서

---

62) 松浦正孝, 「一国史・二国間関係史からアジア広域史へ」(『国際政治』 146号, 2006年 11月)에서 전개되고 있다.

63) 駒込武, 「"帝国のはざま"から考える」 (『年報・日本現代史』 第10号, 2005), 17쪽. 이 글은 이 책 제1부 4장에 수록되어 있다.

거기에 중첩되어 있는 일본과 구미 제국주의의 "적대적인 공범관계"를 "한데 꿰어 비판"하려고 한 고마고메의 관점은, 지역에 속했던 식민지 연구가 '일본제국사'의 보완이 아니라 세계사와 직접 연결하기 위한 방책으로 자각적으로 의도되었던 것이다.[64] "공범관계"를 파악하는 열쇠가 되는 개념인 '레이시즘=인종/민족차별주의'에 대한 통찰도 아울러 이런 제국사 연구의 반성적 해체의 궤적에서 배울 수 있는 점은 적지 않다.[65]

아시아 근대와의 연관을 자각했던 연구들은 메이지(明治) 초기의 국민국가 형성사를 뒤흔들고 있다. 일본에서 경찰제도 도입의 단서가 홍콩의 식민지 경찰에 있었다는 우메모리 나오유키(梅森直之)의 연구는, 일본의 국민통합이 출발부터 식민지주의를 안에 품고 있었던 흔적을 분명히 드러내는 동시에, 규율권력론이 시민사회에서만 적합한 논의라는 이해를 뒤집는 역시적 경로의 존재를 예감케 한다.[66] '국민화→제국화'라는 시간의 선후관

---

64) 이런 지향을 공유하는 다른 중요한 연구로는 テッサ・モーリスー鈴木, 大川正彦訳,『辺境から眺める—アイヌが経験する近代』(みすず書房, 2000); 衫遠達,「帝国という経験」(『岩波講座 アジア・太平洋戦争 第1巻』岩波書店, 2005) 등이 있다.

65) '레이시즘(racism)'의 개념에 관해서는 駒込武,「"帝国のはざま"から考える」, 11-12쪽;「日本の植民地支配と近代—折り重なる暴力」(『トレイシーズ』 第2号, 2001), 177-181쪽을 참조. 덧붙여 말하면, 고마고메 다케시의 이러한 성찰 배경에는 일본과 서구의 제국주의의 대립을 "적대적인 공범관계"로 파악해 근대일본의 '특수성'론을 인정하지 않는 미국의 급진적인 지역연구와의 교류가 존재한다. 예컨대 일본과 미국의 제국주의에 대해 전시(戰時)부터 전후(戰後)에 걸쳐 비교하면서, 전시기(戰時期) '레이시즘'의 구조전환에 입각해서 논의를 전개한 연구로 酒井直樹,「多民族国家における国民的主体の制作と小数者の統合」(『岩波講座 近代日本の文化史』 第7巻, 2002);「希望と憲法—アジア・太平洋戦争が生み出したもの」(『岩波講座 アジア・太平洋戦争 第8巻(二十世紀の中のアジア・太平洋戦争)』, 2006); タカシ・フジタニ, 葛西弘隆・中山いづみ訳,「戦下の人種主義—第二次大戦期の「朝鮮出身日本国民」と「日係アメリカ人」」(『岩波講座 近代日本の文化史』 第8巻, 2002); 小沢祥子訳,「殺す権利, 生かす権利—アジア・太平洋戦争下の日本人としての朝鮮人とアメリカ人としての日本人」(『岩波講座 アジア・太平洋戦争 第3巻(動員・抵抗・翼賛)』, 2006) 등을 참조하면 유익할 것이다.

66) 梅森直之,「規律の旅程—明治初期警察制度の形成と植民地」(『早稲田政治経済学雑誌』 第354号, 2004年2月). 한편 근대유럽의 사회제도나 감성의 형성이 식민지에서의 경험 없이는 존재할 수 없었으며, 규율권력론 등 현대사회이론에 부합하는 사태도 식민지에서 더욱 명료하게 나타난다는 것은 스톨러(Ann Laura Stoler) 등

계를 전제하는 통사적 이해도 수정에 직면하게 된 이상, 공간인식의 쇄신은 일국사의 방파제라 할 수 있는 발전단계론적 시기구분에 대해서도 재고찰을 촉구하고 있다.

IV. '탈식민화 / 탈제국화'의 향방: 식민지주의 분석의 심화와 다양화

연구 상황을 크게 바꾼 세 번째 커다란 변화는, 제국붕괴 이후에도 계속되었던 식민주의의 추구 자체가 독자적인 연구로 인식되어 가고 있다는 점이다. 물론 '탈식민지화' 내지는 '신식민지주의'의 문제가 예전에도 연구대상이 되지 않았던 것은 아니었다. 하지만 단지 정치적인 독립 · 민주화나 국민경제 단위의 자립 · 성숙을 실천적 과제로 하는 사회과학적 연구가 주된 흐름이었다. 하지만 현재는 전술했던 방법론의 전환에 힘입어 구식민지, 구종주국 쌍방의 사회에서 '제국의 유산'을 검증하는 작업이 다양한 분야에서 진전되고 있다. 여기에서는 필자의 능력상 한계로 문자 그대로 포스트 식민사회를 분석하는 연구에 대해서는 다른 연구에 맡기고, '전후 / 제국 이후' 일본에 관련된 연구에 대해 초점을 맞춰 논점을 열거해 보겠다.

첫째, 이미 지적한 공간론적 전환의 연장선상에서 총력전, 제국붕괴로부터 냉전체제의 확립에 걸친 기간 동안 팽창했던 사람들의 유동(流動) 및 이런 유동의 통제를 둘러싼 여러 문제들이 해명되고 있다. 새롭게 형성된 국경을 관리하고 동서 대치의 상황 아래에서 국가건설 · 국민통합을 추진했던 여러 국가들의 의지와, 여기에 대항하는 운동들의 국경을 넘어서는 연대 및 디아스포라의 이동이 야기했던 여러 모순들이 그려지기 시작했다. 이러한 관점은 기존의 전후 사회운동사의 상을 다시 묻는다는 의미를 가진다는

인류학자들의 역사분석에서 주창된 지 오래지만, 일본 식민지 연구에서는 이를 참조한 연구가 거의 없었다.

점에서 특필(特筆)할 가치가 있을 것이다.[67]

둘째, 식민지 지배의 흔적이 일본과 구식민지 쌍방에서 이후의 지적 세계에 어떤 영향을 주었는가 하는 문제도 본격적으로 연구되기 시작했다. 전술한 『이와나미강좌 '제국'일본의 학지』에 실린 다채로운 논고들은 이미 연구가 체계화를 필요로 하는 단계에 이르렀다는 것을 보여 준다. 식민지 교육기관의 비교나 전후 계승의 분석은 초점의 대상 중 하나일 것이다. 물론 냉전 하 동아시아에서 탈식민적인 상황의 곤란함(개발독재, 백색테러, 공산당 지배에 의한 억압 등)을 구조적으로 떠받치게 되고 말았던 전후 일본의 사상이나 사회과학, 사회운동에서의 지적 활동 자체도 같은 관점에서 엄밀하게 검증되고 있다.[68] 또한 계승 관계에 대해서는, 전후 미국의 지적 헤게모니나 미국 정부의 구체적인 문화·학술 정책과의 관련을 포함해서 면밀한 고찰이 지금부터 더욱 요구된다.[69]

셋째, 식민지 경험이나 제국의식이 전후 사회에 어떻게 재생산되었는가를 둘러싼, "제국의 기억"에 관한 연구가 단숨에 진전되었다. 특히 기억의 망각을 강요하는 메커니즘이 때때로 재편·갱신해 가면서도 전후 일본의 국민통합에 어떻게 작용했는가에 초점이 맞추어져 왔다. 그 때문에 시기적으로는 1950년대의 변화에 관심이 모아졌고, 사회사적인 분석도 생겨났다.[70]

---

67) 道場親信, 「「復興日本」の境界 — 戦後開拓から見えてくるもの」(中野敏男外編, 2006); 鄭榮桓, 「1948年4月の「朝鮮戦争」 — 非常事態宣言下の神戸と在日朝鮮人」(中野敏男外編, 2006); テッサ・モーリスースズキ, 「占領軍への有害な行動」(岩崎稔外編著, 2005); 田代泰子訳, 『北朝鮮へのエクソダス —「復帰事業」の影をたどる』(朝日新聞社, 2007); 森宣雄, 「越境の前衛, 林義巳と「復帰運動の歴史」— 歴史敍述と過去のはばだき・きらめき・回生」(西成彦・林毅彦編 『複数の沖縄 — ディアスポラから希望へ』 人文書院, 2003); 「潜在主義と軍事占領 — 思想課題としての沖縄戦」(『岩波講座　アジア・太平洋戦争 第4巻(帝国の戦争経験)』, 2006) 등 동아시아 수준의 인구이동과 국가, 사회운동 간의 관계의 변용과 상관성을 구체적인 사례를 통해 질문을 던지는 여러 연구들을 참조.

68) 森宣雄, 『台湾 / 日本 — 連鎖するコロニアリズム』(インパクト出版会, 2001)의 비판을 특히 참조.

69) 道場親信, 『占領と平和 — 〈戦後〉という経験』(青土社, 2005). 이 책 제1부에 수록된 『국화와 칼』을 둘러싼 지식사회학적 분석은 이런 점에서 아주 뛰어나다.

70) 衫原達, 「帝国との向き合いかた — 中国人強制連行研究を通じて」(『歴史学研究』 第

또한 제국의식을 대상화하기 위해서는 다수자, 즉 머조리티(majorities)의 의식을 분석하는 방법론도 필요하지만, 전후 시민사회에서 식민주의의 불가결한 요소로서 귀환자[引揚者]나 식민자 2세의 전후 '기억'에 대해서도 분석 작업이 미치고 있다. 국민통합의 경계에 위치한 사람들이 다수자들에게 보였던 과잉적응(혹은 과잉반발)은 특징 없는 다수자들의 의식을 탐구하기 위한 몇 안 되는 방법이기 때문이다.[71]

넷째, 전후 동아시아 지역에서 미국의 존재를 일본 식민지주의와의 관계 속에서 논의하는 연구가 현격하게 증가했다. 그 하나는 미군의 일본점령이 식민지주의의 유지에 기여했던 역할을 둘러싼 분석이다. 종래 아메리카나이제이션(Americanization)은 미일관계사의 맥락에서 다루어져 왔지만, 미국 식민지주의에 일본 사회가 노출되었던 측면과 일본 식민지주의가 미국에 종속되면서도 내향(內向)했던 측면이, 일본 사회의 의식이나 제도를 규정하는 구조의 표리관계로 통일적으로 파악될 수 있게 되었다.[72] 다른 하나는 미국의 세계적인 헤게모니와 식민지주의 사이의 관계다. 20세기 후반의 탈식민지화의 과정을 '주권국가 시스템'의 확대 · 강제를 통한 구 열강(특히 미국) 식민지주의의 '위장'으로 파악하는 새로운 이해는, 미국의 헤게모니를 지탱하는 세계적인 군사기지 네트워크와 이를 통해 확산되는 레이시즘의 동태(動態)를 사회사적 · 문화사적으로 질문하는 연구와 접속될 수 있다.[73] 특히 젠더 분석을 통한 '점령과 성(性)'에 대한 연구는 종래 점령사 연구의

776号, 2003年6月; 이후 歴史学研究会編 『帝国への新たな視座 — 歴史研究の地平から』 青木書店, 2005에 수록) 등 요즘 활발한 1950년대의 중국 대만과 일본관계사 연구는 전후 일본의 제국의식을 검토할 때에 특히 중요할 것이다.

71) 成田龍一, 「「引揚げ」に関する序章」(『思想』 第955号, 2003年11月) 등 나리타 류이치의 '귀환자'의 기억에 관한 일련의 연구 및 成田龍一, 「「他者」への想像力 — 大日本帝国の遺産相続人として」(地域研究コンソーシアム · 国立民族学博物館地域研究企画交流センター 『地域研究』 第7巻2号, 平凡社, 2006年2月)을 참조.

72) 吉見俊哉, 『親米と反米 — 戦後日本の政治的無意識』(岩波新書, 2007) 등을 참조.

73) 半沢朝彦, 「非公式帝国の「仕掛け」としての「主権国家システム」」(『歴史評論』 第677号, 2006年9月)은 사카이 데쓰야(酒井哲哉)의 『근대일본의 국제질서론(近代日本の国際秩序論)』(岩波書店, 2007)과도 서로 영향을 주고받으며 고전적인 국제관계사의 인식구조를 일신하고 있다.

사각지대를 되묻고 있다.[74] 이러한 연구와 일본 식민지 연구 사이에 구체적인 접점을 찾는 것은, 제국주의나 식민지주의 개념의 재검토에 불가결한 것이며, 현대사상이나 사회과학에서의 '제국'론 사이의 비판적인 대화도 여기에서 비로소 의미를 가지는 것은 아닐까.[75]

마지막으로, 증언이나 기억을 포함한 '사료'와 관련된 논점이 있다. 이것이 두드러지게 사상적 대상이 되는 광경은 식민지 연구에 국한된 것은 아니다. 하지만 식민지 연구에서는 전쟁책임 연구와도 연결되어 있어서, 당사자의 증언이나 기억을 어떻게 다룰 것인가 하는 문제는 연구자의 입장과 관련해서 매우 중요한 논점이 된다. 예를 들면 『중국인 강제연행』이라는 같은 제목의 두 책에서 나타나는 서술시점과 분석방식의 큰 차이, 그리고 각 책의 저자인 니시나리타 유타카(西成田豊)와 다나카 히로시(田中宏) 사이에서 보이는 엇갈린 결말과 같은 문제는 어떻게 '현실'을 마주 대해야 하는가에 대해 폭넓게 질문을 던진다.[76] 이 논쟁이 시사하는 것은 고마고메가 '제국사 연구의 함정'으로 지적하는 문제, 즉 오늘날까지도 계속되는 식민지주의의 재생산 구조에 직접 부대끼려 하지 않는 한, 제국 내부의 지배관계에 대한 정밀한 실증이 '일국사(一國史)'의 함정을 '일제국사(一帝國史)'로 확장해 버리고 마는 사태이다.[77] '현장성'이나, " '연루(implication)'의 사상"이

74) 이것의 다양한 전개양상에 관해서는 恵泉女学園大学平和文化研究所編, 『占領と性 — 政治・実態・表象』(インパクト出版会, 2007); 米山リサ, 「批判的フェミニズムの系譜からみる日本占領 — 日本人女性のミディア表象と「解放とリハビリ」の米国神話」(『思想』 第955号, 2003年11月)에서 파악할 수 있다. 또한 미군기지망의 실태에 대해서는 林博史, 「基地論 — 日本本土・沖縄・韓国・フィリピン」(『岩波講座 アジア・太平洋戦争 第7巻』, 2006)이 전체적인 조망을 제시해 준다.

75) 西川長夫, 『(新)植民地主義論 — グローバル化時代の植民地主義を問う』(平凡社, 2006)의 문제제기가 가지는 중요성이 여기에 있지만, 역사연구자로부터 구체적인 역사분석에 입각한 비판적 응답이 필요할 것이다.

76) 西成田豊, 『中国人強制連行』(東京大学出版会, 2002); 杉原達, 『中国人強制連行』(岩波新書, 2002); 田中宏, 「中国人が見えない中国人強制連行研究」(『図書新聞』 2602号, 2002年; 2599号, 2002年9月28日); 西成田豊, 「学問と現実 — 田中宏氏の書評に反論する」 10月19日).

77) 駒込武, 「「帝国史」研究の射程」(『日本史研究』 第452号, 2000年4月), 224-225쪽.

더욱더 요구되는 것이다.[78]

더구나 이와 같은 자기점검의 지향은, 걸핏하면 정치적이라고 야유를 받게 만드는 포스트식민적인 연구의 윤리주의적인 심문, 즉 '연구자의 입장'을 묻는 심문과 반드시 같은 것도 아니다. 문제는 역사서술이 구성하는 '현실'이 이미 연구자들 사이에서만 이해되는 논리구성물에 다름없게 되는 사태에 대해 얼마나 민감하게 반응할 수 있을까 하는 것이다.

이상의 동향을 집약한 것으로, 이미 소개한 『이와나미강좌 아시아·태평양전쟁』의 용의주도한 편집은 현재 연구의 수준을 보여 주고 있다. 특히 각 권의 IV부는 '전후'에 있어서 전쟁의 상흔이나 기억을 둘러싼 항쟁을 구체적으로 다루면서 패전·점령을 거치며 드러난 식민지주의의 전철을 정밀하게 살핀다. 또한 더불어 "계속되는 식민지주의"를 실마리 삼아 동아시아의 탈식민지화가 겪는 곤란을 그려 내는 공동연구는 이런 과제를 한층 더 깊이 파헤친다.[79] 게다가 이 공동연구의 공적은 20세기 동아시아에서 (사상·운동·제도를 포함한) 사회주의의 재검토에 유용한 시각을 제공하고 있다는 점에도 있다. 일본에서 식민주의의 극복은 동아시아 규모에서 사회주의와 민족문제를 재검토하는 것과 '부즉불리(不卽不離)'한 관계에 있을 터이겠지만, 이러한 시각은 자칫하면 방법론적 전환의 가진 배후사정을 흐릿하게 만들기 쉽다. 하지만 동아시아에서 포스트식민적인 상황의 현재는 또 하나의 '포스트', 즉 포스트공산주의라는 상황도 응시하는 연구를 요청하고 있는 것이다.

78) 杉原達, 『中国人強制連行』(岩波新書, 2002), 終章; テッサ・モーリス-スズキ, 「批判的想像力の危機」(『世界』 第683号, 2001年1月), 87-91쪽 참조.

79) 岩崎稔外編, 『継続する植民地主義』(青弓社, 2005); 中野敏男外編, 『沖縄の占領と日本の復興』(青弓社, 2005). 이 두 권의 책은 공동연구의 성과이다.

V. 마치며

연구의 새로운 조류는 '식민지제국 일본'이라는 공간구조를 제시했고 이에 따라 일본 '국내'와 식민지 사이의 상호규정 관계를 파악할 수 있게 만들었다. 또 제국화가 개별 사회에 미친 변화의 동학(動學)과 지금에 이르기까지 재편·계속되는 식민지주의의 '부정적 유산'을 다시 포착해 왔다. 이것은 일본 사회 및 아시아 사회에서 포스트식민적인 상황을 발견하는 데에 이런 연구가 적극적으로 호응하면서 얻어 낸 성과다. 하지만 동시에 제국주의 연구와 제국사 연구가 같이 전제로 삼아 왔던 '일본 식민지 연구'라는 틀도 또한 연구의 심화나 다양화에 의해 이제는 상대화되어 가고 있다.

이러한 전개 사이에는 명확한 차이도 발견되어 쉽사리 단일한 상으로 묶기는 어렵다. 하지만, 이 글의 검토에 입각하면 현재 진행 중인 시도들 가운데 몇 가지 잠정적인 유효성을 인정될 수 있을 것이다. 그중에서도 이 글은 문화론적 전환이라고 부를 수 있는 논의의 현황에 비교적 무게를 두고 개괄을 시도했다. 포스트식민주의의 관점을 중시한다면, 논의의 초점에 있는 식민지 사회의 구조적 파악이나 주체성의 재포착이야말로 제국의 폭력과 식민지주의의 억압에 의해 꼼짝 없이 멸시당해야 했던 이러저러한 '목소리'를 회복시키는 데 불가결한 것이었기 때문이다. 공간론적 전환이나 '탈식민지화=탈제국화'를 대상화하는 시각 또한 이것을 배제하고는 지금처럼 지(知)의 구조를 뒤흔드는 힘이 되지는 못할 것이다.

그래서 마지막으로 공통의 과제로 설정하고자 하는 것은 우리 자신들의 발아래서 계속되는 역사, 즉 사학사의 성찰이다. 동아시아 각지의 근대사의 존재방식을, 서구의 식민지 연구사도 포함해 비교·검토해 가면서 이른바 '다계발전적(多系發展的)'인 사학관계사(史學關係史), 혹은 '식민지 제국' 인식의 현대사가 구상될 수 있다면, 한층 긴밀한 대화를 위한 기초 작업이 될 수 있지 않을까. 이를 위해서 지금 필요한 것은 냉전붕괴를 포함해 지금까지 약 30년간의 연구와 상황에 관한, 연구조류의 울타리를 넘어서는 협동을 통한 '중간고찰'일 것이다. 이것은 아무래도 퇴보적이고 비효율적인 작업으로 비춰질지도 모르겠다. 하지만 '일본 식민지 연구'라는 대화의 장을 이제부터라도 생생하게 유지하기 위해서는 이것이 결코 비생산적인 시도라고 생각되지 않는다.

[번역: 조병관 · 정준영]

한국사 연구에서의 근대 문제

미쓰이 다카시(三ツ井崇)

I. 들어가며

오늘날 조선사 연구의 문맥에서 보면, 역사교과서/역사인식 문제에 관한 최근의 여러 움직임에서도 알 수 있듯이 일본에 의한 식민지 지배의 성격 여하가 전문가, 비전문가를 불문하고 커다란 관심사가 되었다. 다만 한국병합(1910) 이전, 나아가서는 전근대사회 또는 식민지시기의 종언=조선의 해방(1945) 이후 사회와의 연속/비연속이라는 시대의 흐름 속에서 파악해야만 하는 점도 적지 않다. 따라서 식민지시기 역사는 필연적으로 그 전후의 시대와 함께 이해하는 것이 바람직하다는 것은 두말할 필요도 없다. 그러한 의미에서 이 글이 식민지시기의 동향만을 언급한다는 것은 그 자체로서 한계성을 지닌다는 것을 우선 고백해야 할 것이다.

본론에서도 언급하겠지만, 1970년대 후반 이후 현재에 이르기까지 조선

식민지시기에 관한 연구동향은 연구시각이 다양화되는 양상을 보이고 있다. 그러나 필자의 능력부족으로 이 글에서는 모든 동향을 총 망라해서 언급할 수 없다는 점도 함께 고백하고자 한다.

이러한 한계를 지닌 연구사 검토이기는 하지만, 이 글에서는 전후(戰後) 일본에서 조선사학이 성립된 이래 1970년대까지의 연구동향을 개괄하고, 식민지시기 연구에 영향을 미친 몇 가지 주제(국민국가론/일본'제국사'론, '식민지근대화론'/'식민지근대론')에 관한 연구동향을 언급하고자 한다. 하지만 여기에서도 개별 연구 모두를 소개하는 방식으로 서술하지는 않았다. 이는 이 글이 연구사를 개괄하는 것을 목적으로 하여 그 범위 속에서 최소한 필요한 것만을 다루었기 때문이며, 이것으로 기존의 개별 연구성과의 의의를 부정하려는 의도는 결코 아니다.

또한 엄밀한 의미에서 연구사라고는 할 수 없으나, 역사교과서/역사인식 문제에 관해서는 추가적으로 기술했다. 왜냐하면 거기에서 제기된 주제가 조선사 연구의 현장과 사회 사이에서 긴장관계를 지니며 존재하고 있기 때문이다.

지금까지 언급한 바와 같이 이 글의 내용은 연구사로는 매우 불충분하며, 오히려 기존 연구에 관한 상세한 내용은 각주에 소개한 개별 문헌을 직접 참고하기를 추천한다. 본론에서의 내용은 그 도입부를 제공하기 위해 몇 가지 키워드에 근거하여 작성한 연구사 평론 정도로 이해해 주면 좋을 것 같다.

II. 전후 조선사학 속의 식민지시기 연구

1. 통사 · 개설서의 간행, 연구사 정리와 접근

근대 혹은 식민지시기라는 시대를 배경으로 한 전전(戰前) 조선(사) 연구의 침략긍정론적 성격에서 탈피하는 것이, 전후 조선사학(朝鮮史學)이 성립된 이후 가장 중요한 지상과제로 존재해 왔다. 그 후 현재에 이르기까지 조선사 연구는 방대한 양을 축적해 왔으나, 우선은 현재 연구 인프라가 어느 정도 정비되어 있는지를 확인하기 위해 통사(通史)·개설서(概說書)의 간행 상황, 연구사 정리의 진전 상황이라는 관점에서 간단히 서술해 보고자 한다.

이하 소개하는 내용이 전체를 망라하고 있지는 않지만 전후 일본 조선사학의 성립을 상징하는 것으로 우선 하타다 다카시(旗田巍)의 『조선사』(朝鮮史, 岩波書店, 1951)를 들 수 있다. 하타다는 전전(戰前)의 조선사 연구를 "어떠한 사회에 어떠한 인간이 살고 무엇을 기뻐하고 무엇을 고민하고 있었는지를 무시하고, 오로지 일어난 사건의 위치와 연대를 정확히 기술하는" 것만이 중시된 "비인간적인 학문이었다"고 지적했다. 따라서 조선사 연구의 '새로운 재출발'을 위해 "조선의 인간이 걸어온 조선인의 역사를 연구하지 않으면 안 된다"라고 한 것이다.[1)]

전체적인 기술 내용은 선사시대부터 한국전쟁(공교롭게도 한국전쟁은 이 책이 간행된 1951년 동시에 일어났다)까지가 그 범위 안에 포함되었는데, 남북 분단이 고정화되고 있는 현실을 하타다도 강하게 의식하지 않을 수 없었을 것이다. 권말의 '문헌해제'에 소개된 선행연구(자료는 아님)의 대부분이 전전의 연구서, 조사 자료와 같은 '식민지 유산'이라는 점에서도 당시 전후 조선사학의 출발이 결코 쉽지 않은 상황이었다는 것을 연상하게 한다.

하타다의 이 저작 출판시기를 전후로 조선학회(1950), 조선사연구회(1959)가 창립된 것도 연구 인프라의 정비라는 점에서는 중요한 사실일 것이다. 전자는 구 경성제국대학 교원 경험자가 주요 임원이 되어 역사학을 포함한 인문사회계 여러 분야를 대상으로 한 학회였다. 이에 반해 후자는 주로 역사연구를 주축으로 하면서 대학 연구자, 학생뿐만 아니라 일반 시민에 이르기까지 폭넓은 사람이 회원으로서 참가 활동하였던 학회다.

현재 조선 관련의 학과/강좌가 일부 대학을 제외하고 거의 개설되지 않은 상황에서 조선사에 관한 체계적인 지식을 널리 보급하기 위해서라도 통

---

1) 旗田巍, 『朝鮮史』(岩波書店 · 全書, 1951), 4-5쪽.

사 · 개설서의 존재는 매우 중요하다. 조선사연구회가 중심이 되어 편찬한 것으로 『조선의 역사』(朝鮮の歷史, 三省堂, 1974), 『조선의 역사 [신판]』(朝鮮の歷史 [新版], 三省堂, 1995)이 있다. 전자의 서장 머리말은 "당연히 조선은 외국이고 조선사는 외국사이다"2)라는 말로 시작된다. 이것은 전후의 '정체 사관', '타율성 사관'에 대한 비판이 담긴 것으로, 이는 일찍이 편수대표자인 하타다가 표명한 비판의식을 그대로 계승하고 있음을 의미한다. 그 후 연구의 진전 상황을 발판으로 1995년에는 후자의 책이 간행되었다. 하지만 이 책 이후 조선사연구회에 의한 새로운 연구동향 등을 반영한 통사 · 개설서는 편찬되지 않고 있다.

이를 대신할 만한 것으로 야마카와출판사(山川出版社)의 『세계 각국사(世界各國史)』 시리즈 중 하나인 『조선사』가 있다. 원래 1956년 간행된 『북아시아사(北アジア史)』 중 제4편을 스에마쓰 야스카즈(末松保和)와 하타다 다카시가 집필하였는데, 1985년 조선사 부분이 독립해 한 권의 형태가 되었고 [다케다 유키오 편(武田幸男編), 山川出版社, 1985], 그리고 2000년에는 신판이 간행되었다. 이 책은 앞의 조선사연구회 편의 2권보다 두껍고 내용도 더욱 상세하게 구성되어 있다.

그 밖에 대학의 강의 등에 사용된 것으로 방송대학용 교재가 있다. 『조선의 역사』(朝鮮の歷史, 武田幸男編, 放送大學教育振興會, 1990), 『조선의 역사와 문화』(朝鮮の歷史と文化, 同編, 放送大學教育振興會, 1996), 『한국조선의 역사와 사회』(韓國朝鮮の歷史と社會, 吉田光男編, 放送大學教育振興會, 2004) 등이 이에 해당된다. 이들은 각각 라디오와 텔레비전 수업 내용에 입각해 15개장으로 구성되어 있으며 각 장에 기술된 내용도 45분 방송에 알맞도록 정리되어 있다. 집약된 내용이라는 점에서 보면 아사히신문사(朝日新聞社)의 『지역으로부터의 세계사(地域からの世界史)』 시리즈 제1권인 『조선』[朝鮮, 다케다 유키오 · 마부치 사다토시(馬渕貞利) · 미야지마 히로시(宮嶋博史), 朝日新聞社, 1993]도 빼놓을 수 없다.

---

2) 朝鮮史研究会編, 『朝鮮の歷史』(三省堂, 1974), 2쪽.

통사 · 개설서 중에서는 가지무라 히데키(梶村秀樹)의 『조선사: 그 발전』(朝鮮史 — その発展, 講談社 · 現代新書, 1977)이 특색이 있다. 이것은 통사의 체제를 취하고 있기는 하지만 서장의 제목에서도 알 수 있듯이 '나=가지무라'에게 조선사라는 목적의식과 가지무라의 역사관('내재적 발전론')이 관통하고 있는 저서다. 따라서 이 책은 근현대사 부분에 많은 지면을 할애하고 있으며 전근대사 부분의 서술은 전체적으로 적은 편이다. 또 재일조선인사에 관한 개설서로서 『역사교과서 재일코리언의 역사』(歴史教科書 在日コリアンの歴史, 在日本大韓民國中央民族教育委員會企劃 · 同書作成委員會編, 明石書店, 2006)가 간행된 것도 기억에 새롭다.

이러한 통사 · 개설서의 간행과 함께 연구의 지표로서 중요한 것이 나날이 축적되어 온 연구사의 정리일 것이다. 조선사연구회 전체의 동향을 파악한 것으로는 조선사연구회 · 하타다 다카시 편, 『조선사입문』(朝鮮史入門, 太平出版社, 1966), 조선사연구회 편, 『신 조선사입문』(新朝鮮史入門, 竜渓書舎, 1981)을 들 수 있다. 그 밖에 개별 토픽에 관한 연구동향의 소개와 비평은 근대사에 한정시켜 보아도 논문 형태로 발표되어 있고, 또 전후의 연구문헌 목록도 정비되어 있으므로 개별 주제마다 선행연구에 접근하기는 쉬워졌다고 볼 수 있다.[3] 하타다가 일찍이 『조선사』에서 선행연구를 소개했을 때와 비교하면 현재 연구의 집적 상황은 훨씬 개선된 상태인 것이다. 그리고 1980년대 이후 연구 관심사와 연구 주제의 다양화가 이루어졌고 연구의 세분화, 인접 영역과의 교류가 한층 진행되었기 때문에 오늘날의 연구동향을 새롭게 조감하는 연구사 정리가 필요해졌다. 이러한 새로운 연구동향에 부응하여 2011년 조선사연구회 편, 『조선사 연구 입문』(朝鮮史研究入門, 名古屋大學出版會)이 간행되었다.

---

3) 조선사연구회의 기관지 『朝鮮史研究論文集』에는 매호 권말에 전년도에 발표된 조선사 관련 논저 목록이 수록되어 있을 뿐 아니라, 1994년 8월에는 이를 정리한 형태로 『戦後日本における朝鮮史文献目録: 1945~1991』이 간행되었다. 또 1999년 9월에는 이 문헌목록의 데이터베이스가 인터넷상에 공개되었으며 2007년 10월 15일 현재 28,716건의 데이터(2006년 간행까지)가 축적되었다(http://www.zinbun.kyoto-u.ac.jp/~mizna/sengo/).

2. 전후 사학사 속의 식민지시기 조선상 ①: 내재적 발전론과 일본 제국주의사 연구[4]

전후 일찍이 조선 근대사 특히 일본의 조선침략사 해명에 앞장선 역사가로서 야마베 겐타로(山辺健太郎)를 들 수 있다. 야마베는 1차 사료를 중심으로 일본의 침략전쟁 및 이에 저항한 항일의병투쟁 및 3·1독립운동의 연구에 착수하여 다른 연구자에게도 커다란 영향을 미쳤다. 그러나 야마베의 연구는 조선 사회의 내재적 분석이라는 관점을 취하지 않은 한계를 지니기도 해, 조선인 연구자로부터 비판을 받게 된다.

해방 후 남북 조선에서 전전 일본의 부정적 조선사상(像)을 극복하고 민족적 주체성을 회복하는 것을 목적으로 한 조선 근대사, 특히 식민지시기에 관한 역사서술이 행해짐으로써 체계화된 양상을 나타내기 시작한 것이 1960년대 전반의 일이었다. 이러한 연구성과가 일본에 소개되어 일본의 조선사 연구에 커다란 영향을 미쳤다. 아시아·아프리카 지역 민족해방 투쟁의 진전과 사회주의적 개혁이라는 동시대적 사실이 주목받는 한편, 일본과 조선반도의 관계에서 보면 1965년의 한일조약 체결이라는 시대배경 하에서 주로 조선민주주의인민공화국(이하 '공화국') 쪽 역사연구의 영향을 받아 제기된 것이 '내재적 발전론'이었다.

그 대표적 논자가 바로 가지무라 히데키이다. 가지무라는 '내재적 발전론'이란 "한 나라의 역사를 정체적·타율적인 것으로 보는 것이 아니라, 국내적인 계기의 방법론적 전개에 입각해 발전해 온 것으로 파악하려는 방법

4) 이하의 내용을 기술함에 있어 다음의 논저 등을 참조하였다. 中塚明, 「日本における朝鮮史研究の軌跡と課題 — 近代史研究の分野をふりかえって」(『朝鮮史研究論文集』 第17集, 1980年3月); 中塚明, 「内在的発展論と帝国主義研究」, 朝鮮史研究会編, 『新朝鮮史入門』(竜渓書舎, 1981); 吉野誠, 「日本帝国主義の朝鮮支配」, 『新朝鮮史入門』(竜渓書舎, 1981); 並木真人, 「戦後日本における朝鮮近代史研究の現段階」(『歴史評論』 第482号, 1990年6月); 岡部牧夫·柳沢遊, 「解説·帝国主義と植民地」, 『展望日本歴史 20(帝国と植民地)』(東京堂出版, 2001); 高岡裕之, 「「十五年戦争」·「総力戦」·「帝国」日本」, 歴史学研究会編, 『現代歴史学の成果と課題 1980～2000年 I (歴史学における方法論的転回)』(青木書店, 2002) 등.

론이"며 "한 나라의 역사적 발전의 기본적 원동력은 아래로부터의 계기, 즉 기층민중(基層民衆)=직접 생산자의 생산·재생산에서의 창조적 영위, 그 틀로서의 생산력과 생산관계의 대응관계와 모순, 그리고 거기에 조건이 부여된 의식의 성장과 계급투쟁의 전개 등이다"라고 한다.[5] 따라서 사회경제사적 관점만이 아니라, 정치사·사상사적 관점에서도 민족해방 투쟁사를 연결시킬 것을 지적하였다.[6] 조선개국 이전의 반봉건 투쟁에서는 '유약한 다수의 부르주아'='투쟁의 과실을 경제 면에서 획득할 가능성을 가진 존재'가 인민 투쟁의 일익을 짊어지기는 했지만, 개국 후 밖에서부터 정치·군사·경제적 침략을 받음으로써 그 순조로운 전개가 크게 방해받았다는 것이다.[7] 가지무라는 조선의 부르주아도 민족해방 투쟁의 일익을 짊어졌다고 하여 식민지 하에서는 그 투쟁의 과실이 외압으로 인해 순조롭게 얻어지지 않는다는 '내재적 발전'의 '뒤틀림'=조선자본주의의 종속발전(從屬發展) 과정의 존재에서 식민지 지배의 성격을 읽어 내고자 하는 것이 '내재적 발전론'인 것이다.

이 '내재적 발전론'과 거의 동시 병행적으로 전개해 온 것이 일본 제국주의사 연구였다. 이는 주로 일본의 군사·정치침략 과정과 경제적 침략(=자본주의적 진출)을 관련시킴으로써 식민지 지배의 성격을 일본 제국주의 지배의 총체 속에서 구조적으로 파악하려는 시점이고, 오늘날에 이르기까지 이 모티브에 따라 다수의 연구성과가 생산되었다.

일본 제국주의사 연구가 지닌 관점은 가지무라의 관점과는 대조적이었다. 일본 제국주의사 연구의 진전에[8] 수긍하면서도, 가지무라는 "'자본의

5) 梶村秀樹, 「朝鮮近代史研究における内在的発展の視角」, 梶村秀樹著作集編集委員会・刊行委員会編, 『梶村秀樹著作集』 第2巻(明石書店, 1983), 165쪽 (초출은 滕維藻ほか編, 『東アジア世界史探究』(汲古書院, 1986)).

6) 梶村秀樹, 『朝鮮における資本主義の形成と展開』(竜渓書舎, 1977), 6쪽.

7) 梶村秀樹, 『朝鮮における資本主義の形成と展開』, 7쪽.

8) 일본 제국주의사 연구(일본자본주의지배 연구)의 관점에서 본 '내재적 발전론'에 관한 평가는 村上勝彦, 「日本資本主義と植民地」, 社会経済史学会編, 『社会経済史学の課題と展望』(有斐閣, 1984)을 참조.

논리'가 갈등 없이 말단까지도 완전히 장악해 버리고 있는 정태론적 역사상"에 대해서는 비판적이었다.[9] 가지무라도 "일본제국주의에 의한 밖과 위로부터의 계기"를 결코 무시한 것은 아니었으나 "결과로서 내적 여러 계기를 단순한 수동적 요인인 것 같은 이미지로 그려 낸 것"[10]에 대해서는 납득이 가지 않았다는 것이다.

1980년대에 이르러 가지무라의 '내재적 발전론'을 극복하려는 움직임이 나오기 시작했다 '내재적 발전론'이 전제로 한 '근대'는 보편적 발전 법칙에 근거한 '근대=서구적 근대'이며, 그러한 의미에서 근대 지향적 발상에 근거한 것이었으나, 일본의 근대화는 부정적인 것으로 파악하는 한편, 조선의 근대화는 긍정적인 것으로 파악한다는 논리적인 무리가 생긴다. 이뿐만이 아니라, '내재적 발전론'이 외쳐지던 이 시기는 대만과 한국이 고도 경제성장을 이룩하는 한편, 공화국 경제가 빈곤한 상황으로 떨어지는 등 사적 유물론(史的唯物論)에 근거한 발전 법칙과는 다른 상황이 생겨나 버리기도 해서 '내재적 발전론' 그 자체의 존립 기반은 크게 흔들리기 시작했다.[11] 그 후 '내재적 발전론'이 영향력을 미치던 사회경제사, 정치사, 사상사 등 각 분야에서는 새로운 연구가 출현하였고,[12] 조선 근대사 연구는 연구 시각이나 내용 등에서 다양화를 꾀하게 되었다.

3. 전후 사학사 속의 식민지시기 조선상 ②: 국민국가론 · '제국사' 연구의 영향

식민지 연구 전체를 보아도 1970년대 후반부터 1980년대 전반에는 다면적 전개를 보이게 됨으로써 80년대 후반에는 새로운 연구 조류가 대두하였고 식민지 연구에 커다란 변화를 야기했다. 그리고 1990년대에 이르러서는

---

9) 梶村秀樹, 「朝鮮近代史研究における内在的発展の視角」, 171쪽.
10) 梶村秀樹, 「朝鮮近代史研究における内在的発展の視角」, 168쪽.
11) 並木真人, 「戦後日本における朝鮮近代史研究の現段階」, 19-21쪽.
12) 並木真人, 「戦後日本における朝鮮近代史研究の現段階」 참조.

문제 관심과 연구 시각의 다양화를 보이게 된 것이다. 야나기사와 아소부(柳沢遊)・오카베 마키오(岡部牧夫)는 "이 시기 연구자의 방법론적 입장을 제국주의와 식민지라는 전통적인 역사인식에서부터 세계체계론, 제국론, 국민국가론, 문화제국주의론, 사회사, 젠더론 등의 다양한 논의의 틀로 확산시켰다"[13]고 논하였지만, '제국주의와 식민지'＝제국주의적 역사인식은 현재도 경제연구를 중심으로 일정한 기반을 갖고 있으며 보다 정확하게는 이러한 전통적 역사인식이 영향력을 유지하는 한편 다양하고 새로운 틀의 논의가 주목받고 있다고 보는 것이 타당하다.[14]

조선근대사 연구도 예외는 아니었다. 연구 관심의 다양화는 2000년대인 지금도 진행 중에 있으며, 참고로 『사학잡지(史學雜誌)』의 「회고와 전망(回顧と展望)」에서 그 경향을 찾아보면 사회경제사, 정치사, 외교사 등은 말할 것도 없고 사상사, 민족운동, 독립운동사, 각종 지배정책(교육・언어・언론 등), 여성사, 재외(在日・在滿)조선인사 등 비교적 새로운 문제 영역도 존재한다.[15] 이러한 여러 분야의 연구 동향을 한 번에 정리하는 것이 결코 쉬운 일은 아니지만, 최근의 국민국가론에 대해서는 우선 언급해 두지 않을 수 없다. 국민국가론은 조선 근현대국가 형성기(개화기) 연구의 활성화를 촉진시켰을 뿐 아니라, 역사학 방법론 비판의 측면에서 국민국가를 지탱한 역사＝'국사(national history)' 비판으로 이어져, 특히 전후 일본과 조선반도에서 지배적이었던 민족해방투쟁사관에 입각한 일국사적 시점이 강하게 비판받는 근거가 되었다. 그 배경에는 '민족'이 인위적인 역사적 산물이며 '타자'를

13) 岡部牧夫・柳沢遊, 「解説・帝国主義と植民地」, 8쪽.

14) 앞서 언급한 일본자본주의사 분야에서 계속해서 좋은 연구성과가 나오고 있는 한편, 오늘날에도 기본적 문헌으로서 그 유효성을 잃지 않고 있는 미야타 세쓰코(宮田節子)의 '황민화정책'에 관한 연구도 이 시기에 관한 중요한 연구성과로 빼놓을 수 없다[宮田節子, 『朝鮮民衆と「皇民化」政策』(未来社, 1885) 등].

15) 가쿠슈인대학(学習院大学) 동양문화연구소의 연구프로젝트로 구총독부 관료가 증언한 것을 녹음, 기록하는 등의 활자화 작업, 한국병합사 연구 등, 정치・외교사 방면에서의 새로운 사료의 편찬 등 일한 간의 다양하고 활발한 논의의 실상에 대해서도 살펴보아야만 한다. 이에 대해서는 차후에 상세히 논하고자 한다.

배제하는 언설로서 기능한다는 생각을 내포하고 있다. 그리고 사회학, 인류학, 문학, 언어학 등의 영역에서 식민지에 주목하는 연구가 나타난 것이 역사 연구에도 커다란 자극을 주었다.

연구의 다양화를 단적으로 나타낸 연구성과 중 하나가 1992~93년에 간행된 『이와나미강좌 근대일본과 식민지』(岩波講座 近代日本と植民地, 岩波書店)이다. 이 책은 '대일본제국' 내의 여러 식민지 · 점령지를 각각 지역 고유의 문맥에 주목하면서 대상화한 것이다. 기왕의 일본 제국주의사 연구 관심을 바탕으로 한 연구와 포스트식민적인 논의를 의식한 연구가 함께 들어 있으므로 그야말로 연구 관심의 '확산'을 잘 나타내 주는 것이다.

이러한 흐름을 전제로 1990년대 후반 이후 영향력을 발휘한 것이 '제국사' 연구이다. 조선사 연구에 영향을 미친 연구성과로는 고마고메 다케시(駒込武)의 『식민지 제국일본의 문화통합』(植民地帝國日本の文化統合, 岩波書店, 1996)을 들 수 있다. 주로 교육정책사 측면에서 일본이라는 국민국가의 제국화 과정에 주목하고, 대만, 조선, 만주와 식민지본국 일본과의 구조적 관련을 추출하고자 한 것이다. 1999년 10월에는 조선사연구회에서 '식민지 조선과 일본의 제국지배'라는 주제로 학술대회가 개최되었고,[16] 같은 해 11월 일본사연구회대회 근현대사 부문에서는 '제국일본의 지배질서: 15년 전쟁기를 중심으로'라는 주제로 학술대회를 개최하였다. 후자의 학술대회에 토론자로 참가한 고마고메 다케시는 제국사 연구의 특징을 "복수의 식민지 · 점령지와 일본 내지 상황의 구조적 연관을 횡단적으로 파악하는 것", "내지의 상황이 식민지 지배를 규정한 측면뿐만이 아니라 식민지 상황이 내지에 미친 영향을 함께 해명하는 것", "정치사와 문화사(혹은 정치사로서의 문화사)의 영역을 중시하는 것", "일본인, 일본어, 일본문화라는 카테고리를 자명한 것으로 간주하지 않고 그 형성과 변용의 역사적 과정에 주목하는 것"의 4가지로 정리하면서, "동화정책 대 민족해방투쟁이라는 이항대립적인 틀 속에

---

16) 보고자와 보고내용의 라인업은 다음과 같다. 岡本真希子, 「総督政治をめぐる政治構造」; 安田敏朗, 「「国語」と植民地 — 帝国日本の言語編制と朝鮮」; 田中陸一, 「帝国日本の司法連鎖」; 申奎燮, 「在満朝鮮人の「満州国」および「日本帝国」像」.

서 바라보지 않고 보다 다양한 차원에서 상호작용에 주목하면서 식민지정책에 내포된 내적 모순과 지배자와 피지배자의 상호교섭으로 생성된 여러 문제를 보다 입체적으로 해명하는 것"으로 정의한다.[17] 또한 고마고메는 다음과 같이 말한다.

> 제국사라는 문제설정에는 '일본인에게 식민지 지배는 어떠한 의미를 갖는 것인가', '일본사 연구에서 식민지 연구는 어떠한 의의가 있는 것인가'라는 물음이 반드시 내포되어 있다. 이는 분명히 필요한 물음이기는 하다. 그러나 거기에 멈추어 버리면 일종의 자기중심성에서 헤어나지 못할 수 있다. 제국사 연구에서는 '조선인과 대만인에게 식민지 지배는 어떠한 의미를 갖는 것인가'라는 물음도 함께 집요하게 묻지 않는다면 단순하고 안이한 '일본인'에 의한 '일본인'을 위한 '조선사', '대만사' 연구로 회수되고 말 것이다.[18]

이와 같이 제국사 연구의 함정을 지적하면서, "일본사라는 제도 때문에 놓치기 쉬운 사실관계 및 해석의 가능성을 발굴하면서 조선사, 대만사 연구의 성과에 접근해 가는 것도 중요하지 않을까. 또한 어디까지나 과도적(過渡的)인 것을 본질로 하는 가교적인 작업으로서의 제국사 연구 관점도 충분히 유효한 관점이지 않을까 생각한다"고 언급했다.[19] 앞에서 이미 '제국사' 연구 특징의 하나로서 일본인, 일본어, 일본문화라는 카테고리의 형성과 변용의 역사적 과정에 주목하는 것을 지적하였는데 '제국(일본)'이라는 용어가 자주 등장하는 속에서는, 한편으로 조선인, 조선어, 조선문화의 형성과 변용이라는 주제로의 접근도 당연히 필요해진다.

---

17) 駒込武, 「「帝国史」研究の射程」(『日本史研究』 第452号, 2004年4月), 224쪽.

18) 駒込武, 「「帝国史」研究の射程」, 224쪽.

19) 駒込武, 「「帝国史」研究の射程」, 225쪽.

III. 정치화하는 역사인식 문제

1. 역사인식 문제에 관한 정부의 관여

이미 모두에서도 언급한 것처럼 엄밀한 의미에서 연구사라고는 할 수 없지만 전후 조선사 연구의 동향과 매우 크게 관계하는 역사교과서/역사인식 문제에 대해서 언급하지 않을 수 없다.

전후, 한일회담 과정에서 일본 측 수석대표 구보타 간이치로(久保田貫一郎)가 식민지 지배 정당화 발언(이른바 '구보타 발언')을 한 이래, 수차례에 걸쳐 역사교과서/역사인식 문제가 정치 쟁점화되어 왔던 것은 주지의 사실이다. 그 후 역사교과서 기술 내용 문제가 클로즈업된 것은 1982년 6월의 일이었다. 아라이 신이치(荒井信一)는 "1982년의 교과서 문제는 일본인의 역사인식 문제가 주변 여러 나라에서 관심을 갖지 않을 수 없는 문제이며, 국제적인 맥락에서 해결이 필요한 것임을 새삼 확인하게 했다"고 지적하였다.[20] 무엇보다 그 해결 방법을 둘러싸고 정부 주도의 해결이라는 것이 학문·사상의 자유에서 벗어나는 근본적인 문제를 내포하는 점에서부터 일본과 한국 양측 간에 온도 차가 생기는 것은 당연한 사실이다.

그렇다 하더라도 역사인식 문제는 현역 관료의 망언 혹은 야스쿠니신사(靖國神社) 참배 등에 촉발되는 형태로 수없이 표면화되어 왔다. 1990년대 중반에는 한일 양국의 학자·교육자들에 의한 공동 역사연구를 정부가 지원하는 프로젝트가 발족하였으나 특별한 성과를 내지 못한 채 2000년에는 막을 내렸다.[21] 1996년에는 자유주의사관 연구회의 멤버를 중심으로 '새로운 역사교과서를 만드는 모임(새역모)'가 생겨나 교과서 문제가 재차 부상하

---

20) 荒井信一, 「日韓歴史学会合同シンポジウムによせて」, 歴史学研究会編, 『歴史教科書をめぐる日韓対話 — 日韓合同歴史研究シンポジウム』(大月書店, 2004), 230쪽. 아울러 이 논문은 1982년 이후 역사교과서 문제를 둘러싼 정관계(政官界)의 동향 및 사회의 반응에 대해서도 정리되어 있다.

21) 荒井信一, 「日韓歴史学会合同シンポジウムによせて」, 230쪽.

게 되었다. '새로운 역사교과서를 만드는 모임'은 2000년 자신들이 편찬한 중학생용 역사교과서 검정을 문부성에 신청하였고, 다음 해 4월에는 문부과학성의 검정에 합격하게 되었다. 이를 계기로 해서 한국을 비롯한 동아시아 여러 나라에서 역사교육의 올바른 모습에 대해 재고하는 분위기가 단숨에 고양되었다. 특히 단지 '새로운 역사교과서를 만드는 모임'과 그 교과서 기술 내용에 대한 비판만이 아니라, 모든 역사교과서 기술 내용의 검토, 교과서 편찬 및 채택 방식의 비판적 검토, 역사교육자 간의 교육실천 문제에 대한 탐구, 동아시아 공통의 역사인식 구축 등 폭넓은 영역에서 이미 진행되어 온 여러 노력의 의의를 보다 분명히 드러나게 했고 다양한 해결방안을 모색하는 계기가 되었다. '새로운 역사교과서를 만드는 모임'은 2004년 개정판의 검정을 문부과학성에 신청하고 다음 해 4월 그 개정판 교과서가 합격되었으나 이에 대한 논란과 대처는 계속되고 있다. 구체적으로는 한일의 역사학·역사교육관련학회 총 10개 학회가 공동으로 심포지엄을 개최하거나,[22] 국경을 넘어 역사교육 부교재를 공동 편찬하는 기획[23] 등이 그것이다.

정부 측에서도 2001년 10월 당시 고이즈미 준이치로(小泉純一郎) 수상이 방한했을 때 수뇌회담 석상에서 역사교과서에 관한 공동연구위원회 설치에 합의했다. 앞에서 본 한일 간의 역사관련 학회의 공동심포지엄도 이러한

---

22) 역사학연구회·역사과학협의회·역사교육자협의회·일본사연구회·조선사연구회(이상 일본 측), 역사학회·한국사연구회·한국역사연구회·일본사학회·역사교육연구회(이상 한국 측)의 10개 학회에 의한 공동심포지엄은 2001년 12월(일본), 2003년 6월(한국), 2005년 1월(일본)의 총 3회 개최되었다. 그중 처음 2회의 심포지엄 내용은 역사학연구회가 편집한 『歴史教科書をめぐる日韓対話 ― 日韓合同歴史研究シンポジウム』에 수록되어 있다.

23) 대표적인 것으로는, 日中韓三国共通歴史教材委員会編, 『未来をひらく歴史 ― 東アジア三国の近現代史』(高文研, 2005); 日韓共通歴史教材チーム編, 『日韓共同歴史教材 朝鮮通信使 ― 豊臣秀吉の朝鮮侵略から友好へ』(明石書店, 2005); 歴史教育者協議会·全国歴史教師の会編, 『向かいあう日本と韓国·朝鮮の歴史 ― 前近代編(上·下)』(青木書店, 2006); 歴史教育研究会(日本)·歴史教科書研究会(韓国)編, 『日韓歴史共通教材 日韓交流の歴史 ― 先史から現代まで』(明石書店, 2007) 등이 있다.

정치적 활동이 있었기 때문에 가능한 것이었다.[24] 2002년 5월에는 한일역사공동연구위원회가 발족했다. 2년간의 연구 기간과 1년간의 정리 기간을 거쳐 2005년 6월에는 공동연구의 성과가 양국합동지원위원회에 제출되었다.[25] 2007년 4월에는 제2기 연구위원회가 발족되었고 '교과서 소그룹'이라는 워킹 그룹(working group)이 별도로 설치되었다. 하지만 인선(人選)의 경위 및 그 밖에 회의의 진척 상황에 관해서는 일절 비공개로 하고 있다.

다음으로는 위와 같은 내용과는 달리 한국 정부가 근현대사 규명과 관련해 직접적으로 관여한 활동에 대해서 언급하고자 한다. 2004년 「일제 강제점령 하 반민족행위의 진상규명에 관한 법률」이 제정되어 이에 근거하여 '친일반민족행위 진상규명위원회'가 대통령 직속기관으로 발족했다. 말 그대로 식민지시기 조선인의 '반민족'='친일' 행위에 대한 규명을 목적으로 한 것이다.[26] 같은 해에는 이 밖에도 「일제 강제점령 하 강제동원 피해진상규명 등에 관한 특별법」이 가결 성립하여, 국무총리 하에 '일제강점하 강제동원 피해진상규명위원회'가 설치되었다. 또 2005년에는 '진실·화해를 위한 과거사 정리 위원회'가 발족했다. 여기에서는 독립운동사, 해외동포사 이외에 현대사 속에서의 민간인 희생, 인권 침해 등의 사건에 대해 규명하는 것이 목적이다.

이처럼 정부가 직접 역사의 규명에 관여하는 것이 일본에서는 그다지

---

24) 和田春樹, 「日韓共同シンポジウム — 背景, 課題, 経過」, 『歴史教科書をめぐる日韓対話 — 日韓合同歴史研究シンポジウム』, 27-31쪽.

25) 『日韓歴史共同研究委員会 (第一期) 報告書』(http:www.jkcf.or.jp/history/all-j.pdf). 또 보고서의 내용은 재단법인 일한교류기금의 웹사이트(http://www.jkcf.or.jp/history/report.html)에서도 볼 수 있다. 식민지시기에 관한 기술은 「근현대편」 중 제2부 「일본의 식민지 지배와 조선사회」이고, 「식민지배의 구조와 조선인의 대응」, 「식민지배와 사회 변화」, 「식민지배와 경제 변화」, 「전시체제 하의 총동원」, 「조선주둔 일본군」으로 구성되어 있으며, 일본과 한국 양측 모두 각 한 명의 집필자마다 코멘트가 붙어 있다. 일본 측 집필자에 대해서는 한국 측의 코멘트가, 반대로 한국의 집필자에 대해서는 일본 측 코멘트가 붙어 있다.

26) 2005년 12월 「친일반민족행위자 재산귀속특별법」이 성립함에 따라 '반민족행위'로 인정된 사람의 자손이 보유하고 있는 재산을 국가에 귀속시키는 것이 가능해졌다.

익숙한 일은 아니다. 이에 대한 평가는 여러 가지로 견해가 나뉘겠지만 여기에서는 우선 최근의 동향으로서 이러한 사실을 소개하는 것에 의의를 두고 싶다.

2. 일본과 한국의 역사인식 문제: '근대' 및 식민지 지배에의 물음을 둘러싸고

일본 보수언론의 식민지 지배에 관한 발언에서, 역사인식 문제로서 항상 분출되어 온 것 중 하나로서 일본의 식민지 지배가 조선의 근대화에 공헌했다는 논조다. 이러한 논조는 그다지 새롭지 않을 뿐 아니라 연구사 논의에 올리기에 적당치 않은 것도 자명한 사실이다. 그렇지만 니시오 간지(西尾幹二)의 이하의 언급은 그 내용을 알기 쉽게 나타내 주기에 참고해 보고자 한다.

> 일본총독부는 병합 후, 가장 먼저 근대화의 기초로 최소한 필요한 인구조사 및 토지조사, 치산(治山), 치수(治水), 관개(灌漑), 개량, 소작제도의 개선, 그리고 교육의 보급과 공평한 사법의 도입 등의 행정사업을 진행했다. 그 이전 조선반도는 소작인이 학대받아 귀족계급이 마음대로 결정해 버리는 사법의 남용이 난무하던 처참한 국토였다. 지금 한국이 사용하고 있는 문자인 한글은 15세기에 만들어진 인공어인데 그때까지 한자문화를 정서(正書)로 하는 양반(귀족계급)으로부터는 멸시받던 문자이었기 때문에 실용화에는 이르지 못했다. 일본 총독부 시대가 비로소 한글을 보급시켜 소학교 교육에 도입한 것이란 점을 지금의 한국인은 어느 정도 알고 있을까.[27]

모든 영역의 근대화는 조선총독부에 의해서 이루어졌다는 전형적인 '식민지 시혜(施惠)론'이라고 할 수 있는데, 여기에는 조선의 근대화에 총독부가 어떠한 권력을 가지고 어떠한 과정을 거쳐 행했는지, 또 그 결과 조선

---

27) 西尾幹二, 『国民の歴史』(産経新聞ニュースサービス, 1999), 708쪽.

사회는 어떠한 변용을 맞이하게 되었고 이에 조선인은 어떠한 대응을 했는지에 대한 것들이 놀라울 정도로 드러나 있지 않다. 그러한 의미에서 역사학의 논의로는 가치가 없는 것이라고 말해도 좋다. 단지 대중에 대한 보급력이라는 의미에서는 일본 사회 속에 받아들이기 쉬운 소지가 있기 때문에 무시할 수 없는 측면이 있다. 인터넷, 만화 등 다양한 매체를 통해 이러한 '시혜론'이 퍼져 가고 있는 것도 사실이며, 따라서 역사가로서 무언가 대처를 하지 않으면 안 되는 지경에 왔다는 위기감마저 느낀다.[28]

'근대(화)'를 둘러싼 역사인식 문제는 일본만이 아니라 한국에서도 지금 문제가 되고 있다. 그것이 보수파(뉴라이트) 운동의 역사관이다. 뉴라이트를 표방하는 단체는 몇 개가 존재하는데 그중 하나로 2004년 11월 발족한 '자유주의연대'는 당시 노무현 정권의 대외정책을 친(親)공화국, 반미적인 것으로 간주해 비판하고, 한국 역사교과서를 재검토하는 등의 활동을 펼치고 있다.[29] 이 뉴라이트 운동에 크게 영향을 미친 것으로 알려진 연구서가 2006년에 간행되었다. 박지향 · 이영훈 · 김철 · 김일영 편 『해방전후사의 재인식』(1 · 2, 책세상)이다. 이 책 자체는 논문집 형태를 취하고 있고 일본과 미국 등의 외국인 연구자의 논문도 수록되어 있는데 여기 참여자 모두가 뉴라이트 사상에 바탕을 두고 있는 것은 아니다. 하지만 '지배－저항'의 이분법적 이해와 친일파의 단죄 등 기존의 민족주의적 역사서술에 대해서는 철저히 비판적이다. 그러한 의미에서는 국민국가론 이후의 역사학 방법론을 의식해 성립된 것이며, 후술하겠지만 여기서의 문제의식은 '식민지근대화론', '식민지근대성론'과 통하는 면이 많다.

2006년 4월 '뉴라이트 재단'의 설립에 발기인 대표로서 '식민지근대화론'

---

28) 이러한 의미에서 역사가에게 매우 큰 위기로 비춰진 현상 중 하나가 바로 山野車輪, 『マンガ嫌韓流』(晋遊舎, 2005)와 그 관련 서적의 출판이 아니었을까 생각한다. 이러한 혐한류 계통의 서적을 비판하는 것으로 다음과 같은 책이 있다. 太田修 · 朴一, 『『マンガ嫌韓流』のここがデタラメ』(コモンズ, 2006); 田中宏 · 板垣竜太, 『日韓新たな始まりのための20章』(岩波書店, 2005).

29) 뉴라이트 운동의 역사관과 한국 사회의 동향에 대해서는 並木真人, 「大衆の国民化と民族化－植民地期朝鮮の事例から」(『国際交流研究』 第9号, 2007年3月)을 참조.

의 주창자인 안병직의 이름도 올라 있다. 안병직은 뉴라이트 운동의 실적에 대해 다음과 같이 언급한다.

(전략) 정치사상 분야에서 (1) 집권민주화세력에 의하여 그 정당성이 부정된 1948년의 건국과 1960년대 이후의 산업화가 정상적이고도 필수적인 역사 과정이었음을 구명(究明)하여 대한민국의 건국과 경제발전이 세계에 자랑할 만한 것임을 입증하였고, (2) 통일지상주의자들이 추진하여 온 햇볕정책이 허구임을 밝히고 이를 대외적으로 천명함으로써 북한의 인권 개선과 체제 변화가 한반도 문제의 본질임을 밝히는 한편, (3) 분배를 앞세운 큰 정부의 통제 · 간섭정책이 아니라 '작은 정부－큰 시장'에 기초한 성장 위주의 자유주의 경제정책이 참다운 시장경제질서를 정립하고 빈곤 문제를 해결하는 올바른 방향임을 제시하였다.

사회운동 분야에서는 (1) 한총련 등 종래의 좌익학생운동에 맞서 자유주의학생운동을 전개하였고, (2) 교육선진화의 최대 장애물인 전교조에 대항할 자유교원조합을 설립하였다. 뉴라이트재단은 이 같은 성과를 토대로 사상적 측면에서 이 운동을 한층 심화 · 발전시키고자 한다.[30] 그리고 안병직은 다음과 같이 이야기한다.

뉴라이트 사상의 심화 · 발전은 한국 근현대사에 대한 새로운 인식에서부터 출발한다. 집권민주화세력은 한국 근현대사가 자주적이거나 내재적인 것이어야 한다고 주장해 왔다. 때문에 그들이 추구하는 목표는 자주 · 자립 · 자위에 있었다. 이러한 역사관은 허구로서, 한국 근현대사에서 실증될 수 없는 것이다. 왜냐하면 한국 근현대사는 실제로 국제관계 속에서 출발하고 전개되어 왔기 때문이다. 이러한 사실은 눈만 바로 뜨고 보면 삼척동자라도 쉽게 알 수 있는 것이다.

그런데 집권민주화세력은 이러한 국제관계를 단순한 제국주의의 침략과 민족독립운동(침략과 저항)으로만 파악한다. 그러나 침략과 저항은 한국 근현대사의 한 측면일 뿐이요, 개발과 협력이 또 다른 한 측면을 구성한다. 일제 하의 제도

30) 「사상단체 천명…'뉴라이트재단' 설립 취지문 전문 공개: 이념－정책 창출에 매진… 전국민 지원 앙망」, 『Daily NK』 2006년 4월 27일자.

개혁과 개발, 미군정 하의 자유민주주의의 도입과 원조, 산업화기의 선진국으로부터의 제도 · 기술 · 자본의 도입 등이 그것이다. 오늘날의 자유와 번영은 이러한 국제적 관계 하에서의 개발과 협력을 배제한 침략과 저항만으로는 결코 이루어질 수 없었다.[31]

윗글에는 해방 후 한국에서의 지배적인 역사관을 부정하고 식민지시기 및 해방 후 역사에 대한 재평가를 주장하고 있는 요지가 잘 나타나 있다. 그리고 그 재평가의 결과 식민지시기 이후 경제성장이라는 관점에서 대한민국 건국 이후의 역사가 긍정적으로 평가되어 이승만, 박정희 등에 의한 독재체제라는 부정적 이미지는 자연히 뒤로 물러서게 된다. 아울러 여기에는 현대사에서 공화국에 관한 평가가 부정적인 것이 된다는 점도 확인해 둘 필요가 있다.

식민지시기의 경제개발과 해방후사(解放後史)의 연속성을 시사하는 이러한 담론이, 자칫하면 앞에서 본 것과 같은 일본의 식민지 지배 긍정론과도 싱크로나이즈(synchronize, 동시 발생)가 우려되었으며 실제로 한국 내에서도 그러한 염려가 일부 표명된 바 있다. 그러한 의미에서 뉴라이트 운동의 역사관은 일본의 역사수정주의와 마찬가지로 정치화의 양상을 보인다고 볼 수 있다.

이러한 일본과 한국 양측 역사인식 문제의 추이는 식민지 지배와 '근대'라는 주제가 '내재적 발전론' 이후 일정의 역사상을 제시하지 못한 채 멈추어 있는 것을 의미한다. 따라서 다음으로는 연구 시각의 다양화 이후, 조선 식민지시기 연구 분야에서 '근대'라는 주제가 어떻게 주목받아 왔는지의 현상을 검토하고자 한다.

---

31) 안병직, 「'뉴라이트 재단'을 설립하여: 선진화를 위한 이념과 정책의 창출에 매진하는 것」, 『뉴라이트』(http://www.newright.or.kr/read.php?cataID=nr06000&num=1509), 2007년 9월 1일 검색.

Ⅳ. 쟁점화하는 '근대'

1. 식민지근대화론

일본의 수정주의적 역사관이 주장하는 근대화론은 일본의 식민지 지배를 정당화하고 내셔널리즘을 고양하는 역할을 할 뿐 결코 학문적 검토에 견뎌 낼 수 있는 것은 아니다. 다만 식민지에서 근대를 어떻게 파악할 것인가라는 문제는 최근 조선사 연구 분야의 동향을 통해서도 매우 중요시되고 있음을 알 수 있다. 이하에서는 조선사 연구에서 '근대'가 어떻게 쟁점화되었는지에 대하여 간단히 정리, 소개하고자 한다.[32]

이 문제를 생각함에 있어 우선 확인해 두어야만 하는 것이 '식민지근대화론'으로 불리는 논의의 존재이다. 그 상세한 내용에 관해서는 나미키 마사히토(並木真人) 등이 정리한 저서를 참고하기를 바라며[33] 여기에서는 개요적인 것만을 소개한다.

'식민지근대화론'이란 1960~70년대 한국의 고도경제성장, 80년대의 민주화를 배경으로 등장한, 한국의 해방 후 경제성장의 요인을 식민지시기의 개발을 위해 이루어진 근대적 개혁에서 찾는 논의를 지칭하는 용어다. 그 대표적 논자가 안병직이다. 그는 조선 발전의 계기를 순수하게 국내적인 것에서 찾는 '내재적 발전론'을 부정하고, 조선 자본주의의 기원이 외래의 자본주의 도입에 있다는 것을 주장한다. 특히 식민지 하 1930년대에 공업화의 진전, 조선인 자본의 성장, 노동력(man power) 형성을 중시하여 이것이 해방 후 경제성장의 토대가 되었다고 한다.[34]

---

32) 이하의 내용은 高岡裕之・三ツ井崇, 「問題提起 — 東アジア植民地の「近代」を問うことの意義」(『歴史学研究』 第802号, 2005年5月)의 일부를 수정, 보완한 것이다.

33) 並木真人, 「植民地時期朝鮮政治・社会史研究に関する研究」(『朝鮮文化研究』 第6号, 1999年3月); 鄭在貞, 「日本統治下の朝鮮の社会と経済をどうみるか — 「開発論」と「收奪論」を越えて」(『世界の日本研究2002』 第6号, 1999年3月).

34) 안병직, 「한국 근현대사의 새로운 패러다임」(『창작과 비평』 78호, 1997년12월).

이러한 논의의 배경에는 나카무라 사토루(中村哲)와 호리 가즈오(堀和生)에 의한 동아시아 자본주의 형성연구 특히 '식민지공업화'론의 성과가 존재하는데[35] 이러한 안병직의 논의에 대해서는 신용하(愼鏞廈)를 중심으로 일본에 의한 식민지 지배를 긍정하는 것이라는 비판이 있었다. 신용하는 근대화의 계기에서 일본의 식민지 정책을 일절 인정하지 않고 '내재적 발전론'을 기반으로 하면서 조선시대 후기 이래의 자본주의가 싹트던 시기는 식민지화에 의해 좌절을 피하지 않을 수 없었다고 한다.[36] 이러한 논의는 이른바 '수탈론'으로 불리는 것으로 '식민지근대화론'과 정면으로 대립하는 것이다.

이미 언급한 것처럼 '식민지근대화론'은 일본의 식민지 지배 성격인식에 관한 역사인식 문제의 정치쟁점화를 유발시켰다. 그러한 가운데 경제사 연구자 이영훈은 '식민지근대화론'의 의의에 대하여 재해석을 하였다. 이영훈은 '사적 자유의 원칙'에 근거한 민법[여기에서는 「조선민사령」(1912년 공포)]을 도입한 조선에서는 그 원칙에 입각해 신분제의 해체, 근대적 경제성장, 사유재산제도의 확립이 식민지시기에 달성되어 해방 후의 한국에도 계승되었다고 한다.[37] 이러한 연속성의 인식이 식민지 지배를 결코 긍정하는 것이 아니다. 일본은 "투자를 통해 조선반도의 자원과 공업시설을 일본인의 소유로 해간 것이다"라고 하여 이를 동화정책에 수반된 실질적인 수탈의 공포스러운 결과로 이해한다.[38] 또 이영훈은 "식민지근대화론이라고 하면

---

35) 그런 연구성과는 다수 존재하는데 가령 中村哲, 「近代東アジアにおける地主制の性格と類型」, 中村哲・安秉直・梶村秀樹・李大根編, 『朝鮮近代の経済構造』(日本評論社, 1990); 堀和生, 『植民地工業化の史的分析 — 日本資本主義と植民地経済』(有斐閣, 1995) 등을 들 수 있다. 나카무라 사토루의 논의는 조선 남부에 자립성이 높은 소차지(小借地) 농업 형태의 근대적・중간적 지주제가 발달해 있었다는 것이고, 자본주의에 대한 적합성이 고양한다고 하여 호리의 논의는 1930년대의 시장 메커니즘에 입각해 자본주의적 발전 가능성을 지적한 것이었다.

36) 신용하, 「「식민지근대화」론 재정립의 시도에 대한 비판」(『창작과 비평』 98호, 1997)

37) 이영훈, 『대한민국이야기』(기파랑, 2007), 83-94쪽.

38) 이영훈, 『대한민국이야기』, 94쪽.

사람들은 일제의 조선 지배를 미화한다고 생각하지만 절대 그렇지 않다. 진정한 의미의 수탈과 차별이 어떠한 메커니즘을 통해 펼쳐지고 있는지를 제대로 보려고 하는 것이 식민지근대화론이다. 말 그대로 식민지적으로 수행된 근대화인 것이다"[39]라고 식민지배긍정론이라는 비판에 대해 반론하였다.

앞에서 본 것처럼 '식민지근대화론'의 역점은 오히려 해방후사의 인식에 놓여 있다고 보아도 좋다. 이영훈은 해방 후, 북조선/공화국에서는 일본의 공업시설을 접수하고, 남조선/한국에서는 근대적인 법·제도와 시장경제 체제, 높은 교육 수준의 인적 자본을 계승했다고 한다.[40] 게다가 북조선은 사회주의개혁과 함께 풍부한 물적 유산을 받았으나 일제를 통해 들어온 근대적인 법과 제도를 폐기해 버리고, 근대문명을 부정해 버리는 막다른 곳에 들어가 버렸다고 평가한다.[41] 즉 식민지근대화론의 귀착점은 말 그대로 근대주의를 재평가한 '대한민국사'의 구축에 있다는 것을 알 수 있다. 식민지시기 인식의 관점에서 보면 통계적 파악을 주로 사용한 경제사적 이해와, 동시대에 엄연히 존재한 정치사적 흐름과의 복잡한 관계성을 어떻게 파악할 것인가는 여전히 불분명한 상태에 있다고 할 수 있다. 이 점도 현재 연구의 현황으로 확인해 둘 필요가 있을 것이다.

2. 식민지근대성론

이미 언급한 것처럼 '식민지근대화론'과 '수탈론'에 공통해 있는 것이 근대를 긍정적으로 파악하는 시점이라는 것이다. 1990년대 후반에 이러한 근대긍정론적 성격을 지양해야만 한다는 연구동향이 나타나게 되었다. 그것이 오늘날 '식민지근대성(colonial modernity)론'으로 불리는 일련의 연구이다.

---

39) 이영훈, 『대한민국이야기』, 94쪽.

40) 이영훈, 『대한민국이야기』, 170-179쪽.

41) 이영훈, 『대한민국이야기』, 174쪽.

연구의 상세한 내용에 관해서는 나미키 마사히토, 이타가키 류타(板垣竜太), 마쓰모토 다케노리(松本武祝) 등의 논고를 참고하기를 바라며[42] 여기에서는 간단히 연구동향 차원에서 개요만을 소개하기로 한다.

'식민지근대성론'이라고는 해도 그 지향하는 곳은 여러 가지다. 교육사, 문화사, 문학사, 사상사 등 여러 영역에서, 식민지시기의 도시문화의 형성, 여성사, 일상생활사 등 다양한 시각에서 '근대성' 그 자체를 비판적으로 파악하는 시각이라고 할 수 있다.

이러한 연구의 확대 속에서 이 분야에 커다란 영향을 미친 연구 중 하나로 신기욱과 마이클 로빈슨(Michael Robinson)의 『한국의 식민지적 근대(Colonial Modernity in Korea)』라는 논문집이 있다. 여기에는 민족주의에 입각한 수탈론적인 역사인식이 부정되는 한편, 식민지주의(colonialism), 모더니즘(modernity), 내셔널리즘(natiolism)이란 개념은 각각 따로 떼어 놓을 수 있는 것이 아니라 상호작용의 관계성 속에서 파악하는 것의 중요성이 강조된다.[43] 신기욱과 로빈슨은 문화적 헤게모니(cultural hegemony)를 키워드로 해 "근대적 지배의 주요한 국면은 정치적·경제적 영역을 넘어 일상생활의 그것(=문화적 헤게모니)이 침투하는 것에 있다."[44] 그런데 오히려 '지배-저항'의 이분법적 역사인식에 따른 민족주의자의 언설이 이러한 측면을 경시해 왔다고 비판한다.

또 이 연구에 수년 앞서 한국의 사회학자들에 의해 발표된 김진균·정근식 편의 『근대주체와 식민지 규율권력』은 미셸 푸코(Michel Foucault)의 규율

---

42) 並木真人, 「朝鮮における『植民地近代性』·『植民地公共性』·対日協力 — 植民地政治史·社会史研究のための予備的考察」(『国際交流研究』 第5号, 2003年3月); 趙亨根, 「アナンケーとしての植民地性からの問題系としての植民地近代性へ」; 板垣竜太, 「〈植民地近代〉をめぐって — 朝鮮史研究における現状と課題」(『歴史評論』 第654号, 2004年10月); 松本武祝, 「『植民地的近代』をめぐる近年の朝鮮史研究」, 宮嶋博史ほか編, 『植民地近代の視座 — 朝鮮と日本』(岩波書店, 2004).

43) Gi-Wook Shin, Michael Robinson(1999), "Rethinking colonial Korea," *Colonial Modernity in Korea*, Harvard University Press, 5-6쪽.

44) Gi-Wook Shin, Michael Robinson(1999), 7쪽.

권력론을 배경으로 하면서 "학교 · 공장 · 의료 · 군대 등의 장소를 통해 식민지권력은 식민지적 질서 속에서 각 개인을 스스로 그것(=규율)을 유지, 재생산할 수 있는 주체로서 만들어 가는 시도, 또 거기에 그치지 않고 각 개인에게 규율의 자발적 내면화를 사회적으로 보증하는 상호감시의 장치를 정비하는 것으로 새로운 인간형의 주조를 행한 것"이라고 논하였다.[45]

바꾸어 말하면, '근대주체'의 형성은 서양 근대를 코드로 한 근대를 적대적으로 수용하고 그 도구적 합리성을 내면화하는 것으로 행해져 그러한 '근대주체'가 도시 대중문화의 담당자가 된다. 그러나 그 자체가 갖는 근대성은 "지배적인 헤게모니를 후원하기도 하고 위험을 맞게 하기도 한다"는 것이어서[46] 당연히 복잡하거나 다의적으로 존재할 수밖에 없다. 요컨대 '식민지근대성론'은 식민지 하에서 '근대주체'의 행동을 매개로 지배권력과 피지배자의 관계방식을 그 국면마다 이해하면서 식민지 지배의 성격을 파악하고자 하는 논의라고 할 수 있다.

이러한 문제의식에 선 연구는 일본과 한국(특히 한국)에서 연이어 간행되어 식민지시기 조선연구에 커다란 영향을 미치고 있다.[47] 그러나 다양한 문제들을 너무 다양한 시각으로 파악하려고 한 탓에 그 성격 규정의 방식에는 각각 연구성과마다 상당한 거리가 있는 것도 사실이다. 특히 역사학 이외의 분야에서의 성과도 많은데 그것들을 어떻게 역사학의 문맥으로 환원해 갈 수 있을 것인가라는 것을 포함해 현재 미지수의 부분으로 남아 있

45) 김진균 · 정근식 편저, 『근대주체와 식민지규율권력』(문화과학사, 2003), 23-25쪽.

46) Gi-Wook Shin, Michael Robinson(1999), 12쪽.

47) 대표적인 것은 板垣竜太, 「〈植民地近代〉をめぐって」; 松本武祝, 「『植民地的近代』をめぐる近年の朝鮮史研究」에도 소개되어 있으나, 최근 논문집 형태로 간행되어 다양한 논점을 소개한 것으로 다음의 저서 등을 들 수 있다. 연세대학교국학연구소 편, 『일제의 식민지배와 일상생활』(혜안, 2004); 방기중 편, 『일제 파시즘 지배정책과 민중생활』(혜안, 2004); 임지현 편, 『국사의 신화를 넘어서』(휴머니스트, 2004); 宮嶋博史 · 李成市 · 尹海東 · 林志弦, 『植民地近代の視座』; 공제욱 · 정근식 편, 『식민지의 일상 — 지배와 균열』(문화과학사, 2006); 윤해동 · 천정환 · 허수 · 황병주 · 이영기 · 윤대석 편, 『근대를 다시 읽는다 — 한국 근대인식의 새로운 패러다임을 위하여』(역사비평사, 2006).

는 문제도 적지 않다.

그런데 '식민지근대'라는 문제의식은 현재 대만사 연구에서도 활발히 전개되고 있다. 조선사의 경우와 마찬가지로 그 구체적인 파악방식이 다양하기 때문에 쉽게 행할 수 없는 점도 있지만, 앞으로 조선과 대만의 경우를 함께 비교 대조하는 작업도 필요해질 것이다.[48] 또한 다카오카 히로유키(高岡裕之)가 지적한 것처럼 이러한 연구성과들이 '식민지본국=일본'의 '근대'에 대한 재검토라는 작업과 유기적 관련을 맺는 것도 요청받게 될 것이다.[49]

3. 식민지근대성 · 식민지공공성 · 대일협력

지금까지는 기존 연구를 개괄적으로 살펴보았지만, 다음으로는 조선사 연구의 문맥에 따라 '식민지근대성론'이 놓인 상황을 되돌아보고자 한다. 이미 언급한 바와 같이 '식민지근대성론'의 시각은 다방면으로 나뉘어 있는데 그 최대공약수로 말하자면 기존의 민족주의에 입각한 담론을 해체하고, '지배-저항'의 이분법적 도식 속에 고정화되지 않는 다양한 주체의 모습들을 지배 권력과의 관계성을 시야에 넣으며 다시 파악해 보자는 문제제기인 것이다.

'식민지근대성론'은 그 목적이 근대 비판에 있는 것이기 때문에 그야말로 근대의 산물인 '국사(national history)'를 비판한다. 따라서 이것은 국민국가의 상대화라는 기존 논의의 연장선상에 위치하는 것임은 두말할 필요도 없다. 이것은 윤해동에 의하면 그러한 '국민사'로 그려져 온 민중상을 탈구축하는 것이 지향점이 된다.[50] 그리고 그 대신에 '식민지근대론'은 그 근대적

48) 장룽지(張隆志)가 행한 대만사에서의 '식민지근대론' 정리가 한국에서 번역, 출판된 것은 매우 큰 의의가 있다고 할 수 있을 것이다. 張隆志 저, 우경섭 역, 「식민주의 · 근대성과 대만 근대사 연구: 史學史와 方法論에 대한 반성」(『역사문제연구』 12號, 2004年12月) 참조.

49) 高岡裕之 · 三ツ井崇, 「問題提起」, 16-24쪽.

50) 尹海東著, 河かおる訳, 「植民地近代と大衆社会の登場」, 『植民地近代の視座』, 70-71쪽.

규율을 내면화한 '근대주체'의 언동에 주목한다. 이러한 '근대주체'는 '국민사'로 그려진 지배 권력에 저항하는 민족주의자로서의 민중이 아니라, 지배력에 의한 유도와 식민지지식인에 의한 사회적 계몽과의 사이에서 합리화된 '대중'이다.[51] 그/그녀들은 권력 측이 마련한 규율을 내재화하고 있다는 점에서 '친일'행위=대일협력이라는 논점과도 깊이 관계한다고 볼 수 있다.

이것과 관련해서 '식민지공공성(植民地公共性)'이라는 논의가 있다. 나미키의 표현을 빌리자면 "이민족 지배가 야기한 갈등의 심각함 또는 국민의식과 제국신민의식의 희박함에 기인하는 합의조달(合意調達)의 어려움"이 식민지에서의 정치적 특이성으로서 볼 수 있다고 하였고, "식민지정부와 피통치자 일부 사이에서 각각 의사표현을 둘러싼, 합의의 조달이 이루어지는 장소를 공공영역"으로 간주하게 된다.[52] 그러한 '공공영역'은 나미키에 의하면 피통치자와 식민지정부 사이의 교섭장소가 되고,[53] 윤해동은 이를 "저항과 협력이 교차하는" '회색지대[gray zone]'라고 하였다.[54] 그러한 '공공영역'은 지배권력 측이 '대중'을 동원하기 위한 기구이면서 한편으로는 '근대주체'로서의 조선인은 그 장소를 이용해 스스로의 정치적 의사를 전한다는 양의성(兩義性)을 갖는 것이 된다. 그야말로 대일협력의 문제는 여기에서 전경화(前景化)하게 된다. 이것이 '식민지근대론'과 밀접하게 관련을 갖는 시각이란 것은 두말할 필요도 없다.

'식민지근대성'의 지표가 된 '대중'의 탄생은 '문화정치' 시기 이후의 일이기 때문에 '식민지공공성'의 확대도 1920년대 이후가 된다. 따라서 '무단정치'시기에 대해서는 이것의 적용이 어렵다. 한편 나미키는 전시체제 하에 이르러서는 그 '식민지공공성'을 확대시킨다고 하여 전시기를 그 논의의 사

---

51) 尹海東, 「植民地近代と大衆社会の登場」, 68-70쪽.

52) 並木真人, 「朝鮮における「植民地近代性」·「植民地公共性」·対日協力」, 16-24쪽.

53) 並木真人, 「朝鮮における「植民地近代性」·「植民地公共性」·対日協力」, 16-24쪽.

54) 尹海東著, 藤井たけし訳, 「植民地認識の『グレーゾーン』— 日帝下の「公共性」と法律権力」,(『現代思想』 第30巻6号, 2002年5月), 16-24쪽.

정권 내에 두어 해석하고 있다.[55]

최근 연구로는 마쓰모토 다케노리가 조선인 하급직원의 의식구조와 대일협력 행위에 주목하면서 논리적 처단을 넘어 식민지 근대의 특징을 파악하고자 했다.[56] 다만 이러한 문제제기는 나미키 마사히토(並木真人)가 주로 '문화정치'기에 조선인의 정치참가 문제를 통해 일찍부터 주장해 온 것이고,[57] '식민지시기에 대일협력의 문제를 논의하는 것이 식민지시기 조선의 '근대'에 대해 구체적 사실을 통해 고찰할 경우 하나의 돌파구가 될 수 있을 것으로 생각된다'[58]고 그 중요성을 환기시킨 바 있다.

나미키와 마쓰모토가 주목하는 대일협력의 모습은 주로 테크노크라트형(technocrat)인 행정기관의 직원이 된 조선인이었다. 나미키는 또 이데올로그형(ideologue)인 저명 지식인층의 대일협력에 대해서도 언급했다. 그중에서도 아시아태평양전쟁 시기 조선사회주의자의 '전향'에 관해[59] 식민지 체제에의 도전자에 대해서 추방 등을 강행해 새로운 분쟁을 일으키기보다는,

---

55) 並木真人, 「「植民地公共性」と朝鮮社会」, 朴忠錫・渡辺浩編, 『「文明」「開化」「平和」— 日本と韓国』(慶応義塾大学出版会, 2006), 230-240쪽. 또한 나미키는 '총력전 체제'론의 틀을 응용하여 그것을 '식민지공공성의 구체적인 발현 형태'로 파악해 전시기와 전후기 사회를 '연속'성에서 파악하고 있다.

56) 松本武祝, 『朝鮮農村の〈植民地近代〉経験』(社会評論社, 2005); 「戦時期朝鮮における朝鮮人地方行政職員の「対日協力」」, 倉沢愛子ほか編, 『岩波講座アジア・太平洋戦争 第7巻(支配と暴力)』(岩波書店, 2006).

57) 並木真人, 「植民地期朝鮮人の政治参加について — 解放後史との関連において」(『朝鮮史研究会論文集』 第31集, 1993年10月).

58) 並木真人, 「植民地時期朝鮮政治・社会史研究に関する研究」, 114쪽.

59) 엄밀히 말해서 이러한 연구동향 모두를 '식민지근대론'으로 분류할 수 있는지 검토가 필요한 부분으로 생각한다. 이에 대해서는 다음의 논저 및 저서를 참조하기를 바란다. 홍종욱, 「중일전쟁기(1937~1941) 조선사회주의자들의 전향과 그 논리」(『韓国史論』 44, 2000年); 「1930年代における植民地朝鮮人の思想的模索 — 金明植の現実認識と「転向」を中心に」(『朝鮮史研究会論文集』 第42集, 2004年10月); 崔眞錫, 「朴致祐における暴力の予感 — 東亜共同体論の一省察を中心に」(『現代思想』 第31巻, 2003年2月), 倉沢愛子ほか編, 『岩波講座アジア・太平洋戦争 第3巻(動員・抵抗・翼賛)』(岩波書店, 2006); 戸邉秀明, 「転向論の戦時と戦後」, 『岩波講座アジア・太平洋戦争 第3巻(動員・抵抗・翼賛)』(岩波書店, 2006); 趙寛子, 『植民地朝鮮/帝国日本の文化連環 — ナショナリズムと反復する植民地主義』(有志舎, 2007).

체제 내에 '적절한' 지위를 부여하여 연착륙시키는[60] 시스템을 취한다. 이러한 시스템이야말로 '식민지공공성'의 확대에 의해 생산된 것이다.

그런데 이러한 '식민지근대성론'의 융성에 대하여 위화감을 표명한 연구도 나타났다. 조경달에 의한 비판이 그것이다. 조경달은 근대민중운동사의 연구를 통해 근대 속에 편입되지 못한 민중을 어떻게 그려야만 할지에 대해 고민해 왔다.[61] 따라서 그는 '식민지근대론'에 대해서도 근대적 공론(近代的公論)='식민지공공성'에서부터 배제된 민중의 존재를 경시했다고 비판한 것이다.[62] 조경달에 따르면 민중사적 지평에서 볼 때 얼마나 많은 민중이 '식민지공공성'에 포섭되어 있는지 의문이며,[63] 도시 · 지식인 사회에만 주목한 '식민지근대론'과 같이 식민지권력 및 근대권력이 얼마나 민중을 포섭했는가라는 위로부터의 시점만이 아니라, "그러한 권력에 농락당하면서도 거기에 계속 저항해 온 민중이 영위해 온 삶과 그 심성이 복원될 때 비로소 식민지와 근대의 본질도 밝혀지게 될 것이다"[64]라고 비판한다. 또 조선 사회주의자의 '전향'에 대해서도 '전향'하지 않고 침묵을 지킨 지식인도 많이 있었고 또 끝까지 전향하지 않은 사람들의 존재도 무시할 수 없으며, 식민지시기의 언론을 표면적으로 장식한 자들의 언설을 일반화하는 것은 역시 문제가 있다고 하면서 "사회주의자들의 논의에서 지속된 변혁과 저항의 논리를 간파하는 것은 쉽지 않다"고 비판한다.[65] 이것은 도베 히데아키(戸邉秀明)가 '전향'을 "주체성/민족성의 보지(保持)와 사회변혁에의 전망을

60) 並木真人, 「「植民地公共性」と朝鮮社会」, 229-230쪽.

61) 趙景達, 『朝鮮民衆運動の展開 — 士の論理と救済思想』(岩波書店, 2002).

62) 趙景達, 「暴力と公論 — 植民地朝鮮における民衆の暴力」, 須田努 · 趙景達 · 中嶋久人 編, 『暴力の地平を超えて — 歴史学からの挑戦』(青木書店, 2004), 291쪽.

63) 趙景達, 「15年戦争下の朝鮮民衆 — 植民地近代論批判試論」(『学術論文集』(朝鮮奨学会) 第25集, 2005年9月), 10쪽.

64) 趙景達, 「15年戦争下の朝鮮民衆 — 植民地近代論批判試論」, 24쪽.

65) 趙景達, 「日本帝国の膨張と朝鮮知識人 — 東亜共同体論と内鮮一体をめぐって」, 『膨張する帝国 拡散する帝国 — 第二次大戦に向かう日英とアジア』(東京大学出版会, 2007), 165-176쪽.

안았다", "저항의 전략적 기능"[66]이라고 파악하는 것과는 완전히 대조적이다.

이러한 조경달의 비판에 대해 나미키는 "식민지공공성의 양적인 확대가 문제는 아니며, 근대화와 공공권 형성의 움직임이 불가역적인 동향으로서 식민지시기부터 있어 왔던 사실 그 자체가 중대한 역사적 의의를 지닌다고 생각하며, 단순히 양적인 확대만에 구애받은 것은 아니다"[67]라고 반론했다. 또 마쓰모토는 '근대주체'(그중에서도 마쓰모토가 주목한 것은 '농촌엘리트')의 활동은 조경달이 주장한 "민중의 저항과 폭력이 네거티브(陰画)하게 그려진다"고 하여, 오히려 '식민지근대성론'과의 보완관계에 있다는 것을 주장하였다.[68]

확실히 조경달도 "민족주의를 과대하게 평가하고 그것을 유일한 척도로서 식민지시기를 보는 시각에도 문제는 있다"는 것에는 동의하고 있고,[69] 조선 사회에서 근대성의 편재(偏在)라는 점에 관해서는 마쓰모토도 지적하고 있다.[70] 마쓰모토의 이러한 지적은 벡터(vector)가 다르다고는 해도 근대에서 배제된 사회영역을 시야에 넣고 있다는 점에서는 조경달과 공통된다고 할 수 있다.

또 이타가키도 "식민지근대론은 근대에 대해 비판적인 시각을 지니고, 근대성·근대화 그 자체가 지닌 권력성 및 억압적·차별적·폭력적인 여러 측면에 주목한다"라고 하면서 "그 상황을 살아 있는 사람들의 경험 및 이야기를 중시하거나, 보다 일상적인 차원에서 서술하거나, 쉽게 분류되기 힘든 것들을 다루어 보거나, 역사의 주체로서 거의 기술되지 않은 사람들에게

66) 戸邉秀明, 「資料課題(資料と証言 I 日中戦争期·朝鮮知識人の東亜共同体論)」(『Quadrante』 第6号, 2004年3月), 351쪽.

67) 並木真人, 「「植民地公共性」と朝鮮社会」, 229-230쪽.

68) 松本武祝, 『朝鮮農村の〈植民地近代〉経験』, 30-31쪽.

69) 趙景達, 「15年戦争下の朝鮮民衆」, 24쪽.

70) 松本武祝, 『朝鮮農村の〈植民地近代〉経験』, 23-27쪽; 「植民地朝鮮における衛生·医療制度の改編と朝鮮人社会の反応」(『歴史学研究』 第834号, 2007年11月).

초점을 맞추어 본다"라고 논한 점에서[71] 조경달이 주장하는 민중(운동)사 연구와의 접합을 모색하는 것은 쉽게 가능하리라 생각된다. 무엇보다도 근대성, 공공성이 조선 사회에서부터 기능한 힘의 크기였다는 점에 관해서는 이미 검토한 것처럼 현재도 논의는 평행선을 그리고 있는 상태이다. 특히 이것이 식민지 지배의 성격규정에 관계된 문제인 이상, 조선 근현대사 연구자 전체가 논쟁의 추이를 계속 관심 있게 지켜볼 필요가 있을 것이다.

이상에서 본 '식민지근대성론'과 그것에 대한 비판의 전개는 어떤 면에서는 논의 기반을 공유하기도 하지만, 식민지성 본질을 권력에의 포섭 과정으로 볼 것인가, 배제의 단계로 볼 것인가라는 점에서는 매우 대립적이다. 이러한 대립이야말로 피통치자 측이 어느 주체의 어떠한 행위에 주목하는지라는 전후 조선사학이 안아 온 물음의 현재적 발현 형태라고 할 수 있다. 논의의 당사자도 아닌 필자가 안이하게 정리를 시도하는 것은 조심해야겠지만, 한편으로는 수정주의적 역사관이 횡행하는 사회현상을 의식하고, 근대에의 물음이 일본과 한국 양측에서 정치 문제화되고 있는 현 상황에서 "식민지 지배에 관한 수정주의를 진정으로 극복하기 위해서는 식민지에서 근대를 관통하는 폭력 · 억압 · 차별의 구조를 비롯해, 식민지-본국의 다양한 차원에서의 관계성을 모색한 새로운 역사상을 오늘날도 여전히 계속되는 식민지주의를 응시하면서 구축할 필요가 있다"[72]라고 지적한 다카오카 히로유키의 제언을 확인하는 것으로 '식민지근대성론' 및 관련 연구현황 정리에 대한 마무리를 대신하고자 한다.

71) 板垣竜太, 「〈植民地近代〉をめぐって」, 36쪽.

72) 高岡裕之 · 三ツ井崇, 「問題提起」, 5쪽.

V. 나오며

이 글은 연구동향 소개가 중심이기 때문에 결론이라고 딱히 내세울 것이 없지만 지금까지 언급해 온 내용을 필자 나름대로 정리해 보고자 한다. 머리말에서 언급한 바와 같이 이 글은 몇 가지 키워드를 바탕으로 정리한 것이다. 그 키워드 중 하나는 식민지성을 파악하기 위해 어떠한 사상(事象)에 주목할 것인가라는 점이다. 이미 검토한 것처럼 전후 조선사학의 발전과 함께 연구시각은 훨씬 다양해졌다. 조금 복잡한 정리일지 모르지만 정치사 · 군사사 · 경제사 중심의 동향에서 그들과 병행하면서 교육사 · 문화사 · 사상사 등 방면의 연구도 충실해졌다. 나카쓰카 아키라(中塚明)는 1980년대 초 조선사 연구의 동향을 파악해 "일본의 조선침략사 연구는 정치적 · 군사적 · 경제적 분야에만 머물 것이 아니라 문화적 · 정신적인 분야에도 분석을 진행할 필요가 있다"[73]고 지적했는데 그러한 작업은 실제로 지금 한창 진행 중에 있는 것이다. 그러나 제국주의사 연구 입장에서는 '제국사' 연구를 비롯한 새로운 연구조류는 "종래의 제국주의사 연구성과를 계승하는 자세가 약하고 그것은 좁은 시야로 이어진다"라고 해서 "포스트식민주의의 조류가 중시하는 사회사 · 문화사는 방대한 업적을 가진 정치사 · 경제사의 실증 성과와 유기적으로 연결되어 있어 이 양자의 관계성을 통해 비로소 식민지 전체적인 역사상의 구축에 공헌할 수 있다"라는 비판이 있다는 것에도 주의해 두고 싶다.[74]

또 한 가지 키워드는 역사의 주체라는 점이다. 일찍이 하타다 다케시가 "조선의 인간이 걸어온 조선인의 역사를 연구하지 않으면 안 된다"고 강조한 것은 조선인/조선사회가 그때까지 타율적인 존재로서 그려져 온 것에 대한 반성을 기반에 두고 있는 것이었다. 그 후 '내재적 발전론'을 비롯해 '일국사'로서 조선사를 그리는 것이 요구된 것은 『조선의 역사』(1974)에 "조

73) 中塚明, 「内在的発展論と帝国主義研究」, 274쪽.

74) 岡部牧夫 · 柳沢遊, 「解説 · 帝国主義と植民地」, 274쪽.

선은 외국으로 조선사는 외국사이다"라는 '당연한 것'이 좀처럼 이해되지 않고 있는 배경이 있었기 때문일 것이다. 그러한 의미에서 전후 조선사학에서는 조선인의 주체성을 어떻게 그릴까라는 점이 항상 문제시되고 있던 것이다.[75)]

국민국가론이 정착해 가는 가운데 '일국사'적인 연구 자세는 비판받게 되었으나 오히려 그에 따라 지배자 측, 피지배자 측 양쪽에서 다양한 주체의 존재가 그려지기 시작했다. '민족'으로 일원화될 수 없는 주체상의 구축이 지향되고 있다는 의미에서는 역사에서의 주체 파악 방식에 커다란 변화가 생겨났다고 할 수 있는 것이 아닐까. 그러나 일본 '제국사' 연구 과제에 대해서 고마고메 다케시가 인식하는 것처럼 "조선인과 대만인에게 식민지 지배는 어떠한 의미를 갖는 것인가"라는 '물음'의 필연성은 여전히 남아 있는 것이다. 전후 항상 의식되고 있던 주체의 문제는 같은 형태의 과제를 지금도 계속 지니는 것이 된다. 그리고 최근에는 주체의 문제가 '근대화' 혹은 '근대를 어떻게 이해할 것인가'라는 문제와 어떤 면에서 정치 문제화됨으로써 크게 관계하게 되었다.

일방적으로 일본 측의 공헌을 주장하는 반면 "조선인과 대만인에게 식민지 지배는 어떠한 의미를 갖는 것인가"라는 물음을 완전히 결여시킨 일본의 수정주의적 역사관에 대항하기 위해서라도, 식민지에서의 주체와 식민지 권력이라는 점에 관해 역사가는 끊임없이 질문하고 있어야만 한다. '근대주체'에 주목하고 그 언동을 식민지 권력과의 거리/관계성에서 파악하려는 것이 '식민지근대론'이었으나, 그러한 시각의 차이 때문에 경제사 중심의 '식민지근대화론'과는 근본적으로 구별된다. 그러나 그러한 '식민지근대론'에서 주체의 파악 방식조차도 '일면적'이라는 비판이 민중사 연구 측에서 나온 것이다. 주체상이 다양화하는 가운데 이러한 논쟁은 더욱 피하기 어렵게 될 것이다. 향후 한층 깊은 논의가 전개될 것으로 기대된다.

---

75) 이 글에서는 언급하지 못했지만 주체(성)이라는 문제를 생각할 때 계급이라는 시점이 항상 의식되어 왔다는 것에도 주목할 필요가 있을 것이다.

앞으로 조선 식민지시기 연구가 어떤 식으로 움직여 나갈지 미지수의 부분도 많지만 여기에서의 키워드에 의해 제시된 물음은 언제나 질문받을 수 있는 것들이다. 끝으로 이상에서 소개한 연구동향은 단지 일부에 불과하며 물론 다른 연구동향에 대해서도 정리할 필요가 있다. 이는 앞으로의 과제로 남겨 두고자 한다. 지금까지 논의한 바는 불충분한 연구동향의 소개에 그친 감이 있어 필자의 공부가 부족함을 드러내고 말았다. 독자 여러분의 많은 비판과 꾸짖음을 기다리는 바이다.

[번역: 조규헌]

제국의 틈새로부터 생각한다

고마고메 다케시(駒込武)

I. 시작하며

필자 자신의 보잘것없는 연구사를 되돌아보는 것으로 이 글을 시작하고자 한다.

1996년『식민지제국일본의 문화통합(植民地帝國日本の文化統合)』이라는 제목의 저서를 간행했다.[1] 이 책에서는 '동화정책'을, 무언가를 설명하기 위한

1) 필자의『植民地帝国日本の文化統合』(岩波書店, 1996).[국역: 오성철 외 역,『식민지제국 일본의 문화통합』(역사비평사, 2008).] 덧붙여 말하면, 최근 '제국일본' 또는 일반적으로 '제국'이라는 용어가 범람하는 한편, '제국주의' 개념과의 관계가 애매해지고 있다는 문제점이 지적되고 있다. 필자도 이런 지적에 동의한다. 그럼에도 필자가 '(식민지)제국일본'이라는 단어를 빈번하게 사용했던 것은 '제국주의' 개념을 부정하기 위해서가 아니라, 근대일본과 식민지의 관계를 구체적으로 묻겠다는 자세를 명확히 하기 위해서였다. 바꾸어 말하면, '일본제국주의'라는 개념은 일국사적(一

분석개념이 아니라 그 자체가 분석의 대상이 되어야 할 개념이라고 보았다. 그런 연후에 대만, 조선, '만주국', 화북점령지에서 문화정책의 전개를 법제적 차원에서의 '평등화/차별화'와 문화적 차원에서의 '동일화/차이화'라는 개념을 사용해서 분석했다. 이런 분석을 통해 드러난 것은 '일본', '일본어', '일본인'을 둘러싼 동일성이 이민족이라는 타자와의 관계 속에서 끊임없이 동요하고 있었다는 사실이다. 이러한 동요는 식민지 지배에 내재하는 모순을 밖으로, 밖으로 전화(轉化)시켜 차별을 중층화해 나감으로써 가까스로 틀어막을 수 있었다고 논했다.

기존 식민지 연구의 틀에 대해서 이의를 제기했다는 점에서는 이 책도 일정 정도 의미가 있을지 모르겠다. 하지만 이 책을 집필할 당시부터 몇 가지 중요한 결락(缺落)이 존재한다는 사실을 자각하지 않을 수 없었다. 첫째, '외국사 연구'라면 당연히 했어야 할 작업, 즉 대만, 조선, 중국 등 대상 지역의 언어를 습득하여 이들 지역의 연구성과들로부터 배우는 작업을 지극히 불충분하게밖에 이루어지지 못했다. 둘째, '동화'를 둘러싼 이데올로기 수준의 모순을 중시한 나머지, 이런 모순을 부둥켜안게 됨에 따라 한층 부조리한 형태로 행사되었던 폭력의 문제를 경시(輕視)했다. 셋째, 구미열강을 중심으로 한 세계질서 속에 일본의 식민지 지배를 위치 지우는 작업이 이루어지지 않았다. 일본 식민지 지배에 관한 구미의 연구도 거의 참조하지 못했다.

이러한 문제점을 안고 있기 때문에, 얄궂게도 이 책은 거기서 논의된 내용을 스스로 배반하여 '일본인'에 의한, '일본인'을 위한 '일본문화론'으로 회

國史的) 발전단계론의 맥락에서 사용되어 왔기 때문에 오로지 '제국주의 단계'의 '근대일본'을 의미하는 것으로 다루어질지도 모른다는 문제가 있다. 하기야 '제국주의' 개념에 기반한 연구 중에서도 독점자본의 성립 등 경제적 지표를 바탕으로 일국사적 파악을 넘어서 "국제관계사적 시각에 의한 동태적, 입체적 분석에의 지향"(波形昭一, 『日本植民地金融史の研究』(早稲田大学出版部, 1985), 4쪽)을 찾아볼 수 있기 때문에, '제국일본'과 '일본제국주의'라는 용어의 차이는 강조점의 차이로 간주될 수 있을 것 같다. 필자도 1870년대 이후의 세계체계나 본국에서 식민지 지배 및 팽창을 정당화하는 담론에 관해서는 '제국주의'라는 단어를 사용한다.

수되어 버리고 말지도 모른다고 생각한다. '제국일본'을 둘러싼 연구에 관해 요시자와 세이이치로(吉沢誠一郎)가 지적하고 있듯이, "결국에는 일본을 중심에 두고 생각하는 연구의 틀을 해체하지 못하고 도리어 강화하는" 것이 되었던 것이다.[2] 자신의 연구가 '일본사'라는 제도 속에 있는 것이라고 해도, '대만 근현대사'로서도 비판에 견딜 수 있으며 '세계사'를 향해서도 열린 연구가 되는 것은 불가능한 것일까. 이 책을 출판한 이래, 필자는 이러한 문제의식을 바탕으로 대영제국(British Empire)에서 일본 식민지 지배 하의 대만으로 건너온 선교사들을 참조점으로 삼아 '영국인'과 '일본인', '대만인'의 삼자관계를 분석해 왔다. 특히 1930년대의 신사참배 문제에 초점을 맞추어, 식민지 지배의 현장에서 행사되는 폭력의 리얼리티에 대치해 가며 '국제관계' 속에서 신사참배라는 사건이 가지는 의미를 생각해 보려고 했다.[3] 이 글에서는 이러한 연구 과제를 추구하는 과정에서 부상했던 문제들, 즉 구미와 일본의 식민주의의 관계를 어떻게 볼 것인가, 또한 이 관계를 묻는 작업을 지금까지의 식민지 연구 흐름 속에 어떻게 위치 지울 것인가라는 문제에 대한 전망을 써 보고자 한다.

---

2) 吉沢誠一郎, 「二○○四年度歴史学研究大会報告批判 全体会」(『歴史学研究』 第79号, 2004年12月). 필자와 같은 문제의식은 小熊英二, 『〈日本人〉の境界』(新曜社, 1998)나 石田雄, 『記憶と忘却の政治学』(明石書店, 2000)에도 내재되어 있는 것처럼 보인다. 덧붙여 말하면, 오구마 에이지가 그의 책에서 '구미'의 역할이 가진 중요성을 설명하고 있는 점은 중요하지만, '일본'과 '식민지'의 관계에 대해서는 교육과 법제에 주목하는 반면, '일본'과 '구미'의 관계에 대해서는 주로 외교와 국방의 차원을 채택하는 식의 불균형이 있다. 게다가 '구미' 쪽의 자료나 선행연구를 거의 참조하지 않았고, '일본인'들에 의해 파악된 한도 내의 '구미'밖에 언급하지 않았다는 문제점도 있다. 이런 점에서 오구마의 책은 스스로의 문제제기를 충분히 구체화시키는 데 이르지 못했다.

3) 예를 들면, 필자의 「一九三○年代台湾・朝鮮・内地における神社参拝問題」(『立教学院史研究』 第三号, 2005年5月)를 참조.

II. 식민지 지배의 '글로벌 스탠더드'?

근대세계에서 제국은 단독으로 존재하지 않는다. 복수의 제국이 서로 교섭을 거듭하여, 때에 따라서는 대립하면서도 전체적으로는 글로벌한 제국주의체제를 유지했다. 일본의 공식적 식민지로 간주되었던 대만과 조선도 예외는 아니었다. 청일전쟁 후의 '삼국간섭'은 자칫하면 러시아 · 독일 · 프랑스 3국과 일본의 대립이라는 맥락에서만 다루어지기 쉬우나, 요동반도에 한정된 '간섭'은 일본의 대만 · 펑후다오[澎湖島] 점령에 대한 승인과 동전의 양면을 이루는 행위였다는 점에 유의할 필요가 있다. 사실 일본에 의한 점령에 저항하려 했던 '대만민주국(台灣民主國)'은 영국 및 러시아, 독일, 프랑스에 대해서 '간섭'을 요청하는 성명을 발표했지만 묵살당했다. 또한 잘 알려져 있듯이, 1905년의 가쓰라-테프트 밀약에서는 일본의 조선반도지배와 미국의 필리핀지배를 상호간에 승인하는 거래가 이루어졌다. 제국이 구성하는 '국제정치'의 무대에서 외교상의 주체이길 거절당했던 사람들은 제국들 사이의 거래를 통해 '양도'나 '매각'의 대상이 되었고, 외래의 통치자에 의해 자신의 운명이 좌우되는 처지가 되었다.

이러한 사실을 지금 새삼스럽게 확인할 필요가 있는 것은, 제국일본에 의한 식민지 지배를 비판하면서 동시에 구미의 제국도 비판의 사정(射程) 안에 포착하는 작업이 아직은 이제 막 실마리를 잡은 것에 불과하다고 생각하기 때문이다. 물론 월러스틴(I. Wallerstein)의 세계체계론 등을 거론할 것도 없이 글로벌한 제국주의체제 비판은 계속 제기되어 왔다. 하지만 많은 경우 제국일본의 식민지 지배에 대한 구체적인 언급이 수반되지 않은, 일반적인 수준의 비판에 그치기 마련이었다. 또한 외교사 영역에서는 '국제정치'의 주체인 여러 제국들 사이의 협조 · 경합 · 대립을 분석하는 한편, 식민지사 연구에서는 개별 제국에 의한 식민지 지배를 논의하는 식의 '분업'의 경향도 발견된다. 이러한 연구 상황 속에서 야마무로 신이치(山室信一)는 외교사 차원과 식민지사 차원을 포괄적으로 분석하기 위한 연구 틀을 제기했다. 야마무로는 우선 '국민제국(國民帝國)'—이것은 국민국가의 원리를 전제로 하고 있지만, 구성원의 법적 평등을 전제로 하는 국민국가의 원리에 이반되는 이법역(異法域)을 설정한다는 점에서 모순된 특징을 가진다— 이 종래의 '세계제국'이나 '왕조 · 가산(家産)제국'과는 다르다는 점을 명확히 했다. 그런 연후에 근대 세계사 전체를 사정거리에 두면서도 복수의 국민제국이 "동시성을 가지고 경쟁하면서도 공존"하는 '경존(競存)'체제를 구축하고 있었다는 점을 밝히고 있다. 더욱이 영일동맹을 위해 인도 독립운동의 지도자 비하리 보스(R. B. Bose)[4]가 일본에서 추방되었던 사실에 주의를 환기시키면서 식민지의 사람들이 독립을 달성하기 위해서는 식민모국뿐만 아니라 모국과 협정을 맺은 다른 여러 제국들과도 대치하지 않으면 안 되었으며, 식민지 독립운동을 공동으로 억압해야 할 필요성 때문에도 여러 제국들 사이에 '경존'체제가 유지되었다고 기술하고 있다.[5]

야마무로의 논문은 세계적인 제국의 체계 속에 제국일본을 위치 지운다는 점에서 중요하다. 다만 제국을 둘러싼 유형화 작업은 그것 자체로 중요하지만, 이것이 유형화에 머무르는 한, 식민지 지배에 대한 책임의 고유성을 제국의 일반성 속에서 해소해 버리고 말 위험성이 있다. 이렇게 되지 않기 위해서는 여러 제국들 사이의 '경존'체제가 일본의 식민지 지배에 구체적으로 어떤 영향을 미쳤을까라는 문제에 대해 보다 깊이 파고 들어갈 필요가 있다. 게다가 가쓰라-테프트 밀약과 같은 외교상의 거래로 명문화된 사례뿐 아니라, 외교관이나 상인, 선교사로서 제국일본의 외부에도, 내부에도 존재했던 구미인들의 의향에도 주목해야 할 것이다. 제국일본은 '국제정치'의 이념상으로는 대영제국 등과 나란히 거론되는 지위에 있었지만,

---

4) Rash Behari Bose(1886~1945). 인도의 독립운동가. 인도국민의회에 참가하여 인도 총독암살미수 사건 등 독립운동에 투신했다가 1914년 일본에 망명했다. 당시 일본 정부는 영국과의 동맹관계를 고려해서 보스에게 추방명령을 내렸는데, 도야마 미쓰루(頭山滿), 이누카이 쓰요시(犬養毅) 등은 이에 반발하여 그를 은닉시켰다. 1918년까지 도피생활을 계속하던 보스는 1923년 일본에 귀화했고, 이후 아시아태평양 전쟁 당시에는 일본정부가 지원했던 자유인도임시정부에 참여했다. -옮긴이

5) 山室信一, 「『国民帝国』論の射程」, 『帝国の研究 — 原理 · 類型 · 関係』(名古屋大学出版会, 2003), 108, 124쪽.

실질적으로는 제국들 사이에 위계적 질서가 존재했던 것은 명백하며, 일본인이 구미인들의 의향에 과민하게 반응하는 경향이 있었다고 생각되기 때문이다.

이런 관점의 필요성을 보여 주는 몇 가지의 사례를 들어 보자. 고토 신페이(後藤新平)는 1898년 대만총독부 민정국장에 취임했을 당시, 다음과 같은 메모를 써서 남겼다.[6] "식민적 행정의 성패(成敗)는 각국이 경쟁하는 데에 있으며, 그 성공은 실로 근래 제국주의적 발전의 일대 핵심이 된다." "대만은 내지(內地)적 법제를 가지고 이를 다스리기 어렵다. 세계의 대세가 어떠한지를 감안해서 해나가지 않으면 안 된다." 식민지 지배의 성립 여부는 구미열강과 경쟁의 일부이며, 이 '경쟁'에서 승리를 거두기 위해서는 "세계의 대세"에 따를 필요가 있다고 서술하고 있었던 것이다. 또한 대만총독부 학무국장에 취임했던 구마모토 시게키치(隈本繁吉)는 "대만인 교육의 출발점"으로 "표면상 교육을 중요시하는 것처럼 하되, 실제에 있어서는 전혀 적극적으로 장려하지 않으며", 교육시설은 "열국의 시청(視聽)"상 부득이한 것에 한정할 정도로만 설립하면 된다고 주장했다.[7] 구마모토와 같은 학무 관료들이 두려워했던 것은 대만에 거주하는 사람들의 시선보다는 우선 '열국'의 시선이었다.

고토와 구마모토에게 공통된 것은 이른바 식민지주의의 '글로벌 스탠더드'에 따르는 것만으로 충분하다는 사고방식이었다. 이 '글로벌 스탠더드'에 따른다고 한다면, 반드시 '내지적 법제'를 대만의 사람들에게 적용할 필요도 없고, 적극적으로 학교를 설립할 필요도 없게 된다. 고토나 구마모토의 구상은 일정한 수정을 거치면서도 식민지 대만에서 법제도, 교육제도로 구체화되었다. 대만의 사람들은 '민도(民度)'가 낮다는 구실로 법제상 차별받는 동시에 '민도'의 기준이 되는 교육의 기회도 제한받는, 딜레마적인 상황에 놓여 있었다. 같은 사태가 구미의 식민지 지배 하에서도 발견되는가 하

6) 鶴見祐輔, 『後藤新平』 第2巻(勁草書房, 1965), 35쪽.

7) 「台湾ニ於ケル教育ニ対スル卑見ノ一二並ニ疑問」(隈本繁吉文書, 0102).

는 문제는 엄밀하게 따로 검토하지 않으면 안 되겠지만 충분히 있을 수 있는 일이다. 당장에 여기서 강조해 두고 싶은 것은 고토나 구마모토에게 '글로벌 스탠더드'로 의식되었던 것이 제도화되었다는 점이며, 여기에서 구미와 일본의 식민지주의 사이에 접점이 형성되어 있었다는 사실이다. 이 접점에서 구미와 일본은 상호 각축하면서도 식민지의 종속화를 고착시키기 위해 '적대적 공범관계'를 구축하고 있었다.[8] 이러한 사태는 일본의 식민지주의 비판을 수행하기 위해서는 식민지주의를 둘러싼 '글로벌 스탠더드' 그 자체를 비판의 도마 위에 올릴 필요가 있다는 것을 보여 준다. 바꾸어 말하면, 구미와 일본의 식민주의를 하나로 꿰뚫어 비판하려는 관점의 구축이 요구되는 것이다.

애초부터 '글로벌 스탠더드'는 고정된 것으로 존재하지 않았다. 1910년대부터 1920년대를 걸쳐 세계 각지에서 민족자결의 움직임이 생겨나게 되자 국제연맹에 의한 '위임통치'라는 형식이 창출되었듯이 각 제국들도 '글로벌 스탠더드'에 일정 정도 수정을 가할 수밖에 없었다. 또한 1930년대 일본의 팽창은 식민지주의를 둘러싼 '글로벌 스탠더드'에서 명백히 일탈하는 것이었다. 다만, 일본이 국제연맹을 탈퇴하는 데 방아쇠가 되었던 린턴(W. A. Linton) 조사단 보고서도 역시 중국 동북지역에서 일본의 배타적 패권은 부정했지만, 일본을 중심으로 한 열강들의 공동 관리를 제안했다는 것은 유의해야 한다. 여러 제국에 의한 공동의 억압 체제는 대체로 1930년대 내내 유지되고 있었다. 그리고 제2차 세계대전으로 일단 파탄났지만, 전후(戰後)가 되면 미국을 중심으로 급속하게 재편되었던 것이다.

전후 일본의 역사연구는 전체적으로 말하자면 식민지주의를 둘러싼 '글로벌 스탠더드'로부터의 이탈 국면에 관심을 기울여, 중국에의 침략전쟁이나,

8) 趙寬子, 「「反」帝国主義の文化と歴史 — 戦間期の帝国日本と植民地朝鮮の言説空間」(東京大学大学院 地域文化研究科 学位論文, 2002). 여기에서는 일본과 한국의 내셔널리즘 사이에서 '적대적 공범관계'를 발견하면서, 이것은 "일국 내에서도, 양국 사이에서도, 세계 속에서도 동시에 지속"되고 있다고 쓰고 있다. 이 글도 이러한 조관자의 논의에서 크게 시사받았다.

조선 및 대만의 황민화정책 등 1930년대 이후의 사건들을 특수 일본적 전개로 비판하는 논조가 일반적이었다. 다른 한편, 구미 각국에 관해서는 제국으로서의 역사에 관심을 기울이는 대신 일본이 모방해야 할 민주주의의 전범을 보여 주는 것으로 분석하는 경향이 지배적이었다. 사카이 나오키(酒井直樹)가 지적하고 있듯이 "구미의 선진민주주의에서 권위를 구해서 이것과의 낙차에 의해 일본을 정립한다는 사고법으로부터는, 구미 자체에 내재하는 한계를 비판하면서도 일본의 책임을 추급한다는 복안적(複眼的) 사고가 쉽게 생겨나지 않는다."[9] 이러한 '복안적 사고'의 결락은 식민지 지배와 침략전쟁에 대해서 "일본만 나쁜 짓을 했던 것은 아니다", "구미의 식민지 지배보다 일본의 지배가 양심적이었다"고 기술하는 따위의 역사수정주의적 이론을 낳는 토대도 되어 왔다고 생각된다.

III. 식민지 연구의 '적대적 공범관계'

일본과 구미의 식민지주의를 하나로 꿰뚫어 비판하는 작업이 늦어진 것은 일본의 역사연구를 둘러싼 상황만이 원인이 되었던 것은 아니다. 구미 식민지 연구의 자화자찬적인 역사기술이, 집필자의 의도와는 상관없이 일본의 식민주의를 특수 일본적인 것으로 비판하는 역사기술과 서로 기대고 지탱하는 측면도 있었다고 생각된다. 더욱이 전후가 되어 동아시아 세계에서도 압도적인 존재감을 가지게 된 미국의, 제국으로서 새로움은 이런 경향을 부추겼던 것으로 보인다. 식민지주의의 실제에서뿐 아니라 식민지 연구의 실천에서도 '적대적 공범관계'가 전개되어 왔다고 평가될 수 있겠다. 이러한 관계를 자각적으로 타파하려고 시도했던 것이 사카이 나오키나 다카시 후지타니(T. Fujitani)의 연구다.

9) 酒井直樹, 『死産される日本語・日本人』(新曜社, 1996), 145-154쪽. [국역: 이득재 역, 『사산되는 일본어, 일본인』(문화과학사, 2003).]

후지타니는 아시아태평양전쟁 시기 미국에서 일본계 미국인의 군사동원과 식민지 조선에서 조선인의 군사동원을 문제 삼아, 어느 쪽이든 정부는 자신들이 아니라 자신들의 적이야말로 진짜 인종주의자라는 것을 증명하기 위해 그들의 입대를 적극적으로 받아들였고, "인종주의와 차별의 국민적 부인(否認)"을 행했다고 서술하고 있다.[10] 이런 사실의 지적을 통해 후지타니는 미국은 "민주주의적이고 평등주의적"인 반면 일본은 "파시즘"적이라는 일반적인 구별에 도전하면서, 양자의 구조적 상사성(相似性)을 '비교가능성'의 문제로 제기했다.

사카이 나오키는 제2차 세계대전 이후 미국에 의한 일본점령을 '신(新)식민주의정책'으로 성격 짓는다. 그는 전후 일본에서 미국에의 헤게모니를 자진해서 받아들이는 국민주의가 형성되었으며, 이 국민주의는 겉으로 보이는 반미적 언사에도 불구하고 미국 헤게모니의 일부를 구성하고 있었다고 논한다. 이것은 미국이 "대영제국의 식민지정책보다도 더 유효한 제국의 지배형태"를 추구했기 때문이며, 미국과 일본의 공범적 관계 가운데에서 네그리(A. Negri)와 하트(M. Hardt)가 저술했던 것과 같은 '제국'을 찾아낼 수 있다고 쓰고 있다. 즉 사카이에 따르면 '제국'이란 "일본과 미국의 국민주의의 공범성으로 대표되는, 지구적인 규모로 확대된 상호의존 관계의 총괄기구"다.[11]

필자는 후지타니와 사카이의 논의가 설득력이 있다고 생각한다. 네그리와 하트의 『제국』에 대해서 말하자면, 글로벌화한 세계체계에 착안한 것은 확실히 중요하다. 하지만 그렇다고 해도 이들이 식민지주의의 종언과 국가제 권력의 쇠퇴를 설명하고 있는 부분은 반드시 납득이 가는 것은 아니다. 이 책에서 네그리와 하트는 학교, 병영, 공장과 같은 주체화(종속화)를 위한

---

10) T. フジタニ, 中山いずみ・葛西弘隆訳, 「戦下の人種主義 ― 第二次大戦期の「朝鮮出身日本国人」と「日系アメリカ人」」, 『感情・記憶・戦争』 岩波講座 近代日本の文化史 8(岩波書店, 2002), 269쪽. [후지타니의 연구는 한국학계에는 다음의 저서가 번역, 소개되어 있다: 다카시 후지타니, 한석정 역, 『화려한 군주: 근대일본의 권력과 국가의례』(이산, 2003) - 옮긴이]

11) 酒井直樹, 「共犯性としてのスーパー国家性」, 『非対称化する世界 ― 『〈帝国〉』の射程』(以文社, 2005), 36쪽.

여러 제도가 내포적인 강도와 외연적인 확대를 증대시켜, "고장은 나도 가동은 계속된다"12)고 쓰고 있지만, 그렇다고 한다면 주권적인 국민국가라는 제도 또한 '고장'이 나도 계속 '가동'은 된다고 생각할 수 있지 않을까. 또한 "제도의 인종차별주의(imperial racism)"를 배제의 실천이 아니라 차등적 포섭(differential inclusion)으로 특징지으면서, "우선 타자성(他者性)을 끌어들이고 그리고 나서, 백인성(白人性)으로부터 일탈하는 정도에 따라 다른 여러 차이를 복종시키는 것을 통해 기능한다"13)고 쓰고 있지만, 레이시즘(racism)14)에 이런 보편적 포섭의 계기가 있다는 것은 후지타니와 사카이의 논의에서도 확인할 수 있는 것이다. 글로벌리즘을 비판하는 것뿐만 아니라, 특정 종류의 글로벌리즘 비판이 내셔널리스트들에 의해 이용당해 "현재 진행 중인 글로벌화(化)에 대한 국민들의 불만이나 반발을 문화적 · 인종적 배타주의 내셔널리즘으로 흘러들어 가게 만드는"15) 매개가 되는 사태도 주시해야 할 것이다. 이러한 점에서도 '국민주의의 공범성'을 주장하는 사카이의 논의는 중요하다.

이와 같은 점들을 확인한 연후, 이하에서는 어디까지나 필자의 관견이 미치는 범위에 한정된 것이지만, 영어권의 식민지 연구 동향에 대해서 일

---

12) Michael Hardt & Antonio Negri(2000), *Empire*, Harvard University Press, 197쪽(일역: 水嶋一憲訳, 『帝国』(以文社, 2003), 36쪽). [국역: 윤수종 역, 『제국』(이학사, 2001)]

13) Michael Hardt & Antonio Negri(2000), 194쪽[일역판 252쪽, 국역판 261쪽].

14) 필자는 원문에서 특정 저서를 인용하는 경우를 제외하고 'racism'을 '人種主義'라는 익숙한 번역어 대신에 외래어 발음대로 표기하고 있다. 이것은 기존의 '人種主義'라는 번역어가 'racism'이라는 이름 하에 작동하는 포괄적인 문화 정치적인 포섭과 배제의 메커니즘을 포착하는 데 충분하지 못하다는 필자 자신의 문제의식에서 비롯된 것으로 보이는데, 그 구체적인 내용은 이 글 전체(특히 주 25)에서 확인할 수 있다. 이 번역 글에서도 필자의 의향에 따라 특정 저서의 인용을 제외하고는 'racism'을 외래어 발음 표기('레이시즘')대로 번역했음을 미리 밝혀 둔다. - 옮긴이

15) 二宮元, 「反グローバリズム思想の現代」(『ポリティーク』 第9号, 2005年2月). 이것과 관련해서 글로벌화에 의해 "여러 국가 간의 격차 확대와 국민국가 내부의 격차 확대의 상호연관"을 밝혀야 한다고 주장하는 기노시타 지가야(木下ちがや)의 지적도 중요하다. 木下ちがや, 「帝国 · 帝国主義論の現在」(『ポリティーク』 第9号, 2005年2月).

본 식민지 연구와의 '적대적 공범관계'에 착안해 가면서 탐색을 시도하고자 한다. 사카이 등의 논의에서 전제가 되는 영어권의 식민지 연구 동향을 염두에 두지 않은 한, 이런 논의의 의미를 정말로 이해하기가 어렵지 않을까 생각하기 때문이다.

영어권의 일본 식민지 지배에 관한 선구적인 업적으로 거론되어야 할 것이 마이어(R. Myers)와 피티(M. Peattie)의 『일본 식민지제국, 1895-1945』일 것이다. 15명에 이르는 이 책 집필자의 입장은 동일하지 않으며, 개별적으로는 시사적인 지식과 견해를 많이 포함하고 있다는 사실을 먼저 확인해 두어야 하겠다. 하지만 구미의 식민지 지배와의 '비교'를 시도하는 지점에서는 구미제국과의 '낙차'에 따라 제국일본을 위치 지우는 사고가 현저하게 드러난다는 사실을 지적하고자 한다. 이러한 문제점이 가장 명료하게 드러내는 것이 「서양과 일본의 식민지주의: 예비적 고찰」이라는 제목을 단 루이스 간(Lewis H. Gann)의 논문이다.

루이스 간은 구미와 일본의 제국주의의 차이점을 광범위하게 지적한다. 문화정책과 관련된 부분에서는 그는 "일본의 부르주아는 영국이나 프랑스의 부르주아와 달리 자신감을 결여하고 있었고, 일본의 중산계급은 선교사적인 정신(missionary spirit)을 소유하고 있지 못했다." "키플링(R. Kipling)이 지금도 아프리카나 인도 사람들에게 존경심을 가지고 읽혀지고 있고, 대영제국의 이야기가 곧잘 향수어린 반추(反芻)의 경험을 불러일으키는 데 반해, 일본 식민지 지배의 경험은 견디기 힘든 고통이었고 혐오스런 것이었다"고 썼다.[16] 개별 제국이 비교의 단위로 설정됨에 따라 각 제국들의 공범성이라는 문제는 사상되며, 더욱이 상세한 대차대조표(balance sheet)와 같은 세분화된 비교 기준에 의해 식민지 지배의 폭력적 리얼리티는 넓게 희석되고 만다. 또한 앞서 언급한 후지타니의 연구가 레이시즘을 비교의 축으로 사용하고 있는 데 반해, 루이스 간의 경우는 레이시즘에 관한 관점을 결여하

16) Lewis H. Gann(1984), "Western and Japanese Colonialism: Some Preliminary Comparison," in Ramon H. Myers and Mark R. Peattie eds., *The Japanese Colonial Empire, 1895-1945*, Princeton University Press, 502, 525쪽.

고 있다. 게다가 '선교사적인 정신'이나 키플링 문학의 '보편적 가치'를 전제된 것으로 간주해서 식민화된 사람들이 이것에 부여한 의미를 "존경심을 가지고 읽힌다"는 수준에서밖에 포착하지 못한다. 사이드(E. Said)가 언급했듯이, 키플링의 작품은 단순히 '제국주의의 프로파간다'로만 환원될 수는 없겠지만 그래도 여기에는 당시 백인 식민자와 원주민 사이의 권력관계가 각인되어 있다.[17] 키플링의 문학을 "존경심을 가지고" 읽는 '아프리카인'이나 '인도인'이 있다고 해도, 이들이 어떤 '아프리카인'과 '인도인'일까, 여기에 "견디기 힘들고 혐오스런" 기억은 존재하지 않았을까 의문이다.

루이스 간의 논문에서 볼 수 있는, 식민지주의에 대한 구미의 평가는 단지 저자 개인의 사상적 편향으로 돌릴 수 있는 문제가 아니라, 보다 폭넓은 지반을 가지고 있는 것으로 보인다. 그 한 가지 예로서 마셜(P. J. Marshall)이 편찬한 대영제국에 관한 학술적 입문서를 들어 보겠다. 이 책의 서문에서 마셜은 대영제국의 식민지 지배를 둘러싼 두 가지의 견해를 나란히 소개한다. 하나는 식민지 지배에서 억압에 대한 비판이 불충분하게밖에 수행되지 못한 결과, 오늘날의 레이시즘을 키웠고 영국이 정말로 다문화주의 사회로 탈피해 가는 것을 막고 있다는 견해다. 또 하나는 대처(M. Thatcher)가 대영제국의 옛 식민지인 '영연방국가(Commonwealth)'의 수상에게 말했던 것과 같이 "영국인에게 지배받았던 것이 얼마나 행복한 것이었는지를 생각해 봐야 한다"는 주장이다.[18] 결론에서 마셜이 지지했던 것은 후자의 견해

17) Edward Said(1993), *Culture and Imperialism*, Knopf, 13쪽(일역: 大橋洋一訳, 『文化と帝国主義 I』(みすず書房, 1998), 295쪽). [국역: 정정호 · 김성곤 역, 『문화와 제국주의』(창, 2011)]

18) P. J. Marshall ed.(1996), *The Cambridge Illustrated History of the British Empire*, Cambridge University Press, 13쪽. 이 책은 木畑洋一, 「現代世界と帝国論」(『歴史学研究』 第776号, 2003年6月)에서도 『옥스퍼드 영국제국사』(1998~1999)와 더불어 '제국지배에 긍정적 경향'을 드러내는 연구로 거론되고 있다. 기바타 요이치도 지적하고 있는 것처럼 이 책의 가운데 인도인 역사가가 쓴 장(章)만이 제국에의 비판을 전면에 내세운다. 이처럼 옛 식민지출신의 역사가에게 비판의 역할을 부여하고 이를 통해 전체적으로 '균형을 잡는' 편집방침 그 자체가 '제국주의적'이라고 말할 수 있다.

였다. 즉 19세기 후반의 시대적 상황에서 비서구국가는 대영제국의 식민지가 되지 않았으면 다른 열강의 지배 하에 놓였을 가능성이 높다고 쓴 후에, 대영제국이 개인의 권리와 정부의 책임을 존중하는 사고방식을 가져왔다는 점, 영국화 정책을 조직적으로 행하지 않았다는 점, 많은 사람들이 매력적으로 간주하는 문화나 가치관을 수호했다는 점을 열거하며 "실제로 있을 수 있는 선택지를 고려해 볼 경우, 19세기의 제국을 둘러싼 복권에서 영국을 뽑았다는 것은 반드시 불행한 것은 아니었다"라고 결론 짓는다.[19] 물론 마셜도 대영제국 역사의 부정적인 측면을 전적으로 무시했던 것은 아니다. 가령 다른 구미인과 비교해도 영국인이 인종적 서열(racial hierarchy)에 대해 두드러진 감각을 가졌고, 남아프리카의 아파르트헤이트 정책에 대해서도 책임이 있다는 것은 인정한다. 하지만 그는 전체적으로는 부정적인 측면도 긍정적인 측면에 의해 상쇄된다는 입장에 서 있었다.

마셜도 또한 대영제국이 식민지 사람들에게도 가져왔던 문화의 '보편적 가치'를 전제로 삼아 논의를 전개했다. 일본 식민지주의에 대해서는 언급하고 있지 않지만, 만약 '비교'를 시도했다면 루이스 간과 마찬가지 견해가 도출되었을 것이다. 이에 대해 제국일본도 대영제국과 막상막하로 식민지의 '문명화'에 공헌했다라든가, 키플링에 '필적'하는 '위대한 작가'를 낳았다 따위의 반론을 제기하는 것은 식민지 연구를 둘러싼 '적대적인 공범관계'라는 함정에 빠지는 것밖에 안 된다. 논자의 의도와 관계없이 구미의 식민지주의에 대한 비판이 일본의 식민지주의를 위한 변명이라는 효과를 가지게 되어 버리고, 일본의 식민지주의에 대한 비판이 구미의 식민지주의를 위한 옹호가 되고 만다는 함정이 이중삼중으로 빙 둘러쳐져 있는 것이다. 이런 함정을 피하면서 일본과 구미의 식민지주의를 하나로 꿰뚫어 비판해 나가기 위해서는, 지금까지의 논의에서도 밝혔듯이 레이시즘을 기축으로 하는 분석이 필요하다. 왜냐하면 이것은 식민지주의 폭력의 핵심과 관련된 것이며, 정치적 지배로서 식민지 지배가 종언을 고한 이후에도 계속되는 식민

19) P. J. Marshall ed.(1996), 380쪽.

지주의, 가령 구식민지로부터 본국에 유입된 이민노동자에 대한 폭력도 문제 삼는 개념이기 때문이다.

IV. 식민지주의의 핵심, 레이시즘

그렇다면 레이시즘이란 무엇일까. 인종주의와 연관된 대표적인 논자로는 파농(F. Fanon), 발리바르(E. Balibar), 길로이(P. Gilroy) 등 수많은 이름을 거론할 수 있겠지만, 여기에서는 대영제국의 역사적 전개와 관련시키면서 레이시즘의 특징을 밝혔던 로버트 마일스(Robert Miles)의 논의를 참조하고자 한다.

마일스는 레이시즘이란 피부색 등 자의적으로 뽑힌 특징을 중요한 기준을 선택하여 이런 특징을 가지고 인간집단을 범주화하고, 부정적 또는 긍정적 평가를 부여하며, 특정한 인간집단을 배제 또는 포섭해 나가는 이데올로기로 정의 내린다. 즉 '백인'과 '흑인'의 구분은 '생물학적' 구분으로서 '자연적으로' 존재하는 것이 아니며, 남과 여의 젠더 개념이 그렇듯이 특정한 특징을 선택적으로 중시하는 인식작용에 의해 사회적 리얼리티로 창출되는 것이라고 말한다. 더욱이 그는 레이시즘이 대영제국의 확산과 밀접하게 관련되면서 레이시즘이 성차별주의(sexism)나 내셔널리즘과 접합해 가는 역사적 양상을 구체적으로 지적한다. 가령 당초에는 남성들만 보냈던 식민지에 '종(種)의 타락'을 막기 위한 목적으로 '같은 종(種)'의 여성이 보내진 것 — 여성은 거기에서 '출산기계(breeding machine)'로 간주된다 — 과 같이, 레이시즘은 성차별주의와 오버랩된다. 또한 대영제국의 자치령이었던 호주에서 당초에는 '유색인종'을 상정했던 이민제한 대상을 본국이 부추겨 "영어가 유창하지 않은 자"로 고쳤던 것이 보여 주듯이, 내셔널리즘은 레이시즘을 내포하면서 형성된다. 더욱이 식민지 케냐에서 백인 식민자가 레이시즘을 기반으로 선택적 고용을 행했고, 동시에 이렇게 해서 실제로 형성된 노동력의 질서를 이번에는 레이시즘이 사후적으로 정당화했던 것과 같이,

레이시즘은 재생산의 존재방식과 쌍방향적으로 연관되며, 자본주의적 생산양식에 수반해서 사회적 자원의 배분을 둘러싸고 첨예화된다. 이렇게 해서 레이시즘은 성차별주의나 내셔널리즘, 계급적 불이익과 접합해 가면서 포섭과 배제의 구조를 형성하며, 직접적으로 배제의 대상이 되는 사람들뿐만 아니라, 배제를 수행하는 담당자들도 비인간화(dehumanise)해 간다.[20]

마일스의 저서는 레이시즘에 관한 이론적 정리에 초점을 맞춘 것으로, 대영제국의 역사에 관한 체계적인 서술을 의도한 것은 아니다. 하지만 레이시즘을 대영제국의 역사에서 중핵에 위치하는 것으로 간주한다는 점에서 마셜과는 대척적인 역사상(像)의 가능성을 시사한다.

일본과의 관련성이라는 점에서는 특히 내셔널리즘이 레이시즘을 포함한다는 것에 주목할 필요가 있다. 마일스는 레이시즘의 기준이 되는 특징을, "일반적으로 형질적인 것(가령 피부색, 머리카락의 형태, 두상의 모양)이지만, 보아서 곧장 알기 어려운 선천적인 현상(가령 혈통)도 중요한 특징으로 선택될 수 있다"고 해서 형질적인 것에 한정되는 것이 아님을 강조했다.[21] 재일조선인의 역사를 연구한 웨이너(M. Weiner)는 마일스의 이론을 원용해 가면서 레이시즘의 정의에서 중요한 것은 생물학적 특징과 문화적 특징, 어느 쪽을 택했는가에 있는 것이 아니라, 어떤 인간집단이 "상상된 특징을 보유하고 있는가의 여부를, 물질적 및 그 밖의 여러 자원이나 정치적 권리로의 평등한 접근을 부정하기 위해 정당화의 논리로 활용하는" 이용방식이라고 기술하면서, 재일조선인에 대한 일본인의 대응을 레이시즘 개념으로 포착하고 있다.[22] 필자도 이러한 지적을 그대로 받아들여 천황숭배에서 배제의

20) Robert Miles(1989), *Racism*, Routledge.

21) Robert Miles(1993), *Racism after Racial Relations*, Routledge, 63쪽.

22) Michael Weiner(1994), *Race and Migration in Imperial Japan*, Routledge, 11쪽. 더욱이 마찬가지로 마일스의 논의에 의거하면서 아이누에 대한 와진[和人]의 대응을 레이시즘 개념으로 파악한 것으로는 Richard Siddle(1996), *Race and Resistance and the Ainu of Japan*, Routledge가 있다. 또한 일본어 문헌에서 마일스의 논의를 언급한 것으로는 酒井直樹, 「序論: ナショナリティと母(国)語の政治」, 酒井直樹ほか編, 『ナショナリティの脱構築』(柏書房, 1996)이 있다.

규칙을 레이시즘의 변종으로 파악할 필요에 대해서 썼던 적이 있다.[23] 애초에 이것은 이데올로기의 내용으로는 레이시즘과 동일하지 않다. '피부색'과 같이 가시적이고 변경 불가능한 표식과 가시적이지 않은 표식 사이의 차이점도 과소평가할 수 없다. 하지만 내용적으로는 대립하는 것들이 서로 비슷한 기능을 하는 것도 있을 수 있다. 근대 일본에 있어서 레이시즘의 존재방식에 대해서 번역어의 문제를 포함하여 더욱더 검토가 필요할 것이다.[24]

V. 식민지 대만에서 근대성을 둘러싼 '미궁'

마지막으로 대만의 상황에 맞추어 일본 식민지주의의 의미를 고찰한 것으로 리오 칭(Leo T. S. Ching)과 우웨이렌(吳叡人)의 연구를 거론하고자 한다. 둘 다 영어권의 식민지주의에 관한 연구가 누차 일본 식민주의를 무시해왔던 것을 비판하면서, 영어, 일본어, 중국어 문헌을 능숙하게 활용하여 일본의 대만 식민지 지배에 대해 논하고 있는 것들이다. 일본 식민지주의가 지배받는 사람들에게 어떤 의미를 가졌던 것인가 하는 문제를 제기한다는 점에서도 양자는 공통된다.

리오 칭은 피티가 『일본 식민지제국』에서 일본의 식민지주의를 '변칙(anomaly)'으로 위치 지운 것을 비판했다. 그는 식민자와 피식민자 관계의 기본적인 구조는 닮아 있다고 쓰면서, "일본의 고유한 사례가 글로벌한 자본주의적 식민지주의의 일반성 속에서 그것과 상호관계적이며 상호의존적

23) 필자의 「日本の植民地支配と近代ー折り重なる暴力」(『トレンシーズ』 第2号, 2001年 8月).

24) 마일스의 논의를 따른다면, 레이시즘을 일본어로 '인종주의' 혹은 '인종차별'로 번역하는 것은 반드시 적절하다고 할 수는 없다. 왜냐하면 일본어에서 '人種'이란 일반적으로 '생물학적 특징에 의한 인간의 구분단위'(『広辞苑』)라는 의미로 해석되기 때문이다. 이러한 용어법은, 일본인은 오로지 레이시즘의 피해자로 간주하는 역사관에 의해 뒷받침되어 정착해 왔던 것으로 생각된다. 일본인이 레이시즘의 객체이면서 동시에 주체이기도 하다는 이런 경계적 위치를 드러내기 위해서는 역시 '인종/민족차별(주의)'라는 번역이 적절할 것이다.

인 상태"야말로 문제 삼아야 한다고 주장한다.[25] 즉, '동문동종(同文同種)', '일시동인'이란 슬로건에도 불구하고 현실에서는 일본인을 주변 사람들로부터 인종적/민족적으로, 또 문화적으로 구별하려는 시도가 끊임없이 행해지고 있었으며, 일본인 식민자와 피식민자 사이의 인종적/민족적, 혹은 문화적 근접성에 관한 담론은 "백인과 그 외 나머지(the "whites" and the rest)"로 분할된 세계 속에서 이런 분할에 대응해 출현한 것이라고 논한다. 또한 그는 철저한 반자본주의적 입장에서 '일본인', '대만인', '중국인'이라는 단일한 아이덴티티를 거부하는 급진적인 의식형태의 존재방식을 문제로 삼아, 식민지 지배의 폭력성은 특정 아이덴티티를 말살하는 데 있는 것이 아니라 "상처 입어 방향감각을 상실한 상태의 트라우마에 대한 유일한 해결수단으로, <u>아이덴티티를 둘러싼 투쟁</u>을 낳고 마는 데 있다(밑줄은 원문에는 이탤릭)"고 쓰면서 "경계영역(in-between zone)" 속에서 "희망의 공간(space of hope)"을 찾아내려 한다.[26]

리오 칭과 대조적으로 우웨이렌은 서양과 일본의 식민주의의 차이를 강조한다. 그는 서양의 식민지 지배에 저항하려는 사람들이 근대에 대한 서양의 이데올로기적 계략에 빠져 "서양 물질문명에 대한 동양 정신성의 우위"라는 '파생담론(derivative discourse)'을 낳고 만다는 채터지(P. Chatterjee)의 논의를 참조해 식민지 대만의 사람들은 이와는 다른 상황에 있었다고 말한다. 일본 그 자체가 제국주의적 국제질서 속에서 주변적 위치에 있었기 때문에 식민지 대만의 사람들은 "이중적 주변성(double marginality)"이란 표현이 적절한 상황에 놓여 있었다. '서양'에 저항해 가면서 '파생담론'을 만들어 냈던 것은 오히려 일본이었으며, 대만의 내셔널리즘은 일본 식민지주의에 대한 저항으로서 생겨난 것이기 때문에 친서양적이고 근대주의적인 것이 되었다. 근대성에 관한 담론은 규율담론(discourse of discipline)과 해방담론(discourse of liberation)이라는 양 측면을 모두 가지고 있지만, 대만의 국민적

---

25) Leo T. Ching(2001), *Becoming "Japanese": Colonial Taiwan and the Politics of Identity Formation*, University of California Press, 20쪽.

26) Leo T. Ching(2001), 210쪽.

주체(National Subject)는 "그들의 투쟁적 영혼에 대해 식민자들이 부과하는 규율을 인정하면서도, 피식민자들이 스스로를 해방시키기 위해 싸우는 변증법적 과정 속에서 출현한다"고 논한다.[27)]

리오 칭과 우웨이렌은 대만 사람들이 아이덴티티를 둘러싼 탐색으로 내몰리는 상황을 비판적으로 파악하려 하는 점에서는 공통된다. 하지만 개별 논점에 대해서는 대조적이라고 할 만한 차이도 보인다. 이데올로기 수준에서는 리오 칭이 필자의 『식민지제국일본의 문화통합』의 지적을 이어받아 '일시동인'이라는 담론과 배제의 실천이라는 실제 사이의 모순을 지적하고 있는 데 반해, 우웨이렌은 차별의 현실을 은폐하는 것으로 평등주의적 담론을 파악하는 것이 가지는 오류를 졸저에 대한 비판으로 제기한다. 확실히 우웨이렌의 지적처럼 '일시동인'이란 평등담론을 전적으로 차별을 은폐하는 것으로만 염두에 두는 것은 일면적인 이해일지도 모르겠다. 다만, 우웨이렌이 서양과 일본 식민주의의 차이를 실태적인 것으로 파악하고, 일본 식민지주의는 피지배자를 편입하려는 의도에 있어서 서양과는 달랐다고 쓰고 있는 지점에 대해서는 유보할 필요가 있다. 이 점은 전술했던 후지타니의 논문 내용과도 관련되어 있다. 후지타니는 전시동원에서 평등담론이 식민화하는 쪽과 식민화되는 쪽, 쌍방을 끌어들여 "인종에 관한 새로운 공통 감각의 창출과 유통에 공헌"하기 때문에 일본인 엘리트들의 입장에서도 "노골적으로 인종주의를 표현하기" 어려워지며 피식민자들의 물질적인 개선을 촉구하는 효과를 가진다고 쓰고 있다.[28)] 다만 후지타니의 경우 이러한 사태를, 일본과 미국의 대조적 차이를 보여 주는 것이 아니라 오히려 구조적 유사성을 보여 주는 것으로 파악했다. 평등담론을 끌어들이면서 자기가 '인종주의'인 것을 부인하는 '인종주의'를, 후지타니는 여기에서 발견했

---

27) Rwei-Ren Wu(2003), Formosan Ideology: Oriental Colonialism and the Rise of Taiwanese Nationalism, 1895-1945, Ph. D Dissertation submitted to the Faculty of the Division of the Social Science, Chicago University, 20쪽.

28) T. フジタニ, 「戦下の人種主義 — 第二次大戦期の「朝鮮出身日本国人」と「日系アメリカ人」」, 『感情・記憶・戦争』(岩波書店, 2002), 256쪽.

던 것이다. 우웨이렌의 논문에서 일본 식민주의의 특징으로 쓰이는 '차등적 편입(differential incorporation)'이라는 개념도 '서양' 식민지주의와의 차이보다도 오히려 공통성을 보여 주는 것이 아닐까 필자는 생각한다.

리오 칭과 우웨이렌의 논의의 가장 중요한 차이점은, 우웨이렌이 '대만인'이라는 내셔널한 주체의 성립에서 '해방'의 계기를 찾고자 했던 데 반해, 리오 칭은 단일한 아이덴티티를 거부하는 입장에서 오히려 경계적인 영역에서 '희망의 공간'을 발견하고자 했던 것이다. 이런 입장은 대조적이지만, 어느 쪽이 적절하다고 평가할 수 있는 것은 아니다. 오히려 입장의 차이에도 불구하고 피식민지화가 불러일으킨 '트라우마'의 경험이 공통적으로 발견된다는 것에 주목해야 한다. 양자의 차이점과 공통점으로부터 부상하는 것은, 지금도 대만 사람들이 '제국의 틈새'[29]에서 쉽게 탈출구를 찾지 못하고 '미궁'에 빠져 있다는 사실이다. 최근 들어 주로 조선사의 영역에서 '식민지적 근대'의 복잡성을 탐구하려는 연구동향이 생기고 있지만, '식민지적 근대'[30]를 묻는 것이 의미를 가진다면, 이것이 억압과 해방이 교착하는 근대성의 '미궁적' 성격을 인식하기 위한 매개개념이 될 수 있기 때문일 것이다.

VI. 결론을 대신하여

지금까지 서술했던 것을 간결하게 요약한다면, 다음과 같다.

일본 식민지주의에 대한 비판을 수행하기 위해서는 구미가 만들어 낸 식

29) "제국의 틈새"라는 표현은 2004년 12월 칭화(精華)대학 당대 중국문화연구센터(當代中國文化研究中心)의 주최로 타이베이에서 열린 국제심포지엄 "帝國夾縫中臺灣(Taiwan at the Edges of Empire)"에서 시사받았다.

30) '식민지적 근대' 개념에 대해서는 Gi-Wook Shin & M. Robinson eds.(1994), *Colonial Modernity in Korea*, Harvard University Press[국역: 마이클 로빈슨, 신기욱 편, 도면회 역, 『한국의 식민지근대성』(삼인, 2006)]; 宮嶋博史編(2004), 『植民地近代 視座 — 日本と韓国』, 岩波書店를 참조. 필자도 「台湾における「植民地的近代」を考える」(『アジア遊学』 第84号, 2003年2月)이란 글을 쓴 적이 있다.

민주의의 '글로벌 스탠더드' 그 자체를 비판의 도마 위에 올려놓지 않으면 안 된다. 종래의 연구는 일본 식민지주의를 특수 일본적인 것으로서 에워싼 연후에 비판하든가, 그렇지 않으면 구미와 일본 식민지주의를 '비교'하여 그 '우열'을 고려하는 경향이 강했다. 후자의 경우, 가령 구미 연구자와 일본 연구자 사이에서 평가의 방향성이 대립한다고 해도, 식민화된 사람들에게 식민지주의가 어떤 의미를 가졌는지를 경시한다는 점에서 '적대적 공범관계'가 성립한다. 중요한 것은 구미와 일본 식민지주의의 관계성을 구체적으로 파악하는 것이다. 후지타니의 논문도 역시 단순한 '비교'가 아니다. 미국과 제국일본은 전쟁이라는 관계에서 서로 대치하면서 적을 '인종주의자'로 비난하는 담론을 낳았던 것이며, 비교사보다도 관계사의 성격을 가지고 있다. 이때의 중요한 참조점이 인종/민족차별주의로서 레이시즘이었다는 것을 이 글에서 밝혔다.

다만 여기서 잊지 말아야 할 것은 레이시즘이 자본주의적 생산양식과 연결되어 있으며 역사적인 제 관계에 조응해서 보편주의적 담론을 끌어들이며 변용하는 것이라는 점이다. 레이시즘의 물질적인 기초라고 할 수 있는 차원의 문제에 대해서는 이 글에서 구체적으로 논구(論究)하지 못했다. 현재의 시점에서 확고한 전망이 있을 리 없겠지만, 몇 가지 실마리를 제시해 둘 필요는 있을 것이다.

필자 자신의 연구에 맞추어 말하자면, 1930년대에 재대만일본인이 영국계 미션스쿨을 '배격'하기 위해 '궐기'했을 당시, 대만에 주재했던 일본인 우익들이 "일본인의 경제적 발전은 대만인에 의해 저지되고 있다"라는 언설을 통해서 일본인 상공계층의 피압박의식을 대만인에 대한 공격성으로 전환시키는 물꼬를 터 주었다는 것을 논의한 적이 있다.[31] 나미카타 쇼이치(波形昭一)의 연구가 밝히고 있는 대만 주재 일본인 상공계층 조직은 이런 '배격'운동에 어떻게 관련되어 있었을까.[32] 또한 대만 주재 영국인 선교사

31) 필자의 「一九三〇年代台湾におけるミッション・スクール排撃運動」, 『総力戦下の知と制度』 岩波講座 近代日本の文化史 7(岩波書店, 2002).

32) 波形昭一, 「台北商工会議所の設立と展開過程」, 柳沢遊・木村健二編, 『戦時下ア

나 외교관이 점점 '반영(反英)'이라는 성격을 갖추어 갔던 이 '배격'운동에 타협했던 이유는 무엇일까. 이후의 검토 과제다. 이것에 관련해서 1930년대 범아시아주의에서 '대만요인'에 주목했던 마쓰우라 마사타카(松浦正孝)의 연구가 주목된다. 그에 따르면, 범아시아주의의 핵심은 "대영제국을 중심으로 한 서양제국주의" 및 "중화민국의 국민국가 건설"과 제국일본의 '통상마찰'에 있으며, 인도상인 · 대만적민(臺湾籍民) · 화교와 같은 '서발턴', '디아스포라'의 쟁탈전이 여기에서 발견된다.[33] 필자의 관심사에서 본다면, 인도상인 · 대만적민 · 화교란 '제국의 틈새'에 있는 사람들이고 범아시아주의는 레이시즘에서 보편주의적인 포섭의 계기가 가진 복잡성을 가리키는 것으로 위치 지울 수 있다. 즉, '배격'운동으로 '일본인'과 '대만인'의 경계를 재정립하려는 움직임과 범아시아주의로 이 경계를 무너뜨리려는 움직임, 양 방향이 생겨나게 된다. 마찬가지의 사태가 아마도 미국, 조선, 일본의 관계 속에서도 존재했을 것이다.[34] 제국을 조감(鳥瞰)해 가며 '비교'하는 것이 아니라, 착종된 사태를 헤쳐 가며 '제국의 틈새'로부터 생각하는 작업이 요청되고 있는 것이다.

[번역: 정준영]

ジアの経済団体』(日本経済評論社, 2004) 외에 나미카타의 일련의 작업을 참조.

33) 松浦正孝, 「汎アジア主義における「台湾要因」— 両岸関係をめぐる日 · 英中間構想の政治経済的背景」(『北大法学論集』 第55巻 第3号, 2004年9月).

34) 이 글에서는 필자 자신의 연구과제가 한정적이기 때문에 주로 영국과 대만을 둘러싼 연구를 주로 소개했지만, 미국과 조선을 둘러싼 동향이 중요하다는 것은 말할 것도 없다. 이 점에 대해서는 長田彰文, 『日本の朝鮮支配と国際関係』(平凡社, 2005)를 참조[국역: 박환무 역, 『일본의 조선통치와 국제관계』(일조각, 2008)]. 또한 미국, 필리핀, 일본의 관계를 논의했던 中野聡, 「アメリカ帝国とフィリピノ — 遮断と内摂 · 植民地社会の適応」(『歴史学研』 第777号, 2003年7月) 외에 나카노에 의한 일련의 연구들도 미국 식민지주의의 존재방식을 예리하게 분석하고 있다는 점에서 이 글의 집필에 있어서 크게 시사점을 주었다.

식민지와 문화

미야모토 마사아키(宮本正明)

I. 들어가며

이 글에서는 일제 강점기의 조선 및 대만의 '문화'에 관련된 최근의 연구 동향을 개괄적으로 살펴보고자 한다. 특히 여기에서는 예술이나 미디어 등의 개별 영역(일부), 그리고 '생활문화'를 분석대상으로 삼은 단행본과 논문 등에서 집필자의 국적, 민족 혹은 사용언어 여하에 상관없이 주로 일본, 한국, 대만에서 2000년에서 2005년 초에 간행, 발표된 것을 다루었다.[1)]

1) 최근에는 특히 일본 · 한국 · 대만 사이에 사람들의 왕래나 유학 등이 매우 일반화되어 있기 때문에 한국이나 대만의 유학생이 자신의 연구성과를 일본어로 일본에서 발표하거나, 반대로 일본 유학생이 한국 · 대만에서 한국어 · 한문으로 연구성과를 발표하는 일이 결코 드문 일이 아니다. 따라서 연구동향을 파악하는 데에 있어서 사용언어나 발신지, 집필자의 국적 · 민족에 따라 한국에서의 연구, 대만에서의 연구, 일본에서의 연구라는 형태로 구분하는 것 자체가 점차 의미가 없어지고 있다.

'문화'라는 용어가 다의적인 의미를 내포한다는 것은 두말할 필요가 없을 것이다. '문화'라고 하면 바로 생각나는 것이 문학, 연극, 음악, 미술, 영화 등의 예술 활동이다. 조금 더 영역을 넓혀 보면 교육, 종교, 사상, 학술 등도 '문화'에 포함된다. 또 '정치문화', '경제문화', '생활문화'라는 틀로도 파악할 수 있다. 나아가 최근 식민지 연구에서는 한 사람 한 사람의 존재나 활동, 사회시스템 속에서 국가, 성별, 민족, 계급 등이 복합적으로 얽힌 역학관계의 모습 자체를 개별의 문화 영역과는 다른 의미에서 '문화'로 파악하는 등 분석수단의 개념으로 이해되고 있기도 하다.[2)]

최근 수년간에 걸쳐 식민지의 '문화'에 관련된 연구 축적은 양적으로나 질적으로나 급속히 깊이를 더해 가고 있다. 물론 이것이 최근에야 비로소 '문화'가 주목되어 연구가 시작되었다는 것을 의미하는 것은 아니다. 하지만 적어도 일본에서는 특정한 문화 영역에 관련된 혹은 명칭에 '문화'를 내건 연구회가 설립되고 잡지가 잇달아 창간되는[예를 들면, 일본식민지 교육사연구회의 『식민지 교육사연구 연보』(皓星社, 1998년 창간), 식민지문화연구회의 『식민지 문화 연구』(不二出版, 2002년 창간), 한국조선문화연구회의 『한국조선의 문화와 사회』(風響社, 2002년 창간)] 등 '문화'가 독립된 연구영역으로서 위치를 굳혀 가고 있다. 한편 1990년대 이후 한국과 대만에서는 민주화의 진전과 함께 일제 강점기 연구가 본격적인 전개를 맞이하기에 좋은 여건도 갖추어지고 있다. 아울러 분석시각이나 문제의식의 다양화, 정교화, 세부화가 연구의 넓이와 깊이를 확대시켰고,[3)] 그러한 흐름 속에서 '문화'를 연구대상 내지 분석개념

또한, 2000년에서 2005년 초라는 기간은 특별히 연구사의 시기구분을 염두에 둔 것이 아니라, 본고를 작성함에 있어 편의상 설정한 기간이라는 것을 밝혀 둔다. 따라서 본고에서 소개하는 여러 연구성과에 관한 선구적인 것이 있는 것은 물론이고, 대상기간 중의 관련 업적으로서 다룬 경우 등이라도 각각이 연구사에 있어서 점하는 비중이 반드시 같다고는 할 수 없다.

2) 이 점에 대해서는 도베 히데아키의 논문에 논리정연하게 정리되어 있다. 戸邉秀明, 「ポストコロニアリズムのインパクトと可能性 — 日本植民地研究とのかかわりで」(『日本植民地研究』第15号, 2003年).

3) 일제 강점기 조선·대만의 연구를 둘러싼 근래의 과감한 흐름을 반영하여 최근 수년간의 연구동향이나 논점을 정리한 일본어 논문도 다수 발표되고 있다. 조선의 경

으로 설정한 논문이 급증함과 동시에 종래에는 충분하게 의식되지 않았던 주제가 연구대상으로 도출되는 등 '문화' 연구의 저변은 확실하게 확장되고 있다.

최근의 다방면에 걸친 '문화' 관련 연구를 총망라하여 파악하고, 일본, 한국, 대만 등 각 지역의 정치 · 사회 상황, 집필자 각자의 문제의식이나 시각, 그 이전의 연구사의 추이까지를 판단 근거로 삼아 연구동향으로 총괄하는 것은 필자의 능력을 뛰어넘는 작업이다. 따라서 본고가 연구동향의 목록화와 소개에 그치고 있다는 것을 솔직하게 인정하지 않을 수 없다. 또한 한국과 대만의 문화사 관련 전문 학술지를 거의 훑어보지 못한 점도 있기 때문에 누락되거나 실수를 범한 부분도 있을 것으로 생각한다. 그 밖에 문학, 교육, 언어, 학술, 종교, 위생 등의 문제는 일제 강점기의 '문화'를 생각함에

우에는, 이타가키 류타(板垣竜太)의 「〈식민지근대〉를 둘러싸고: 조선사 연구에서 현상과 문제(〈植民地近代〉をめぐって — 朝鮮史研究における現状と問題)」(『歴史評論』 第654号, 2004年10月)를 비롯하여 여러 관련 논문들이 있다. 대만에 대해서는 린위루 · 리위중(林玉茹 · 李毓中)(森田明 번역 및 감수)의 『대만사연구입문(台湾史研究入門)』(汲古書院, 2004)과 오카모토 마키코(岡本真希子)의 「일제 강점기 대만에 관한 근년의 연구동향(植民地期台湾に関する近年の研究動向)」(『日本植民地研究』 第16号, 2004) 등이 있다.

개별 영역 하나하나의 연구 상황에 관한 일본어 논문으로는, 호테이 도시히로(布袋敏博)의 「조선 근대 문학 연구의 현상과 과제: 한국에서의 논의를 중심으로(朝鮮近代文学研究の現状と課題 — 韓国での論議を中心に)」(『世界の日本研究2002 — 日本統治下の朝鮮: 研究の現状と課題』 国際日本文化研究センター, 2002), 정재철(鄭在哲)의 「한국에 있어서 일제식민지시대 교육사 연구동향(韓国における日帝植民地時代教育史研究動向)」(『植民地教育史研究年報』 4号, 2001), 우원싱(吳文星)의 「대만에 있어서 일제 강점기의 교육사에 관한 연구동향에 대해서(台湾における日本統治期の教育史に関する研究動向について)」(『植民地教育史研究年報』 4号, 2001), 쓰루타 다케요시(鶴田武良)의 「대만 근대미술연구의 현상(台湾近代美術研究の現状)」(『東方』 253号, 2002年3月), 구리하라 준(栗原純)의 「근대 대만 여성사의 연구동향(近代台湾女性史の研究動向)」(『歴史評論』 624号, 2002年4月), 이노우에 가즈에(井上和枝)의 「조선 여성사에 있어서 '신여성' 연구의 새로운 동향(朝鮮女性史における『新女性』研究の新たな動向)」(『国際文化学部論集』 1-2号, 2000年10月) 및 「일한 '신여성'연구의 현황(日韓『新女性』研究の現況)」(『歴史評論』 612号, 2001年4月), 니시오 다쓰오(西尾達雄)의 「일본 식민지 하 조선의 체육 · 스포츠의 역사연구(日本植民地下朝鮮における体育 · スポーツの歴史研究)」(『植民地教育史研究年報』 5号, 2002) 등을 참조.

있어서 빼놓을 수 없는 요소이지만 한정적인 내용을 언급하는 수준에 그칠 수밖에 없었다. 이러한 여러 미비한 점에 대해서는 너그러이 용서를 빈다.

II. 개별 문화 영역에 관한 연구 상황

여기에서는 조선 · 대만 양쪽에서 연구가 보이는 문화 영역 — 영화, 미술, 음악, 가요, 관광, 체육, 스포츠, 각종 미디어, 전시기(戰時期)의 '문화', 재일 조선인 · 대만인의 활동, 인물사 — 을 중심으로 주요 업적을 다루고자 한다.

1. 영화

대만에 관해서는 우선 다무라 시즈에(田村志津枝)의 『태초에 영화가 있었다: 식민지 대만과 일본』(はじめに映畵があった — 植民地臺灣と日本, 中央公論新社, 2000)과 미사와 마미에(三沢真美恵)의 『식민지 하의 '은막': 대만총독부 영화정책 연구』[植民地下的「銀幕」: 臺灣總督府電影政策之硏究(1895年~1942年), 前衛, 2002]를 짜임새 있게 정리된 성과물로 꼽을 수 있을 것 같다. 특히 후자는 법제도의 이용 · 통제 등 정책적인 측면만이 아니라, 영화를 오락으로서 수용하는 대만인 · 대만사회의 모습도 부각시키고 있다.

조선의 경우는 이준식의 일련의 연구, 「일제 파시즘기 영화정책과 영화계의 동향」(『한국 민족운동사 연구』 제37집, 2003년 12월), 「일제 파시즘기 선전 영화와 전쟁 동원 이데올로기」(『동방학지』 제124집, 2004년 3월) 등이 전시기의 영화통제 · 이용의 구체적인 모습을 관객동원 정책이나 조선 영화계의 대응도 포함시켜 조사하여 밝히고 있다. 이에 대하여 유선영의 「초기 영화의 문화적 수용과 관객성: 근대적 시각문화의 변조와 재배치」(『언론과 사회』 12권 1호, 2004)에는 새로운 문화의 수용 · 소비주체로서 조선의 대중을 자리매김 시키고, 거기에 중심을 둔 분석을 전개하고 있다. 또한 다나카 노리히로(田中則広)의 「재조일본인의 영화제작 연구: 검극배우 · 도오야마 미쓰루의 활동을

중심으로」(在朝日本人の映畵製作硏究 — 劍劇俳優・遠山滿の活動をめぐって, 『メディア史硏究』 第17號, 2004)는 재조일본인 측이 조선영화계에 관여하는 모습의 일단을 보여 주고 있다.

그 밖에 제2차 세계대전 이후[이하 '전후'(戰後)로 표기]의 일본 영화에서 재일조선인상(像)을 둘러싼 논의가 본격화되고 있는 오늘날, 제2차 세계대전 이전[이하 '전전'(戰前)으로 표기]의 일본 영화에 그려져 있는 조선・대만(인)상이라는 테마 역시 단발로 그치지 않고 지속적으로 분석을 시도해야 할 과제 중 하나일 것이다. 그러한 의미에서 고쿠보 사토시(小久保諭)의 「일본 영화 속의 조선」(日本映畵の中の朝鮮, 『鐘聲通信』 第277號, 2002년 10월~연재 중)과 같은 착실한 연구 축적은 매우 가치 있는 작업으로 평가받을 만하다.

2. 미술

미술사에서는 '젠더(gender)'나 '오리엔탈리즘(orientalism)'과 같은 분석시각을 적극적으로 구사하면서 미술작품에 보이는 여성・식민지 이미지의 검토가 진행되고 있다. 김혜신(金惠信)의 『한국 근대 미술 연구: 일제 강점기 '조선미술전람회'를 통해 본 이문화 지배와 문화표상』(韓國近代美術硏究 — 植民地期「朝鮮美術展覽會」にみる異文化支配と文化表象, ブリュッケ, 2005)에서는 조선의 관전(官展)이었던 조선미술전람회의 출품작품을 대상으로 주제의 선택이나 표현방법에서 일본 측이 추구한 여성상・남성상 혹은 '조선색(朝鮮色)' 등을 파악하고 있다. 대만에서의 유사한 관점을 지닌 연구로 옌젠잉(顔娟英)의 「대만전람회 동양화의 지방색채적인 회귀」(臺展東洋畵地方色彩的回歸, 뒤에 언급할 『풍경심경(風景心境)』에 일본어 번역본과 함께 수록), 이와키리 미오(岩切みお)의 「유금당의 《대만유민도》: 묘사된 여성상과 화가의 아이덴티티」(劉錦堂の《台湾遺民圖》 — 描かれた女性像と画家のアイデンティティ, 『デ・アルテ』 第18號, 2002) 등을 들 수 있다.

그 외에 일본과 조선・대만의 미술가・미술계 사이에 형성된 관련성을 검증한 것으로 기다 에미코(喜多惠美子)의 「한・일 프롤레타리아 미술운동

의 교류에 대해서」(『미술사 논단』 12호, 2001), 김주영의 「재조선 일본인 화가와 식민지 화단」(김영나 편, 『한국 근대미술과 시각문화』, 조형교육, 2003), 라이밍주(賴明珠)의 「근대 일본의 간사이화단과 대만미술가」[近代日本關西畫壇與臺灣美術家, (財)交流協會日臺交流センター編, 『歷史研究者 交流事業(招聘)研究成果 報告書集』(財)交流協會, 2003] 등이 있다. 또한 대만 원주민의 회화·조각·음악 등을 '원시예술'이라는 틀 안에 집어넣으려는 일본 측 지식인의 권력성을 밝힌 마쓰다 교코(松田京子)의 「1930년대의 대만 원주민을 둘러싼 통치실천과 표상전략: '원시예술'이라는 담론의 전개」(1930年代の臺灣原住民をめぐる統治實踐と表象戰略 —「原始藝術」という言說の展開, 『日本史硏究』 第51號, 2005年 2月) 등이 있다.

한편 분석대상으로 삼는 시각 재료의 범위가 확대되고 있는 것도 최근 연구동향의 특징이라고 할 수 있다. 앞서 언급한 『한국 근대미술과 시각문화』에 수록된 여러 편의 논문을 보아도 그림엽서·사진·광고, 박물관·박람회, 전시 등의 다양한 주제가 이를 상징적으로 나타내 준다고 할 수 있을 것이다. 특히 박물관·박람회와 같은 주제는 마쓰다 교코의 『제국의 시선: 박람회와 이문화 표상』(帝國の視線 — 博覽會と異文化表象, 吉川弘文館, 2004), 청지아후이(程佳惠)의 『대만역사상 제일의 박람회: 1935년 매력대만쇼』(臺灣史上第一博覽會: 一九三五年魅力臺灣SHOW, 遠流, 2004), 이성시(李成市)의 「조선왕조의 상징공간과 박물관」(朝鮮王朝の象徵空間と博物館, 宮嶋博史ほか編, 『植民地近代の視座 — 朝鮮と日本』, 岩波書店, 2004) 등 이미 다양한 관점에서 상당한 연구성과가 축적되고 있다.

3. 음악·가요

조선·대만에서의 '창가(唱歌)'교육에 관한 대표적인 연구서로는 거의 동시기에 출판된 다음의 2권을 들 수 있다. 고인숙(高仁淑)의 『근대 조선의 창가교육』(近代朝鮮の唱歌敎育, 九州大學出版會, 2004)과, 리오린위(劉麟玉)의 『식민지 하 대만에서 학교 창가교육의 성립과 전개』(植民地下の臺灣における學校

唱歌教育の成立と展開, 雄山閣, 2005). 두 저작물 모두 도입과정 · 교육이념이나 교재 등 정책 면에 중점을 두고 분석을 행하고 있다. 특히 전자는 합병 이전부터 일제 강점기까지 존재한 조선인들의 음악운동에도 초점을 맞추고 있다.

또한 조선연구 분야에서는 송방송의 정력적인 연구가 열매를 맺은 『한국 근대 음악사 연구』(민속원, 2003)도 주목할 만한 성과로 들 수 있다. 이것은 분석재료로서 레코드에 착안점을 두어 일제 강점기에 새로이 등장한 대중가요를 검토대상에 넣은 것으로 음악사 연구 영역의 확대 필요성을 제기한 점에서도 높이 평가할 만하다. 일제 강점기의 대중가요에 관한 연구성과로는 가사 · 악보를 함께 채록한 최창호, 강헌(해설)의 『민족수난기의 대중가요사』(일월서각, 2000)[4]와 일본 측 연구자 · 대만 측 연구자에 의한 재래가요의 수집활동이나 신가요(新歌謠)창작의 움직임 등을 추적한 양리쥬(楊麗祝)의 『가요와 생활: 일치시기 대만가요채집과 그 시대적 의의』(歌謠與生活—日治時期臺灣歌謠采集及其時代意義, 稻鄉出版社, 2000)를 들 수 있다.

4. 관광

관광에 관해서는 대만의 연구가 앞서 가고 있다는 느낌이 든다. 대표적으로 소야마 다케시(曾山毅)의 『식민지 대만과 근대 관광』(植民地臺灣と近代ツーリズム, 青弓社, 2003)을 들 수 있다. 이것은 일제 강점기의 관광 · 여행에 관하여 그 성립기반의 형성(총독부 통치의 확립이나 철도를 비롯한 교통기관의 정비), 관광지 자체 유치능력의 실상, 원주민이 거주하는 산악지대의 관광자원화, 관광 · 여행 시스템에서 일본인 측의 주도성, 대만인 참가의 확대와 그 배경 등을 다각적으로 밝힌 매우 중요한 연구업적이다.

---

4) 이 책은 북한 평양출판사에서 펴낸 『민족수난기의 가요들을 더듬어』(1997)를 정식으로 허가를 받아 한국에서 간행한 것이다. 이것은 조선민주주의인민공화국(북한)의 성과를 비판적으로 수용한 것으로 연구적인 측면에서 남북 분단 상황의 극복을 꾀하는 시도라고도 할 수 있다.

그 밖에 개별 논문으로는 마쓰가네 유코(松金ゆうこ)의 「식민지 대만에서 관광지 형성의 한 요인: 쟈이시 진흥책으로서 아리산 관광」(植民地臺灣における觀光地形成の一要因 — 嘉義市振興策としての阿里山觀光, 『現代臺灣研究』 第22號, 2001), 간다 고지(神田孝治)의 「일본 통치기 대만에서의 관광과 심상지리」(日本統治期の臺灣における觀光と心象地理, 『東アジア研究』 第36號, 2003) 등이 있다.

조선과 관련된 것으로는 도쿄아사히신문사가 주최한 '만한순항(滿韓巡航)' 투어(1905)나, 도쿄 철도국이 주최한 '선만시찰단(鮮滿視察團)' 투어(1931)를 들 수 있는[5] 한편, 최석영의 「일제 강점상황과 부여(扶餘)의 '관광명소'화의 맥락」(『인문과학논문집』 제35집, 2003)이나 다케쿠니 도모야스(竹国友康)의 『한국온천이야기』(韓國溫泉物語, 岩波書店, 2004) 등을 통해서는 앞으로 본격적으로 전개될 연구의 양상을 예측할 수 있다.

또 홍위루(洪郁如)의 『근대 대만 여성사: 일본의 식민지 통치와 '신여성'의 탄생』(近代臺灣女性史 — 日本の植民地統治と「新女性」の誕生, 勁草書房, 2001)이나 마쓰다 교코의 앞의 논문에도 언급되어 있듯이 역방향적인 사람들의 흐름으로서 조선인이나 대만인 · 원주민의 '내지시찰'에 대한 검토를 통해 일본인의 식민지 관광과는 다른 측면이 드러나게 될 것이다.

5. 체육 · 스포츠

학교 체육 교육 분야를 살펴보면, 조선에서는 니시오 다쓰오(西尾達雄)의 『일본식민지 하 조선에서의 학교 체육정책』(日本植民地下朝鮮における學校體育政策, 明石書店, 2003)이 재조일본인(在朝日本人)에 대한 정책이나 전시기의 건강 · 체력관리 등도 포함하여, 일제 강점기 전 기간 동안의 체육 교육 전개과정을 꼼꼼히 살핀 역작이다. 대만에서는 씨에지아펀(謝仕淵)의 『식민주의와 체육: 일치시대(1895~1922) 대만공학교 체조과 연구』[殖民主義與體育: 日治

5) 荒山正彦, 「戦前期における朝鮮 · 満州へのツーリズム」(『関西学院史学』 26号, 1998); 高媛, 「『新天地』への旅行熱(上) — 『満韓巡航』から『鮮満の旅』へ」(『観光文化』 第25巻 6号, 2001); 有山輝雄, 『海外観光旅行の誕生』(吉川弘文館, 2002).

時期(1895～1922)臺灣公學校體操科之硏究, 國立中央大學歷史硏究所碩士論文, 2002]가 이를 확인했다. 또 같은 저자의 「일치시대(1895～1916) 대만공학교의 여성교육과 방족운동」[日治初期(1895～1916)臺灣公學校的女子體育與放足運動, 『臺灣文獻』 第55卷 第2期, 2004年 3月]에는 전족(纏足)폐지와 관련한 여성에 대한 체육교육을 논하고 있다.

위에서 언급한 니시오 다쓰오의 저서에서도 확인할 수 있듯이, 조선·대만의 각종 스포츠 활동과 '내지' 스포츠계와의 관계 등을 해명하는 것도 앞으로 다루어져야 할 중요한 과제일 것이다.[6)]

6. 각종 미디어

대만 쪽은 리청지(李承機)가 총독부 정책·재(在) 대만 일본인 미디어의 관여·라디오의 영향·'대중'의 형성 등을 포함시키면서 대만인 언론활동의 진전 과정에 대한 연구를 심화해 나가고 있다. 리청지의 대표적인 연구성과로는 「데이터로 보는 식민지 대만 저널리즘의 발전」(データにみる植民地臺灣ジャーナリズムの發展, 『アジア遊學』 第48號, 2003年 2月), 「식민지 대만에서 미디어 믹스의 경합과 '대중'」(植民地臺灣におけるメディア・ミックスの競合と『大衆』, 『アジア遊學』 第54號, 2003年 8月) 등이 있다. 조선의 경우 언론사(言論史)는 비교적 연구의 역사가 긴 분야이지만, 최근 일제 강점기의 문화·풍속에 대한 관심이 높아짐에 따라 종래에는 사료(史料)로서조차 재고되는 기회가 적었던 잡지가 연구 검토대상으로 주목받고 있다. 이경돈의 「『별건곤』과 근대 취미독물」(『대동문화연구』 46집, 2004년 6월)은 하나의 대표적 예로 볼 수 있다.

라디오는 조선의 경우 김영희의 「일제시기 라디오의 출현과 청취자」(『한

6) 이 글에서 설정한 연구범위 밖의 문제이지만, 일제 강점기의 조선 축구를 포함하여 한일 축구의 역사적 경위를 생생하게 묘사한, 오시마 히로시(大島裕史)의 『한일 킥오프 전설(日韓キックオフ伝説)』(実業之日本社, 1996)도 선구적인 작업의 하나로 들 수 있다.

국언론학보』 제46권 2호, 2002)가 라디오의 보급상황이나 청취자의 수, 성격 및 그 추이 등의 전제적 사항을 정리하고 있는 것 이외에, 다른 한편에서는 각각의 연구 분야에 따르는 형태로 라디오 프로그램의 내용분석도 진행되고 있다. 대만에 관해서는 허이린(何義麟)의 「일치시대 방송사업의 발전과정」(日治時期臺灣播事業發展之過程, 國立師範大學歷史系 · 臺灣省文獻委員會編, 『回顧老臺灣展望新故鄉 — 臺灣社會文化變遷學術硏討會論文集』, 2000)의 연구가 있다.

광고는 언론매체사 연구에서 큰 테마 중 하나로 꼽을 수 있다. 조선에 관한 논문으로는 이기리의 「일제시대 광고와 제국주의: 1920~1945년까지 주요 일간지와 잡지 광고를 중심으로」(김영나 편, 2003), 대만에 관한 논문으로는 린후이위이(林惠玉)의 「일본통치 하 대만광고연구(日本統治下臺灣の廣告硏究 1~10)」(『日經廣告硏究所報』 188-197, 1999年 12月~2001年 6月)를 들 수 있다.

7. 전시기(戰時期)의 '문화'

이 분야는 지속적으로 연구성과가 축적되고 있으며, 사실관계의 실증적 규명뿐 아니라 당시의 여러 언동(言動)에 대한 내재적인 파악을 목표로 하는 분석도 나타나고 있다. 후지이 쇼조(藤井省三) 외 편의 『대만의 '대동아전쟁': 문학 · 미디어 · 문화』(臺灣の「大東亞戰争」 — 文學 · メディア · 文化, 東京大學出版會, 2002)는 문학 · 연극 · 음악 · 민속학에 이르기까지 다방면에 걸친 문화영역을 다루고 있다. 문학 쪽을 살펴보면 김재용 외의 『친일문학의 내적논리』(도서출판 역락, 2003)이나 지앙즈더(江自得) 주편(主編)의 『식민지경험과 대만문학』(植民地經驗與臺灣文學, 遠流出版, 2000) 등을 들 수 있다.

영화 · 연극 분야에서는 다음의 논저 등을 대표적인 연구성과로 꼽을 수 있을 것 같다. 스완순(石婉舜)의 「1943년 대만 '후생연극연구회' 연구」(一九四三年臺灣 '厚生演劇硏究會' 硏究, 國立臺灣大學学碩士論文, 2002), 마찬가지로 스완순의 일본어 논문인 「'대만 신연극 운동의 여명' 도래: 1943년 후생연극연구회의 설립과 공연」(『臺灣新演劇運動の黎明』の到来 — 1943年, 厚生演劇硏究會の設立と公演), 앞에서 소개한 후지이 쇼조의 『대만의 대동아전쟁』, 이와모토 겐지(岩本憲児) 편 『영화와 '대동아공영권'』(映畵と「大東亞共營圈」, 森話社, 2004), 이재명 외 편의 『해방 전(1940~1945) 공연희곡과 상영시나리오의 이해』(평민사, 2005). 미술 분야를 보면, 이노 마사히토(飯野正仁)의 「'文學洙' 탐색: 전시 하 일본의 조선인 미술학도들」('文學洙'探索 — 戰時下日本の朝鮮人畵學生たち, 『朱夏』 17, 2002) 등이 있다.

또한, 정근식(鄭根埴)의 「식민지 지배, 신체규율, '건강'」(植民地支配, 身體規律, '健康', 미즈노 나오키(水野直樹) 편, 『生活の中の植民地主義』, 人文書院, 2004)은 전시기의 '건민운동(健民運動)'을 언급하였다.

한편 특히 전시기에는 문학 분야에 첨예하게 나타나듯이 언어의 문제는 문화 활동과도 깊이 관련된다. 허이린의 「전시기 대만의 미디어에서 사용언어의 문제」(戰時下臺灣のメディアにおける使用言語の問題, 臺灣史硏究部會編, 『臺灣の近代と日本』, 中央大學社會科學硏究所, 2003)는 신문 · 라디오를 중심으로 논지를 전개하고 있지만, 영화 · 연극 등에도 같은 문제가 늘 따라다닌다는 점을 지적하고 있다. 아울러 관련 사료집으로 구마타니 아키야스(熊谷明泰)의 『조선총독부의 '국어'정책자료』(朝鮮總督府の「國語」政策資料, 關西大學出版部, 2004)도 확인해 둘 필요가 있을 것이다.

8. 재일조선인 · 대만인의 문화 활동, 인물사

재일조선인 · 대만인의 문화 활동에 관해서는, 정혜경의 「1930년대 재일조선인 연극운동과 학생예술좌」(『한국민족운동사연구』 35집, 2003년 6월)나, 대만 사람으로서 처음으로 내지(內地) 연극계에 커다란 족적을 남긴 린투안치오[林摶秋: 일본명 하야시 히로아키(林博秋)]의 활동을 조사한 스완순의 「도쿄 극단의 최고 대만극작가」(東京劇壇的首位臺灣劇作家: 林摶秋與新宿『紅磨坊』, 『臺灣史料硏究』 18, 2002)] 등을 들 수 있다. 또 마치무라 다카시(町村敬志)의 「전전기 재일조선인 미디어의 형성과 전개: 내무성 경보국 자료를 중심으로」(戰前期における在日朝鮮人メディアの形成と展開 — 內務省警保局資料を中心に, 『硏究年報社會學硏究』 第40號, 2002)이나, 양영후(梁永厚)의 「(자료)전전의 재일조선인

의 신문 · 잡지목록」(資料)戰前の在日朝鮮人の新聞 · 雜誌目錄, 『關西大學人權問題研究室紀要』 50, 2005年 3月)은 재일조선인의 문화 활동에 대한 검토를 함에 있어 매우 귀중한 기초자료가 된다.

문화인 · 예술가 · 스포츠 선수에 관한 평전 · 인물 연구로는, 최승희에 관한 것으로 김찬정(金贊汀)의 『불꽃은 어둠의 저편에: 전설의 무희 최승희』(炎は闇の彼方に — 傳說の舞姬 · 崔承喜, 日本放送協會出版, 2002)나 정수웅 편의 『최승희: 격동의 세대를 살다간 어느 무용가의 생애와 예술』(눈빛, 2004 · 사진집) 등을 꼽을 수 있다. 대만의 소설가이자 대만 공산당 활동가인 뤼흐루어(呂赫若)에 관한 연구로 다루미 지에(垂水千惠)의 『뤼흐루어 연구: 1943년까지의 분석을 중심으로』(呂赫若硏究: 1943年までの分析を中心として, 風間書房, 2002)가 있다. 그 밖에 엔도 기미코(遠藤貴美子)의 『봉선화: 평전 홍난파』(鳳仙花 — 評傳 · 洪蘭坡, 文芸社, 2002), 서기원의 『어떤 인생: 한국 축구계의 전설 김용식(金容植) 선생 평전』(명상, 2004) 등도 이 분야에서 빼놓을 수 없는 연구성과이다.

9. 자료

사료의 측면에서 보면 문학관계에서 가장 풍성한 연구성과가 배출되고 있다.[7] 또한 일제 강점기의 대만 미술을 둘러싼 논평 등 일본어로 작성된 잡지기사를 영인하고 묘아 번역한 엔젠잉 번역의 『풍경심경: 대만근대미술 문헌선집』(風景心境 — 臺灣近代美術文獻導讀, 雄獅圖書, 2001 · 上下)이 편찬된 것 이외에도 전시기 조선의 연극 · 영화 시나리오를 수록한 『근대 희곡 · 시나리오 선집』(평민사, 2004 · 전10권)이 현재 간행 중이다. 최근에는 활자로 된

7) 일본의 출판, 간행 상황만 보더라도 河原功ほか監修, 『日本植民地文学精選集』(ゆまに書房, 2000 · 2001); 大村益夫 · 布袋敏博, 『近代朝鮮文学日本語作品集』(緑蔭書房, 2001 · 2004); 南富鎮 · 白川豊編, 『張赫宙日本語作品集』(勉誠出版, 2003); 中島利郎ほか編, 『日本統治期台湾文学文芸評論集』(緑蔭書房, 2001); 中島利郎ほか監修, 『日本統治期台湾文学集成』(緑蔭書房, 2002) 등이 있다.

사료에 그치지 않고, 그림엽서 · 사진 · 레코드, 잡지 · 신문에 게재된 일러스트나 1920~30년대에 발간된 일간지와 잡지 등에 실린 만화의 한 형태인 만문만화(漫文漫畵) 등 시청각 소재가 새로운 자료로 부각되고 있다. 하지만 1차 자료에 접근한다는 점에서는 문학, 신문, 잡지, 광고 등 주로 종이매체인 활자사료에 기반을 둔 분야는 물론이거니와 영화 · 미술 · 음악 · 연극 등의 경우도 어려운 점이 많다. 미술 · 음악 등에서는 도감류나 레코드 · 악보 등의 형태로 현재에도 접하거나 재현 가능한 것도 적잖이 있지만, 영화나 연극에서는 시나리오에 의해 개요를 짐작하는 것이 가능하다고 하더라도, 상영 · 상연작품 그 자체가 필름의 형태로 남아 있지 않은 경우도 더러 있다. 작품을 둘러싼 평가나 논평, 그 자체를 검토의 대상으로 삼는다면 큰 문제가 되지 않을 수도 있겠으나, 당시의 리뷰기사나 조사녹취 등을 통해 작품의 분위기 정도밖에 접할 수 없다는 것은 대단히 아쉬운 일이다. 그러한 의미에서 멜로디의 복원이나 필름영상을 찾아내는 등의 작업도 자료적인 측면에서는 대단히 큰 과제라고 할 수 있다.[8)]

III. 생활문화의 착안

최근 한국에서는 일제 강점기의 생활사 · 일상사에 대한 관심이 높아지고 있다. 물론 전통과 근대화 · 문명화, 일본과의 관계, 그리고 일제 강점기의 '문화변용'이라는 관점에서의 연구가 예전부터 전혀 없었던 것은 아니다.

---

8) 한국에서는 1990년대부터 일제 강점기의 대중가요를 모아 CD로 복원하는 작업이 이어지고 있다. 일본에서도 이 시기 조선 사람들이 불렀던 노래를 CD북으로 정리한 가사기 도루(笠木透), 『새야 새야 파랑새야: 일본의 침략과 한국의 저항 노래(鳥よ鳥よ青い鳥よ — 日本の侵略と韓国の抵抗のうた)』(たかの書房, 1999)가 있다. 대한민국 · 조선민주주의인민공화국 양쪽의 영화계에서 획기적인 작품으로 높이 평가받고 있으면서도 '행방이 묘연한 필름'으로, 양국에서 찾고 있는 영화 「아리랑」(나운규 감독, 1926년 제작)의 필름이 일본에 존재하고 있을 가능성이 보도되었다(『毎日新聞』, 2005年2月11日字). 이에 관한 관련 문헌으로 최창호 · 홍강성 공저, 『라운규와 수난기영화』(평양출판사, 1999)가 있다.

하지만 최근의 연구동향의 특징적인 점은 식민지 통치의 권력구조를 일상생활의 여러 영역에 입각해서 밝히려는 것과 함께 그곳에서 그 당시에 살아간 사람들의 다양성이나 다원적인 삶의 실상을 밝혀 나가는 시도라고 할 수 있다. 그리고 그 작업은 동시에 피지배지역의 민족간 또는 민족 내부의 모순이나 억압관계의 대치를 동반하는 것이기도 하다.[9)]

당연한 것이지만 일제 강점기에 삶을 영위한 것은 남성이나 정상인, 빈부격차로 인해 분류되는 사람들뿐 아니라, 여성, 신체적 · 정신적으로 각종 질환을 앓고 있는 사람들까지 포함된다. 여성사 분야에서는 문학 · 미술 · 사진의 여성상이나 통치정책에 대해 젠더의 시점에서 뒤집어 보거나, 일본 통치 하에서 여성이 처해 있던 사회적 지위 · 생활배경 등에 관한 상세한 해명이 이루어지고 있으며, 식민지의 여성에 대한 분석도 신여성에서 기생 ·

---

9) 이것은 조선의 식민지 근대를 둘러싸고 제기되는 규율권력론이나 민족주의 비판과도 밀접한 관련이 있다(상세한 것은 앞에서 소개한 이타가키 류타의 논문을 참조). 최근의 생활사 · 일상사의 조류에 앞서, 1990년대 한국에서 '식민지 근대화' 논쟁이 일어났을 때 방기중이 언급한 말을 떠올리지 않을 수 없다. "개발 성장론이 통계적 연구를 통하여 1930 · 40년대 일제 강점기에 한국인 경제의 총량적 증가나 인력 구조의 확대 (중략) 를 한국인 경제의 '약진'으로 파악하고, 그것을 참된 조선의 주체적 · 능동적인 삶의 모습으로 규정하려고 한다면, 경제논리라는 미명하에 그 수치를 해설하는 수준에 그치지 말고, 그 수치에 내면화되어 있는 당시 한국인들의 삶의 실제 모습과 생각을 생생하게 역사로 그려 나가지 않으면 안 된다"(방기중, 「평론」, 『광복 50주년 국학의 성과』(한국정신문화연구원, 1996)). 이러한 연구방향의 모색이 현재 생활사 · 일상사의 착안이라는 형태로 구체화되고 있다고도 볼 수 있다.
또한 일제 강점기에 도입된 억압적인 근대의 여러 요소가 광복 후에도 계속 잔존하고 있는 문제를 '식민지성'과 '근대성'의 두 가지 측면에서 비판적으로 파악하는 이른바 '식민지 근대'라는 틀의 원형적 발상은 1970년대에서 찾아볼 수 있을 것으로 생각된다. 지금 소개하는 1977년 초출의 이영복(李泳福)의 논문은 이를 잘 나타내준다. 「광복 32주년의 반성(光復32周年の反省)」(와다 하루키(和田春樹) 외 편, 『한국 민중의 길: 정신 · 생활 · 역사(韓国民衆の道 ― 精神 · 生活 · 歴史)』(三一書房, 1999). 그는 "일본의 착취적, 식민지주의적 자본형태와 그것을 토대로 하는 사회구조, 그리고 그 제도와 구조의 반영이기도 하면서 동시에 거기에 합리성을 제공하고 그 유지 · 보존을 목적 및 임무로 생각하는 인간, 습관, 사상, 법률, 도덕, 가치관이 한국 사회 · 개인의 내부에서 식민지 지배 긍정론의 극복을 방해하는 내적 근거 및 내적 정신으로 엄연히 존재하고 있다"라고 비판적으로 성찰하고 있다.

카페의 여급에 이르기까지 세분화가 진행되고 있다.[10] 또한 한센병(나병)에 걸린 사람·장애자에 대한 정책·사회인식·생활환경 등의 분석도 제기됨과 동시에 구체적인 성과도 착실하게 축적되고 있다.[11] 민족·계급에 결코 수렴되지 않는 성차(性差)나 신체상황의 차이 등에서 오는 민족 내부의 복합차별적인 역사적 현실에도 좋든 싫든 직면하지 않을 수 없게 된다.[12]

---

10) 한국의 '신여성' 연구에 관한 최신의 업적으로 김경일의 『여성의 근대, 근대의 여성: 20세기 전반기 신여성과 근대성』(푸른역사, 2004), 같은 저자에 의한 일본어 논문으로는 「植民地期朝鮮の〈新女性〉 ― その他者認識とアイデンティティー」(『歴史評論』 第624号, 2002年4月)이 있다. '기생'에 대해서는 그림엽서나 사진의 이미지 분석이라는 입장에서 권행가의 「일제시대 우편엽서에 나타난 기생 이미지」(김영나 편 『한국 근대미술과 시각문화』 조형교육, 2002), 이경민의 『기생은 어떻게 만들어졌는가: 근대 기생의 탄생과 표상공간』(사진아카이브연구소, 2005) 등을 대표적 성과로 꼽을 수 있다. 음악이나 예능을 담당하는 사람에 관한 것으로는, 앞서 제시한 『한국 근대음악사연구』나 권도희의 「20세기 기생의 음악사회사적 연구」(『한국음악연구』 29집, 2001) 등을 들 수 있다. 카페 여급(女給)에 대해서는 서지영의 「식민지 시대 카페 여급 연구: 여급 잡지 『여성』을 중심으로」(『한국여성학』 16-3, 2003) 등이 있다. 한편, 대만의 경우는 '신여성'에 관한 연구로 앞에서 언급한 『近代台湾女性史』가 있고, 재대만(在臺灣) 일본인 여성에 대해서는 2001년에 완결된 다케나카 노부코(竹中信子)의 『식민지 대만의 일본여성 생활사(植民地台湾の日本女性生活史)』 明治篇·大正篇·昭和篇(田畑書店, 2001)가 있다. 미즈타 겐지(水田憲志)의 「일본 식민지 하 타이페이에서의 오키나와 출신 '하녀'(日本植民地下の台北における沖縄出身『女中』)(『史泉』 第98号, 2003)는 재대만 일본인 여성의 계층분석과도 이어지는 시점을 제시하고 있다. 또한 자료집인 이화형 외 편의 『한국 근대여성의 일상문화』 전9권(국학자료원, 2004)은, 연애·미용·복식·여가·결혼·여성교육·가정생활·가정위생이라는 장르를 기준으로 일제 강점기의 잡지·신문 등의 관련 논문을 집성하고 있다.

11) 시미즈 히로시(清水寛), 「일본 식민지교육사 연구의 의의와 과제: 일본 근현대 장애자 문제사 연구의 입장에서(日本植民地教育史研究の意義と課題 ― 日本近現代障碍者問題史研究の立場から)」(『植民地教育史研究年報』 4号, 2001). 조선의 한센병에 관해서는 환자에 대한 구체적인 억압 실태를 끈기 있게 추적하여 조사하고 있는 다키오 에이지(滝尾英二)의 『조선 한센병사: 일본 통치 하의 소록도(朝鮮ハンセン病史 ― 日本植民地下の小鹿島』(未来社, 2001)이 있다. 자료집으로는 다키오 에이지 편, 『일본 통치 하 조선의 한센병자료 집성(植民地下朝鮮におけるハンセン病資料集成)』 전8권(不二出版, 2001~03) 외에, 나가오카 마사미(永岡正己), 『식민지 사회사업관계 자료집(植民地社会事業関係資料集)』 조선편 전55권·대만편 전51권(近現代史料刊行会, 1999~2001)에 관련 사료가 수록되어 있다.

12) 동시에 문제가 이러한 중층성의 인식에 그치지 않는다는 것도 누차 지적되고 있

한편 김진송(金振松)의 『현대성의 형성: 서울에 딴스홀을 허하라』(현실문화연구, 1999)를 비롯해 특히 일제 강점기의 도시문화인 근대적 문물 · 풍속 · 대중문화 등을 미술사 · 문학사, 사회학 등 여러 분야에서 접근하여 이미 간과할 수 없는 커다란 학문적 조류를 형성하고 있다. 그리고 그것과도 연동하면서 일제 강점기의 일상생활, 삶에 대한 관심이 현저하게 높아지고 있다. 반드시 동일한 문제의식을 공유하고 있는 것은 아니지만 연세대학교 국학연구원 편의 『일제의 식민지배와 일상생활』(혜안, 2004), 방기중 편의 『일제 파시즘 지배정책과 일상생활』(혜안, 2004), 한국생활사박물관 편찬위원회 편의 『한국생활사박물관』 시리즈 1～12, (사계절, 2001～2004), 앞에서 소개한 미즈노 나오키 편, 『생활 속의 식민지주의』(生活の中の植民地主義, 人文書院, 2004) 등 생활을 제목에 붙인 논문집이나 서적이 한국과 일본에서 잇달아 간행되고 있는 것도 이러한 경향의 반영으로 보아도 무방하다.

앞에서 논한 여러 편의 논저 등에서는 자본주의 · 소비사회에 포섭되어 버린 도시의 생활상(백화점, 패션 · 배금풍조 등)이나 농촌사회의 변모가 논의되는 한편, 법제도 · 경찰 등 지배 권력이 생활의 다양한 장면에서 규제력으로서 침투하는 모습을 밝히고자 한 것이다.

한편 앞에서 언급한 『한국생활사박물관』 제11권 「조선, 근대와 만나다」(1800～1920년대) 및 제12권 「하나의 민족, 두 개의 삶」(1930년대～현재)은 가상박물관의 형식을 채용하여 사진 · 도판 · 재현화(再現畵)를 담고 있는 등 일제 강점기의 사회생활을 독자적인 방식으로 재구성한 시도라는 점에서 주목할 만하다. 특히 제11권에는 조선왕조 말기에 일제 강점기를 살아간 지식인 가정 삼대(三代)의 궤적을 더듬어 가면서 '일제 강점기에 근대적 지식인은 어떻게 만들어지는가(교육)', '일제 강점기의 대중은 어떻게 근대 문화와 만나는가(문화)', '일제 강점기의 신여성은 무엇으로 살아가는가(여성)', '일제 강점기 사람들은 무엇을 위하여 싸우는가(사상)'라는 질문을 통해 조선 사회의 변용이나 당시 사회상황을 그려 내거나 카메라를 통한 사례로

다. 이타가키 류타의 논문을 참조.

그 수용과 반발 등의 제상(諸相)을 나타내는 등 의욕적인 연구가 이루어지고 있다.

하지만 이러한 업적이 도시문화 측면에 편중되어 있는 것은 어찌할 수 없고 농촌생활에 대한 검토가 불충분하다는 점 역시 부인할 수 없다. 그러한 의미에서 이타가키 류타(板垣竜太), 마동훈의 시도는 가치 있는 것으로 평가할 수 있다. 이타가키 류타의 「신구의 사이에서: 일기로 본 1930년대 농촌청년의 소비행동과 사회인식」(新舊に間で — 日記からみた一九三〇年代農村青年の消費行動と社會認識, 『韓國朝鮮の社會と文化』 2, 2003) 및 「식민지와 우울: 한 농촌 청년의 다시 발견된 세계」(植民地と憂鬱 — 一農村青年の再び見出された世界, 『植民地近代の視座』)는 한 청년의 일기를 바탕으로 그 내면세계에 비친 일본 통치 하의 사회상을 밝혀 내려는 것이고, 마동훈의 「초기 라디오와 근대적 일상: 한 농촌지역에서의 민속지학적 연구」(『언론과 사회』 12권 1호, 2003)는 한 지역을 현지조사 장소로 정하고, 일본의 패전 이후의 시기도 포함하여 대면조사를 행하여, 라디오가 해당 지역 사람들의 일상생활에 미친 영향과 의미를 검증한 것이다.

이러한 생활문화에 대한 관심은 대만에서도 찾아볼 수 있다. 일제 강점기의 대만의 의 · 식 · 주에 관해서는 동이치오(董宜秋)의 「일치후기(1920~45) 타이페이시의 변소흥건」[日治後期(1920~1945)台北市之便所興建, 『臺北文獻』 134, 2000年 12月], 예리창(葉立誠)의 「20세기 대만복식」(二十世紀臺灣服飾 — 變遷因素之探討, 『臺灣文獻』 53-2, 2002年 6月), 첸지싱(沈祉杏)의 『일치시대 대만의 주택발전』(日治時期臺灣住宅發展 — 1895~1945, 田園城市, 2002), 꽌화산(關華山)의 「아리산 추족(鄒族)의 전통가옥과 그 변천」(阿里山鄒族的傳統家屋與其變遷, 『臺灣史研究』 22-1, 2004年 6月) 등이 있다.

조선의 생활문화에 대해서는 히구치 유이치(樋口雄一)의 「일본 통치 하 조선 민중의 식생활」(植民地下朝鮮民衆の食生活, 『歷史評論』 620, 2001年 12月), 김성우(金聖雨)의 「새로운 도시주택의 형성과 생활의 변화」(『일제의 식민지배와 일상생활』) 등의 성과가 대표적이다. 또한 이와 입장을 바꾸어, 도노무라 마사루(外村大)의 『전시기 일본에서 조선요리업계의 전개』(戰時期日本にお

ける朝鮮料理業の展開, 味の素(株)助成論文, 2003), 사사키 미치오(佐々木道雄)의 『불고기의 문화사』(焼肉の文化史, 明石書店, 2004)와 「일본의 김치(1) 전전의 일본의 김치」(日本のキムチ(一) 戰前の日本のキムチ, 『むくげ通信』 第204號, 2004年5月) 등은 일제 강점기에 일본에서 조선요리가 어떻게 수용되었는가를 검증한 본격적인 시도이며, 이것들은 전전(戰前)의 일본에서 조선의 식문화에 대한 막연한 이해에 재고를 촉구하는 내용으로 구성되어 있는 것이 특징적이다.

재래의 풍속 · 습관 · 신앙을 둘러싼 지배권력 · 지식인 · 민중사회의 관계에 대해서는 조선 · 대만 양쪽 모두 지속적인 연구의 축적이 이루어지고 있다. 통제(統制), 알력(軋轢), 반발(反撥), 공명(共鳴), 종속(從屬), 교잡(交雜), 변용(變容) 등 삼국 간에 복잡한 관계의 양상(지배 권력과 지식인과의 동조관계도 포함하여)을 보이는 것이 밝혀져 있다. 대만의 경우에는 여성의 전족을 둘러싼 총독부 정책이나 대만인 측의 운동이 주로 거론되었고, 대만 원주민의 문신, 미신을 대상으로 하는 연구성과도 나오고 있다. 그 대표적인 예로 다음의 두 논문을 들 수 있다. 야마모토 요시미(山本芳美)의 「문신제거와 개화정책의 침투: 다이야루족에 대한 문신 금지정책」(イレズミ除去と理蕃政策の浸透 — タイヤル族に對するイレズミ禁止政策, 1-2, 『臺灣原生民研究』 4 · 5, 2000 · 2001), 리지화(李季樺)의 「대만 '상식'의 고찰: 1920～30년대 초 미신의 분석」(臺灣『常識』的考察 — 1920～30年代初『迷信』的分析, 『臺灣風物』 52-2, 2002年6月)이 있다.

장례문화에 관해서는 다이나카 지즈루(胎中千鶴)의 「장례문화로 본 일제 강점기 대만사회」(葬儀からみた日本統治期臺灣社會, 立教大學博士論文, 2003)가 있고, 이 박사논문 중 일부를 따로 학계에 보고한 것이 「식민지 대만의 사체와 화장에 관한 상황」(植民地臺灣の死體と火葬をめぐる狀況, 『史苑』 63-2, 2003年3月)이다. 한편 일제 강점기 조선의 장례문화에 대해서는 아오노 마사아키(青野正明)가 「조선 총독부의 묘지정책과 민중의 묘지 풍수신앙: 1920년대까지를 중심으로」[朝鮮總督府の墓埋政策と民衆の墓地風水信仰 — 1920年代までを中心に, 富坂キリスト教センター編, 『다이쇼데모크라시 · 천황제 · 기독교』(大正デモクラシー · 天皇制 · キリスト教, 新教出版社, 2001)] 등에서 논의된 바 있다.

또한 편무영(片茂永)은 「일제 강점기 조선의 4월 8일 (I)」(日帝下における朝鮮の四月八日(I), 『文明 21』 11, 2003年 10月)에서 일제 강점기 석가탄신일에 미친 하나마쓰리(花祭り)의 영향을 검증하였고, 조선의 샤머니즘과 관련된 연구로는 이필영의 「일제 하 민간신앙의 지속과 변화: 무속을 중심으로」(『일제의 식민지배와 일상생활』)가 대표적이다. 그 밖에 아오노 마사아키의 『조선농촌의 민족종교: 일제 강점기의 천도교·금강대도의 사례를 중심으로』(朝鮮農村の民族宗教 — 植民地期の天道教·金剛大道の事例を中心に, 社會評論社, 2001), 조경달(趙景達)의 『조선 민중운동의 전개: 사의 논리와 구제사상』(朝鮮民衆運動の展開 — 士の論理と救濟思想, 岩波書店, 2002) 등은 일제 강점기 민중 정신세계의 일단을 신흥종교나 미신 등을 통해서도 확인할 수 있다는 것을 증명해 보이고 있다.

방법론적 측면에서 많은 부분 유의할 점이 지적되고 있지만, 이 분야 연구의 청취조사를 진행함에 있어 어떠한 생활환경 속에서 일제 강점기를 살아왔는가, 의식주와 관련된 변화는 어떠한 것이었나 등 생활사나 일상사의 관점도 포함시켜 작업을 축적해 나가는 것이 중요한 과제가 될 것이다. 이와 관련해서는 마쓰다 요시로(松田吉郞)의 「아리산 쓰오우족의 전전·전후: 이우스무·무키나나 씨의 라이프스토리를 중심으로」(阿里山ツオウ族の戰前·戰後 — イウスム·ムキナナ氏のライフヒストリーを中心に, 『兵庫教育大學研究紀要 弟二分冊』 20, 2000)가 그러한 하나의 좋은 예로 볼 수 있다.

IV. 맺음말

일본·한국·대만 각 나라에서의 연구전개 방법 등은 각기 다르지만, 상호교류·대화·공동연구의 기회 확대, 인터넷 등 통신기술의 발달은 새로운 분석시각의 수용, 문제제기에 대한 호응, 문제의식의 공유 등 각 지역 간 연구의 '시차(時差)'를 확실하게 좁혀 주고 있다. 가령 한국에서 제기되어 논의의 초점이 되어 온 '회색지대'나 '식민지 근대' 등의 개념이 대만학계에

서도 새롭게 시행되는 것을 볼 수 있기도 하다.[13)]

조선 · 대만을 불문하고 각종 문화 영역이나 생활 · 일상을 분석함에 있어 의식되는 것 중 하나로 체험, 경험 등을 들 수 있을 것이다.[14)] 이미 발표된 적지 않은 업적 중에서도 청취조사의 성과가 포함되어 있는 것은 결코 우연이 아니다. 물론 그것은 사실관계나 실태 면의 복원을 비롯해 문헌사료로는 추적하여 증명하기 어려운 부분을 보충한다는 측면을 가지고 있다. 그러나 그 이상으로 이는 '문화'나 '생활'을 연구대상으로 선정한 이상 일제강점기에 삶을 영위한 한 사람 한 사람이 '주체'로서 문화나 사회변용에 대하여 어떠한 형태로 접촉을 하며 어떻게 받아들이고 대응했는가 또는 어떠한 삶을 살아왔는가 등의 과제설정이 불가피해져 온 것을 의미한다.

내지(內地)와 식민지와의 상호규정 · 작용의 관계를 풀어 나가는 작업이 정치 이외에 언어 · 교육 등의 분야를 중심으로 진전을 보이고 있지만, 그뿐만 아니라 앞에서 언급한 창가교육에 관한 고인숙, 리오린위의 저서 등과 같이 동일 문화 영역에 대한 연구가 조선 · 대만 양국에서 등장하기도 하고, 스가 고지(菅浩二)의 『일본 통치 하의 해외신사』(日本統治下の海外神社, 弘文堂, 2004), 아오이 아키히토(靑井哲人)의 『식민지 신사와 제국일본』(植民地神社と帝國日本, 吉川弘文館, 2005)과 같이 어떠한 공통의 대상을 축으로 조선 · 대만을 동시에 시야에 넣는 연구도 행해지고 있다. 이러한 흐름 속에서 새로운 조선 · 대만 각각의 독자성 및 차이성이 발견됨과 동시에 양자간 상호연동의 측면이 부각되는 전개도 충분히 예상된다. 내지에서 발표된 원작 '사용의 종(サヨンの鐘)'이 대만에 역수입되어 연극 · 영화화되고, 조선

13) 三尾裕子, 「台湾文献特集導言 ―'在台湾発現日本'」; 「以殖民統治下的'灰色地帯'做為異質化之談論的可能性 ― 以《民俗台湾》為例」(『台湾文献』 55-3, 2002年9月); 張隆志, 「식민주의, 근대성과 대만근대사연구: 사학사와 방법론에 대한 반성」(『역사문제연구』 12, 2004); 駒込武, 「台湾における『植民地的近代』を考える」(『アジア遊学』 第48号, 2003年2月). '회색지대'에 대해서는 윤해동의 「식민지 인식의 회색지대: 일제 하 공공성과 규율 권력(「植民地認識の「グレーゾーン」 ― 日帝下の「公共性」と規律権力)」(『現代思想』, 2002年5月)을 참조.

14) 식민지 연구에서 경험을 어떻게 파악할 것인가에 대해서는 앞에서 언급한 이타가키 류타의 「식민지의 우울」에 면밀하고 상세한 고찰이 잘 나타나 있다.

에서도 상영되었다고 하는 이러한 흐름도[15] 문화를 이해하는 데 매우 중요한 시각을 제공해 주는 것으로 생각할 수 있다. 아무튼 조선·대만 각각의 개별 연구 상황을 넘어 서로 비교하고 검토할 수 있는 환경이 문화의 여러 분야에서도 정비되어 가고 있는 것은 분명한 사실이다.

'문화'나 '생활'은 그 전제조건으로 자본주의의 문제와 깊이 관련되어 있다. 관광 분야에서 경제효과라는 시점이 항상 의식되는 것과 같이, 의식주나 풍속을 생각하는 데에도 그 배경이 되는 생산·유통·소비와 같은 경제조건의 해명이 함께 이루어질 필요가 있을 수 있다.[16] 또한 '이미지' 분석도 성행하고 있는데 그중에는 자료로부터 도출된 '이미지'와 통합정책을 겹치게 하여 검증하는 경우도 보이지만 검토대상과 분석대상과의 논리적 정합성(整合性)이 어디까지 보편성을 가질 수 있을지는 아직 미지수라고 생각된다.

이론의 정교화·세부화가 진행되고 있는 지금, 체계적이지 않은 표현은 그다지 의미를 갖지 못한다 하더라도 "식민지란 도대체 무엇이었나/무엇인가"라는 질문이 일제 강점기 연구의 근본명제 중 하나인 것만큼은 분명한 사실이다. 그리고 이것은 결코 쉽게 이해될 수 있는 것이 아니라, 앞으로도 끊임없이 여러 각도에서 던져질 질문일 것이다. 거기에는 폭력, 억압, 차별, 자본, 민족, 계급, 성차 등이 서로 얽혀 있고 긴장관계를 끊임없이 잉태시키는 사회구조가 존재한다. 그리고 그러한 조선에서, 대만에서, 타향에서 삶을 영위한 사람들의 일상이 있고, 생활이 있고, 체험이 있고 의식이 있다. '문화'가 '정치성'으로부터 완전하게 자유로울 수 없는 이상, 지배의 도구도 저항의 도구도 될 수 있고 무엇인가의 주체형성의 기반도

---

15) 下村作次郎, 「日本から逆輸入された『サヨンの鐘』の物語」(『台湾の「大東亜戦争」』); 山田昭次, 「植民地」, 『岩波講座日本通史』 第18巻(岩波書店, 1994).

16) 예를 들면, 八久保厚志, 「戦前期朝鮮・台湾における邦人酒造業の展開」(『人文学研究所報』 36号, 2003年3月); 真嶋亜有, 「朝鮮牛 — 朝鮮植民地化と日本人の肉食経験の契機」(『風俗史学』 41-2号, 2002年8月); 平野隆, 「戦前期における日本百貨店の植民地進出 — 京城(現・ソウル)の事例を中心に」(『法学研究(慶応義塾大学)』 77-1号, 2004年1月).

될 수 있다.[17] 또는 그러한 틀 안에서 파악할 수 없는 여러 형태로 만들어져 나가는 관련 양상이 '문화'를 통해서 발견되는 것도 있을 수 있다. 방법론적 측면에서 많은 어려움을 수반하면서도 일제 강점기의 '문화' 연구에서 항상 새로운 과제·검토대상·자료가 발견되고 다채로운 분석이 끊임없이 진행되고 있는 것도 '문화'에 감추어진 풍부한 가능성에서 유래하는 것일 것이다.[18]

[번역: 이광제]

17) 이러한 관점에 의한 비교적 최근 연구성과로, 이지원(李智媛)의 『일제 하 민족문화 인식의 전개와 민족문화운동: 민족주의 계열을 중심으로』(서울대학교 박사학위논문, 2004)를 들 수 있다.

18) 문헌의 열람과 수집을 진행함에 있어, 많은 분들과 여러 기관의 협력과 편의를 얻은 것에 대해 깊은 감사의 마음을 표현하고 싶다. 아울러 대만의 문헌에 대해서는 일부 직접 확인하지 못한 것도 포함시켰음을 밝혀 둔다.

근대 일본에서 '국민' 개념의 변천

가노 마사나오(鹿野政直)

I. 들어가는 말

『아사히신문(朝日新聞)』 편집위원 하야노 도루(早野透)가 매주 화요일 조간에 게재하는 '폴리티카 일본'이라는 칼럼은 정치상황을 바라볼 수 있는 흥미로운 읽을거리다. 그런데 「강경파 무라카미 씨와 '자민-사민-사키가케'[1]의 교착」이라는 제목의 1997년 12월 16일자 에세이를 읽다가 다음 내용이 눈에 들어왔다. 참고로 여기서 무라카미 씨란 당시 참의원 자유민주당 간사장이던 무라카미 마사쿠니(村上正邦) 씨를 가리킨다.

다음 장면은 무라카미 씨와 시민활동촉진법안(NPO법안)의 관계를 나타내고

---

1) 1994년, '자유민주당', '일본사회당'(1996년 사회민주당으로 개칭) 및 신당인 '사키가케'가 참가한 연립정권-옮긴이

있다. '자민-사민-사키가케' 연대의 상징으로 의원입법이 추진되어 임시국회에서 참의원에 상정된 이 법안 이름에서 '시민'이라는 두 글자를 빼라고 무라카미 씨가 주장하면서 소동이 벌어졌다.

"볼런티어란 사회봉사활동을 말하는 것이다. 시민활동이라고 부르는 것은 이상하다. 국민부재이고, 일본의 국가관과 맞지 않는다."

'시민'이라는 말에 대한 거부반응은 강경파 특유의 입장이다. 그 후 자민당소속 참의원의 요구는 조약문 중 100군데가 넘는 '시민'이라는 단어를 모두 삭제할 것을 요구하기에 이르렀고, 이에 사회민주당과 사키가케도 크게 반발하였다. (중략) 결국 가장 중요한 한 군데만 '시민'을 남기고, 다른 데는 모두 '시민활동'을 '비영리활동'으로 바꾸기로 하고 타협하였다. 단 법안 성립에는 기한을 넘겨서 이듬해 일반국회로 넘어갔다.

이 법안은 1998년 3월 19일 「특정비영리활동촉진법」이라는 이름으로 성립하였다. 법안 성립이 거의 가시적일 무렵 『아사히신문』의 '텐세이진고(天聲人語)'는 아래와 같이 쓰고 있다.

결국 명칭을 '특정비영리활동촉진법'안으로 하기로 여당 협의가 성립되었다. 조문에 있는 '시민활동'도 모두 '비영리활동'으로 바꾼다. ▼명분을 버리고 실리를 취하겠다는 건가? 그렇다고 하더라도 너무 관료적인 명칭이 되어 버렸다.

(1998년 2월 14일자 조간, 실제로는 한 군데 '시민'이 남아 있음)

그래도 어쨌든 '시민'이 들고 일어나 '국민'으로 도배가 되어 버린 법률 한구석을 차지했다고 할 수 있다. 말하자면 '시민'이 '시민'권을 얻은 것이다. 이 배경에는 1970년대 이후에 벌어진 '시민'을 내건 여러 지역주민활동의 일상화, 국민국가론에 전형적으로 나타나는 '국가'나 '근대'에 대한 대상화가 있었다. '국민'이라는 것을 그렇게 당연한 것으로 받아들여도 되는지에 대한 의문이 점차 사람들 마음속 깊게 그리고 넓게 축적되어 온 결과라고 할 수 있다.

요즘 진행 중인 정계재편에 의해서 '국민' 대 '시민'이 하나의 대항축을 형성할 가능성마저 있다. 이러한 기사가 눈에 들어왔다.

자유당이 6월 2일 당 대회에서 결정할 당의 기본정책 원안이 13일 밝혀졌다. 기본이념에는 "'국민이 주역인 사회'의 창조"를 전면에 내걸고 "안이한 의존심에서 탈피해서 국가, 개인으로서 자립하는 것이 개혁의 원점"이라고 강조하고 있다. (중략)

기본이념에 '국민이 주역'임을 강조한 것은 민주당의 간 나오토(菅直人) 대표 등이 '시민이 주역'임을 표방한 것에 대항하려는 의도가 있다. 지금까지의 자민당 정권에 의한 정치를 "국가나 행정이 국민에게 목표를 제시하고 보호, 지도하는 '국가주의'"로 보고 부정하는 동시에 "국가와 개인을 대립시켜 결과적으로 공공성을 경시하고 이기주의로 이어지는 '의사(疑似) 시민주의'(포퓰리즘)"로 보고 간 씨의 이념도 비판했다.

(「민주에 대항 '국민주역'」, 『아사히신문』 1985년 5월 14일자 조간)

물론 이것 또한 변화의 한 면이라 할 수 있다.

국가 안에 자리매김되는 자신을 어떻게 이해하면 되는가 하는 문제에 대해서는 나름대로 관심을 가져왔다. 『자본주의 형성기의 질서의식』(資本主義形成期の秩序意識, 筑摩書房, 1969)을 집필했을 때, 국가 논리에 대항하는 노선으로 '시민적 변혁사상(市民的變革思想)'라는 용어를 사용하기도 했다(그러나 일본에 '시민'이 존재했는가라는 비판을 받았다). 그리고 하시카와 분조(橋川文三)와 마쓰모토 산노스케(松本三之助)가 엮은 『근대일본정치사상사 I』(近代日本政治思想史 I, 有斐閣, 1971)에서 '신민(臣民) · 시민(市民) · 국민(國民)'이라는 항목을 집필한 적도 있다(담당항목 중 하나를 이 표현으로 바꿔 달라고 부탁했던 것으로 기억한다). 그 후로는 하루하루가 '국민'이라는 말을 나름대로 의식화하는 과정이기도 했다. 그 한편으로 '시민'이라는 말에 얽힌 어떤 정통성이 때로는 필자를 두렵게 만들기도 했다. 이러한 복합적인 반성과 납득할 수 없는 답답한 심정을 『'도리시마'[2]는 포함되었는가. 역사의식의 현재와 역사학』(「鳥島」は入っているか 歴史意識の現在と歴史學, 岩波書店, 1988)의 저자후기에 "이 책을 집필하면서 떠오른 단상"의 하나로서 이런 글을 쓴 적이 있다.

---

2) '도리시마(鳥島)'는 통칭. 정식 명칭은 '이오도리시마(硫黃鳥島)'. 오키나와(沖縄)현 최남단에 위치한 무인도-옮긴이

첫째는 일본이라는 나라의 주권자를 가리킬 때에 예를 들어 '국민의 역사의식', 이처럼 '국민'이라는 말을 너무 쉽게 써버렸다는 생각이다. 물론 이는 '시민'이라는 말이 아직 제대로 정착하지 못하고 있음을 보여 주는 것이기도 하다. 여기서 말하는 '시민'이란 두말할 필요도 없이 '유민(流民)'이나 '이방인' 또는 '무권리자(無權利者)'처럼 배척받고 있는 사람들에 대한 지위상징으로서의 의미가 아니라, 권리의 담당자로서 주체의식을 가지는 존재를 의미하는데 우리는 아직 이 '시민'보다는 국가라는 틀 아래에서 일체감을 선명하게 함유하는 '국민'이라는 말에 많이 익숙하다.

장황하게 이런저런 이야기를 적었지만 요는 왜 '국민'인가 하는 동기부여를 스스로에게 분명하게 하기 위함이다. 이제서야 근대 일본에서 '국민'이란 어떤 함의를 가지는가라는 과제에 대해서 제대로 마주할 수 있는 위치에 서게 되었다는 생각이 든다.

'국민'은 근대 일본에서 가장 빈번하게 사용된 말의 하나이며, 이 말을 사용할 때 사람들은 각자의 뉘앙스를 이 말에 담았다. 이를 정밀하게 분석하려면 책 한 권으로도 부족할 것이다. 그런 의미에서 다의적이라 할 수 있는 '국민'이라는 말은 거꾸로 그렇기 때문에 지금까지 아무런 저항도 없이 각자의 상황이나 입장이라는 그림자 뒤에 숨어 지낼 수 있었던 것이다. 이 글에서는 극히 소수의 경우를 통하여 '국민'이라는 말이 어떻게 쓰였는지 그 쓰임새와 의미에 대해 거칠지만 간단한 스케치를 시도하고자 한다.

II. '국민'을 만들다

메이지유신(明治維新)에 의해 일본이 근대국가(최근에는 주로 '국민국가'라 불리지만)를 만들기 시작한 무렵, '국민'이라는 말은 사람들에게 아직 익숙하지 않았다. 일례로 계몽사상을 대표하는 메이로쿠샤(明六社)[3]의 기관지

3) 1873년(메이지 6) 7월에 미국에서 귀국한 모리 아리노리(森有礼)가 후쿠자와 유키

『메이로쿠잡지(明六雜誌)』를 보면 '국민'이라는 말은 매우 드물며, 압도적으로 다수인 피지배층과 혹은 '보통 사람들'을 가리키는 말로는 대부분의 경우 '인민(人民)'이 사용되고 있다. 드물게 '국인(國人)'이라는 말이 등장하지만 이 말은 도리어 상용어로서 '국민'이 아직 정착하지 못하고 있음을 반증한다.

또한 왜 '인민'이 많이 쓰이고 있었는가 하는 의문도 생긴다. 『쇼쿠니혼기(續日本紀)』나 『쇼몬키(將門記)』와 같은 고대나 중세 문헌에 그 용례가 있다고 사전은 지적하지만, 『메이로쿠잡지』에는 이 단어가 매우 많이 등장한다. 그 이유는 아마도 복합적이라 추측된다. 먼저 'people'의 번역어로 사용되었다. 영어와 관련해서 말하자면 'people'이라는 말이 빈번하게 쓰이는 것 자체가 하나의 문화적 충격이었을 것이다. 말단에 놓여야 할 존재가 중심에 놓여 있다는 느낌을 당시 책을 접한 사람이라면 누구나 가졌을 것이다. 그러한 혼란스러움을 느끼면서 다양한 말로 이 'people'이란 단어가 번역된 것이다. 헵번(J. C. Hepburn)의 『일영어림집성(和英語林集成)』[4]의 초판(1867)에는 'Jim-min(인민)'이 없고, 권말에 있는 "English and Japanese Index(색인)"에 'people' 번역어로 'H'to(Hito, 사람)', 'tami(민중)', 'chō-nin(조닌)', 'bammin(만민)', 'shimo-jimo(아랫것들)', 'shimo-zama(낮은 사람)', 'shita-jita(아랫것들)'가 수록되어 있을 뿐이다. 제2판(1872)에 이르러 번역어에 'Jim-min(인민)'이 수록되었다(제3판도 마찬가지). 호리 다쓰노스케(堀達之助) 등이 펴낸 『영일대역수진사전(英和對譯袖珍辭書)』[5]은 재판(1867)만 확인했는데 'people'

치(福沢諭吉), 가토 히로유키(加藤弘之), 나카무라 마사나오(中村正直), 니시 아마네(西周), 니시무라 시게키(西村茂樹), 쓰다 마미치(津田真道), 미쓰쿠리 슈헤이(箕作秋坪), 스기 고지(杉亨二), 미쓰쿠리 린쇼(箕作麟祥) 등과 함께 같은 해에 조직한 일본 최초의 근대적 계몽 학술단체. 명칭의 유래는 설립한 해인 메이지 6년 즉 '메이지 로쿠넨'에서 딴 것이다. ―옮긴이

4) 영어제목은 "A Japanese and English Dictionary: with an English and Japanese Index". 19세기 후반에 헵번이 일상어를 중심으로 편찬한 일영·영일사전. 19세기 후반 일본어를 연구하는 데 귀중한 사료이다. 제1판부터 제3판까지 발행되었다. ―옮긴이

5) 막부의 명령으로 호리 다쓰노스케가 중심이 되어 편찬한 영일사전으로 1862년 간행 ―옮긴이

번역어로 '인민'이 사용되고 있다. 이러한 모색 속에서 적어도 메이로쿠샤의 사원들 사이에서 '인민'이 독점적인 위치를 차지할 수 있었던 것은 '인민(Jim-min)'이 당시의 한자어 시대에 걸맞게 음(音)으로 읽는 두 글자였다는 점, '민(民)' 자를 포함하고 있었다는 점, 아울러 에도(江戶)시대와 단절되어 보편성을 느낄 수 있는 어감 그리고 '인민'으로 묶이는 평등성 등이 원인이지 않았을까 생각된다.

아마도 이러한 이유로 '인민'이 '보통 사람들' 일반을 가리키는 말로 부상하였고, 계몽가들은 보통 사람들을 깨우치기 위해서 이 말을 더 적극적으로 사용하게 된 것이다. 몇 가지 예를 들면 "인민의 어리석음", "도리를 논하여 인민을 가르친다", "정부와 인민이 합쳐서 국가를 이룬다", "아시아 북방의 인민은 노예와 같아서", "인민개화의 조짐은 아직 보이지 않는다" 등이다.

『메이로쿠잡지』(전43호, 1874년 3월~75년 11월)에서 '국민'은 '인민'이라는 바다 속에 점재하는 섬이라는 식으로 등장한다(물론 언어용법의 특성상 100% 의식하고 쓰고 있는 것은 아니다). 전형적인 예를 세 가지 들어 보겠다.[6]

니시 아마네(西周)[7]의 「바쿠큐쇼코기이치다이」(駁舊相公議一題, 제3호)[8]는 이타가키 다이스케(板垣退助) 등이 주장한 민선의원 설립 건의에 반박하는 논설인데, 기본적으로 '인민'을 사용하면서도 다음 문장에서는 '국민'을 사용하고 있다.

---

6) 참고로 『일영어림집성』의 'kokumin(국민)'이라는 항목은 제3판이 되서야 'the people of the nation'이라는 형태로 처음 등장한다. 권말에 있는 색인에서 'nation'은 초판에서는 'kuni(나라)', 'koku(국)', 재판에서는 'jimmin(인민)', 'kokumin(국민)'으로 되어 있다. 또한 『영일대역수진사전』에는 'nation'에 '인민(人民)', '국인(國人)'이라고 되어 있다

7) 1829~1897. 철학자, 계몽사상가-옮긴이

8) 내용을 보면 민선의원 설립의 찬반에 대해서는 논하지 않고 점진론적인 입장을 밝히고 있다. 가토 히로유키와 같은 입장에서 일본의 인민은 아직 민선의원 설립에 있어서 국가의 정책을 결정할 수 있을 정도로 문명개화되어 있지 않다는 점을 들어 시기상조임을 주장했다. 민선의원 설립에 관한 내용을 논하는 것보다는 건의서의 세세한 부분의 모순을 지적하는 것으로 일관했다.-옮긴이

인민은 이미 세금을 납부하고 있다. 즉 이에 대해서 그에 상응하는 보호를 요구할 권리를 가지고 있다. 그러나 이에 참여하고 안 하고의 권리는 국가가 처음 정체를 수립할 때 정해야 하는 것이다. 지금 정부를 국민과의 약속에 의해 성립한 것으로 보고 이를 논한다. 국민은 다음과 같이 주장한다. 우리는 우리가 노력(수익)의 반을 당신들 관리(정부)에게 지불함으로써 정부를 부양하고 있으니, 정부는 우리를 위해 정치를 해야 한다. 이것은 하나의 약속이다. 또는 국민은 다음과 같이 주장한다. 정부를 부양하고 있으니 정부는 우리를 위해 정치를 해야 한다. 그리고 정부가 자유롭게 일할 수 있도록 하기 위해서 우리는 먼저 법을 정해 정부에 제시한다. 정부는 이 법에 따라 정치를 해야 한다. 이 또한 하나의 약속이다.

'국민'은 분명하게 국가의 주체로서 인민을 가리키는 말로 쓰이고 있다. 쓰다 마미치(津田眞道)의 「세이론노산」(政論ノ三, 제12호)은 역시 민선의원 설립 건의에 자극을 받아서 "인민으로 하여금 정치에 참여하게 하는" 방법을 기술한 논설인데, 거기에 "민선의원은 국민이 뽑은 의원이며 그들은 바로 국민의 대표이다"라는 구절이 있다. 이 또한 국가의 주체로서 자리매김했을 때 피지배층인 '인민'은 '국민'이 된다는 예이다.

이러한 '국민'의 성격은 니시 아마네의 「고쿠민기후론」(國民氣風論, 제32호)에 가장 명확하게 드러나 있다. 이 글은 아시아의 여러 나라, 특히 왜 일본에서 전제정치가 지속되었는가를 정치적으로, 도덕적으로 그리고 지질학적으로 탐구해서 '스스로 자신을 노예시하는 기질'을 개혁할 것을 주창한 논설이다. 그 어투는 예리하며, "진무천황(神武天皇)이 나라를 연 이후 황통이 끊기는 일 없이 현재에 이른다. 2535년 동안 천황을 섬기면서 스스로를 노예시하는" 기풍과 "충량하고 고분고분"한 기풍의 일소를 목표로 '법학'에 대해 눈을 뜰 것을 제창한다. "이러한 기풍 즉 후쿠자와(福沢諭吉) 선생이 말하는 무기력한 인민"의 기풍을 바꾸려고 한 이 논설을 니시 아마네는 '국민기풍론'이라고 명했다. 여기에 사람들을 정신적으로도 '일제히 융기할 정도로 강인'하게 만들려고 하는 그의 의도를 엿볼 수 있다. '국민'은 만들어야만 했던 것이다.

이러한 '국민'을 만들어 가기 위한 열망을 정형화시켜 주장한 것은 니시도 언급하고 있는 후쿠자와 유키치였다. "일본에는 정부는 있으나 국민(nation)이 없다"라는 『문명론지개략』(文明論之概略, 1875) 제9장 「일본문명의 유래」의 한 구절에 후쿠자와의 생각이 집약되어 있다. '국민'의 자각화를 향한 과정은 『문명론지개략』에 앞서 쓴 『학문의 권장』(學問のすゝめ, 1872~1876)에서 그 원형을 찾아볼 수 있다.

사람들의 기풍을 일신할 것을 목표로 초편(初編) 이래로 "일본의 모든 인민에게 태어나면서 지닌 신분 따위는 있을 수 없는 일"이라고 끊임없이 주창해 온 후쿠자와는 1873년 2월 삼편(三編)에서 "국가는 동등해야 한다", "개개인이 독립해야 국가도 독립한다"를 주제로 삼은 것을 계기로 사편(四編, 1874년 1월)에서는 「학자의 직분을 논하다」에서 '국민'이라는 개념에 도달한다. 거기에서 그는 "나는 국민으로서 책임을 다하고, 정부는 정부로서 책임을 다한다"는 구절을 통해서 이 책에서 처음으로 '국민'이라는 말을 사용했을 뿐만 아니라, "일본에는 정부는 있지만 아직 국민은 존재하지 않는다고도 할 수 있다"라고 『문명론지개략』에서 주장하는 정형화로 이어지는 원형을 기술하기에 이른다. 이를 계기로 후쿠자와는 기존의 '人', '民', '人民', '愚民', '良民' 등과 섞어서 '국민'이라는 말을 상용하기 시작한다. 이로써 후쿠자와는 이전에는 '객분(客分, 손님)'에 머물러 있던 '인민'을 '정부 아래에 존재하는 한 사람의 백성'이라는 의미의 '객분'과 "합의에 의해서 하나의 나라라는 이름의 회사를 만든" '주인(主人)'이라는 이중적인 자격을 가진 존재로 만들려고 했다.

피지배층이라는 의미를 담아서 대상화되어 있던 '인민'에 자각을 가지고 스스로를 자리매김하려는 기운은 1870년대 후반에 자유민권운동과 함께 일어났다. 운동의 성격상 '인민'이라는 말이 매우 빈번하게 사용되었다(호칭으로서 '동포형제'라는 말도 출현했다). 게다가 '인민'은 긍지와 자부심을 가지고 정부에 맞서는 존재로서의 의미를 띠게 되었다.

이 사실은 여러 결사의 설립취의서나 건의서 또는 사의헌법(私擬憲法)[9]에서 볼 수 있다. 가령 『자유당사(自由黨史)』[10]의 취의서나 건의서를 보면 이러한 양상이 드러난다. 1874년의 「입지사(立志社)설립취의서」의 경우 "세운(世運)이 좋아지고, 인민이 분발하고 있다. 보지 않으면 보이지 않는다", "나 또한 일본제국의 인민이다. 다시 말해 3천여 만 명에 이르는 인민 모두가 평등하고 귀천의 차별 없이 각각 일정한 권리를 향유하고 그에 의해서 생명을 지키고 자주를 지키고 직업에 정진하고 행복을 키우고 속박되지 않고 자유로운 인민이어야 함은 실로 명백하다", "권리라고 하는 것은 (중략) 하늘이 인민에게 평등하게 부여한 산물이며, 그 권리를 가지려는 자는 인민이 근면하게 노력한 산물이다", "인민의 기질이 강해지고 약해지고 또한 성쇠는 바로 세상의 기운을 뜻한다", "유럽의 말에 정부의 관원을 두고 공복이라 한다. 즉 인민은 국가의 근본이다."

권리주체로서 자각이 넘치고 자신감이 가득 찬 '인민'상(像)이라 할 수 있다. 의욕이 높아짐에 따라서 '인민'이라는 말의 사용빈도가 높아진다는 인상조차 받는다. 그리고 여기에 '국민'이 혼용되고 있다. 사의헌법에서 두 용어의 병용이 두드러진다. 여기서 '인민'과 '국민'은 어떤 관계인가? 가장 많은 의식을 하고 있었다고 생각되는 우에키 에모리(植木枝盛)에 대해서 살펴보자.

민권사상, 민권운동의 선구자의 한 사람으로서 우에키는 '인민'이라는 말을 가장 많이 사용한 사람이었다. 그의 주장은 '인민'을 기반으로 전개된다. 천부인권의 주체가 '인민'이었다. 활발한 언론 활동을 통해서 그는 '인민'이라는 말을 보급하는 운동에 일조한 한 사람으로 꼽힌다. 예를 들면 가타오카 겐키치(片岡健吉)를 총재로 하는 1877년 6월의 「입지사건의서」는 '인민'을

9) 메이지헌법 제정 전에 민간인에 의해 기초된 헌법안의 총칭-옮긴이

10) 宇田友猪・和田三郎編, 『自由党史』 上・下巻(五車楼, 1910). 여기에서는 이와나미문고판(岩波文庫版, 遠山茂樹・佐藤誠朗校訂, 전3권, 1957~8)에 의거한다. 이 문고판은 초출의 『자유당사』에서 인용하는 자료 원전을 확인해서 증보했다[이 책은 1868년 왕정복고에서 1889년 대일본제국헌법의 반포에 이르기까지의 자유당의 역사를 중심으로 하여 민선의원 설립 건의나 국회개설청원운동 등, 자유민권운동의 내용을 기술하고 있다-옮긴이].

다용하면서 '천하의 인민'으로 자리매김함으로써 인민을 '공의(公議)' 즉 공론의 주체로 보고, '대신(大臣)'을 그 전제성을 이유로 '사정(私情)'에 탐닉하는 자라는 기본 틀을 지니고 있다. "국가정치의 기준이 공정함을 보이기 위해서는 인민자치의 기초를 양성하여 그에 의해서 공공의 의견을 모아 모든 것을 정해야 한다", "민선의원을 설립하여 입헌정치체제의 기초를 확립하고 인민을 정권에 참여시켜 하늘로부터 받은 권리를 자유롭게 행사하게 하면 인민은 스스로 분발하여 국가의 안위에 대한 책임을 가진다. 예를 들어 정부가 공론을 수용하기를 꺼려 해도 공론은 억압되어 사라지는 일이 없으며 정부가 전제정치를 하려고 해도 목적을 이루는 것은 어렵다" 등의 문장에서 그 편린을 들여다볼 수 있다.[11]

우에키는 헌법초안이라는 형태로 국가에 대한 구상을 전개했다는 점에서 민권운동가 중 제1인자였다. 『우에키 에모리집』 제6권에는 그가 작성한 헌법초안인 「일본헌법」(내제 「日本國憲法」, 1881년 8월)과 완성고인 「동양대일본국헌안」(東洋大日本國憲案, 내제 「日本國々憲按」, 1881년 8~9월경)이 수록되어 있다. 보다 잘 정비된 후자의 제4편은, 「일본국민 및 일본인민의 자유권리」라는 제목으로 제40조에서 제74조에 걸쳐 상세하게 사람들의 권리를 보증하고 있다. 그 원안이 된 전자의 제2편 「국토 및 국민 및 국민의 권리 및 의무」, 제5편 「일본인민의 자유권리」[12]에서 제2편의 국토조항을 다른 곳으로 옮겨서 합친 것이다.

이를 보면 전자와 후자 모두 '일본인민'을 기조로 하면서도 전자에서는 '일본각인(日本各人)', '일본의 민중', '일본의 인민', '일본국민'이, 그리고 후자에서는 '일본국인민', '일본의 인민', '일본국민'이 극히 소수지만 섞여 있다. 전체적인 흐름상으로는 '일본인민'으로 흐르면서도 조문으로서 충분히 정리된 단계에는 도달하지 못하고 있다. 그러한 와중에 우에키는 '국민'과 '인민'의 범주설정에 세심한 주의를 기울였다는 것을 알 수 있다. 충분한 설득력을

---

11) 家永三郎ほか編, 『植木枝盛集』 第6巻(岩波書店, 1991).

12) 2편과 5편, 양쪽 다 가필과 삭제가 많으나 필자는 그 전의 원형을 가지고 있다.

지니지는 못했지만 일부러 '국민'이라는 말을 사용한 곳이 전자에서는 "일본국가는 일본국민 한 사람 한 사람에게 간섭할 수 없다", "일본국민이 일본국을 그만두는 것은 자유이다", "일본국민은 일본에 재류하는 동안 일본국법을 준수할 의무가 있다", "일본국민은 고문을 받지 않는다", "입법원은 국민의 자유와 권리를 지키기 위해" 운운의 다섯 군데, 후자에서는 "정부가 멋대로 헌법에 반해서 마음대로 인민의 자유와 권리를 침해하고, 건국의 취지에 반할 때는 일본국민은 정부를 전복하고 새로운 정부를 만들 수 있다"의 한 군데라는 점을 생각해 보면 천부인권을 담당하는 존재일 때는 '인민', 그 '인민'이 특히 '국가'의 성원이라는 자격의 각도에서 특징을 지울 때는 '국민'이라는 호칭을 사용할 것을 우에키는 생각하고 있었던 것이 아닐까 추측할 수 있다.

그에 앞서 1880년 4월 가타오카 겐키치, 고노 히로나카(河野広中)를 위원으로 하는 국회기성동맹의 「국회개설을 윤허해 줄 것을 탄원하는 청원서」는 우에키도 기초 작업에 관여하여 사상을 표현한 문서로 생각되고 있는데,[13] '인민'을 기조로 하면서 '국민'을 그것과 구별하여 사용하고 있다. '국민'을 사용하고 있는 곳을 보면 서두의 "일본국민 신(臣) 가타오카 겐키치, 신(臣) 고노 히로나카 등"을 비롯해서,[14] "만약 인민에게 애국심이 없다면, 국민이 각자 따로 행동하게 되어 일치단결하지 못하며, 국민의 마음이 하나가 되지 않으면 변란이 생긴다", "신(臣) 등 국민이 어찌 법률을 정해서 시행되는 정치를 원하지 않을까", "그렇기 때문에 국민에게 참정권을 주지 않을 수 있는가"로 이어진다. 이 부분을 가령 "인민에게 자주와 자치의 정신이 없고 인민이 인민으로서의 권리를 가지지 못한다면 국가가 제대로 독립할 수 없다"와 같은 '인민'의 사용법과 비교할 때, 우에키는 천부인권의 주체인 '인민'이 국가에 관여하고 그 담당자가 될 때 '인민'성을 가진 채 국민이 된다고 하는 구상을 발효시키며 서서히 구체화하고 있었다고 볼 수

---

13) 『植木枝盛集』 第6巻의 해제.

14) 천황에 대한 탄원서라는 성격이라서 '신(臣)'이란 표현을 사용하고 있다.

있지 않을까.

물론 우에키 한 사람에 대한 이야기만으로 자유민권사상을 대변한다고 할 수는 없다. 그러나 그를 예로 들 때 이러한 형태로 '국민'의 창출이 지향되었음을 알 수 있다.

III. '신민'상 대 '국민'상

'국민'이라는 개념이 이런 방향으로 정립될 때 국가는 어떠한 대응을 보였을까?

'억조(億兆)', '창생(蒼生)', '중서(衆庶)', '만민(萬民)', '서민(庶民)' 등이 메이지 유신 직후의 정부가 기본적으로 가지고 있던 '인민'관이었다. 천황의 의사를 표현하는 문서들을 추적해 보면 그 안에 '국민'이 등장하는 것은 1872년 음력 6월 1일 「천황이 서(西)일본지역으로 여행할 때에 교토의 화족(華族)[15]에게 내린 조서」이고, "구제도를 개혁하여 세계의 열강과 어깨를 나란히 하고자 한다. 물론 국민이 일치단결하고 근면의 힘을 다하지 않는다면 어떻게 이것을 이룰 수 있겠는가"에 보인다. '열강'을 의식한 점과 계몽사상을 중심으로 '국민'의 의식화가 일어난 것이 그 배경에 있었다고 할 수 있을지도 모른다. 그러나 그것은 종전의 호칭으로부터의 전환을 의미하는 것은 아니었다. 같은 조서 안에서 바로 이어지는 부분에 "화족은 국민 중에서도 중요한 위치에 있는데, 백성들이 주목하는 위치이다"라고 되어 있고, 1875년의 '점차입헌(漸次立憲)의 조칙'[16]이나 지방관회의 개최의 조칙에서도 '중서(衆庶)'는 사용되고 있었다. 그 속에 '국민'이 섞이기 시작한 것이다. 인민이

15) 公(공), 侯(후), 伯(백), 子(자), 男(남)의 작위를 가진 자-옮긴이

16) 1875년(메이지 8) 4월 14일 발표된 메이지 천황의 조칙. 5개조에 달하는 서약문의 취지를 확충하여 원로원[元老院, 입법 자문기관인 좌원(左院)의 후신], 대심원(大審院, 대법원에 해당), 지방관회의(地方官會議)를 설치하고 단계적으로 입헌정체(立憲政體)를 세워 나갈 것을 선언-옮긴이

라는 말도 거의 같은 시기에 등장했다. 1872년 도쿄(東京)와 요코하마(横浜) 사이의 철도 개통식에 참석했을 때 요코하마 거주 외국상인에게 공포된 칙어(勅語)에 "국내외의 인민을 채용하여 널리 가르침을 주어"라는 것이 초출이며, 그 후 자주 사용되었다.[17] 아마도 민간에서 많이 사용됨에 따라 어느 정도는 영향을 받았을 것이라 생각한다.

정부지도자 측에서 어떻게 국가의 구성원으로서의 인민관이 형성되었을까를 보려는 관점에서 1879년부터 1881년에 걸친 기간에 국가정치에 참여했던 사람들의 입헌정체(立憲政體)에 관한 건의는 흥미롭다. 이른바 1890년 10월 정변(政變)[18]의 복선이 되는 이 건의에 의해 야마카타 아리토모(山県有朋)는 '사민(斯民)', '국민'을, 구로다 기요타카(黑田淸隆)는 '인민', '국민'을, 야마다 아키요시(山田顕義)는 '인민'을, 이노우에 가오루(井上馨)는 '신민', '사민', '인민'을, 이토 히로부미(伊藤博文)는 '서민(庶民)', '인민', '국민'을, 오키 다카토(大木喬任)는 '신민', '인민', '생민(生民)', '중서(中庶)', '민(民)'을, 오쿠마 시게노부(大隈重信)는 '인민', '국인(國人)', '국민'을, 이와쿠라 도모미(岩倉具視)는 '신민', '국민', '인민'을 각각 사용하고 있다. 이렇게 통일되지 못하고 차이를 보이는 것 자체가(아마 100% 의식적으로 사용되었던 것은 아니지만, 바로 그 이유 때문에) 이들 호칭이 이행기에 있었다는 것을 보여 주고 있다. 이와 함께 '아랫사람들'이라는 의미를 포함하는 '인민'이라는 호칭이 가장 친숙했는데 '국민'('국인(国人)'은 이에 준한다. 오쿠마는 기본적으로 '국인'을 사용했다)과 '신민'이 대두하는 흐름을 확인할 수 있다.[19] 결국 정부지도자들도 국가의 구성원으로서의 '인민'을 인정하지 않을 수 없게 되었던 것이다.

입헌체제는 이유를 막론하고 사람들을 국민이라는 지위에 세운다. 권리와

---

17) 辻善之助監修, 『歷史詔勅集』(目黒書店, 1938).

18) 1881년에 자유민권운동 흐름 속에서 헌법제정을 둘러싸고 정부 내에서 군주대권(君主大權)을 남기는 형태의 비스마르크 헌법으로 할 것인지, 영국형의 의원내각제 헌법으로 할 것인지에 관하여 전자를 지지하는 이토 히로부미(伊藤博文)와 이노우에 고와시(井上毅)가 후자를 지지하는 오쿠마 시게노부(大隈重信) 등을 정부에서 추방한 정치사건-옮긴이

19) 이상은 『自由党史』에 의거했다.

의무의 주체로서 그들은 '인민' 일반과는 구별되는 '국민'이어야 했다. 앞서 말했듯이 1870년대부터 1880년대 초에 걸쳐서 사의헌법은 거의 공통적으로 '국민의 권리의무'라는 부류의 편 또는 장을 두고 있었는데 거기에서는 '국민'이라는 말이 난무하고 있었다.

이에나가 사부로(家永三郎) 외 엮음인 『메이지전기의 헌법구상 [증보판]』(明治前期の憲法構想, 福村出版, 1985)의 서두에 아오키 슈조(靑木周藏)의 「대일본정규」(大日本定規, 1873년 3월 이전)가 있다. 「제2편 국민의 권리 및 그 책무(國民之權利及其負責)」를 들고 거기서 '국민'이란 "인민토적(人民土籍)에 들며 일본국 민위(民位)에 드는 자"였다. 그리고 원로원의 「일본국헌안(日本國憲按)[20] 제1차안」(1876년 10월)에서는 「제3편 국민의 권리와 의무(國民及其權利義務)」의 제1조에 "무릇 우리 일본제국의 인민인 자는 모두 일본국민의 권리를 가진다"라고 기술되어 있다(제3차 안에서는 삭제되어 전제 없이 '국민'이 된다).

이러한 발상은 특히 이른 시기의 헌법초안에 현저했다. 교존도슈(共存同衆)[21]의 「사의헌법의견」(1879년 3월경)의 「국민의 권리」의 제1조에 "무릇 일본인민인 자는 법 앞에 평등하다", 제2조에 "일본의 정권을 향유하려면 일본국민이어야 한다"로 기술되어 있듯이 '국민'은 하나의 자격으로 인식되고 있었다. 축전공애회(筑前共愛會)[22]의 「대일본헌법의 개요 전망서」(大日本憲法大略見込書, 1879년 2월)의 「제3장 국민 및 국민의 권리」의 맨 위에 위치하는 "제23조 일본 국내에서 태어나고 자란 자는 일본인이다(이하 생략)"의 '일본인'도 '일본국민'으로 봐도 무방할 것이다.

그러나 이러한 '국민'의 인식은 그대로 성장하지는 않았다. 그것은 참의(參議)[23]의 건의에서도 산견되던 '신민'이 힘을 얻었기 때문이다.

---

20) 메이지 전기에 원로원이 기초한 헌법안-옮긴이

21) 메이지 전기의 법학자이자 정치가인 오노 아즈사(小野梓) 등이 조직한 문화계몽단체-옮긴이

22) 1879년 12월 후쿠오카(福岡)현을 중심으로 설립된 지방자치 조직-옮긴이

23) 1869년(메이지 2)에 태정관(太政官, 메이지 정부의 최고 관청)에서 만든 관직의 명칭. 기도 다카요시(木戸孝允), 오쿠보 도시미치(大久保利通), 사이고 다카모리(西鄕隆盛) 등이 임명되어 실권을 잡았다. 메이지 18년(1885), 내각제의 실시로 폐지

'신민'이란 말은 『묵자』에서 유래하지만 이 말이 일본에서 부상하기 시작한 것은 에도막부 말기가 아닐까 추정해 본다. 『일영어림집성』에는 3판 모두 'Shin(m)-min(신민)'이란 단어는 없으며, Subject는 Koto(言 · 事), omomuki(趣), yoshi(由), wake(譯), shitagau mono(피지배자), tami(民), haika(部下)로 일관되어 있었다(『영일대역수진사전』도 거의 동일).

조슈번(長州藩)[24]의 젊은 지사였던 요시다 쇼인(吉田松陰)의 저술을 보면 1855년 음력 정월 27일의 「아카가와 오우미(赤川淡水)에게 보내는 편지」(『野山獄文稿』)에 "천하에 재난이 생기면 당연히 많은 신민이 그것에 의해 죽는 경우가 있는 것처럼 일본에 재난이 생기면 신민은 모두 당연히 이를 위해 죽음을 두려워하지 말아야 한다. 모든 백성이 다 죽는 일은 없다. 즉 황통은 하늘과 땅처럼 끊기는 일은 없을 것이다. 모든 신민이 모두 죽는 일은 없다. 즉 산천(山川)과 같이 없어지는 일은 없을 것이다"라는 문장이 있다. 1853년의 페리함대의 내항에 즈음하여 위기감에 사로잡힌 요시다 쇼인은 「쇼큐시겐(將及私言)」[25]을 조슈번으로 보내 방위의 기본적인 논리로서 '군신상하일체(君臣上下一體)'를 주장하고, 그 다음 해인 1854년에는 "다른 나라의 사정을 조사하지 않고 어찌 그 나라를 다룰 수 있는가"라고 하며,[26] 미국 군함을 타려다 실패하여 투옥 중이었다. 위기감이 깊어지자 그는 '군신상하일체'에 그치지 않고 '신민'으로 시야를 넓혔다. 거기에는 민중을 동원과 참가의 대상으로 보았으며, 천황을 중심으로 하는 통일 국가를 향한 생각(구상이라고 할 정도로 구체적인 것이 아니라고 할지라도) 즉 일군만민론(一郡萬民論)이 고동을 치고 있었다.

메이지유신 이후 '신민'은 상용어라고 할 정도는 아닐지라도 개화기 서적

됨 - 옮긴이

24) 현재의 야마구치(山口)현 서북부 지방 - 옮긴이

25) 페리제독이 함대를 이끌고 일본에 도착했을 때 실정을 파악하여 조슈번의 번주(藩主)에게 구체적인 대항을 촉구하기 위해 보낸 글 - 옮긴이

26) 「시모다의 옥중에서 渋木生[=가네코 시게노스케(金子重輔)]을 가르치다」, 1854년, 『유슈로쿠(幽囚録)』.

에 나타나기 시작했다. 소학관(小學館)에서 펴낸 『일본국어대사전(日本國語大辭典)』을 보면 '신민'의 용례로 오카베 게이고로(岡部啓五郞)가 엮은 『문명개화평림(文明開化評林)』에는 「구마모토조하이다효(熊本城廢墮表)」의 "가능한 일이라면 천하의 뜻에 의해 구마모토성을 무너뜨리고 그것을 신민의 마음이 하나가 되는 징표로 삼아"와 니시 아마네의 『햐쿠가쿠렌칸(百學連環)』 2, 中의 "유교의 도리에서는 군주가 신민을 우선하지만, 서양에서는 그렇지 않다"고 예를 들어 설명하고 있다. 참의들이 건의하여 '신민'이라는 말을 사용하기도 한 것은 이러한 상황에 영향을 받음과 동시에 경우에 따라서는 천황 아래의 인민은 '신민'이지 않으면 안 된다는 신념에 의한 소산일 것이다.

대략 이러한 과정을 거쳐서 '신민'은 국가가 그 구성원을 규정할 때의 기본 틀이 되었다. 조칙에서 가장 일찍 이 말이 사용된 것은 1881년 10월 12일자 「국회개설의 칙유(勅諭)」이다. "인심이 변화(민권운동의 확산)함에 따라 국회개설 시기를 서두른다"라고 하며, 민권운동이 급진적으로 전개되는 것과 국회개설운동의 확대에 대한 위기감을 나타낸 이 칙유는 "이러한 시점에 이르렀으니 국가의 대계를 분명히 하고 조야(朝野) 즉 정부와 민간의 신민에게 공시한다"라고 기술하고 있다. 이를 승계해서 결성된 자유당에서는 '우리 당(吾黨)'이라는 용어로 일관하고 있는 데에 비해[「자유당맹약(自由黨盟約)」] 입헌개진당에서 '우리 제국의 신민'이라고 스스로를 규정하고 있는 것은(「입헌개진당취의서」), 이 칙유에 의한 영향이었는지도 모른다.

국가 쪽에서 그 다음으로 '신민'이라는 말을 사용한 것은 1882년 1월 4일자 군인칙유이다. 여기서 '창생'이 3회, '신민'이 2회 보이는데 전자가 "역대의 천황이 항상 창생(백성)을 가엾게 여기시어", "일본의 창생들은 오래오래 태평스러운 복을 누리어", "너희 군인들이 짐의 말을 잘 따르고 군인으로서의 본분을 다해서 나라에 보답하기 위해 임무를 다한다면 일본의 모든 창생이 감사하나니"처럼 수동적인 존재로 억제되고 있는 반면에 후자는 "우리 신민은 무엇에 따라야 하고 무엇을 거역해야 하는지 도리를 잘 알고 있다", "일본의 신민이고자 한다면 용맹해야 한다"와 같이 능동적으로 충성심을 발휘하는 존재로 사용되고 있었다.

'대원수(大元帥)'인 천황이 팔다리 즉 심복(股肱)이라 믿은 군인을 '신민'으로 규정하고 이어서 그러한 관계를 국민 전체에 확대해서 국민을 '신민'으로 규정한 것은 바로 1889년 2월 11일에 공포한 대일본제국헌법이다. 공포의 고문(告文), 칙어(勅語), 상유(上諭)[27]에는 국민을 가리키는 말이 '신민'으로 통일되어 있으며, 천황이 선조에게 보고하는 글인 「고문」에는 2회 쓰였지만 칙어에는 263자 중 6회, 상유에는 509자 중 7회 사용되었다. 그리고 헌법 본체에서는 제2장 「신민의 권리와 의무」가 제1장 「천황」 뒤에 오는데 이 두 장이 서로 대비되는 꼴을 보인다. 시미즈 신(清水伸)의 『제국헌법제정회의』(帝國憲法制定會議, 岩波書店, 1904)에 의하면 이 조항은 원안부터 '신민의 권리와 의무'로 되어 있으며, '신민'에게 권리가 있는가 없는가를 둘러싸고 모리 아리노리(森有礼)의 이론(異論)을 중심으로 논쟁이 있었지만 국민을 '신민'으로 하는 점에 대해서는 아무런 말도 없었고 모든 구성원에 의해 당연하게 받아들여진 것으로 보인다. 모리의 발언 중에 "신민이란 영어로 'subject'이며 천황의 반대편에 있는 대상을 가리키는 말이다"라는 게 있는데 이는 바로 신민의 정의를 보여 주고 있다.

그 후 조칙에 의해 국민이라는 말은 거의 '신민'으로 통일된다[유일하게 1890년 2월 11일 금계훈장(金鵄勳章)을 창설할 때 '중서(衆庶)'가 사용되었다]. 그중에서도 교육의 경전이 된 1890년 10월 30일의 교육칙어(敎育勅語)에 "우리 신민은 충(忠誠)과 효(孝行)를", "너희 신민은 부모에 효도를 형제에 우애를" 등은 사람들의 마음에 깊이 스며들었다. 이 호칭은 1945년 8월 14일의 이른바 패전의 조서(詔書)와 9월 2일의 포츠담 선언을 수락하는 조서까지 이어졌다. 천황이 일반 민중을 부를 때의 호칭이 '국민'으로 바뀐 것은 1946년 1월 1일 연두 조서인 이른바 인간선언에서였다.

국민을 천황과의 관계에서 규정하고 구속하는 '신민'상(像)이 확립되어 가

---

27) 일본의 메이지 시대에 구헌법에서 법률, 칙령, 조약, 예산 등을 공포할 때 그 서두에 쓴 천황의 재가를 나타내는 문장-옮긴이

는 중에 감히 저항감을 품고 '국민'상(像)을 고집한 논자도 있었으니, 스스로 '국민론파(國民論派)'를 자칭한 구가 가쓰난(陸羯南)이었다. 그가 주관한 신문 『일본(日本)』은 1889년 2월 11일 제국헌법과 같은 날에 발간되었지만, 발간 당시 지면상에서 가쓰난은 헌법에 의해 일본인이 '신민'으로 규정된 것을 충분히 의식하면서 그것을 '국민'으로 바꾸려고 노력했다. 신문 사설란에 연속으로 「일본국민의 새로운 특성」, 「국민적인 개념」, 「일본국민의 기초가 정해짐」을 실어서 "극단적인 군권론자의 편향적인 논설"을 멀리하고 국가를 "군신합동을 의미하는 '국민' 위에 앉힐 것"을 주장했다.[28] 같은 시기에 『일본』의 사상적 동지라고 할 수 있는 잡지 『일본인』은 사설란에 「일본 국민은 메이지 22년 2월 11일에 탄생했다」를 게재하여 '신민'이라는 호칭은 군주독재 하의 인민을 의미한다고 기술하고 있다(제22호, 1889년 2월).

『일본』 창간에 즈음해서 가쓰난은 "『일본』은 국민정신의 회복과 발양(發揚)을 자임(自任)한다"고 선언했다. '국민정신' 또는 '국민적 정치'는 그가 가장 선호한 말이었다. 가쓰난은 이런 말에 어떠한 상념을 담고 있었을까? "이른바 국민적 정치란 외부에 대해 국민적 독립 그리고 안으로는 국민적 통일을 의미한다."[29] 그러한 '독립'과 '통일'을 위하여 가쓰난은 '국민'을 창출해야만 했다. 이에 대해서 그는 다음과 같이 말하고 있다. "서구인은 일본을 에타(etat)로 보고 네이션(nation)이라 보지 않는 것과 비슷하다." '에타(etat)'란 "단지 정부를 가진 자"이고 그에 반해서 '네이션'이란 "군민(君民)이 일치하여 정신적 조직까지 가진 국가"를 말한다. 그렇다면 "그들이 우리 일본을 보고 물질적인 조직은 있으나 정신적인 조직은 없다고 생각한다는 뜻이다." 가쓰난은 이러한 울분을 토하고 있는 것이다.[30] 이러한 의식을 가지고 가쓰난은 대항적으로 '국민'을 강조했다. 1890년대 사상사조에서 호적수

---

28) 西田長寿 · 植手通有編, 『陸羯南全集』 제2권(みすず書房, 1969)에도 수록되어 있다.

29) 陸羯南, 『近時政論考』(日本新聞社, 1891).

30) 陸羯南, 『原政及国際論』(日本新聞社, 1893). 이상은 『陸羯南全集』에도 수록되어 있다.

였던 도쿠토미 소호(德富蘇峯)의 평민주의(平民主義)도 『국민지우(國民之友)』, 『국민신문(國民新聞)』이라는 언론기관을 가지고 있었다. '국민'이라는 개념과 말을 만들어 간다는 점에서는 가까웠다고 할 수 있다.

그 이상으로 '국민'이라는 말에 역사를 관철시키고 인민의 힘에 신뢰를 담은 이는 기타무라 도코쿠(北村透谷)였다. 그는 항상 '국민의 원기'(genius)에 주목했다. '지니어스'가 있는 한 국민은 '희망이 있는 국민'이었다. 그리고 이 '지니어스'에 의해 '일치된 활동'을 하는 것이 "한 국민으로서 반드시 갖추어야 하는 것"이었다. 그때 "무엇으로 국민에게 정신적 일체감을 줄 수 있을까", "많은 말을 하지 않지만 나는 안다. 가장 많이 보통 사람들을 가르치는 일, 최대다수의 사람들에게 가장 많은 행복을 주는 일, 가장 많이 휴머니티(인간성)를 키우는 일, 가장 많이 사람들의 운명을 제시하는 일, 즉 이들 목적에 가장 적합한 것이 무엇인지 나는 안다." 그리고서 가쓰난은 "나는 individualism의 신봉자이며, democracy를 경애하는 사람이다"라고 단언하고 있는 것이다. '신민'과 달리 '국민'은 이러한 의지를 체현(體現)하는 자로 생각되었다. "국민 또한 살아 있는 한 인간이다. 그 안에 의지가 있고 그 안에 자유를 갈망하는 마음이 있다. 국가라는 제한적인 테두리 안에 있으면서 그 의지의 독립을 지키려는 경향이 있는 것이다."[31)]

그렇다면 이 '국민의 원기'는 어디에서 찾을 수 있는가? 도코쿠는 그것을 외면적인 것에서 찾으려 하지 않았다. 또한 외부로부터 손쉽게 이식할 수 있는 것이라고도 생각하지 않았다. "그 원천은 심산유곡 깊은 곳에 숨겨져 있는데 이를 찾고자 하면 더 깊은 지층의 아래까지 가야 한다." 그런 까닭에 이것은 빼앗아 올 수 없는 것이기도 하다. "국민의 지니어스는 후퇴해서 지키기 위해 뒤로 물러서지도 않으며, 그렇다고 앞으로 나가기 위해서 전진하지도 않는다. 근본 생명과 함께 깊고 강건한 기초를 지니고 있는 것이다."[32)]

---

31) 이상은 北村透谷, 「国民と思想」(1893), 勝本清一郎編, 『透谷全集』第2巻(岩波書店, 1950).

32) 北村透谷, 「国民と思想」. 도코쿠의 이러한 발언에는 확립되어 가는 '국민'상의 젊은 숨결이 느껴진다.

IV. '신민'+'국민'상

이러한 주장들은 '신민' 형성기의 '신민'상과 대립하는 '국민'상이라는 구도를 보여 주고 있다. 그러나 이러한 구도는 그리 오래가지 않았다. 양쪽 모두 수정을 요구받았기 때문이다.

첫째는 '신민'상이 '국민'상으로 접근했다. 그 계기를 만든 것은 1894~1895년의 청일전쟁이다. 일본을 극동의 '신흥제국'으로 만든 이 전쟁의 승리가 문명의 승리로 의식된 이상, 청국과 비교한 일본의 특성은 입헌성의 수립과 '국민'의 탄생에서 찾아야만 했다. 그 결과 신하로서 복종하는 이미지가 강한 '신민'은 다소 뒤로 물러나고, 입헌국민+제국국민이라는 의미로 '국민'이 강조되는 기운이 생겨난 것이다. 20세기 초에 전개된 '바깥으로는 제국주의, 안으로는 입헌주의'라는 이른바 입헌제국주의의 사조[33]는 팽창하는 일본을 책임질 '대국민'을 필요로 했기 때문이다.

청일전쟁의 승리를 배경으로 업고 "미래의 동포는 예전처럼 구석진 방에서 잠들어 있는 일본인이 아니라 오대륙(五大陸)을 활보하는 대일본인이 될 것이다. 어찌 제2의 메이지유신을 이룩할 때가 아니라고 하겠는가!", "이러한 시대를 맞이하는 지금 우리 일본은 앞선 지식을 찾아 세계로 나가고, 일본 문명의 진정한 가치를 발휘해서 이를 세계에 알리는 것, 이것이 바로 일본국민의 임무이다"라면서 1895년 1월에 창간된 종합잡지 『다이요』(太陽, 博文館)는 이러한 시대사조를 구현하는 언론기관이 되었다.

가령 창간호 권두를 장식한 「논설」 중에서 3~4편을 예시하면, 구메 구니타케(久米邦武)는 「학계의 대혁신(學界の大革新)」에서 청일전쟁에서 일본이 승리한 원인을 신분제도의 타파(그는 '계급제'라고 표현하고 있다)와 법치주의의 성립에서 찾았고, 지카미 기요오미(千頭淸臣)는 「전쟁승리 후의 교육(戰勝後の教育)」에서 "우리 일본국민의 자제들을 세계인으로 만들어야 한다"고 제창하였고, 나카니시 우시오(中西牛郎)는 「일본제국의 임무(日本帝國の任務)」

---

33) 高田早苗, 「帝国主義を採用するの得失如何」(『太陽』 第8巻 第7号, 1902).

에서 "국가를 조직하는 각국의 인민은 국민으로서의 관념을 명확히 하고 국민으로서의 직분을 충실히 하고 국민의 임무를 알 것"을 요구했다. 여기서 말하는 '국민으로서의 임무'란 "국민 전체가 총력을 기울여 자국을 세계열강의 중심으로 만들고 그로 인하여 세계에 원기를 불어넣고 그렇게 함으로써 세계평화를 유지하고, 폭력적인 나라는 이를 좌절시키고 힘이 없고 약한 나라는 도와주며 아직 몽매한 나라는 이끌어 주며 미개한 나라는 발전할 수 있도록 인도하는 정신"이었다. 나카니시에 의하면 이런 정신의 형성이라는 점에서는 "일본제국은 이미 육해군 군인으로서는 전쟁에서 이겼으나 아직 국민으로서는 이기지 못하였다"는 상태에서 벗어나지 못하고 있었다. 쓰보우치 유조(坪内雄藏)는 2호에 걸친 「전쟁과 문학」에서 문학을 '국민의 정세적(情勢的) 활동', 전쟁을 '국민의 동세적(動勢的) 활동'이라고 정의하고 "전쟁에서 큰 승리를 거둔 국민은 위대한 문학을 탄생시켜야 한다"라고 논하고 있다. 이들 주장은 모두 더 이상 '신민'으로 머물고 있어서는 안 된다는 암시를 포함해서 '대국민(大國民)'육성의 시급함을 설파하고 있는 것이다.

1901년 나루세 진조(成賴仁藏)가 일본여자대학교를 개교하면서 "여성을 첫째로 사람으로서, 둘째로 부인으로서, 셋째로 국민으로서"라고 강조한 것도 이러한 흐름 안에서의 일이었다. 그는 이렇게도 말하고 있다. "여자도 또한 국가의 신민이다. 당연히 국민이라는 관념을 심고 명확한 국가의식을 품게 해서 영국·미국·프랑스·독일의 여성이 아니라 일본 여성으로서의 특성을 갖추게 하고 그 위에 국민이라는 자격을 주어…" 실제로 당시 여성관은 "남편에게 집안일 걱정을 끼치는 일이 없도록 하라"는 방향으로 기우는 경향이 있었는데 "여자를 일하는 기계로 보거나 또는 연예인처럼 예뻐야 한다"는 식의 교육에 일침을 가하는 커다란 의미가 있었다.[34] 이것은 여성의 '국민'화를 향한 첫걸음이었다.

---

34) 成賴仁蔵, 「日本女子大学校設立之趣旨」(1901), 三井為友編, 『日本婦人問題資料集成』第4巻(教育)(ドメス出版, 1981).

이와는 반대로 '국민'상의 '신민'상으로의 접근은 1904～1905년의 러일전쟁 전후부터 현저해졌다 그 직접적인 계기가 된 것은 사회주의 · 무정부주의의 유입과 자연주의문학의 융성에 의한 사상의 '악화' 그리고 지방개량운동을 비롯한 민심통합을 향한 강한 충동이었다. 이러한 이데올로기적 교화는 다음 두 가지 방면에서 이루어졌다.

하나는 '국민도덕'론의 성행이다. 이노우에 데쓰지로(井上哲次郎)의 『국민도덕개론』(國民道德概論, 三省堂, 1912)이 이를 대표한다.

이 책은 1910～1911년에 이노우에가 행한 세 번의 강연이 직접적인 계기가 되었다. 그중 특히 후반의 두 강연은 문부대신의 위촉에 의해서 사범학교 수신과(修身科)[35] 담임교원을 위한 9일간의 강연과 중등교원을 위한 5일간의 강연이었으며 마지막 강연 속기록을 보완한 것이 이 책이다. 이 배경에는 1910년의 고토쿠 슈스이(幸德秋水) 등에 의한 이른바 대역사건(大逆事件)[36]의 관련자 검거가 계기가 되었으나, 넓게는 러일전쟁 후에 벌어진 사상의 '불건전'화(이 책에 보이는 표현)가 있었으며, 이 책은 이러한 상황 하에서 국민으로서의 일체감 양성을 목적으로 하는 문부성과 이노우에 데쓰지로의 공동작업의 산물이었다. 후에 이 책은 증보판 · 수정판을 거듭하는데, 수정판의 서문에서 이 책의 영향력에 관해서 '국민도덕'이라는 말은 이미 후쿠자와 유키치나 니시무라 시게키(西村茂樹)도 사용하고 있지만…이라고 말을 꺼낸 후 다음과 같이 자랑하고 있다. "당시 교육사회에 커다란 반향을 일으켜서 마침내는 국민도덕이 고등학교 및 사범학교 등 여러 학교에서 필수과목으로 수업하게 되었을 뿐 아니라, 모든 중등교육 시험과목을 통하여 국민도덕에 대한 예비지식을 요구하기에 이르렀다."

「서론」, 「국민도덕의 의의」, 「국민도덕과 윤리학설」, 「국체와 국민도덕」,

35) 수신(修身, しゅうしん)이란, 심신을 수양하는 것을 의미하고 제2차 세계대전 이전의 일본 소학교(제2차 세계대전 중에는 초등학교)의 과목의 하나. 1890년의 교육칙어가 공포된 후 1945년 제2차 세계대전에서 패전할 때까지 존재했다. 패전 후의 도덕과목에 해당한다. – 옮긴이

36) 메이지천황의 암살을 계획하였다는 이유로 다수의 사회주의자, 무정부주의자가 검거되어 처형된 탄압사건. 고토쿠 사건이라고도 불린다. – 옮긴이

「신도(神道)와 국체」, 「신도의 기원, 발달 및 경향」, 「무사도의 역사, 특질 및 장래」, 「가족제도와 선조숭배」 등등으로 이어지는 구성을 볼 때, 이노우에가 '민족적 정신의 현현(顯現)'으로서 '국민도덕'의 수립과 그 학문적 뒷받침에 얼마나 절치부심했는가를 알 수 있다. 그에게는 '서양문명'의 유입은 불가피한 일이었고, 유(儒) · 불(佛) · 신(神)의 세 종교만으로 자족할 수 없는 상황이라는 인식이 있었다. 또한 그에게는 일본 영토 안에 있는 "첫째는 중국인, 둘째는 조선인, 셋째는 아이누인, 넷째는 세이반(生蕃),[37] 다섯째는 오롯코,[38] 여섯째는 기리야크[39]"라는 '여섯 이민족'이 있는데 '일본국민을 통일할 필요'에 의해 이들 이민족을 '동화'시켜야 한다는 생각도 갖고 있었다. 이러한 생각을 가진 이노우에는 이 책에서 "일반보편적인 도덕이라는 것 외에 국민으로서 지켜야 할 도덕"이라는 것이 있는데 "그것은 국민이 당연히 지켜야 하는 것이며 그것을 지키고 있는 한은 국민으로서의 생명이 있다"라고 주장하고, 교육칙어에서 "일본의 국민도덕의 기본 틀"을 찾으려 했다. '국민도덕'이라는 이름 하에 그 기본 틀에서 일탈하는 것을 허용하지 않고 속박시키려는 논이었다.

다른 하나는 '국민성'론의 등장이었다. '국민성'이라는 말이 언제부터 사용되기 시작했는지는 확실하지 않지만, 이 말을 단번에 공통어로 만든 것은 하가 야이치(芳賀矢一)의 『국민성십론』(國民性十論, 富山房, 1907)이었다는 것은 의심의 여지가 없다. 일본인의 '국민성'을 '충군애국', '조상을 숭배하고, 가문의 명예를 중시한다', '현세적이고 실제적', '초목을 사랑하고 자연을 즐긴다', '낙천적이며 멋을 즐긴다', '담백소쇄(淡白瀟洒: 욕심이 없고 맑고 깨끗하다-옮긴이)', '섬려섬교(纖麗纖巧: 섬세하고 화려하다-옮긴이)', '청정결백', '예절작법(禮節作法: 예절과 법도를 중시한다-옮긴이)', '온화관서(溫和寬恕: 온순하고

---

37) 원뜻은 대만의 선주민인 고산족(高山族) 중에서 한족(漢族)에 동화하지 않았던 이들을 청나라에서 이르던 말-옮긴이

38) 사할린 북동부와 남부에 거주하는 소수민족, 윌타라고도 함-옮긴이

39) 사할린 중부 이북 및 러시아 연방의 극동지역, 아무르강 하류에 거주하는 소수민족-옮긴이

인자하여 너그럽게 용서한다－옮긴이)'는 열 가지 특색으로 정리한 이 책은 독자를 얻어 중판을 거듭했다.

'국민성(國民性)'의 등장에 의해 '국민'은 만들어지는 존재에서 벗어나서 본원성(本源性)과 불변성(不變性)을 획득하기에 이른다. 애당초 만들어진 '국민'의 결과로서 열거된 이들 여러 특징이 '국민'을 생각할 때의 전제가 되는 지위를 부여받게 되어 그것은 '국민성'이기 때문에라는 설명이 모든 탐구활동을 무력화시키고 만다. 이는 자연성을 가장하여 규범이 되고 그 결과 사람들을 구속하게 된다. "왜 일본인은 충군애국(忠君愛國)을 하는가"가 아니라 "일본인은 누구나 충군애국을 한다"가 된 것이며, 한발 더 나가서 "충군애국을 안 하면 일본인이 아니다"라는 함정을 파게 되었다. 게다가 국가와의 관계가 희박하여 '민족성'으로 보는 편이 적절한 여러 항목(이들 여러 특징마저도 자연성으로 인식하지만)까지도 무조건 '국민성'이라는 틀 안에 가두어 버렸다.[40] 게다가 이민족(異民族)・이국민(異國民)을 판단함에 있어서 일본의 '국민성'을 기준으로 삼는 정도를 높였다. 이에 앞서는 일본인론의 고전으로 미야케 세쓰레이(三宅雪嶺)의 『진선미일본인』(眞善美日本人, 政教社, 1891)이 있는데 이 작품은 역시 미야케 세쓰레이가 쓴 일본인비판을 꾀하는 『위악추일본인』(僞惡醜日本人, 政教社, 1891)과 한 쌍을 이루고 있었지만, 『국민성십론』은 시종일관 일본 '국민성'의 우월성을 열거하는 데에 그치고 있다.

이처럼 '국민도덕'론과 '국민성'론은 충효를 축으로 하는 틀을 설정하고 그 안으로 사람들을 몰아넣으려는 기능을 담당하였고, 국민의 심리적인 통합에 적잖은 역할을 했다.

'청년남녀를 위한 보습독본(補習讀本)'이라며 간행된 오쿠마 시게노부의 『국민독본』(國民讀本, 丁未出版社, 1910)은 서명을 포함해서 아마도 위에서 언

40) 필자인 하가 야이치는 전체를 '국민성'으로 파악하면서도 아마도 의식하지 못한 채로 '민족성'에 해당하는 항목에서는 '일본인'을 사용하고, '국민'으로서 갖추어야 할 요건에 불가피하게 관계되는 항목에서는 '국민'과 '신민'을 사용하고 있다. 그러한 의미에서 '국민성'에 해당하는 것은 '충군애국'과 기껏해야 '조상을 숭배하고 가문의 명예를 중시한다'는 두 장에 불과하다.

급한 '신민'의 국민화와 '국민'의 신민화 두 접점에 위치하는 저작이라 할 수 있을 것이다. 이 책 서문에서 말하기를 "국민독본은 대일본의 국체와 국민성을 세상에 알리고 오늘날의 법치국가로서의 국가조직의 강령과 국민의 책임을 개설하고 또한 충군애국의 새로운 의의를 제시하며 아울러 일본 국민의 이상을 명확하게 밝힌다."

이 『국민독본』은 제1편 「대일본의 국기(國基)」, 제2편 「대일본제국의 발달」, 제3편 「금상(今上)의 친정(親政)」, 제4편 「대국민(大國民)의 이상」으로 구성으로 되어 있다. 제1편은 2장으로 구성되며 제1장 「천양무궁(天壤無窮)의 황실」과 마주보는 형태로 제2장 「국민의 자질」이 놓이며, 「지성(至誠)의 길」, 「충군애국」, 「효제우애」, 「염치(廉恥)의 마음」, 「호결(好潔)의 백성」, 「동화(同化)의 힘」까지 여섯 절이 '국민'의 아름다운 자질을 열거한다. 이 제1편은 물론이고 이 책 전체를 관통해서 각 절 권두마다 천황과 황후의 노래(와카, 和歌)가 합계 61수 실려 있고, 어느 페이지를 펼쳐도 눈에 들어올 정도로 '신민'이란 말이 넘쳐날 만큼 가득하다. 그리고 이 책의 거의 반을 차지하고 있는 제3편은 입헌국민으로서의 지식과 마음가짐을 열거하고 있다. 이러한 점에서 이 책은 '신민'+'국민'상의 성숙을 보여 준다고 할 수 있다.

V. 비특권층 · 생활자로서의 '국민'

'국민도덕'과 '국민성'을 내걸고 민중의 교화가 시작된 20세기 초, '국민'은 새로운 모습으로 나타났다. 1905년 9월 체결된 러 · 일강화조약 반대운동이 그 서막을 알렸다. 이 운동은 같은 달 5일, 도쿄 히비야공원에서 열린 '국민대회'를 계기로 전기를 맞이했다. 개최는 '국민대회 발기자'라는 이름으로 "오라 애국동지여"라는 격문이 배포되었는데 거기에는 "히비야공원에서 국민적 대회를 개최하여 천하의 뜻을 같이하는 동지와 함께 그 뜻을 밝히고"라고 적혀 있었다(『도쿄아사히신문』 1905년 9월 5일자). 관헌의 방해를 배제하고 개최된 '국민대회'는 그 이름으로 '만주에 주둔한 각 군(軍)'과 추밀고문관(枢密顧問官)에 대한 결의를 한 후 이른바 야키우치사건(焼打事件)[41]을 일으켰다.

이 대회를 조직한 사람은 흑룡회(黑龍會) 계열과 반대 당(헌정본단, 憲政本黨) 정치가들이 결성한 강화문제동지연합회(講和問題同志連合會)였다. 그리고 그 결의가 굴욕조약의 파기를 주장한 것처럼 운동이 배외적(排外的)이고 대외강경적인 색채를 띠고 있었다는 것도 사실이다. 그러나 지금까지 선행연구들이 밝혀 낸 것처럼,[42] 이 사건은 전시 하에서 쌓인 여러 모순에 대한 도시 무산대중의 분노가 폭발한 것이었다. 여기서 그들은 '국민'이란 말을 사용한 것이다. 직접 사용한 것이 아닐지라도 '국민대회'라는 이름 아래 결집한 것이었다.

왜 '국민'대회이어야 했는가? 세 가지 의미가 있었다고 생각할 수 있다. 첫째는 "오라 애국의 동지여"를 보면 알 수 있듯이 '전승(戦勝)에 대한 결과'가 "다시는 씻어 낼 수 없는 굴욕과 열강들의 비웃음"만을 가져왔다고 보는 대외적인 의미에서의 '국민'적 굴욕감이었다. 둘째는 동지연합회 총대표가 된 고노 히로나카의 상소문에 보이는 것처럼 "내각대신들 및 모든 권한을 가진 위원들"이 "폐하에 대한 죄인이며 또한 국민에 대한 죄인"이라는 정부당국에 대한 강한 탄핵의 의지였다. 여기에는 특권층에 대한 뿌리 깊은 원한이 쌓여 있었다. "총리 애첩의 집"에 방화할 것을 대비해서 경찰의 엄중한 경계가 내려진 것이라든지 사회주의자였던 아라하타 간손(荒畑寒村)이 당시 비전론 입장에서 강화를 찬성하는 연설회를 열어 강화든 전쟁이든 결국 정부는 국민의 뜻을 무시하고 있다고 비판해서 청중의 공감을 얻은 점 등에서[43] 그 편린을 엿볼 수 있다. 그리고 셋째는 이 '국민'대회는 9월 4일 이전에 각 지방의 '현민(縣民)'대회, '시민(市民)'대회, '군민(郡民)'대회,

---

41) 히비야 야키우치 사건(日比谷焼打事件)이라고도 한다. 러일전쟁 후의 배상에 관련한 포츠머스 조약에 불만을 품은 사람들이 중심이 된 '강화문제동지연합회'가 1905년 9월 5일 도쿄 히비야공원에서 집회를 연 것을 계기로 일어난 폭동–옮긴이

42) 예를 들면 松尾尊兊,『大正デモクラシー』(岩波文庫, 1974).

43) 앞에 언급한 松尾尊兊,『大正デモクラシー』.

'조민(町民)'대회의 연장선상에 있었으며, 뿐만 아니라 6일 이후 비슷한 성격의 대회로 이어졌다는 점이다. 이들 대회들은 예를 들면 오사카시민대회처럼 '국민'이란 이름을 사용하여 강화 파기와 전쟁을 계속할 것을 결의하고 있다.

'국민'에 포함된 이들 내실은 그것이 분명히 비(非)특권층으로서의 '국민', 생활자로서의 '국민'을 의미하고 있었다는 것을 보여 준다. 정치 참여에 대한 기회를 빼앗기고 그 결과만을 강요받아 왔던 사람들이 우리들이야말로 '국민'이라고 기치를 올린 운동이었다고도 할 수 있다. 이러한 의식의 변혁을 통해서 드디어 요시노 사쿠조(吉野作造)가 생각한 '일반민중'과 '특권계급'이라는 민주주의의 틀이 싹트게 된다. 마쓰오 다카요시(松尾尊兊)는 앞에서 언급한 연구에서 시민대회 규모의 집회를 면밀하게 추적하여 강화 반대운동에 적잖은 비입헌정부문책(非立憲政府問責)에 관한 결의가 있다는 사실을 발견하고 그것이 보통선거운동(남성에 한한 것이지만)으로 이어졌다고 지적하고 있다.

러·일강화조약 반대운동을 계기로 '국민대회'시대가 열렸다. 정치문제가 일어나자 사람들은 '국민'대회라는 이름으로 정부에 요구하는 것을 주저하지 않게 되었다. 1912년에서 1913년에 걸쳐서 벌족타파(閥族打破), 헌정옹호라는 이른바 제1차 헌정옹호운동과 그 결과로서의 다이쇼 정변[44]은 이러한 지반이 있었기에 가능했던 것이다. '국민대회'로서는 1908년 2월에 증세 반대를 위한 국민대회가, 1913년 9월에는 '대(對) 중국문제' 국민대회가, 1914년 2월의 시멘스(Siemens)사건[45]을 둘러싼 국민대회, 그리고 영업세 철폐를 위한 국민대회 등이 있다. '국민'은 비특권자층 일반이라는 의미를 더하게 된 것이다.

---

44) 1913년(다이쇼 2) 2월, 제1차 헌정옹호운동에 의해 가쓰라 다로(桂太郎) 내각이 무너진 정변-옮긴이

45) 독일인 시멘스가 일본 해군의 고관들에게 뇌물을 준 사건으로 당시 정계의 일대 의혹사건으로 발전했다. 1914년 3월에는 야마모토 내각이 총사퇴하는 지경에까지 이르렀다.-옮긴이

이른바 다이쇼 데모크라시는 '국민' 관념을 둘러싼 이러한 전환을 축으로 시작된 것이다.

이러한 시대사조 속에서 '국민'이라는 말의 쓰임새와 관련해서 역사가 쓰다 소우키치(津田左右吉)는 매우 참신한 인상을 주고 있다. 쓰다는 1916년 일본사상사를 통관(通觀)하는 대작이 되는 커다란 연구를 시작함에 있어서 『문학에 나타난 우리 국민사상의 연구(文學に現はれたる我が國民思想の硏究)』라는 제목을 붙였다. 서문 일부를 게시하겠다.

> 국민의 사상이 국민의 모든 생활과 함께 역사적으로 발달한다는 것은 말할 필요도 없을 것이다. 국민도 또한 개인과 같아서 항상 그 생활을 유지하고 발전시켜 나가려고 한다. 그리하여 끊임없이 새로운 자극을 받고 새로운 상황에 순응하며 그 역경을 이겨 나가는 데에 국민의 생활과정이 있다. 국민사상이란 이러한 국민생활의 심적인 측면에 임의로 이름을 붙인 것에 불과한 것이며, 국민의 실생활에서 생겨나고 실생활과 함께 변해 가면서 새로운 방향으로 이끌어 가는 것이다.

이 말에는 쓰다의 강한 비판정신이 응집되어 있다. 쓰다가 '국민'을 부여받는 것이라는 전제 하에 생각을 전개시키고 있다는 점은 틀림없다. 그런 의미에서 일본열도 주민이 '국민'을 형성하기 전부터 '국민'이라 인식하고 있는 것도 분명하다(이 점에 대한 의문이 제기된 것은 근래에 이르러서이다). 이 점을 조건으로 말한다면, 쓰다의 비판정신은 적어도 세 방향을 향하고 있었다.

첫째는 변한다는 역사성을 기본으로 함으로써 일본의 국체와 관련되는 다양한 불변성과 영원성을 제거하려 한다는 점이다. 서문 후반부에서 쓰다는 다음과 같이 말하고 있다. "가령 국민생활의 여러 상황에 커다란 변화가 있었음에도 불구하고 존왕애국(尊王愛國) 사상은 예나 지금이나 변함없이 같다고 생각하고 있는 것은 아닌가?" 충신의사(忠臣義士) 이야기로 도배되다시피 한 '국사(國史)'상에 대한 통렬한 일침이 아닐까? 예를 들자면 구스노키 마사시게(楠木正成)를 역사를 초월한 일본인의 귀감으로 삼는 도덕사상에 대해서 구스노키 역시 역사 안에 두고 검토의 대상으로 보려는 태도를 취한다.

둘째는 실생활을 강조함으로써 유교나 불교에 의한 감화(感化)를 너무나도 당연한 듯이 말하는 주장에 대해서 허망하다고 부정하는 점이다. "물론 우리 일본국민은 예부터 중국과 인도와 같은 이국에서 만들어진 사상을 배우고 또한 받아들였다. 그러나 그것조차도 국민의 생활에 맞춰진 부분이 강하고, 적어도 그러한 사상으로서 실제 생활을 지배하지는 않았다고 생각한다." 이러한 쓰다의 말에는 '동양사상'이라는 이름 하에 무사도나 여러 명분론이 횡행하는 것에 대한 비판이 있었다.

그리고 셋째는 위 두 가지를 받아서 일본이 또는 동양이 갖는 특유성에 대한 과도한 의미부여를 부정하고 있는 점이다. 쓰다는 유교나 불교도 시대마다의 일본인의 생활에 적응시키고 수용한 것에 불과하며, 중국이나 인도에서 발생했을 때의 모습과는 크게 다르다고 지적한 뒤 "얼마나 공명하는 부분이 있었을까? 만약에 있다고 하더라도 그것이 꼭 이른바 동양에만 존재하는 특수한 것이 아니라, 어느 민족에도 공통되는 인생에 보편적인 점이 아니었을까?"라고 말한다. 여기에는 일본의 국체나 동양의 도의(道義)에 대한 특유성과 우위성을 주장하는 것에 대한 씁쓸함이 담겨 있다.

이상의 세 방면으로 전개되는 쓰다의 비판정신은 앞에서 살펴본 '국민도덕'론이나 '국민성'론을 향해서 던져진 날카로운 지적이었다.[46] 『국민사상의 연구』는 이들 '신화'를 실태를 드러내 보여서 무너뜨리려 한 야심적인 시도였다. 이때 근거로 삼은 것이 바로 전개되는 '국민'의 '생활'이었다. 쓰다에게 '국민'이란 그런 식으로 생활하는 주체였다. 그리고 사상이란 '국민생활의 심적 측면'에 이름을 붙인 것에 불과했다.

이러한 쓰다의 시도는 '사상' 파악에 전환을 가져오려는 제창이었다. 첫째로 그때까지 사상이라는 것은 사상가들에 의해서 발아되고 체계화된 것, 즉 사상가들의 전유물이었기에 그 이외의 서민들을 뜻하는 '국민'이 관여할 수 있는 대상이 아니었다(그리고 이러한 생각은 그 뒤에도 한동안 주류를 이루었다).

46) 쓰다도 서문에서 '국민성'이라는 말을 한 군데 사용하고 있으나 쓰다는 '국민성'을 선천적이고 고정적인 특성으로뿐 아니라 "생활과정에 의해서 점차 하나의 국민성으로 형성되어"라고 말하고 있듯이 역사적으로 형성되는 특성으로 보고 있다.

둘째로 사상은 '생활'과 동떨어진 '사변(思辨)' 세계의 산물이기에 '생활'이 '사상'의 신성한 영역에 들어갈 수 있다고는 아무도 생각하지 못했다. 쓰다가 말하는 '국민사상'은 이 두 가지 점에서 가장 적합하지 않은 인자를 결합시키는 발상을 학계에 들이댄 것이다.

그렇다면 이러한 '국민생활의 심적 측면'은 어떤 종류의 작품에 가장 많은 흔적을 남기고 있을까? 이른바 사상적 작품이 아니라 문학이야말로 '국민의 심생활(心生活), 국민사상의 가장 적절한 표현'을 찾아볼 수 있는 곳이라고 쓰다는 생각했다. 그런 의미에서 『국민사상의 연구』가 다룬 소재의 대부분이 '문학'이었던 것은 '국민사상'이라는 주제에서는 필연적일 수밖에 없는 방법이었던 것이다. 『국민사상의 연구』에서 국민은 생활의 주인공이기에 문화의 주인공이라는 위치를 부여받게 된다.

VI. '국민'이라는 제복

그런데 '국민'이라는 말뜻은 국민 그 자체가 그랬듯이 1930년대부터 아시아태평양전쟁기에 접어들면서 암울해진다. 국가에 의해서 사람들은 '국민'이라는 샤워를 하게 되었다. 가령 이와나미서점(岩波書店) 편집부가 엮은 『근대일본총합연표』 제3판(近代日本總合年表, 岩波書店, 1991) 색인에서 1931년부터 1945년까지 15년 동안 '국민'이라는 말을 포함하는 용례를 뽑아서 연도순으로 나열하면 다음과 같다.[47] 참고로 이 결과는 『연표』가 수록대상으로 하는 1853년부터 1989년까지의 137년 동안에 기재된 '국민'이라는 말을 포함하는 용례 90개 중 35개에 이른다(1931년 후만 따지면 59년 동안 67개 있는데 15년 동안 35개가 된다).

47) 날짜는 생략했고, 기술은 적절히 짧게 고쳤다.

1932년 8월	국민정신문화연구소 설치
1934년 6월	가고시마(鹿兒島)현에 문부성 지시로 국민정신문화강습소를 설치 이어서 각 부현(府縣)에서 설치를 추진
1935년 2월	폐창동맹(廢娼同盟)[48]을 국민순결동맹으로 개편할 것을 결정
1936년 6월	〈국민가요〉 방송개시(제1회 〈일본 좋은 나라〉)
1937년 8월	내각 회의에서, 국민정신총동원실시요항을 결정
1937년 10월	국민정신총동원중앙연맹 결성 〈국민창가〉 방송개시(제1회 〈바다에 가면〉)
1938년 4월	국민건강보험법 공포 내각 회의에서 국민저축장려를 합의(국민저축운동을 전개)
1938년 11월	국민정신진작주간 시작됨
1939년 1월	국민직업능력신고령 공포 국민가극협회 제1회 공연
1939년 2월	정부, 국민정신총동원강화정책을 결정
1939년 3월	국민정신총동원위원회 관제(官制) 공포
1939년 7월	국민징용령 공포
1939년 8월	동령에 의거하여 첫 〈출두요구서〉를 건축기술자에게 발송
1940년 4월	국민체력법 공포
1940년 5월	국민우생법 공포
1940년 11월	쓰키지(築地)소극장, 전시통제로 국민신극장(國民新劇場)으로 개칭 대일본제국국민복령(國民服令) 공포
1940년 12월	국민갱생금고 설립 내무성의 권고에 의해 연극·잡지 제1차 통합, 여러 잡지를 폐간하여 〈국민연극〉 〈연극〉을 창간
1941년 3월	국민학교령을 공포[소학교를 〈국민학교〉로 개칭, 교과를 〈국민과〉, 〈이수과(理數科)〉, 〈체련과(體鍊科)〉, 〈예능과〉로 통합]
1941년 3월	국민노무수첩법 공포 국민저축조합법 공포

48) 공창제도를 없애기 위한 운동으로 일본에서 메이지 초기부터 자유민권운동가나 기독교 단체에 의해 추진되어 1956년 매춘방지법이 제정됨 – 옮긴이

1941년	4월	국민학교 신(新)교과서 사용 개시
		〈국민교육〉 〈일본교육〉 창간(문부성의 지도로 교육잡지를 통합)
1941년	11월	국민노동보고(報告)협력령 공포
1942년	1월	문부성에 국민연성소(國民錬成所)를 설치
		국민의료법 공포
1943년	6월	경시청, 국민징용령관계 위반자 776명을 검거
1943년	7월	〈미타미와레(みたみわれ)〉[49] 발표 국민음악회
		일본음악문화협회, 이 노래를 중심으로 국민가창운동을 전개
1943년	7월	국민징용령 개정 공포(징용의 국가성을 강조)
1944년	2월	임시인구조사와 국민등록실시
		국민학교령 등 전시특례를 공포
1944년	3월	국민직업지도소, 국민노력동원서로 개칭
1944년	5월	국민술집(사카바, 酒場) 개점
1945년	3월	국민징용령 등 5개 칙령을 폐지・통합하여 국민노동동원령 공포
1945년	6월	국민의용전투대 결성을 위하여 대정익찬회(大政翼賛會) 및 여러 산하단체를 해산

여기에 적어도 '소국민(少國民)'[50]이 추가된다. 대부분은 '국민정신총동원'이나 '초등학교' 등에 전형적으로 나타나듯이 '국민'화를 향한 이데올로기적인 강제성을 내포하고 있었다. 이에 의해서 사람들은 이른바 '국민'이라는 제복을 2중, 3중으로 입는 꼴이 되었다.

이러한 '국민'의 강조는 거시적으로 보면 나치독일의 'Volk(국민, 민중)'의 빈번한 사용과 겹친다. 물론 애당초 일본이라는 국가와 사회 내부에 싹틈이 있었다. 그 내용을 아래에 정리해서 열거하면 다음과 같다.

---

49) '미타미와레(御民ワレ)'의 의미는 '천황의 백성인 나'이다. 일본방송협회의 『국민합창』의 하나로 대정익찬회(大政翼賛会)가 제정한 노래. 대정익찬회는 태평양전쟁이 격해짐에 따라 일본 국내의 사상통일을 목적으로 모든 정당을 하나로 통합한 것-옮긴이

50) 나이가 어린 국민. 소년과 소녀. 제2차 세계대전 당시 소학교가 국민학교로 개칭되었을 때 쓰이던 단어. 현재는 사어이다.-옮긴이

(1) 우선 '국민'은 사회주의 특히 국체 타파를 지향하는 마르크스주의에 '오염'된 사람들을 '정도=옳은 길'로 되돌리는 데 사용되는 주제어의 하나로 작용했다. 전향에 대한 권유는 '국민'적인 자각을 촉구하는 방향으로 진행되었다.

(2) 다음으로 '국민'은 개인주의적, 자유주의적 가치관을 구축하기 위한 그럴듯한 기치가 되었다. 이때 이 말은 '국가' 본위='국가' 앞에서의 사적인 이해를 따질 수 없다는 점을 대표해서 '개인' 본위를 억제하는 권위성을 띰과 동시에 개인주의와 자유주의를 원칙으로 하는 미국과 영국에 대한 대항관(對抗觀)과 모멸관을 증폭시키기 위해 기능했다.

(3) 그 결과로서 '국민'은 국내의 모든 대립을 그 말에 담아 버리고 '국체'와 연계시키면서 상하협력과 화합을 만들어 내기 위한 지렛대의 역할을 했다. 그런 의미에서 '국민'은 거국일치의 중추를 형성하게 되었다.

(4) 게다가 '국민'이라는 의식은 전시체제 하에서 '적국민(敵國民)'에 대한 증오나 그들에 대한 대항의식과 경쟁의식을 배양했다. 그리하여 사람들을 거부할 수 없게 만들어 더 충성스러운 '봉공(奉公)'을 요구하였다.

(5) 이와 같이 중층적으로 만들어진 '국민'이라는 말은 한 사람의 예외도 허용하지 않는다고 사람들을 위협하는 힘을 가지게 되었다. 그런 의미에서 '국민'은 보조를 맞추지 않는 사람에게 '비국민(非國民)'이라는 낙인을 찍을 것을 권장하고 또한 힘을 보태었다. 여기서 보조를 맞추지 않는 사람이란 저항자, 비판자만을 가리키는 것은 아니다. 방관자, 도피자 혹은 보조를 맞추는 기능을 갖지 못한 사람들도 포함되었다. 이리하여 '국민'은 모든 사람에게 참가를 강요하는 표상이 되었다.

(6) 이 시기 '국민'이라는 말이 '권리'와 연결되는 일은 없었다. 오로지 '의무'하고만 연결될 뿐이었다. "국민으로서의 의무를 다할 수 있다는 생각이 들어서 애국공채를 다시 샀다"[아카이케 히가시야마(赤池東山)의 단가(短歌), 1938년 1월, 『昭和万葉集』 제4권, 講談社, 1979]. 따라서 '국민'이

라는 것은 모두가 천황의 '아이=백성'이 되는 것이었다.

대략 이상과 같은 함의에 의해 '국민'은 사람들을 통솔하고 속박하는 가장 유력한 말이 되었다. '신민'이라는 말도 물론 천황에 대한 관계에서 빈번하게 사용되지만, 그토록 진충보국(盡忠報國)이 선전되고 있었음에도 불구하고 이 시기에는 오히려 말의 무게 면에서는 '국민'이 우위에 있었다. '신민'이라는 말이 가지는 복종적이고 일국적인 성격으로는 이미 충분하지 않다고 판단되었을 것이다. 다른 한편으로 '국민'의 압도적인 다수를 차지하는 '민중'은 그 말이 가지는 피지배층이라는 어감 때문에 쓰이지 않게 되었다. '민중오락' 연구의 개척자였던 곤다 야스노스케(權田保之助)가 연구주제를 '국민오락'으로 개칭한 점에 단적으로 나타나 있다.

이러한 '국민'화는 식민지에서는 '신민'화로 추진되었다. 조선에서는 여러 운동을 통합한 조직을 국민총력조선동맹이라고 불렀지만 목표의 핵심이 '황국신민'을 연마육성하는 데에 있었다. '국민'화와 '신민'화 사이의 낙차를 이용해서 사람들은 무한한 복종으로 몰아세운 것이다.

'국민'이 얼마나 강조되었는가를 스스로가 '소국민' 세대에 속하는 야마나카 히사시(山中恒)의 연구를 통해서 초등학교를 예로 들어보자.[51] 소학교를 국민학교로 바꾸는 안이 현실화된 것은 1937년 12월, 총리대신 자문기관으로 설치된 교육심의회에 의해서였지만 특별위원회에서 심의한 결과 이듬해인 1938년 12월 총회에 제출된 「국민학교, 사범학교 및 유치원에 관한 건(件) 답신」에는 다음과 같이 적혀 있다.

> 국민 전체에 대한 기초교육을 쇄신하고 그 확충과 정비를 도모하여 새 학제의 기초를 확립함과 동시에 황국(皇國)에서 의무를 다할 수 있는 국민의 기초적인 연마육성을 완성시키는 것을 가장 근본으로 하며 (중략) 황국의 길을 가기 위한 수련으로서 국민을 연마육성하고, 국민정신의 고양과 지능의 계발, 그리고 신체능력의 향상을 도모하여 산업 및 국방의 근기(根基)를 배양하고, 그로 인해 안으

51) 山中恒, 『御民ワレ: ボクラ少国民 第2部』(辺境社, 1975).

로는 국력을 충실히 기르고 바깥으로는 팔굉일우(八紘一宇)[52]의 국가를 세우려는 정신을 실현하기 위한 다음 세대의 대국민(大國民)을 육성함을 목표로 한다.

게다가 야마나카는 이러한 교육이념이 1941년 4월의 국민학교 발족에 앞서서 교육서(教育書) 등에서 강조되고 있었다고 지적하면서 그 일례로 우메네 사토루(梅根悟)의 『초등교수개혁론』(初等教授改革論, 賢文館, 1940)을 들고 있다. 인용된 한 구절을 인용해 보면 다음과 같다.

행동에 의한 국민적 심정의 훈육은 다양한 방면으로 나누어 생각할 수 있다. 국민적 행동은
국민 신앙적(종교적) 행동
국민 정치적 행동
국민 경제적 행동
국민 국방적 행동
국민 사회적 행동
국민 문화적 행동
국민 오락적 행동
등으로 분류할 수 있을 것이다.

모든 항목에 '국민'을 앞에 붙인 데에 사람의 신체와 정신에 '국민'이라는 표시를 각인하지 않을 수 없었던 당시 교육의 일단을 엿볼 수 있다.

새로이 발족한 국민학교는 수신(修身), 국어(일본어), 국사(일본사), 지리를 합쳐서 국민과(國民科)라 하고, 모든 교과 맨 앞에 두었다. 그리고 국민과의 이념은 다음과 같이 명시되어 있다. "국민과는 일본의 도덕, 언어, 역사, 국토 국세(國土國勢)에 대해서 습득시키고, 특히 국체의 정화(精華)를 분명히 밝히고 국민정신을 함양해서 황국의 사명을 자각케 하는 것을 요지로 한다."[53]

52) 온 천하가 한 집안이라는 뜻. 제2차 세계대전 중에 일본이 해외침략을 정당화하기 하기 위해 표어로 사용했다. - 옮긴이

53) 文部省, 『学制80年史』(大蔵省印刷局, 1954).

사람을 주체로 할 생각으로 세워진 '국민'이라는 목표가 사람에게 극한적인 속박이 된 것이다.

VII. 맺음말

1945년 8월의 항복을 우리는 이러한 '국민' 관념을 뛰어넘는 기회로 만들었던가. 근대 일본에 있어서 '국민' 관념의 변천을 추적하면서 이러한 의문이 솟아나는 것을 느낀다.

그 순간 눈에 비치는 것은 '국민'에 대해서도 일찍이 재건을 위해 노력했던 일본 지배층의 '교활함'이다. 현재까지 두 가지 사실이 극명하게 밝혀져 있어서 마음이 아프다.

첫째는 맥아너헌법 초안의 인권보장 규정에 대한 일본 정부의 수정이라는 문제이다. 후루카와 아쓰시(古川純)의 「외국인의 인권 (1) — 전후 헌법개혁과 관련해서」(外國人の人權 (1) — 戰後憲法改革との關連において, 『東京經大學會誌』 第146호, 1986년 6월)가 밝히고 있듯이 맥아더 초안의 제13조 "All natural persons are equal before the law"는 일본 정부가 저항한 결과, 일본국헌법에서는 "모든 국민은 법 앞에 평등하고"로 변경되었고, 그 외에 "nation origin"(후에 "Nationality")에 관계없이 해당하는 대목은 '문벌(門地)'로 수정되었다.

둘째는 윤건차(尹健次)의 『고립된 역사의식 — 일본국가와 일본인』(孤絶の歷史意識 — 日本國家と日本人, 岩波書店, 1990) 그리고 다나카 히로시의 『재일외국인 — 법의 벽, 마음의 골』(在日外國人 — 法の壁, 心の溝, 岩波新書, 1991, 신판은 1995)에서 지적하고 있듯이 (1) 재일조선인의 참정권 정지, (2) 외국인등록, (3) 일본국적 상실이 당사자의 의지에 전혀 관계없이 수행된 점이다. 더욱이 이들은 (1)이 부인참정권 부여를 담은 중의원의원 선거법의 개정, 그리고 (2)가 일본국헌법의 시행, 그리고 (3)이 대일평화조약의 발효와 각각 세트로 제도화되었다.

이러한 사실은 제2차 세계대전 후 일본에서 '국민'이 '국적'이 되어 새로운 벽을 구축하는 데에 주요한 소재가 되었음을 보여 준다. 전후 일본인은 천황과의 관계라는 측면에서 말하자면 '신민'에서 '국민'이 되었으나 그 '국민'은 다나카 히로시의 책의 부제에 빗대어 말하면 '마음의 벽'으로 기능하기 시작했다. 그로부터 반세기, 우리는 이 '마음의 벽'을 얼마나 허물었다고 할 수 있을까?

[번역: 이광제 · 서정완]

전후 일본의 국민재통합과 '속죄'를 둘러싼 대외문화정책

―잃어버린 지역과 방황하는 기억―

아사노 도요미(浅野豊美)

I. 들어가는 말

이 글은 제국일본이 연합국에 의해 해체되고 '일본인'만의 일본이라는 국민국가로 재편되는 과도기에 초점을 맞추어 일찍이 제국을 지탱하는 권력에 스며들어 있던 '문화'가 이제는 어떠한 동태적인 양상 속에서 국민국가로서의 일본 통합을 뒷받침하게 되었는가, 또 그 과정에서 '문화'가 의미의 체계로서 존재한다고 하면, 전쟁 전의 제국으로서의 일본은 전후(戰後) 일본 사회에 의해 어떠한 의미를 내외적으로 덧붙이려 하였는가에 대해서, 그 일단을 전후 일본의 대외문화정책의 기원을 실증적으로 검토함으로써 논하고자 한다.

일반적으로 대외문화정책이 어느 국민사회를 대표하여 다른 사회를 향해 전개될 때에는, 전개하는 측의 사회적 동기 안에 자국의 존재 의미를 타자와의 교류 및 관계 속에서 획득하고자 하는 목적이 존재한다고 일컬어진다.[1] 실제 정책 입안에 영향력을 가진 국내의 행위 주체가 외부 타자와의 교류에 의해 국민적 존재 의미를 타자로부터 승인받는다면, 내부의 국민사회 속에서의 정치적 정통성이 높아져 그 또한 교류의 중요한 계기가 된다는 것이다. 이러한 시각에서 보면, 과거 자신의 행위나 타자와의 관계에 주체 측이 어떠한 의미를 부여하고 있는가, 혹은 부여하고 싶어 하는가라는 문제는 국내의 '국민문화'나 '국민감정'의 문제일 뿐만 아니라, 타자와의 관계 및 교류에 영향을 주려는 대외문화정책에 간과할 수 없는 영향을 주고 있다.

이 글은 전후 일본의 대외문화정책의 궤적에 대하여 미국, 구식민지 지역(한국 · 대만), 구서양 식민지 지역(동남아시아 구점령지)으로 나누어 각각의 지역과 전후 일본 사이에서 이루어진 문화정책을 둘러싼 논의와 실제 정책의 전개를 그 대상으로 다룬다. 그것이 일본 국내의 국민감정 및 국민문화와 어떠한 관계에 있었는지를 논하고 동시에 후자의 전후 존재방식을 이러한 관계에서 인식하려고 하는 시도이다.[2]

이는 어떤 의미에서 전후사를 역사화하는 시도라고 볼 수 있는데, 이 글은 그러한 시도를 통하여 '전쟁책임'과 '식민지책임'에서 유래하는 '역사청산' 문제가 현대에 남겨진 과제가 되고 있다는 의미를 다른 각도에서 검증하고 향후의 새로운 대외문화교류정책의 모색에 연결시키려는 시도의 일환이다.

---

1) 川村陶子, 「国際関係における文化系譜とさまざまな視点」, 日本国際政治学会編, 『日本の国際政治学 1 学としての国際政治』(有斐閣, 2009), 제9장.

2) 그 상세한 소개는 필자의 『帝国日本の植民地法制』(名古屋大学出版会, 2008), 제6편.

II. 대미협조관계회복을 위한 문화교류: 주체성 유지와 '보편' 세계에 대한 적응

1. 점령과 문화국가 이념

전후 일본인의 사회적인 자기 인식을 논할 때 전후 첫 수상이 된 히가시쿠니노미야 나루히코(東久邇宮稔彦)와 동시대 지식인들에 의해 전개한 담론 '문화국가' 이념은 국가재건 이데올로기로서 무시할 수 없다. 이는 비무장화되고 영토를 축소한 전후 일본의 재건뿐만 아니라 전후 미일관계를 뒷받침하는 이념이 되었다고 볼 수 있다.

히가시쿠니노미야 수상은 "도의(道義)와 문화가 높은 민주주의 평화국가로서 신일본을 건설"함으로써 "군비전폐, 전쟁종료, 세계평화, 인류행복에 공헌하여" 전후 일본을 "인류 최고의 선구자"로 삼는 구상을 하였다.[3] 이 구상은 민족독립의 원칙에 서서 중국과의 낡은 폐단을 청산하고 중일제휴를 통해 동아시아에서의 '신사회'를 건설하는 것, 전쟁 중 '동아 해방을 지향해 온' 동남아시아 여러 나라들과 이번에는 민주주의라는 이념에 서서, 민족주의를 존중하는 국제 민주주의 정책을 보다 적극적으로 추구하고 평화적 우호 관계를 발전시키기 위한 포석이었다.[4] 패전에 의하여 민족독립

---

3) 東久邇宮稔彦, 『一皇族の戦争日記』(日本週報社, 1957), 200-201쪽. 메이지유신(明治維新) 당시의 소일본 속에 갇혀 있던 우리 국민은 지금까지의 과실을 향후의 교훈으로 삼아 심기일전하여 즉각 도의와 문화의 고도한 민주주의 평화국가로서 신일본 건설에 매진하고 신속하게 전쟁에 의한 피해를 회복하자. 전쟁은 이제 넌더리가 난다. 향후 군비전폐, 전쟁종결, 세계평화, 인류행복에 공헌하려는 인류 최고의 선구자가 되어 노력하지 않겠는가.

4) 佐藤晋, 「戦後日本外交の選択とアジア秩序構想」(『法学政治学論究』 41号, 1999), 171쪽. 전쟁 중에 결의된 「대동아공동선언」은 대서양 헌장을 의식해서 만들어졌고, 또 거기에 포함된 민족자결과 통상자유라는 보편적 원칙을 아시아에서 실제로 실현하겠다고 선언한 것이었다. 하지만 패전 후 이 선언은 일본의 전후 노선을 사전에 명시한 것이고 이에 입각함으로써 전후 일본의 주체적인 재건과 국제적 상호이해의 회복이 가능하다는 재해석이 이루어지고 있었다고 할 수 있다. 예를 들면 벳푸 세쓰야(別府節彌) 더블린 총영사는 패전 후의 일본의 진로에 대하여 도의적으로 진보해서 전승

과 통상자유의 원칙이라는 보편적 이념에 서서 새로운 관계를 요청하기 위하여 '문화국가'라는 새로운 국가 아이덴티티가 제창되었던 것이다.

이처럼 수상과 외무성 내부에서 주창된 문화국가론에 의해서 영토의 상실은 '문명심판'의 수락과 국민적 반성의 상징이 되었고 동시에 새로운 전후의 가치로서 평화와 민주주의가 그 상실감을 메웠다. 즉, 이러한 문명의 심판을 받아들이고 제국으로서의 일본의 존재를 주체적으로 반성하고자 한 측은 '민주'주의적인 가치를 영토적 공간상실의 보상으로 받아들이고 내셔널리즘과 결합시켰다. 예를 들면, 국제연합 통신사는 1948년 9월 『연감』 서론에서 "과거 수십 년에 걸쳐 대륙 혹은 태평양에 창과 방패를 휘둘러 침략전쟁을 감행했던 일본이 역사상 허무하게 참패를 당한 것은 일본 및 일본인을 근저로부터 갱생시키는 전환기"이며, 패전은 동양 '문명'을 내건 '독선과 악덕청산'의 계기였다고 끝맺었다.

한편, 과거 제국시대에 대한 '반성'과 함께 보편적인 가치를 수용하는 것에 반발하는 세력은 오키나와 복귀운동과 북방영토 반환운동으로 상징되듯 '민주'라는 가치와 마찬가지로 '고귀한' 전통적 가치의 수호에 의거하면서 전후 일본 사회의 수면 밑을 흐르며 사상 언론계의 국내 냉전적 상황을 낳았다.

일본인의 생활공간을 청일전쟁 이전의 모습으로 되돌린 영토제한은 제국주의에 대한 반성 위에서 '민주'와 '평화'라는 새로운 가치의 기축이 되어, 이 영토제한을 받아들이느냐, 비판하느냐에 따라 타자들이 새로운 가치의 수용 정도를 판가름할 수 있게 하는 척도의 역할을 해내게 되었다고 볼 수 있다.[5)]

국의 지침이 되도록 국제협조정책의 실현을 추구하는 데 있다고 보고, '대동아 공동선언' 정신을 명확하게 함으로써 이를 실현할 수 있다고 진언하였다. 즉, '대동아 공동선언'에 포함된 민족독립과 통상자유 원칙은 원래 보편적 이념의 표명이고 전후의 국제정치를 전개하는 연합국이 상호 알력에 의해서 그 실현을 점차 어렵게 만들고 있는 상황에 있으므로 일본은 패전국이기 때문에 오히려 적극적으로 도의적, 보편적 원리를 주장할 수 있는 유리한 입장에 있다고 보았다는 것이다.

5) 자세한 것은 필자의 「敗戦・引揚と残留・賠償 — 帝国解体と地域的再編」, 『岩波講座 東アジア近現代通史』 第7巻(岩波書店, 近刊) 참조.

'민주'와 '평화'라는 이념에 선 '문화국가'는 국제관계의 변화전망에 의해 지탱되고 있었다. 예를 들면 전쟁 중에 '근대초극론'을 주창한 교토학파의 고야마 이와오(高山岩男)는 근대국가에는 권력 정치적 대립과 투쟁이 필연적으로 수반하며 새로운 세계대전을 부를 수도 있기 때문에 핵시대에서는 "국가가 독점해 온 주권을 질적으로 분할하여 국가 이외의 여러 종류의 사회집단에 양도하도록" 하게 된다. "국가 간의 연방만이 아니라 이미 주권의 각 부분을 담당하는 사회집단의 세계적 결합의 면모를 지닌" 세계적인 결합이야말로 향후 세계질서의 근간이 된다고 논하였다. 전후 일본이 문화국가로 변신한 것은, "국가의 의의에 근본적인 변경이 일어나고 국가가 근대국가보다 문화적 · 도의적 요소가 지배적인 별개의 국가로 발전 변화"하기 위한 주창이라는 것이 고야마의 주장이었다.[6] 교토학파의 주장이 전후 시민사회운동으로 전환하는 역학이 여기서 나타났다고 볼 수 있는데, 국내에 갇혀 있던 각종 사회집단들이 트랜스내셔널(transnational)하게 결합하는 방식으로 새로운 국제관계가 완성될 것이라는 미래 예측은, 전후 일본 정부에 의한 대외문화교류정책의 기원을 논하는 데 있어서도 간과할 수 없을 것이다.

그렇다면 실제 전후 일본의 대외문화정책은 어떻게 출발한 것일까. 종전 직후인 10월 9일 외무성 정무국이 작성한 「자주적 즉결적 시책의 긴급 수립에 관한 건(시안)」[7]에서는 미군을 " '포츠담'선언 및 '항복 후 미국의 초기 대일방침' 등에 체현"된 "일본 통치에 관한 방침 대강을 강령으로 하는 혁명세력이라는 느낌이 있다"라고 인식하였고 미국의 점령 목적인 '평화주의와 합리주의를 기조로 하는 민주주의 일본 건설'에 대하여 수동적으로 따르는 것만으로는 미국에게 극단적으로 혁신적인 정책만을 명령받게 되어 "국가로서 자주권의 전면적 상실을 초래"하고 말 것이라는 위기감이 표명되어 있었다. 전후 일본이 점령에 있어서 자주성과 주체성을 상실하는 일

6) 高山岩男, 『文化国家の理念』(秋田屋, 1946年12月), 19-20쪽.

7) 江藤淳編, 『占領史録 3 憲法制定経過』(講談社学術文庫, 1989), 56-63쪽. 「自主的即決施策ノ緊急樹立ニ関スル件(試案) 政 1 20 · 10 · 9」

없이 전후 건설에 매진하기 위해서 "자발적으로 통치제도를 비롯한 정치, 경제, 문화 등 제반의 분야에 급속히 시책 요강을 수립하고 이를 강력하게 수행"할 필요가 있다는 것이었다.

구체적인 '문화정책의 쇄신'으로서 신사(神社) 신도(神道)에서 '정치성을 불식'시키는 것, 대학교육의 자유화, 교과서 먹칠(전후 점령군 지시에 의해 교과서에 군국주의 침략전쟁, 천황제, 국가신도를 고취시키는 부분을 먹으로 칠하게 한 것)과 정치범 석방으로 상징되는 사상·종교·문화 등에 관한 정부통제의 폐지, 그리고 민간정치단체의 해산명령을 통한 잔존하는 군국주의적 봉건적 성격의 일소를 정치의 힘으로 추진하려고 한 것 등을 들 수 있다. 제국으로서의 의미를 체현하고 있던 국내의 문화제도를 쇄신하는 것이야말로 연합국에 의해 요구되는 보편적인 국제표준으로서의 '평화'와 '민주주의'라는 가치에 따라 착실하게 국내 사회의 변혁을 실행하고 있음을 어필하고 국제사회에 다시금 복귀하기 위한 길이라고 여겨졌다.

2. 점령기의 '대외'문화정책의 기원

이러한 점령 하의 국내를 무대로 연합군이 내거는 보편적 가치를 적극적으로 수용하고 이를 통해 국제적 신뢰를 회복하고자 하는 정치목적에 따른 문화정책의 존재는 전후 일본의 대외문화정책에 큰 영향을 미쳤다. 그 좋은 예로서 일본 본토에 진주한 미군장병을 교류 상대로 한 국내판 대외문화교류이다.

그 무대 중 하나가 센다이(仙台)였다. 워싱턴에 센다이 근교의 벚꽃 모종을 보냈던 것, 전쟁 전에 생겨난 '미일학생회의'가 전후 처음으로 센다이에서 부활한 것이 상징하듯, 전후 미일교류의 거점이 된 도시였다.[8] 1947년 3월 당시 외무성 정보부는 센다이에 있던 종전연락 사무국이 보고해 온

8) 미일학생회의의 기원은 만주사변 후 일본학생이 미국학생에게 호소하여 미일학생들이 만주국을 방문한 것이다. 1990년대 자민당 수상이 된 미야자와 기이치(宮沢喜一)와 저명한 외교관이 된 우시바 도모히코(牛場友彦) 등이 전쟁 전 유력 멤버였다.

「일본 문화의 대미소개 및 미국 문화의 대일소개의 실정」에 주목하고 그것을 "당부(외무성 정보부-옮긴이) 섭외과(課) 문화반(班)에서 향후 대외문화정책을 고려할 때 참고"로 하고 있었다.[9)]

센다이와 미일관계는 묘하게 조선에서의 일본인 귀환(引揚)정책과도 관련되었다. 센다이에는 이와테(岩手)현 출신 사이토 마코토(斎藤実) 조선총독이 중용한 도호쿠(東北)대학 관계자들이 있었다. 전쟁 전에 내무성과 조선총독부에 근무한 모리야 에후(守屋栄夫)는 전후 시오가마(塩釜)의 시장이 되었고, 조선총독부 경무국장을 지내고 1942년 미야기(宮城)현 지사가 되어 종전 직전 본토결전체제에서 도호쿠총감(東北摠監)으로 도주제(道州制) 바로 밑의 종합행정관청의 장관을 지낸 마루야마 쓰루키치(丸山鶴吉)도 현지에서 종전을 맞이했다. 또, 자세한 경위는 알려지지 않았지만 전후 일본인이 조선에서 한꺼번에 돌아왔을 때 콜레라 대책 등의 위생업무를 맡아 미군에 협력한 경성제국대학 의학생과 교원[10)]의 상당수가 전후 도호쿠대학으로 돌아왔다. 게다가 GARIOA(점령지구제정부기금)·EROA(점령지 경제부흥기금) 자금을 제공할 즈음 일본 국민이 지불한 대금을 적립한 특별회계에서 풀브라이트 유학생 제도가 태어났을 때, 센다이에는 재빨리 미국문화센터[11)]가 설립되었다.[12)] 그리고 모리야 에후의 5남인 모리야 다케마사(守屋武昌)가 전후 1969년 도호쿠대학을 졸업하고 1971년에 방위청에 취직한 이후 방위 장비 방면에 영향력을 발휘하여 '미일 평화·문화교류협회'를 통해 활동한 것은 근래 유명한 사건이 되었지만, 미일 평화·문화교류협회의 전신(前身)도 점령기에 일본계 미국인에 의해 설립된 것이었다.

---

9) 「米日文化交流に関し報告方依頼の件」, 1947年 3月 6日(終連事務局次長殿, 外務省情報部発). 이 문서에는 '요시오카(吉岡)'의 서명이 있고 "정보부원을 현지에 파견하여 실정조사를 하도록 해도 좋다"는 코멘트가 자필로 들어 있다.

10) 「敗戦·引揚と残留·賠償 — 帝国解体と地域的再編」을 참고.

11) 문화센터에 대해서는 록펠러 재단으로부터의 원조가 있었다. 1955년에는 국제문화회관도 완공하였다. 松田武, 『戦後日本におけるアメリカのソフトパワー』(岩波書店, 2008), 159-188쪽.

12) 外務省文化事業部, 「国際文化交流の現状と前望(1972)」(大蔵省印刷局, 1973), 9쪽.

미일 평화·문화교류협회의 전신인 '미일문화진흥회'의 설립은 1947년 2월 12일, 히비야공회당에서 미국 유학생 가사이 시게하루(笠井重治)가 링컨 탄생기념대회를 거행한 것이 계기가 되었다.[13] 가사이는 1950년에 GHQ에서 민간인 도미허가 제1호를 얻어 워싱턴대, 시카고대, 전미재향군인회에서 강연을 한 인물이었다. 전쟁 전에는 『만주국 황제폐하를 봉영하고』(滿州國皇帝陛下を奉迎して, 日滿中央協會, 1935), 전후에는 『아브라함 링컨 약전』(日米文化振興會, 1948)을 집필하였다. 고토 신페이(後藤新平)와 니토베 이나조(新渡戸稲造)에 의해 상징되는 식민지 관계자들이 동시에 국제연맹운동과 국제문화교류의 열성적인 추진자였다는 사실, '동서 문명의 조화'라는 이념을 지님으로써 서구와의 국제교류를 추진하는 일과 '동양문명'의 '정신적 부흥'을 기조로 하는 식민지 경영에 적극적으로 관여한 일이 불가분으로 결합되어 있었음이 근래 지적되고 있다.[14] 그런데 전후 대미 문화교류는 이러한 계보의 인맥을 배경으로 하면서도 마치 식민정책에 대한 관심을 잘라 내어 봉인해 버리면서 출발한 듯했다.

전후 일본의 국제문화교류정책의 최대 대상이 된 것은 미국이었다. 대미 문화정책은 미국의 일본 점령방침에 순응하면서 국내 '민주화'를 통해서 국가로서의 신뢰회복을 지향하는 것으로 기능했다. 미국에 의한 일본 점령방침이 1947년 3월 맥아더(D. MacArthur)의 조기강화 제창, 같은 달 트루먼(H. S. Truman) 대통령의 '트루먼 독트린' 발표, 이보다 앞선 2월 스트라이크(Clifford S. Strike) 배상사절단의 폴리(Edwin W. Pauley) 보고서 수정에 의해서 전환한 것은 잘 알려져 있다.

이러한 점령 정책의 전환에 맞추어 작성된 것이 1947년 11월 작성된 「외무성이 실시해야 할 국제문화사업에 관한 건」이라는 문서였다.[15] 이것은

---

13) 미노베초(身延町) 지역자료 사이트에서 열람(2010년 10월 24일). http://www3.town.minobu.lg.jp/lib/shiryou/hito/senjin/kasai_juuji.html.

14) 酒井哲哉, 『「帝国」日本の学知 第1巻(「帝国」編成の系譜)』(岩波書店, 2005).

15) 「終連各部課長宛, 情報部箕輪文化班長 電報, 外務省の行うべき国際文化事業に開する件」, 1947年 11月 25日, 『本邦文化事業並に同事業関係調書資料』 第1巻(外

'평화외교' 추진에 공헌하는 "국제적 지식의 보급과 국제적 이해의 증진"을 도모하기 위해 "평화적 문화국가에 어울리는 국제문화사업의 적극적인 전개가 상당히 기대된다"는 상황인식 위에 서 있었다. 게다가 "유네스코운동 등을 중심"으로 "국제적 이해 증진"의 필요성이 일반적으로 고양되었기 때문에 그 흐름을 타 "국제문화사업 부문을 강화시키고자" 하는 '집무방침'을 보다 철저히 함을 목적으로 하고 있었다.

구체적으로 "향후 우리나라가 실시해야 할 국제문화사업의 목적"은 "국민들 사이의 이해"를 증진시키고 "국제평화와 협조확보라는 기반을 탄탄히 하여 대외 제 정책의 발전에 기여"하는 것, 둘째, "우리 국민문화의 향상보급을 도모하고 민주주의 발전을 통해 평화적 문화국가 건설에 기여한다"는 것이었다. 문화교류는 '정책발전'에 공헌하는 보조수단이자 교류를 통해 일본 '국민문화'의 향상과 '민주주의의 발전', '평화적 문화국가 건설'을 도모한다는 형태가 되고 있었다. 전후 일본의 국가로서의 신뢰는 미국과의 국민적 교류에 의해서 보편적 가치에 호소함으로써 회복된다는 전제에서 이 대외문화사업 방침은 작성되었다고 할 수 있다.

게다가 당시 대외문화정책의 추진력으로 기대를 받은 데가 민간이라는 점도 주목할 만하다. '국제문화사업'이 "개인 또는 민간단체의 자유로운 창의와 활동"을 기본으로 "항상 상호주의 호혜주의에 기초한 협력방법"에 의해 추진되어야 한다고 여겨졌다. 이는 전쟁 전의 제국 시대에서 "올바른 합의가 결여된 일방적 선전을 배제한다"라는 교훈을 근거로, 정부의 '임무'를 "이와 같이 행해야 할 [민간 주체의] 국제문화사업에 대해 장려, 알선, 조장, 보호 등을 실시함을 원칙'으로 한다"는 것에 그친다고 하고 있었다. "그 때문에 필요로 하는 여러 외국정부와의 협의, 접촉"과 "국내 제 기관 국내외 민간 관계 방면과의 연락, 조정 등의 임무를 맡는 것"만이 정부의 임무라고 여겨지게 된 것이다.

이러한 문화정책 면에서의 작은 정부라 할 금욕적인 정부의 역할은 "외

交史料館 戦後外交記録 마이크로필름 I'0010).

무성은 국제문화사업에 있어서 말하자면 어음교환소(clearinghouse)의 역할을 하려고 하는 것"이라는 상징적인 표현으로 알려진다. 전후 재개할 문화교류의 주역은 어디까지나 민간이며, 정부는 단순한 '장려, 알선, 조장, 보호' 만을 담당하는 것으로 여겨졌다. 국민이라는 테두리 안에서 민간이 활발하게 교류하는 대외문화교류가 이상적인 것으로 받아들여졌던 것이다. 이러한 자세는 1990년대의 위안부 문제 처리를 위해서 '국민기금'이 창설된 것의 원류라고도 할 수 있다.

그렇지만 당시 정치적인 맥락에서 정부의 금욕적인 문화정책은 어떤 의미에서 '자발'적인 민간단체의 형식에 의거하여 전쟁 전의 문화제도를, '하나의 민간부문'이라는 형태로 온존시키는 것이라고도 할 수 있다. 야스쿠니(靖国) 신사가 전쟁 전에는 육군 예산에 들어가는 정부의 추도시설이었음에도 불구하고, 민영화되었기 때문에 종교단체가 되어 해산을 면한 것은 그 상징이라고 할 수 있을 것이다. 또 실질적으로 전쟁에 가담했다고 보이는 단체가 해산을 명령받았음에도 불구하고 전술한 것처럼 미국 유학생에 의해서 설립된 미일문화진흥회, 전쟁 전 이래 외무성의 문화사업을 담당해온 국제문화진흥회, 과거 전시 중에 남방특별유학생[16]을 돌본 국제학우회 등은 순수 민간단체로서 정부 예산의 대상에서 떨어져 나와 민간단체라는 형식에 입각하여 존속하고 있었다.

그러나 이러한 측면이 있지만 정부의 역할이 "올바른 합의가 결여된 일방적 선전"을 부정하고 "외무성 스스로 문화선전재료를 제작하여 선전공작을 함으로써 종전과 같은 문화침략 재개의 의혹을 받을 만한 일은 절대로 피한다"는 방침이 관철되고 있던 것은 특히 지적할 만하다.

이러한 방침은 전후 일본의 대외문화정책이 전쟁 전의 부정적 유산으로 인하여 역사적인 제약 하에 출발했음을 시사한다. 1947년은 다음 해의 미국 대통령 선거를 앞두고 조기강화가 검토되던 시기였다. 강화 후의 '외교

16) レオカディオ・デアシス著, 高橋彰編訳, 『南方特別留学生トウキョウ日記』(秀英書店, 1982) 등이 참고가 된다.

재개'에 대비하여 '만전의 준비'를 할 것을 염두에 두고 이 대외문화정책 방침이 작성되었음도 지적할 수 있다. 당시 유네스코가맹운동도 외교권 회복의 일환이었지만 유네스코가 세계적인 교육·과학·문화 교류의 창구가 되리라는 기대로 실제 일본의 민간에서는 분위기가 고조되고 있었다.[17]

3. 샌프란시스코 강화조약을 지탱한 미일문화교류

정치적인 의미에서 미국과의 국제협조를 중시하고, 그 기반이 되는 미일문화교류를 민간단체의 힘으로 추진하는 구도는 샌프란시스코 강화회의를 계기로 생겨났다. 강화회의에 즈음하여 샌프란시스코 시내에서 일본 고미술전이 개최되었는데,[18] 그 배후에는 미국에서 전쟁 전부터 지일파라고 할 유진 두먼(Eugene H. Dooman)이 가졌던 전후 일본에 대한 기대감이 존재하고 있었다.[19] 두먼이 1950년 1월 요시다 시게루(吉田茂) 수상에게 보낸 서한[20]은 요시다가 미일 관계의 미래에 관심을 가지고 있는 영향력이 있는 친구들과 의논하여 승인을 얻은 다음, 일본 예술품전람회를 미국 주요 도시에서 개최하기를 기대한다는 것이었다. 개최 내용에 대해서도 두먼은 요시다에게 세세하게 지시하고 있지만, 두먼이 기대했던 것은 일본의 예술품전람회가 평화회복, 강화회의를 기념하고, 과거의 적인 일본에게 미국 국민이

---

17) Liang Pan, *The United Nations in Japan's Foreign and Security Policymaking 1945-1992*, Harvard University Asia Center & Harvard University Press, 2006.

18) 外務省情報文化局,「最近の日本国際文化活動」, 1955年 11月 21日,『本邦文化事業並に同事業関係調書資料』第1巻(外交史料館 戦後外交記録 마이크로필름 I'0010). 여기에는 세상에 발표된 공식입장이 명시되어 있을 뿐이다.

19) 두먼은 전전(戰前) 외교관으로서 일본에 체재한 경험을 갖고 있고 특히 그루(Joseph Grew) 주일미국대사 밑에서 참사관으로 미일개전 회피를 위해 노력하고 전쟁 중에는 그루 국무장관대리 밑에서 무조건항복 요구를 실질적으로 회피하게 하여 천황제존속을 포함한 온건한 일본 점령정책 입안에 애쓴 인물이다.

20) 유진 두먼이 요시다 시게루에 보낸 서간. January 9, 1950, Litchfield, Connecticut January 9, 1950, His Excellency Shigeru Yoshida,『本邦文化事業並に同事業関係調書資料』第1巻.

경제 원조를 베풀어 준 것에 대한 감사의 표시로서 충분히 격조 높게 개최되는 것이었다. 당시 미국 전역에서는 독일 회화가 훌륭하게 전시한 바로 직후였기 때문에, 그것과 같은 수준으로 세련되면서도 지나치게 허식이 되지 않기를 두먼은 바라고 있었다. 구체적으로 두먼이 염두에 둔 것은 일본 고도(古都) 나라(奈良)에서 8세기 이래 1200년 이상 지켜 온 '정창원(正倉院)'의 보물이었다. 두먼은 강화조약을 계기로 미국 국민이 일본과의 관계를 크게 수정하고 일본에 대한 적대적인 이미지를 제거하기 위해서 고대의 귀중한 문물의 전시가 유효하다고, 요시다 시게루 수상에게 직접 조언하였다.

그러나 실제 샌프란시스코 강화회의와 동시에 개최된 '해외 고미술전'은 준비기간이 너무 짧았기 때문에 아주 질 높은 것은 전시할 수 없었다. 그래도 고미술전은 커다란 반향을 불러일으켰고 강화회의 이후에도 비슷한 전람회의 재개가 요청되었다. 1953년 1월부터는 워싱턴, 뉴욕, 보스턴, 시카고, 시애틀의 각 도시에서 일본 고미술 순회전이 개최되어 국보급 회화, 조각, 공예품이 전시되었는데, 순회 전시 전체로 50만 명의 관중을 불러 모았다고 한다. 또 후술하겠지만 이 전람회는 제국에 의해 유린된 독립 한국의 미술품 전시도 자극했다. 미국은 고미술품이 국내에 커다란 영향을 주는 것을 간파하고 한국전쟁 당시 미국 병사가 약탈한 미술품을 한국에 반환함과 동시에 1957년부터 전미 6개 도시에서 '조선미술 일급품'이라는 순회 전람회를 개최했다.[21]

미일 관계로 되돌아가면, 냉전 상황에서 행해진 일본의 미국진영과의 단독강화에 의해 전후 일본의 기본적인 정치적 틀이 결정되는 가운데 미일문화교류는 과거 적대관계를 종료시키고, 대중 수준에서의 미국과의 협조관계 회복이라는 정치적 역할의 보완이 기대되고 있었다. 과거 적이던 미국과의 교류에 즈음하여 전쟁 중의 이데올로기적 편견을 깨끗하게 제거하기 위해서 '순수 일본(純日本)'적인 미는 미국의 대중 앞에 전시되고 그것을 통

21) クリスティン・キム, 「古美術品をめぐる国際政治」, 李鍾元・木宮正史・浅野豊美編, 『歴史としての韓日国交正常化 ― 脱植民地化編』(法政大学出版局, 2011), 159-178쪽.

해서 미일의 정치적 관계는 대중적 영역으로 확대되었고 더욱이 양국의 지식인에게도 영향력을 확대해 갔던 것이다.[22]

결국 전후 직후 일본 국내에서 지식인과 정치가에 의해서 주창되던 '문화국가건설'의 슬로건은 강화조약 후에는 미일의 특수한 관계를 지지하는 문화정책으로 변모해 갔다고 할 수 있겠다. 점령기 일본 국내에서의 미일 문화교류의 연장선상에서 전후 일본의 대미지향 대외문화정책이 전개된 것이다. 일본의 오래된 전통을 '미'로서 나타내 보임으로써 미국이 내거는 평화와 민주주의라는 가치를 수용한 '전후 일본의 자태'를 드러낸다는 지향이 나타난 것이다. 당시 재미일본지식인 아사카와 간이치(朝河貫一)는 미국의 기독교 전통에 근거하는 개인존중주의를 일본의 일군만민(一君萬民) 평등주의적 전통에 접목하려 했는데,[23] 이 역시도 일본의 전통을 '미'로서 나타내 보이면서 선택적으로 서구의 '가치'를 수용하고자 한 태도의 하나일 것이다.

그러나 이러한 문화의 존재방식에 대해서는 국내에서 격렬한 비판을 받게 된다. 다음에서 강화 후의 전후 일본의 문화교류의 전개를 검토하고자 한다.

III. 강화 후의 대외문화교류 정책: 전전(戰前) 일본의 계승과 공산권과의 문화교류의 등장

1. 전후 일본의 대외문화정책에 계승된 전전 문화정책의 유산

강화조약이 발효한 후 일본의 다른 대외문화정책은 어떻게 전개되었는가. 1955년 「최근 일본의 국제문화활동」이라는 보고서는, 기시 신스케(岸信介)

22) 松田武(2008), 제6장.

23) 浅野豊美, 「戦中戦後の朝河貫一 ― 自由主義の衰退と再生をめぐる戦後構想」(朝河貫一研究会『甦る朝河貫一』, 1998年1月), 205-219쪽.

수상의 동남아시아 방문 당시 일본과 동남아시아 여러 나라와의 문화교류를 호소하기 위해 외무성 정보문화국이 정리한 것인데 전후 일본의 문화교류 실정에 관한 영문 팸플릿의 원본이 되었다.[24] 이 안에는 강화 후 3년간 전개해 온 일본의 국제문화활동이 총괄되어 목적, 담당자로서의 '문화기관', 그에 의해 운영되는 '국제문화활동'이 정리되어 있었다.

전후 일본의 '국제문화활동'의 목적은 일본 자신이 새로운 가치를 체현하고 있음을 국제사회에 어필하는 것에 있다는 점이, 유네스코헌장 전문과 일본국헌법을 인용해 가면서 전후 일본이 "전쟁포기를 엄숙하게 선언하고 평화국가, 이어 문화국가 건설을 이상"으로 하고 있는 것으로 강조되었다. 그리고 활동의 추진 주체가 되는 '일본의 주요 국제문화기관'을 소개하면서 외무성과 일본문교부의 정부기관, 국제교류기금의 전신인 '국제문화진흥회', 그리고 '국제학우회, 국제문화회관, 일불(日佛)회관, 국제친선단체, 주요 신문사·방송텔레비전'으로 구성된 '민간단체'가 일괄하여 일본의 유네스코 활동과 나란히 설치되었다.

이러한 국제문화기관에 의해서 영위되는 "일본의 주요 국제문화활동"으로 다루어진 것은 ① 문화협정체결과 운용, ② 인물 교류, ③ 국제과학협력, ④ 외국어 및 외국사정에 관한 교육, ⑤ 도서교환, ⑥ 미술과 그 밖의 전람회, ⑦ 음악·연극·무도 등에 의한 교류, ⑧ 영화에 의한 문화교류, ⑨ 스포츠의 국제교류, 이상의 9개 항목이다.

후술하겠지만 한일 국교정상화 교섭에서 큰 문제가 되었던 ①의 문화협정을 들어 보자. 전쟁 전에 일본과 문화협정이 존재했던 것은 독일, 이탈리아, 타이, 브라질의 4개국뿐이었지만, 전후의 문화협정 부활은 최초로 1953년

---

24) 外務省情報文化局, 「最近の日本国際文化活動」, 1955年 11月 21日, 『本邦文化事業並に同事業関係調書資料』 第1巻. 그 첫머리에는 일본의 국제문화활동의 목적으로서 각국과의 문화협정체결과 유네스코헌장 전문의 보편적인 목적이 제시되며 전후 일본의 국가이념은 이를 따르는 것으로 기술되어 있다. "일본은 신헌법에서 전쟁포기를 엄숙히 선언하고 평화국가와 이에 따라 문화국가의 건설을 이상으로서 내걸고" "평화건설과 문화향상을 염원으로 하며" "전후 국제사회에 응당한 공헌을 하고자 한다는 결의를 드러내고 있다"는 점이 강조되었다.

5월 프랑스, 다음에 거의 동시에 브라질(이것은 전쟁 전의 협정을 부활시킨다는 형식을 취함), 그 다음에 1954년 말에 이탈리아의 순서로 이루어졌다.[25] 일이(日伊)문화협정은 요시다 수상의 이탈리아 방문이 연기되었기 때문에 도쿄에서 서명하였는데 그때 오카자키 가쓰오(岡崎勝男) 외무대신이 천황의 전권위임장을 가지고 이탈리아 대사와 서명에 임했다. 또 서명 직후 NHK 국제방송은 일본 이탈리아 "양국의 문화교류는 멀리 4백 년 전부터 시작되어" 메이지(明治) 이후 문예, 예술, 음악뿐만 아니라, 자연과학, 의학, 가톨릭 등의 분야에서 교류가 있었다고 언급했듯이[26] 전쟁이 사이에 있었어도 흔들리지 않는 양국의 관계를 어필하려고 했다. 폭격에 의해 파괴된 도쿄의 이탈리아문화학원의 수리에 일본 측이 가능한 편의를 제공하는 일도 포함되었다.

독일과 문화협정은 동독과의 관계를 정의한 할슈타인(Walter Hallstein) 이무대신괴 기시 신스케 수상의 시대, 즉 1957년 2월 14일에 맺어졌다. 일독문화협정은 "평화국가로서 재출발한 일본 · 독일 양국 사이에 제반 문화교류사업이 활발하게 이루어짐"을 기대하고,[27] "보다 좋은 국제사회 건설을 위한 공동노력이 세계평화의 유지발전에 크게 기여할 수 있다"는 공동성명이 "일독 양국 간에 존재하는 전통적 문화관계"와 연결지어짐으로써 주목받았다.[28] 이것은 '일독' 문화가 결코 평화를 해치는 것이 아니라는 점, 이제 '일독'이 문화교류를 통해서 평화에 공헌하려 한다는 것을 세계에 어필하는 의미가 있었다고 생각된다. 할슈타인은 동독과 동시 승인을 서독이 거부한다는 방침을 세운 것으로 유명하다.

1955년의 「최근 일본의 국제문화활동」으로 다시 돌아가면, ③의 과학협

25) 「今日「日伊文化協定」調印」, 『毎日新聞』 1954년 7월 31일자.

26) 「NHK国際放送用閣僚挨拶原稿」, 『日イタリア文化協定』, 外交史料館, 歴史的文書管理番号2010-3473.

27) 「日独文化協定の署名について昭和三二年二月一四日」, 『日 · 西独文化協定』, 外交史料館, 歴史的文書管理番号2010-3466.

28) 外務省情報文化局, 「日独文化協定の署名に際しての日独公同コミュニケ」, 1957年 2月 14日, 『日 ·西独文化協定』, 外交史料館, 歴史的文書管理番号2010-3466.

력 가운데 「유엔 확대 기술원조 계획에 의한 과학기술자의 교류」 등 시대가 내려가면 협의의 문화정책에서 분리되어 '경제협력'의 범주에 들어가는 '기술교류'가 포함되어 있었다. 또 ⑥의 "미술 기타 전람회"로 앞서 말한 샌프란시스코 강화회의 때의 전람회가 거론되고 있음도 주목할 만하다. 그러나 전후 외교기록으로 발표된 정보문화국 관계 실무문서를 볼 때 이렇게 표면에 드러나는 보고서에는 밖으로 드러나지 않는 활동으로 두 가지 흐름이 있었다고 생각할 수 있다.

첫 번째로 지적될 수 있는 것은 전전 일본이 전개해 왔던 문화교류정책의 연장 또는 적극적 긍정 하에 전개된 활동이다. 브라질과의 문화협정이 1941년 11월 일본·브라질문화협정을 다시 존속시킨다는 것을 확인하는 형식으로 부활하였고 상파울로 400년제에 맞추어 일본에서 우키요에(浮世繪)와 고대·근대의 건축사진, 현대 도자기가 출품되었다. 아마도 이로 인해 일본계 브라질인들에 대한 배려가 이루어졌을 것임을 쉽게 짐작할 수 있는 예일 것이다.[29] 그 외에도 비준된 샌프란시스코 강화조약이 1952년의 4월 말 발효되기 직전 인도와 외교관계를 준비하고 있던 뉴델리의 사무소장 세키 모리사부로(関守三郎)는 요시다 시게루 외무장관에게 더트 박사의 방일을 인정해 달라는 취지의 전보를 보냈다. 이것은 1940년 기원 2600년 기념제를 거행했을 당시, 국제문화진흥회가 전 세계에서 일본 문화에 관련한 논문을 모집하고 우수자에게 일본체류 여행을 무료로 선물한다는 기획을 추진했던 것에서 기인한다. 인도에서 응모한 스크멀 더트 박사는 기원 2600년 기념논문 2등 당선통지를 받은 인물이었는데, 일본이 독립을 회복한 후 과거의 약속을 실현하여 자신을 일본에 초대해 주기를 희망했던 것이다.[30] 이 요청에 대해서 다음 달 국제문화진흥회는 다음과 같은 정중한 영문의 편지를 송부하였다.

29) 「今日「日伊文化協定」調印」 참조.

30) 戦後外交記録, 「国際文化振興会懸賞論文関係」, 『本邦文化事情並に同事業関係』 (마이크로필름 I'1005).

이미 많은 시간이 경과했음에도 불구하고 귀하가 여전히 일본 문화에 대한 확고한 관심을 소중하게 품어 온 것에 대하여 참으로 감격스럽고 또 힘을 얻습니다. 만약 가능하다면 귀하의 일본 방문의 자금 전액을 제공할 뿐 아니라 모든 편의를 도모하는 것은 우리들에게 더할 나위 없는 기쁨입니다. 그러나 국제문화진흥회는 이제 전전과 같은 대규모의 영향력 있는 기관이 아닙니다. 과거의 국제문화진흥회는 일본의 패전으로 실질적으로 소멸하였고 현재의 본 협회는 이름과 기본 재산을 계승하였지만 정부와의 관계를 청산하고 매우 작은 규모와 소수의 스태프로 이루어진 독립문화단체로 재편되었습니다. 따라서 정부 보조금은 일체 받을 수 없으며 본 협회는 항상적인 자금부족으로 고민하며 모든 활동규모를 최소한으로 줄이지 않으면 안 되는 상태입니다. (번역: 아사노)

이 편지는 계속 이어져 이러한 상태이므로 "적어도 당분간"은 여비지급은 곤란하고 일본 문화에 관련한 서적을 보낸다고 답하고 있다.

이러한 종류의 요청은 인도의 스크멀 더트 교수뿐만이 아니었다. 더트 교수는 2위 수상자였는데 1위의 수상자인 멕시코의 멘도사 박사에게서도 같은 요청이 멕시코 대사관을 통해 이듬해 1952년 5월에 송부되었다. 답변이 없자 참다못한 멕시코 임시대사 지바 아키라(千葉皓)는 같은 해 10월 29일 오카자키 외무장관에게 다음과 같은 전보를 송부하였다. 지바가 호소한 것은 "본 건은 국제신의에 관한 문제"라는 점과, 전후의 대외문화정책을 전개하기 위해서도 전쟁 전에 실행 못한 것을 이행해야 한다는 점이었다. 지바는 다음과 같이 말한다. "가령 국제문화진흥회가 개조했다고 한들 이것은 단지 국내 문제이며 국외에서 보면 전전과 동일명칭으로 똑같이 정부와 밀접한 연결 하에 같은 활동을 하는 단체다." 따라서 국제문화진흥회와 협의하여 "얼마간 저쪽을 만족시킬 방도를 궁리하고자 하며 이렇게 하는 것이 진흥회뿐만 아니라 우리 정부가 향후 하고자 하는 대외문화활동을 효과적으로 만드는 근거가 되리라고 믿는다"고 주장하였다. 이 주장에 대해서 보조금이 부활하는 대로 그것을 수용하겠다는 취지의 회답이 왔다.[31)]

31) 1952년 11월 25일 일본 외무성은 멕시코에 대하여 "내년도에는 우선 진흥회에 대

이 방침을 앞당겨 실행하는 데 영향력을 행사한 것은 1953년 3월 27일 멕시코 임시대사 가세 도시카즈(加瀨俊一)가 보낸 전보다. 가세는 “국제신용상 이대로 방치할 수 없다”는 인식을 가지고 국제문화진흥회가 본인에게 연락을 하는 등 ‘어떠한 조치’를 요구하고 있었다. 이러한 요청이 열매를 맺어 같은 해 1953년 10월 22일 멘도사 박사의 초대는 외무성에서 국제문화진흥회에 교부된 자금에 의해 가능해졌다. 일본에 3주간 체류하는 동안 다나카 고타로(田中耕太郎)와도 회견했다. 덧붙이자면 다나카는 일이(日伊)문화협정이 체결되었을 때, “민족 간 정치적 관계는 오래 지속되지 않지만” “문화적 관계는 영속적이고 항구적이다”라는 취지를 신문기사에서 말한 바 있다.[32]

또 멕시코 임시대사 지바 아키라는 멕시코 부임 직전에 외무성 참사관으로서 1952년 2월부터 개시된 제1차 한일교섭에 관여한 인물이었다. 지바는 도쿄의 김용식(金溶植) 공사에게 전후 일본에 한국의 친선사절단을 파견하여 일본인의 한국에 대한 인식 변화를 꾀하자고 호소한 일이 있다. 그리고 일본전권대표 마쓰모토 슌이치(松本俊一)에게는 종전 이전에 한국에서 일본으로 가져온 국보급 문화재를 ‘한국에 대한 우의적 제스처’로서 반환을 제안함으로써 외무당국이 한국과 일본 쌍방의 일반대중의 국민감정에 호소할 것을 한일교섭 당사자들에게 제창하였다.[33] 지바는 선박반환에 대해서도

한 정부보조금지출이 원칙적으로 인정을 받는 것에 중점을 둔 특수한 고려로 예산요구를 해야 한다는 견해에서 본건 상금을 일단 삭제하지 않을 수 없어졌지만”, 위 원칙이 승인되면 그 다음 연도에 다시 고려하겠다는 취지의 답변이 왔다. 즉, 국제문화진흥회에 대한 정부보조금 부활을 위해서 이 종류의 사업은 공공연하게는 어렵지만 보조금이 부활하는 대로 담아내는 것을 검토하다는 것이다.

32) 田中耕太郎, 「日本とイタリア — 日伊文化協定締結に際して」, 『毎日新聞』 1954年 7月 31日.

33) 外務省千葉皓事官, 「金公使との会談要旨」, 1952年 1月 9日, 浅野豊美 · 吉沢文寿 · 李東俊, 『韓日国交正常化問題資料 第1期』 第3巻, 92쪽(원문은 일본 외무성이 공개한 한일회담 제6차 공개 자료로, 공개번호 588-문서번호396[이하6-588-396으로 표시]. 이하 사이트에서 열람이 가능하다. http://www.f8.wx301.smilestart.ne.jp/nihonkokai/nihon.html]). 이 자료의 중요성은 나가사와 유코(長沢裕子) 씨로부터 시사를 받았다. 이하의 나가사와 논문에서는 그 후의 한일국교정상화교섭에 이르

일본 측이 법리상의 논쟁을 한국 측에 대해 도발하는 것을 비판하고 "법리상의 논쟁을 하고 있다가는 언제 교섭이 마무리될지 불안하다. 한국 측은 이유를 불문하고[34] 모(某) 배를 되돌려 받으리라 여기고 있고, 또 모(某) 물건을 돌려받는 약속을 얻을 수 있다면 그것만으로 국론도 안정될 것이라고 믿고 있다"고 한 뒤, 선박 문제의 "청구권교섭에 대한 영향을 일본 측이 걱정하면 논리적 구성에 대해서는 별도로 생각하는 것이 지름길이 아닐까 한다. 부디 일본 측의 고려를 바란다"고 외무성 참사관의 의견을 모으고 이러한 맥락에서 문화재반환을 국민감정 개선방책으로 제기한 것이다.

전후 문화외교의 기원에 깊이 관여한 지바는 1941년 외무성 출신으로 총력전연구소의 구성원이 되어 전후에는 1955년 구미국장, 57년 북미국(北米局)이 독립했을 때 초대 미국 국장을 맡으면서 미일행정협정 문제에 깊이 관여한 유력외교관이다. 그러한 지바가 참사관으로서 한일교섭에 관여하고 전쟁 전의 국제문화신흥회에 의한 멕시코의 초빙안건에도 관여한 것은, 전후 일본의 대외문화정책이 전쟁 전 제국으로서의 유산을 올곧이 계승하면서 출발하였음을 상징한다.

2. 미국 중심의 대외문화정책에 대한 이의신청 — 공산권과의 교류를 매개로

그러나 이러한 전쟁 전을 계승하는 문화외교와 미국이 내거는 가치수용을 전면에 세우는 대미문화교류에 대하여 국내에서는 통렬한 비판이 일어났다. 그러한 비판의 기저에 있던 것은 어떠한 진영에도 가담하지 않는 중립주의와 '전방위 외교'를 전제로 공산권을 대상으로 시도하는 문화교류였다. 기본적인 입장은 1949년 요미우리(讀賣)신문 문화부의 다음과 같은 논

기까지 문화재 문제의 궤적이 상세하게 정리되어 있다. 長沢裕子, 「韓日会談と韓国文化財返還問題再考 — 請求権問題からの分離と「文化財協定」課題」, 『歴史としての韓日国交正常化 — 脱植民地化編』(法政大学出版局, 2011), 207-236쪽.

34) 「金公使との会談要旨」 6-588-396, 6コマ.

평에서 찾아볼 수 있다.

> 패전에 의해 문화국가가 건국방침이 되었고 문화옹호를 외치고 있지만 문화국가로의 길이 유네스코와 펜클럽 참가, 관료에 의한 문화배급이라고 착각하기 전에 먼저 문화를 인민의 것으로 삼는 강력한 운동을 전개해야 한다. 대중의 자주적인 문화향상이 있어야 비로소 유네스코와 미국 원자과학자긴급위원회가 제창하는 "평화를 지키는" 운동, 그리고 '세계정부' 구상에 일본대중이 협력할 수 있는 시대가 오는 것이다.[35]

문화의 배급을 거부하고 문화를 '인민'의 것으로 되찾자는 위와 같은 입장과 공명하는 것이 일본공산당이 전개한 문화운동이다. 이 운동의 기원은 전후 직후 인민전선방침이 채택되었을 당시까지 거슬러 올라간다. 일본공산당 내부가 국제파와 주류파로 나뉘는 등 당내에 심각한 파벌투쟁을 거쳤던 1951년, 당의 「신강령」과 함께 발표된 「문화테제(thesis)」에는 문화운동방침과 정부가 내건 문화정책에 대한 반발이 담겼다.[36] 그것은 '요시다 정부의 문화정책'이 미국의 전쟁정책을 지지하고 일본재군비를 중심으로 추진되고 있다는 인식에 근거하여, "이러한 문화반동에 대한 문화투쟁을 당면임무로 삼아 '민족적 국민운동'이라는 이름으로 문화활동을 전 분야에 비약적으로 발전시키고자" 하는 '문화국민전선통일'을 지향하는 것이었다.

이 방침은 강화발효 이후부터 명확하게 제기되어 혁신세력의 문화운동을 고조시킬 수 있었다. 1953년 6월 일본공산당 기관지 『전위(前衛)』에 발표한 「민족적 국민문화운동의 발전」에는 다음과 같이 서술하고 있다.

---

35) 読売新聞社文化部, 『文化論ノート』(河出書房, 1949), 170쪽. 제8장 「문화의 옹호」의 해설 중에 인용한 부분이 있다.

36) 国民文化調査会, 『左翼文化運動ー日本共産党文化統一戦線の実相』(自費出版, 1954年 3月), 4-7쪽.

> 우리 국민은 적의 지배 하에 생활도 문화도 파괴되고 노예와 같이 자유를 빼앗겨 게다가 전쟁위기에 직면하고 있다. 그러므로 국민은 각자 고뇌하면서 좋은 생활을 추구하며 투쟁의 방향을 찾아내고자 노력하고 있다. 이 고뇌와 투쟁 속에서 수많은 문화적 요구가 생기고 있다.
>
> 우리나라의 지배자에 의해 주어진 문화에 만족하지 않을 뿐만 아니라 그것을 적의 문화라고 자각하며 일하는 사람의 문화를 즐기고 스스로 만들어 내어 서로 교환하자는 운동이 불타오르고 있다. 그리하여 노동자 · 농민 · 시민 · 청년 · 부인 · 인텔리 사이에는 수많은 서클이 생겨나 일하면서 노래 부르고 스스로 시와 소설을 만들고 스스로 조사하며 연구회를 조직해 학습한다. 그리고 좋은 영화를 감상하고 좋은 영화를 만드는 운동으로 나아가 환등이나 그림연극을 스스로 만들며 마을과 공장의 역사를 공부하게 되었다.
>
> 노동자를 비롯하여 이러한 넓은 층의 근로자가 스스로 문화 창조에 참가하고 뛰어난 문화작품을 평가하는 일은 우리나라 역사 이래 예전에는 볼 수 없던 것이다.

앞에서 언급한 보수에 속하는 미일문화진흥회에 대하여 혁신세력은 '문화통일전선'을 외치고 있었다. 이러한 입장에 선 '문화'는 밖에서 엘리트에 의해 가져오는 것이 아니라 민중이 만들어 내는 것이라는 위치가 부여된다. 민중문화는 삶의 궁리에서 나오는 것이며 "지배자에 의해 주어진 문화"에 만족해서는 안 되고 다양한 예술을 민중이 창조해야 한다는 방침이 제창되었다. 영화는 민중이 자력으로 만드는 것이 어렵기 때문에 '좋은 영화' 만드는 운동에 참가하도록 했고 '마을과 공장의 역사'로서 민중의 역사를 스스로의 문화운동의 일환으로 만들 것을 제창하였다. 그 모델은 "소비에트, 중국을 비롯한 모든 나라의 민주적 문화와 문화투쟁"이었다. 이러한 입장의 지식인이 '문화대혁명'에 대하여 매료되어 간 사상적인 배경은 이와 같은 전후의 문화를 둘러싼 국내의 냉전 상황과 깊게 관련시켜 추구해야 할 것이다.

또한 이러한 민중 편에 선 문화 획득을 호소하는 배경에는 정부가 추진하는 대외문화정책의 전개를 구 일본 식민지의 '문화통치'와 동일한 존재로 보고 일본 민족의 자립을 위해서 이를 배제하려는 다음과 같은 상황인식이 있었다.

> 이 1개년간 MSA협정이 성립하고 재군비가 현실문제로 됨과 동시에 미일 반동문화공세가 왕성해지고, 국제문화회관, 미일지적교류위원회, 또 국제스포츠교류를 위한 체육관, 식민지 지배의 정신적 무기로서의 종교단체활동, 4H클럽, 대학뉴스협의회, 영화수입 총 208개 중 미국영화 153개라는 사실에 이르기까지, 미국제국주의의 권력 · 금력에 의해 일본 매국자 · 친미분자를 이용한 문화통치망(網)이 급속히 확충되었다. 즉, 이것이 재군비정책과 병행한 문화반동정책이며 이에 대해 당이 과감하게 민족적 국민문화운동을 강화하는 것이 문화투쟁의 주된 목표임과 동시에 정치투쟁 · 경제투쟁과 함께 미일반동의 재군비 세력과 대결하는 중요한 전술이기도 하다.

즉, 일본공산당을 중핵으로 하는 혁신진영에게 대미문화교류는 '친미분자를 이용한 문화통치'에 의한 일본의 '식민지 지배' 수단이었다. 그러한 '친미분자'를 '군비세력'으로서 배제하고 '민족적 국민문화운동' 추진을 제창하기 위해 대외문화교류의 대상으로 뽑힌 것이 소비에트와 중국이라는 사회주의권 국가와의 교류였다.

마오쩌둥(毛澤東)의 「문예강화」와 「신민주주의론」, 스탈린(I. Stalin)의 「소련동맹의 사회주의경제 제 문제」를 교훈으로 삼아 '프롤레타리아 국제주의 정신을 민족적 형식'으로 드러내는 노력이 제창되었다. '제국주의 노예문화인 코즈모폴리터니즘'과 '부르주아적 문화'에 대한 철저한 투쟁과 배제가 필요해지고 스스로가 주장하는 새로운 문화야말로 '민족문화'의 이름에 어울리는 것이라고 여겼다.[37]

그리고 혁신진영에게 민중을 기반으로 하는 일본민족독립을 위한 투쟁은 미국제국주의에 대한 투쟁을 계속하는 아시아 여러 나라 국민과의 연대로 연결되는 것이었다. '제국주의세력'과의 투쟁과 연대를 위하여 민중을 주체로 하는 '민족문화'와 '민족사' 연구가 과거 제국으로서 아시아를 억압하고 지배한 근대 일본의 '반성' 위에 전개되었다.

예를 들면 중국에서 귀환(引揚)한 후 정시제 고등학교 교사로 일하면서

37) 国民文化調査会(1954), 8-11쪽.

리쓰메이칸(立命館)대학에서 비상근강사도 맡고 있던 하타다 다카시(旗田巍)는 1948년 한신(阪神)교육 사건을 배경으로 일본공산당 소속 야마베 겐타로(山辺健太郎)의 제국주의사연구의 영향을 받았고, 이와나미(岩波)서점의 요청으로 "조선의 인간이 걸은 조선인의 역사"로서 『조선사』(岩波書店, 1951)를 펴낸 것도 이즈음이었다.[38] 김달수(金達壽)가 『조선 — 민족 · 역사 · 문화』(岩波新書, 1958)를 써서 조선총련 주류파에게 '부르주아문학대계'라는 거센 비판을 받으면서도 조선인의 주체성을 발견하고자 한 것도 이즈음이다.[39] 민중이 자신의 역사를 이야기하는 것, 주체성과 자주성을 빼앗긴 이들의 편에 서서 역사를 다시 쓰는 것, 일본의 조선사 연구의 원류는 이러한 문화운동에 유래한다.

제국주의에 억압받는 민족의 주체성 회복과 이에 대한 지원을 염두에 둔 일본의 지역연구는 아시아에 대한 반성과 사죄를 기조로 하며 시작되었지만, 그것은 일본공산당으로 상징되는 특정 정치목적과 정치운동에 봉사하는 것만은 아니었다. 실제 소련과의 문화교류에서는 자연과학자를 중심으로 평화에 관심을 갖는 중립적인 학자도 참가하고 있었다. 예를 들면 일본학술교류회의가 1955년 2월 개최한 소련학술시찰단간담회에는 과거 경성제국대학 법문학부에서 법철학을 강의하다가 도쿄대 법학부로 귀환했고 1952년 파리 유네스코 총회 일본정부대표가 된 오다카 도모오(尾高朝雄), 도쿄대 경제학부에서 요시다 시게루의 브레인을 맡은 아리사와 히로미(有沢広巳), 도쿄제국대학 법학부장으로서 종전공작에 관계했고 전후에는 일장기를 계속 내걺으로써 일본정신의 혁신에 의한 '새일본문화의 창조'를 설파한 난바라 시게루(南原繁), 도쿄대 경제학부 교수로 전후에는 일본은행고문이

---

38) 高吉嬉, 『〈在朝日本人二世〉のアイデンティティの形成 — 旗田巍と朝鮮 · 日本』(桐書房, 2001), 108-124쪽.

39) 도노무라 마사루(外村大)의 홈페이지 참조. http://www.sumquick.com/tonomura/ronbun/ronbun01.html. 박경식이 1955년 조선총련 결성 당시부터 구성원으로 조선총련계 조선대학교에 근무하면서도 『조선인 강제연행의 기록』을 총련과는 달리 반성에 나선 일본인과의 참된 화해에 대한 호소로 정리한 것을 언급하고 있어 크게 참고가 되었다.

되어 사회당좌파의 이론적 지도자가 된 오우치 효에(大内兵衛)뿐만 아니라, 도쿄대 물리학의 가야 세이지(茅誠司), 나고야(名古屋)대 화학전공의 에가미 후지오(江上不二夫) 등의 자연과학자들도 합류하고 있었다.[40] 또 교토(京都)대 철학과 출신 니시다 기타로(西田幾多郎) 문하로서 전후 세계연방운동에 참여한 다니가와 데쓰조(谷川徹三)와 와세다(早稲田)대 출신의 소설가 이시카와 다쓰조(石川達三)는 일본 펜클럽의 회원, 아시아연대위원의 구성원으로서 자민당 중의원의원 기타무라 도쿠타로(北村德太郎)와 사회당의원이자 중일우호협회회장 마쓰모토 지이치로(松本治一郎), 히토쓰바시(一橋)대의 쓰루 시게토(都留重人) 등의 지지를 받아 인도에서 개최하는 국제긴장완화 아시아제국(諸國) 회의에 참가하여 외국군대 철수와 식민지주의 반대를 주장하였다.[41]

이러한 넓은 의미에서의 혁신세력이 아시아국에 대한 사죄와 화해 중심의 문화교류를 지향함으로써 이는 보수진영의 일부에게도 '반성'의 움직임을 요구하였다. 예를 들면 1954년 5월 과거 고이소 구니아키(小磯国昭) 조선총독 밑에서 정무총감을 맡은 다나카 다케오(田中武雄)가 회장이 된 전국귀환자단체 전국연합회는 '재외자산보상확득(確得)기성전국대회'를 개최하여 다음과 같은 선언을 채택하고 재외재산보상 문제의 법적 해결에 진지하게 대응하는 것이야말로 '타 국민에게 입힌 손해'에도 눈을 돌리기 위한 회로라고 했다.[42]

> 아시아 여러 나라와의 정상국교회복이 늦는 원인은 패전에 관한 국민의 반성 부족에 있다. 따라서 대부분의 전쟁배상이 재외재산청구권의 포기에 의해 상쇄된 결과, 귀환자만이 과대한 희생을 강요당하고 있음에도 불구하고 전 국민은 전쟁

---

40) 「ソビエト連邦及び中華人民共和国と学術的交流の途を開くことについて」(庶発第565号 1952年 10月 28日 内閣総理大臣吉田茂宛 日本学術会議 亀山直人発), 『本邦文化施設並に視察団関係』 戦後外交記録, I'1-1-0-8.

41) 「日本アジア連帯委員会成立経緯ならびにその性格」, 『本邦文化施設並に視察団関係』 戦後外交記録, I'1-1-0-8.

42) 北条秀一 · 城戸忠愛, 『私有財産論 — 在外財産報償要求運動史』, 92쪽.

에 의해 한 사람 한 사람이 받은 직접 손해만을 주장하고 타 국민에게 준 손해에 대해서는 하등 되돌아보지 않기 때문이다.

대미협조의 보완으로서의 문화정책, 그 그늘에 가려진 전쟁 전 일본의 계승으로서의 교류, 공산권과의 연대를 외치는 문화교류, 이 세 가지 문화교류의 기조는 어떻게 갈등하면서 현대에 이르고 있는 것일까.

Ⅳ. 한일문화재반환과 문화협정에 의한 한일교류 재정의의 모색

1. 문화재 '반환'인가, 문화협정에 의한 상호증여인가

이에 대해 구식민지 지역인 한국에 대한 대외문화정책을 중심으로 고찰을 진전시키고자 한다. 한국과의 기본관계는 '반성'으로 상징되는 과거청산 문제가 미래의 문화교류를 직접적으로 규정하고 있었다. 한일회담이 샌프란시스코 강화조약발효를 목전에 둔 1952년 2월에 개회되었을 때, 한국전권대사는 "참된 이해와 존중은 단순히 말로만 성립하는 것이 아니라 이에 대한 실천을 통해서만이 수립할 수 있다"라고 말한 바 있다.[43] 이러한 일본 측의 반성을 실제 정책을 통해 촉구하는 태도는 1948년 8월 독립한 직후인 10월 서울에서 개최된 한일무역협정 평가회의에서 윤보선 상공부장관이 "민주화된 일본은 옛날의 일본이 아니다"라는 기대를 표명했을 때도 보였다.[44] 또 일본 측에서 무역청 수출국장 고다키 아키라(小瀧彬)[45]가 전

43) 「第一回基本関係委員会 兪委員挨拶(要旨)」, 日本外務省 情報公開資料 892-973『日韓会談第一回基本関係委員会会議録』.

44) 'Results of Korea-Occupied Japan Trade Review conference (This is a joint State-ECA Report.),' by American Embassy, Seoul Korea, October 21, 1949, RG59, Box2918, State Department Central Decimal Files 1945-49(694.95), 217.

45) 1904~1958년, 전 외무성 정보부장, 다음 통상산업성 통상감, 1953년 참의원의원

후 첫 일본 정부관계자로서 한국 측에 초청되었을 때에도 경제관계 부활의 전제로서 어떤 식이든 '반성'은 필요불가결한 것이었다. 한국 측은 다각적인 자유무역의 촉진과 그로 인한 한국 경제부흥에 대한 기대에 근거하여 일본으로의 경제시찰단 파견에 적극적이었다. 이승만 대통령도 일본인기술자 초빙을 희망하였고,[46] 이는 이승만 대통령이 1948년 9월 30일 한국 국회 시정방침연설에서 표명한 바와 같이 일본이 '제국주의적 침략'을 포기한 것인지 "엄중하게 감시한다"는 자세와 짝을 이루었다.[47] 전후 일본의 '민주화'에 대하여 일정한 평가와 기대를 점령 하 일본에 대하여 한국 측이 표명하였지만, 그것은 '반성'과 '사죄'를 뒷받침하는 행동이 수반했을 때 비로소 받아들여질 수 있는 것이라고 할 수 있겠다.

원만하지 않은 관계를 일소하기 위한 '실천'으로서 한국 측이 요구한 것은 식민지 지배에 유래하는 다양한 청구권을 일본 측이 보상하는 것이었다. 이 문제의 해결에 대하여 깊게 언급할 여유는 없지만, 중요한 것은 청구권 문제가 일본의 재한일본인 사유재산에 대한 소위 '반대청구권'에 의해 3월 6일 이후 암초를 만났고, 4월 하순 강화조약 발효가 임박한 상황에서도 한국 측이 우호에 앞서 현안해결이라는 기본적인 태도를 무너뜨리지 않은 점이다.[48] 이에 대해 일본 측은 청구권 문제를 별개 위원회에서 해결하기로 보류하고 우선 국교정상화만을 실현하자고 요청했다.

(당선 2회, 자민당). 이시바시(石橋湛山) 내각 · 제1차 기시 내각의 방위청장관, 자민당 외교조사회 부회장, 타계 53세. 시마네(島根)현 출신. 도쿄제국대학 졸업. 미국문서에는 KODAKI AKIRO, Director of International Trade로 적혀 있다.

46) 太田修,「大韓民国樹立と日本 ― 韓日通商交渉の分析を中心に」(『朝鮮学報』第173集, 1999年10月), 12-20쪽.

47) 909-1124「韓日国交正常化の記録(総説 · 目次 · 平和条約発効前の韓日関係と韓日会談予備会談) 1」[記入なし] 1967年. 일본 측 기록에는 대통령 시정방침연설과 샌프란시스코 강화회의 참가신청 후, "이승만 대통령이 끊임없는 배일적 언사와 함께 후기와 같은 쓰시마(對馬) 반환요구, 선박 · 문화재반환요구, 일본 어선의 나포 등, 재일조선인의 횡포를 보는 일본인의 한국에 대한 불쾌한 인상을 강화시켰다"라고 적혀 있다.

48) 浅野豊美,「サンフランシスコ講和条約と帝国情算過程としての日韓交渉」,『歴史としての韓日国交正常化 ― 脱植民地化編』(法政大学出版局, 2011), 55-94쪽.

우선 관계를 만들고 서서히 현안을 해결하자는 제안에 대하여 과거 경성제국대학에서 법학을 배우고 일본인을 능가하는 재능을 드러냈음에도 불구하고, 고려대에서 교편을 잡은 유진오(兪鎭午)는 "말이 아니라 실천(액션)을 하고 거기서 우호의 열매를 맺자"라는 한국전권대사의 말을 되풀이하며 "돌려줘야 할 부채는 되돌려 주고 홀가분한 마음으로 양국이 사이좋게 되는 (국교관계가 되는) 것이 일본 측이 가져야 할 마음자세가 아니겠는가, 반대로 현안해결을 나중으로 돌리고 어쨌거나 사이좋게 지내자는 것은 있을 수 없다. 좋게 지내는 것은 좋은 일이고 특히 국제공산주의 위협에 대항하기 위해서는 중요한 일이지만", "일본도 연합국에 지불해야 할 배상이 거액이고 힘들지만, 한국의 청구는 매우 소액에 지나지 않아 일본경제에 미치는 영향도 적다. 얼마 되지 않는 청구를 의논하여 그것이 오래 걸린다고 생각하지 말고 얼른 되돌려 주면 좋을 것 같다." "빨리 진행하고 싶은 것은 마찬가지이지만 동시에 '사이좋게 하자'라는 것만으로 끝나지 않고 현안해결을 통해 국교의 기초를 만들고 싶다. 이해관계를 수반하는 쪽의 문제가 빨리 협정에 도달하여 실질적인 문제가 해결된 후 우호조약을 체결하고 싶다"고 하였다.[49)]

이어 3월 6일 일본 측의 역청구권 제시 이후에도 "일본 측에서는 잘 지내자고만 하는데 한국은 41년간 괴롭힘을 당하면서 매일 '사이좋게'라는 말을 들어 왔다. 예컨대 청구권에서 일본이 성의를 나타내면 국민도 납득할 것이다. 일본 신문에서는 청구권이 어렵다고 하지만 한국 측에서는 청구권이 가능하면 그 밖의 것도 쉽다고 생각한다"고 거듭 말했다.[50)] 이후 한일문화협정이 의제로 오르지만 우호와 교류에 앞서 먼저 제1차 관문은 정치적 현안해결이 가로막고 있었다고 할 수 있다.

미국에서 받은 GARIOA경제부흥자금 상환금액 20억 달러와 전쟁 전 채

49) 日本外務省情報公開資料 892-975「日韓会談第三回基本関係委員会会議録」1952年 2月 29日.

50) 日本外務省情報公開資料 892-977「日韓会談第五回基本関係委員会会議録」1952年 3月 12日.

무 그리고 연합국과의 2개국 간 협정배상에 비하면, 한국의 청구권은 미미한 것이라는 것 자체도 주목해야 한다. 그러나 보다 중요한 것은 청구권 문제의 본체 자체가 재일한국계 재산의 평가와 사정, 재한일본 자산청구의 가부를 둘러싼 혼란 와중에 일본 측의 실천을 통한 '성의'의 징표로서 우선 '문화재' 인도를 하는 것이 꽉 막힌 청구권 문제를 해결하는 방식으로서 각광을 받았고 금전이나 역무(役務) 등으로 지불해야 할 청구권과 별개로 논의되었다. 이것은 한국 측에게는 최초의 현안해결을 위한 구체적 행동으로 위치 지워졌고, 일본 측에게는 서서히 관계를 개선하는 접근으로서 위치 지워졌다고 생각된다. 애초에 문화재는 고토 신페이에 의한 '문장적 무비(文裝的武備)'와 사이토 마코토 조선 총독의 '문화통치'로 상징되는 식민지 지배 시대의 일본 통치를 정당화하는 수단으로 동원해 온 존재였다. 조선사 편찬과 한국 황족에 의한 박물관건설을 총독부가 지원한 것이 그 예다.

앞서 언급한 지바 참사관과 김 공사의 비공식회담을 이어 1952년 2월 27일 제3회 청구권위원회 석상에서 한국 측에서는 문화재를 권리로서 요구하지 않고, '정치적 고려를 원하는' 입장에서 "우리들의 의사에 반하여 운반된 것을 현상복구하고 한일친선에 도움이 되었으면 한다." 이때 운반한 시기는 고집하지 않기로 하고 "국민감정과 같은 정치적인 것을 고려하여", "우리들의 국민감정에서 국보라 여기는 것을 반환"해 주기를 요청하였다.

이렇게 제기된 문화재 문제는 국민감정을 융화시켜 친선과 우호의 전제조건이 어떠해야 하는가라는 문제를 둘러싼 한일 쌍방의 역사인식 충돌의 상징적인 문제로 전화해 가게 된다. 한국 측은 "1905년 이후 한국에서 일본으로 반출한 것을 반환한다는 취지"에서 (1) 일본정부에서 중요문화재 또는 중요미술품으로 지정된 문화재, (2) 조선총독부 또는 고적연구회에 의해 반출된 문화재, (3) 통감 또는 총독에 의해 반출된 문화재, (4) 경상남북도 소재의 분묘, 기타 유적에서 발굴된 문화재, (5) 고려시대 분묘 기타의 유적에서 발굴된 문화재, (6) 서화, 전적(고서) 및 지도원판, (7) 개인 소유의 문화재, 이것들의 '반환(restitution)'을 1960년부터 주장했다. 한국 측에서 보면 그것들은 '부당, 불법 수단에 의해 입수된 것'이었기 때문이다. 즉, 정치적인 병합의 무효를 확인하고 직접 담보하는 재료로서 문화재가 위치 지워졌다. 또, "문화재는 그것의 성질상 당연 출토된 나라에 귀속하는 것"이라는 원칙에서 반환되어야 한다는 주장을 중심으로 하는 국제법해석도 스스로의 정통성에 대한 확신을 강화했다.[51)]

이에 대해서 일본 측은 도쿄국립박물관과 궁내청에 있는 한국문화재가 '불법', '약탈'한 것임을 결코 인정할 수 없다는 태도를, 문부성관료와 문화재 관련위원이 중심이 되어 표명하고 있었다. 그것은 어디까지나 정치적 고려에 근거한 '증여'이고 문화협정을 전제로 하는 미래지향적 관계구축을 위한 증여로서 해결해야 한다고 일본 측은 주장하고 있었다.

문화재의 인도를 둘러싼 한국과 일본 측의 기본적인 역사인식이라는 단층이 앞을 가로막고 병합 자체가 애초 불법이냐 아니냐라는 중대 문제의 갈라진 틈새로 문화재 인도의 형식을 어떻게 할 것인가라는 문제가 추락하고 있다고 일본 측은 보았고, 문화협정의 전례를 들어 이를 다시 끌어올리려고 하고 있었다. 한편 한국 측은 그러한 문화협정을 이끌어 내는 자체가 문화를 명목으로 '반성'을 모호하게 만드는 것으로 받아들여 불신을 고조시켰다고 할 수 있다. 이러한 단층을 앞에 두고 양국 국민감정에 호소하며 역사를 청산하기 위한 문화정책의 행방을 좇아 문화재반환의 행보를 살펴보도록 하자.

2. 문화협정과 사람 교류의 모색

1962년 10월 오히라(大平)・김(金) 회담에 의해 큰 틀에서의 청구권을 금액으로 정하는 문제는 결착이 마무리되었지만, 남겨진 문제는 '명분'이었다. 청구권자금의 명분을 경제협력으로 하는 것에 대해서 일본 측은 "실질적인 금액 및 조건에 대해서 한국 측의 요청을 대폭 받아들이기로 한 지금, 한국

51) 848-576「文化財問題の解決方針に関する件(討議用資料)」1962年 2月 14日.

측이 명분 부분에서 일본 측 제안을 수락하도록 강하게 요망하는"[52] 태도를 취하였다. 같은 상황으로 문화재 인도의 틀에 대해서도 일본 측은 한일문화 협정에 의한 문화재 상호증여라는 틀을 제안했고 한국 측도 당초 그것을 원칙적으로 받아들일 것을 표명했다.

한일문화협정에 의한 문화재 증여방식의 모델이 된 것은 일불(日佛)문화협정과 이에 따라 넘겨준 마쓰카타컬렉션이었다. 마쓰카타 마사요시(松方正義)가 전쟁 전에 수집한 서양미술품 컬렉션은 추축국(樞軸國) 재외재산으로 연합국 측의 영역에 존재하는 것은 자유롭게 처분할 수 있는 권리가 프랑스 측에 주어져 있었지만, 교섭 결과 일본 측이 독립적인 미술관을 도쿄에 세우는 것을 조건으로 반환·증여의 협정이 일본과 프랑스 사이에 서간교환으로 만들어졌고 그것에 기초하여 비로소 1959년 1월 대부분 '기증 반환'으로 넘겨받게 되었다.[53]

일본 측에서는 반환이어도 프랑스 측에서는 기증이라는 '이중의 기준(double standard)'이 반쯤은 공인된 것이다. 프랑스는 이를 위한 컬렉션 기증법을 국회에서 통과시켰고 일본 측은 내각회의를 거쳐 서양미술관 건설을 결정하였다. 후지야마 아이이치로(藤山愛一郎)가 '마쓰카타 씨 구장(舊藏)컬렉션 국립미술관건설연맹'을 조직하여 1억 엔을 모았으며 정부 보조금과 프랑스인 건축사의 설계도를 바탕으로 미술관이 완성되자 비로소 '마쓰카타컬렉션'은 바다를 건널 수 있었다.

한편 한국문화재로 우에노(上野) 국립박물관이 보유하고 있던 고려청자는 원래 1906년 한국에 부임한 이토 히로부미(伊藤博文) 통감이 메이지천황에게 기증하였고, 혹은 한국 황실이 일본 황실에 증여한 소수의 문물(文物)과, 재정이 궁핍한 한국 황실에게 일본황실이 재정지원을 겸하여 '궁내성비의 제실박물관비(관)청비(항)물품비(목)에서 지출구입'한 전적(典籍)과 왕실자료로 구성된 대부분의 문물로 나뉘어 있었다고 보인다. 자세한 정보는 아직

---

52) 日本外務省情報公開資料 848-578 「日韓予備交渉 第二一回会合における日本側の発言要旨」 1962年 12月 26日.

53) 848-572 「文化財を韓国に引渡する場合の法的措置に関する件」 1960年 9月 29日.

도 공개되지 않고 있지만, 우에노 국립박물관은 과거 '제실박물관'이었다. 궁내성 문물을 관리하는 박물관이 전후 문화국가정책 속에서 황실재산 민영화를 겸해서 국립박물관으로 변신한 것이다. 그러나 수입 지출의 기록은 남아 있고 물품비용에서 문화재구입 비용이 충당되고 있었기 때문에 지금도 국유재산으로 여겨지고 있다.[54)]

'반환'은 일본의 한국보호와 병합이 국제적으로 불법임을 인정하는 행위가 되기 쉬우므로 그러한 식의 '과거청산'은 "각 방면에서 비난이 일어날 가능성이 적지 않다"고 1962년 2월 당시 이세키 유지로(伊関佑二郎) 아시아 국장은 우려하고 있었다.[55)]

반환을 대신할 명목으로 일본 측이 제안한 틀이야말로 한일문화협정체결과 그 협정 안에서의 문화재상호증여 방식이었다. '장래의 문화제휴'라는 미래지향적 문화협정 안에 '과거청산'을 담는 것은 비난을 받을지 모른다는 판단에 의해 이세키가 제안한 방식이 문화협정을 쌍무적인 협정으로 하여 과거 경성제국대학을 중심으로 조직된 오타니 고즈이(大谷光瑞) 탐험대가 중국 신장(新疆) 지구에서 발굴하고 전후 혼란을 틈타 서울에 남겨진 '오타니컬렉션'이라 불리는 중앙아시아 발굴 유물과 교환하는 것이었다.

그리고 또 다른 모색으로 상정할 수 있던 것은 (자료가 정보공개 대상이 아니라 수 페이지에 걸친 대량 복자로 지워져 있어서 추론할 수밖에 없다) 한국 황태자인 이은(李垠)과 이방자(李方子)를 문화사절로서 이토 히로부미 시대에 반출된 문화재와 함께 한국으로 귀국시키고 이를 일본 황족이 배웅함으로써 '사람'의 교류에 결부시키는 것이었다.

이토 통감에 의해 이은 황태자가 일본으로 유학온 것은 1907년 12월의 일인데 당시 일본 황실이 한국 황실에서 사들인 문화재를 다시 한국에 증여한다면, 문화재와 더불어 일본으로 옮겨 생활할 수밖에 없었던 한국 황태자야말로 소년에서 장년이 되었지만 다시금 한국 문화재를 한국에 증여

---

54) 848-572「文化財を韓国に引渡する場合の法的措置に関する件」1960年 9月 29日.
55) 848-576「文化財問題の解決方針に関する件(討議用資料)」1962年 2月 14日.

하고 '오랜 교류의 전통'과 '평화'와 모순되지 않는 형태로 새로운 관계를 구축하는 절호의 인물이 아니었을까.

적어도 한국 황실의 처우 문제가 고양된 시기와 문화재증여 문제가 진지하게 논의된 시기는 1962년을 전후하여 일치하고 있어서 양자가 전혀 무관하다고 보기는 어렵다. 한국에서 군사정권 수립에 성공한 박정희 의장이 일본을 방문한 1961년 11월 12일, 체재시간 30시간 중에 박 의장은 이은 부처에게 꽃다발을 보내고 이방자도 아카사카(赤坂)의 영빈관으로 달려와 박정희 의장과 회견하였으며 국적부여와 귀국 후의 세비보증을 받았다. 또, 다음 해 6월 이방자는 전후 처음으로 한국을 방문하여 마지막 황제 순종의 비 윤비(尹妃)와 대면했고[56] 그 직전인 1962년 1월에는 여동생 덕혜(德惠) 공주가 귀국하였다.

이은 부처가 실제로 귀국한 것은 1963년 11월 22일인데 이때 친족이 외무성에 진정한 것은 황태자를 맞이한 메이지천황의 후예로서 이번에는 다카마쓰노미야(高松宮)나 미카사노미야(三笠宮)가 책임을 가지고 이은 부처를 한국에 배웅해야 한다는 주장이었다. 그러나 이것은 외무성이 거부했다고 하는데 검토한 기록은 존재하지 않는다. 또 1961년 쿠데타가 일어나기 전에 이승만 대통령을 대신한 윤보선 대통령(앞서 전 상공부장관)은 이은(전 황태자)에게 주영대사 직을 제안했다고 한다. 이은은 일본 보호 하에서 전쟁 전에 영국을 방문하는 등 영어에 능숙했는데 제안은 이 황태자 스스로 거절했다고 한다.[57]

한국의 민족문화의 상징으로서 구 한국 황실 처우는 1961년부터 2년간 중대한 문제로 존속하였고 이 시기에 일본 측에서는 문화협정에 의한 문화재증여를 어떠한 형식으로 할지를 모색하고 있었다. 또 1963년 실제 이은 부처의 귀국이 이루어지자 한국 국민들에게 주목을 끄는 사건이 되어 민중들이 거리에 열을 지었다. 국교정상화가 청구권 문제 이후까지 오래 끌리

56) 渡辺みどり, 『日韓皇室秘話』(読売新聞社, 1998), 210-216쪽.

57) 小田部雄次, 『李方子』(ミネルヴァ書房, 2007), 231쪽.

라고 당시 예상하지 못한 단계에서 머지않아 실현될 정상화를 전제로 영일 문화협정을 수정한 협정안이 "양국 간 많은 세기에 걸친 문화관계를 인식하고 장래 한층 긴밀한 문화관계를 조장함과 동시에 발전시키자는 공통의 희망으로 움직이도록" 하여 "건전한 기초 위에 두기를 희망"하는 것으로서 역사적 관계 위에 구상되고 있었다. 문화사절단 파견도 그러한 가운데 다음과 같이 검토되고 있었다.[58]

> 문화재가 가지는 상징적인 의미에서 볼 때 국교정상화 후 적당한 시기를 선택하여 마땅한 인물을 문화 사절로서 한국에 파견, 한일문화협력에 대해서 한국 측 당국과 회담하도록 하고, 경우에 따라서는 성대한 문화협정 조인식, 혹은 문화재 증정식을 거행하는 것도 한국 국민의 감정에 호소하는 적당한 방법이 아닐까.

외무성은 한국 국민의 감정에 호소하는 방책을 살피고 있었다고 할 수 있다. 이때 외무성 동북아시아과에서는 "일본이 약탈했기 때문에 반환하라"는 한국 측의 주장이라면 문화재보호위원을 비롯한 관계자와 여론도 반대하겠지만, "한일국교정상화의 기념으로 문화교류를 위해서 선물하는 거라고 하면 여론도 반대하지 않을 것이다"라고 일본 측 국민감정에도 받아들여지는 방책을 모색하고 있었다.[59] 당시 일본문부성 문화재사무국은 "만약 한국 측이 품목을 지정해서 반환을 요구하는 태도를 취한다면 그 청구에는 절대로 응할 수 없다. 그러나 예를 들면 이토 히로부미 공이 가져간 문화재 가운데 선택해 주었으면 한다는 태도라면 우리 쪽에서 적당히 선택해서 증여할 뜻이 있다"는 태도였다. 그래도 국립박물관 한국 관계 소장품의 "전체 약 1,000점 가운데 3분의 1, 이 중에 이토 히로부미 공의 것 반 정도를 포함시킨다는 것이 최대한"이라고 1964년 3월 시점에서는 간주되었다.[60] 이토 히로부미 통감의 유물(아마 물품으로서의 구입도 포함된다고 추측되는)을 중

58) 848-576「文化財問題の解決方針に関する件(討議用資料)」1962年 2月 14日.

59) 848-580「文化財小委員会日本側関係者打合会」1964年 2月 6日.

60) 848-580「針谷参事官と宮地文化財事務局長との会談の件」1964年 3月 25日.

심으로 한 문화재반환을 계획하고 있었던 것이다.

이러한 형태로 일본 외무성 측이 한국 국민과 일본 국민의 쌍방의 감정을 배려한 문화협정을 체결하려고 한 것은 우에노 국립박물관 소장 국유재산구입 경위가 병합의 정통성에 영향을 미치는 것으로서 의식하고 있었기 때문만이 아니라, 특히 궁내청과 황실이 보유한 국유재산의 인도는 국내법의 뒷받침이 없으면 행해질 수 없는 것이었기 때문이다. 법적인 뒷받침을 무시하면서까지 한국의 요구에 굴복했다는 비판을 피하고 싶었기 때문이다.

애당초 1958년 4월 일본 측은 구보타(久保田貫一郞) 발언 이래 오랜 교섭중단을 거쳐 새롭게 시작된 교섭을 유지하기 위하여 106점의 국유문화재를 한국 정부에 우선 넘겨줬지만, 그때 원용된 법은 「물품의 무상대부 및 양여 등에 관한 법률」이었다. 중요문화재 지정을 받은 국유문화재도 포함하여 많은 국유재산을 한국에 넘겨주려고 하면 문부성으로서는 앞에 기술한 법률의 원용으로는 곤란하고 새롭게 입법 조치를 강구해 주기를 요청하고 있었다. 중요문화재에는 수출금지 규정이 있었기 때문에 예외규정도 필요했기 때문이다.

즉, 국내법에 의한 국유재산처분을 금지하는 규정을 넘어서기 위해서 "조선 관계 문화재의 열거적 또는 포괄적인 인도를 규정하는 문화협정과 같은 조약을 한일 간에 체결함으로써 국내법개정 조치를 취하지 않고도 인도"가 가능하게 되는 틀을 모색하고 있었던 것이다. 이때 조약이 국회에서 비준됨과 동시에 특별법과 같은 입법조치도 필요하였다.[61]

분명 문화협정 이외의 선택사항으로서 인도, 파키스탄, 타이, 이란 사이에 맺은 농업, 전기, 통신, 소규모 공업 등 각종 센터를 설치하기 위한 국회승인불요(不要) 행정협정과, 그에 의한 필요기계설비와 물품의 무상양도라는 틀이 있었지만, 이것을 1960년 3월 제정한 「경제 및 기술협력을 위한 필요물품의 외국정부 등에 대한 양여 등에 관한 법률」에 원용하는 것은 무

61) 848-572「韓国文化財引渡に関する件」1960年 9月 20日.

리라고 판단하고 있었다.[62)]

일본 국내의 깊숙한 차원에서의 문화질서가 법률의 정합성과 역사에 뒷받침되고 규정된 일본 국민의 감정질서는 대외문화정책을 크게 제약하고 있었다. 한국의 국민감정으로서 '불법부당'한 병합 시기에 강권으로 국민동의를 거치지 않은 채 왕실의 형식적 동의와 도굴에 의해 국민의 입장에서는 '약탈'된 문화재를 되찾는 것이 한국에서 보면 긴 식민지 지배를 진심으로 끝내기 위한 사죄의 상징으로서 기대되고 있었음은 상상하기 어렵지 않다. 상이한 국민감정에 어떠한 형태로 조화를 초래할 것인가. 이것이야말로 한일문화협정과 문화재 인도문제에 걸린 과제였다.

V. 맺음말

전후 일본의 대외문화교류는 점령 하의 국내 문화정책이 기점이 되었으며 그것은 정치적 대미협조 관계를 보완하는 성격을 짙게 띠고 있었다. '문화'를 둘러싼 문제는 그것의 정의와 교류 상대를 둘러싸고 국내 혁신세력과 보수세력을 양분하는 국내 냉전의 전쟁터가 되었다고 할 수 있다. 전후 일본이 샌프란시스코 강화회의 후 동남아시아에 이어 한국과 국교를 정상화하고 경제적 통합을 진척시켜 갈 때 일본 국내 논쟁은 국민감정을 자극하기 때문에 피하도록 하였다. 일본의 국민감정을 자극하지 않는 범위에서, 하지만 상대국 국민감정에 적극 작용하기를 기대하면서 대외문화정책의 틀은 모색되었다고 할 수 있다.

그러나 양자는 애초에 과거인식에서 상극적인 관계에 있었고, 이런 상극을 극복할 구체적인 틀을 소위 문화 면에서만이 아니라 청구권 문제로 상징되는 경제 · 사회 면에서 제시하지 않는 한, 양자를 모두 만족할 해결의 틀은 존재할 수 없을 것이다. 국민감정은 전쟁으로 잃은 귀중한 생명과 제

62) 848-572「文化財を韓国に引渡する場合の法的措置に関する件」1960年 9月 29日.

국 해체와 함께 파생한 귀중한 재산에 대해 완전히 서로 다른 의미를 부여하였기 때문이다. 일본과 한국을 포함하는 지역 경제부흥 프로그램은 이러한 상태에 있는 한일 양국 국민감정을 융화한다는 중대한 과제를 지게 되었다.

현재 문화정책은 정치 · 경제와는 독립해야 할 '문화'만의 영역에 한정된 것으로 이해되는 경향이 있다. 그러나 전후 한일교섭에서 문화재와 문화교류의 존재방식은 국민감정을 좌우하였고 정치경제 관계와 단절된 것일 수 없었다.

아시아 여러 나라의 경제성장과 민주화 속에서 지난 관계에 변화가 임박하고 과거와 마주하지 않을 수 없는 구조가 생겨나고 있다. 그렇다면 '우리들' 현대인은 국경을 넘어 바야흐로 현재까지의 대외문화정책을, 지금은 문화정책이라 할 수 없는 기술협력과 국내 국민통합의 제도인 교과서와 신사를 포함하여 모두 도마에 올려놓고 새로운 틀을 재검토할 시대에 직면하고 있지 않은가.

초기 점령시대에는 미국을 상대로 문화흡수를 위한 교류였고 강화시대에는 평화라는 가치수용을 전통적인 '미(美)'에 담아서 어필하는 것이 문화정책의 목적이었다. 이에 반해 점령에서 1957년 기시 신스케 수상의 동남아시아 방문에 이르기까지 대외문화정책의 과제는 자유주의권과 공산권 어느 쪽에 비중을 두고 문화외교를 전개할 것인가, 또한 오랜 역사와 전통을 매개로 구 추축국과의 문화적 관계를 전후에 새롭게 재개함으로써 함께 평화국가가 되었음을 세계에 어필하는 식의, 즉 서방 측의 과거 '서구'를 향한 사죄를 기조로 하고 있었다고 생각한다.

그러나 과거 식민지로서 대외확장정책의 대상이던 지역에서 일본의 지배에 직접 노출되어 고뇌해 왔던 사람들과 그 자손들 사이에 '지역'을 형성하기에 충분한 신뢰와 우호를 이웃 나라들과 쌓기 위해서는 역사와 단절하여 국내 좌우대립에서 초연하게 전개되어 온 문화교류정책의 틀을 새롭게 검증할 필요가 있다. 이때 현재의 대외문화정책이 띠는 기능의 역사성을 역사적 과정과 정치경제의 커다란 국제관계 속에서 다시금 묻고, 지금이야말로 현재의 기능으로 응축한 과정과 그때 놓친 가능성을 발굴할 때가 아닌가.

현재의 과제는 외교관과 정치가에 의해 만들어지는 '지역'이 아니라 시민의 교류와 참된 신뢰와 우호에 의해 유지되는 '지역'을 만드는 것이다. 이때 시민이 아닌 국민으로서의 교류에 정면으로 맞서고 서로의 국민감정이 유래하는 바를 상호관계 속에서 진지하게 검증하여 갈등을 넘어서기 위한 문화정책의 모습이 커다란 과제가 될 것이다. 이는 한국과의 문화협정 문제에서 모색된 문제이기도 한다.

전후 일본 사회에서 유일하게 그러한 실험을 행한 사건은 1995년 무라야마 도미이치(村山富市) 내각이 위안부여성에 대한 보상모금을 국민들에게 모으기 위해 설립한 '아시아여성기금'과 전쟁책임 문제에 참가해 온 혁신세력 '여러분들[方々]'이 함께 활동을 전개했고, 이런 활동이 혁신 측에 참가를 거부한 세력들로부터 격렬한 비난을 받았던 일련의 사건이 여기에 해당한다.[63] 적어도 당시까지 반성이나 사죄의 방식은 국내 일본인의 국민감정을 끊임없이 양분하는 문제였다. 또한 그렇기 때문에 무라야마 내각이 제창한 국제교류기금 아시아센터에서도, 한국, 대만, 중국과의 역사 교류센터에서도 역사를 둘러싼 교류의 방식은 여전히 신중한 문제였고, 때로는 격렬한 내부논쟁을 불러일으켰다.

국내 문화질서로서의 '교과서'와 '야스쿠니' 문제는 대외문화관계에서 피해 가고 싶은 관문으로 대외문화관계에서 역사인식의 문제를 계속 만들어내고 있다. 그러나 이 글에서 살펴보았듯이 점령기로 거슬러 가면 문화정책의 전개가 누구를 상대로 무엇을 어필하기 위해 전개하였는가를 보면, 문화정책에 커다란 제약이 부과되어 역사와 분리된 형태의 교류가 '미래'를 향해 전개되도록 정치적 방향이 정해져 있었고, 일정하게 기능 축소 위에 특정 대외문화정책이 패턴화되어 있다고 할 수 있다.

그러나 과거 완성된 대외문화정책이 전제로 하고 있던 '미래'지향의 틀

63) 이사회나 운영심의회의 회의록은 이하의 주소에서 열람을 할 수 있다. http://www.awf.or.jp/

안에는 국민사회가 세대를 넘어 재생산되어 감에 있어서 역사교육이 담당하는 기능과 일본 국내의 문화적 제약 문제를 의식적으로 담고 있지 않았다고 보인다. '위태로운' 문제를 단절시킨 대외문화정책 틀의 효력과 기능에 대해서 다시금 역사를 거슬러 올라 검증하지 않으면 안 된다. 이와 동시에 국내 문화질서와 대외문화정책의 관계를 의식한 정책 틀에서 감정을 수반하는 교류를 어떻게 편성할 것인가, 어떠한 감정을 어떤 교육으로 기를 것인가, 그리고 도대체 정부의 개입은 어디까지 인정해야 하는가라는 문제군(群)을 종합적으로 국제협력의 틀에 의해 검증하지 않으면 안 될 것이다.

역사와 단절되었다고 하더라도 오히려 그 때문에 청년교류와 스포츠교류가 가진 매력과 잠재적 가능성은 존재한다. 하지만 그 본래적 가능성을 활짝 피우기 위해서도 역사를 매개로 하는 교류를 회피해서는 안 된다. 또한 역사공동연구라는 정부후원의 시도가 한쪽의 국민감정을 대변하는 학술연구가 되거나 현실의 국익추구를 정당화하는 수단이 되거나 하는 경향이 생긴다면, 이는 문화와 정치에 걸쳐 있는 현대 국제관계학의 문제로서 다시금 그 원인을 검증하지 않으면 안 될 것이다.

[번역: 홍선영]

제2부

지식과 권력의 운동: 학지(學知)

전시기 일본 식민정책학의 변용
—민족 · 개발 · 지정학—

임성모

I. 일본 식민정책학을 어떻게 볼 것인가

일본의 식민정책학은 홋카이도(北海道) 식민에서 배태되고 타이완 영유 과정을 통해 체계화된 뒤, 러일전쟁부터 제1차 세계대전에 이르는 시기가 되면 국민통합, 정주식민, 속령(屬領)경영을 삼위일체로 한 본격적인 학지의 체계를 구성하면서 확립되었다. 1930년대 이후 이러한 식민정책학의 체계는 서구 열강과의 패권쟁탈전 가운데 '동아협동체론'의 등장을 거쳐 '대동아공영권론'으로 수렴되면서 일시적으로 국민주권 개념의 쇄신을 모색하기도 하였으나(임성모, 2005), 기본적으로는 이러한 삼위일체의 체계를 유지하면서 변주되었다고 하겠다.

이러한 일본 식민정책학의 흐름에 관해서는 1980년대를 전후하여 강좌파(講座派) 마르크스주의 입장의 경제사 연구자들에 의해 지성사적 자기비판이 이루어진 바 있다. 식민지 경제사 연구자인 가네코 후미오(金子文夫)가 일본 '식민지 연구'='식민정책학'의 성립과 전개를 개괄하였다(金子文夫, 1979; 1985). 가네코는 전전(戰前) 시기 일본의 식민정책학을 식민지 및 세력권에서의 실태조사, 서양 제국주의 국가들의 식민사와 식민정책의 번역, 그리고 제국대학의 식민정책학 강좌 등 세 가지 영역으로 나누어 개관하였다. 기본적으로 식민정책학의 제도적 측면을 식민 관련 국가기구와 제국대학의 관학(官學) 중심으로 정리하고 있는 점이 특징적이다.[1]

한편 식민지 지주제 연구의 권위자 아사다 교지(浅田喬二)는 식민정책학의 대표적 학자들이 남긴 저작들을 꼼꼼히 천착하여 지성사적 접근에 가까운 식민정책학 연구를 집대성함으로써 가네코의 개괄적 연구를 뛰어넘었다. 아사다가 분석한 학자들은 니토베 이나조(新渡戸稲造), 이즈미 아키라(泉哲), 야나이하라 다다오(矢内原忠雄), 호소카와 가로쿠(細川嘉六) 등 국가주의, 자유주의적 식민정책학 및 국제법 전문가들뿐 아니라 오자키 호쓰미(尾崎秀実), 나카니시 쓰토무(中西功), 오가미 스에히로(大上末広) 등 마르크스주의 중국 전문가들까지 망라하고 있다(浅田喬二, 1985; 1990). 그는 니토베 등의 저술을 식민 개념규정과 식민지 통치정책 중심으로 개관한 뒤에 그것이 조선, 타이완, 만주 각각에 어떻게 적용되고 있는지 심화 고찰하는 방식으로 상세히 분석함으로써, 식민정책학 관련 저술을 망라해서 조망하는 데 성공하였다.

이들 연구가 지성사적 자기비판이라는 점은 특히 아사다가 오자키 호쓰미 등 주로 1930년대에 활동하였던 마르크스주의자들의 만주, 중국 인식을 당시의 첨예한 논쟁이었던 '만주경제 논쟁'이나 '중국통일화 논쟁' 등을 중심으로 재조명하고 있는 데에서 잘 드러난다. 만철(滿鐵)조사부 등에 포진해 있던 전향 마르크스주의자들의 사상적, 실천적 가능성과 함께 그 한계까지 지적함으로써 식민정책학의 현재적 유산을 비판적으로 소화하려 하였던 것이다.

---

1) 가네코보다 먼저 식민정책학의 계보를 조명한 것으로는 노농파(勞農派) 경제학자인 오우치 효에(大内兵衛)의 연구노트가 있을 뿐이다. 大内兵衛(1968) 참조.

한편 식민정책학을 내재적으로 비판하기보다 전후와의 연속성과 그 선진성을 강조하는 데 초점을 맞춘 하라 가쿠텐(原学天)의 연구성과도 주목된다(原学天, 1984). 만철조사부, 동아연구소, 태평양문제조사회(IPR)의 활동실태와 연구 '업적'을 서지학적으로 치밀하게 제시한 연구로서, 특히 아시아경제연구소 등 전후 일본의 아시아 연구 싱크탱크와 접속되는 측면을 염두에 두고 있어 전전 식민정책학의 현대적 함의를 이해하는 데 유의미한 성과이다.

이상의 연구들은 일본 식민정책학의 계보를 개괄적으로 추적하면서, 아사다의 경우처럼 식민정책학자 개개인의 구상까지 천착하는 성과를 거두었음에도 불구하고, 문제의식의 깊이에 있어서는 맹점을 갖고 있었다. 식민정책학을 관통하는 사상적 기저에 대한 해명이 부족했고, 식민정책 구상이 시행을 통해 피드백되는 본국-식민지 간 상호연관성을 경시하였기 때문이다. 1990년대 이후의 식민정책학 연구는 바로 이 점에서 종래의 연구와 차별성을 보이게 된다.

식민정책학의 사상적 기저에 관해서는 강상중이 '일본적 오리엔탈리즘'이라는 틀에 의해 식민정책학과 동양사학 전반의 왜곡된 아시아 인식을 규명하였다(姜尙中, 1995). 물론 일본의 동양(사)학이 내포한 아시아 인식의 문제점에 대해서는 중국연구자 다케우치 요시미(竹內好)의 비교 연구 등을 통해서 이미 지적된 바 있다(다케우치 요시미, 2004; 五井直弘, 1976). 그러나 강상중은 사이드(E. Said)와 푸코(M. Foucault)의 오리엔탈리즘 비판과 생체권력론을 활용하여 이를 비판적으로 조명하였다는 점에서 이들 논의와 차별성을 갖는다(강상중, 1997). 그의 주장은 유사한 레토릭 — 예컨대 '대중 오리엔탈리즘'(川村湊, 1993) — 을 구사하는 문화연구(cultural studies)적 식민주의 연구들과 공명하는 가운데 포스트콜로니얼리즘적 입장에서의 식민정책학 연구를 확산시켰다.[2)]

식민지와 본국 간의 상호작용이라는 시각은 최근의 제국 학지 연구에서

2) 도베 히데아키(戸邉秀明)는 이 흐름을 '문화론적 전회(轉回)'라고 불러 제국 내의 인구이동과 연관된 '공간론적 전회'와 함께 최근의 제국사 연구가 지닌 특징으로서 지적한다. 戸邉秀明(2008) 참조.

본격적으로 제기되고 있다. '제국일본'이라는 용어의 등장 자체가 그러한 시각의 산물이다. 교육사 연구자 고마고메 다케시(駒込武)는 1990년대 중반에 '식민지 제국'이라는 용어를 사용하기 시작함으로써 이른바 '제국사'를 본격적인 궤도에 올렸다. 그는 "일본제국주의의 다민족 지배에 의해 발생하는 모순들이 본국의 제도나 이념의 변질을 촉진하는 것"을 '팽창의 역류'라고 규정하고 이에 대응하여 '모순을 외부로 전화시키고 억압을 이양하는 것'을 '방파제'라 명명하며, 식민 본국의 일방적 지배 관철이 아니라 식민지와 본국 간의 밀접한 상호작용에 주목해야 한다고 주장한다(駒込武, 1996).

고마고메 식의 주장을 식민정책학 연구에 대입할 경우, 예컨대 본국의 제국대학을 중심으로 형성된 식민정책학의 체계는 식민지의 (제국)대학을 통해 일방적으로 주입된 것으로 분석될 수 없다. 식민지 대학은 본국 학지의 수입 통로였던 동시에 본국 학지의 콘텐츠를 변화시키는 통로이기도 하였기 때문이다. 최근의 연구성과인 『'제국' 일본의 학지』 시리즈에도 이러한 관점이 반영되어, 식민지 타이완과 조선의 제국대학을 단순한 종속변수로서가 아니라 상대적 독립변수로서 고찰하려는 시도가 이루어진 바 있으며(酒井哲哉編, 2006), 이러한 시도들은 앞으로 더 확장될 것으로 기대된다.

물론 고마고메 스스로 비판하듯이 '제국사' 연구에는 몇 가지 문제점들이 지적될 수 있다. 무엇보다 대상지역의 언어와 연구성과를 반영하는 노력이 극히 미흡하며, 제도나 이데올로기에 주목한 나머지 지배의 폭력성을 경시하는 경향이 있다. 또한 식민지를 세계체제 속에서 자리매김하는 데 소홀하고 이로 인해 '제도로서의 일본사' 영역을 확장시킬 뿐인 연구들도 많다는 것이다(駒込武, 2005: 1-2). 그럼에도 불구하고 이 문제점들을 자기 인식하는 가운데 주변국 연구자들과의 지적 교류가 활발하게 이루어진다면 '제국사'의 긍정적인 면모는 살려 나갈 수 있으리라 판단된다.

'제국사'의 핵심적 연결고리인 식민정책학 연구는 최근 들어서 다시 활성화되고 있다. 먼저 19세기 이래의 주요한 식민정책학 문헌들에 대하여 개괄적인 해제 작업이 이루어졌다(井上高聰外, 2005). 또 종래 니토베 이나조에 집중되어 왔던 초창기 식민정책학 연구가 다변화되고 있다. 이노우에 가쓰오(井上勝生)를 중심으로 '홋카이도대학 학파'에 대한 조명이 본격화되는 가운데(井上勝生, 2003),[3] 니토베의 동학이었던 식민정책학자 사토 마사스케(佐藤昌介)의 강의 노트가 출간되는 한편 이를 바탕으로 한 연구들이 제출되었다(井上勝生, 2005~07; 2006; 竹野学, 2005). 식민정책학 수립의 기초자료인 인구센서스 등 각종 통계의 조사체계에 관한 연구도 시작되고 있다(佐藤正広, 2002; 2006).

이처럼 일본 식민정책사에 관한 연구는 '제국사' 연구의 활성화와 연동되는 형태로 새로운 국면을 맞이하고 있는 중이다. 앞서 고마고메가 지적한 접근 방식 내지 자세의 문제점들이 교정된다면, 식민정책사 연구는 근대 일본의 제국 학지에 대한 실증적이고 비판적인 시사점들을 풍부하게 제공하는 장이 될 수 있다. 이를 위해서는 '일본적 오리엔탈리즘' 비판과 같은 지성사적 접근방법과 통계 등 제도와 정책에 관한 사회사, 정치사적 접근방법이 서로 분절적으로 이루어지는 경향도 불식할 필요가 있다고 본다. 현실정치에서 양자를 결합시켜 타이완과 만주에서 고도의 식민지 거버넌스를 구축했던 고토 신페이(後藤新平) 같은 핵심 관료, 정치가에 대한 종합적 분석처럼, 종래의 분절적 접근방법을 접합하려는 시도들이 향후 본격적으로 이루어져야 할 것이다.

이 글은 이상과 같은 문제의식 아래, 19세기 후반에 탄생한 일본 식민정책학이 제1차 세계대전 이후 총력전체제로 전환하는 전시기(戰時期)에 어떻게 변용되었는지를 살펴보기 위한 것이다. 1930년대 후반 '동아신질서'론이 대두하여 1940년대 '대동아공영권'론으로 이행해 갔던 이 격변기에 '제국일본'의 학지에 일어난 지각변동의 양상을 중층적으로 고찰하고자 한다. 구체적으로는 이 시기 일본 식민정책학이 민족문제, 지역개발, 지정학의 세 문제들을 어떻게 '혁신'하고자 했는지 분석할 것이다. 이를 통해 오늘날 지역통합론과 학지의 상호관계를 성찰적으로 조명하는 것이 이 글의 목적이다.

---

3) 이노우에의 연구는 홋카이도대학 100년사에서부터 시작된 연구의 연장선상에 서 있다. 田中愼一(1982) 참조.

II. '동아신질서'의 지역통합론들

'대동아공영권'은 보통 "태평양전쟁 당시, 아시아 지역에 구미의 식민지 지배 대신 공존공영(共存共榮)의 신질서를 수립한다고 하며 전쟁을 정당화하려 했던 일본의 슬로건" 정도로 기술된다(高柳光寿・竹内理三, 1974: 580). '슬로건'으로서의 허구성이 부각되는 결과, 심도 깊은 분석 자체가 불필요한 대상으로 치부되기 쉬운 것이다. 종래 대동아공영권에 대한 국내학계의 연구는 그 사안의 중요성에 비해 턱없이 부족했다. 대동아공영권의 '전사(前史)'에 해당하는 동아신질서(東亞新秩序) 논의의 경우에도 상황은 마찬가지다.[4] 대동아공영권이란 일제가 내건 기만적 슬로건에 불과하므로 거기서 의미 있는 논점을 찾을 수 없다고 하는 암묵적인 예단이 개입하고, 그로 말미암아 학문적인 접근의 시도 자체가 도외시되는 결과를 빚었다고 본다.

이러한 상황은 대동아공영권의 '실태'에 대한 나름의 역사상(像)도 없이 '신판 대동아공영권'이라는 이미지만 유통되는 상황을 만들어 내기 쉽다. 대동아공영권의 '이념'에 대해서는 문제가 더 커져서, 예컨대 도쿠가와(德川) 말기 이래의 팽창주의를 1940년대의 대동아공영권 구상과 직결시켜 파악함으로써, 후자에 동원된 정당화 논리의 '근대적' 측면을 경시하는 경향을 낳기도 한다. 그리고 이런 경향 때문에, 대동아공영권을 연상시키는 지역통합 논의가 왜 '신판'인지에 대한 역사적이고 논리적인 근거를 결여한 대응을 재생산하는 결과가 초래되는 것이다. 대동아공영권의 실태와 이념에 관한 연구가 심화되기 위해서는 그 전사(前史)에 해당하는 '동아신질서'론에 관한 논의에서부터 조명할 필요가 있다.

1938년의 우한(武漢) 점령 이후 중일전쟁의 장기 지구전화가 분명해진 시

4) 대동아공영권에 대한 연구는 김정현(1994); 한석정(1999); 김경일(2005) 등이 있을 뿐이다. 윤건차(2003)는 대동아공영권 구상에 이르는 민족정책 논의를 추적하고 있다. 동아신질서론과 관련해서는 함동주(1996; 2000); 임성모(2005); 문명기(2000); 배경한(2004) 등의 연구가 있다.

점에서, 일본 정부는 난국을 타개하기 위해 두 차례의 성명, 즉 제2차 및 제3차 고노에(近衛文麿) 성명을 잇달아 발표했다. 제2차 고노에 성명(동아신질서 성명)은 중일전쟁 해결의 근본 목적이 "동아의 영원한 안정을 확보할 신질서를 건설"하려는 데 있다고 전제한 뒤, 신질서 건설의 방안으로서 "일만지(日滿支) 3국의 상호제휴, 정치·경제·문화 각 방면의 호조 연환(互助連環) 관계 수립을 근간으로 동아에서 국제 정의의 확립, 공동 방공(共同防共)의 달성, 신문화의 창조, 경제 결합의 실현을 추구"한다고 주장하여 종래의 강경 방침을 극적으로 전환시켰다. 그 연장선상에서 "선린 우호(善隣友好), 공동 방공, 경제 제휴"라는 대원칙을 제시한 것이 제3차 고노에 성명(3원칙 성명)이었다.[5)]

'3원칙'의 '선린 우호'나 '제휴'라는 표현에서 알 수 있듯이, 두 차례의 성명에는 기본적으로 중일전쟁이라는 지구전의 조속한 종식과 동아시아 지역 질서의 '평화적' 재편이라는 지향성이 드러나고 있는데, 이를 집약한 슬로건이 곧 '동아신질서'였다. 그러나 일본이 지정학적 패권주의를 노골화하며 영미와의 전쟁으로 돌입하는 1940년경이 되면 이 동아신질서는 소위 '대동아공영권'이라는 표어로 환골탈태하기에 이른다.

동아신질서에서 대동아공영권으로의 이행을 어떻게 볼 것인지, 즉 필연적이고 연속적이라 볼 것인지 여부에 대해서는 견해차가 있을 수 있다. 필자는 불연속적 측면, 바꿔 말해서 사상적 모색의 지층이 존재했다는 입장이다. 동아신질서 논의의 다양한 스펙트럼들 가운데 '동아연맹론(東亞聯盟論)'과 '동아협동체론(東亞協同體論)'의 경우가 일종의 '단층'에 해당한다고 보기 때문이다. 이들 논리는 '스메라 아시아(すめら·アジア)론' 등의 보수적 신질서론과는 일정하게 거리가 있는 '혁신적' 신질서론으로 보인다.

1933년 만주국협화회(滿洲國協和會)에 의해 최초로 표명된 동아연맹론은 만주국의 지배 원리인 민족협화(民族協和)를 동아시아 전역으로 확대하는 것으로 상정되었다. 만주사변의 주도자 이시하라 간지(石原莞爾)의 군사적

5) 양 성명의 전문은 日本外務省(1965: 401, 407) 참조.

비전에 입각한 이 구상은 그의 브레인 미야자키 마사요시(宮崎正義)에 의해서 체계화된다. "통일을 방해하는 외력(外力)의 중압으로부터 동아를 해방"하는 것을 표방한 동아연맹은, 일본 · 만주국 · 중국을 중심으로 여타 동아 국가를 그 외곽으로 상정한 범위로 결성되는데, '왕도(王道)'를 지도 원리로 하여 "국방의 공동, 경제의 일체화, 정치의 독립"이 결성의 조건으로 내세워졌다. 여기서 '정치의 독립'이란 "연맹 헌장 또는 연맹 국가 간 협정이 지시하는 범위 내에서 연맹의 구성국들이 독립적으로 자국 주권을 행사하는 것"으로 규정되었으며, 가맹뿐 아니라 '자유로운 의지에 입각한' 탈퇴의 권리도 보장하고 있다(宮崎正義, 1938: 151-168). 협정의 규정 범위 내에서, 또 '연맹 전체의 이익을 위해 필요한 범위 내에서'라는 제한이 엄존함에도 불구하고, '정치의 독립'이라는 원칙이 왕징웨이(汪精衛) 정권 등 식민지 지식인들에게 상당한 호소력을 지녔음은 기존 연구에서 지적되고 있는 바와 같다. 그러나 동아연맹론에는 '안보 체제'를 전면에 내세우는 군사적 성격이 강했기 때문에 비판을 받았다.[6]

한편 수상 고노에 후미마로의 싱크탱크 쇼와연구회(昭和硏究會)를 거점으로 활성화된 동아협동체론에 대해서는 몇 가지 공통점들이 지적되고 있다. 즉, ① '일본주의', '황도(皇道)주의'에 의한 아시아 통일의 관념성과 편향성을 비판하고, 아시아 연대의 원리로서 아시아 나라들에 공통되는 보편적 정치 이념을 추구한 점, ② '경제블록'적 사고방식을 부정하고, 그 바탕에 깔린 자본주의 이념의 극복을 국내 정치와 대륙정책 양면에 걸쳐 추구한 점, ③ 아시아에서 연대 이념의 형성이 아시아의 새로운 국가연합을 가능하게

---

6) 예컨대 오자키 호쓰미는 동아연맹론의 특징이 "연맹의 정치조직과 경제기구, 특히 후자에 대해 상세한 안을 제시하고 있는" 것이지만, "이들 계획은 모두 현재의 사정을 기초로 하여 그 발전과 확충을 지향한 것이지, 연맹 구성 과정에서 구조적 변화를 이끌어 낼 방법은 마련되어 있지 않다. 동아연맹론을 동아협동체론과 비교할 때 그 냄새와 감촉이 전혀 다른 바가 있음을 느낀다. 동아연맹론도 직접적으로는 일지사변(日支事變)을 계기로 전개된 것이지만, 후자가 이 대이변(大異變)에 의해 새롭게 생겨난 것인 반면, 이 경우는 처음부터 준비되어 있던 대륙정책의 어떤 플랜이 발동한 듯한 느낌"이라고 지적한다(尾崎秀実, 1977: 353).

할 뿐만 아니라 '세계사의 새로운 단계에서 세계적 원리'를 창조하는 것으로 이어지리라는 비전을 품고 있었던 점, ④ 그런 이념의 형성을 필연적으로 만든 현실적 계기로서 중국 민족주의에 대한 공감 내지 긍정의 자세가 엿보인다는 점 등이다(橋川文三, 1970: 362). 요컨대 중국 민족주의에 대한 공감에 입각한 아시아 연대, 그리고 블록경제론과 같은 자본주의를 극복할 보편적인 '세계사적 사상'의 모색이 그 특징이라 하겠다. 이 특징은 후술할 교토 학파 등의 '근대의 초극(超克)'과 '세계사의 철학'을 연상시키게 하는 점들인데, 실제로 미키 기요시(三木清) 등은 '근대초극론'의 흐름과 연관성을 맺고 있었다.

동아협동체론 내부의 다양한 스펙트럼과 그 다면성에 대해서는 앞으로 좀 더 포괄적인 연구가 필요하겠지만,[7] 필자는 일단 이를 ① 경제주의적 개발론, ② 문화주의적 혁신론, ③ 사회주의적 혁명론의 세 가지 지향성으로 구분해서 볼 수 있다고 생각한다. 이 가운데 대동아공영권 구상과의 연속적인 측면은 ①과 ②에서 찾을 수 있고 ③의 지향은 역사의 무대에서 추방됨으로써 단절되었다고 할 수 있다.

첫 번째로 경제주의적 개발론의 대표적 논자는 로야마 마사미치(蠟山政道)와 가다 데쓰지(加田哲二)다. 도쿄제국대학 정치학과 교수 로야마는 '동아협동체'라는 용어를 가장 먼저 사용한 인물이기도 하다. 그는 일본의 '대륙경영'의 궁극적 목적이 '민족협화를 내포한 지역적 개발 계획'에 있다고 명시함으로써 '개발'을 키워드로 한 신질서를 구상했다. 동아협동체는 "한 민족 또는 한 국가가 다른 민족이나 다른 국가를 정복하는 영토적 제국주의가 아니라, 민족의 공존·협력을 가능케 하는 지역적 운명 협동체"라 규정하며 그 인센티브를 민족 간의 '상호 이익'에서 찾으려 했다. 로야마에게 운명 협동체는 '복지'의 지역화에 의해서만 가능한 것이었다(蠟山政道, 1941b). 게이오(慶応)대학 경제학과 교수 가다 데쓰지도 제국주의적 착취의

7) 최근 일본에서 '동아협동체'론을 공동 주제로 한 본격적인 연구가 처음 간행되었으나, 아직 심화 연구의 필요성이 많다. 石井知章·小林英夫·米谷匡史編(2010) 참조.

대안으로서 '호혜적이고 쌍무적인 개발'을 일본의 대륙정책에 요구했다. 그는 서구 자본주의의 식민지 획득 방법이 '차별적이고 일방적인 착취'에 있다고 비판하면서 세계공황 하의 변종인 블록경제와 질적으로 다른 '경제협동체'로서 동아경제 협동체를 내세웠다(加田哲二, 1939). 그러나 후술하듯이 이런 주장은 '일만지 경제블록론'과의 접근성이 강한 논리였다.

두 번째로 문화주의적 혁신론의 대표자는 철학자 미키 기요시였다. 그는 쇼와연구회 문화부의 책임자로서 동아협동체론의 사상적 기초를 구축했다. 연구회의 강령적 문건인 「신일본의 사상 원리」 등에서 미키는 중일전쟁의 해결이 지니는 세계사적 의미를 논하면서 '새로운 문화'의 건설을 강조한다. 즉 중일전쟁의 역사적 의미는 "시간적으로는 자본주의 문제의 해결, 공간적으로는 동아 통일의 실현"에 있는데, 동아 통일의 전제는 중국의 근대화이지만 중국은 근대화되는 동시에 근대 자본주의의 폐해를 탈피할 '새로운 문화'로 전진하지 않으면 안 된다. 그리고 새로운 문화로의 전진은 자본주의 선진국이되 아직 봉건적 성격을 청산하지 못한 일본의 경우에도 마찬가지로 필요한 과제다(三木清, 1968b; 1968d). 요컨대 미키에게 있어서 동아시아의 자기 혁신이란 근대화와 탈근대화가 동시에 진행되는 이중적 혁신이며, 그것은 궁극적으로 '문화로서의 (근대) 서양'으로부터의 탈피를 뜻하게 된다.

미키의 서양 근대 비판은 서양 근대의 강력한 작동 기제 중 하나인 내셔널리즘에 대한 비판으로 이어졌다. 그는 일본이 종래의 편협한 '일본주의'를 버리고 새로운 일본 문화를 창출해야 하며, 중국 문화의 독자성을 인정하면서도 이를 포용할 수 있는 보편적이고 차원 높은 문화로 고양시켜야 한다고 주장한다(三木清, 1968e). 여기서 '일본주의'란 곧 일본 민족주의의 별칭이다. 미키는 1930년대 중반 이래 '국체명징운동(國體明徵運動)' 등을 통해서 고양되고 있던 '일본주의'가 "일본 민족의 우수성만을 자각시키려 한 결과, 다른 민족을 존중하는 사고를 상실하게 하는 동시에 국민으로 하여금 자기 비판을 망각하게 하여 독선적으로 만들었다"고 비판했다(三木清, 1968a: 410). 그가 보기에 신질서의 문화 프로젝트는 "민족을 넘어서는 어떤 전체(全體)"

를 요구하는데 그것이 바로 동아협동체였다(三木淸, 1968b: 517). 이런 미키의 보편론적 주장에 대해서는 '스메라 아시아'론과 같은 '일본주의'로부터의 비판은 말할 것도 없고, 동아협동체론 내부의 경제주의적 개발론자들로부터도 그 추상성에 대한 비판이 이어졌다.[8)]

미키의 주장에서 주목할 부분은 경제주의적 개발론과 비교할 때 일본의 '자기 혁신'에 대한 요구를 전면에 내세웠다는 점일 것이다. 아울러 '동아 통일'의 전제로서 '자본주의의 극복'을 내걸었던 만큼, 그 원칙론적 구상이 사회주의적 변혁을 연상시키는 측면도 존재했다. 그러나 미키는 거기까지는 이르지 못했고, 결정적으로 식민지 · 민족 문제에 대한 사고에 있어서 맹점을 드러냈다. 대표적인 사례로서 왕징웨이에 대한 미키의 공개 서신을 들 수 있다. 미키는 이 글에서 "중국은 독립, 자유를 요구하는 데 급급한 나머지, 동아협동체의 건설이야말로 중국의 독립, 자유를 확보하는 길임을 깨닫지 못하고 있다"고 비판해 버리고 말았던 것이다(三木淸, 1968c: 392-393). 결국 동아협동체론의 아킬레스건은 식민지 · 민족 문제에 대한 인식의 깊이에 있었다.

세 번째로 오자키 호쓰미로 대표되는 사회주의적 혁명론은 식민지 · 민족 문제에 대해 가장 민감했던 흐름이었지만, 동아협동체론을 비판적으로 지지하는 입장에서 '유라시아 블록' 구상만을 남긴 채 조르게(Richard Sorge) 사건의 소용돌이 속으로 사라져 버렸다.[9)]

이처럼 동아신질서론(특히 동아협동체론)과 대동아공영권 구상 사이에는 단절면과 연속면이 뒤얽혀 있었다. 오자키 호쓰미의 혁신 구상은 일찌감치 제거되었으며, 이시하라 간지 등의 동아연맹론도 중국 점령지에서만 명맥을 유지하는 형태로 단절되었다. 반면에 미키 기요시의 문화주의적 혁신론

8) 예컨대 가다 데쓰지는 다음과 같이 우회적으로 비판했다. "동아협동체의 근거로서 사상의 세계성을 추상적으로 주장하기보다는, 지역성에 의한 협동체의 필연적 구성을 주장하는 쪽이, 현실적인 문제로서는 이론으로서의 가치가 있다고 생각한다"(加田哲二, 1939: 5).

9) 오자키의 행적과 주장에 대해서는 필자의 「동아협동체론과 '신질서'의 임계」를 참조. 특히 중국 인식에 대해서는 이수열(2010)을 참조.

은 아시아태평양전쟁 발발을 전후해 논단을 석권한 교토 학파의 '세계사의 철학'으로, 로야마 마사미치나 가다 데쓰지의 경제주의적 개발론은 지정학적 운명공동체론으로 흘러들어가게 된다. 그리고 대동아공영권 구상 속으로 녹아든 이 두 흐름의 공통된 키워드는 바로 '도의(道義)'였다.10)

III. 지역 통합과 식민정책학의 재구성

대동아공영권 구상이 국책으로 확립된 것은 1940년 7월 제2차 고노에 내각의 각의(閣議)가 결정한 「기본국책요강(基本國策要綱)」부터였다. 그런데 이 요강은 "황국(皇國)의 국책(國策)은 팔굉(八紘)을 일우(一宇)로 삼는 조국(肇國)의 대정신(大精神)에 기초하여 세계 평화의 확립을 이루는 것을 근본으로 삼고 우선 황국을 핵으로, 일만지(日滿支)의 강고한 결합을 근간(根幹)으로 한 대동아(大東亞)의 신질서를 건설하는 데 있다"(日本外務省編, 1965: 466)고만 되어 있을 뿐, '대동아공영권'이라는 표현 자체는 사용되지 않았다. 중일전쟁 이후 제기된 기존의 '동아신질서'에 '대'자만 덧붙인 요강에서의 이 표현이 '대동아공영권'이란 용어로 공식화되는 것은, 각의 직후인 8월 초 이 요강을 설명한 외무대신 마쓰오카 요스케(松岡洋右)의 언론 담화에서였다. 국제연맹 탈퇴 당시의 주인공이자 '만몽생명선(滿蒙生命線)'이라는 절묘한 조어의 장본인이기도 했던 마쓰오카는 "황도(皇道)의 대정신에 따라 우선 일

10) '도의'라는 '제국의 레토릭'[Spurr(1993)에서의 표현을 사용함]은 일본의 아시아주의가 일반적으로 채용했던 '아시아적' 외피와 부합되는 용어다. 1930년대 이후에만 국한해서 보더라도, 예컨대 만주국의 건국이념인 '민족협화(民族協和)'나 '왕도낙토(王道樂土)'에서 '협화'나 '왕도'는 모두 유교 경전에서 따온 용어들이었다. 미키 기요시가 동아협동체를 주장하며 강조했던 '겸양(謙讓)'이라는 용어(三木清, 1941)도 '동양적 예의'를 표방한 같은 계열의 레토릭에 해당한다. 이처럼 대동아공영권의 레토릭이 지닌 '동양성'은 두드러지지만, 그럼에도 불구하고 이들 레토릭에 내포된 '(탈)근대적' 지향성을 놓쳐서는 안 된다. 후술하듯이, 교토 학파 등이 표방한 '도의'에는 '경제윤리(ethos)'나 '지도자 원리' 등 '(탈)근대적' 함의가 강했기 때문이다.

만지를 일환으로 한 대동아공영권의 확립"을 통해 '세계 평화의 수립'에 공헌할 것임을 천명함으로써 '대동아공영권'이란 용어의 공인 전도사가 되었다(安部博純, 1996: 382-383).

기존 연구에서 밝혀진 바와 같이, '대동아공영권'이란 용어 자체는 1938년 육군성과 참모본부가 비밀리에 작성한 「국방국책안(國防國策案)」에서 이미 제시되었다. 이 문건의 내용을 살펴보면, 대동아공영권의 구조를 '자존권', '방위권', '경제권'으로 나누어 계층화, 계열화하고 있다. 여기서 '자존권'은 일본열도와 만주, 북부 중국, 몽골을 포함하는 '야마토(大和) 민족의 생존지역'을 가리킨다. '방위권'은 시베리아, 중남부 중국, 버마 동부의 동남아시아, 그리고 자바, 수마트라 및 북태평양 해역 도서를 포괄하는 지역이다. '경제권'은 '방위권' 외곽의 자원 공급 지역으로서 인도와 오스트레일리아를 포괄하는 광범위한 지역으로 구성되었다(安部博純, 1996: 362). 이와 같은 동심원적 계층 질서로서의 '공영권' 구상은 위의 「기본국책요강」에도 그대로 반영되어, 일본은 '핵', 일본 · 만주국 · 중국은 '근간', 그 외곽은 '지엽(枝葉)'이라는 식의 동심원적 구성을 보이고 있다. 여기서 '지엽'이 '방위권'과 '경제권'으로서의 '남방(南方)'으로 확대되어 간 추세는 '남진(南進)'론에 입각한 대동아공영권의 동심원적 확대와도 부합되는 것이었다. 아시아태평양전쟁 이후 이런 대동아공영권의 구조를 도식화한 대표적 문건이 1942년 9월 해군성의 문서 '대동아신질서의 내부적 정치 구도'이다.

해군성 문서는 대동아공영권을 "역사적 사정과 민도(民度)에 따라" 다섯 가지 범주, 즉 '지도국' '독립국' '독립 보호국' '직할령' '권내(圈內) 외국령'으로 분류한 뒤에 이를 입체도와 평면도의 형태로 예시하고 있다. 여기서 대동아공영권의 '지도국' 일본은 공영권의 안보와 각국 간 매개의 중심으로서 정치, 경제, 문화 방면의 건설과 운영을 지도하는 존재로 자리매김한다. '독립국'이란 만주국, 중화민국, 타이인데, 지도국과 형식적인 외교나 조약 관계로 결합되지만 '내면 지도'를 받는다는 점에서 절대적 주권국가 원리는 부정되고 있다. '독립 보호국'은 버마, 필리핀, 자바 등으로 지도국의 종주권을 인정하여 군사와 외교를 위임하여 파견된 고등판무관 등의 지도(보호)

를 받는 나라들이다. '직할령'은 지도국이 총독 등에 의해 직접 통치하는 지역으로서 "대동아 방위의 주요 전략 거점과 그 배후지"에 조성된다. 마지막으로 '권내 외국령'이란 인도차이나, 티모르, 마카오 등 아직 서구 열강의 식민지 상태인 '이질적' 지역으로서 장차 제국의 지도 아래 공영권의 '동질적' 구성 요소가 되어야 할 지역을 가리킨다(大久保達正外, 1992: 27-28).

이와 같이 대동아공영권의 지역 질서는 만주사변과 중일전쟁에 의해 가동되고 있던 기존의 동북아 세력권에 '남양(南洋)'을 근거지로 확대된 동남아 세력권을 추가하면서, 일본열도를 중심으로 한 동심원적 계열화에 의해 구상되고 있어, 후술하듯이 나치 지정학의 '생존권'론을 연상시키는 나름의 질서를 갖추고는 있었다. 하지만, 이런 대동아공영권 구상에서 지역에 대한 논의를 확실히 파악하는 데에는 한 가지 난점이 존재한다. '대동아'라는 지역의 범주 자체가 극히 애매하고 유동적이었다는 점이 바로 그것이다. 왜냐하면 '대동아'의 범주가 아시아태평양전쟁이라는 침략 전쟁의 확대에 따라 그때그때 편의적으로 규정되었기 때문이다. 예컨대 "현 단계에서 대동아공영권의 범위는 일본이 대동아전쟁에서 필승의 태세를 확보할 수 있는 범위이며 그것은 전쟁 목적을 완수할 수 있을 때에 확정된다"(田中直吉, 1943: 393)는 식의 주장이 많았던 것이다.

대동아공영권의 범주가 이렇듯 유동적인 것이었음에도 불구하고 한 가지 분명한 사실은, 이 가상의 역내를 관통하는 '공통의 역사 경험'이 반복적으로 강조되었다는 점이다. 즉, 아시아가 구미 제국주의의 침략을 받았다는 점, 다시 말해 '구질서'의 피해자라는 점을 공통분모로서 거듭 부각시켰던 것이다. 1930년대부터 동원되기 시작한 소위 'ABCD 포위망'이나 이에 맞선 '아시아 먼로주의'와 '자존자위(自存自衛)'라는 레토릭은, 대동아전쟁이 자존자위의 전쟁이자 동아 제 민족의 해방전쟁임을 주장하는 강변에서도 되풀이됐다.

서구를 겨냥한 아시아의 '공통의 역사 경험'에 대한 강조는, 결국 일본이 '탈아입구(脫亞入歐)'를 통해 서구의 구질서에 기생한 하위 제국주의였음을 은폐하기 때문에 전도된 오리엔탈리즘이자 하위 인종주의에 불과했지만,

이런 주장은 신구(新舊)의 잡다한 지역 통합 원리들이 동원되는 가운데 그 강도를 더해 갔다. 전형적인 구원리로는 중국의 조공·책봉 질서를 변형시킨 '일본형 화이(華夷) 질서'나 불교의 화엄(華嚴) 사상과 같은 것들을 들 수 있겠으나,[11] 대동아공영권 구상이 대두한 시기에는 '새로운' 지역 통합 원리로서 민족 이론, 개발주의, 그리고 지정학 등이 복합적으로 동원되었다.

먼저 민족 이론의 대표적인 논리로는 저명한 사회학자 다카다 야스마(高田保馬)의 '동아민족주의' 혹은 '광민족주의(廣民族主義)'론을 들 수 있다. 교토(京都)제국대학 퇴임 후인 1943년 국책 기구 민족연구소의 초대 소장을 맡기도 했던 다카다는, 동아의 제 민족(국민)은 각각 하나의 민족을 이루는 동시에 광의(廣義)의 한 민족, 즉 '동아민족'이라는 '광(廣)민족' 혹은 '초(超)민족'을 구성해야 한다고 주장했다. 그가 보기에 제1차 세계대전 이후의 민족자결주의에 입각한 약소국의 난립은 오히려 약소국 자신에게 불행을 초래할 뿐이다. 역사적으로 '삼동(三同)', 즉 동종(同種)·동문(同文)·동역(同域)의 유대를 맺고 있는 동아시아의 제 민족은 민족자결주의의 미몽에서 벗어나 초민족적인 '동아민족'을 자신의 프로젝트로써 실현시켜야 한다.[12] 그리고 '동아민족'이라는 이 초민족 구성체 속에서, 구래의 민족주의를 폐기한 일본 민족이야말로 유대의 중심이 된다는 것이 그의 주장이었다(高田保馬, 1939; 1942).

'광민족주의'의 이론적 기초는 민족주의·자본주의와 제국주의의 관계를 설정하는 방식에 있었다. 기능 면에서 통합적인 민족주의와 확산적인 자본주의는 제국주의와 각각 원리적·수단적 관계를 형성하면서 상호작용하는

---

11) 1940년대의 '일본형 화이 질서'에 관해서는 저널리스트 무토 데이이치(武藤貞一)의 경우를 분석한 아베 히로즈미의 연구가 있다. 安部博純(1996: 443-446)을 참조. 화엄 사상의 경우는 石井公成(2000; 2002) 참조.

12) 민족자결주의에 대한 비판은 같은 시기의 해군성 문서에서도 찾아볼 수 있다. 이 문건에서는 민족적 '자주' 없이는 제 민족의 협력을 얻어 대동아공영권을 건설할 수 없으므로, 일본의 민족정책은 각 지역의 민족적 통일을 지도하는 것이라고 하면서, 지도의 진정한 목적은 "개별 민족의 이기적 입장을 초극해서 자신을 둘러싼 대동아공영권 전체의 입장으로 귀일"하게 하는 데 있음을 강조했다. 결국 민족자결주의와 같은 '데모크라시적 국제 질서 사상'은 철저히 배격해야 할 대상으로서 자리매김하고 있다(海軍省調査課, 1992: 8-10).

가운데 공간적 확대를 초래한다. 여기서 민족주의와 제국주의가 '원리적' 관계라는 것은, 민족주의가 국가를 통해 작동하는 한 그것은 항상 잠재적으로 제국주의가 될 수밖에 없음을 의미한다. 이처럼 상호작용하는 민족주의와 자본주의의 팽창에서 그 확대의 수단은 무력적 팽창과 평화적 융합 두 가지가 있는데 독일이 전자라면 일본의 대동아공영권은 후자에 속한다는 것이 다카다의 지론이었다.

다카다는 '광민족주의'의 전개 과정을 교통의 발달→접촉의 확대→문화의 교류와 이해의 연접(連接)→약소국 민족의 강국 민족으로의 의존→동류의식에 의한 결합이라고 하는 연쇄 관계로 파악하여 '평화적 융합'에 의한 '동아민족'의 형성을 필연적인 추세로 전망했다. 그리고 자신의 독특한 '민족주류론(民族周流論)'에 의거하여 '강국을 형성하고 있는 민족'인 일본이 '동아민족'의 형성을 요구한다는 점이 강조되었다. 그의 '민족주류론'은 파레토(Vilfredo Pareto)의 엘리트 순환 명제를 민족 이론에 도입한 것으로서, 민족의 흥망을 생활수준의 고수준화→개인주의 경향의 신장→이익사회화→민족적 단결의 쇠퇴라는 인과관계에 의해 설명하는 방식이다. 결국 다카다는 일본의 민족적 쇠퇴를 억지하기 위한 전략으로서 '동아민족' 형성의 필요성을 강조했던 것이다(北島滋, 2002: 59-70).

이 시기에는 다카다의 '동아민족주의' 외에도, 다카다와 쌍벽을 이루었던 신메이 마사미치(新明正道)의 '민족사회학'이나, 대표적인 전향(轉向) 마르크스주의자 히라노 요시타로(平野義太郎)의 '민족정치학' 등 '민족'을 내세운 지역 통합 이론이 전면적으로 '개화'하여, 가히 민족 이론의 전성기를 구가했다(新明正道, 1942; 平野義太郎, 1943 등 참조). 특히 국책 기구 태평양협회의 현지 조사를 주도했던 히라노 요시타로 등의 사회과학자들은 대동아공영권의 확대와 발맞추어 '남방' 민족에 대한 인류학적 연구를 본격화했다. 이들 작업의 공통적인 특징은 '광민족주의'와 같은 다민족주의(소위 '복합민족론')를 지역 통합의 원리로 제시하면서 역내의 민족별 중층구조를 결합시키는 논리를 전개했다는 점이다.

이처럼 민족 이론을 근거로 한 지역 통합 전략은 '복지' 등 경제적 인센티브를 강조한 개발주의와 지정학적 사명론에 의해서 보완되기에 이른다. 이들 논리는 서로 분리되기보다 상호 결합하는 형태로 전개되는 양상을 보였다.

앞서 살펴본 바와 같이, 로야마 마사미치는 일본의 '대륙 경영'의 궁극적 목적이 '민족협화를 내포한 지역적 개발 계획'에 있다고 명시함으로써 '개발'을 핵심으로 한 신질서를 구상했다. 로야마는 동아협동체를 지향하는 일본의 행위가 '영토적 제국주의'와는 다르다고 본다. 그리고 '운명 협동체' 형성의 인센티브를 민족 간의 '상호 이익'에서 찾는다. 민족 간 상호 이익에 입각한 '지역개발' 전략으로서 동아협동체를 부각시켰던 것이다. 그가 일본의 '화북분리공작(華北分離工作)'에 대해 군사적 강압 대신 '문화적 기초'—그는 이를 '도의'라고 불렀다—가 필요함을 강조하면서 '민생(民生)'을 중시했던 것도 그 연상선상에 서 있다. 로야마에게 운명 협동체는 민생, 즉 '복지'의 지역화에 의해서 비로소 가능한 것이었다(蠟山政道, 1941). 가다 데쓰지 역시 제국주의적 착취의 대안으로서 '호혜적이고 쌍무적인 개발'을 일본의 대륙 정책에 대해 요구했다. 로야마와 마찬가지로 그는 서구 자본주의의 식민지 획득 방식이 '차별적이고 일방적인 착취'에 있다고 비판하면서 세계공황 하의 변종인 블록경제와는 질적으로 다른 '경제 협동체'를 내세웠다. 종래의 제국주의 정책을 대신할 새로운 '식민 · 민족정책'이 '동아경제협동체론'이라는 주장이었다(加田哲二, 1939).

로야마와 가다의 공통점은 '앵글로 색슨' 자본주의를 영토적, 일방적 제국주의로 규정함으로써 일본 자본주의와 구별하고, 서구적 자본주의 원리 자체를 벗어날 새로운 도의적 경제 관계를 매개로 한 동아시아의 운명 공동체에 대한 비전을 제시했다는 점이다. 따라서 서구 블록경제와 동아협동체를 차별화시키는 작업이 논리 구성상 필수 불가결했다. 그들의 주장에 따르면, 블록경제는 세계공황의 파고에 직면한 자본주의 제국이 일정한 경제권을 방파제로 삼으려는 '소극적'인 방어기제로서, 세계 질서 자체에 대한 변혁을 의미하지 않는 '현상 유지' 전략이다. 반면 협동체론은 자본주의적 · 제국주의적 세계 질서 자체에 대한 '적극적'이고 '공세적'인 '현상 타파'

전략으로 자리매김한다. 예컨대 로야마는 "소위 동아 블록경제의 본질에는 정치적 동기가 특징을 이루며 동아의 민족문제나 지역 상황이 중대한 요소를 점하고 있다. 그것은 (서양식) 블록경제의 관념을 가지고 설명할 수 없는 신체제의 건설을 요청한다"고 주장한다(蠟山政道, 1941b: 182). 그러나 '일만지 경제블록' 등 블록경제론과의 차별성을 강조하는 이런 주장이 과연 설득력을 가질 수 있었는지는 의문이다. 그 때문에 이들의 지역주의 논리, 특히 로야마의 주장 속에 "개발독재에 의한 근대화론"의 모습을 찾는 주장도 나오게 된다(酒井哲哉, 1999).

주목할 점은 아시아태평양전쟁의 전개 과정 속에서 로야마와 가다가 기존의 동아협동체론을 '회수'하면서 당시 일본의 주류적 담론으로 부상한 지정학의 논리에 편승한다는 것이다. 대동아공영권 구상의 형성 과정에서 '신시대'의 '새로운' 원리로서 각광을 받았던 것이 나치 독일로부터 절대적 영향을 받은 지정학 이론이었다. 그리고 이 지정학이야말로 대동아공영권이라는 패권적 질서를 정당화하는 데 가장 강력한 무기가 되었다. 1938년의 「국방국책안」에서 사용된 자존권, 방위권, 경제권이란 용어 자체만 하더라도 독일 지정학 이론의 모방임을 어렵지 않게 간파해 낼 수가 있다.

잘 알려져 있듯이, 하우스호퍼(Karl Haushofer)로 대표되는 독일의 지정학(Geopolitik)은, 스웨덴의 정치학자 첼렌(Rudolf Kjellen)이 국가학을 체계화하면서 도입한 지리학적 분석 방법이 베르사유 체제 하의 바이마르 독일에 수입되면서 획기적인 발전을 거둔 것이다. 이는 1924년 하우스호퍼가 주재한 『지정학 잡지(Zeitshrift für Geopolitik)』의 창간으로 표면화했다.[13] 하우스호퍼에게 지정학이란 "자연적 생활공간에서의 정치적 생활 형태를 그 지리적 구속성과 역사적 운동에 의한 제한이란 점에서 이해하려고 하는 과학"이었다(ハウスホーファー, 1941: 27). 그것은 베르사유 체제라는 미명 아래 민족 분포의 실태를 무시한 채 자의적으로 국경 분할을 한 영미에 대한 문제

13) 매킨더(Halford Mackinder)에서 시작되는 지정학의 계보와 특히 하우스호퍼의 지정학에 대해서는 曾村保信(1984: 25-138) 참조.

제기이기도 했다. 요컨대 지정학은 "지표상에서의 생활공간을 공평하게 분할하려는 노력"을 목표로 한 '투쟁의 수단'으로서 자리매김했다(ハウスホーファー, 1941: 67, 71).

하우스호퍼 지정학의 핵심 개념인 '생존권(Lebensraum)'은 "어떤 국민이 현재 생존하고 있는 공간이 아니라 장래 그 속으로 연장·확대돼야 할 공간"으로 이해되었다(佐藤莊一郞, 1944: 59). 생존권론은 나치의 '1민족 1국가'론, '광역경제권(Grossraum)'론, '자급자족권(Autarkie)'론과 밀접하게 결합되면서 '동방(東方) 정책'을 비롯한 제국주의적 팽창에 '과학적' 근거를 부여하게 됐다. 워싱턴 체제로부터의 결정적 이탈을 지향하고 있던 일본에게 이런 하우스호퍼 지정학은 직수입이 가능한 것이었다. 실제로 일본에서 하우스호퍼의 저작은 1940년부터 수년간 국책 기구 태평양협회에 의해 집중적으로 번역됐다.[14] 거기에는 나치 독일이 이른바 전격전(電擊戰)의 성공에 의해 유럽 전역에서 승승장구하고 있던 상황도 큰 요인으로 작용했을 것이다.

이렇게 나치 지정학의 생존권, 광역권론이 논단의 헤게모니를 장악해 나가는 가운데 이전의 동아협동체론자들 중에서도 새로운 '주류 담론'인 지정학의 논리에 편승하는 움직임이 대두하기 시작했다. 이 움직임은 동아협동체론 가운데서 경제주의적 개발론의 흐름을 대표했던 로야마 마사미치와 가다 데쓰지에게서 가장 명료한 형태로 나타나고 있다. 앞서 언급한 바와 같이, 도의로서의 민생을 강조한 개발론의 시각 자체에 블록경제론적 편향이 있었고 경제개발을 실현할 무대로서 '지역적 운명 협동체'가 상정되고 있었던 만큼, 개발론은 지정학에서의 '생존권' 논의와 연동될 소지가 농후했기 때문이다.

로야마 마사미치는 당시 일본에서 지정학을 가장 잘 이해하고 있던 인물 중 하나로 알려져 있다(波多野澄雄, 1981 참조). 그는 이미 1920년대에 매킨더

---

14) 1938년 '학술 단체'를 표방하며 창립된 태평양협회는 전향 마르크스주의자 히라노 요시타로 등을 중심으로 '남양'에 대한 민족학적 조사 작업을 진행하는 한편, 하우스호퍼의 주요 저작을 편역해 냈다. 주독 일본대사가 번역권 취득을 직접 알선했던 ハウスホーファー(1942)가 그 대표적 성과였다.

(Halford Mackinder)나 하우스호퍼의 저작을 접하고 있다. 일본 주재 무관(武官) 경력의 소유자이기도 했던 하우스호퍼가 만주 문제를 일본·러시아·중국 세 민족의 국경 문제로 파악하면서 국경의 의미를 자연지리적 차원뿐 아니라 철도·군사·기업 등을 포함한 일본의 대륙 팽창 전체의 운동으로 고찰한 점을 높이 평가했던 것도 그런 식견 위에서 가능한 일이었다(蠟山政道, 1941c). 그러나 로야마의 '지역적 운명 공동체'론에 결정적 영향을 끼친 것은 하우스호퍼보다는 매킨더의 지정학 쪽이었다. 로야마의 '대동아광역권론'은 매킨더가 '심장부(heartland)' 이론에서 이용한 '대륙 세력(landman)－해양 세력(seaman)' 논의에 입각해서 16세기 초 '신대륙 발견'부터 19세기 중반 미국의 태평양 진출을 조망한다. 로야마는 유럽에서 일어난 운동이 미국을 움직이고 또 미국이 다시 태평양에 등장하게 되는데, 동아시아는 바로 "이 두 개의 육지와 바다의 운동이 상호 결합하는 지점"임을 강조했다. 두 개의 운동은 동아시아에 세계 정세에 대한 자각을 가져와 일본 개국과 근대국가화의 원동력이 되었고, 일본은 '태평양 주변의 나라'이자 '아시아 주변의 나라'라는 특수한 역사적 조건 때문에 이중의 과제에 직면하게 된다는 것이다. 일본의 이중 과제란 아시아에서 서구 제국주의와 투쟁하면서 아시아 제 민족과 제휴해야 한다는 과제였다. 이 이중 과제의 '사명'은 일본의 '지정학적 필연'이며 대동아공영권의 역사적 출발점도 바로 거기서 찾을 수 있다는 것이 로야마의 해석이었다(蠟山政道, 1941a).

로야마는 지역주의가 단순한 지리적 원리의 표현이 아니라 역사적 원리에 근거한 것임을 거듭 강조했다. 지역주의는 일본의 '이중 과제'를 극복하기 위한 원리로서 서구 열강의 식민주의 원리와는 이질적인 원리인 동시에 일본에게는 대륙의 '방위나 개발을 위한 지역주의'이자 아시아 민족에게는 "민족의 존재를 지배하는 운명이 특정 지역과 결합해 있다는 의식"을 불러일으킬 수 있는 원리임을 강조하고 있다(蠟山政道, 1941d: 17, 157).

한편 가다 데쓰지의 동아경제 협동체론은 '지정학적 운명공동체론'에 근거한 아시아 사회의 회복이라는 교토 학파의 논리와 쉽게 결합될 수 있었다. 그는 당시 국제 정세 격변과 세계 신질서 건설로의 활발한 움직임이

'동아협동체론'이나 '동아연맹론'에 수정을 요구하고 있다고 주장한다. 종래 '일만지'의 지역 통합을 중심으로 구성된 이 구상들이 '대동아권'으로 그 대상이 확대됨으로써 "대동아라는 지역 전체에 적용될 것을 요구하고 있다"는 것이다. 세계 신질서 운동은 "종래의 독립국의 난립에 대한 개정을 의미하는 것"이며, 아메리카권, 소련권, 유럽권의 형성과 나란히 '대동아공영권'의 건설은 필연적이다. 대동아 건설의 주된 요구가 서구의 식민지 상태로부터의 해방인 만큼 그것은 당연히 '남방권'의 해방으로 확대되어야 하며, 대동아 건설의 물적 기초가 '일만지' 3국만으로는 부족하기 때문이다. 따라서 종래의 '대륙적 영역'은 '해양적 영역'으로 확대되어야 하며, 두 영역은 민족적으로는 '야마토 민족의 조상에 해당하는 존재'이며 지정학적으로는 '지리적 숙명 협동체'의 필연성이 발생하는 지점이다. 더 나아가서 가다는 대동아공영권이 지정학적으로 제약된 영역이기 때문에 역내의 개별 민족에게 그 결합성을 거부하고 구미 진영으로 달아날 '자유'는 존재하지 않는다는 점도 강조했다. 즉 '협동권'의 일원이라는 것은 구성원의 '선택'의 문제가 아니라 지정학적인 '필연'의 문제라는 것이 그의 지론이었다(加田哲二, 1941: 220-249).

이상에서 살펴본 바와 같이, 대동아공영권의 지역 구상은 전선의 확대에 따라 극히 유동적인 범주로 설정되고 있었으나, 서구에 대한 공통의 역사적 경험을 강조하면서 민족과 개발을 키워드로 한 통합 논리에 의해 정당화되었으며, 특히 유럽 전선에서 독일의 전격전이 승승장구한 데 힘입어 나치의 지정학적 생존권론에 입각한 계열화된 질서이론으로 재무장되었다. 이렇듯 민족 이론, 개발주의, 지정학 등으로 정당화된 지역 질서, 대동아공영권은 그것이 지닌 '세계사적' 사명과 재구성되어야 할 '세계'의 이미지를 요구했다.

Ⅳ. 식민정책학의 철학적 변증과 그 귀결

'대동아공영권'이란 용어는 마쓰오카 요스케에 의해 공론화되었지만 그 시점에서부터 일본 정부가 이 용어를 적극적으로 사용했던 것은 아니다. 신문·방송 등 대중매체에서 이 용어가 정착된 시점이 1942년 초, 즉 버마(당시)와 필리핀의 '독립'이라는 역내의 현안이 불거지면서부터였다는 데에서도 이는 확인된다. 오히려 1940년 말부터 (대)동아공영권이라는 용어를 빈번하게 사용하고 있었던 것은 일반인, 지식인 대상의 종합잡지, 예컨대 『가이조(改造)』, 『주오코론(中央公論)』, 『분게이슌주(文藝春秋)』나 『시소(思想)』 등의 미디어였다. 그리고 이들 미디어를 발판으로 대동아공영권 구상을 사회적으로 담론화하는 데 결정적인 역할을 했던 것이 바로 교토 학파의 철학자들이었다(河西晃祐, 2005: 65-66).

'교토 학파'라는 용어 자체는 마르크스주의 철학자 도사카 준(戶坂潤)이 1932년 자신의 논문 "교토 학파의 사상"에서 처음 사용한 용어다. "교토대학 문학부 철학과 관계자로서 니시다 기타로(西田幾多郞)나 다나베 하지메(田辺元) 아래 모인 사제 관계의 철학자에 의한 지적 네트워크"를 의미한다. 세대별로는 니시다와 다나베가 교토 학파 제1세대, 고야마 이와오(高山岩男), 고사카 마사아키(高坂正顯), 니시타니 게이지(西谷啓治), 스즈키 시게타카(鈴木成高), 시모무라 도라타로(下村寅太郞), 도사카 준, 미키 기요시 등이 제2세대를 이룬다. 사상 경향별로 보자면 도사카와 미키는 좌파로, 고야마, 고사카, 니시타니, 스즈키 등은 우파로 분류될 수 있다(町口哲生, 2004: 15).

'교토 학파 좌파'인 미키 기요시가 중일전쟁의 역사적 의미를 "시간적으로는 자본주의 문제의 해결, 공간적으로는 동아 통일의 실현"에서 찾으면서, 동아 통일의 전제인 중국의 근대화가 자본주의의 폐해를 탈피할 '새로운 문화'로 전진해야 한다고 주장했음은 앞서 살펴본 바와 같다. 그런데 이런 '문화 혁신'의 과제 설정은 '교토 학파 우파'에서도 찾아볼 수 있다. 예컨대 보통 '근대의 초극 좌담회'라고 불리는 『분가쿠카이(文學界)』 좌담회에서 스즈키 시게타카는 이렇게 주장했다. "근대의 초극이란, 정치에서는 민주주의의 초극, 경제에서는 자본주의의 초극, 사상에서는 자유주의의 초극을 의미한다. (중략) ['진보' 이념에 입각한 서구의-필자] 역사주의의 초극은 결국 역사학에서의 근대의 초극이다"(鈴木成高, 1942: 42-43).[15)]

결국 미키와 스즈키는 '서구적 근대'의 극복이라는 문화 혁신의 과제 설정에서 공통분모를 갖고 있었던 것이고, 그것은 스즈키의 표현처럼 '진보사관'으로 대표되는 서구 '역사주의'에 대한 비판으로 나아갈 수밖에 없었다. 그 귀결점이 교토 학파 우파가 소리 높여 외쳤던 소위 '세계사의 철학'이었다. 미키와의 차이점이 있다면, 이들은 '도의적 에너지'에 입각한 '세계사'의 구상을 논의의 전면에 클로즈업시켰다는 점일 것이다.

'교토 학파 우파'의 중심인물 니시타니 게이지, 고야마 이와오, 고사카 마사아키, 스즈키 시게타카가 참가한 1941년 11월의 좌담회 '세계사적 입장과 일본'은 마치 아시아태평양전쟁의 서전을 장식하듯이 잡지 『주오코론』의 1942년 신년호를 통해 지상 중계되었다. 세 차례에 걸친 이 연속 좌담은[16)] 나중에 『세계사적 입장과 일본』이라는 단행본으로 묶여 나오는데,[17)] 이들 가운데 가장 체계적으로 교토 학파의 입장을 요약한 인물은 고야마 이와오였다.[18)] 고야마는 1942년 9월에 펴낸 『세계사의 철학』을 통해 좌담회에서 논의된 담론의 핵심을 소개하고 있다. 그는 책의 서문을 다음과 같은 말로 시작한다.

> 현재의 세계대전은 결코 근대 내부의 전쟁이 아니라 근대 세계의 차원을 초출(超出)하여 근대와는 다른 시기를 획(劃)하려는 전쟁이다. (중략) 이번 유럽 대전

15) 히로마쓰 와타루는 스즈키의 이 발제문을 '근대의 초극' 논의의 '문제의식의 수준'을 보여 주는 지표로서 중시한다(広松渉, 1989: 20).

16) 제2회는 '동아공영권의 윤리성과 역사성'(1942년 4월호), 제3회는 '총력전의 철학'(1943년 1월호)이었다.

17) 高坂正顕外編(1943); 번역은 나카무라 미쓰오·니시타니 게이지 외 지음, 이경훈·송태욱·김영심·김경원 옮김(2007) 참조.

18) 히로마쓰 와타루는 고야마 이와오가 "교토 학파 중에서도 두드러진 체계가(體系家)"였다고 지적한 바 있다(広松渉, 1989: 58).

은 근대에 종언을 고하는 전쟁이며 또 그래야 마땅하다. 이 점은 우리 일본을 주도자로 한 대동아전쟁에서는 극히 명백해서 추호의 의문도 끼어들 틈이 없다. 만주사변, 국제연맹 탈퇴, 지나사변 등 세계사적 의의를 지닌 이 일련의 사건을 관통하는 우리나라의 의지는 바로 유럽의 근대적 원리에 입각한 세계 질서에 대한 항의이다(高山岩男, 1942b: 1).

고야마는 유럽 근대를 기준으로 한 세계 질서 자체를 부정한다. 그것은 곧 유럽 근대가 만들어 낸 세계사의 체계 자체에 대한 부정으로 이어질 수밖에 없다. 그가 '세계사'를 문제 삼은 것도 그런 연유였다. 고야마는 이제 기존의 유럽 중심주의적 세계가 아닌 이른바 '세계사적 세계'가 출현하기 시작했다는 것을 주장하고 있다.

현재의 세계사적 대동요, 세계사의 대전환이 초래하고 있는 것은 무엇인가. 나는 그것을 유럽 세계에 대해 비유럽 세계가 독립하려는 추세 혹은 사실이라고 생각한다. 19세기 말엽에서 20세기 초두에 걸쳐 거의 유럽 세계에 내재화되고 만 것처럼 보였던 비유럽 제국이 우리 일본을 선두로 점차 이 내재화로부터 탈각하고 나아가 초월적 존재성을 보이게 되었다는 것, 그럼으로써 종래 단적으로 '세계'라고 여겨 왔던 유럽 세계가 실은 하나의 근대적 세계에 불과하다는 것을 의식하게 되고 유럽 세계 자체의 근대적인 내적 질서가 스스로 붕괴의 시기에 도달했다는 것을 현대의 세계사적 대전환이 보여 준다고 생각하는 것이다. 이는 비유럽 세계가 유럽 세계와 점차 대등한 존립성을 요구하게 됨을 의미하며 따라서 여기서 근대적 세계와는 다른 질서와 구조를 지닌 현대적 세계가, 혹은 진실한 의미에서의 '세계사적 세계'가 비로소 성립의 단서를 만들었음을 의미하는 것에 다름 아니다(高山岩男, 1942b: 2-3).

유럽 세계가 '하나의' 근대적 세계에 불과함을 의식한다는 것은, 서구적 근대화의 과정에서 내재화된 유럽 중심주의에서 벗어나 진보 사관과 같은 '유럽적' 세계관을 상대화하는 것을 의미한다. 결국 역사 자체에 대한 재규정이 필요해진다. 고야마는 역사에 공간성을 도입하는 작업에 의해서 이 재규정을 시도했다.

유럽이 탄생시킨 근대 역사학의 기본 바탕에는 진보 사관이 깔려 있고, 여기서 역사성은 본질적으로 시간성으로 파악된다. 그러나 고야마가 보기에 시간성은 역사성의 필요조건일 뿐 충분조건이 아니다. 역사성의 본질은 인간의 '주체적 행동성'인데, 인간의 주체적 행동은 이상주의적으로 정신적 자발성에 의해서만 가능한 것이 아니라 '신체를 매개로 한 정신과 자연의 종합'을 요구한다. 이 신체가 깃드는 요람이 바로 '공간'이었다.

> 역사성을 단순한 시간성과 구별 짓는 요인은 기실 인간 정신의 공간성과의 행위적 종합이라서, 역사는 항상 시간과 공간의 종합 구조를 지닌다. 역사성을 특히 시간성이라고 한다면 공간성이란 일반적으로 지리성(地理性)에 다름 아닐 것이다. 이런 의미에서 역사는 항상 지리와의 행위적 종합 위에 성립한다고 할 수 있다. 그것은 단지 역사가 지역적 공간의 내부에서 혹은 지구 표면에서 이뤄진다는 의미를 넘어서, 지리적 환경에 대한 주체적 정신의 행동 관련으로 성립함을 의미하는 것이다(高山岩男, 1942b: 103).

고야마는 역사를 정신으로만 파악하는 '이상주의'(관념론)를 역사의 지리성을 가지고 비판하는 동시에, 지리적 결정론에 대해서도 비판을 가했다. 지리적 환경은 필연성이 아닌 '가능성의 체계'라고 보았기 때문이다. 이처럼 공간성을 중시하는 그의 시공간 파악, 즉 역사 파악은 자연히 국가론에서의 광역권(공영권)론으로 귀결되기에 이른다.

고야마는 1943년 8월『세계사의 철학』의 후속편으로서『일본의 과제와 세계사』라는 책을 펴냈다. 전자가 '세계사'에 대한 원리적 고찰이라면, 후자는 그 원리에 입각하여 '현대 일본이 직면한 문제들을 정면으로 다루는' 책이다(高山岩男, 1943: 1). 고야마는 이 책의 서문에서 "대동아전쟁은 세계 질서의 전환전(轉換戰)이다. 그것은 근대 세계 내부의 하나의 세계가 아니라, 근대 세계를 초출하고자 하는 획기적인 전쟁이다. 대동아전쟁이 총력전인 궁극적 근원이 바로 여기에 있다"고 주장한다. 즉 포스트 근대(현대) 세계를 이끌 '총력전'으로서 대동아전쟁을 파악하면서 근대 국제 질서를 대신할 틀로서 대동아공영권의 위상을 자리매김하고 있는 것이다.

고야마는 '현대' 국가를 '국방 국가(國防國家)'로 규정한다. 국방 국가는 군사 국가나 전시 국가, 군국주의 국가를 의미하는 것이 아니다. 그것은 '전환기에 서 있는 현대 국가의 역사적 형태'다. 국방 국가는 '근대국가가 전시(戰時)에 직면한 비상시 체제(非常時體制)'처럼 전쟁이 종식되면 '상시(常時)'로 복귀하는 국가가 아니라, 군수산업부터 종교에 이르기까지 전 사회자원을 국가목적을 위해 일원적으로 통제하는 국가다. 고야마는 "국가기구의 일원적 통제와 국가권력의 절대적 발휘를 이 정도로 요구했던 경우는 사상 유례가 없다"고 보고, 이는 단순히 근대국가의 강화 차원을 넘어서는 '국가 자체의 질적 변화'라고 진단한다. 그러면 세계적인 총력전 수행의 주체가 되기 위해 현대 국가가 필수적으로 갖추어야 할 구성 요소는 과연 어떤 것이었을까?

> 국방 국가는 광역권의 건설을 요구하며 광역권의 완성에 의해 완성된다. 이는 사상 유례가 없는 현대 국가의 특질이다. (중략) 국방 국가와 공영권(내지 광역권), 이 뗄 수 없는 관련에서 현대 국가가 탄생한다. 나는 현대 국가에서 국방 국가, 총력전, 공영권 삼자가 삼위일체의 관계를 이룬다고 생각한다(高山岩男, 1943: 104).

고야마가 보기에 국방 국가로서의 현대 국가는 공영권을 삼위일체의 필수적 구성 요소로서 요구하는 것이었다. 그 연장선상에서 대동아공영권의 등장은 고야마에게 '현대'의 '세계사적 필연'이기도 했다. 그는 대동아공영권이 대두하게 된 직접적 요인 중 하나로 대영제국의 블록경제 결성을 든다. 블록경제권 자체가 자유무역에 입각한 세계경제의 '감속(減速)'을 스스로 타파하기 위한 역사적 필연이지만, 이 블록경제권의 탄생에 이어서 '도의성(道義性)'에 입각해 등장한 대동아공영권의 성립이야말로 결정적인 세계사적 필연성을 갖는다는 것이 그의 주장이다(高山岩男, 1943: 108-113). 정책 차원에서 일본 정부의 대동아공영권 구상은 어디까지나 주권국가를 구성단위로 한 국제 질서를 전제로 삼고 있었지만, 그는 어떤 의미에서 이 전제를 뛰어넘는 구상력을 보였던 것이다.

무엇보다 중요한 것은 고야마를 중심으로 한 교토 학파가 좌담회 '세계사적 입장과 일본'에서 벌였던 논의의 키워드 가운데 하나가 바로 '도의'였다는 점이다. 고야마가 '환경과 주체의 호응적 합치'를 '지인합일(地人合一)'이 아니라 '천인합일(天人合一)'로 표현했던 것도 이 개념과 연관이 있다. 그는 '도의'를 이렇게 규정한다.

> 진정한 도의는 (1) 욕망 · 이익의 차원을 초월한 고차적 입장에 서며, (2) 그렇기 때문에 도리어 욕망 · 이익에 진정으로 자리를 부여하여 내면적으로 지도할 수 있다. 이리하여 도의는 (3) 현실의 인륜오상(人倫五常)의 질서에 입각하면서도 금수와 다른 인간의 본연 · 본성을 자각적 완성으로 이끄는 것이다. (중략) 우리 일본이 동아공영권이라 부르는 공영권의 구성 원리는 기실 이런 의미의 도의여야 한다. 공영권의 질서, 따라서 세계의 신질서는 이런 의미의 도의적 질서여야 한다. 이것이 세계의 모순 속에서 출현한 현대의 공영권에 요청되고 있는 신질서다. 그리고 이런 도의적 질서를 건설하는 것이 우리 일본의 세계사적 사명에 다름 아니다(高山岩男, 1943: 132).

따라서 고야마에게 대동아공영권의 '공영(共榮)' 개념이 결코 경제적인 측면에 국한될 수 없었던 것은 당연한 일이었다. 그는 '공영'의 '영'이란 이익을 우선시하는 영미식 가치관에 입각한 '번영(prosperity)'이 아니라 '도의적 영예(道義的 榮譽)'임을 강조했다. 그리고 '공영'이 곧 '도의적 영예를 함께하는 것'을 뜻한다는 주장은 교토 학파의 공론이기도 했다(高坂正顕外, 1943: 358-359).

고야마는 이런 '도의' 개념을 '도의적 생명력'이라는 차원으로 발전시켰다. 그에게 도의적 생명력은 전쟁과 불가분한 관계를 이룬다. 즉 "전쟁 속에 도의적 에네르기가 있다. 형식화된 정의감, 사실은 구질서나 현상을 유지하려는 부정의(不正義), 그런 것에 대한 건강한 생명의 반격, 그것이 바로 도의적 에네르기"라는 것이다(高坂正顕外, 1943: 102-103). 고야마는 대동아전쟁을 가진 나라와 못 가진 나라와의 투쟁이라거나 자원전쟁이라는 식의 틀로 이해해서는 안 되며, 그 근본적인 이유가 '전쟁의 도의적 의의'에 있음을 강조했다(高坂正顕外, 1943: 217). 그리고 이 논리는 급기야 대동아공영권에서 일본의 지도적 입장을 정당화하는 논리로서 효과를 발휘해 나갔다.

고야마에 따르면, 랑케(L. Ranke)가 말한 '도덕적 에너지(moralische Energie)'나 맹자(孟子)의 '호연지기(浩然之氣)'가 모두 도의적 생명력에 해당한다. 그것은 충만한 삶을 살고자 하는 강렬한 의욕이며 부정이나 파괴까지도 억누르지 않는 야성적 힘이다. 이 힘은 내용 없는 형식주의, 고답적인 문화주의, 무기력한 퇴폐주의의 반대편에 서 있다. 로마의 융성과 몰락에서 전형적으로 드러나듯이, 국가의 흥망성쇠는 외부적인 원인이 아니라 내부적인 원인, 즉 도의적 생명력의 발현과 상실에서 기인한다. 2,600년의 연면한 역사를 지닌 일본은 내적으로 도의적 생명력이 늘 왕성한 국가인 반면, 한(漢)민족의 문명사회는 근세 이후 생명력의 발현이 없는 현세주의적 사회가 되어 질서유지를 위한 윤리·도덕이 있을 뿐 도의적 생명력은 전혀 없어져 버렸다. 유럽의 잠식 이래 '지나(支那)'가 세계사의 근본 추세에 자각적으로 대응하지 못한 궁극적 원인은 바로 도의적 생명력이 결핍되었기 때문이다. 요컨대 고야마는 도의적 생명력에서 절대적 우월성을 지닌 일본과 그것이 결핍된 중국을 대비시킴으로써 양자 간의 지도와 피지도의 관계를 정당화했다(高山岩男, 1942a). '세계사의 철학'이 대동아공영권의 위계질서에 대한 논리적 정당화에 노골적으로 '기여'한 부분이 바로 이 지점이었으며, 그것은 식민지 제 민족의 반발을 불러일으킬 수밖에 없었다(河西晃祐, 2005: 68-71 참조). 결국 고야마 등 교토 학파가 구축한 '세계사의 철학'은 서구적 역사주의의 극복을 표방한 '근대의 초극'론이었지만, 그것은 일본을 맹주로 한 또 다른 역사주의의 구축에 불과한 '근대에 의한 초극'(Harootunian, 2000)으로 귀결되었던 것이다.

이상에서 살펴본 바와 같이 고야마 이와오로 대표되는 교토 학파(우파)는 '세계사의 철학'을 통해 대동아공영권의 세계사적 의미를 정당화하고자 했고, 그 핵심 레토릭으로서 '도의'를 자리매김하고자 했다. 지역 통합 논의에서 개발주의 담론의 일환으로 제기된 바 있던 '도의'가 이제 새로운 세계사의 원리로까지 격상되었던 것이다. 그러나 그 원리는 '지도국' 일본과 기타 역내 아시아 국가(민족)들 사이의 위계질서를 고정시키며 서구적 역사주의 대신 일본적 역사주의를 구축한 것에 불과했다. 진정한 의미에서의 '근대의 초극'은 요원하기만 했던 것이다.

결국 일본은 '도의'에 입각한 새로운 세계사의 창조와 지정학적 위계를 전제한 지역개발 전략을 표방했으나 그 이념에 대한 내부적 동의는 원활히 조달할 수 없었다. 최근의 연구들에서 밝혀진 바와 같이 역내 피지배 민족들은 강요된 틀 속에서도 일본의 슬로건을 역이용하는 방식으로 자기 목소리를 내고 있었다.[19] 그런 의미에서 대동아공영권은 도의적인 지역 통합과 신세계 건설을 내걸었지만 그 실상은 '폐허의 제국'에 지나지 않았다. 그것은 곧 전시기 식민정책학의 파탄을 뜻하는 것이기도 했다.

19) 동아신질서론, 특히 동아협동체론에 대한 식민지 조선의 대응에 관해서 洪宗郁(2000, 2004); 崔眞碩(2003); 趙寬子(2003a, 2003b, 2004); 정종현(2005); 이진경(2006) 등 참조. 특히 이진경은 조선 지식인의 대응을 모방(mimicry), 이탈(secession), 내파(implosion), 횡단(traverse) 전략들로 유형화하면서 하위주체(subaltern)의 말하기 전략을 구조적으로 분석했다.

일본민속학/인류학의 접점과 문화권력

조규헌

I. 일국민속학 단일민족론의 재검토

일본 근세기에 홋카이도(北海道)와 오키나와(沖縄)는 북방과 남방의 이역(異域)으로 인식되었으나, 홋카이도는 1867년 에조치(蝦夷地)를 홋카이도로 개칭함으로써, 오키나와는 1879년 류큐(琉球) 왕국에 오키나와현을 설치하는 류큐처분에 의해 내국식민지화가 진행되었다.

타이터스(D. A. Titus)는 천황제 근대 국가 일본에서 군주로서의 천황의 역할을 '정사(廷事)에 있어서의 천황(Emperor-in-Court)'이라는 점에 주목했는데 이는 지방 순행을 비롯해 궁정행사를 주재하고, 관폐사(官弊社)에서의 의식을 행할 때의 천황이며, 또한 양복착용 등의 새로운 생활관습을 받아들여 하사금의 교부 등을 통해 새로운 산업, 학예 등을 장려하는 천황이었다고 하였다(Titus, 1979: 62-65). 이를 통해 천황은 자신이 대사제인 독특한 종교적 공동체를 상징함으로써 일본 국민의 통합을 꾀함과 동시에, 일본의 바람직한 근대화 과정을 대표하는 역할을 수행했다는 것이다. 이러한 특질은 피식민지 통치시책에도 그대로 적용된다고 볼 수 있다. 고마고메 다케시(駒込武)가 주창한 바와 같이 국가신도의 가족국가관에 의한 "혈족내셔널리즘"과 법·제도에 의한 "내지연장주의"의 양 축이 이민족을 통합·지배하는 근간을 이루었기 때문이다(고마고메 다케시, 2008).[1]

가령 아이누의 경우 1899년 「홋카이도 구(舊)원주민보호법」의 제정으로 은혜적인 '문명적' 생활이 허용되었고, 1910년 '구원주민학교'에서는 일본풍의 복장 및 생활관습이 교육되고, 천황 숭배, 일본 신사의 건립, 히노마루 및 기미가요의 강제 등과 같은 '황민화'정책이 시행되었다(田村貞雄, 1993: 95-96). 즉 일본의 피식민지 통치시책은 이민족을 "근대화－문명－내지연장주의"에 의한 '개량'의 대상으로 보느냐, "국가신도－민족－혈족내셔널리즘"에 의한 '동화'의 대상으로 보느냐에 따라 결정되어 왔다.

일본의 근대가 서구의 발견에 의해 촉발된 것이기는 하나, 아이누와 류큐민족의 땅을 내국식민지화해 가던 19세기 말은 문화 및 역사를 공유하는 '민족'이라는 개념이 성립하던 시기이기도 했다. 이때부터 다양한 논자의 '일본인 기원론'이 등장하게 된다. 일본인 기원론이 일본 제국주의의 확장과 함께 이민족의 정복, 지배라는 사태에 대해 일류동조론(日琉同祖論), 일선동조론(日鮮同祖論) 등으로 통치의 정당화에 사용되었던 것은 두말할 필요도 없다.

일본의 제국주의 하에 일본인 기원론, 민족론의 논단에 참여하게 된 대표적인 분야가 인류학과 일본민속학이다. 최근 사카노 도루(坂野徹)의 연구 등에 의해 일본의 식민지 통치가 시작된 시기부터 1926～28년에 식민지제국대학의 설치에 이르기까지, 타이완, 조선 양 총독부의 지도 하에서 실시

1) 고마고메 다케시는 내셔널리즘이라는 관념은 결코 단일하지 않고, 제국주의적 팽창에 적합한 관념으로서 '언어내셔널리즘'과 적합하지 않은 관념으로서 '혈족내셔널리즘'이 있다고 하였다. 이것은 혈족내셔널리즘이 '단일민족'에 기초하고 있음을 나타낸다고 볼 수 있다.

된 구관조사 및 양 총독부의 주변에 있던 여러 학회 등을 통해 인류학자가 연구 조사의 연속성을 지지하고 그것을 가능하게 했다는 점이 밝혀지고 있다(坂野徹, 2005). 도리이 류조(鳥居龍藏)가 행한 일본민족의 기원 연구는 요동반도가 청일전쟁 중이었던 1895년, 타이완은 영유 직후인 1897년, 만주는 러일전쟁 중이었던 1905년, 조선은 병합한 해인 1910년에 이루어졌다. 타이완에서는 저항을 계속하던 산악원주민을 조사했고, 조선에서는 총독부의 의뢰로 발굴조사를 하는 등 도리이 개인의 의식의 문제는 차치하더라도 당시 인류학이 팽창주의와 식민지 통치를 위한 학지로서 기능함과 동시에 권력장치로서도 기능한 점은 부정할 수 없는 사실이다.

반면 일본민속학의 경우 무라이 오사무(村井紀, 1995), 가와무라 미나토(川村湊, 1996), 고야스 노부쿠니(子安宣邦, 2007), 이토 미키하루(伊藤幹治, 2004) 등이 주로 사상사적 측면에서 식민주의의 문제를 밝히려 했으나, 인류학에 비해 민속학자의 직접적인 조사활동이 미약했다는 점과 야나기타 구니오(柳田国男)가 일국민속학으로 시야를 한정한 점 등을 들어 학지의 식민주의에 면죄부를 주는 것으로 귀결된 상태로 보인다.

이렇듯 이 두 학문의 식민주의에 대한 비판은 지금까지 피식민지의 이민족에 대한 실질적 조사 가담 여부가 중요한 고찰 포인트로 여겨져 왔다. 그런데 인류학과 일본민속학의 이 두 학문의 학지에는 일본인 기원론 및 민족론을 전개함에 있어 주목할 만한 상이점이 보인다. 내국식민지인 홋카이도와 오키나와에 대해 인류학이 아이누를 '근대화', '문명화'시킬 '이민족'에 대한 시선으로 혼합민족론을 전개해 나가는 반면, 일본민속학은 류큐민족을 '자민족'으로 흡수시키는 단일민족론을 통해 일국민속학(一國民俗學)을 형성시켜 간 것이다.

오구마 에이지(小熊英二)는 단일민족신화라고 불리는 것에는 두 가지 측면이 있다고 하여, 하나는 "일본국은 동일 언어와 문화를 가진 일본민족만으로 성립되었다"고 하는 국가적 현상인식, 또 하나는 "일본열도에는 태고로부터 단일하고 순수한 혈통을 가진 일본민족만 생활해 왔다고" 하는 민족적 역사인식으로 보았다. 바꾸어 말하면, 전자는 민중 생활에 근거한 단일민족 개념으로 '아래로부터의 통합(내셔널리즘)'과 연동할 수 있는 소지가 있는 것이며, 후자는 만세일계(萬世一系)의 천황제 이데올로기 즉 국가신도에 근거한 '위로부터의 통합(내셔널리즘)'을 나타낸다(小熊英二, 2005).

앞서 언급하였듯이 야나기타 구니오는 1920년대 후반 이민족인 류큐민족을 자민족으로 흡수시키며 단일민족론을 전개함으로써 일국민속학을 성립시켰다. 하지만 이는 어디까지나 혼합민족론을 단일민족론으로 위장한 것에 지나지 않는 것이다. 게다가 류큐민족을 야마토민족화시킨 단일민족론이라는 점에서 명백히 권력지향적인 것으로도 판단할 수 있다. 또한 이 과정에서 생성된 벼농사를 짓는 하나의 민속을 지닌 섬나라라는 도식은 일본의 자화상 형성에 커다란 영향을 남기게 되었을 뿐 아니라, 현지인의 민족 아이덴티티 형성에도 적지 않은 영향을 끼쳤을 것으로 예상할 수 있다.

이 글에서는 이러한 문제의식 하에 일국민속학이 일 민족, 일 언어, 일 동족이라는 관점으로 '아래로부터의 통합'을 지향했다는 점에서 다른 민족문화를 지닌 이민족에의 직접적 관여가 단절되었다고 보는 통설적 이해를 비판적으로 검토하고자 한다. 이를 위해 제국일본의 팽창과 함께 민족론을 전개한 인류학과 일본민속학 학지의 성격을 관/민의 관점에서 자리매김하고, 일국민속학의 단일민족론에 내재된 '아래로부터의 통합'과 '위로부터의 통합'의 연결고리를 밝혀 이것이 제국일본의 팽창과 함께 어떠한 지적·인적 상호 교착을 거치며 피식민지 지배를 위한 문화권력을 형성했는지를 고찰하고자 한다.

II. 가노 마사나오의 '민간학'이 남긴 과제

인류학과 일본민속학이 전개한 민족론의 성격을 관/민의 관점에서 파악하기 위해 가노 마사나오(鹿野政直)의 '민간학' 개념을 활용하고자 한다. 가노가 제시한 근대 일본에서의 관학(官學) 아카데미즘은 '국가가 학문으로 무장(武裝)하는 체제'를 가리키며, 그 중핵을 '제국대학'이 담당했다는 것이다(가노 마사나오, 2008: 23). '군민동조의 혈통단체로 일본민족'을 정의한 천황주의적 헌법학자인 호즈미 야쓰카(穗積八束)나 1890년 『교육칙어(敎育勅語)』 하사에 중요한 역할을 한 철학가 이노우에 데쓰지로(井上哲次郞) 등의 제국대학 교수가 천황제 이데올로기를 지탱하는 데에 커다란 역할을 한 것은 주지하는 바이다. 또 하나 여기서 주목해야 할 점은 제국대학이 '서양학문(수입 문화) 섭취기관'으로서, 수입문화의 정착과 육성을 위한 실학적 경향이 뚜렷하다는 점이다(가노 마사나오, 2008: 25-26). 이렇듯 제국대학이 주도한 관학은 국가신도를 지지하는 역할을 함과 동시에 서구의 서적 등의 번역학적인 성격을 크게 지녀 학문의 서구화·문명화에 적극적이었다.

이에 반하여, 가노는 민간학을 19세기 후반부터 20세기 초반에 걸친 자유민권운동과 다이쇼(大正) 데모크라시의 사상적 풍조와 함께 등장한 것으로 정의한다. 이 민간학이라는 용어는 이에나가 사부로(家永三郞)의 『현대사학비판』(現代史學批判, 1953)에서 사용된 '민간사학'을 계승한 것으로 보인다. 이에나가는 『쓰다 소우키치의 사상사적 연구』(津田左右吉の思想史的硏究, 1972)에서 쓰다, 미노베 다쓰키치(美濃部達吉)와 함께 야나기타 구니오를 다이쇼 데모크라시 사상 표현자의 한 명으로 높이 평가한다. "중앙정부가 위로부터의 강권주의로 전국을 획일적으로 지배하려는 절대주의적 천황제 국가의 통치정신과는 날카롭게 대립하는 것이 아니었는가"(家永三郞, 1972: 339) 라고 하여 '상민(常民)'사관에 의해 정통적 일본사상(象)에 대결하는 야나기타를 묘사하고 있다.

가노도 초창기 야나기타 민속학의 저작 『후수사기』(後狩詞記, 1909)의 검토를 통해 '피차별부락민', '히닌(非人)', '야마비토(山人)'와 같이 "정치적으로 통치의 객체, 문화적으로는 교화의 객체로만 여겨지던 존재를 주인공으로서 가치부여하는 자세"를 높이 평가한다. 또한 야나기타가 "야마비토는 선주민의 자손"이라고 한 점에 착안하여 정통적 황국사관에서 보면 경천동지할 견해를 제시했다고 지적한다.

가노는 민간학을 학문내용, 자기인식, 학문의 사회적 존재양식 등까지 지칭하는 이른바 관학에 대한 '대항적 문화개념'으로 보았다. 앞서 확인한 제국대학 관학의 특징인 "천황제 이데올로기－서구화 · 문명화"에 대비시켜 보면 민간학의 특징으로 ① 근대화 과정에서 서브컬처화된 재래문화의 복권을 지향한 점과 ② 학문의 소재를 민중의 생활 속에서 찾은 점에 있다. 이는 관학의 특권의식과는 거리가 먼 지역에 사는 '생활자'가 학문의 담당자가 된다는 것과 연결된다. 가노는 그 예로서 지역의 교원(教員)과 젊은이들이 학문의 주체가 되고 있는 점을 들고 있다. 즉 서브컬처화된 재래문화의 복권은 '국가' 연구가 아니라 '지역' 연구가 중심인 것이 된다(가노 마사나오, 2008: 30-32).

제국대학 관학의 특징인 "천황제 이데올로기－서구화 · 문명화"에 대한 민간학자의 반관(反官)의식은 천황 또는 천황가에 대한 존왕심(尊王心)과 상호 보완적인 특징도 있다는 점에 주목할 필요가 있다. 가령 다카무레 이쓰에(高群逸枝)와 같이 "반서구 · 반상업의 입장에 선 그녀의 공동체에 대한 희구가 가족국가관적인 '화합'이라는 현상에 현저하게 접근"해 있는 점이 그 전형적인 예다(가노 마사나오, 2008: 274-275).

다시 말해 근대화 과정에서 서브컬처화된 재래문화의 복권을 지향하기 위해 생활과 지역을 다루는 것이 '민중 내셔널리즘'을 발산하면서 천황제 이데올로기를 보강하고 있는 것이다.

III. 인류학의 반황국사관 / 민속학의 반서구 · 반문명의식

1. 쓰보이 쇼고로의 반황국사관적 혼합민족론

여기에서는 인류학과 일본민속학이 제국일본의 사회적 요구에 부응하기 위해 민족론, 일본인 기원론의 언설을 제시해 온 학문이라는 점을 전제로 이 두 분야의 성격을 관/민의 관점에서 확인하고자 한다. 이는 인류학 · 민속학의 학지가 식민지 통치 시책의 양 축인 '혈족내셔널리즘', '내지연장주의'와의 관계성 및 정치적 응용성을 파악하기 위함이다.

1884년 제국대학 이과대학에서 공부하던 쓰보이 쇼고로(坪井正吾郞)라는 스무 살 정도 학생을 주축으로 학생과 직원 약 10여 명이 시작한 연구회가 일본인류학회의 전신이 되었다. 1886년에 '도쿄인류학회'로 개칭하고 기관지 『인류학회보고』(이후 『인류학잡지』로 개칭)를 발행하게 된다. 이들은 처음부터 일본인 기원론에 깊은 관심을 갖고 있었다(小熊英二, 2005: 24).

1880년대까지 일본민족론은 두 조류를 형성하고 있었는데 첫째로 일본민족은 후래의 정복자와 선주민족의 혼합으로 보는 혼합민족론이다. 이것은 구미학자의 일본민족론에 의한 것이다. 그 시발점은 1823년 일본에 왔던 프란츠 폰 지볼트(Philipp Franz von Siebold)가 열도 각 지역에 석기를 남겼던 선주민족이 아이누일 것이라는 시사를 했고, 타타르계에 속하는 민족이 나중에 그들과 싸워 그들의 땅을 점령했다고 서술한 바 있다. 뒤이어 1877년 도쿄제국대학으로 초빙되어 온 모스(Edward S. Morse)는 『고사기(古事記)』, 『일본서기(日本書記)』 등 기기(記紀)신화를 참고하여 천황 조상의 '천손강림', 진무(神武)천황이 불경한 자들을 정복하는 모습을 묘사한 '신무동정(神武東征)' 등을 논하고, 천황가의 지배 하에 들어오지 않은 이질적인 풍속을 가진 사람들을 에미시(蝦夷)나 쓰치구모(土蜘蛛) 등으로 표현했다. 당시 구미학자들에게 "혼합민족설 · 도래=정복설"은 거의 일반화된 학설이었으며 선주민족으로는 아이누가 상정되어 있었다. 둘째로 일본에는 태고로부터 일본민족이 살고 있었고 그 혈통이 계속 이어진다는 단일민족론이다. 이는 정복민족의 도래를 부정하는 것이었으며, 천황을 숭배하는 민족주의자들이 혼합민족설에 반발심을 갖는 것은 당연했다(小熊英二, 2005: 22-23).

쓰보이를 비롯해 당시 일본인류학의 주축이었던 도리이 류조, 고가네이 요시키요(小金井良淸) 등 많은 인류학자들은 구미학자들의 혼합민족설을 수용하고 있었다. 이에 대해 오구마 에이지는 "이들에게 민족주의가 있었음에도 혼합민족설을 수용한 것은 그것이 유럽 근대과학의 의장(衣裝)을 지닌 거의 유일한 학설이었기 때문이었으며 근대과학에 의한 혼합민족설인가, 그렇지 않으면 전통적인 국학에 의한 단일민족설인가가 선택의 문제가 되었을 때, 그것은 결국 일본의 독립을 전통회귀를 통해 고수할 것인가, 그렇지 않으면 근대문명의 흡수를 통해 달성할 것인가라고 하는 세계관의 문제와 잠재적으로 직결되는 문제였다”(小熊英二, 2005: 31)고 지적한다. 당시 제국대학의 학생이던 쓰보이 등의 젊은 인류학자들은 일본민족의 단일성을 부정하면서까지 근대과학인 서구이론을 몸에 익히고자 했던 것이다. 그리고 그들은 이것으로 국가에 공헌하고자 했던 것으로 보인다. 혼합민족설을 수용한 쓰보이의 1906년 강연인 「홋카이도 구원주민 구육(救育)사업」에서의 발언은 이민족인 아이누를 바라보는 시선이 잘 드러난다(小熊英二, 2005: 79-80).

> 여러분, 홋카이도가 이미 에미시(蝦夷)라고 하는 외국이 아니듯이 아이누는 이미 에미시인이라고 하는 외국인이 아닙니다. 저들은 우리와 마찬가지로 일본 신민의 일부입니다. 같은 나라 사람 중에 지식이 가장 낮은 자가 있다는 것은 우리의 수치 아닙니까? 저들을 멸시하는 것은 우리 자신들을 멸시하는 것과 같습니다. 무지한 인민을 교도하고 무용한 인간을 유용하게 바꾸는 것은 선각자의 책무입니다.[2)]

그는 다민족국가 일본을 상정하고 빈궁하고 무지한 아이누를 교육하여 일본인으로 만들어야 함을 주장하고 있다. 여기에서 그는 계몽을 통한 농경민화와 합리적 계획적 관념의 교육을 역설했다고 한다.

또한 쓰보이는 1903년 강연에서 피부색을 비롯하여 인종적 특징은 거의 상대적인 환경의 산물이므로 우열은 없다고 강조한다. 거기서 그는 미국의 흑인 중에도 지금은 학자도 정치가도 있으며, “아이누는 열등하다고 말하지만 내지인이 부끄러워해야 할 만한 아이누도 있다”[3)]고 하여 당시의 아이누 인종을 일종의 퇴폐인종으로 보고 문명 인종(일본인) 때문에 차츰 파괴된다고 보는 ‘아이누 멸망론’과는 확연히 거리를 두고 있는 것으로 생각된다.

러일전쟁에 맞춘 강연 「더욱 깊어진 인류학적 지식의 필요성」에서는 단

---

2) 『東京人類学会雜誌』(245号, 1906), 432-433쪽.

3) 坪井正吾郎, 「人種論」, 『東京人類学会雜誌』(205号, 1903), 270쪽.

일민족론과의 차이를 보다 명확히 하고 있다(小熊英二, 2005: 83).

> 어떤 사람은 일본종족은 하나의 역사를 지닌 자들이고 타이완 원주민, 번인(蕃人), 아이누는 서로 다른 역사를 가진 자들이라고 구별하고 있지만 그러나 일청전쟁 이래 이들 여러 인종이 섞여 살면서 이 총체적인 일본인이 전쟁에 복무하고 있는 것이다. 즉 아이누나 번인을 포함한 일본인이 전쟁에 복무하고 있는 것이고, 이제 동일한 역사를 만들어 가고 있는 것이기 때문에 의붓자식으로 취급하거나 타인으로 취급할 만한 대상은 아닌 것이다(小川正人, 1993).

이상의 내용에서 알 수 있듯이 서구로부터 근대문명을 수용한 그는 아이누를 '개량'의 대상으로 보고 아이누의 '문명화'를 꾀하고자 하는 것을 확인할 수 있다. 적어도 쓰보이로 대표되는 인류학자의 혼합민족론의 언설은 법·제도의 내지화 추진에 의한 본국과 식민지의 통합 강화라는 '내지연장주의'의 목표에 기여할 수 있는 학지로서의 성격이 뚜렷하다.

제국대학 인류학자의 혼합민족론은 민족적 단일논리의 성격이 거의 드러나지 않는 점에서 '민족'보다 일본이라는 '국가' 개념에 충실한 것으로 판단할 수 있다.

2. 야나기타 구니오의 반관의식: 반서구 반문명

19세기 유럽에서는 정부의 입법화에 앞서서 거기에 필요한 데이터를 수집·제공하는 '통계가의 운동'과 급속한 공업화·도시화에 수반되어 분출되는 여러 사회적 문제에 대한 적절한 대응을 요구하는 사회개량가들의 '사회답사운동'이 일어나서 계량적인 사회조사법을 발달시켰다. 일본에서도 메이지(明治) 말부터 100건 이상의 가계조사가 성행하는 등 사회 실태를 수량화해서 파악하는 기법이 도입되기 시작했다.

야나기타 구니오는 도쿄제국대학 법학대학에 진학한 후 농정학에 전념하여 1900년 농상무성(農商務省)에 들어간다. 초기 농정 관계의 저작인 『일본농민사』에서는 통계를 구사한 다음에 "인구의 정태 통계는 우리 나라에서도 오 년마다 통계국에서 발표하고 있다. 이것을 보면 다행히 인구이동의 흔적이 본적 인구에 대한 현재 거기에 살고 있는 인구의 증감에서 추정할 수가 있다. 그러나 무엇보다 현재 거기에 살고 있는 인구라고 말하는 것도 부정확한 것으로 전입신고를 한 자가 밖으로 옮긴 자도 있을 수 있으며 실제 수와 맞지 않을 염려가 있다"라고 본적 인구만의 세대조사와 호주 중심의 호적만으로 국세(國稅)의 추정조사를 기재하는 점을 비판한다(岩本通弥, 2009: 37-39).

야나기타 구니오가 1930년대 인류학과 차별성을 두며 아카데미즘으로서 일본민속학을 체계화하는 과정에서 그가 파악하고자 했던 것은 '민속'이 아니고 '생활'이었다. '생활'을 파악하는 데 있어 야나기타는 관료시절(농정학자)의 통계와 같은 방법을 철저히 배제시킨다. 당시 출간된 민속학 개론서의 제목도 『향토생활의 연구법』이었고 책의 3부 구성은 '유형문화', '언어예술', '심의현상'으로 되어 있다. 『민간전승론』(民間傳承論, 1934)에서 제출된 민속학 분야의 3부 분류도 '눈에 비치는 자료', '귀에 들리는 언어자료', '심의(心意)의 감각에 호소해 이해할 수 있는 것'으로 구성되어 있다.[4]

세키 게이고(関敬吾)의 회상에 따르면 어촌 조사의 경우 오마치 도쿠조(大間知篤三)가 조사 항목에 인구동태, 정태, 경지면적 등을 넣은 것에 대해 '이런 것은 필요 없다'고 말했다고 한다. 추구하는 대상이 동일한 '생활'이라 해도 양적인 사회경제사적인 기법과 대극되는 수법으로 민속학을 추구하려고 했던 것이다(岩本通弥, 2009: 43). 야나기타가 19세기의 대표적 인류학자 프레이저(James George Frazer)를 이례적으로 평가했던 것도 무엇보다 프레이저가 당시 도쿄제국대학 인류학 교실 등에서는 전혀 실행하지 않는 쪽의 학문을 지향하고 있었기 때문이었다(小熊英二, 2005: 224). 이러한 야나기타의 반근대적인 사고는 단순히 민속학적 방법론만에 한정되는 것은 아니었다. 「남도연구의 현황」에서 도시문화에 대한 비판적인 야나기타의 발언을 확인할 수 있다.

4) 柳田国男, 「郷土生活の研究法」, 『定本柳田国男集』 25(筑摩書房, 1998)를 참조.

바다나 산속에 사는 평민들이 역사에 어두운 것은 (중략) 책이라면 도시의 산물로 책에 기초한 지식만이 학문의 전부로 간주된 결과이고 소위 중앙집권문화의 답답한 결과이다. 그래서 바야흐로 카페나 백화점의 미국식 생활로 한 나라의 문화가 추단되고 있다.5)

야나기타에게는 도시문화나 책마저도 상민과는 무관한 수입문화인 것이었다. 또한 여기에서는 야나기타 구니오가 그의 대표적 개념인 '상민'(평민) 개념을 통해 부르주아적이지 않은 본래 일본 민중의 모습을 그려 '아래로부터의 통합'을 꾀하고자 하는 것이 나타난다. 일본인 아이덴티티의 회복을 상민, 오키나와(남도), 쌀에서 찾은 것도 이 연장선상에 있는 것이었다.

지금 확인한 바와 같이 일본민속학 체계화 과정에서 생성된 그의 반관의식은 반서구·반문명에 한정된 것으로 천황제 이데올로기 자체를 부정한 것으로 단정하기는 어렵다.

3. 일국민속학의 학지: 비교민속학 · 야마토민족 · 민족통합

1) 사회정책론을 지향한 피차별부락민 연구

야나기타 민속학의 식민주의를 비판하는 연구자들이 대체로 공감하는 것이, 1920년대 후반에 형성된 '일국민속학=신국학'의 성격을 인정해, 그와 동시에 형성된 비교민속학이 내지 식민지인 오키나와는 흡수시키고, 외부 식민지인 조선, 타이완 등은 배제했다고 보는 점에 있다. 확실히 야나기타는 『민간전승론』에서 일국민속학을 '자민족동종족(自民族同種族)의 자기성찰'로 규정하고, 이러한 특성이야말로 "미세한 내부의 심리적 현상"까지 조사할 수 있기 때문에 외부자에 의한 조사를 기반으로 하는 민족학(ethnology)보다 우월하다고 하였다(柳田国男, 1997: 177). 야나기타가 일국민속학을 이렇게 규정한 점에서도 타이완과 조선까지를 자민족동종족으로 파악해야만 하

5) 柳田国男, 「南道研究の現状」, 『定本柳田国男集』 25(筑摩書房, 1998), 166쪽.

는 대동아민속학이 실현 불가능한 허실(虛實)에 지나지 않는 것이라고 보는 관점에도 일정 부분 수긍이 간다.

지금까지 야나기타 민속학의 식민주의는 일국민속학의 형성을 기점으로 대동아민속학과의 연결성이 중점적으로 비판되어 온 것이 사실이다. 하지만 이러한 관점은 일국민속학 이전의 초창기 야나기타 민속학은 상민(常民) 이전의 피차별부락민, 야마비토(山人) 연구 등 민속의 다양성을 추구한 학문이라는 점을 인정해 온 야나기타 민속학의 식민주의 자체를 긍정하지 않는 사람들의 주장과도 결과적으로는 일맥상통한다.

그렇다면 과연 야나기타 민속학은 1910년대 초기 민중 생활의 다양성을 추구하던 연구를 그만두고, 1920년대에는 오키나와의 발견을 기점으로 하여 일국민속학=신국학으로 전환한 것이었을까? 이 문제에 대해서 최근 일본민속학계에서 발표된 이와타 시게노리(岩田重則)의 「민속학과 차별(民俗學と差別)」은 주목할 필요가 있다. 이 논문에서 이와타는 초기 야나기타 민속학이 피차별부락민을 연구대상화한 것은 차별적 존재인 피차별부락민 자체에 대한 연구가 아니라, 애초부터 '상민' 중심의 사고로 피차별부락민 연구가 진행되어 있었다는 점을 역설한다(岩田重則, 2007). 1920년대 후반의 일국민속학의 성립과 함께 상민문화론이 전개되었다는 종래의 민속학계의 통설에 새로운 시각을 제시한 것으로 평가할 수 있다. 이하에서는 이와타가 인용한 야나기타의 언설을 재검토하면서 과연 일국민속학 이전과 이후에 질적 전환이 있었는지를 우선 확인하고자 한다.

주지하는 바와 같이 야나기타 민속학의 피차별부락민 연구는 이것과 관계하는 야마비토, 표박민(漂泊民) 연구 등과 함께 1910년대 초기 야나기타 민속학의 주요 연구주제였다. 그리고 1920년대 후반에 일국민속학의 형성과 함께 이들이 연구대상에서 사라지게 된 것으로도 유명하다. 여기서 문제시하고자 하는 것은 야나기타 민속학이 어떠한 목적으로 이 피차별부락민을 연구대상화했는가 하는 점이다. 바꾸어 말하면 피차별부락민을 바라보는 야나기타의 시선을 문제시하고자 한다.

1912년 9월, 『산업조합(産業組合)』 제83호 「농촌문제의 23(農村問題の二三)」

의 "특수부락문제(特殊部落問題)"라는 항목을 보면 "특수부락문제, 이것도 항상 내 머리를 떠나지 않는 문제이다. 그렇다면 이것을 어떻게 개선해야만 할지는 부랑자(浮浪者)단속문제와 같은 것"이라고 언급한다. 특수부락문제의 개선이 목적임을 분명히 한다. 그리고 "특수부락의 사람들을 거친 공기(空氣)로부터 구해내 그들을 소박한 시골 사람들과 어깨를 나란히 할 수만 있게 한다면 얼마나 행복한 일일까. 이것을 나는 중요한 연구과제로 생각하고 있다"고 언급한다(柳田国男, 1999: 139). 그의 피차별부락민 연구는 피차별부락민을 '소박한 시골 사람'에 동화시키는 것을 목적으로 삼고 있었던 것이다. 여기서 '소박한 시골 사람'이란 일국민속학에서 빈번히 사용되는 상민을 지칭하는 소농(小農)을 의미하고 있는 것으로 판단해도 좋을 것이다. 『국가학회잡지(國家學會雜誌)』의 「이른바 특수부락의 종류」(いわゆる特殊部落の種類, 1913)는 야나기타 민속학의 피차별부락민 연구의 목적이 명확히 드러난다는 점에서 특히 주목할 필요가 있다.

> 현재의 완전한 개량 방법은 논리상 그들을 소멸시키는 것이 바람직하나 그럴 수는 없다. 따라서 특수한 계급을 보통사람으로 바꾸는 것 이외에 방법이 없다.

이처럼 "피차별부락민을 보통사람으로 바꾸는 것"이 중요하다는 점을 역설하고 있다. 또한 피차별부락민 중에서도 에타(穢多)와 산카(サンカ)에 대하여 언급한 부분을 확인하면 보다 구체적인 일종의 정책을 제시하고 있다.

> 정주하고 있는 에타는 상인계급에 동화시키는 것이 비교적 용이하나, 한곳에 정주하지 않고 표박(漂迫)하는 산카는 특별한 감시가 필요하다.

끝으로 자신이 이것을 연구하는 이유에 대해서는 다음과 같이 언급한다.

> 현지의 지방 공무원 등 직접 이 안건을 담당하는 자들이 아직 이 문제의 중요성을 잘 알고 있지 않으며, 이른바 특수부락의 개선이 우리들 사회에 얼마나 중요한 의의가 있는지 잘 모르기 때문에 때때로 적절치 못한 판단 처분이 있으므로

연구자의 언설이 필요하다고 느낀다(柳田国男, 1999: 263-264).

행정상의 필요성을 의식한 위정자의 입장에서 피차별부락민에 대해 언급하고 있는 것을 확인할 수 있으며, 이른바 사회정책론으로의 민속학을 지향하고 있는 점을 부정할 수는 없을 것이다. 그리고 그 구체적 내용은 피차별부락민을 '상민'화시키는 이른바 상민으로의 '동화'를 위한 민속학 연구인 것이었다.

야나기타 민속학은 일국민속학을 성립시키면서 사회·문화 통합론을 전개한 것은 아니었다. 상민 개념이 표면화되지 않았으며 민중생활의 다양성을 추구했다고 말해지는 초기 야나기타 민속학의 단계부터 국가를 향한 관제(官制) 이데올로기를 내재하고 있었다.

2) 방법론으로서 비교민속학: 차별과 동화

야마비토 연구는 피차별부락민과 함께 초기 야나기타 민속학의 주요 연구주제이다. 여기에서는 야나기타의 야마비토론을 중심으로 초기 야나기타 민속학의 특징을 살펴보기로 하겠다.

1926년에 발표된 『산의 인생(山の人生)』은 야마비토 연구의 집대성이라 할 수 있는데, 여기에서는 1910년대의 야마비토=선주민이라는 주장이 상당히 후퇴해 있다고 하여 이 저서를 기점으로 하여 일본인의 기원에 관한 학설이 복수민족설·복합민족설에서 단일민족설로 전환되었다. 이러한 전환은 단순히 야마비토 연구에 종지부를 찍는다는 의의보다는 더욱 적극적으로 국가 측에 가담하기 위한 일국민속학의 성립에 들어서려는 쪽에 더 큰 의미를 부여할 수 있다(임경택, 2005: 221). 이윽고 『민간전승론』의 단계에서 일국민속학을 확고히 하여 단일민족론의 민속학으로 전환했다는 것이다. 즉 초기 야나기타 민속학의 야마비토 연구는 혼합민족론의 성격을 지니고 있었으나, 일국민속학과 함께 단일민족론으로 전개되어 간 것이다.

확실히 초기 야나기타 민속학에는 '상민'이라는 학술용어의 빈도는 그다지 많지 않았다. 야나기타의 저작물 전체를 통해 그 빈도수를 확인한 이토

미키하루에 의하면 '상민'이라는 용어 자체는 1920년까지 7회에 그치며, 1926년부터 1940년까지는 43회에 이른다. 오히려 초기에는 '상민'보다 앞에서 보았던 '소박한 시골 사람'을 비롯해 '상인(常人)' 혹은 '평민(平民)' 등이 적게나마 사용되고 있었다(伊藤幹治, 2002: 112). 앞에서 소개한 이와타의 논고가 지니는 중요한 점은 초기 야나기타 민속학에도 '상민' 중심의 사고가 있었다는 점을 지적하면서, 종래의 '상민' 개념을 소농만을 지칭하는 것이 아님을 밝힌 것에 있다. 이와타에 의하면 피차별부락민과의 대비로 사용될 때의 상민은 소농이라는 실태적 개념으로 파악할 수 있으나, 야마비토와 대비되어 사용될 때는 도작(稻作)농경이라는 문화적 개념을 결합한 야마토(大和)민족을 지칭한다는 것이다(岩田重則, 2007: 185-188).

여기에서는 이러한 이와타의 지적을 계승하면서 초기 야나기타 민속학의 주요 주제의 하나인 야마비토 연구의 특징을 확인해 보기로 하자. 이 야마비토 연구는 야마비토=선주민족론으로 전개되는 것에 큰 특징이 있다. 그 내용을 간단히 개관하면, 천황을 중심으로 하는 야마토 민족이 일본열도에 도래했을 때 이미 선주민족이 있었으나 야마토 민족은 그 선주민족을 지배함과 동시에 동화시켜 이들과 혼합된 일본 민족이 형성되어 왔다. 이 선주민족 중에서 야마토 민족에 동화되지 않고 산속을 표박하는 사람이 아직도 독특한 생활양식을 유지하며 살고 있다는 것이다.

야나기타의 『산의 인생』에 수록된 「야마비토고(山人考)」는 야마비토론의 대표적 논저로 평가할 수 있는데, "먼 옛날(上古史)에는 아직 구니쓰카미(國津神)가 둘로 나뉘어, 대부분은 평지(里)로 내려와 상민에 융합(원저에서는 混同)되고, 나머지는 산에 남아 있어 이들을 야마비토로 불렀다"고 한다(柳田国男, 1970: 174-175). 천황을 중심으로 하는 상민이 야마토 민족으로 상정되어, 선주민족의 후손으로서 야마비토는 야마토 민족에 동화되어 가는 존재로서 논해지고 있다. 야마비토론이 민족론으로서 전개되고 있기 때문에, 이에 대비되어 여기서 사용되는 상민은 야마토 민족=일본인을 지칭하는 것이 된다. 그리고 1909년 11월 『산악(山岳)』 제4년 제3호에 게재된 「산민의 생활(山民の生活)」에는 "화전을 하는 것이 결코 야마토 민족의 특성이라고는 할 수 없다. (중략) 우리 선조의 생활의 흔적이 무엇이냐고 묻는다면 벼의 재배경작이라고 대답하고 싶다. (중략) 평소 조(粟)나 피(稗) 등을 먹더라도 신에게 제사를 지낼 때는 무슨 일이 있어도 쌀이 없어서는 안 된다" (柳田国男, 1970: 498-499)고 한다. 이처럼 '도작=쌀농사'의 민족이 야마토 민족이라는 것을 강조한다. 야나기타 민속학이 천황의 다이조사이(大嘗祭)와 상민의 가을 수확제를 동일시하여 도작농경일원론의 일본문화론을 전개시킨 것도 이와 무관하지 않을 것이다. 요약하면 초기 야나기타 민속학에서부터 야마비토론은 복합민족론을 전제로 하여 상민으로서의 야마토 민족에 흡수되는 존재이었고 단일민족론의 일국민속학으로 전개되면서 천황=도작민=상민의 야마토 단일민족의 이데올로기를 강화해 간 것으로 판단할 수 있다.

그렇다면 초기 야나기타 민속학의 야마비토 연구와 일국민속학의 사이에 질적 전환이 있었던 것일까? 야마비토 연구에서도 피차별부락민과 마찬가지로 야마비토가 '상민' 개념과 대비되어 사용되고 있다. 즉 "상민/피차별부락민", "상민/야마비토"의 상대적 관계를 설정하는 것이 야나기타 방법론의 최대의 특징이라 할 수 있다. 피차별부락민과 야마비토를 다루고 있으나 그 목적은 각각에서 상정하는 상민의 개념이 상이하다 하더라도 이러한 차별적 존재를 우위적 존재인 상민에 동화 혹은 흡수시키는 내적 구조를 지니고 있다. 오키나와의 발견과 함께 1920년대 후반부터 일국민속학=신국학으로 전환되기 이전부터 '종합의식'을 기반에 둔 비교민속학적 방법론은 야나기타 민속학의 '경세제민'의 추구방법으로 애초부터 존재하고 있었던 것이다.

야나기타 민속학의 금자탑이라고 일컬어지며 일본인의 신앙체계를 총체적으로 다룬 것으로 평가받아 온 것이 『선조이야기』(先祖の話, 1944)이다. 이미 남근우 등이 지적한 바와 같이 『선조이야기』에 의한 일본인의 고유신앙=조령신앙의 제시는 민중의 '실제생활'의 의문에서 출발한 것이 아니고, 어디까지나 일본제국을 위해 '때가 되면 흔연히 온몸을 바쳐' 죽어야 하는 '순국' 이데올로기의 창출에 있었다고 볼 수 있다. 다시 말해, 『선조이야기』

는 1944년 가미카제 특공대가 '대동아전쟁'에 처음 등장하던 당시의 시국에 대한 위기의식 하에서 국가를 위해 목숨을 바치는 것의 근거로 '칠생보국(七生報國)'론을 주제로 한 조령신앙을 제출한 것이었다(남근우, 2008: 247).

여기서 특히 주목되는 점은 이 조령신앙론의 적출 논리이다. "국가를 위해 싸우다 죽은 젊은이들만은 어떻게 해서든 무엔보토케(無緣佛)·아귀(餓鬼)의 신세로 방치해서는 안 된다"(柳田国男, 1998: 640)고 한다. 전사(戰死)와 같은 비업(非業)의 죽음을 당한 사람에게 조령신앙은 성립될 수 없음에도 불구하고 야나기타는 양자제도 등을 도입해서라도 그들이 무엔보토케·아귀의 상태가 되게 해서는 안 된다는 것을 주장한다.

『선조이야기』에서 무엇보다 간과해서는 안 되는 점은, 이러한 정책적 주장을 뒷받침하기 위해 일본인의 생사관의 중심에 조령을 두어 무엔보토케·아귀는 조령의 하위적 존재이며 조령에 동화되어야만 하는 존재로 취급하고 있는 점이다. 뿐만 아니라, 이러한 야나기타의 조령 중심의 사고는 논신 및 산신 등의 자연신도 조령이며, 덴구(天狗), 역신(疫神) 등의 요괴 계통의 부정적·영적 존재조차도 조령의 영락(零落)한 존재로서 파악한다. 이처럼 야나기타 민속학의 금자탑이라고 일컬어지는 『선조이야기』는 일본의 다양한 영적 존재를 조령에 동화 및 흡수되어야 할 대상으로 파악하는 구성원리를 지닌 것이었다. 그리고 이미 상술한 바와 같이 이 『선조이야기』가 순수하게 일본인의 생사관을 파악하기 위한 것이 아니라는 것, 즉 아시아태평양전쟁 말의 전사자 대량생산이라는 사회적으로 극도로 긴장된 시국을 타개하기 위해 야나기타가 민중에 던진 메시지였다는 점도 새삼 기억해야 할 것이다.

피차별부락민도, 야마비토도, 무엔보토케·아귀도 그저 단순히 버려지는 존재가 아니었다. 야나기타 민속학의 비교민속학은 "상민/피차별부락민" 혹은 "소농/피차별부락민", "상민/야마비토" 혹은 "야마토 민족/선주민족", "正의 영적 존재(조령)/負의 영적 존재(무엔보토케·아귀)" 등의 관계개념을 설정하는 것을 기본으로 하고 있으며, 거기에는 우위적 존재에 차별적 존재를 흡수 및 동화시키는 방법론적 특징이 있었다.

이렇듯 '상민'으로의 동화를 추구하는 그의 학문적 지향은 일국민속학 이전부터 이미 존재하고 있었던 것이고, 야나기타 민속학이 일국민속학을 형성하는 과정에서 단순히 피차별부락민을 잘라 버린 것도 아니었다. 즉 야나기타 민속학은 조선, 타이완 등 외지 식민지에 대해서도 일본에의 동화를 추구하는 학문적 지향을 근원적으로 지니고 있었다고 보는 것이 타당하다고 생각한다. 야나기타 민속학이 목적으로 하는 경세제민은 "국민=상민=야마토"를 위한 학문이라는 것은 말할 필요도 없으나, 제국주의라는 맥락에서 볼 때 "국민=상민=야마토"의 식민지 외부의 다양한 인간을 동화시키는 학술적 기반도 함께 지니는 것이었다.

3) 야마토 민족의 과거를 보는 학지

1913년 3월 야나기타는 신화·구승문예 연구자 다카키 도시오(高木敏雄)와 함께 잡지 『향토연구』를 출간한다. 이 잡지 창간호의 권두언에서 다카키는 '민족생활'이 전개되는 것은 '국토'라고 하고, "인간의 군거적 생활의 현상 즉 무엇보다 완전한 의의로서 민족생활의 현상, 환언하면 민족의 문화는 이 생활의 무대가 되는 국토를 도외시하고는 결코 제대로 이해할 수 없다"고 한다. 그리고 '향토연구'의 목적이 '지역'연구가 아니라, '일본민족생활'의 연구임을 다음과 같이 분명히 한다.

> 향토연구의 목적은 일본민족생활을 연구하기 위한 근본적 부분으로, 민족생활의 무대이자 동시에 발전의 요건인 향토, 즉 토지의 연구는 이 연구의 필수 조건이다. 토지연구는 토지 그 자체의 연구가 아니라, 민족의 향토로서의 토지, 민족생활을 좌우하고, 좌우되는 토지, 환언하면 민족생활과 상호관계에 있는 토지연구이어야 한다.[6)]

다카키에 의한 이 『향토연구』 창간호의 권두언으로부터 20년이 지난 후, 야나기타는 『향토교육』에 「향토연구와 향토교육」이라는 제목으로 잡지 『향토

6) 高木敏雄, 「鄕土研究の本領」, 『鄕土研究』 第1巻 第1号, 1913, 10-11쪽.

연구』와 다카키를 회상하며 거의 같은 내용을 서술한다.

> 우리는 향토를 연구의 대상으로 삼는 것이 아니라 향토를 연구하는 것이 아니라, 향토로 '어느 것'을 연구하고 있는 것이었다. 그 '어느 것'이란 일본인의 생활, 특히 이 민족의 일단(一團)으로서 과거의 경력(經歷)이었다.[7]

야나기타는 지역 및 향토를 연구하려고 하지 않았다. 향토는 수단에 지나지 않으며, 향토를 통해 '일본 민족의 생활'과 '일본 민족의 과거'를 찾는 것이 궁극적인 목적이었던 것이다. 그리고 야나기타는 다음과 같이 덧붙인다. "각각의 연구에서 각자 자신이 살고 있는 향토의 작은 현상에 접해야만 한다. 그러나 이것이 궁극적인 도달점은 아니다. 단순한 비교와 종합, 가까운 데 있는 흥미로운 자료로만 보아야 한다"라고 한다. '향토'는 단순한 자료에 지나지 않는 것이라고 잘라 말하고 있는 것이다.

앞서 언급한 바와 같이 야나기타는 『민간전승론』에서 일국민속학을 '자민족동종족의 자기성찰'로 규정하고, 이러한 특성이야말로 "미세한 내부의 심리적 현상"까지 조사할 수 있기 때문에 외부자에 의한 조사를 기반으로 하는 민족학(ethnology)보다 우월하다고 하였다. 이 일국민속학은 방법론적으로는 오키나와의 문화·류큐 민족을 일본 문화·야마토 민족에 흡수시키는 형태로 체계화된다. 이른바 야나기타 민속학의 방법론으로서 비교민속학이다. 그리고 거기에서 발견되는 것은 야마토의 고대이다.

야나기타는 『향토생활 연구법(鄕土生活の硏究法)』에서 "우리의 학문에서 오키나와의 발견은 획기적인 대사건이다"라고 말한다.

> 먼저 언어에서, 기록에만 보이며 일본 본토에는 전혀 사용되지 않는 단어나 어법이 살아 있어 지금도 쓰이고 있다. 음운에서도 드물게 지방 사투리에 전해져 근세에 변한 것으로 여겨지는 것이 우연히도 그 섬에 존재하고 있었다. (중략) 이어 신앙에서도 신사의 발생과 여성의 지위, 옛날 신을 모시는 가마의 보급에 따라

---

7) 柳田国男, 「鄕土研究と鄕土教育」, 『定本柳田国男集』 17(筑摩書房, 1998), 145쪽.

자연스럽게 변해 온 제사 방식, 그 밖에 신과 인간 조상과의 관계 같은 것, 이전에는 그저 공상에 지나지 않았던 우리의 가설에 상당한 뒷받침을 해주는 사실이 그 땅에서 당연하게 행해지고 있다.[8)]

고야스 노부쿠니가 언급한 바와 같이 '먼 지방의 일치'라는 것을 통해 추리되고, 재구축되는 것은 언제나 본토(야마토 민족)이며 오키나와가 아니다(고야스 노부쿠니, 2007: 27-28). 하지만 지금까지 확인해 온 바와 같이 야나기타 민속학은 애초부터 '향토'를 통해 야마토 '민족'을 탐구해 왔다. 야나기타 민속학이 역사학과 다른 최대의 특징은 '역사'를 '시간차'로서가 아니라, '공간차'로 보는 점에 있다. 즉 오키나와 본토의 공간 차이에서 야마토 민족의 '고대'를 보고 있는 것이다.

그런데 이러한 비교민속학적 관점이 일국민속학의 태동과 함께 새롭게 생성된 것도 아니었다. 초창기 야나기타 민속학에서도 산지의 야마비토를 '선주민족'으로 보고, 평지의 상민을 '야마토 민족'으로 보았다. 양자를 관계개념으로 보고 있는 것이나, 야마비토를 '선주민족'으로 상정하는 것 자체가 '산지'라는 공간을 과거로 상정하고 있는 것이다. 애초부터 야나기타는 현대 사회현상에 대한 역사적 변천을 공간차로 보고 있었다.

즉 야나기타 민속학의 학지는 '생활'을 통계학적 · 양적 방법론으로 파악하지 않고, '향토'의 생활을 '비교'함으로써 '야마토 민족'의 과거를 파악하고자 하는 학문적 지향이 초창기부터 지속적으로 내재해 왔다. 또한 야나기타가 상정한 '상민=야마토 민족'이 문화개념을 매개로 천황가(天皇家)로 파악되고 있다는 점에서, 천황제 이데올로기를 아래로부터 강화시키는 성격을 지니는 것으로 판단할 수 있다.

---

8) 柳田国男, 「郷土生活の研究法」.

IV. 민간학에서 관학으로의 이행과 그 특징

지금까지 야나기타 민속학의 제국주의론에서 크게 주목받아 온 것이 대동아 민속학 건설의 구상을 위해 마련된 두 번의 좌담회이다. 우선 첫 번째로 『문예춘추(文藝春秋)』 1943년 9월호에 실린 「민간전승에 대해서(民間傳承について)」라는 좌담회이다. '대동아 전쟁'이 공세에서 수세로 전환되는 상황에서 마련된 이 좌담회에서, 야나기타는 일본인의 생사관 연구를 민속학의 긴요한 실천적 과제로 제시하였다. 이 긴요한 실천적 과제에 대한 결과물이 바로 앞서 언급한 『선조 이야기』인 것이다.[9)]

두 번째로, 같은 해 10월 17일에 「야나기타 구니오 씨를 둘러싸고: 대동아민속학의 건설과 『민속타이완』의 사명(柳田国男氏を囲みて: 大東亞民俗學の建設と『民俗臺灣』の使命)」이라는 좌담회에서는 이 시국협력적인 연구 과제를 좀 더 구체화한다. 여기에서 거론된 구체적인 주제는 혼인 문제를 비롯해, 머리에 뒤집어쓰는 두건, 영지(靈地) 사상, 마을의 수호신인 우지가미(氏神) 신앙, 가신(家神) 신앙, 원주민에 대한 접근 방법, 조상 숭배 등이다. 또한 대동아 민속학을 건설하려는 이 자리에서 야나기타는 이러한 공통의 주제를 설정하는 이유로 "나는 원래 정치가 출신의 인간이기 때문에 속세의 이익에 집착하는 마음이 강한데, 대동아권의 통일에 공헌하지 않을 거면 아무런 쓸모가 없다고 생각합니다"라고 했다(남근우, 2008: 220). 즉 야나기타는 대동아권의 민중의 생활을 다루기 위해 공통의 주제를 설정하고 이를 통해

---

9) 근세 이후 일본인의 조상제사의 실상은 신도가 아니라 불교식 및 불교적 세계관으로 유지되고 있다. 야나기타 민속학의 조령신앙론의 가장 큰 특징은 외래 종교로서 불교를 철저히 배제하는 것에 있었다. 『선조 이야기』의 중심축은 산중타계관(山中他界觀)에 있었으며 일본인의 장례문화와 밀접한 관련이 있다. 즉 일본인의 사령은 불교에서 말하는 것과 같은 서방극락에 가 버리는 존재가 아니라 가까운 산으로 가 설이나 오본(お盆)에 찾아오고, 그 밖에 산신이나 논신으로 자신들에게 복을 주기 위해 왕래를 한다는 것이다. 즉 현실이 불교적으로 행해지고 있음에도 불구하고, 그 내면의 고유신앙으로서 조령신앙을 읽어 내 일본인의 신앙을 총체적으로 성립하는 데 성공한 것이다. 하지만 이것이 현실세계를 왜곡한 학설이라는 비판이 제기된 바 있다. 이와타 시게노리, 조규헌 역(2009), 『일본 장례문화의 탄생』, 소화 참조.

자신의 민속학에 의한 경세제민을 실현하려고 했던 것이었다.

그렇다면 야나기타는 이러한 공통의 주제를 어떻게 실현하려 했던 것일까? 상술한 바와 같이 야나기타는 일국민속학을 '자민족동종족의 자기성찰'이라고 규정하였다. 그렇기 때문에 야나기타는 자신이 직접적으로 조선을 다루는 것에 대해서는 위화감을 가졌을 것이다. 하지만 야나기타 자신이 직접 가담을 하지 않았지만, 이 좌담회에서 야나기타는 '민간전승의 모임'을 중심으로 그 주변에 가나세키 다케오(金関丈夫)의 '타이완민속학', 아키바 다카시(秋葉隆)의 '조선민속학', 오마치 도쿠조의 '만주민속학', 저우쭤런(周作人)에 의한 북경의 '동방민속학'을 각지에 두어 대동아민속학의 공동연구 과제를 실현하려 했음을 알 수 있다. 관학/민간학이라는 양 축의 관점에서 이를 바라보면, 이 대동아민속학에 대한 전망을 하는 자리에서 조선의 경성제국대학 교수 아키바 다카시가 지목되어 있다는 점에 주목할 필요가 있다(남근우, 2008: 250). 근대 일본의 학문에서 우월적 위치에 있는 제국대학의 교수가 재야의 민간학자와 손을 잡고 있는 것이다.

경성제국대학의 설립취지를 확인해 보면 내지의 제국대학과는 그 설립 취지가 조금 다른 점을 알 수 있다. 1924년 경성제국대학 예과(豫科)가 설립되었고, 1926년에 경성제국대학이 본격적으로 개학하였다. 경성제국대학의 초대 총장인 핫토리 우노키치(服部宇之吉)는 1926년 5월 1일 학부개설의 시업식 훈시에서 "국가의 기초를 동요시키고 국가의 존립을 위태롭게 하는 연구는 허용할 수 없다"고 선언했다. 그리고 경성제국대학의 중요한 사명으로 '동양문화의 연구'를 제시하면서 "한편으로 지나(중국)와의 관계, 또 한편으로는 내지와의 관계로 널리 여러 방면에 걸쳐 조선연구를 행하고 동양문화 연구의 권위가 된다고 하는 것이 본 대학의 사명이라고 믿고 있다. 능히 이 사명을 수행하려면 일본정신을 원동력으로 하여 일신(日新)을 이기(利器)로 하여 나아가지 않으면 안 된다"고 말하였다. 경성제국대학과 내지의 제국대학은 '국가를 위한 학문'을 추구하는 점에서는 공통되지만, 경성제국대학이 '동양문화의 연구'를 사명으로 하는 점은 양자의 크게 구별되는 특징이라 할 수 있다. 경성제국대학의 '동양문화의 연구'가 식민지 통치를 위한 것임은 말할 필요도 없을 것이다(전경수 2002: 72).

따라서 일본 내지의 제국대학과는 달리 식민지에 설립된 제국대학들은 식민지 통치의 목적과 직결되는 특별 관리 하에 놓여 있었으며 제국대학의 교관들은 총독부 직원으로 등록되어 있었다. 경성제국대학의 아키바 다카시와 조선총독부 촉탁 무라야마 지준(村山智順), 충청북도 경찰부장을 역임한 이마무라 도모(今村鞆) 등은 자연스럽게 연결고리를 지니고 있으며, 이들은 조선총독부의 식민지 정책에 직·간접적으로 복무한 어용민속학자라고 평가할 수 있다. 여기에서 일본민속학의 야나기타 구니오를 기점으로 경성제국대학의 아키바 다카시, 조선총독부의 무라야마 지준, 이마무라 도모의 인적 네트워크가 형성되어 있었음을 알 수 있다. 운동으로서 전개해 간 야나기타 민속학의 최대의 특징은 조직화되어 감에 따라 대상지의 학자가 야나기타의 학풍을 이해하고 있는지가 중요한 포인트가 된다(鶴見太郎, 2006: 128). 즉 '조선민속학'의 담당자로서 아키바를 지목한 것은 그가 야나기타의 학문적 동지임을 명확히 나타내는 것을 의미한다. 그리고 아키바의 신분이 경성제국대학 교수라는 점을 고려하면, 야나기타 민속학의 학지는 운동으로 전개하여 그의 인적 네트워크를 통해 '제도'로서의 관학으로 확고히 활용되고 있었음을 시사한다.

아키바가 1940년 발표한 「민속 및 신앙 상에서 본 내선관계(民俗及び信仰上より見たる內鮮關係)」, 다년간 조선 체류기간 동안의 조사를 기반으로 작성한 『조선민속지』(朝鮮民俗誌, 1954) 등을 분석한 남근우는 아키바의 비교민속론에서 '내선일체'와 '팔굉일우'에 복무했던 한일 비교민속론의 식민주의를 지적하였다. 가령 「민속 및 신앙 상에서 본 내선관계」에서는 "일본의 아주 옛날 원시 신도의 신령 제사방식과 금일 조선의 민속에 잔존하는 신령 제사방식, 그러니까 한쪽은 옛날 또 한쪽은 현재를 비교해 보면, 거기엔 정말로 유사가 발견된다"고 한다. 그리고 이러한 비교민속론을 제시하는 이유로 "내선일체가 되는 것. (중략) 그것이 바로 동아 협력체의 중심이며, 팔굉일우의 이상을 실현하는 근본적인 힘이 된다"고 역설한다(남근우, 2008: 157). 위의 인용문에서는 조선인을 황국신민화하기 위한 근거로서 신령제사

방식의 유사성을 제시하고 있음을 쉽게 이해할 수 있을 것이다. 경성제국대학 교수 아키바가 조선의 민중을 연구하는 것, 조선과 일본을 비교하는 것, 이러한 동양문화를 조사, 연구한 행위가 식민지 통치라는 국익을 도모하기 위한 것이었다. 차후 아키바와 야나기타의 방법론 및 상호 영향 관계에 대해서는 보다 체계적이고 면밀한 검토가 필요할 것이다. 하지만 위에서 언급한 내용뿐 아니라 『조선민속지』의 결과로서 제시한 「조선 민속과 일본 고속(朝鮮民俗と日本古俗)」의 제목에서도 알 수 있듯이 그는 야나기타의 비교민속학을 답습하고 있었다.

V. 야나기타 민속학의 식민주의적 함의

지금까지 야나기타 민속학의 식민주의·제국주의론은 일국민속학과 대동아민속학의 성립 및 실현 가능성 등에 논의가 집중되어 있었던 감을 지울 수 없다. 일국민속학, 대동아민속학이라는 용어와 양자의 연속성에만 초점을 맞추면 제국일본 하에서 문화권력으로서 전파, 이행되어 온 야나기타 민속학 학지의 동태적 실체가 보이지 않는 한계를 지닌다고 생각했다. 따라서 이 글에서는 이러한 기왕의 논의를 극복하기 위해 일국민속학 이전의 피차별부락민론, 야마비토론의 검토도 시야에 넣었다. 야나기타 민속학의 피차별부락민론 및 야마비토론의 재검토는 조선, 타이완 등 외지 식민지에 대해서도 일본에의 개량 및 동화를 추구하는 학문적 지향을 근원적으로 지니고 있었다는 점을 시사하기 때문에 야나기타 민속학의 식민주의 은폐성의 문제를 재고하는 데에도 매우 중요한 실마리가 된다. 즉 야나기타 민속학의 경세제민을 제국주의라는 맥락에서 보면 "국민=상민=야마토민족"에 식민지의 차별적 존재를 개량, 동화시키는 학문적 지향을 내재하고 있었던 것이다.

또한 야나기타 구니오에 의해 형성된 일국민속학의 단일민족론은 '이민족'인 류큐민족을 야마토민족화시킨 혼합민족론에 다름 아니다. 즉 일국민속학 학지는 상이한 향토의 이민족과의 비교를 통해 자민족의 과거를 보는 민족통합의 이데올로기를 내재하고 있었다. 이민족과의 비교를 통해 이민족이 아닌 자민족(야마토민족)에 의미를 부여하는 것 자체가 국민보다 '민족'을 중시한 논리이며, 천황제 이데올로기를 아래로부터 지지한 최대의 특징이 된다.

민간학은 '제도'가 아닌 '운동'으로 조직화되어 간다. 내지에서 운동으로 조직화되어 간 야나기타 민속학이 제국일본이라는 공간적 팽창과 함께 외지에서는 경성제국대학 교수인 아키바 다카시, 조선총독부의 무라야마 지준 등과 연결되어 있었다. 야나기타 민속학의 학지는 '운동'으로 전개되어 식민지에서는 '관학'으로 변모되면서 내선일체 · 팔굉일우 등 식민지 지배를 위한 중요한 지적 자원으로 활용되고 있었다.

일본 초기 사회주의 · 아나키즘의 형성과 분화

유병관

I. 초기 사회주의, 아나키즘의 형성과 매체

사회주의와 마찬가지로 아나키즘은 근대사회가 구축되면서 만들어진 하나의 학지(學知)이면서도 근대사회가 발생시킨 모순 때문에 발생한 대항(對抗) 학지의 성격을 띠고 있다. 서구에서도 아나키즘은 근대사회의 형성, 즉 산업화과정에서 발생한 빈부 격차, 노동 소외 등의 사회문제를 계기로 발생하였다. 장 프레포지에(Jean Preposiet)는 『아나키즘의 역사』 모두(冒頭)에서 아나키즘의 발생이 이러한 근대 산업사회의 모순에 대한 대응 논리로서 출발했음을 지적하고 있다. 즉 아나키즘은 "민족주의와 국가주의에 대한 반작용으로 이들과 동시에 출현"했으며, 이것이 "이데올로기적 · 실천적으로 표출된 것은 19세기"(장 프레포지에, 2003: 19)라는 것이다. 그런데 이렇게 근대 산업사회의 모순과 억압에 대한 대응논리로 출발한 아나키즘은 주어진

환경과 상황에 따라서, 또는 역사적 진전에 따라 다양한 모습을 하고 근대사의 현장에 등장했다. 따라서 아나키즘이 처음부터 완결된 사상이나 논리를 가지고 출발한 것이 아니며, 동시대의 다른 사상적 실천들과의 교류와 충돌, 교착의 과정 속에서 자신의 모습을 형성해 갔던 것이다. 그리고 이러한 사상적인 실천의 장(場)은 근대의 신문과 잡지가 그 중심 역할을 담당했다.

일본에서도 전반적인 사정은 유사하다. 다만 일본은 짧은 기간에 급속한 산업화와 제국화 과정을 거친 관계로, 여타의 학지와 마찬가지로 자생적인 토대가 거의 전무한 상태에서 서구의 경험이 압축된 형태로 시간적 선후 없이 서적과 잡지, 신문을 통해 번역 소개되면서 출발하게 된다.

그리하여 일본의 아나키즘의 형성과 전개 과정은 대체로 시간적으로는 1) 지식인들에 의한 이론적 소개와 수용의 단계, 2) 여타의 사상들과 대립과 교착을 통한 이론적 형성 단계, 3) 독자적 이론 구축과 분화 단계로 진전되었다고 볼 수 있다. 또한 공간적으로는 일본의 국내뿐 아니라 제국을 넘어서 확산과 전유의 과정을 거치게 된다. 물론 이러한 각각의 단계나 과정이 시기상 명확히 구분되는 것은 아니며, 서구이론의 경우는 모든 단계에서 지속적으로 번역, 수용되었다. 초기의 수용 단계에서 아나키즘은 독자적으로 이해되기보다는 사회주의의 한 범주로 소개되었다. 그렇기 때문에 아나키즘 사상이 자체의 이데올로기적 · 실천적인 의미를 구축하기까지는 다른 사회주의 사상들과 상호 교호나 충돌 과정을 거칠 수밖에 없었다.

사회주의가 일본에 소개되기 시작한 것은 메이지(明治) 10년대(1877~1886)부터이지만, 이 시기의 논의들은 대부분 사회주의에 대한 피상적인 이해에 기반해서 "치안상에 있어서 매우 해로운 제도", 또는 '유해물(有害物)'로 취급되었다(隅谷三喜男, 1959: 175-181). 하지만 점차 하나의 지식이라는 측면에서 서구의 사회주의 사상과 아나키즘이 체계적으로 번역 소개되기 시작한다. 그중에서 아나키즘은 니시카와 쓰테쓰(西河通徹)가 원전이나 필자를 밝히지 않은 '영문잡지'를 번역하여 『러시아 허무당 사정』(露國虛無黨事情, 競錦堂, 1882)이라는 책을 내어 러시아의 무정부주의적인 인민혁명당 나로드니키를 '허무당'으로 소개하고 있으며, 나카에 조민(中江兆民)의 제자였던 후쿠이 준조(福井準造)는 『근세사회주의』(近世社會主義, 有斐閣, 1899)에서 서구의 아나키즘을 '무정부주의 및 그 당여(無政府主義及び其黨與)'라는 사회주의의 한 항목으로 소개하고 있다. 또 서양사학자 게무야마 센타로(煙山專太郎)의 『근세무정부주의』(近世無政府主義, 東京專門學校出版部, 1902)와 구쓰미 겟손(久津見蕨村)의 『무정부주의』(無政府主義, 平民書房, 1906)는 무정부주의에 대한 세간의 부정적 인식을 불식시키고 그에 대한 객관적 인식을 제공하는 데 크게 기여하였으며, 고토쿠 슈스이(幸德秋水)를 비롯하여 초기 무정부주의자들에게 큰 영향을 주었다. 구쓰미는 이 책에서 세상 사람들은 무정부주의를 두려워하고 공포스럽게 여기지만, "사회주의가 결코 위험한 것이 아닌 것처럼 무정부주의도 역시 반드시 위험한 것은 아니"라고 주장하면서, 무정부주의의 유래를 비롯하여 푸루동(Pierre Joseph Proudhon)이나 스티르너(Max Stirner), 바쿠닌(Mikhail Bakunin)과 크로포트킨(Pyotr A. Kropotkin) 등의 저명한 아나키스트의 생애와 사상을 소개하고, 아울러 독일과 영국 등의 무정부주의의 현황을 소개하고 있다.

이러한 단행본 형태의 저작 외에도 당시의 신문이나 잡지는 서양의 사회상황과 지식을 신속히 전달해 주는 가장 핵심적인 통로였다. 사실 단행본들도 신문이나 잡지에 게재했던 글들을 묶어 간행한 것이 많았다. 고토쿠 슈스이, 오스기 사카에(大杉栄)와 더불어 일본의 3대 아나키스트로 꼽히는 이시카와 교쿠잔(石川旭山, 三四郎)에 의하면, '평민주의'를 주창하다가 훗날 제국주의의 유력한 주창자로 변신한 도쿠토미 소호(德富蘇峰)의 『고쿠민노토모(國民之友)』가 이 시기에는 "실로 일본에 있어서 사회주의 사상의 유력한 전파자, 파종자"였다고 평가하고 있기도 하다. 이시카와는 또 메이지 10년대 사회주의 사상이 "무의식적 운동의 시대"였다면, 메이지 20년대(1887~1896)는 그것을 "의식한 시대"로 변화했다고 술회하고 있다(石川旭山, 1907; 隅谷三喜男, 1959: 180에서 재인용). 이렇듯 초창기 사회주의와 아나키즘의 소개는 대체로 근대세계로 갓 진입한 일본이 앞선 서구 제국에 대해 보인 지식적 관심의 일환이었다. 그러나 메이지 20년대 들어 점차 일본도 산업화가 진행되고 그에 따른 폐해가 나타나면서, 일단의 지식인들에 의해 노동조합주의

사상과 사회주의가 의식적으로 수용되기 시작한다. 사실 세계사적으로도 사회주의와 노동운동은 근대의 시작과 더불어 진행된 산업화 과정과 밀접하게 연관되어 있다.

가노 마사나오(鹿野政直)는 일본에서 넓은 의미의 사회주의가 뿌리를 내리고 충격을 주게 된 기반을 "근대화에도 불구하고, 혹은 근대화 때문에 지주, 소작관계를 기축으로 깊이 뿌리내린 빈곤"과 "천황제의 전제적, 군사적 성격", 일본이 서구에 대한 태도와 관련해서 "서구를 넘어서는 사회구상의 매력"을 들고 있다(鹿野政直, 1999: 61-77).

그런데 일본에서 산업화 과정에서 발생하는 '사회문제'는 일본이 본격적인 제국화의 길로 들어서게 된 청일전쟁을 거치며 본격적으로 대두된다. 즉 청일전쟁을 치르면서 일본의 공업화가 급속하게 진전되고 자본주의의 비약적인 발전이 이루어지게 되었던 것이다. 그러나 산업화 과정에서 획득된 부(富)는 대부분 위정자들과 결탁한 소수의 자본가에게만 집중되고 오히려 사회적 약자의 삶은 더욱 피폐해 갔다. 게다가 각종 노동문제가 사회적 이슈로 떠오르게 되면서 노동자를 대상으로 한 노동운동도 본격적으로 시작되었다. 각종 노동쟁의-파업이 빈발하고 일찍부터 미국에서 노동운동을 경험한 다카노 후사타로(高野房太郞), 조 쓰네타로(城常太郞) 등이 귀국하여 이를 지도하면서 일본의 조합주의 운동이 출발하게 된 것이다. 1897년 4월 결성된 직공의우회(職工義友會)의 연설회에서 노동자들에게 배포된 다카노가 쓴 것으로 보이는 팸플릿 「직공제군에게 부침(職工諸君に寄す)」은 노동조합의 결성 목적을 밝히고, 그 결성의 수단과 방법을 제시한 획기적 문헌으로 평가할 수 있다(家永三郞, 1959: 137-138). 그렇지만 이 문건에는 배외사상이 깔려 있고, '혁명당'은 물론 사회주의도 부정되고 있다. 곧바로 같은 해 노동조합기성회(勞動組合期成會)가 설립되었는데, 이는 일본 노동조합 운동의 본격적인 실천의 첫걸음이었다. 또 노동조합기성회는 1897년 말 철공조합을 결성하고, 가타야마 센(片山潛)을 주필로 하는 『로도세카이(勞動世界)』를 발간했다. 『로도세카이』의 방침은 창간호의 「선언(宣言)」에서 밝힌 바와 같이, 혁명이 아닌 사회개량이었으며, 자본가에 대해서도 굳이 분열적 투쟁을 일삼지 않고 진정한 조화를 꾀하는 데 두었다. 1899년까지 노동조합주의는 이런 온건한 입장이었지만, 점차 노동운동을 정치운동으로 확대하여 사회주의로 전환하려는 움직임이 일어나게 되는데, 1900년 3월 제정된 치안경찰법도 '단순한 노동조합주의'의 한계를 느끼게 하는 데 한몫을 했다.

마침내 1901년(메이지 34) 5월 "사회주의를 실행함을 목적으로" 한 사회민주당이 결성되었다. 설립 신고 후 곧바로 금지되었지만, 일본 내에서의 본격적인 사회주의 단체가 모습을 드러낸 사건이었다. 사회민주당 선언은 미리 배포되어 『로도세카이』를 비롯하여 『마이니치신문(毎日新聞)』, 『요로즈초호(萬朝報)』, 『호치신문(報知新聞)』 등과 영문 신문인 『재팬타임스(Japan Times)』 등에도 보도되었다. 그 요지는 사회주의, 민주주의와 함께 평화주의였는데, 이는 각각 "귀족주의, 개인주의, 군대주의"에 대항하는 것으로, 이는 청일전쟁 이후 제국주의로 치닫던 '제국' 내셔널리즘에 대한 저항선인 동시에, "또 하나의 일본"의 구상(加藤哲郎, 2006: 108-109)이었다고 할 수 있을 것이다.

이렇게 노동문제의 발생과 조합주의 운동의 진전이 이후 사회주의 사상과 운동이 형성되는 기반이 된 것은 두말할 나위가 없다. 그러나 사회주의가 변혁이론으로서 정치투쟁이나 노동운동에 직접 접목되는 것은 시기를 더 기다려야 했다. 그 과정에서 신문, 잡지는 더욱 중요한 역할을 담당하게 된다. 앞서 사회민주당 결성에 참여했던 6명 중에서 도쿄전문학교[현 와세다(早稲田)대학] 강사였던 아베 이소오(安部磯雄)를 제외하고, 가타야마 센은 노동조합기성회의 기관지 『로도세카이』의 주필이었고, 기노시타 나오에(木下尚江)는 『마이니치신문』 신문 편집, 고토쿠 슈스이와 가와카미 기요시(河上清)는 『요로즈초호』 기자, 니시카와 고지로(西川光二郎)는 『도쿄평론(東京評論)』의 기자로 당시 영향력 있는 저널리즘의 최일선이었다(加藤哲郎, 2006: 108).

주지하다시피 신문이나 잡지는 근대 문화권력을 생산한 핵심매체였다. 일본에서도 개항 이후 이 새로운 매체를 기반으로 자신들의 생각이나 주장을 담아내고, 또한 그것을 통해 자신들의 세력이나 동조자를 확대하였다. 일본의 신문은 서구인들에 의해 1861년(文久元)에 개항지인 나가사키, 요코하마에서 잇달아 영자신문이 발간된 이래, 일본인들에 의해서도 수많은 신문들이 발간되기 시작했다. 그리고 메이지 초기나 자유민권기를 통하여 성장한 신문들은 '정론신문=대(大)신문'은 물론이고, '오락신문=소(小)신문'들조차 발행자 자신이나 정당, 집단을 지지하는 주장이나 생각, 요컨대 '대립의식'을 표현하는 선전 미디어 역할을 수행했다. 이러한 상황에서 정부는 신문지조례나 집회조례를 공포해서 신문의 발매금지 처분이나 기자의 체포투옥을 강행하고, 혹은 자금을 대주거나 관직을 공여하는 등의 이면공작을 통해 대응했다. 그 결과 일부 신문들은 중립 내지 온건한 논조로 전환하거나 그중의 일부는 폐간을 당하기도 했다. 결국 청일전쟁 이래 도쿠토미 소호의 『고쿠민신문(國民新聞)』과 같이 정부 정책에 동조하는 신문이 생겨나기도 하고, 메이지기 후반부터는 '제국'일본의 미디어 정책을 앞장서서 수행하기까지 하였다(山本武利, 2006). 그리하여 신문이나 잡지 등 매체의 급격한 성장은 사회주의 세력이 성장하는 데도 크게 영향을 주었지만 내셔널리즘의 급격한 확산에도 크게 기여하게 된다.

본격적으로 일본 사회주의 세력이 형성되기 시작한 1900년대 초반, 주목할 만한 제국주의 비판서가 제출되었다. 고토쿠의 『20세기의 괴물 제국주의』(二十世紀之怪物 帝國主義, 警星社書店, 1901)가 그것이다. 이 글은 영국인 로버트슨(J. M. Robertson)의 『애국심과 제국』(Patriotism and Empire, 1899)을 저본으로 해서 쓴 편역에 가까운 글이다. 하지만 이러한 '제국주의 비판'의 이론적 전개가 단순한 서구 사상과 이론의 수입이라기보다는 청일전쟁을 거치면서 제국주의의 길로 들어서던 일본 상황에서 도출된 측면이 강하다. 삼국간섭에 의한 청일강화(1895) 이후, 일본은 '와신상담(臥薪嘗膽)'을 표어로 내걸고[1] 여론과 국가 모두가 전쟁 준비에 매진하기 시작했던 것이다. 제국

1) 청일전쟁의 배상을 두고 삼국간섭을 일으키자 이에 대한 격렬한 반발이 일어난다. 이 때문에 일본 내에는 내셔널리즘이 한층 고양되는 계기가 되었다. 즉 '와신상담'은 일본 내의 한 신문이 정부의 강화조약에 대한 비판을 담은 의미의 표어로 내걸었는데, 정부는 이를 이용하여 '군비확장'의 구실을 위한 구호로 이용했다(후지무라 미치오, 1997: 186).

주의적 일본 '팽창론'도 그러한 분위기 속에서 목소리를 높이기 시작했다. 따라서 『20세기의 괴물 제국주의』를 비롯한 제국주의 비판은 이후 주간 『헤이민신문(平民新聞)』에서 본격적으로 개진된 비전론(非戰論)의 전초전이었던 셈이다. 이로써 초기 사회주의와 무정부주의의 성격이 제국주의와 내셔널리즘의 권력적 지향에 반발 내지 저항하는 반권력적 지향임을 분명히 드러내었다.

치안경찰법과 사회민주당의 결사 금지로 노동운동은 억압되었지만, 사회주의의 선전 활동에 대해서는 정부는 어느 정도 관용 내지 묵인 정책을 취했다. 그 결과 사회주의는 지식인들 사이에서 빠르게 전파되었는데, 고토쿠의 『사회주의 신수』(社會主義 神髓, 朝報社, 1903)는 일본뿐 아니라 동아시아 사회주의자들에게 새로운 안목을 열게 해주었다. 이 책은 고토쿠가 유럽을 돌아보면서 세계 자본주의의 실상과 사회주의 운동의 조류를 확인하고, 마르크스(Karl Marx)와 엥겔스(Friedrich Engels) 등의 저작을 참고하여 쓴 것이다. 이렇게 성장하던 사회주의 운동 세력의 결집과 본격적인 출발을 알리는 계기가 된 것이 주간 『헤이민신문』의 창간이었다.

II. 『헤이민신문』과 비전론

주간 『헤이민신문』은 러일전쟁 발발 직전인 1903년(메이지 36) 10월 『요로즈초호』를 퇴사한 고토쿠 슈스이와 사카이 도시히코(堺利彦, 枯川) 등이 헤이민사(平民社)를 결성하고 발행했던 주간신문이다. 이 신문은 1903년 11월 15일 창간하여 전쟁이 끝나기 전인 1905년 1월 29일 제64호로 폐간되었다. 불과 1년 조금 넘는 기간 동안 발행되었지만, 이 신문을 축으로 전개한 헤이민사의 활동은 그 시기(초기) 사회주의 운동에서 "가장 빛나는 부분"(가노 마사나오, 2004: 226)이었다고 평가받고 있다.

훗날 같은 이름의 일간 『헤이민신문』이 잠시 발행되기도 하고, 또 『오사카(大阪)헤이민신문』이 발간되어 그 전통을 이었으며, 오스기 사카에에 의해 월간 『헤이민신문』이 발행되었던 것을 보면 이 신문의 위상을 짐작해 볼 수 있다. 특히 이 신문을 통해 전개된 '비전론=반전론'은 근대 이후 일본의 제국주의화 과정을 정면에서 비판하고 있다는 점에서 특별한 주목의 대상이 되었다.2)

또 한편으로 『헤이민신문』은 초기 사회주의 사상·운동사에서 매우 중요한 위치를 차지한다. 서로 다른 경로와 경험을 통해 사회주의를 받아들이면서 그것을 자신들의 사상적 기반으로 삼기 시작한, 따라서 약간은 넓은 이념적 수준과 편차를 가진 사회주의자들이 이 신문을 구심점으로 해서 활동의 폭을 넓혔기 때문이다. 이렇게 사회주의 기관지를 자처하며 러일전쟁 직전 창간된 『헤이민신문』은 비전론을 주창하여 주전론으로 돌아선 다른 대부분의 신문들과 세론(世論)에 맞섰고, 또 전쟁을 수행하는 정부와 의회의 정책에 반대하다 결국은 정부의 탄압에 의해 러일전쟁이 끝나기도 전에 강제로 폐간당했다. 그러나 비록 발행 기간은 짧았으나 『헤이민신문』이 일본의 근대사에 남긴 족적은 아주 크다.

1903년 들어 러일 관계가 긴박해져 감에 따라, 민간에서는 대외경파동지회(對外硬派同志會)가 대러동지회(對露同志會)로 전환하여 개전론을 주장하고, 소위 칠박사(七博士)의 대러강경의견서(對露强硬意見書)가 제출되는 등 러시아에 대한 강경론이 점차 세력을 얻고 있었다. 러시아는 시베리아 철도를 연결(개통)하고, 삼국간섭의 결과 청나라로부터 획득한 철도부설권으로 동북아시아에 대한 지배력을 확장하기 시작한다. 결국 조선과 만주의 지배권을 놓고 양국이 첨예하게 대립하면서 점차 대부분의 일본 신문들은 주전론(主戰論)을 개진(開進)하기 시작한다. 일본 측 입장에서 보면 러시아는 삼국간섭으로 청일전쟁의 결과로 획득한 요동을 환부할 수밖에 없도록 만든 '와신상담'의 대상인 구원(舊怨)이 있는 나라였다. 하지만 한편으로는 전쟁의 상대가 청나라처럼 쇠락해 가는 제국이 아니라 서양열강의 한 축으로

---

2) 러일전쟁 당시의 개전론 및 반전론에 대한 논의의 개관은 淸水靖久(2002)를 참조. 또한 메이지 초기 사회주의자들의 반전론에 대해서는 石川德幸(2009); 박양신(2007); 채수도(2007) 등을 참조.

인식되고 있던 러시아이기도 했다. 따라서 일각에서는 "이길 수 없는 전쟁이기 때문에" 전쟁을 하지 말아야 한다는 소극적인 비전론도 제기되고 있었다. 그렇지만 대다수 신문들은 스스로는 정치적 중립성을 내세우면서도 점차 세론이 강경하게 변하자 대부분 국가나 정부정책에 호응했다. 도쿠토미 소호가 청일전쟁이 일어나자 '거국일치(擧國一致)'를 주장하며 정부정책에 적극 앞장선 것처럼, 이들은 자신들이 스스로 앞장서 만들어 낸 여론을 들먹이며 주전론(혹은 개전론)으로 변해 갔다. 그나마 비전론을 주장하거나 동조한 것은, 신문 중에서는 『요로즈초호』와 『도쿄 · 요코하마(東京 · 横浜)마이니치신문』의 후신인 『마이니치신문』, 『니로쿠신보(二六新報)』 정도였고, 잡지 중에서는 사회주의협회의 기관지적 위치에 있으면서 기독교 사회주의를 주장했던 『리쿠고잡지(六合雜誌)』와 기타 기독교계의 잡지 약간이었다.[3] 『요로즈초호』는 1892년 창간 초기에는 폭로성 기사로, 1890년대 말부터는 사회주의적 주장을 지지함으로써 인기를 얻어 당시에는 발행부수가 약 12만 부나 되었던 전체 발행부수 2위의 중앙 유력일간지였다(西田長壽, 1961: 239-241). 『요로즈초호』는 "사회개혁을 표방하는 '이상단(理想團)'의 본성(本城)"[4]

---

3) 니시다 다케토시(西田長寿)에 따르면 "『요로즈초호』에는 고토쿠 슈스이, 사카이 도시히코, 우치무라 간조(内村鑑三), 가와카미 기요시, 시바 데이키치(斯波貞吉), 야마가타 이소오(山県五十雄) 등이 활동했는데, 이상주의 사회주의를 주장해 10여만이 넘는 발행부수를 자랑했으며, 『마이니치신문』에는 기노시타 나오에가 있어 광독(鑛毒)문제에 대한 다나카 쇼조(田中正造)의 운동, 폐창(廢娼)운동을 지지해서 사회민주주의적이었으며, 『니로쿠신문』은 폐창운동, 노동자간친회 등에 인기를 얻었지만, 그것에는 영업정책적 취미가 강하게 느껴질 뿐 무원칙적이었다"고 평가한다(西田長寿, 1958: 2). 1893년 10년 26일 창간된 『니로쿠신문』이 1901년 당시에 『요로즈초호』, 『호지신문』에 이어 발행부수 14만 2,300여 부로 3위였는데, 정론 중심의 다른 신문과 달리 3면을 기사 위주로 면모를 일신해 부수를 늘렸다는 지적으로 보면(広瀬玲子, 1982: 119), 니시다가 『니로쿠신문』을 '영업정책적 취미', '무원칙적'이라고 한 지적을 이와 연관시켜 이해할 수 있을 것이다. 즉 이제까지의 정론 중심의 신문들이 점차 대중들의 기호와 수요에 맞추어 가는 성격적 변화가 이 시기에 일어나고 있었다는 것이다. 그러므로 『요로즈초호』가 처음에는 『니로쿠신문』보다 발행부수가 많았지만, 이후 감소했는데, 이를 타개하기 위한 경영방침의 하나로서 비전론에서 주전론으로 전환한 것이 아닌가 생각된다.

4) 堺利彦(1970), 「社会主義運動史話」, 『堺利彦全集』 6巻, 181쪽.

이었으나, 그 『요로즈초호』조차 사장인 구로이와 루이코(黑岩涙香, 周六)가 세론에 굴복해 주전론으로 돌아서게 된다. 즉 10월 8일의 논설 「전쟁은 피할 수 없는 것인가(戰爭は避く可らざる乎)」에서는, "일체의 고려"를 버리고, "어려움을 향해서 맹진(猛進)하는 한 길뿐"이라는 결론을 내리고 주전론으로 돌아서게 된다. 이에 일찍부터 비전론을 개진해 오던 고토쿠와 사카이는 『요로즈초호』 퇴사의 뜻을 굳히고, 9일에는 우치무라 간조(內村鑑三)도 이에 동조하게 된다.

고토쿠와 사카이 공동 명의로 『요로즈초호』 12월 12일자 신문에 게재한 「퇴사의 글(退社の辭)」에서 그들은 "우리 두 사람은 불행히도 대러시아 문제에 관해서 요로즈초호지(萬朝報紙)와 의견을 달리하기에 이르렀"으며, 자신들이 "평생 사회주의의 견지에서 국제 전쟁을 귀족, 군인 등의 사적 싸움"으로, "국민의 대다수는 그 때문에 희생을 하는 것이라는 것을 오랫동안 본지상에서 보여 주었으나", "우리들의 의견을 관용했던 요로즈초호지도" 결국은 전쟁을 피할 수 없는 것으로 보고 만약 피할 수 없다면 "거국일치로 당국을 돕는 데 맹진"함에 따라, 영원히 침묵으로 그 소신을 말할 수 없다면 "지사(志士)의 사회에 대한 본분과 책임이 결여"된 것으로 느껴 어쩔 수 없이 퇴사하기에 이르렀다고 적고 있다.

요컨대 주전론(또는 개전론)자들에 맞서 자신들의 주장, 즉 '비전론'을 개진할 "지면의 확보"가 되지 않는 것이 퇴사의 가장 큰 동기라는 것이다. 그리하여 그들은 퇴사와 동시에 곧바로 헤이민사를 결성(10월 23일)하고 이어 『헤이민신문』을 창간(11월 15일)한다. 결국 『헤이민신문』 창간의 직접적 계기가 된 것은 '비전론'이라 할 수 있다. 그렇게 하여 이 비전론을 매개로 범(凡)사회주의자들이 '헤이민사'로 결집하게 된다. 곧바로 11월에 이시카와 산시로가 헤이민사 입사를 알리는 글 「나, 헤이민사에 들어오다(予, 平民社に入る)」(3호, 1903. 11. 29)를 싣고, 이듬해 니시카와 고지로가 입사하면서 『헤이민신문』은 사회주의자들로 편집부의 진용을 갖추게 되었다.

이렇게 『헤이민신문』은 '비전론'을 통해 다른 신문과의 차별성을 부각시키는 방식으로 '대립의식'을 드러내고 미디어로서 자신의 존립기반을 부각시키면서, 동시에 비전론을 통해 전쟁 자체를 부추기고 시행하려는 세력, 즉 정부는 물론이고 의회나 소수 대자본가에 대한 '대립의식'을 드러내게 된다. 물론 이들 세력에 대한 공공연한 적의는 사회주의의 비전론 자체가 기대고 있는 인식적 지반이기도 했다.

「퇴사의 글」에서도 밝히고 있듯이 고토쿠의 비전론은 이미 1900년부터 그 맹아를 보이고 있었다. 「비전쟁주의(非戰爭主義)」[5]라는 글이 그 시초인데, 그는 이 글에서 군인들의 고생, 전장지(戰場地) 인민의 불행, 군인 유족의 비참함, 무역과 생산위축으로 인한 빈민 증가 등의 전쟁의 참화를 거론하며 전쟁이 "일반인의 불행과 일반 사회의 손해를 극에 달하게" 한다고 그 폐해를 지적하고 있다.

하지만 본격적인 비전론은 일본 국내의 개전론이 높아지면서부터이다. 러시아가 위화단 사건을 수습하는 과정에서 만주를 기습 점령하고 철군을 요구하는 국제여론을 무시하면서까지 철군 약속을 이행하지 않자 일본의 국내 여론이 악화되었다. 즉 전쟁을 해서라도 러시아를 만주로부터 축출하자는 주전(主戰) 여론이 비등했던 것이다. 이에 대해 고토쿠는 전쟁은 죄악이라는 인도주의적 입장에서 전쟁반대를 주장하기도 하고,[6] 정부의 전쟁을 위한 군비확장 노선에도 반대의 입장을 밝히는 등[7] 전방위적인 전쟁반대의 논의를 펼치게 된다. 개전론의 강도가 점차 높아지면서 고토쿠의 대응 수위도 점차 고조되었는데, 『요로즈초호』를 통해 발표된 「비개전론(非開戰論)」,[8] 「개전론의 유행(開戰論の流行)」[9] 등의 글이 그것이다. 「퇴사의 글」에서 고토쿠와 사카이가 "사회주의의 견지에서 국제전쟁을 귀족, 군인 등의 사적 싸움"으로 보고 지속적으로 이를 비판해 왔다는 것은 이러한 활동을 의미한다. 그런데 여기서 약간 주목해야 할 점이 있는데, 다른 신문들도 마찬

---

5) 『幸德秋水全集』 2, 383-384쪽. 초출은 『萬朝報』 1900년 8월 7일자.

6) 「南阿の講和」(1902. 6. 4), 『幸德秋水全集』 4, 84쪽.

7) 「非海軍擴張」(1902. 10. 31), 『幸德秋水全集』 4, 148-149쪽.

8) 『萬朝報』(1903. 5. 1), 『幸德秋水全集』 4, 265-266쪽.

9) 『萬朝報』(1936. 6. 19), 『幸德秋水全集』 4, 282-284쪽.

가지지만 자신이 기자로 있는 신문의 논설인 경우 대체로 무서명(無署名)이라는 점이다. 그것은 '사설'인 경우는 물론이고, 대체로 이러한 논설 종류의 글들은 기자 개인의 입장으로서만이 아니라 어느 정도 신문이라는 공적 입장에서 취급되고 있음을 의미한다. 따라서 당시의 독자들은 신문의 이름만 보고도 대강의 논지를 짐작할 수 있었으며, 익숙한 독자들은 무서명이라도 그 글을 쓴 사람을 알 수 있었다. 이런 이유 때문에 고토쿠와 사카이가 『요로즈초호』의 방향전환으로 인해 그곳을 떠날 수밖에 없었던 것이고, 동시에 자신들의 입장을 대변해 줄 수 있는 새로운 미디어가 필요했던 것이었다.

결국 『헤이민신문』이 창간됨으로써, 이곳에서 비전론은 집중적으로, 훨씬 다양하게 논의될 수 있었다. 그런데 점차 개전의 위기가 현실화되자, 『헤이민신문』 제10호(1904. 1. 17)에는 비전론 특집이 꾸며지고 비전론의 주장은 자못 비장해진다.

> 우리는 끝까지 전쟁을 인정하지 않는다. 그것은 도덕으로 보자면 가공할 죄악이다. 그것을 정치로 보자면 가공할 해독이다. 그것을 경제로 보자면 가공할 손실이다. 사회의 정의는 그것 때문에 파괴되고, 만민의 복리는 그것 때문에 유린된다. 우리는 절대로 전쟁을 인정하지 않으며 그것의 방지를 위해 절규하지 않을 수 없다.
>
> 오호라, 조야(朝野)가 전쟁 때문에 미치지 않음이 없고, 다수 국민의 눈은 이것 때문에 어두워지고, 다수 국민의 귀는 이것 때문에 멀었을 때, 홀로 전쟁방지를 절규하는 것은 양손으로 강하(江河)를 저지하는 것보다도 어렵다는 것을 우리는 안다. 그래도 우리는 진리와 정의가 명하는 바에 따라 믿는 것을 말하지 않을 수 없고 절규하지 않을 수 없다. 그래서 이번 헤이민신문 10호의 전 지면을 이것에 할애한다. [제10호, 1월 17일 「우리는 끝까지 전쟁을 인정하지 않는다(吾人は飽くまで戦爭を非認す)」](무서명, 고토쿠)

'어디까지나', '끝까지', '절대로' 등으로 번역될 수 있는 '飽くまで'라는 표현이 주는 절박성이 비전론이 처한 현실을 고스란히 전해 준다. 그리하여

"홀로 전쟁방지를 절규하는 것은 양손으로 강하(江河)를 저지하는 것보다 어렵다는 것을 알"면서도 "믿는 것을 말하지 않을 수 없고 절규하지 않을 수 없다"고 하여 전쟁에 열광하는 일본 전체의 분위기에 절망하면서도 "한밤중 당신의 양심에 묻는다"고 하여 자신들이 주장하는 비전론의 정당성을 확인한다. 그리고 다음의 기사에서는 지난 제9호까지 발표되었던 비전론 목록 「비전론에 관한 지난호의 기사(非戰論に關する前諸號の記事)」를 제시하고 있다.

- 「비전론 연설회의 기록」(非戰論演說會の記, 西川・安部・木下 三氏) (제1호)
- 「평화의 복음」(平和の福音, 內村鑑三氏, 文壇演壇) (제1호)
- 「유럽에서의 군인의 횡포」(歐洲に於ける軍人の横暴, 世界之新聞) (제2호)
- 「기묘한 논리」(奇妙なる論理, 一頁短評) (제3호)
- 「망시공이 혀를 차는 말」(亡是公咄咄語, 田岡嶺雲) (제3, 4, 5호)
- 「묵자의 비전주의」(墨子の非戰主義, 住谷天來氏, 文壇演壇) (제3호)
- 「러시아 군대의 혁명사상」(露國軍隊の革命思想, 世界之新聞) (제3호)
- 「프랑스의 군비 축소안」(佛國の軍備縮小案, 世界之新聞) (제4호)
- 「무슨 적개심인가」(何故の敵愾心ぞ, 宮川已作氏, 反響) (제4호)
- 「독일의회 사회당의 활동」(獨逸議會社會黨の活動, 世界之新聞) (제6호)
- 「병역의 고통을 생각함」(兵役の苦痛を思へ, 世界之新聞) (제6호)
- 「병역의 비참」(兵役の悲慘, 冷語熱語) (제6호)
- 「진정한 애국」(眞の愛國, 宮川已作氏, 冷語熱語) (제7호)
- 「독자와 기자」(讀者と記者) (제7호 제1항) (제8호 제4항)
- 「시험삼아 군인에게 묻는다」(試みに軍人に問へ, 冷語熱語) (제8호)
- 「나는 어떻게 사회주의자가 되었는가」(予は如何に社會主義者となりし乎) (제7호 제2항, 黑川幸兵氏衛氏), (제8호 제3항, 半田一郎氏)

이 목록을 통해 확연히 드러나는 것은 우선 비전론이 단순히 '논설'로 분류되는 글로만 '주장'되었던 것은 아니라는 점이다. 특히 주간신문이기 때문에 주로 세계(주로 서구열강)의 사정이나 주장을 소개하는 난이었던 "세계의 신문" 기사를 통해서 많은 반전의 주장이 소개, 제기되었고, 뿐만 아니라 〈문단 연단〉이라는 난은 물론 간단한 문구 소개란이라고 할 수 있는 〈냉어 열어(冷語熱語)〉, 오늘날 짧은 고정칼럼에 해당할 수 있는 다오카 레이운(田岡嶺雲)의 「망시공이 혀를 차는 말」,[10] 심지어 독자와의 소통하는 난이었던 〈독자와 기자(讀者と記者)〉에 이르기까지 다양한 글쓰기 방식으로 제기되었다.

두 번째 특징으로 들 수 있는 것은 비전론의 다양성이다. 필자들의 다양한 이력을 염두에 두더라도 이 점은 분명하지만, 내용상으로도 각 종교가들은 자신들의 종교 사상이나 종파 속의 평화주의를 소개하기도 하고, 묵자와 같이 동양전통 속에서 비전론의 연원을 소개하는 등의 다양한 반전의 주장들이 개진되었던 것이다.

한편 같은 호에 '소일본주의'의 주장을 담은 「소일본이 되어야 한다」(小日本なる哉, 『平民新聞』 제10호)도 게재되어 있다. "헤이민신문 10호의 전 지면"을 비전론에 할애한다는 앞의 인용 글을 염두에 둔다면, 이 글도 어떤 맥락 속에서 제출된 것인지 보다 분명해진다.[11] 즉 이 글의 첫 항목의 소제목이 "군대의 존재의 이유가 없다"이다. 결국 제국주의 비판과 비전론, 또 소일본주의라는 새로운 국가구상은 같은 논리의 연장이면서, 한편으로는 일본의 제국화 과정－대국주의로 달려가는 데 대한 끊임없는 안티테제로 제출된 것이라는 점이 분명해지는 것이다.

다나카 아키라(田中彰, 2002)에 따르면, 소국주의 주장은 메이지유신 직후 이와쿠라사절단(岩倉使節團)을 구미에 파견하여 여러 나라들을 둘러보고 작성한 보고서 『미구회람실기』(米歐回覽實記, 1878)[12]에서부터 장래 일본이 지

10) 다오카 레이운의 이 「亡是公啀啀語」는 제2호부터 제26호까지 14회 게재되었다.

11) 『헤이민신문』 제14호에도 「비전론에 관한 지난호의 기사」가 다시금 제시되고 있는데, 이 글도 비전론 목록으로 들어가 있다.

12) 본래 명칭은 『특명전권대사미구회람실기(特命全權大使米歐回覽實記)』(전100권, 5편 5책)로 구메 구니타케(久米邦武)가 편수하여 1878년(메이지 11)에 간행되었다.

향해야 할 국가상(像)의 하나로서 제시되고, 선택에 대한 고민이 보인다고 지적한다. 이러한 고민은 이후 자유민권기의 우에키 에모리(植木枝盛)나 고토쿠의 스승인 나카에 조민으로 이어지고, 이후 자유민권 '침잠기'에 해당하는 시기에 이르러 고토쿠와 우치무라 간조로, 그리고 다이쇼(大正) 데모크라시 시기의 미우라 데쓰타로(三浦鉄太郎)와 이시바시 단잔(石橋湛山)으로, 그리고 패전 후 제정된 일본국 헌법에 이르기까지 줄곧 소국주의 주장이 제기되었다고 지적한다. 비록 실현되지 않은 주장이었지만 일본의 진로와 관련해서 의미 있는 주장이 『헤이민신문』을 통해 제기되었던 것이다.

전쟁이 일어나기 직전 『헤이민신문』은 〈일본의 신문(日本之新聞)〉란에서 「전쟁의 일(戰爭の事)」이라는 소제목으로 일본 신문들의 정황을 "로이터통신, 베를린전보, 북경전보, 경성전보가 그것을 분석하고 종합하거나 그것을 추측하여, 혹은 화해한다거나 혹은 전쟁이라 하니, 요컨대 주식시장의 등락과 비슷하다. 만약 그것을 상세히 알려고 한다면, 바라건대 수많은 일간 주전(主戰)신문에 묻고, 우리들은 일일이 그것을 기록하는 번거로움을 감당치 못하겠다. 이른바 전시세(戰時稅), 군채(軍債), 그것은 단지 우리들 평민의 피를 짜내는 방법일 뿐"(『헤이민신문』 제12호)이라 했거니와, 전쟁 발발 후에는 더욱 전쟁에 대한 기사가 각 신문마다 넘쳐나고, 기왕에 벌어진 전쟁에 승리하는 것 외엔 관심도 없었다. 따라서 『헤이민신문』의 비전론의 입지는 더욱더 궁지에 몰리고 만다. 물론 『헤이민신문』의 비전론에 대한 다른 신문 잡지의 공격도 끊이지 않았다. 심지어는 "고토쿠와 사카이 일파를 베고 출진하라"(『日本人』 1904. 10)는 글이 실리기도 했다(西田長寿, 1958: 12).

전쟁 발발 후 발행된 제14호의 사설 「전쟁이 도래하다(戰爭來)」에서와 같이 "우리는 전쟁이 이미 시작된 금일 이후에도, 우리의 입이 있고, 우리의 붓이 있고, 지면이 있는 한 전쟁반대를 외칠 수밖에 없"다고 주장하고 있지만, 비전론 주장의 강도나 논의의 폭은 훨씬 줄어들 수밖에 없었다. 그러나 상대적으로 일본의 신문 잡지들은 고양된 군국주의적 내셔널리즘을 발판으로 전쟁을 상품화하여 판매부수를 늘리는 등 결과적으로는 일본의 제국주의화에 적극 동조하게 된다. 이러한 상황을 『헤이민신문』은 「전쟁

과 신문지」(戰爭と新聞紙, 『헤이민신문』 제17호, 1904. 3. 6)를 통해 통렬히 비판하고 있다.

> 조야(朝野)가 미쳤다. 도시와 시골이 미쳤다. 취해서 그 본업을 잊고, 미쳐서 그 임무를 잊고, 쓸데없이 만세를 부르짖느라 분주하고, 대승리를 부르짖으며 춤춘다. (중략-인용자)
>
> 보라. 지금의 각 신문지를 보라. 저들이 과연 "사회의 목탁"이고, 소위 "공익을 위"한 언설인가. 전쟁 개시 이래 저들은 단지 전쟁을 구가(謳歌)하고 러시아를 조매(嘲罵)하고, 군인에게 아첨(阿諛)하고, 헌금을 선동하는 외에 무엇을 하였는가. 저들은 전쟁에 관한 사실을 기록하는 한 가지 일 외에, 그 대부분 본령을 상실하지 않았는가. 저들은 이미 한 개의 신문지가 아니라 『일러전쟁기(日露戰爭記)』, 『러시아 정벌 전쟁신문(征露戰報)』의 일부로 화(化)해 버린 것이 아닌가. 군가(軍歌)가 되지 않았는가. 나팔이 되지 않았는가. 군진의 종(陣鐘), 군진의 큰북(陣鼓)이 되지 않았는가. 그들도 역시 실제로 취하고 미쳤도다.

사실 『헤이민신문』에서 비전론은 그 빈도수에 있어서 러일전쟁이 개시되고 난 뒤에도 현저히 줄거나 하지 않는다. 다만 전쟁이 초래한 일반 평민들의 참화나, 군인이나 군인가족들의 고통, 혹은 전쟁을 수행하기 위한 가혹한 증세 등으로 인한 평민들의 부담 등에 대한 비판을 통해 반전을 주장하는 쪽으로 변화되었다. 예컨대 「전쟁과 쌀값」(戰爭と米價, 제22호), 「전쟁이 만들어 낸 궁민」(戰爭が生める窮民, 제23호) 등과 당국의 고발사건의 빌미가 되었던 「오호 증세」(嗚呼 增稅, 제20호)와 같은 글이 그것이다.

러일전쟁 발발 후의 반전론에서 특별히 주목되는 글은 「러시아 사회당에 주는 글」(與露國社會黨書, 『헤이민신문』 제18호, 1904. 3. 13)이다. 이 글은 러시아 사회당원들에게 "애국주의와 군국주의는 제군들과 우리의 공통된 적"이고, "세계 만국의 사회주의자들의 공통된 적"이라 주장하여, 이를 통해 반전의 국제연대의 계기가 되었다. 러시아는 물론 구미의 사회당계 신문들도 앞 다투어 이 글을 번역 게재했고, 당사자인 러시아 사회당도 기관지 『이스크라(Iskra)』에 답문을 게재했다. 그리고 이 연대의 움직임은 네덜란드 암

스테르담에서 열린 제2인터내셔널 제6회 대회(만국사회당대회)에까지 이어져 반전의 국제연대의 계기가 마련되었다. 제45호에는 가타야마 센이 일본사회당의 대표로서 러시아 대표 플레하노프(Georgii V. Plekhanov)와 악수하고 연설했다는 기사가 「일 · 러시아 사회당의 악수(日露社會黨の握手)」라는 제목으로 소개되고 있다. 이렇게 『헤이민신문』의 국제주의적 성격은 당시의 다른 신문들의 군국적 내셔널리즘 경향과 크게 차별화되고 있다.

『헤이민신문』이 일본의 다른 신문과의 매체로서의 '대립의식'은 오로지 '비전론'으로만 표출된 것은 아니다. 신문의 편집 구성에서도 이는 분명하게 보인다. 물론 이 신문이 주간이었던 관계로 일간신문처럼 자체 기사나 발 빠른 특종기사를 통해 경쟁하는 식의 '경쟁'은 할 수 없었다. 그렇지만 〈일본의 신문(日本の新聞)〉란과 〈문단 연단(文壇 演壇)〉란 등을 통해 다른 신문, 잡지들의 주장을 선별적으로 평가하고 비판하는 방식으로 '대립의식'을 분명히 하였던 것이다. 그 대립의식의 한 가지 중심 내용은 물론 '비전론'이었다. 그리고 그 비전론을 매개로 하여 다양한 경향의 사회주의자들을 결속시켰다.

III. 사회주의 기관지로서의 활동

『헤이민신문』은 창간호의 「선언」에서 헤이민사 동인의 이름으로 인간세상에서 "자유, 평등, 박애가 이른바 3대 요의(要義)"라고 전제하면서, 그것을 위해 '평민주의'와 '사회주의', '평화주의'를 원칙으로 내걸었다. 그리고 고토쿠와 사카이의 명의로 쓴 창간사를 통해 "헤이민신문은 인류동포로 하여금 언젠가는 평민주의, 사회주의, 평화주의 이상에 도달하게 하기 위한 하나의 기관을 제공하기 위해서 창간되었다"(「創刊の序」, 『헤이민신문』 제1호)고 하여 분명하게 사회주의의 기관지임을 천명한다. 고토쿠와 사카이가 『요로즈초호』를 퇴사하고 『헤이민신문』을 창간하게 된 데에는 러일전쟁을 앞두고 비등해진 주전론에 대응해 비전론을 주창하기 위한 미디어의 필요가 결정적

인 요인이었지만, 또한 당시 점차 성장해 가던 사회주의 운동을 하나로 결집시키고 그를 통해 자신들의 사상과 주장을 담아낼 기관지가 필요했던 것이다. 물론 당시에 이미 가타야마 센이 주재하던 잡지 『사카이슈기(社會主義)』가 사회주의 기관지를 표방하고 있었음에도 불구하고 『헤이민신문』을 창간한 것은, 여러 사정을 감안하더라도 '비전론'을 포함하여 자신들의 주장을 대변할 수 있는 '새로운 사회주의 매체'의 확보라는 측면이 매우 중요한 계기였음은 분명하다. 말하자면 "여러 경향의 사회주의자들이 함께" 활동할 수 있고, 자신들의 주장을 선전하고 결집시킬 수 있는 장(場)이 필요했던 것이다.

이전의 사회주의 단체로는 사회주의연구회, 사회주의협회가 있었지만, 본격적인 운동단체라기보다는 사회문제에 관심을 둔 다양한 인물들이 모인 단체였다. 그러다가 1901년 5월 18일 가타야마 센, 아베 이소오, 고토쿠 슈스이, 기노시타 나오에, 니시카와 고지로, 가와카미 기요시 등 6명이 창립 발기인이 되어 사회민주당을 결성했다. 19일 신고하고 20일 금지되었기에 운동조직으로서의 의미는 결여되었다. 그러나 그들이 20일 『요로즈초호』에 발표한 「사회민주당 선언서(社會民主黨宣言書)」는 아베가 집필한 것으로 8개조의 강령, 즉 군비와 계급제도의 완전 철폐, 토지자본의 공유 등과 28개조의 실천 강령, 예컨대 철도 · 전기 · 가스의 공유와 귀족원 폐지, 인민의 직접투표 실시, 군비축소, 치안경찰법 폐지 등으로 이루어졌는데, 가토 데쓰로는 이 메시지가 '제국'일본에 저항하는 또 하나의 일본의 구상을 제시했던 정보전으로서의 의미"가 크다고 지적한다(加藤哲郎, 2006: 108).

그러나 그것이 아무리 정보전의 측면에서 의미를 가진다고 해도 현실적 운동의 기반을 마련하지 못했던 당시의 사회주의자들에게 자신들이 자유롭게 활동할 공간과 자신들의 사상을 선전하고 동조자를 조직하기 위한 기반으로서의 미디어가 필요했을 것이다. 단순한 정보전이 아니라, 제국주의와의 전면전을 치르기 위해서는 보다 강력한 미디어가 조직될 필요가 있었다. 그리하여 곧바로 다음 해 1월 말부터 헤이민사는 사회주의협회의 본부로 사용하게 되었다(제12호, 공고 기사).

『헤이민신문』의 발행 부수는 창간호가 8,000부였으며, 제59호까지 총 발행부수는 약 20여만 부였다.[13] 지면 구성은 크게 기본적으로 논설과 〈일본의 신문〉, 〈세계의 신문(世界之新聞)〉, 〈문단 연단〉, 등으로 이루어졌는데, 문학(시, 소설) 작품이 간혹 들어가기도 하고, 〈동지의 운동(同志の運動)〉이나 〈사회주의 운동 휘보(社會主義運動彙報)〉, 〈동지의 면영(同志の面影)〉 등의 난이 얼마간 지속되기도 하고 누락되기도 하였다. 그 외에 얼마간 고정란처럼 지속되었던 난에는 〈독자와 기자〉, 〈냉어 열어〉가 있었고, 다오카 레이운이 지속적으로 필자로 참여했던 「망시공이 혀를 차는 말」 등도 있었다. 또한 간혹 삽화나, 박스 처리된 공고 기사— 예컨대 제3호의 소설 현상 모집과 같은— 나, 서적광고, 행사 안내 등도 실렸다. 여기서 〈세계의 신문〉과 같은 경우에는 주간신문이라는 한계를 기사 형식으로 제공하여 세계의 변화나 국제사정, 특히 사회주의와 관련된 지식을 축적하는 데 도움을 주고 있다.

고토쿠는 「창간사」를 통해 "지면을 동지와 독자와 공유"한다는 것을 천명하고 있다. 물론 '지면을 공유'한다는 의미가 모호하기는 하지만, 이는 독자의 적극적 참여를 유도하여 동지로 결속시키는 데 유효한 하나의 방법으로 채용된 것이다. 그리하여 독자의 투고나 글쓰기를 권유하는 기사나 공고가 나기도 했다. 「나는 어떻게 사회주의자가 되었는가」라는 난은 제2호에 자신이 어떻게 사회주의자가 되었는지 독자의 생각을 "기탄없이, 수식없이, 있는 그대로" 써서 보내 달라는 광고를 통해 독자의 참여를 유도하고 있다. 이 난은 편집을 담당하는 사람들도 번갈아 참여하여 자신들의 경험을 통해 자연스레 독자들을 사회주의자로 변모시키는 데 도움을 주고자 했던 것 같다. 이 경우 특히 사회주의에 관심을 갖게 된 계기로서 당시 발간된 고토쿠의 『사회주의 신수』나 가타야마 센의 『도시사회주의(都市社會主義)』 등의 저작들이 많이 거론되고 있는데, 이러한 저작 목록들은 다시 헤이민문고의 목록 선택에도 참고가 되었을 것이다.

13) 西川光次郎(1904. 12. 25), 「日本社会主義 1年間の発達」, 『平民新聞』 제59호.

사회주의 기관지로서 『헤이민신문』의 총괄적인 활동에 대해서는 1904년 1년간의 활동을 정리한 니시카와 고지로의 기록 「일본사회주의 1년간의 발달」(제59호)을 참고할 수 있다. 그는 사회주의 활동을 두 부분으로 나누어 설명하고 있다. 즉 "혀를 가지고(舌を以て)" 한 활동과 붓을 가지고(筆を以て) 한 활동이다.

> **"붓을 가지고" 한 활동**—사회주의 확장 격문: 배포 총수 3만 2,000매, 보통선거의 격문은 배포 총수 7,000매, 보통선거 청원용지 배포 총수 3,000매, 헤이민문고 판매 책수는 총 1만 5,270책으로 『사회주의 입문』 2,301책, 『백 년 후의 신사회』 2,598책, 『불기둥(火の柱)』 3,469책, 『소비조합』 1,410책, 『스위스(瑞西)』 1,932책, 『라살』 1,613책, 『토지국유론』 1,116책, 『경제진화론』 831책, 이외에 헤이민사 그림엽서[14] 650장(조)을 판매했으며, 사회주의 서류 위탁판매 그 총 책수는 19종 998책, 『헤이민신문』 일 년간의 판매지수 약 20만 부(제59호).

이 내역을 살펴보면, 『헤이민신문』의 발간은 붓을 가지고 한 활동의 일부분에 해당한다. 그리고 사회주의 선전 격문('삐라')이나, 헤이민문고 등의 서적, 그림엽서 등의 판매도 이 활동에 포함되었다.

헤이민사는 서적 판매에 매우 열심이었다. 『헤이민신문』의 〈신간소개〉란을 통해서 많은 사회주의 관련 서적을 소개하였으며, 신문의 마지막 면(주로 8면)의 광고조차 '서적광고'가 대부분이었다. 특히 제21호에서는 편집자가 따로 〈궤상(机上)수필〉을 통해 앞에 소개된 책들의 출판, 배포 상황이나 내용의 간략한 소개 등을 하고 있다. 또 제42, 43호 등에는 앞에서 소개된 책들이 마지막 면이 아닌 곳에 따로 박스 처리를 하여 광고하고 있다. 또 전도행상이나, 기타 유세 장소에서는 특별판매소(賣捌所)를 마련하여 서적 판매에 공을 들였다. 책 판매에는 헤이민사 운영 자금 확보라는 측면과

14) 마르크스, 엥겔스를 비롯하여 국가사회주의자 라살(Ferdinand Lassalle), 베벨(August Bebel), 톨스토이(Aleksei N. Tolstoi), 크로포트킨의 초상을 화가 히라후쿠 하쿠스이(平福百穗)가 그린 그림엽서(繪葉)를 판매한다는 광고가 제52호에 게재되고 있다.

사상의 전파를 통한 동조자를 확보하기 위한 전략적 측면이 동시에 고려되었다.

또한 "혀를 가지고" 한 활동으로는 대연설회, 다화회(茶話會), 사회주의연구회 등의 집회로 총 집회수 102회, 지방유세 총 유세수 40여 회 등이고, "사회주의 전도의 유효한 한 방법"이라 설명이 된 전도행상도 여러 헤이민사원들이 여러 곳을 다녔다고 적고 있다. 그런데 연설회와 유세의 내용은 대체로 『헤이민신문』에 발표된 내용을 강연 제목으로 삼거나, 반대로 강연 뒤에 『헤이민신문』에 실리기도 한다. 『헤이민신문』에는 거의 매호마다 '대연설회', 혹은 '다화회', '사회주의 연구회 모임', '사회주의 부인강연회'의 모임공고가 빠짐없이 등장한다. 또 모임의 이름도 각양각색이어서, 모임의 성격이나 시기, 장소에 따라 다양한 명칭으로 모임을 가지고 있다. 예컨대 '노동자 관앵회(觀櫻會)', 아시오(足尾)광산 '환등회(幻燈會)', 상담회(제22호) 등의 명칭도 보인다. 이는 사회주의 운동이 일상의 생활과 밀접해진 결과로 볼 수도 있지만, 탄압과 집회금지 등의 경찰의 감시를 피하기 위한 전략일 수도 있다. 예컨대 관앵회의 경우 모임장소가 우에노(上野) 공원이고, "예년과 같이 노동자 간친회(懇親會)를 연다"고 하는 것을 보아 노동자들의 야유회를 겸해 사회주의 연설회를 개최하였던 것으로 생각된다. 이렇게 다양한 이름을 내걸고 개최했던 헤이민사의 연설회나 다화회, 지방유세 등은 단순히 『헤이민신문』의 부수적인 활동이 아니라, 또 하나의 유력한 미디어로 보는 것이 마땅할 것이다. 이는 직접 육성으로 유명인의 연설을 듣고 분위기를 함께 공유하기 때문에 지면의 글을 읽는 것보다 일반 대중에게는 설득력의 측면에서 훨씬 유효한 미디어였을 것이다.

전도행상[15]도 '사회주의를 전도'하면서, 한편으로 사회주의 서적이나 혹

---

15) 전도(傳道)라는 명칭은 기독교사회주의의 영향으로 보인다. 또 제18호에 실린 「行商傳道消息」(小田頼造)에는 전도행상의 모습이 잘 그려져 있다. 그런데 여기서 『헤이민신문』과 서적을 구매한 사람들의 직업이 소개되어 있는데, (소학교사 2, 소상점주 1, 승려 1, 이발인 1, 목사 1, 학생 2, 의사의 서생 1) 이로 미루어 『헤이민신문』의 구독자 계층을 짐작해 볼 수도 있다. 니시다는 사견임을 전제로 독자층이 각지의 각종 사회주의 연구단체 등이 청년층이었음을 전제로, "당시의 인텔

은 『헤이민신문』 등을 판매한 것으로 보인다. 또한 각 지역에 신문판매소를 설치하거나 사회주의 지역조직의 결성 등도 빼놓을 수 없는 활동이었다. 그리고 『헤이민신문』을 통해 이러한 행사를 예고하거나 지난 행사를 보고하는 형식으로, 자신들의 활동을 끊임없이 선전하고 확인하고 있다. 〈사회활동 휘보〉는 이러한 사회주의 운동과 관련된 중요 사건이나 행사, 활동을 정리하여 소개하는 난이었다.

이렇듯 헤이민사와 『헤이민신문』은 신문 매체와 연설 등과 같은 직접적인 대중 접촉을 통하여 사회주의 사상의 보급과 세력 확대를 위해 전력을 기울였다.

IV. 초기 사회주의 운동의 분화와 아나키즘

이렇게 『헤이민신문』은 사회주의 지식의 보급뿐만 아니라 이에 대한 선전 활동과 세력의 결집을 위해 다양한 방식으로 신문이 활용되고 운영되었다. 특히 헤이민사 사원들의 연설회나 담화회, 지방 유세 등의 직접적인 미디어 방식은 『헤이민신문』과 서로 유기적인 방식으로 운영되어 사회주의 세력의 결집과 확산에 지대한 공헌을 하였다. 〈세계의 신문〉 등의 난을 통해서 서구 사회주의 운동의 조류나 국제 정치 상황에 대한 소식은 물론, 사회주의 서적의 판매나 엽서의 판매 등을 통해 사회주의 지식의 보급과 확산에도 큰 성과를 남겼다.

『헤이민신문』은 주간신문으로서의 한계를 극복하기 위해서 끊임없이 일간신문으로의 전환을 모색하였다. 주간신문으로서 다른 거대 신문들과의 경쟁에서는 이미 상대가 될 수 없었기 때문이다. 하지만 이미 헤이민사가 경영상의 곤란에 처했다는 것은 「헤이민사 농성의 기록」(平民社籠城の記, 제

리 청년층을 중심으로" 독자층이 형성되었을 것이라고 추측한다(西田長寿, 1958: 14).

17호)과 「농성 후의 헤이민사」(籠城後の平民社, 제30호), 「헤이민사 유지의 방책」(平民社維持の方策, 제37호) 등의 글에서 분명하게 나타나고 있다. 또 제38호에는 「헤이민사 유지금 모집(平民社維持金募集)」이라는 광고가 첫 페이지를 장식한다. 그러면서도 유지금 이천 엔 모집이 헤이민사의 "쇠망이나 혹은 타락"이 아님을 설명하고 있다. 그리고 '지면의 개량'과 '지방유세'를 계획하여 나름의 침체된 사회주의 운동을 활성화시키려는 시도를 보이고 있으며, 이러한 문제를 해결하기 위해 간담회도 열고, 재정도 공개하고 있다(제17, 30, 37호). 그 후에도 헤이민사 유지금의 모집 상황이나 기부금, 달마다의 금전출납을 투명하게 공개하고 있는데, 이는 여타의 저널리즘과는 그 기반이 완전히 달랐던 탓이 컸다.

그러면 헤이민사와 『헤이민신문』의 이러한 활동에 대한 정부당국의 대응과, 정부의 억압과 탄압에 대처하는 헤이민사와 『헤이민신문』의 대응방식은 무엇인가. 정부는 『헤이민신문』에 실린 글을 문제삼아 편집인이나 발행인, 혹은 필자나 인쇄인 등을 구속하는 것으로 이들 사회주의 세력이 성장하는 것을 방해하려 했다. 우선 정부 당국은 『헤이민신문』 제20호에 실린 고토쿠의 「오호 증세」를 문제 삼아 편집 · 발행인으로 등록되어 있던 사카이를 구속하였다. 이제까지 국내에서의 비판여론이나 사상운동에 대해 비교적 온건한 태도를 보였던 정부 당국은, 점차 전쟁이 교착 상태에 빠지면서 비판여론이 확산될 조짐이 보이자 사상탄압을 강화하기 시작했던 것이다. 이 필화 사건의 전말은 「헤이민신문의 필화」(平民新聞の筆禍, 제21호), 「본사의 피고사건」(本社の被告事件, 제22호), 「본사 피고사건 공판기」(本社被告事件 公判記, 제23호) 등을 통해 곧바로 상세하게 보고된다. 이 글이 저촉된 법조항은 「신문지조례」 제33조로 "제33조는 사회의 질서 또는 풍속을 괴란(壞亂)하는 사항을 기재했을 때 발행인 또는 편집인을 1개월 이상 6개월 이하의 경금고(輕禁錮) 또는 20엔 이상 300엔 이하의 벌금에 처한다"는 것이다. 사카이 도시히코는 이 사건으로 경금고 3개월에 처해져 입옥되었다. 또 제21호에는 "동지 기노시타 나오에 씨의 공판" 안내도 실려 있다. 『마이니치신문』에 실은 글이 문제가 되어 신문지조례 위반으로 법정에 서게 되었다는 내용이다. 탄압의 강도는 점점 심해져서 제30호에는 "사회주의자에 대한 새로운 취체책(取締策)"이 훈령으로 나왔다는 소식을 자세히 전하고 있으며,[16] 또 제52호의 「중지! 중지! 중지!(中止! 中止! 中止!)」는 사회주의 대연설회에 경관들이 연설을 중단시키는 상황을 상세하게 묘사하고 있다. 또 같은 호에 실린 글, 이시카와 산시로의 「소학교사에게 고함(小學教師に告ぐ)」이 앞서의 신문지법에 위반되어 편집자와 발행인인 니시카와 고지로와 고토쿠 슈스이가 구속되었다. 제62호에는 제52호 공소판결이 〈일본의 신문〉에 게재되었는바, 내용은 "조헌문란(朝憲紊亂)"으로 "니시카와와 고토쿠는 각 경금고 5개월, 신문발행 금지, 벌 각 50엔, 인쇄소 국광사(國光社)의 기계 몰수"라는 처분을 받았다. 또 이 사건(제52호 피고 사건)에 대한 2심 판결문은 제63호에 상세히 전재되어 있다.

또한 정부는 다키노가와(瀧野川) 원유회 금지 사건과 같이 집회를 봉쇄하거나 모임에 경찰을 입회시켜 사회주의자들에 대한 감시와 집회 활동을 제한했다. 다키노가와의 원유회 금지 사건에 대해서 사회주의자들은 「원유회 금지의 기록(園遊會禁止の記)」을 써서 보고하는 형식으로 정부의 부당한 탄압의 현실을 고발하고 있다. 니시카와와 고토쿠, 사카이, 이시카와가 차례로 이에 대한 감상을 써서 『헤이민신문』 제54호에 실었던 것이다. 『헤이민신문』 후반부는 정부당국의 탄압과 이러한 탄압에 대한 『헤이민신문』의 상세한 경과 보고로 점철되어 있다. 제54호에 실린 「사회주의협회의 결사를 금지시킨다(社會主義協會結社を禁止さる)」도 이러한 탄압의 상황을 잘 보여 주는 글이다. 또 제53호에는 최초로 일본어로 번역된 「공산당 선언」이 실렸는데, 정부는 곧바로 발매 반포 금지 처분으로 대응했다. 이러한 일련의 탄압 사건에 헤이민사와 『헤이민신문』은 「본사 피고사건 공판기」(本社被告事件公判記, 제54호)에서 보듯, 발단이 된 글의 내용은 물론 적용 법조항, 검사의 논고와 판결 등을 자세히 소개하고 논평하고 있다. 이러한 탄압의 사례와 내용을 『헤이민신문』에 자세하게 소개하는 것은 일차적으로

16) 「정부에 충고한다(政府に忠告す)」 제30호.

정부의 정책에 반대하는 자신들의 입장을 변호하기 위한 목적이었을 것이다. 더불어 그러한 탄압 과정을 자세히 소개함으로써 자신들의 도덕적 입지와 존립기반을 확인하고 널리 선전하고자 하는 것도 매우 중요한 목적이었을 것이다.

결국 주간 『헤이민신문』은 벌금과 인쇄기계 압수, 발매금지 등 "정부의 가혹한 탄압"에 의해 폐간되었다. 1905년 1월 29일 64호를 마지막으로 1년 2개월에 걸친 활동을 접고 「폐간선언」이 고토쿠에 의해 쓰여진다. 마르크스의 『신 라인신문』의 전례에 따라, 「폐간선언」은 붉은 글씨로 인쇄되었다. 이 평민신문의 폐간으로 사회주의자에 의한 반전 운동은 사실상 막이 내렸지만, 그렇다고 『헤이민신문』의 성과도 함께 소멸된 것은 아니다. 폐간의 직접적인 동기는 이렇듯 『헤이민신문』에 대한 정부의 탄압이지만, 앞서 살펴본 바와 같이 헤이민사의 만성적인 재정적자도 한 원인이 되었을 것이다. 이어서 헤이민사노 1905년 10월 9일 '비상한 해산식'을 하고 말았다. 그런데 『헤이민신문』 창간의 주역인 사카이는 헤이민사 해산의 이유를 이러한 정부의 탄압과 재정의 궁핍 외에, 내부의 불협화를 들고 있어 흥미롭다.[17]

『헤이민신문』은 폐간에 앞서 「본지 폐간에 관한 주의(本紙廢刊に就ての注意)」라는 글을 통해 신문의 폐간을 미리 알리면서, 일본 사회주의 기관지는 "『사카이슈기』, 『헤이민신문』 및 『조쿠겐(直言)』"으로, 그중에 "『사카이슈기』는 금년 1월부터 『도베이잡지(渡米雜誌)』로 이름이 바뀌고", 『헤이민신문』은 여기의 시말(始末) 그대로이며, 그리하여 남아 있는 유일한 『조쿠겐』은 커다란 "중앙기관지의 임무를 다하기 위해 이번에 지폭(紙幅)을 확대하고 발행 횟수를 늘려 2월 5일에 제2권 1호를 내니 이후 매주 일요일 발행한다"고 예고하고 있다. 『헤이민신문』 폐간 다음 주 일요일에 '2권 1호'를 낸다고 광고를 하는 것은, 사실상 『조쿠겐』이 이후부터 『헤이민신문』의 후속지로 발간될 것임을 예고하는 것이다. 『조쿠겐』은 사회개량을 지향했던 월간

17) 堺利彦(1970), 「社会主義運動小史」, 『堺利彦全集』 6卷, 328쪽.

신문이었으나, 『헤이민신문』의 폐간으로 지형을 바꾸고 지면구성이나 분량도 『헤이민신문』과 거의 동형으로 만들었다. 참여한 사람들도 이시카와, 기노시타, 니시카와, 야마구치 요시조(山口義三) 등 거의가 『헤이민신문』에서 활동하던 주력 필진이었다. 그렇지만 헤이민사 해산 후 이시카와는 기노시타가 주필로 있는 기독교 사회주의 성향의 월간잡지 『신키겐(新紀元)』을 발행하고, 니시카와와 야마구치는 『조쿠겐』의 뒤를 잇는 반월간 『히카리(光)』를 간행하면서 서로의 입장차를 노정하게 된다.

여기에 『헤이민신문』의 폐간과 관련된 사건으로 사카이와 고토쿠는 2월 28일부터 감옥에 들어가 6개월을 복역했다. 그 과정에서 고토쿠는 의회주의에 대한 회의와 크로포트킨의 저서를 접하면서 스스로 이 감옥의 경험이 "실은 제가 '마르크스주의자'로 감옥에 들어가 '급진적 무정부주의자'로 돌아왔"다고 고백하고 있다.[18] 사실 『헤이민신문』은 단순히 동일한 이념으로 사회주의자들을 결집시켰다기보다는 비전론을 통해 '반제국주의' 연합전선을 형성하여 범사회주의 세력의 확산에 노력하면서도, 한편으로는 내부적으로 운동 방향의 모색과정에서 서로의 입장 차이를 확인하면서 분화의 계기를 마련했던 것으로 보인다. 『헤이민신문』 폐간 이후 초기 사회주의 노선의 분화는 이러한 상황을 대변해 준다.

'프랑스계 자유민권파'의 거두였던 나카에 조민의 제자이면서 '자유당 좌파' 사회주의자로 출발한 고토쿠 슈스이는 처음 독일 사회민주주의의 영향을 많이 받았다. 그런 고토쿠가 감옥에서 나온 후 요양을 겸하여 미국에 건너가 샌프란시스코에서 무정부주의자 앨버트 존슨(Albert Johnson)과 친교를 맺고, 또 샌프란시스코 대지진 과정에서 보여 준 노동자들의 "무정부 공산주의의 실현"의 경험을 통해 더욱 철저한 무정부주의자로 변신하였던 것이다.[19]

---

18) 幸德秋水, 「明治三十八年八月十日付 アルバート・ジョンソン宛書簡」, 『幸德秋水全集』 4, 252쪽.

19) 堺利彦(1970), 「日本社会主義運動における無政府主義の役割」, 『堺利彦全集』 6巻, 284쪽.

그가 일본으로 돌아와 발표한 「나의 사상적 변화」(余が思想の變化, 일간『헤이민신문』 1907. 2. 5)는 그렇지 않아도 약간의 의견 차이를 보이고 대립하던 사회주의 진영에 강한 충격과 함께 분화를 가속화시켰다.

> 나는 정직하게 고백한다. "저 보통선거나 의회 정책으로 진정 사회주의 혁명을 이룬다는 말은 도저히 성립되지 않는다, 사회주의의 목적을 달성하려면 일치단결하는 노동자의 직접 행동(다이렉트 액션) 외에는" 나의 현재 사상은 실로 이와 같은 것이다(「余が思想の變化」, 日刊『平民新聞』 제16호, 1907. 1).

고토쿠는 이 글에서 지면의 대부분을 할애해 의회주의제도를 비판하고 있다. 즉 의회를 통한 개혁 불가능성이 이 글의 핵심인 것이다. 고토쿠의 사상 변화에 있어서 현실 정당정치에 대한 실망이 사회주의 수용의 계기가 되었다면, 의회정치제도에 대한 근원적 회의가 아나키즘 수용의 큰 계기였음을 이 글을 통해서 확인할 수 있다.

이 글이 발표된 직후인 2월 17일 개최된 일본사회당의 제2회 대회에서 다조에 데쓰지(田添鉄二)를 대표로 하는 의회정책파와 고토쿠 슈스이 등의 직접행동파는 평의원 제출의 제출의 결의안을 둘러싸고 충돌하여 다조에, 가타야마, 니시카와 등의 '연파(軟派)'와 고토쿠, 사카이, 야마카와 히토시(山川均), 오스기, 아라하타 간손(荒畑寒村, 勝三) 등의 '경파(硬派)'로 나뉘어 대립하게 된다. 물론 이러한 분화가 일본 사회주의 운동의 시말은 아니다. 오히려 대역사건(大逆事件)을 거치고 이후 사회주의의 겨울시대(冬の時代)를 거치면서, 사회주의 운동은 본격적인 노동운동과 결합하거나 또 다양한 이론과 사상을 접합시키면서 자신들의 운동논리와 사상적 특징을 구성해 갔던 것이다.

제국일본의 낭만적 민족주의

— 일본낭만파(1934~1945) —

조관자

1990년대 이래 탈식민주의 문화연구와 최근의 트랜스내셔널 역사연구에서는 식민지와 제국의 사이를 교통(交通)하고, 그 사이에서 교착(交錯)하는 동시대의 '지식'의 생태에 주목해 왔다. 이때 식민지/제국의 지(知)는 근대세계의 불균등한 관계성과 적대적인 상호의존성 속에서 끊임없이 변화하는 '권력=힘'으로 나타난다. 그것은 '이식과 역류' 및 '모방과 저항'이라는 모순되고 혼잡한 교류 속에 얽혀 있다.[1] 제국과 식민지의 국민주의·민족주의는 특수성과 보편성을 표방하는 소리와 입장의 차이가 있다 하더라도 상호교착하면서 연쇄한다.

동아시아 차원에서 민족주의는 문화권력을 구성하고 창출하는 주요한

1) 탈식민주의적 관점을 채용한 제국일본의 문화·역사 연구에 관한 논의에는 小森陽一ほか編(2002), 岩波講座「近代日本の文化史」(全一〇巻·別巻 岩波書店) 시리즈가 있다. 탈식민주의 문화이론에 대해서는 호미 바바(2003) 및 姜尙中編(2001)을 참조.

사상이자 집단적 감정 운동으로 작용한다. 이 글에서는 민족주의의 동아시아적 연환 속에서 일본낭만파의 존재를 재고하는 작업을 시도하였다. 먼저 만주사변(1931) 이후에 탄생한 제국일본의 일본낭만파에 대해서 고찰하였다. 그리고 그것이 동시대 조선의 '향토문학', '고전부흥', '조선학' 운동과 관계 맺는 현상을 고찰하였다. 일본낭만파는 1930년대 식민지/제국일본의 지역질서 재편과정에서 태동한 것으로, 사상 및 문화의 주체화를 시도하는 담론이었다. 이 글에서는 일본낭만파 동인들의 문제의식을 드러내고, 그들의 담론이 제국의 범주에서 일종의 지식으로서 체계화되고 시대를 관통하는 사상운동으로서 추동되어 가는 과정을 밝히고자 한다.

I. 전향의 시대, 일본낭만파의 탄생

서구의 문예사조인 낭만주의가 일본에 유입된 것은 청일전쟁을 거치면서 자유민권보다는 공리주의와 국권의 가치가 상승하던 1890년대이다.[2] 전승한 장군과 병사들을 노래하는 군가나 창가에서도 영웅적 낭만성이 부각되었다. 하지만 군비확장이 가속화된 러일전쟁 시기에는 유럽의 낭만주의 사조 및 휴머니즘에 영향받은 작가들이 전쟁 기피의 감성이나 서정을 펼쳐 보였다. 요사노 아키코(与謝野晶子)의 『그대여 죽지 말지어다(君死にたまふことなかれ)』는 그 대표적 예이다. 문학이 기본적으로 정서의 표출 양식인 만큼, 개성과 본능에 입각한 낭만주의 미학은 근대화의 그늘과 불안의식을 묘사하는 자연주의 및 관념소설 등과 경쟁하면서 생명력을 유지하였다. 그러나 1920년대 중반부터 노동계급의 당파성에 복무하는 문예의 정치운동이 우위를 점하면서, 낭만주의는 개인주의와 예술지상주의로 낙인찍히게 되었다.[3]

2) 문예잡지 『文学界』(1893. 1~1898. 1)와 『明星』(1900. 4~1908. 11)은 낭만주의 문학의 근거지였다.

3) 유럽에서도 낭만주의는 18세기 중엽부터 계몽주의적 이성에 대한 반발이나, 나폴레

역사의 진보에 역행하는 '반동'으로 전락했던 '낭만'이 새롭게 주목된 것은 1934년 말 야스다 요주로(保田与重郎)가 「〈일본낭만파〉 광고」를 발표하면서부터였다.[4] 이 광고문은 '평속저회(平俗低徊)의 문학이 유행하고 있다'는 현실 고발에서 시작한다. 일본낭만파는 예술의 대중적 통속화, 예술의 기술화, 정신의 물신화와 같은 근대적 징표를 비판하면서 탄생한다. 그들은 또한 마르크스주의 문예운동에 대해서도 냉소적 태도를 취했다. "예술인의 근성을 옹호하는 진보적 영위"를 "진보의 이름"에 기댄 채 방기해 왔다는 것이다. "서양의 문물은 넘치듯이 이입되어 순식간에 지식화되고 있지만, 마침내 그것이 예술화된 사례를 손꼽아 보자니 탄식만 나온다"는 것이다.[5]

이 무렵 일본은 만주국 철수를 권고하는 국제연맹에 탈퇴를 선언(1933. 3)하고 강압적인 국민통합을 추진하였고, 지식인들의 전향은 이미 시작되고 있었다. 일본 공산당 간부는 감옥에서 전향(1933. 6)을 선언하면서, 천황제 타도를 지시한 소련의 지도를 부정하고 일본의 실정에 맞는 사회주의대국을 아시아의 피압박 민족과 더불어 건설한다는 혁명노선을 발표하였다.[6]

문학계의 전향은 보다 빨랐다. 1932년 감옥에서 출옥한 하야시 후사오(林房雄)가 급진적 정치투쟁을 멈추고 '정치'에서 '문학'으로 방향을 전환하고 작가의 창조적 임무에 힘쓴다는 취지의 글들을 발표하였다.[7] 창작을 우선하면서 1933년 동인잡지 『문학계(文學界)』가 창간되었다. 초창기 이 동인지

옹의 제1제정에 저항하는 성격을 띠며 문예살롱이나 서클을 통해 성장하였으며, 1850년대 발자크(Honoré de Balzac)의 리얼리즘 문학이 각광을 받으면서 퇴조했다.

4) 야스다 요주로가 『コギト』 1934년 11월호에 발표했다. 『コギト』는 야스다의 오사카 고교 동창들의 동인 잡지이다.

5) 保田与重郎(1957), 「「日本浪曼派」広告」, 平野謙・小田切秀雄・山本健吉編, 『現代日本文学論争史, 中巻』, 未来社, 459쪽.

6) 佐野学・鍋山貞親, 『共同被告同志に告ぐる書』, 法政大学大原社会問題研究所_協調会史料 第2集. http://oohara.mt.tama.hosei.ac.jp/kyochokai2/r052/index.html

7) 林房雄, 「作家のために」(『東京朝日新聞』 32. 5), 「文学のために」(『改造』 32. 7), 「作家として」(『新潮』 32. 9).

에는 다양한 사상과 개성들이 합류했다. 프롤레타리아 작가로서 3년 뒤에 '인민문고'를 창간한 다케다 린타로(武田麟太郎), 전향의 선두주자로 결국 민족문학의 간판 논객이 된 하야시 후사오, 감각적인 순수소설을 추구하여 노벨상 수상 작가가 된 가와바타 야스나리(川端康成), 부르주아 문학자로 불리던 고바야시 히데오(小林秀雄)가 모인 것이다.

1934년 2월에는 나르프(NALP, 일본프롤레타리아작가동맹)도 당국의 전면적 탄압 속에서 스스로 해산을 선언하였다. 이들 전향 작가들은 대체로 두 부류의 행로를 걷는다. 하나는 사회주의 실현의 기회의 땅인 만주국 건설에 참여하거나, 광범한 계층을 포괄하는 '인민전선'을 형성하고 사회주의 리얼리즘의 대중화에 기여하려는 경우이다. 또 하나는 사회주의 사상 자체를 청산하고서 공동체적 이상을 추구하는 민족주의 문학으로 전신하는 경우이다. 1934년 당시의 전향론은 마르크스주의의 도식적 수용을 부정했다. 하지만 근대 일본 사회를 파악하는 과학적 방법론이자, 사회문제의 해결책을 제시하는 사상으로서 마르크시즘의 권위가 부정된 것은 아니다. 전향 지식인들 사이에서는 오히려 그 주체적 수용의 현실적 가능성이 과제로 제기된 경우가 많았다.

일본낭만파는 계급문학이나 모더니즘이 아닌 고전부흥을 예술의 본도로 선언하고, 1935년 3월 동인 잡지 『일본낭만파』(日本浪曼派, 1935년 3월호~1938년 8월호)를 발행한 문인그룹을 지칭한다.[8] 전후 일본의 평론계에서는 일본낭만파에 동조한 주변 문인 및 그들의 문학이념까지 포괄하여 일본낭만파로 접근하기도 한다. 창간멤버는 6명으로 잡지주간을 담당한 평론가 야스다 요주로를 중심으로, 평론가 가메이 가쓰이치로(亀井勝一郎), 나카지마 에이지로(中島栄次郎), 시인 진보 고타로(神保光太郎), 소설가 나카타니 다카오(中谷孝雄), 오가타 다카시(緒方隆士)가 활동했다. 요절한 오가타를 제외하고 이들은 중산층 출신에 도쿄제국대학과 교토제국대학 등을 나온 문학도들이었다.

8) 자료는 復刻版 『日本浪曼派』(雄松堂出版, 2007)를 참조. 전전의 일본낭만파에 대한 문헌 일람은 『日本浪曼派とはなにか 復刻版「日本浪曼派」別冊』(151-154쪽)을 참조.

도쿄제국대학 미학과를 졸업한 야스다는 독일낭만파의 사상과 방법을 적극적으로 모방하여 일본낭만파를 이끌었다. 나라(奈良) 출신인 그는 오사카고교 재학 시절부터 동인지 『コギト(cogito)』에 고전에 관한 평론을 발표하면서, 유럽적 교양에 길들여진 동인들을 자극하고 안내했다. 그의 주변 인맥에는 낭만적 서정을 대표하는 사토 하루오(佐藤春夫), 탐미주의작가 미시마 유키오(三島由起夫), 아시아의 민족주의를 지지한 사상가 다케우치 요시미(竹內好) 등이 있었다.

한편 홋카이도(北海道) 출신으로 역시 미학과에 입학한 가메이는 도쿄제국대학의 마르크스주의 조직인 신인회(新人會, 1918~1929) 활동으로 2년 반의 수감생활을 보냈다. 그는 결핵에 걸려 죽음에 대한 공포감 때문에 '정치활동을 단념한다'는 전향에 서명하고서 자유의 몸이 되었다. 문학자로서의 방향전환을 모색하던 그는 야스다를 만난 후 구도자의 혁명적 자세로 고전을 탐구하고 근대문명을 비판하기 시작했다. 가메이는 일본낭만파 해체 이후에 하야시 후사오, 고바야시 히데오, 가와카미 데쓰타로(河上徹太郎)와 더불어 『문학계』 동인으로 활동하면서, 좌담회 '근대의 초극'을 주최한 한 사람이다.

창간 무렵 일본낭만파의 동인들은 저널리즘 무대에서 아직 자립적 생계를 꾸리지 못한 30세 전후의 청년들이었다. 그렇지만 제3호부터 다자이 오사무(太宰治) 등 16명이 더 참가했고, 1937년에는 문단 주류의 평론가인 하야시 후사오와 중견시인 사토 하루오가 참여하는 등, 이미 '대일본낭만파'로 성장해 있었다. 『일본낭만파』 1937년 1월호 편집후기에서 가메이는 '일본낭만파의 문화적 지도역량'을 확신하면서 '대일본낭만파의 미래'를 기대하고 있다. 1938년 8월의 폐간 무렵에는 50여 명의 동인이 활동하고 있었다.

II. 일본낭만파와 1930년대 제국일본

1930년대에는 세계 대공황 이후 식민지와 종속국을 잇는 시장 질서가 형성되는 가운데, 새로운 국가(제국)간 경쟁 체제가 모습을 드러내면서 지역 질서가 재편되고 있었다. 유럽에서는 독일과 이탈리아가 파시즘 체제를 형성하고 선진자본국 진영에 도전하고 있었다. 동아시아에서는 일본이 만주국을 동아시아 민족들의 정치적 협화와 블록경제를 구축하는 근거지로 구상하면서 동아시아 제국으로의 팽창을 향해 내닫고 있었다. 이렇게 식민지와 제국을 둘러싼 세계체제가 재편되는 과정에서 사상 문화 운동의 변화도 수반되었다.

1930년대 일본에서는 근대화의 과정에서 유입되고 배태된 사상문화의 주체화 및 대중화의 문제가 새롭게 제기되었다. 일찍이 1920년대에 일본은 공업과 도시 중심의 산업구조로 변화하고 서양문화를 소비하는 대중문화가 발전하였다. 그러나 동시에 근대화를 서양화로 간주하고 아메리카니제이션을 비판하는 문제의식도 힘을 얻기 시작했다. 1920년대 말에는 마르크스주의에 입각한 급진적 정치투쟁이 전개되었다. 그러나 그 과정에서 운동과 대중, 이론과 현실 사이에 괴리가 벌어지고 정치적 탄압을 감내해야 했다. 이렇게 노정된 문제들에 대한 반작용으로 30년대부터 유럽문화의 수용과 마르크스주의의 도식적 적용을 비판하고 민족적, 아시아적 특수성을 인식하는 경향이 강해진 것이다.

초기의 일본낭만파는 자유주의와 사회주의를 불문하고 '근대적 진보'를 신앙하는 시대의 '속된 유행'에 맞서서, 고전을 사랑하고 모방하는 '청년의 문학'을 창조하노라고 선언했다.[9] 그들은 현실에 적극적으로 개입하는 정치성과는 거리가 먼 복고적 취향을 보였다. 이리하여 『문학계』 동인의 순수 문학주의 및 『일본낭만파』 동인의 고전적 민족주의는 '정치의 우위성'을

9) 保田与重郎, 「日本浪漫派のために」, 『保田与重郎』, 448-449쪽; 「創刊之辭」, 『日本浪漫派』 創刊号, 92쪽.

인정하는 마르크스주의와의 대립을 피해 갈 수 없게 되었다.[10)]

일본낭만파가 출현한 동시기에, 1935년 제7회 코민테른 세계대회에서는 파시즘과 제국주의의 전쟁에 반대하는 '반파시즘 통일전선'이 채택되었다. 그리고 같은 해에 열린 문화옹호 국제작가대회에서는 문화유산의 섭취와 계승의 문제를 주요 의제로 다루었다. 일본에서도 이에 호응하여 인민문고(『人民文庫』 1936년 3월)가 창간되어 반파시즘 문학의 대중화를 지향했다. 또한 운동체로서 '인민전선'을 결성하는 움직임이 있었지만, 1937년 마르크스주의 지식인들이 대량 검거되는 '인민전선 사건'으로 반파시즘 문화운동은 실질적으로 좌절된다. 1938년 1월에는 인민문고가 폐간되고, 그 동인들도 신체제의 국민문학 운동을 주도하는 모습을 보인다.

중일전쟁 발발 이후, '인민문고'와 같은 사회주의 계열의 인민전선 운동 및 '일본낭만파'와 같은 민족주의 문화운동의 주류는 점차 전시기 국가체제에 흡입되어, 제국의 문화권력을 생산하고 집행하는 주체(에이전트)로 활약했다.[11)] 이때 전향 작가들의 사상적 차이는 천황제 일본주의 및 마르크스주의에 대한 심정적 거리의 차이에서 분명히 나타났다. 그러나 누구도 제국의 문화통합과 동원논리로부터 자유롭지는 않았다.[12)]

1938년 재정문제로 잡지를 폐간하면서 동인도 해체하였으나, 패전에 이르기까지 일본낭만파의 명성과 영향력은 지속되었다. 동인들의 작풍은 각

10) 논쟁의 구체적 자료는 『現代日本文学論争史 中巻』, 458-527쪽 참조.

11) 이들은 근대자본주의 비판을 통해 제국일본의 아시아 신질서 구축을 명분으로 세운 전쟁에 협력하게 된다. 이에 대해서는 조관자(2010: 38-40) 참조.

12) 이상 일본의 문예부흥 운동 및 신체제 국민문학론에 대해서는 高見順(1958)을 참조. 그는 일본낭만파도 인민문고와 마찬가지로 "전향이란 한 뿌리에서 나온 두 갈래 가지"였으나, 당시에 그 주장의 정당한 부분을 보지 않았다고 반성한다. 그들을 반동시한 것은 잘못이 아니었지만, "미에 대한 반성" 즉 그들이 일본문학에 "건전한 윤리의식"을 요구한 것을 보지 못했다는 말이다[「倫理的意識の日本的歪曲」, 『世界』 1951年6月号; 『日本文学研究資料叢書 日本浪曼派』(有精堂, 1977), 14쪽]. 윤리의식이 무엇을 지시하는지 부연 설명이 없다. 하지만 이 발언은 프롤레타리아 문예운동의 외부를 문예지상주의로 규정한 채, 좌익진영 내부에서 '윤리'를 독점한 사실을 인정하는 셈이다.

양각색으로 문학의 정치성이나 정치운동을 직접적으로 옹호하는 작가는 없었다. 그러나 프롤레타리아 문예운동이 쇠퇴한 가운데 그 사상과 정서는 당대의 문화매체를 통해 제국일본으로 전파되었고 청년층의 심성에 파고들었다. 그 영향력은 조선과 만주에도 미치고 있었다.

1935년 1월 내내 조선일보 학예란에는 「조선문학상의 복고사상 검토」 등, 고전부흥의 필연성과 탐구의 의의를 밝히는 기사들이 연재되었다(김윤식, 1999: 323-324). 이후 민족문화의 혈통과 운율을 구가하는 일본낭만파의 이념과 태도는 조선과 만주를 포괄하는 제국의 영역에서 문화운동의 주류를 형성하였다.[13] 그리고 1945년 이후에도 일본낭만파는 민족주의를 대변하는 상징으로서 표상되어 왔다. 특히 1950년대에는 동아시아 민족주의와 공명하는 일본의 사상운동으로서 기억되었다.[14]

III. '낭만적 이로니'와 일본적인 것

1932년 NALP에 소속되어 전향문학자로서의 주체성을 모색하던 가메이는 NALP의 해체(1934. 2) 직후 '전형기(轉形期)의 문학'을 논하였다.[15] 그 특징은 일본문학의 이중역할에 있다. 일본의 프롤레타리아 문학이 부르주아 혁명과 부르주아 문학의 르네상스까지 동시에 수행한다는 것이다. 이는 강좌파 마르크스주의자들의 2단계 혁명론(부르주아 민주주의혁명을 거쳐 프롤레타리아 사회주의혁명으로 이행)에 입각하면서도, 급진적 정치투쟁을 멈추고 대중적 문화창조에 주력한다는 전향의 논리이다.

---

13) 일본낭만파의 동인인 기타무라 겐지로(北村謙次郎)는 1937년 12월 만주로 이주하여 38년 10월 잡지 『滿洲浪曼』을 창간하였다. 1941년 5월에 제7집까지 간행된 이 잡지는 1942년 4권의 문고본 『滿洲浪曼叢書』로 간행되기까지 新京(중국 장춘)을 중심으로 한 '만주 르네상스'의 문예 기반을 확립했다(呂元明, 2003: 6-7).

14) 다케우치 요시미와 야스다 요주로의 담론이 주목된다. 이에 대해서는 조관자(2010)를 참조.

15) 亀井勝一郎(1934), 「転形期の文学」, 『現代日本文学大系』 61巻(筑摩書房, 1970), 109쪽.

'평속저회(平俗低徊)'를 부정하고 '시 정신'의 고양을 외치는 야스다의 격정적 문체와, 가메이의 유연한 혁명론은 당대의 침체한 분위기를 딛고 '혁명적 낭만주의'를 기대하게 만들었다. 그러나 화려하게 등장한 그들은 불기고답(不覊高踏)의 고전정신을 노래하였다. 더 이상 고향을 상실한 근대인 속에서 배회하지 않고 고향-야마토(大和)에 회귀하겠다는 것이다.[16)]

그들은 동서문화의 고전을 모두 존중하고 모방하는 청년의 문학을 추구하였다.[17)] 배타적 국수주의와 거리를 둔 만큼, 일본낭만파 잡지의 속표지는 경주 사천왕사지에서 출토된 기왓장의 봉황문양이 장식하고 있다. 이같은 복고적 예술론은 진보주의와 리얼리즘에 위배되는 '반동'으로 공격받았고 프롤레타리아 문학운동 그룹과의 갈등의 골은 깊어 갔다. 프롤레타리아 문예운동 진영에서는 일본낭만파와 그 시정신에 대항하여 산문정신을 제기하고, 다케다 린타로가 주간이 되어 인민문고를 창간하였다.

야스다는 유물변증법과 리얼리즘에 대항하여 독일낭만파의 이로니(아이러니, 반어)를 새로운 방법론으로 제시하였다. 이로니는 '사실'의 고착적 권위화에 맞서서 '거짓'(미적 허구)이 더없이 순수함에 이르는 가능성, 근대적 진보에 맞서서 미의 종말을 감지하는 '낭만적 반항'의 정신이라고 야스다는 역설한다.[18)] 그 때문에 일본낭만파는 예술지상주의, 데카당스, 복고주의의 문예사조로 분류된다.

한편 야스다의 고전론은 와쓰지 데쓰로(和辻哲郎)처럼 고대 그리스 로마의 미의식과 인문주의의 관점에서 일본의 고전을 해석하고 국민적 전통을 발견하는 강단적 교양주의에 대해서 비판적이었다.[19)] 일본적인 것의 순수

---

16) 고향상실은 고바야시 히데오(1933)의 「故郷喪失者の文学」에서 부각시킨 문학계의 화두였다. 전후의 가메이는 당시 젊은이들이 갖고 있던 유럽문화에 대한 동경과 콤플렉스, 일본의 고전에 대한 공백 속에 일본낭만파의 움직임이 파고들었다고 회고한다(亀井勝一郎, 『現代史の中のひとり』, 文藝春秋新社, 47쪽).

17) 「日本浪漫派のために」, 『保田与重郎全集』 第2巻, 448-449쪽.

18) 「後退する意識過剰 ―「日本浪漫派」について」, 『コギト』 第32号(1935年1月), 『保田与重郎全集』 第2巻, 431-432쪽.

19) 마르크스와 교류했던 낭만파시인 하이네(Heinrich Heine)가 밝혔듯이, 독일낭만파

한 형식과 내용을 탐구하는 일본낭만파는 또한 일본주의의 관료적 매너리즘과, 정치적 슬로건이 된 일본정신의 세속적 유행을 철저히 거부했다.[20] 하시카와 분조(橋川文三)는 이러한 일본낭만파의 사상과 태도를 모토오리 노리나가(本居宣長)의 국학과 독일낭만파의 이로니와 혁명적 마르크스주의의 결합으로 설명한다.[21]

『일본낭만파』 1937년 8월호에 좌담회 '낭만파의 장래'가 실렸다. 야스다 야 가메이는 '정신의 혈통'을 분명히 하는 '정신사'를 확립한 것이야말로 일본낭만파의 업적이라고 말한다.[22] 일본의 문학전통을 순수히 일본적인 것의 계보(純美純理)로서 재구성한 것이다.[23] 이 혈통은 헤이안(平安) 말기에 가마쿠라막부(鎌倉幕府)에 패배한 천황 고토바인(後鳥羽院)의 '패배의 문학'에서, 무로마치(室町)시대 하이카이(俳諧)의 성인 바쇼(松尾芭蕉)의 '바람의 문학'을 거쳐, 일본적 미의식을 표현하였다는 평가 속에 훗날 노벨상 작가로 떠오른 가와바타 야스나리로 이어진다. 이들에게 고전은 '고대 대중의 실증물' 즉 생활의 증거이며, 대중은 '정신의 당파'로 간주된다. 따라서 고전을 현대의 대중에 이어 주는 다리를 놓는 것이야말로 '낭만파의 장래'를 약속하는 과제이면서 진정한 리얼리즘과 진보정신의 구현이라는 것이다.[24]

이러한 문학전통의 심미적 계보화 및 대중화 운동은 마르크스주의 문예운동뿐 아니라 당시 아카데미즘의 문학사 서술(藤村作, 1932), 그리고 강좌파 역사학자들이 일본의 자본주의 발달사를 계급적 관점에서 정립한 것에 대

는 그리스 로마가 아닌 게르만 민족의 중세신화에서 전통을 찾는다. ハインリヒ・ハイネ(1994), 山崎章甫訳, 『ドイツ・ロマン派(Die romantische Schule, 1836)』, 未来社. 야스다의 고전론은 渡辺和靖(2004)을 참조.

20) 이러한 태도는 『근대의 초극』 권두에 실린 亀井勝一郎, 「現代精神に関する覚書」(1942)에서도 잘 나타난다.

21) 橋川文三, 『日本浪曼派批判序説』(未来社, 1960)은 천황제 비판 속에서 매도되던 일본낭만파와 농본주의 등 우익적 사상운동을 학술연구의 궤도에 올리고 재평가하였다.

22) 座談会 「浪曼派の将来」(『日本浪曼派』 1938년 8월호), 66쪽.

23) 保田与重郎, 「『日本的なもの』批評について」(『文学界』 1937년 4월호).

24) 座談会 「浪曼派の将来」(『日本浪曼派』 1938년 8월호), 73쪽.

응한다. 일본낭만파는 문명개화로 구축된 제도권 아카데미즘의 과학적, 실증적 방법론 및 문단과 저널리즘의 주류에 도전한다는 혁신적 결의에 차 있었다. 그리하여 유물변증법의 역사이론으로는 재현할 수 없는 '낭만적 이로니'의 '민족문학사'를 구축한 것이다.

IV. 동아제국의 로망과 근대비판의 정신

일본낭만파의 대중적 사상운동은 그들의 해체 이후에도 지속되었다. 사상운동의 측면에서 일본낭만파는 계급보다는 민족과 공동체를 중시한, 반근대적 민족주의 운동으로 분류된다. 그런데 이들이 반근대 반자본주의적 문명비판의 국수적 태도를 명시한 것은 중일전쟁의 이념으로서 동아신질서 및 동아협동체론과 같은 학지(學知)적 용어가 유통되면서부터이다.

1938년부터 야스다의 향토적 민족주의는 동아시아 민족문화를 '일본적인 것'에 흡수한 제국일본의 민족주의로 고양된다. 야스다는 조선과 만주, 북경 등지의 여행기를 쓰면서 대륙정복이 세계문화사 건설에 대한 국민의 공상력과 구상력을 증대시켰다고 말한다.[25] 그는 1938년 경주에서 부여로 발길을 옮기고, 다시 만주로 내닫는 철로여행에서 이제 유럽까지 닿는 새 문명의 '세계교통로'를 여는 '낭만적 일본'에 대한 감회를 토로한다.[26] 구름에 달 가듯이 걷는 나그네 바쇼가 노래했던 '향토적 낭만'은 제국일본의 대륙횡단 철로를 달리면서 '제국의 낭만'으로 비약하였다. '낭만적 이로니'의 반

---

25) 「昭和の精神」(1938. 4), 『保田与重郎全集』 第16巻, 13-15쪽. 전집 제16권은 조선, 만주, 중국여행기를 게재하였다.

26) 「慶州まで」(1938. 4), 『保田与重郎全集』 第16巻, 20-21쪽. 야스다는 경주에서 대구, 대전을 거쳐 논산까지 철로로 여행하고 다시 자동차로 부여를 찾아간다. 조선총독부는 동해선(부산진-울산 간, 안변-포항 간)을 1928년 2월에 기공하고, 경주-울산 간 궤도를 확장하여 1928년 7월 전면 개통했다. 또한 순천-만포진 간에 만포선을 놓아 만주국 중부까지 연결하였다. 순천-천동 사이는 1932년 11월에 영업 개시하고, 1934년 11월 평북 희천까지 개통했다(조선총독부, 『시정30년사』, 195, 338쪽)

어적 근대비판이 제국의 팽창을 가속화시킨 근대화의 속도 속으로 흡입되어 버린 것이다.

1941년 12월 진주만 공격 이후, 가메이는 메이지의 문명개화를 전면 부정하는 '근대의 초극'론으로 치닫는다. 이러한 경향은 좌담회 〈근대의 초극〉에 출석한 하야시와 고바야시에게도 나타난다. 가메이는 근대를 '서양의 말기문화'로 규정하면서, '속도의 정신'을 추구하는 근대의 과학기술은 인간을 기계에 정복시키고 정신을 왜곡시켰다고 말한다. 근대를 초극하는 '일본정신'은 바쇼의 '殉ずる'(순사: 여로의 끝에서 목숨을 바치는) 정신이다. 이는 대미전쟁에 임하는 가메이의 자세이기도 했다. "문명의 독은 '평화'의 가면 밑에서 퍼진다", "전쟁보다 무서운 것은 평화"라고 생각한 그는 "노예의 평화보다 왕자(승자)의 전쟁을" 간절히 소원했다. 여기서 혐오의 대상인 기술문명은 그러나 전후에 가메이의 기억 속에서 반전된다. 근대화를 추동시킨 과학기술은 일본근대화가 남긴 유일한 가치 있는 전통으로 기록된 것이다.[27)]

처음에 일본낭만파가 발견한 '정신의 혈통'은 패배와 방랑의 '혁명적 낭만'이었으며, 이로니는 매너리즘과 이데올로기적 경색화를 파괴하는 방법론이었다. 그러나 일본낭만파의 사상운동은 '이로니'의 방법론을 통해 민족문화의 혈통을 구축하였고, 아시아의 해방을 쟁취하고 세계사의 건설에 투기하는 '낭만적 일본'의 정신으로 비약해 갔다. 그리고 '노예의 평화'를 거부하는 저항정신은 전시체제를 유지하는 '황국사관'으로 기능하였다. 전후에 비판되었듯이 근대에 저항하는 혁명적 이로니의 민족주의는 청년들을 불사(不死)의 성전에 불러들이는 죽음의 미의식 '일본정신'으로 초극되었던 것이다.[28)]

---

27) 亀井勝一郎(1942), 「現代精神に関する覚書」, 竹内好編, 『近代の超克』(冨山房, 1979), 4-17쪽.

28) 小田切秀雄, 『講座日本近代文学史』 第5巻, 第10章의 「太平洋戦争かの文学」 참조.

V. 일본낭만파와 조선의 향토문화

1935년 1월『조선일보』학예란의 특집기사에「조선고전문학의 검토」(1~13일),「조선문학상의 복고사상 검토」(22~31일)가 게재되었다.「고전탐구의 의의」를 논한 김진섭(金晉燮)은 외국의 역사에서 교양을 찾으면서 오히려 명예롭게 생각하는 지식 풍토를 반성하고 조선의 역사에서 '참된 교양'을 탐구하리라 다짐한다. 일본과 마찬가지로 조선에서도 마르크스주의 문예 및 정치투쟁 위주의 노선을 대신하여, 교양 · 고전 · 전통론이 사상 · 문예운동의 주요한 동력을 형성한 것이다.

참된 교양의 의미를 획득하면서 시작한 고전부흥의 조류는「춘향전」의 영화화, 최승희(崔承喜)의 '고전무용', 민속음악의 현대화, 향토풍경을 그리는 서양화 등에서 나타났다. 모더니즘에 기초한 다양한 예술 장르가 조선의 전통과 접맥함으로써 비로소 주체적 근대문화의 창조를 자부하게 된 것이다. 그리고 고전을 둘러싼 논의는 1938년『조선일보』의 특집「고전부흥의 이론과 실제」(6월 4~15일),「서구정신과 동방정취」(7월 31일~8월 7일) 등에서 지속적으로 이루어졌다.

중일전쟁기의 조선학은 고전부흥의 열기와 함께 진흥되었고 대중적인 문고의 출현에 의해 보급되었다. 1939년에는 '조선문고'(학예사)가 출판되는데, 그 목록에는 조선의 고전문학사를 구축하는 연구물들이 압도적으로 눈에 띈다. 진단학회의 주요 멤버인 김태준(金台俊)『조선소설사』, 김재철(金在喆)『조선연극사』도 수록되어 있다. 김태준이 정리하고 해제 · 편집한 고전에는『고려가사』,『청구영언』,『이조가사』,『원본춘향전』등이 있다. 그 밖에도, 임화(林和)가 편집한『조선민요선』, 이응수(李應洙)가 편집하고 주석을 단 김삿갓시집(『詳解金笠詩集』) 등, 대중의 읽을거리로 친숙해질 수 있는 고전이 간행되었다. 이렇게 선정된 목록에서부터 그 편집방침이 전통사회의 민중문화에 주목하고 있음을 추측할 수도 있다.

저자와 편집자의 면면을 보아도 조선학과 고전부흥의 주체는 마르크스주의와 민족주의의 사상을 아우르고 있으며, 그 방법론을 둘러싼 논쟁도 활발했다. 김태준의 경우, 조선의 역사에 대한 인식을 결여한 문화운동은 '정당한 진로'로 나아갈 수 없었다고 하면서, 1920년대 마르크스주의 문예운동의 좌절을 총괄한다.[29] 경성제대 출신들이 중심이 되어 출판한 학술잡지 『신흥』의 동인인 신남철(申南澈)과 박치우(朴致祐)는, 김태준이 수행한 조선연구를 문화운동의 모범으로 지지하는 한편, 민족적 과거에 도취하는 회고주의를 경계한다.[30] 또한 『조선일보』 학예부에 근무하면서 고전부흥을 적극 지지했던 이원조(李源朝)는 과거를 추수하는 복고주의가 아닌, 현재의 불안과 동요로부터 미래의 역사를 전망하는 '전환기의 창조정신'을 강조한다.[31] 이렇게 다양한 목소리로 펼쳐진 '고전정신'은 결국 1939년 2월에 창간된 문학잡지 『문장』의 창작 정신으로 자리 잡고, 1940년대에 일본어 글쓰기가 본격적으로 강요되기까지 조선어 문학의 생산력을 증대시키는 지침이 되었다.

그러나 한편에서는 고전론을 환영하지 않는 비평가들도 존재했다(김윤식, 1999: 328). 임화·이청원(李靑垣)·서인식(徐寅植)은 고전·전통론의 의의를 부정하지는 않았지만, 그 부흥의 현상에 대해 비판적인 태도를 취했다. 이들은 동시대의 식민지/제국의 문화가 얽혀 있는 현상을 마르크스주의적인 시간의식에 기초하여 인지하였다. 조선의 '역사적 현재'를 불균등하고 혼돈스러운 세계사의 문제로 자각한 그들은 '탈민족주의'의 입장에서 동시대 문화의 문제로서 전통·고전론을 비판적으로 고찰한 것이다.[32]

임화는 당시 고전 연구의 열기가 원래 앙드레 지드(André Gide)가 제창한 '문화의 옹호'에서 출발하여 세계사의 보편적 과제로서 제기되었던 문제였다고 기억한다. 제1차 세계대전 후에 파시즘의 등장으로 더욱 혼란과 분열

---

29) 김태준, 「고전탐구의 의의」(『조선일보』 1935년 1월 26일).

30) 신남철, 「최근 조선연구의 업적과 재출발」(『동아일보』 1934년 1월 1~8일), 박치우, 「고문화 음미의 현대적 의의」(『조선일보』 1937년 1월 1일) 등 참조.

31) 이원조, 「고전복고론 시비」(『조광』 1938년 3월호), 298쪽.

32) 고전론을 비판했던 이청원, 서인식의 논지에 대한 고찰은 趙寬子(2003), 「日中戦争期の「朝鮮学」と「古典復興」—植民地の知を問う」(『植民地朝鮮/帝国日本の文化連環』(有志舍, 2007), 제3장 참조.

에 빠진 유럽에서, 지식인들은 근대의 물질문명을 비판하고 전통과 접맥한 '문화'를 옹호하였다. 또한 혁명적 좌파가 나치의 전체주의(민족주의, 국가주의)에 대항하여 자유주의 휴머니즘과 연대를 모색하는 '반파시즘 인민전선'도 제기되었다. 공산당 조직이 파괴되고 정치적으로 경색된 일본과 조선에서도 '인민전선'에 기초한 반파쇼 문화운동은 고전 연구와 같은 새로운 활로를 개척하게 만들었다. 그러나 임화가 보기에 파시즘과 맞선 저항전선은 '향토적 방향'으로 나아갈 뿐이었고, 그 근저에는 민족적 에토스가 작용하는 것이었다.[33]

조선에서도 자문화의 타자화(서양화)를 자성하여 문화적 주체를 회복하려는 고전부흥 운동은 일본낭만파와 마찬가지로 자민족의 역사에 회귀하고 과거의 전통 위에서 문화적 고유성을 확립하는 방향으로 나아간다. 1935년 이후에는 고전연구에 촉발되어, 상고적 취미를 탐닉하고 동양의 허무적 심미를 향수하는 작품이 창작되는 등, 문단의 주류도 현저하게 탈정치화하고 있었다. 그런데 문학의 순수성과 민족의 에토스를 옹호하는 탈정치적 서정문학도 제국의 정치권력으로부터 자유롭거나 문화의 시대적 구속성을 탈피할 수는 없었다. 관료주의와 좌파적 정치투쟁을 혐오했던 일본낭만파가 전쟁 협력의 정치적 책임을 감내해야 했던 것은, 후일 서정주의 서정시에서 친일 문제가 제기되는 것과 같은 문제를 내포한다.

결국 계급문학과 민족문학이 정치 사상적으로도 대립했던 1920년대와는 달리, 민족주의적 주체화의 정념과 마르크스주의적 혁명화의 정념은 서로가 여전히 대립하면서도, 사상의 주체화 및 그 현실적 구현이란 목적의식 속에서 결합되어 제국일본의 문화권력을 강화했다. 중일전쟁 이후 일본낭만파의 민족문학론과 전향좌파의 국민문학론은 '동아신질서'를 구축하는 제국일본의 국책문학론으로 전개된 것이다. 고전부흥이 '참된 교양'을 추구한다면 당대의 파시즘과 결합된 민족문화론에도 마땅히 위화감을 느꼈을 것

---

33) 임화, 「최근 10년간 문예비평의 주조와 변천」(『비판』 1939년 6월호), 권영민 편, 『한국현대문학비평사 V』(단국대학교출판부, 1981), 76-77쪽.

이다. 그러나 '문화의 옹호'라는 반파시즘적 실천은 정전(正典)의 창조를 목표로 하거나 복고적·토속적·탐미적 세계에 머물렀다.

그러나 한편으로 국가적 지원으로부터 소외되었던 향토문화를 발굴하고 개척하는 일을 외면할 수도 없었다. 학예사의 주간으로서 「조선문고」를 출간한 임화도 1935년부터 「조선신문학사(朝鮮新文學史)」를 서술하고 있었다. 계급문학 운동이 불가능해진 때부터 임화가 새롭게 시도한 과제도 또한 조선연구였다. 그의 연구는 '향토적인 것'은 아니지만, 그 자신이 민족적 심정을 배제한 것은 아니다. 그렇다면 고전 연구에 대한 임화의 '자기분열'적인 평가는 무엇을 드러내는 것일까.

마르크스주의를 수용한 임화는 「근대/서양/자본주의」 문화를 반드시 거쳐 가야 할 세계사의 보편적 단계로 인식했기 때문에, 향토문화 연구를 경시했다고 말할 수 있을까? 향토문화의 열기에 대한 냉소적인 태도는 「근대주의자/서양 중심의 보편주의자/사회주의자」의 '주체성 상실'을 의미하는 것일까? 그러나 역사발전 단계론에 입각한 보편주의자의 기계적 사고와 민족주의의 자주적 입장이란 대립구도로 문제를 파악할 수는 없다. 그것은 보편과 특수의 문제를 세계와 민족의 대립 구도 속에 겹쳐 놓는 냉전시대의 문제의식을 반복하는 것에 불과하기 때문이다.[34] 임화의 고전 비판론을 마르크스주의나 민족주의에 입각하여 재비판할 경우에는 다음에 보듯이 그가 살아온 시대와 공간에서 제기된 문화권력의 보편적 문제를 간과해 버릴 염려가 있다.

VI. 향토적 로망과 제국의 문화권력

제국 질서로 재편된 일본과 조선에서 복고적 고전연구가 활발했던 당시

34) 냉전시대 학문의 자주적 입장에 대한 필자의 생각은 「'파시즘적 공공성'의 내파와 재건」(윤해동·황병주 엮음, 2010, 『식민지 공공성, 실체와 은유의 거리』, 책과함께, 157-158쪽)에서 논하였다.

에 일본의 지배권력은 대중을 조직 동원하면서 중일전쟁을 개시했다. 중일간의 민족적 대립이 격화되는 와중에서 조선에 대한 민족적 동화정책은 강화되어 갔다. '향토, 민족문학'과 '인터내셔널, 세계문학'의 대립은 더욱 심화되어 가고 있었다. 이러한 상황에서, 향토색이 농후한 언설의 양산은 무엇을 의미하는가? 그 '향토적 방향'에 '반일'의 민족주체성을 의미 부여한 것은 1942년 이후의 암흑기를 거치고 나서의 소급적 판단에서 비롯한다. 그렇다면 1930년대 후반의 향토문화가 제국일본의 정치적 검열 속에서도 성황을 이루었던 이유는 무엇인가? 1937년 3월에 발표된 도사카 준(戸坂潤)의 문장을 자세히 참조해 보자.

> 일본 '고전'의 재인식이란 명목 하에, 일본의 이렇게 극도로 길항하는 현실로부터 도피하여 단순히 고전 성립 시대의 문물 속에서 낭만적 회고에 젖어들 뿐 아니라, 나아가 거꾸로 거기에서 출발하여, 이러한 일본적 현실 — 세계의 현실과 맞닿아 있는 일본적 일환 — 을 고전 문헌의 인용으로, 혹은 인용의 정신으로 처리하려고 하는 것은 오늘날 얼마나 흔한 일인가.[35]

도사카는 고전연구에서 부상한 '정신'이 '세계사적 현실' 즉 세계사의 일환으로서 '일본적 현실'을 바꿔치기 하고 있음을 날카롭게 지적한다. '일본정신'으로 뒤바뀐 '일본적 현실'은 '세계의 현실'과 맞물린 '일본적 현실'인 것이다. 이러한 도사카의 논리를 연역해 보면, 낭만적으로 회고되는 '일본정신'은 일본의 현실적 문제를 '타자/서양' 비판으로 바꿔치는 타자화의 논리이기도 하다. 이러한 로망은 자민족의 문제를 동시대의 타자들과의 관련 속에서 사유하는 능력을 소거시키는 덫이기도 하다. 향토성에서 찾는 주체적 로망, 그 자족적인 문화공동성 속에서 타자에게 행해지는 정치적 폭력을 통찰하지 못한 문제는 일본낭만파의 문인들에게서도 찾을 수 있다.

일본낭만파를 견인한 야스다 요주로는 "이전 세기의 낭만파(독일낭만파–

35) 戸坂潤, 「科学的精神は何か」(初出 1937. 3), 『戸坂潤全集』 一(勁草書房, 1966), 305쪽.

인용자)는 새로운 국가를 발견하고, 민족의 자각에서 출발했다. 그들의 가장 공통된 그 어디에서 당대의 계몽가나 진보주의자와의 차이가 있나"라고 반문한 적이 있다. 그러면서 그는 "오늘날의 낭만주의는 확대된 자아의 뿜을 곳 없는 신음 속에서 나온 하나의 표현이다"라고 그 절실함을 주장한다. 일본의 낭만주의는 근대의 질곡으로부터 해방되려는 '반근대'의 '참된 진보사상'이라는 의미이다.[36]

그러나 그가 강조한 〈사회화된 자아·확대된 자아의 무한성〉은 자민족 문화에의 무한한 애착, 일본어 제국의 '국어공동체'를 확장하려는 욕망의 메아리로 울렸다. 일본낭만파 창립 동인인 나카지마 에이지로가 "말하자면 작품의 보편성이 아니라, 독자의 보편화를 꾀하려는 것이 오늘날 낭만화의 한 기능이다"라고 선언했을 때, 식민지/제국에서의 독자의 보편화는 곧바로 식민지에서 일본어 독자를 강제적으로 창출하는 방향으로 진보했던 것이다.[37] 고전연구의 낭만정신은 전쟁과 자문화 중심의 폭력에 반대하는 문화공동체의 정열이나 자아를 품지 않았다. 사회주의적인 이타애(利他愛)와 민족주의의 본능적 자기애를 자각적으로 결합하려고 했던 제국일본의 문화인들이 조선·만주·중국에서 무엇을 '확대'하려고 했는가를 볼 때, 그러한 문제가 더욱 명료히 드러날 것이다.

조선에서의 향토문화 탐구는 문예지 『문장』이 폐간되던 1941년 4월까지 지속되었다. 『문장』은 고전문학의 주석과 해설 및 시조 장르의 현대화에 공헌했고, 토속적·동양적인 정서의 문학을 양산했다. 김윤식은 '문장파'로 대표되는 1940년 전후의 고전론이 상고적 취미로 전락하지 않고서, 일정한 평가를 얻는 수준의 작품을 창작했던 것은 그들의 고전에 대한 태도가 논리적·합리적 방법이 아닌 직관적·심정적 '시정신'에 있었기 때문이라고 한다. 김윤식은 조선 문단의 잡지 『문장』에 실린 문학이 일본낭만파와 공명했던 사실을 통찰하였다. 그들이 조선의 '시정신'에 입각하여 시국의 엄

36) 保田与重郎, 「反進歩主義文学論」(『日本浪曼派』 第3号, 1935), 21쪽.
37) 中島栄次郎, 「浪曼化の機能」(『日本浪曼派』 創刊号, 1935), 13쪽.

중한 통제를 빠져나가서 순수한 정조를 지키고, 역사문학에 도피함으로써 현실적인 패배(신체제문학에 대한 동조)를 극복할 수 있었다고 본 것이다(김윤식, 1999: 331).

제국일본의 낭만적 복고정신 · 민족문학론과 나란히 꽃을 피운 식민지 조선의 향토문학 · 향토문화는 조선어의 역사적 공동체를 일으키는 동시에, 그 문화적 동일성의 확대를 꾀했다. 그러나 동시에 식민지에 일본어 공동체를 확대하는 신체제의 문화통합 정책이 노골적으로 진행하면 할수록 조선문화의 고유성은 제국의 박물관에 갇히는 처지가 된다.[38] 제국일본의 낭만과 문화 민족주의는 일본의 근대를 '서양적인 것'으로 바꿔치고, 서구제국주의 중심의 세계사를 극복한다는 의미에서 '근대의 초극'과 '아시아의 공영'을 외쳤다. 그 근대 초극의 '민족문화'를 창출하는 '낭만적 자아'(가메이 가쓰이치로)가 은폐한 것은 타자성을 말살하고 아시아의 여러 민족을 제국일본의 신민으로 동화 · 동원하려고 한 일본주의의 폭력성이다.[39] 1930년대 조선의 문화 민족주의는 그러한 제국일본의 근대/서양비판의 문화운동과 더불어 신장했다. 그러나 동시에 조선의 문화 및 문화연구는 그 낭만적 토양에서 자라난 일본의 민족주의, 그리고 다민족의 문화적 통합을 주도하는 제국일본의 국가주의적 자장 속에서 배제될 처지에 놓였던 것이다.

---

38) 제국의 확대 속에서 국민문학 논의가 빚어냈던 문제에 대해서는 조관자(2006), 「제국의 국민문학과 문화=번역의 좌절」(윤상인 · 박규태 엮음, 『'일본'의 발명과 근대』, 이산) 참조.

39) 亀井勝一郎, 「浪蔓的自我の問題」(『日本浪曼派』 創刊号, 1935).

동화의 이면(裏面)
—1910년대 식민지교육체제의 형성과 헤게모니경쟁—

정준영

I. 들어가며

근대사회에서 교육은 '해방'과 '속박'이라는 일견 모순되는 의미를 동시에 가지고 있다. 교육이 가지는 '계몽을 통한 인간해방'의 가능성과 '특정한 인간형의 형성을 통한 예속화'라는 위험성은 오랫동안 사회과학과 철학에서 쟁점이 되어 왔다(김진균 · 정근식, 1997: 20-23). 이런 근대교육의 이중적 성격은, 특히 식민지사회에서 첨예한 대립관계로 나타났다. 어떤 이에게는 자신의 지배를 정당화하기 위한 수단으로 활용되는 교육이, 다른 이에게는 그런 지배로부터 해방되기 위한 가능성으로 간주되었기 때문이다.

한국 사회에서 식민지교육이 정착하게 되는 과정은 그 전형적인 사례였다. 조선총독부가 '문명화'와 '동화'를 표방하면서 식민지교육을 통해 '조선인'을 제국신민으로 주조하려 했다면, 식민지인들은 근대교육의 해방적 성격에 희망을 걸고 이를 통해 식민지배로부터 이탈을 모색했다. 더욱이 여기에 미션스쿨이 중요한 행위주체로 더해지면서 이해관계는 더욱 복잡하게 얽혀 들어갔다.[1] 서양인 선교사들은 기독교인의 양성이라는 고유의 교육목표를 지향했지만, 서구열강이라는 출신배경 때문에 식민권력과 조선인들에게는 '서양적 근대' 또는 '서구열강의 이해'를 표방하는 존재로 비춰졌기 때문이다. 특히 식민지인들의 적극적인 호응에 힘입어 미션스쿨은 조선총독부 중심의 이른바 '공교육'의 반대편에서 일종의 대안이자 압력으로 작용했다. 결국, 일제의 식민지교육체제란 이들 식민지 행위주체(colonial agency)들이 근대교육의 이중성을 중심으로 "서로 얽히어 들어가는 역사"(駒込武, 2001: 162)에 다름 아니었던 것이다.

그렇다면 이런 식민지교육체제는 어떻게 형성되어 갔을까? 이 글은 식민지교육체제가 출현했던 1910년대에 초점을 맞추어 식민지교육의 정착과정을 분석하고자 한다. 특히 여기에서는 조선총독부와 미션스쿨의 관계에 주목하는데, 그 이유는 조선총독부와 미션스쿨이 식민지교육의 윤곽이 형성되는 1910년대의 상황에서 활동이 가장 두드러졌던 식민지 행위주체였고, 또 실제로 이 양자의 상호관계가 이후 식민지교육정책의 향방과 밀접하게 관련되었기 때문이다.[2] 한일합방과 더불어 조선총독부는 본격적으로 식민지학교체제 구축에 착수하였는데, 1911년 1차 조선교육령 제정을 통해 식민지교육정책을 본격적으로 실시하였다. 한편 미션스쿨은 1900년대의 유례없는 성장과 조선인들의 호응을 배경으로 1910년대에는 조선총독부의 관립교육과는 별도로 독자적인 기독교교육체제를 모색하기도 했다. 당시 조

---

1) 한국 사회에서 미션스쿨이 가졌던 영향력은 같은 일제 식민지였던 대만과 비교해 보면 더욱 두드러진다. 조선에 비하면 대만에서 선교사와 미션스쿨의 역할은 상대적으로 미약했는데, 대만이 조선보다 식민지교육의 역사가 오래되었음에도 불구하고 교육체제의 변화에 있어서는 오히려 조선에 뒤처지는 양상을 보였던 것과 무관하지 않다. 식민지정책을 사학, 미션스쿨 등 식민지사회 내부의 도전이라는 요인과 관련해서 생각해 볼 수 있는 것도 이 때문이다. 1910년대 대만 식민지교육의 상황에 대해서는 弘谷多喜夫 · 広川淑子 · 鈴木朝英(1972)를 참조.

2) 이런 측면에서 1910년대 또 하나의 중요한 교육기관이었던 서당은 일단 논의의 대상에서 제외한다.

선총독부의 교육정책을 조선인들이 외면하는 등 아직 기반이 취약했던 점을 파고든 것이다.

그런데 조선총독부와 미션스쿨 사이의 갈등이 특히 심했던 것은 고등교육의 문제였다. 1910년대 조선총독부의 교육방침이 초등교육인 보통교육을 중심으로 이후의 진학교육을 가급적 억압하려는 것이었다면, 미션스쿨은 고등교육에 대한 조선인의 열망을 적극 활용해서 초등교육에서 고등교육에 이르기까지의 기독교교육을 완성하는 것이었기 때문이다. 고등교육은 물론 당시 식민지사회에서 차지하는 비중은 크지 않았다. 하지만 이들 고등교육의 성격을 어떻게 규정하는가에 따라 교육체제 전체의 위상이 결정된다는 점에서, 이 글은 고등교육을 둘러싼 총독부와 미션스쿨의 교육구상과 상호대응을 주목하고자 한다.

지금까지의 조선총독부의 교육정책과 미션스쿨의 기독교교육 등에 관해서는 많은 연구가 축적되어 왔다(이만규, 1949; 정재철, 1985; 이만열, 2000; 李省典, 2006). 하지만 이들 연구는 대체로 조선총독부의 식민정책의 내용을 정리하고 식민당국의 정책적 의도를 분석하거나, 선교사들의 교육선교의 내용과 미션스쿨의 운용 양상을 정리하는 데 그치는 경우가 많았다. 교육체제라는 관점에서 조선총독부와 미션스쿨 상호간의 갈등과 경합, 타협과 공모 양상을 연구의 대상으로 삼고 체계적으로 분석하는 연구는 드물었다. 한편, 식민지의 고등교육과 관련해서는 최근 주목할 만한 연구가 발표되고 있지만(鄭圭永, 1995; 김근배, 1996; 박철희, 2002), '보통학교'에 초점을 맞춘 기존의 식민교육 연구에서 그 비중은 여전히 낮은 형편이다. 식민지사회에서 고등교육이 극소수의 엘리트에만 국한되었던 것은 사실이다. 하지만 제국일본의 교육정책이 지향했던 '동화주의'가 최종적으로 고등교육을 통해 '완성'된다는 점을 감안한다면, 고등교육을 둘러싼 식민지사회 내부의 갈등은 식민지교육체제 전체의 성격을 어떻게 규정할 것인가의 문제와 직결되는 핵심적인 쟁점이라고 할 수 있을 것이다.

이 글은 1910년대 식민지교육, 특히 고등교육을 둘러싼 식민지 행위주체의 경합 양상을 분석함으로써 식민지교육체제가 단순한 식민지배의 도구가 아니라, 근대교육을 둘러싸고 행위주체의 '동상이몽'이 펼쳐지는 '격전장(激戰場, arena)'이었음을 입증하고자 한다. 제국일본의 문화권력이란 결국 이러한 격전장에서 펼쳐진 헤게모니를 둘러싼 경쟁 속에서 역설적으로 구축된 것에 다름 아니다.

II. 식민지교육체제의 형성: 1차 조선교육령의 등장과 그 불만

식민지 지배에 있어서 제국일본은 시종일관 '동화주의'를 표방해 왔다는 점은 잘 알려져 있다. 그런데 이런 동화원리가 어떠한 방식으로 식민지통치에 적용되었는지에 대해서는 시기에 따라, 국면에 따라 구체적으로 달라진다는 점도 많은 연구에서 지적되고 있다(森山茂德, 1989; 山本有造, 2000). 이 글의 시기적 대상이 되는 식민초기 즉 1910년대부터 조선총독부는 내선일치 즉 '동화'를 식민정책의 기조로 강조했는데, 이런 동화주의 방침이 실제 정책의 수준에서 구체적인 형태로 확립된 것이 1911년의 '1차 조선교육령'이었다.

1차 조선교육령은 일제가 식민지에 관한 교육방침을 확립한 최초의 사례로, 여기서 표명된 "교육칙어의 정신", "충량한 신민", "시세(時勢)와 민도(民度)"라는 핵심원리는 1910년대 조선총독부가 표방한 식민지 교육방침의 기조였고, 1922년 교육령이 전면 개정된 이후에도 동화주의 정책기조로 중요한 참조점이 되었다. 더욱이 1차 조선교육령이 미친 영향은 식민지 조선사회에만 국한되지 않았는데, 일본제국의 수준에서 이것은 '외지(外地)' 교육에 대한, 일종의 모델로서 작동되었다. 가령, '대만교육령'은 대만총독부에 의해 1914년부터 법제화가 추진되었지만 1919년에야 비로소 칙령으로 공포되었는데, 이렇게 시간을 끌게 된 것은 조선교육령을 기초로 식민지교육을 표준화하려는 제국정부의 의도가 대만총독부의 입장과 충돌했기 때문이다.[3)]

3) 1차 대만교육령이 제정되는 경위에 대해서는 駒込武(1996: 130-153)의 논의와 弘谷

그런데 1차 조선교육령이 확정되는 경위 및 이후 식민지교육정책의 추이를 면밀히 추적해 보면, 이러한 동화주의의 정책기조가, 심지어 조선총독부의 내부에서조차도 상당한 논란을 거쳐 확정된 것이며, 또 구체적으로 실현된 식민지교육정책과도 충돌하는 부분이 없지 않다는 점을 확인할 수 있다. 교육이념과 교육정책의 상호충돌이야말로 총독부의 식민지교육체제의 중요한 특징 중 하나이며, 특히 고등교육에 대한 정책에서 구체적으로 나타난다.

1. 1차 교육령체제, 모순에 가득 찬 출발

제국일본은 1904년 제1차 한일협약에 의해 본격적으로 대한제국정부의 내정에 간섭하기 시작했다. 이후 1910년 한일합방에 이르기까지 대한제국정부는 일본의 '보호국' 상태에 놓여 있었고, 사회 각 분야는 일본인 파견관료의 주도 아래에서 식민지적 상황에 적합하도록 재편성되었다.

이들 분야 중에서 특히 제국일본이 역점을 둔 것은 교육제도였다. 1906년 통감부가 설치된 이후 일본인 관료는 대한제국정부의 교육제도에 대한 개혁에 본격적으로 착수했는데, 첫째, 초등교육 레벨의 관립학교를 설립하여 전국적 네트워크를 구축했고, 둘째, 중앙정부의 조직인 '학부(學部)'를 개편하여 중앙집권적인 교육행정을 확립했으며, 셋째, 교육과정을 표준화하고 교육내용을 통제했으며, 넷째, 교원양성을 위한 교육기관을 정비했다.[4)]

이러한 '교육개혁'은 공교육을 중심으로 중앙집권적인 학교체제를 확립하

多喜夫 · 広川淑子 · 鈴木朝英(1972)의 논문을 참조. 특히 후자의 논문은 대만과 조선에서 교육령이 제정된 경위와 배경을 검토하고 있어서 비교의 관점에서 주목할 만하다.

4) 통감부 시기의 구체적인 교육개혁 내용에 대해서는 정규영(2004) 및 佐藤由美(2000)를 참조할 것. 다만, 여기서 한 가지 언급해 두고 싶은 것은 통감부 시기의 교육개혁이 근대적 학교교육체계의 형성이라는 점에서 중요한 계기가 되었음은 분명하지만, 개별 학교의 수준에서 과연 근대교육이 이루어졌는가 하는 점에서는 별도의 검토가 필요하다는 사실이다. 근대교육의 형성과정에서 학교교육체계를 주목하는 연구로는 Green(1990) 및 Raminez & Boli(1987) 등을 참조.

려 했다는 점에서, 근대국가 형성기에 관찰되는 국가교육체제의 성립과정과 흡사하다. 실제로 교육개혁을 제기하기만 했지 실질적인 조치를 취하지 못했던 대한제국정부와는 달리, 통감부의 개혁은 포괄적인 계획에 입각하여 구체적으로 추진되었고, 결과적으로는 한국 사회에서 근대적인 학교교육체계가 정착되는 계기가 되었다고 말해도 좋을 것이다(정규영, 2004).

하지만 통감부의 교육개혁이 제국일본의 조선방침에 바탕을 두고 있었으며, 교육제도 또한 조선의 종속적 위치를 확인하는 방향에서 재편성되었다는 사실[5])도 간과해서는 안 된다. 1906년, 통감부에 의해 초등교육 레벨의 "소학교(小學校)"가 "보통학교(普通學校)"로 개칭된 것은 이러한 '종속적' 성격을 드러내는 전형적 사례이다. 원래의 "소학교"라는 명칭에는 '소-중-고(대)'라는 교육의 서열상의 위치가 전제되어 있는 데 반해서, "보통학교"라는 명칭은 종결교육으로서 조선인교육을 초등교육 수준에서 완료시킨다는 의도를 포함하고 있다. 그 때문에 보통학교를 입안한 시데하라 다이라(幣原坦)는 "상급학교의 예비교가 아니라, 대다수의 조선인은 보통학교의 졸업에 의해 일단 교육을 완료하게 된다"(幣原坦, 1919: 145)라고 설명하고 있는 것이다.

더욱이 교육개혁의 결과, 당시 1개뿐이었던 기존의 '중학교'(7년제)는 '고등학교'(4년제)로 개편되었다. 이런 조치는 표면적으로는 초등~고등에 이르는 교육체제를 완성하려는 의도로 보인다. 하지만 이를 통해 실제로 완성된 교육체제는 '보통학교(4년) → 고등학교(4년)', 도합 8년의 교육과정에 불과했다. 사실상 교육체제의 축소를 의미했던 것이다. 조선에서 중등교육과 고등교육의 혜택을 받을 수 있는 기회는 극히 제한되었다. 어렵게 고등학교에 진학하더라도 교육수준은 일본에 비해 훨씬 떨어졌다. 고등학교 졸업

5) 시데하라 다이라(幣原坦)는 1905년 4월 작성한 「한국교육개량안(韓國敎育改良案)」에서 다음과 같이 쓰고 있다. "제국정부가 이 방침을 변개(變改)하지 않는 이상은 한국개량의 방침 또한 물론 이에 기반하지 않으면 안 된다." 시데하라 다이라의 「한국교육개량안」은 渡辺学 · 阿部洋(1991)이 편집한 『日本植民地教育政策史料集成(朝鮮編)』 63권에 수록되어 있다.

까지의 전체 수업연한은 8년으로, 당시 일본 소학교의 수업연한 6년에 2년이 더해졌을 뿐이었다. 결국 통감부의 교육개혁은 외견상 국가교육체제의 형태를 하고 있지만, 중 · 고등교육이 배제된 종속적 교육체제에 다름 아니었다. 이것은 앞으로 있을 식민 지배를 염두에 둔 교육체제의 구축이라고 말해도 좋을 것이다.

그런데 당시 통감부의 교육개혁은 이미 두 가지 방향에서의 도전에 직면해 있었다. 첫 번째는 교육체제 외부로부터의 도전이었다. 통감부는 대한제국정부를 명분으로 삼아 의욕적으로 교육개혁을 추진하고 있었지만, 당시 교육의 주도권은 통감부가 아니라 사학, 특히 미션스쿨에 있었다. 1910년 당시의 통계에 따르면, 통감부의 관립보통학교가 102교였던 반면, 사립학교는 인가를 얻은 것만도 2,250교나 되었다.[6] 통감부의 교육개혁이 특히 관립보통학교의 설립에 역점을 두었음에도 불구하고, 사립학교들이 주도하는 당시의 교육계에서 이들 학교들은 학생들을 모으는 데조차 어려움을 겪는 일도 많았다. 이들 사립학교 중에서 미션스쿨의 성장은 특히 괄목할 만했다. 서양인 선교사들의 미션스쿨은 조선인의 호응을 기반으로 성장을 거듭했는데, 한일합방 이전에 이미 초등, 중등교육을 위한 학교뿐 아니라 기독교칼리지[7]의 설립까지 모색했을 정도였다. 따라서 통감부가 구상했던

6) 1911년 당시 인구 10,000명당 학생 수는 총독부의 보통학교가 평균 23명인 데 반해, 사립각종학교가 평균 42명으로, 사립학교에 다니는 학생이 총독부가 설립한 학교에 다니는 학생 수의 2배에 가까웠다(學部, 1910: 49-50). 참고로 보통학교의 학생 수가 사립학교의 학생 수를 넘어서는 것은 총독부가 사립학교의 교육체제 편입에의 문호를 개방한 1915년에 와서야 이루어진다(오성철, 2000: 139-148).

7) 1900년대 말 이래 본격화되었던 '기독교대학' 설립 운동의 경우, 모두 "대학"이라고 번역되어 왔지만 실제로 지향했던 것은 '유니버시티(university)'가 아니라 '칼리지(college)'의 설립이었다. 고등교육의 모델로서 '칼리지'와 '유니버시티'가 성격을 달리한다는 점을 염두에 둔다면, 이들을 일괄적으로 "대학"으로 번역해 쓰는 것은 주의할 필요가 있다. 실제로 이런 용례는 당시의 사람들 사이에도 많은 오해와 혼란을 야기했던 것으로 보인다. '기독교칼리지'가 "대학"으로 번역되었기 때문에 당시 사람들은 이를 일제의 "대학"과 견줄 수 있는 존재로 생각하기 쉬웠지만, 정작 칼리지 설립을 주도한 선교사들은 이것이 일본 학제(學制)로는 '전문학교'에 해당하는 것이라는 인식을 가지고 있었던 것 같다. 가령, H. H. 언더우드(1926: 128)가 일본의 고등교육체계를 설명하면서, '專門學校'는 'college'로, '大學'은 'university'로 소개하

식민지교육체제는, 구미열강과의 외교적 마찰에 대한 고려 때문에 통감부의 통제가 약했던 미션스쿨과 경합하지 않을 수 없었다. 그리고 이런 미션스쿨의 도전은, 한일합방 이후에도 식민지교육체제의 형성에 있어서 지속적으로 영향을 미치게 된다. 이 문제는 다음 절에서 자세히 다룬다.

두 번째는 교육체제 내부에서의 도전이었다. 이것은 통감부의 교육구상이 한국정부의 정책이라는 형태로 실행되는 데서 오는 딜레마와 관련이 있다. 고마고메 다케시(駒込武)가 지적하고 있듯이, 통감부는 교육제도의 측면에서는 식민지교육체제와 연속적으로 접속할 수 있는 국가교육체제를 형성했지만, 정책기조의 측면에서는 '보호국'이라는 명분[建前]이 존재하는 이상 식민지배라는 속내[本音]를 은폐하지 않으면 안 되는 상태에 놓여 있었다(駒込武, 1996: 85). 이러한 상황에서 통감부의 일본인 관료들은 일본의 천황 중심의 교육이념을 편의적으로 조선에 적용하는 방식을 택했다. 즉 '천황에 대한 충성과 복종'에서 '천황'을 '대한제국황제'로 대체하는 식으로 식민지교육체제를 국가교육체제로 위장할 수 있었던 것이다. 그런데 이런 임시방편적 조치는 명백한 한계를 안고 있었다. 식민통치가 본격화되어 '천황'이 '대한제국황제'를 대신했을 경우, 과연 조선인들이 이것을 받아들일 수 있을까. 대한제국황제였을 때는 아무 문제가 없었던 국가교육체제의 논리는, 이것이 식민지교육체제의 논리가 되었을 경우에는 심각한 모순을 드러내고 만다. 국민적 단결과 통합을 강조하는 국민교육의 원리는 이민족을 포괄해야 하는 식민주의적 팽창논리와 반드시 부합되지 않을뿐더러 도리어 날카롭게 대립할 위험성도 있기 때문이다. 당시의 조선인들도 이러한 통감부 정책의 위선적 성격을 모르지 않았다. 그리고 이런 위선성은 일본문명이 안고 있는 '결함'으로 비춰졌다. 그들이 서구문명의 불완전한 모방에 불과한 '일본적 근대' 대신, '서구적 문명'과 직접 연결된 미션스쿨을 환영했던 것도 이 때문이었다.

고 있는 것이 그 단적인 사례이다. 일본학제와 미국학제를 비교하는 다른 선교사들의 편지에서도 이런 표현이 자주 발견된다. 이 글은 이런 혼란을 피하기 위해 'college'는 '칼리지', 'university'는 '대학'이라는 용어를 잠정적으로 채택하고자 한다.

이런 모순에 대해서는 식민지당국 내부에서도 구체적인 지적이 있었다. 1910년 한일합방이후 '보호국'이라는 명분을 벗어던지게 되자, 숨어 있던 논란과 쟁점이 표면에 전면적으로 부상했기 때문이다. 합방 직후 승리감에 고취된 일본 내부의 여론과 달리, 식민지에서 실무경험을 쌓아 온 학무관료들은 합방을 계기로 식민지교육에 관한 종전까지의 원리를 전면적으로 재검토하려는 움직임까지 보였다. 1910년 교육령 제정과 관련된 내부참고문서로 작성된 것으로 「교화의견서(教化意見書)」[8]가 이런 사례 중 하나이다.

「교화의견서」에서 특별히 눈길을 끄는 것은, 식민지당국의 학무 관료가 동화교육의 무용성을 주장했다는 점이다. 집필자에 따르면, 조선인은 천황을 중심으로 하는 일본인 특유의 감정적인 공동성을 이해하기 어려우며, 더욱이 조선민족이 민족적 자긍심 또한 강하기 때문에 진심으로 복종하게 만들기도 어렵다. 조선인에 대한 '동화, 즉 일본인화' 교육은 엄청난 비용이 들지만 이에 비해 실효를 거두기 어렵다. 오히려 식민지교육체제는 '동화'라는 또 다른 가면을 쓰는 대신, 오히려 "속내"를 분명히 할 필요가 있다. 그들은 조선인과 일본인의 구분을 전제한 후, "조선은 일본의 발전을 위한 식민지로서 경영한다"는 종속주의의 방침에 입각하여 식민지교육체제를 재편해야 한다고 제안했다. 식민지교육의 목표도 "충량(忠良)한 신민", 즉 조선인이 일본인으로 동화되는 것이 아니라, "순량(順良)한 신민", 즉 일본인에게 순종적인 조선인을 양성하는 것으로 충분하다. 정책의 수준에서는 "초등학교 및 실업학교만"으로 학교체제를 구성하고, 고등교육에 대해서는 "제국의 평화를 해칠" 위험이 있기 때문에 철저하게 억압하는 것이 좋다.

---

8) 1910년 당시 학무과장이었던 구마모토 시게키치(隈本繁吉, 1883～1952)가 소장하고 있던 이 문서는 당시 식민지관료들이 일제가 표방했던 '내선일체'와 '동화'를 본격적으로, 그것도 비판적으로 검토하고 있다는 점에서 중요한 사료로 평가받고 있다. 이 문서의 작성자는 분명하지 않은데 적어도 조선총독부 학무국 내부에서 작성되어 학무과장 및 학부국장을 거쳐 조선총독에게 회람되었을 것으로 추측된다. 「교화의견서」의 작성경위 및 사료적 의의에 대해서는 渡辺学(1974) 및 阿部洋編著(1991: 200-201)를 참조.

그들에 따르면, "순량한 신민"의 양성이 목표라면, 식민지교육은 굳이 "동화주의"를 표방하지 않더라도, 당근과 채찍을 적절히 활용하여 교육적 실효를 거둘 수 있다. 가령 일본어교육의 경우, 일본어의 능력에 대한 이익이 충분하다면 조선인들도 자발적으로 이를 배우고자 할 것이다. 결국 그들은 통감부시기 이래 계속되어 온 식민지교육의 이념을 둘러싼 딜레마를, 동화주의라는 또 다른 "명분"으로 은폐하는 대신, 차라리 종속주의·차별주의라는 "속내"를 노골적으로 드러냄으로써 극복하려고 했던 것이다.

그런데 여러 가지 우여곡절을 거쳐,[9] 1911년 8월의 제1차 조선교육령에서 결착된 식민지교육의 이념이, 식민지관료가 제기한 '종속주의'가 아니라 '동화주의'였다는 사실은 흥미롭다. 조선인교육에 대한 총괄적인 법령이었던 조선교육령은, 식민지교육의 목적을 "교육은 교육칙어의 취지를 바탕으로 충량한 국민을 육성하는 것을 본의로 한다"(제2조)라고 규정하고, 또한 "교육은 시세 및 민의에 적합할 수 있도록 유의한다"라는 원칙을 내세웠던 것이다. 앞서 검토한 「교화의견서」의 논리구조와 비교해 보면, 확실히 조선교육령은 '천황을 정점으로 한 국민통합'이라는 교육칙어의 정신을 바탕으로 "충량한 신민"의 양성을 지향하고 있다는 점에서 차이가 난다. 조선교육령의 논리에 의하면, 조선인이 진정한 일본인이 될 가능성을 부정할 필요는 없다. 다만, 이러한 동화에의 적극적 지향은 "시세 및 민도"라는 특수한 조건에 의해 한시적으로 제한될 따름이다. 이 시세, 민도라는 것이 문명이라는 기준을 가지고 식민지 지배를 옹호하는 논리구조라고 한다면, 조선교육령에서는 '현실의 식민지교육체제는 아직 동화교육을 위한 여건이 무르익지 않았기 때문에, 차별주의적인 식민지교육정책이 불가피하다'는 결론을 도출할 수 있다. 심지어 차별주의적인 식민지교육정책이 영구히 존속될 가능성마저도 생겨날 수 있는데, '시세와 민도'가 적합해지는 시점이 언제인지, 그리고 그것을 누가 판단하는지에 대해서 조선교육령이 전혀 언급

9) 1차 조선교육령이 공포되기까지의 구체적인 과정 및 관련된 쟁점에 대해서는 佐藤由美(2000) 및 井上薫(1994)을 참조.

하고 있지 않기 때문이다. 요컨대, 조선교육령의 교육이념은 '동화주의'라는 교육이념상의 당위와 '종속주의 · 차별주의'라는 교육정책상의 현실과의 양립가능성을 모색한 것이었다.

이러한 1차 조선교육령의 논리는 일본의 식민지교육체제의 존재방식에 결정적인 영향을 미쳤다. 이를 통해 제국일본은 '동화'를 궁극적인 목표로 제국 수준에서의 단일한 국가교육체제를 지향하면서도, 현실적으로는 '차별'에 기초한 종속주의적인 교육정책을 존속시킬 수 있게 되었다. 명확해 보이는 조선교육령의 조문 아래에는 이처럼 '당위와 현실 사이의 모순, 원리와 정책 사이의 충돌'이 숨겨져 있었다. 그리고 이러한 모순과 충돌의 불안한 동거는 식민지교육체제 안팎의 도전에 의해 언제든지 파열될 수 있는 것이기도 했다. 1910년대 조선총독부의 식민정책은 '무단통치'로 불릴 정도로 권위주의적인 성격이 강했다. 하지만 그 내부를 면밀하게 살펴보면, 이처럼 원리와 정책 사이의 모순을 안고 있었고 따라서 식민지사회의 '도전'에 대해서도 취약성을 가지고 있었던 것이다.

2. '고등교육'정책의 부재와 외부로부터의 도전

'당위와 현실, 원리와 정책 사이의 불안한 동거'는 1차 조선교육령의 이념뿐만 아니라, 구체적인 규정 속에서도 확인할 수 있다. 조선교육령은 크게 「1장 강령(綱領)」과 「2장 학교(學校)」로 나뉘는데, 「강령」이 앞서 검토한 식민지교육의 이념을 제시한 것이라면, 「학교」는 식민지교육체제의 세부적인 사항을 규정한 것이라고 말할 수 있다. 「교화의견서」에서 제시된 식민지 관료의 교육체제구상은 특히 2장에 상당 부분 반영되어 있다. 즉, 1910년대의 조선총독부의 식민지교육은 구체적인 교육정책에 있어서는 통감부의 교육개혁의 연속선상에 자리매김되어 있었던 것이다. 1910년대의 식민지교육체제의 성격은 대체로 크게 다음의 3가지로 정리할 수 있다.

첫째, 교육체제의 중심에 '보통학교'를 둔다는 것. '보통학교'는 "보통교육을 위한 곳"으로 정의되며, 기존의 '고등학교'는 "고등의 보통교육을 위한 곳", 즉 '고등보통학교(高等普通學校)'로 다시 규정되었다. 여기서 주목해야 할 것은 보통학교와 고등보통학교의 규정에 공통적으로 포함된 "보통교육"이라는 개념이다. 학교교육을 수준에 따라 '초등-중등-고등(-대학)'이라는 3단계(혹은 4단계)로 나눈 일본의 국가교육체제와는 달리, 조선에서 강조하는 '보통교육'은 "국민됨의 성격을 양성하고 국민생활에 필수적인 보통의 지식과 기술을 배우는", 즉 '국민성'의 함양에 역점을 두었다.

둘째, '실용'을 원칙으로 한다는 점(関屋貞三郎, 1936: 15-16). 조선교육령 또한 통감부의 교육개혁과 마찬가지로, "공리(空理)"와 "허영"을 경계하고 실업교육을 강조하고 있다. 특히, 조선교육령의 제정에도 실질적으로 관여했던 총독 데라우치 마사타케(寺內正毅)는 농업교육을 강조하여, 중등교육 레벨의 농업학교를 각 도에 1개씩 설립하고 입학을 장려했다.[10] 이것은 농업사회였던 당시 조선에서 농촌지도자를 양성하는 것이 핵심적인 과제라는 인식에 바탕을 둔 것이었다(이만규, 1949: 119-164).

셋째, '간이'한 학교체계를 지향한다는 점. 1910년대의 조선총독부는 식민지교육체제를 통해 '재정자립'과 '교육보급'을 추구했다. 그 결과가 교육연한의 단축으로 나타났는데, 이것은 불충분한 재정에도 불구하고 식민교육을 널리 보급하기 위해서 총독부가 택한 불가피한 선택이었다. '보통학교'는 수업연한이 4년, '고등보통학교'도 4년이었기 때문에 조선인은 8년이면 식민지교육체제 아래에서 보통교육을 수료할 수 있었다.

그런데 여기서 주목하고 싶은 것은, 이러한 조선교육령의 성격이 결국에는 보통학교 이후의 교육, 특히 고등교육에 대한 억제로 귀결되었다는 점

10) 데라우치 총독은 1913년 2월, 각 도 내무부장에게 다음과 같이 훈시하였다. "오늘날 조선은 조선 사람에게 고상한 학문을 급히 시킬 정도에 아직 이르지 못했다. 지금은 비근(卑近)한 보통교육을 베풀어 한 사람으로서 일할 수 있는 인간을 만드는 데 주안점을 두지 않으면 안 된다. 따라서 학교는 이 목적으로 교육을 진행시키고 졸업자가 집에 돌아가 선진자(先進者)로서 동포를 지도할 수 있는 지식을 주도록 하는 것을 잊어서는 안 된다. 따라서 보통학교 교육에서도 실업상의 지식을 주입할 필요가 있다. 농업학교와 같은 실업학교는 정부가 중요한 방침으로 추진하고 있는 바의 사정을 쉽게 실행할 수 있도록 이런 사상을 관철시킬 필요가 있다고 생각한다." 高橋濱吉(1927: 365)에 수록.

이다. 첫째에서 '국민됨의 성격'이라는 규정은 물론 '충량한 국민'의 육성이라는 동화주의의 이념과 깊은 연관이 있지만, 동시에 그 자체가 완결교육이 된다는 의미에서 고등교육을 배제하는 차별적 효과를 가져온다. 둘째의 실업교육의 강조는 중등 혹은 고등 수준의 인문적 지식이 조선인을 위험한 사상을 가진 '유민(流民)'으로 만들 수도 있다는 총독부의 우려(高橋賓吉, 1927: 341)와 동전의 양면을 이루고 있었다. 더욱이 셋째의 '간이'한 수업연한 때문에 식민지교육체제에서의 학력은 일본의 교육체제에 인정받지 못했는데, 이것은 조선인의 대학교육에 대한 열망을 가로막는 실질적인 장벽으로 작용했다. 결국, 1910년대의 조선총독부의 식민지교육체제는, 교육이념으로서는 '문명'을 표방하면서도, 교육정책으로서는 근대교육의 특징 중 하나인 '학력(學力)을 통한 업적의 추구'의 가능성을 배제함으로써 자기모순을 드러내고 말았던 것이다.

1911년의 조선교육령 제정 이후, 1910년대의 조선총독부는 계속해서 중등 및 고등교육정책을 정비해 갔지만, 고등교육을 억압한다는 이런 기본적인 입장은 크게 변하지 않았다. 다음은 1910년대, 조선총독부의 주요 중등 및 고등교육정책, 그중에서도 고등보통학교와 전문학교에 관한 주요 법령을 일람한 표다.[11]

〈표 1〉 1910년대 고등보통학교 및 전문학교 관련 법령

고등보통학교		전문학교	
시행일자	건명	시행일자	건명
1911-10-11, 勅令252	京城高等普通學校官制	1911-01-01, 訓示86	朝鮮教育令施行に關する諭告
1911-10-11, 勅令253	平壤高等普通學校官制	1911-02-20, 府令19	醫學講習所規則
1911-10-20, 府令101	高等普通學校規則	1911-10-11, 勅令115	京城專修學校官制

11) 이 표는 教育史編纂会, 『明治以後教育制度発達史』, 10巻(朝鮮編)(教育資料調査会, 1963)에 수록된 관계법령을 정리한 것이다.

1916-05-16, 勅令130	朝鮮總督府 高等普通學校官制	1915-03-15, 府令13	工業傳習所特別科規程
1919-12-01, 府令120	高等普通學校規則 中 改正	1915-03-24, 府令26	專門學校規則
		1916-04-01, 勅令80	朝鮮總督府專門學校官制
		1916-04-01	專修, 醫專, 工專 規程
		1917-04-07	사립세브란스전문설립인가
		1918-04-01, 府令30	水原農林專門學校規程
		1918-04-01	사립東洋協會專門學校設立認可

우선, 중등교육 레벨인 고등보통학교에 대한 정책의 추이를 살펴보면 다음과 같다. 1차 조선교육령의 공포 이후, 후속작업으로서 1911년 10월, 경성과 평양에 있었던 고등보통학교에 대한 관제가 정해졌고, 이에 따른 학사(學事)에 관한 규칙도 마련되었다. 그런데 총독부는 이후 1도(道)1교(校)의 형태로 신설된 고등보통학교의 경우에는 개별적으로 관제를 정하는 대신, 1911년의 「고등보통학교규칙」(府令120號)의 적용을 받도록 하였다. 1916년 「조선총독부고등보통학교관제」가 공포되기 전까지 총독부의 고등보통학교 정책은 구체적인 계획에 입각했다기보다는 임시방편적으로 이루어졌다고 해도 좋을 것이다.

이것은 고등교육 레벨인 전문학교에 대한 정책에 있어서도 마찬가지다. 조선총독부는 교육령제정 당시부터 고등교육 억압방침을 분명히 하였다. 1911년, 조선총독은 「조선교육령 시행에 관한 유고」(朝鮮教育令施行に關する諭告, 訓示86號)에서, 「조선교육령」 25~27조에 전문학교에 대한 규정이 있지만, "아직 보통교육의 발달이 충분하지 않기 때문에 세부적인 규칙은 훗날로 넘긴다"고 언급하고 있다. 즉, 교육이념으로서는 전문학교가 필요할지 모르겠지만, 현실의 교육정책으로서는 전문학교의 설립은 아직 시기상조이며, 따라서 당분간 전문학교를 인정하지 않겠다고 선언했던 것이다. 이것은 당시 선교사들에 의해 기독교칼리지의 설립이 모색되고 있는 상황을 겨

냥한 발언이기도 했다. 1911년부터 15년 사이에 의학강습소, 전수학교, 공업전습소특별과에 대한 관제 혹은 규정이 제정되었지만, 전문교육 수준의 교과를 가르친다는 것을 인정한 것일 뿐, 이들 학교에 '전문학교'라는 위상을 부여한 것은 아니었다.

이런 중등 및 고등교육에 대한 총독부의 정책기조는 1915년을 기점으로 큰 변화를 겪게 된다. 위의 표에서도 확인할 수 있듯이, 1915년부터 고등보통학교와 전문학교의 전체적인 자격요건을 규정하는 법령이 제정되고, 이에 따라 여기에 속하는 개별학교의 범위도 확정됐다. 고등보통학교의 경우에는 전체를 포괄하는 관제(官制)가 1916년 5월에 공포되었고, 전문학교의 경우에는 1915년 3월, 「전문학교규정」이 제정된 후, 의학강습소, 전수학교, 공업전습소특별과는 각각 경성의학전문학교, 경성전수학교, 경성공업전문학교로서 통일된 규정이 마련되었다.

그럼 왜 조선총독부는 1915년 이후, 의도적으로 방치해 왔던 중등 및 고등교육을 재편하지 않을 수 없었을까. 1915년 3월, 「전문교육에 대한 방침」(専門教育に關する方針, 훈시16호)을 통해, 당시 조선총독부가 처했던 상황을 확인할 수 있다. 식민지당국은 이 훈시에서 기존의 방침을 바꾼 이유를 설명하고 있는데, "민도의 증진과 시세의 요구"가 이미 전문교육에 충분할 정도가 되었다는 점을 내세우고 있다. 이것은 전문학교 설립을 억압하는 이유를 제시한 1911년의 「조선교육령 시행에 관한 유고」와 정확하게 대응한다. 즉, 1911년에는 전문학교를 인가하는 데 충분하지 않았던 '시세와 민도'가 1916년의 시점에는 충분해졌다는 것이다. 하지만 식민지당국이 이처럼 '시세와 민도'를 자의적으로 판단하게 된 배후에는, 식민지교육체계로의 도전에 대해, 총독부로서 적극적으로 대응하지 않을 수 없었던 상황이 놓여 있었던 것이다. 그것은 미션스쿨의 도전이었다.[12)]

선교사들의 교육선교는 조선인들의 호응과 본국선교본부의 지원을 바탕

12) 참고로 「전문교육에 대한 방침」은 사립학교의 종교교육을 금지한 것으로 유명한 1915년의 「개정사립학교규칙」(府令24號)과 같은 날 공포되었으며, 이에 대한 해설이기도 했다.

으로 발전을 계속해서 1910년대 초 무렵에는 초등교육 수준뿐만 아니라 중등교육 수준의 미션스쿨을 설립, 운영하고 있는 상태였다. 더욱이 서울과 평양의 몇몇 지도적 선교사들을 중심으로 전문학교 혹은 대학 수준의 미션스쿨을 설립하고, 이를 통해 대안적인 기독교교육체제를 형성하려는 움직임조차 존재했다. 이러한 움직임에 대응하기 위해 총독부는 사립학교를 식민지교육체제에 적극적으로 포섭하는 방향으로 방침을 수정할 수밖에 없었다. 1911년 훈시16호에서 식민지당국은 "민간에서 경영하는 전문교육 수준의 학교"의 경우에도 학교설비와 교원을 제대로 갖추고 총독부가 규정하는 학사규정을 준수할 경우, 사립학교에 대해서도 전문학교로 인가할 수 있다는 입장을 보였다. 그리고 실제로 주요 미션스쿨 중 일부는 고등보통학교 혹은 전문학교로 인가를 받아 식민지교육체제 속에 편입됐다. 이처럼 총독부의 중·고등교육정책은 외견상 일본인이 일방적으로 주도한 것처럼 보이지만, 정책의 변화 자체가 미션스쿨이라는 체제 외부의 도전에 대한 대응이라는 측면이 강했던 것이다. 이런 점에서 1910년대 조선총독부가 주도했던 식민지교육체제는 오히려 체제 안팎의 도전 속에서 형성되었던 것으로 이해할 수 있다.

III. 경합하는 교육체제: '미션스쿨'과 기독교교육체제

1880년대 후반부터 시작되었던 미국인 선교사들의 교육사업은 1900년대를 전후해서 "선교에 있어서 세기의 기적"이라고 불릴 정도로 비약적인 발전을 거듭했다. 병합 직전인 1910년 학부의 통계에 의하면, 한국 정부가 그때까지 인가했던 사립 2,250개의 학교 중에서 823개가 종교계 학교였으며, 그중 대부분이 기독교계의 '미션스쿨'이었다(學部, 1910: 54).

미션스쿨이 이렇게 '성공'을 거둘 수 있었던 것은, 무엇보다 조선인이 미션스쿨이 표방하는 '기독교적 가치'와 '서구적 근대성'의 필요성에 공감했기 때문일 것이다. 1910년대에 들어서면, 선교사들은 이러한 발전을 바탕으로 기존의 미션스쿨을 한데 묶어 하나의 기독교교육체제를 형성하려고 시도했다(李省典, 2006: 52-84). 아직 식민지교육체제가 정착되지 않은 1910년대의 상황에서, 총독부에 자율적인 기독교교육체제의 성립은 일본인에게는 조선 지배의 근간을 흔들어 놓는 위험요인이 될 수도 있었다. 더군다나 1차 교육령 이래 식민지교육의 원리 중 하나인 '천황숭배'는 미션스쿨의 교육원리인 '기독교정신'과 기본적으로는 대립적인 가치를 지향하는 것이었다.[13] 이처럼 조선에 온 선교사는 일본인에게 여러모로 껄끄러운 존재였다.

하지만 조선인과 미국인 선교사의 관계가 반드시 우호적인 것만은 아니었듯이, 일본인과 미국인 선교사의 관계도 완전히 대립적인 것은 아니었다는 사실을 유념할 필요가 있다. 미션스쿨의 '근대성'이 반드시 조선인들의 기대대로 해방적·계몽적 성격만을 가지고 있지 않으며, 서양인 선교사들이 일본의 제국주의적 가치를 반드시 부정적으로만 보지 않았기 때문이다.[14] 심지어, 미션스쿨의 두 축이었던 '기독교적 가치'와 '서구적 근대성'의 관계에 대해서도 선교사들 사이에 반드시 일치된 의견을 가진 것도 아니었다. 이러한 불일치는 특히 조선의 교육사업을 주도했던 장로교파 선교사들에게서 잘 나타난다.[15] 여기에서는 특히 장로교파 선교사의 교육선교에

13) 가령, 1차 조선교육령 학제를 자문했던 호즈미 야쓰카(穗積八束)는 외국인 선교사에 의한 기독교교육은 천황에 대한 충성을 근간으로 하는 국민교육과 대립할 수 있으며, 물론 양자를 조화시키려는 시도가 없지는 않지만 성공할 수 없을 것이라고 예견하고 있다. 穗積八束, 「朝鮮学制に関する意見書」(1911)(大野兼一 『朝鮮教育問題管見』 朝鮮教育会, 1936), 49-50쪽에 수록. 그리고 결국 이 문제는 신사참배문제에서 천황제와 기독교가 갈등적 공모관계로 나타나게 되었다. 이에 대해서는 駒込武(2006)를 참조.

14) 당시 일제의 식민지침략에 대해 가장 비판적 시각을 가지고 있었던 미국인 선교사 헐버트(H. B. Hulbert)조차 반제국주의가 아니었다는 지적 또한 존재한다. 안드레 슈미드(2004)에 따르면, 헐버트가 반대한 것은 식민주의가 아니라 일본적 식민주의였다는 것이다.

15) 이 글에서 특히 평양의 장로교파를 주목하는 이유는, 첫째 이들 교파가 가장 강력한 교세(敎勢)를 가지고 있었다는 점, 둘째, 따라서 기독교교육 방침의 형성에서도 큰 역할을 담당했다는 점, 셋째, 교리(敎理)가 근본주의에 바탕을 두고 있기 때문에 미션스쿨의 내부에서 기독교교육, 근대교육, 식민교육이 상호 대립하는 상황이 관찰될 수 있다는 점 등이 고려되었기 때문이다.

주목하여, 평양의 '숭실대학'[16]을 비롯한 기독교칼리지설립운동을 통해 기독교교육체제의 논리와 특징을 살펴보도록 하겠다.

1. 미션스쿨의 성공: 기독교문명론과 토착교회론의 사이

서양인 선교사의 선교 사업은 포교활동이 금지된 상황 속에서 개시되었기 때문에, 처음부터 의료와 교육을 주요한 선교수단으로 활용하였다. 당시, 조선에서의 선교 사업은 크게 두 가지 측면에 조선인의 호응을 쉽게 얻을 수 있었다.

첫째는 이들이 '기독교의 토착화'를 지향했다는 것이다(李省典, 2006: 131-132). 조선에서 포교활동을 하고 있던 선교사들은 상류층보다 노동자나 여성, 청소년 등을 포교의 대상으로 설정하여 교육사업을 통해 이들에게 접근하려 했다. 선교사들이 이들에게 주목했던 이유는, 이런 부류가 당시 조선에서 비주류 혹은 사회적 약자를 구성하고 있었다는 점, 또 선교에 방해가 되는 유교 등 전통사회의 영향력이 비주류였기 때문에 약했다는 점이 고려되었기 때문이다. 즉 선교사들은 조선 사회의 비주류, 약자에 접근함으로써 교육선교의 효력을 극대화시키고자 했던 것이다. 더욱이 선교사들은 교육선교를 통해 단순히 신자를 넓혀 나갈 뿐만 아니라, 이들 중에서 이후 조선인신자를 이끌 토착 목회자가 나오기를 기대했다. 즉 장기적으로는 서양인 선교자의 지도가 없어도 자체로 신도와 목회자를 양성해 내는 자립적인 기독교공동체가 형성되기 위해서라도 교육선교에 역점을 두었던

16) 숭실대학의 정식 명칭은 'Union Christian College(of Pyengyang)'으로, 1905년 대학부의 설립 당시 장로교와 감리교가 연합하여 학교경영에 관여한 데에서 비롯되었다(R. Baird, 2004[1968]: 223) 그런데 1912년 12월 감리교가 대학운영에서 철수하고 서울에 새로운 "연합기독교칼리지"의 설립이 모색되는 등 선교사들 사이에 이른바 "칼리지 문제"가 일어나자, 숭실대학은 선교사들 사이에서는 통상 "서울칼리지"와 대비되어 "평양칼리지"로 불리는 경우가 많아졌다. 이 글에서는 이를 고려하여 문맥에 따라 "평양칼리지"와 "숭실대학"을 병용하겠다.

것이다.[17] 따라서 교육선교 사업은 애초부터 체계적으로 교육체제를 확립하려는 지향을 가지고 있었다. 그리고 이러한 경향은 특히 장로교회 선교사들에게 강하게 나타났다. 장로교 선교사들은 종파 간 협의에 의해 정해진 선교대상지였던 서북지방을 중심으로 기독교의 기반을 넓혀 갔는데, 특히 서북지방의 조선인신자들의 적극적인 교육사업에 힘입어 1900년대에 이미 상당한 기반을 확립하게 되었다. 특히 평양에는 초등교육 수준의 학교뿐만 아니라, 보다 심화된 교육을 지향하는 미션스쿨이 다수 설립되었는데, 심지어 1905년 무렵에는 고등교육 수준의 학교까지 세우기에 이르렀다.[18] 1905년 평양의 장로교선교사와 감리교선교사는 "최소의 노력과 경비로 최대한의 효율을 거두어 내는 것이 가능한, 강력하고 단일한 교육기관의 설립에 합의하여," 연합숭실대학의 설립을 실현했다. 그리고 이 기독교칼리지는 1908년 한국 정부로부터 정식으로 인가를 받게 되었다.

둘째, 조선에서의 선교 사업은 '근대문명의 혜택'과 긴밀하게 결부되었다는 것이다. 선교사들은 처음부터 의료, 교육 등 근대문명을 대표하는 '전문인'으로 활동을 개시했다. 처음에는 선교활동을 금지한다는 명목이 있었기 때문에 근대문명의 혜택을 간접적인 선교전략으로 사용할 수밖에 없었는데(민경배, 1994: 128), 역설적으로 이것이 조선인들로 하여금 기독교를 '문명의 기호' 내지 '구미의 힘의 상징'으로 인식하고 적극적으로 받아들이게 하는 계기가 되었다.[19] 선교사들 또한 조선인의 이와 같은 인식을 선교에 적극적

17) 당시 기독교 선교사들 사이에서는 해외선교에 대한 방법을 둘러싸고, "기독교문명론"과 "토착교회론"이 대립하고 있었다. 특히 19세기 말 이후 서구문명의 우수성을 전면에 내세워 이를 기독교 선교의 수단으로 삼는 '기독교문명론'적 선교방법이 세속권력에 정치적으로 이용당하고 있을 뿐만 아니라 실제 포교에도 효과가 없다는 비판이 제기되면서, 토착교회의 건설을 최우선의 과제로 삼아야 한다는 주장이 힘을 얻어 가고 있었다. 조선에 파견된 선교사들, 특히 북(北)장로교 선교사들은 이런 "토착교회론"의 영향 아래서 선교 사업을 수행하였다. 토착교회론의 한국수용 배경과 관련해서는 옥성득(1998)을 참조.

18) 당시 평양의 상황에 대해서는 이광린(1999), 「평양과 기독교」, 『한국기독교와 역사』 제10호를 참조.

19) 기독교 수용에 있어서 근대문명의 역할에 대해서는 신광철(1998: 100) 및 장석만(1999: 260)을 참조.

으로 활용하였는데, 그들은 기독교적 신앙과 서구적 관습을 결합하여 선교의 도구로 삼았기 때문에, 선교에 장애가 되는 전통적인 관습의 폐지를 '근대'라는 이름으로, 저항감을 주지 않으며 제기할 수 있었다.[20]

다만, 근대문명에 대한 입장에서 선교사들의 입장이 일치했던 것은 아니라는 점을 유의할 필요가 있다. 식민지사회에서 가장 큰 선교부를 운영했던 북(北)장로교회는 복음전파에 있어서 근대적 시설을 활용하는 것에 부정적이었다. 이들은 종전까지 중국 및 일본의 선교에서 근대적 시설이 성공적이었음에 반해, 기대와는 달리 이런 호응이 신자의 증가로 이어지지 않았다는 점을 비판하고, 한국선교에서 학교, 병원과 같은 '근대'시설은 기독교교회의 발전에 공헌하는 한에서만 활용한다는 입장을 확정한다. 장로교회가 자립(自立), 자치(自治), 자전(自傳)이라는 네비어스(J. L. Nevius) 방법을 한국선교 원칙으로 받아들인 것은 이 때문으로, 근대시설의 설립에 적극적이었던 감리교회와 여러 가지로 대비되었던 것이다.[21] 하지만 이런 선교사들의 견해와는 별도로, 식민지인 신자들은 소속 종파와는 상관없이 여전히 '기독교문명론' 즉 서양문명=기독교문명이라는 측면에서 기독교를 받아들였다. 장로교는 교육시설의 설립에 적극적인 자세를 보이지 않았지만, 자립원칙을 바탕으로 식민지인 신도들이 학교를 세우는 것도 반대하지는 않았다.

1906년 평양숭실학당이 기독교칼리지로 확대된 경위는 이와 같은 "기독교토착론"과 "기독교문명론"을 둘러싼 선교사들 사이의, 혹은 선교사와 조선인 신도 사이의 미묘한 차이와 갈등을 반영하고 있다. 더욱이 이런 차이와 갈등은 1910년대 중반 기독교칼리지로서 평양숭실의 지위를 놓고 조선선교부와 미국선교본부 사이에 커다란 논란을 불러일으켰던 이른바 '칼리지문제'로 극대화되었다.[22]

---

20) 1902년 북장로교 해외선교부에 제출된 브라운(Arthur J. Brown)의 조선선교회 방문 보고서, 일명 『브라운보고서』의 8-12쪽을 참조.

21) 장로교와 감리교의 선교방식의 차이에 대해서는 간략한 형태이지만, R. Baird (2004[1968]), 옥성득(1998), 서정민(2005) 등도 언급하고 있다.

22) 칼리지 문제에 대해서는 Richard Baird(2004[1968]) 및 James E. Adams(1920)를

2. 독자적인 기독교교육체제의 성립과 '평양칼리지'

평양에 세워진 평양연합기독교대학, 즉 숭실학당은 1897년 북장로교회 선교사인 베어드(W. M. Baird)에 의해 설립된 것이다. 그는 1897년 평양에 부임한 후, 평양학당을 1901년 중등교육 수준의 숭실학당으로 발전시켰고, 1906년에는 감리교 등 다른 교단과 연합하여 숭실학당을 연합칼리지로까지 승격시켰다.[23] 이 평양칼리지는 이후 한일합방 직전에는 대한제국 정부로부터 '대학'인가를 받기에 이르렀다. 이 평양칼리지 성립에 있어 산파 역할을 했던 베어드는 북장로교회 최초의 교육선교사로서, 자신이 교장으로 있던 평양칼리지를 정점으로 서북지역을 포괄하는 독자적인 기독교교육체제를 구상했다. 이런 교육구상은 특히 평양을 거점으로 하는 보수적인 북장로교 선교사들의 견해를 상당 부분 반영하고 있었기 때문에, 감리교회 등 다른 교회와 교파연합주의(에큐매니칼)를 지향했던 미국의 선교본부와 상당한 갈등의 소지를 안고 있는 것이기도 했다.

베어드는 평양칼리지(숭실대학)의 교육목표를 "신의 나라를 넓히기 위해 기독교 일군을 훈련한다"는 점에 두었다. 물론 이러한 교육지향은 교파와 종파를 막론하고 모든 미션스쿨에 공통된 것이기도 했다. 그런데 평양칼리지의 경우는 이런 교육지향이 당시 평양을 중심으로 활동했던 북장로교선교사들의 근본주의적이고 복음주의적인 신학과 맞물려 있었다는 점에 주의를 요한다. 이들은 보수적 복음신학을 기반으로 식민지인들 사이에 부흥운동을 확산시켰고, 서북 각지에서 개최된 부흥회는 큰 성공을 거두어 세계에서 유례를 찾기 어려운 '선교의 성공'을 거두었다. 이들은 당시 미국종교계의 주류였던 근대주의 신학에 비판적이었을 뿐만 아니라, 교파연합주의

참조. 특히 조선선교부 선교사들이 해외선교부와 해당 선교지역의 선교회와의 관계를 재고해 줄 것을 요청하는 청원서로 작성된 애덤스(James E. Adams)가 묶은 『Presentation of Difficulties』는 칼리지 문제와 관련하여 조선선교회와 미국선교본부(해외선교부) 사이에 왕래한 편지를 수록하고 있다는 점에서 주목할 필요가 있다. 이 문제에 대한 고찰은 별도의 연구가 필요하므로 훗날을 기약한다.

23) 이하, 숭실대학의 역사에 대해서는 『숭실대학교백년사』 제1권을 참조.

(에큐매니칼) 운동에 대해서도 회의적이었다.[24] 이들은 근본주의, 복음주의 종교관을 기반으로, 자신들의 선교지가 교회를 중심으로 한 자립적인 종교 공동체로 성장해 나가기를 희망했다. 근대적 문물을 선교에 활용하는 이른바 '기독교문명론'의 선교방식을 비판했던 이들은 네비어스의 방법을 적극적으로 받아들여 '토착교회'의 건설을 지향했다. 기독교교육 또한 전적으로 '토착교회'의 건설이라는 선교목적에 종속적이어야 한다는 이들의 입장이 강력하게 반영된 것이 평양칼리지였던 것이다.

이런 교육관은 1912년 베어드가 선교본부에게 보냈던 1910~11년「연합대학보고서」에서도 명확하게 나타나 있다. 특히 이 보고서 중「조선의 기독교교육」이라는 문서에서 베어드는 평양칼리지의 기독교교육관을 다음과 같이 제시하고 있다.[25]

I. 목적:
(1) 예수 그리스도의 가르침을 배워, 조선청년 내에서 지식을 갖춘 기독교신자 남녀를 육성한다.
(2) 최고의 근대교육을 효과적으로 활용하여, 조선인들의 물질적 상황을 개선한다.
(3) 신의 나라를 넓히기 위해 기독교 일꾼을 훈련한다. (…)
III. 조선에서의 특별한 기회
(1) 교회청년에게 다른 곳에서는 받을 수 없는 교육을 제공한다.
(2) 통일되고 완전한 교육시스템을 조직화한다.
(3) 공교육을 기독교교육과 일치시킨다.
(4) 크리스천학생을 복음전도의 임무를 위해 훈련한다. (…)

---

24) 재한 선교사들의 종교적 성향과 이것이 한국기독교의 역사에 미친 영향에 대해서는 강인철,「한국교회 형성과 개신교선교사들 1884~1960」(『한국학보』 20호 2권, 1994)을 참조.

25) 李省典,『アメリカ人宣教師と朝鮮の近代』(社会評論社, 2005), 128-130쪽에서 재인용.

여기서 주목되는 것은, 우선 그가 "통일되고 완전한" 기독교교육체계의 조직화를 지향했다는 점이다. 게다가 그는 기독교교육이 공교육, 즉 세속교육과 타협하는 대신 "다른 곳에서는 받을 수 없는", 교육에서의 압도적 우위를 기반으로 오히려 "공교육을 기독교교육과 일치"시키고자 했다. 그는 또 이 문서에서 "필요한 교육부문"으로 "초등학교, 중학교 또는 아카데미, 문리과칼리지, 공업학교, 농업학교, 상업학교"를 들고 있다. 이를 통해 그는 미션스쿨이 초등교육에서 고등교육에 이르는 전체 과정을 포괄하는 체제를 염두에 두고 있었던 것을 알 수 있다. 더욱이 그는 숭실대학이 있던 평양을 하나의 자립적인 "교회=지역공동체"의 중심지로 만들려는 구상을 하고 있었던 것 같다. 서북지방의 중심도시인 평양은 당시 '조선기독교의 성지'라고 불렸을 정도로 선교 사업이 왕성했던 곳이다. 도시 곳곳에 각 종파의 기독교 시설이 교회를 중심으로 세워졌고, 초등교육뿐만 아니라, 여성교육, 직업교육, 신학교육, 장애자교육까지 실시되고 있었다. 베어드를 위시한 평양선교사들은 이 같은 지역사회의 선교실적을 기반으로 세속교육과는 별도의 학교체제를 조직하여, 평양이라는 "교회=지역공동체"를 지탱하는 '기독교 일꾼'을 체계적으로 육성하는 것이었다.

그리고 베어드는 이 학교체제의 정점에 기독교칼리지, 즉 평양칼리지를 위치시켰다. 평양칼리지를 설립할 당시, 베어드가 모델로서 염두에 두고 있었던 것은 미국 미주리주(州)에 있던 장로교칼리지인 '파크 칼리지(Park College)'와 '포이네트 아카데미(Poynette Academy)'였다. 이들 칼리지는 영국식민지 시기로부터 기원했던 '소규모종파칼리지(small denominational college)'들로서, 세속적인 교육과는 별개로 종파가 설립한 자립적인 기독교교육기관이었다. 대체로 이들 교육기관은 본격적인 신학교육을 준비하는 예비학교의 성격이 강했다. 학생들은 어디까지나 선교사후보생으로 간주되었고, 학사 및 교육내용에서도 주로 기독교적인 교리와 규율이 중심이 된다는 점에서 일반적인 교육기관과 비교되었다.[26] 더욱이 파크 칼리지와 포이네트 아

26) 숭실대학의 모델이 된 소규모종파칼리지에 대해서는 馬越徹(2001) 및 H. H.

카데미는 '노동을 통한 자립'을 강조하는 것으로 유명했는데, 경제적 여건이 어려운 학생들에게 학비를 벌 수 있는 기회를 제공함과 동시에 이러한 사업을 통해 학교의 재정자립을 꾀했다.

이러한 특징은 평양칼리지에도 잘 반영되어 있다. 첫째, 평양칼리지는 기독교신자들에 한정하여 학생의 입학을 허용하였다. 즉, 이것은 평양칼리지가 명백히 교회를 중심으로 한 자립적인 기독교 지역공동체의 설립에 기여한다는 입장을 명백히 한 것으로, 세속교육과의 관계에 있어서도 기독교교육을 근대교육의 우위에 두겠다는 입장 표시로 이해될 수 있다. 둘째, 교과과정에서도 신학교 입학에 필수적인 기독교교리 및 자유학예에 중점을 두었다. 셋째, 칼리지의 운영이 기독교선교사업 및 교회운영에 지장을 초래하지 않도록 자체적으로 자조사업(自助事業)을 운영하였다. 이는 교육사업의 부담을 최소화함과 동시에, 경제적 기반이 어려운 학생들이 스스로 학자금을 마련할 수 있는 기회가 되기도 했다.[27]

IV. 근대교육과 기독교교육의 길항(拮抗): 기독교칼리지 구상의 가능성과 한계

앞서 살펴본 평양선교사들의 기독교교육 구상은 당시 서북지역 식민지인들의 큰 호응을 얻었다. 평양의 미션스쿨은 총독부의 관립교육과는 무관한, 초등-중등-고등교육에 이르는 교육체제를 형성했을 뿐만 아니라, 자조사업을 통해 독학의 기회를 제공했기 때문이다. 조선인들에게 이런 교육체제는 명백히 조선총독부의 정책에 저항하는 대안으로 비춰질 만했다. 하지만 과연 평양칼리지와 독자적인 기독교교육체제가 정말 식민지인들의 기대처럼 근대교육에의 지향, 식민지 지배 거부에의 지향에 부합했을까.

Underwood(1926: 126-131)를 참조.

27) 평양칼리지의 자조사업에 대해서는 『숭실대학교백년사』 제1권, 95-114쪽 참조.

우선, 평양칼리지가 근본적으로 근대교육보다는 기독교교육을 지향했다는 점을 지적해 둘 필요가 있다. 1909~1910년 평양칼리지의 교과과정을 살펴보면, 매 학년 25단위의 교과과정에서 성경이 각 5단위로 총 25% 이상을 차지하고 있으며, 그 밖의 과목은 수학, 물리학, 자연과학(생물학, 천문학 등), 역사학, 어학, 음악 등으로 교양과목이 주가 되었다. 더욱이 성경 외의 과목은 대체로 신학교에 입학하기 위해 필요로 하는 수준에서 가르친 것으로 보인다. 교수들이 모두 선교사들이고, 특정 전공영역이 설정되지 않았으며, 성경의 비중이 컸다는 사실은 평양칼리지가 미국의 기독교종파칼리지와 마찬가지로, 신학교의 예비단계의 측면이 강했을 뿐만 아니라, 식민지인의 기대와는 달리 제한된 수준에서 근대교육을 실시했으며 그것도 철저하게 기독교교육의 측면에서 가르쳤다는 것을 드러낸다.

둘째, 평양칼리지가 최종적으로 지향하는 토착교회의 건설이 반드시 토착문화의 인정, 존중과 연결되지 않는다는 점 또한 주목할 필요가 있다. 보통 선교이론의 차원에서 '토착교회론'이 등장하게 된 배경으로 '기독교문명론'이 서구제국주의의 첨병역할을 하게 된 것에 대한 반성이 지적되기도 하지만, 토착교회의 방법론이 반드시 진보적인 신학조류와 결합되는 것은 아니었다. 조선선교가 단적인 사례로, 토착교회론이 선교방법으로 채택된 데에는 중국, 인도, 일본에 비해 조선이 선교지로서의 비중이 미미했으며, 따라서 선교모국으로부터의 경제적 지원, 후원을 기대하기 어렵다는 사정이 일정 정도 반영된 것으로 판단된다(류대영, 2001: 3장). 그런데 이러한 불가피한 선교사들의 토착교회론이 피식민지인 신도들의 예상치 않은 호응 속에서 급속한 교세의 확장을 가져왔던 것이다. 교회는 미국선교본부의 지원 없이 피식민지인 신도들의 자체적인 모금과 후원에 의해 설립되었고, 미션스쿨 또한 대부분이 사실상 그들에 의해 설립되었다(장규식, 2001: 1장). 선교사들은 근본주의적 교리해석을 바탕으로 이들 교회와 학교를 계속적으로 지도할 수 있었는데, 이는 선교지의 문화와 역사, 사회에 대한 이해와 접근을 통해서가 아니라, 엄격하고 근본주의적인 교리해석 및 복음주의적인 신도관리를 통해서였다. 즉, 평양의 선교사들은 교단의 종파적인 성격,

폐쇄적 성격을 강화함으로써 지배적 위치를 지킬 수 있었던 것이다.

이러한 특징은 평양칼리지의 교과과정에서도 잘 나타난다. 교과과정에는 조선의 사회, 역사, 문화에 관련된 과목이 한 과목도 없을 뿐만 아니라, 역사의 경우, 영국사와 미국사만을 가르치고 있다. 교과과정표 자체만 놓고 보면, 이것이 평양칼리지의 교과과정인지 아니면 미국의 어느 종파칼리지의 과정인지 알 수 없을 정도이다. 물론 평양의 선교사들도 교회토착화의 측면에서 식민지인들의 언어 및 표기법[한글]을 중시했다. 그리고 교과서의 한글번역에도 크게 심혈을 기울였다. 하지만 이러한 선교사들의 노력 또한 선교의 일환이었을 뿐, 선교지의 사회, 역사, 문화에 대한 적극적인 관심으로 이어지지 못했던 것이다.

〈표 2〉 1909~10년 평양칼리지의 교과과정[28)]

	1학년	2학년	3학년	4학년
성경	신약사 1 가리아서 / 에베소서 2 시편 2	소예언서 3 로마서 2	레위기 3 히브리서 2	다니엘서 2 요한계시록 3
수학	대학대수 4	삼각법 2 입체기하 2	측량술 3 해석기하 2	미적분학 3
물리학	열(1학기) / 광(2학기) 3	자기학 3	정성화 3	정량화학 3
자연과학	비교동물학 3	발생학 / 생물학 3	천문학 3	
역사학	미국사 3	영국사 3	20세기사 3	전기 2
인문학	윤리학 또는 철학 3	경제학 또는 교육학 3	논리학 3	심리학 3
어학	영어 3	영어 3	영어 3	영어 3
웅변/음악	음악 1	웅변 1	토론 1	

28) 『숭실대학교백년사』 제1권, 147쪽.

셋째, 평양의 선교사들이 총독부의 교육에 거리를 두는 입장을 취했던 것은 그들의 교육이 식민지적이었기 때문이 아니라 세속적이었기 때문이었다. 따라서 총독부에 대한 이들의 입장은 '거부'라기보다는 '분리'에 가까웠고, 총독부가 지향했던 식민지교육체제를 완전히 부정했던 것은 결코 아니었다. 평양 선교부는 조선총독부의 교육정책에 크게 구애되지 않는 경향을 보였다. 조선총독부는 미션스쿨에 대해서 학교로 인가하지 않거나, 학력자격을 부여하지 않는 방식으로 통제를 했지만, 세속교육과의 분리를 지향하는 입장에서는 세속권력의 이런 통제는 별다른 의미를 갖지 않기 때문이다. 하지만 그렇다고 이들이 총독부의 교육정책을 비판하거나 관여한 것도 아니었다. 그들의 관심은 근본적으로는 기독교 지역공동체의 자율적 재생산에 있었기 때문에, 총독부가 기독교선교를 저해하지 않는 한 총독부의 식민지정책을 묵인하는 방식을 취했던 것이다.

평양칼리지로 대표되는 북장로교 선교사 주류파의 이러한 입장은, 감리교 등 다른 기독교교파뿐만 아니라, 서울을 중심으로 활동했던 언더우드(H. H. Underwood) 등 북장로교 소장파에게도 비판의 대상이 되었다. 당초 평양칼리지에 참여했던 감리교 선교사들이 평양칼리지의 연합을 탈퇴하고, 서울의 소장파 장로교선교사들이 평양칼리지와 별도로 서울에 조선기독교연합칼리지 설립을 모색했던 것도 이 때문이다.[29] 특히 이러한 움직임을 주도했던 것은 언더우드였다. 그는 평양칼리지가 비(非)기독교신도를 배제하는 등 지나치게 고립주의적 입장을 취하는 것을 비판하고, 교파연합적 관점에서 감리교 선교부와 적극적인 연대를 모색해, 서울에 세속주의적 입장에서 자유교양칼리지를 설립하려고 하였다.

언더우드 등의 입장은 기독교칼리지가 보다 적극적으로 세속교육을 포

29) 1906년 9월 평양칼리지에 참여했던 북감리교회는 1912년 3월 감리교회 연례회의에서 서울에 연합칼리지를 설립하기로 결의한 후, 1912년 12월 평양칼리지에서 철수했다. 한편, 서울의 언더우드 등은 1909년부터 계속해서 서울에 별도의 칼리지를 설립할 수 있도록 미국 선교본부에 청원했다. 칼리지 문제에 대한 구체적인 사건의 전개과정은 Richard Baird(2004[1968]), 236-288쪽에서 확인할 수 있다.

용할 필요가 있다는 것이다. 새롭게 세워질 기독교칼리지는 기존의 세속적인 학교에 다녔던 식민지인 학생들을 적극적으로 받아들여야 하며, 세속적인 학문분야 및 직업분야에도 관심을 기울여, 종교교육뿐만 아니라 근대교육에 있어서도 조선 내의 최고 학부가 되어야 한다.[30] 이렇게 되기 위해서는 새로운 칼리지는 반드시 선교지의 중심부인 서울에 세워져야 한다는 것이 언더우드의 생각이었다. 이런 언더우드의 구상은 미국의 '자유교양칼리지(liberal arts college)'를 모델로 하고 있는 것이었다. 이것도 기본적으로는 '소규모종파칼리지'와 마찬가지로 기독교 일군을 양성한다는 공통된 목표를 가지고 있었다. 하지만 배타적이고 고립적인 종파칼리지와는 달리 자유교양칼리지는 기독교인으로서의 일반교양교육을 강조할 뿐만 아니라 비(非)기독교계열의 학교에 대해서도 관용적인 태도를 보여 주고 있다. 그는 1900년대 '선교의 기적'에서 비롯된 자신감을 바탕으로 기독교교육체제가 한국 사회 전체를 포괄할 수 있기를 기대했던 것이다.

이러한 언더우드 등 서울 선교사들의 활동에 대해 미국의 북장로교 선교본부는 적극적인 지지를 표했을 뿐만 아니라, 이를 '조선에 유일한 기독교 연합칼리지'로 인정함으로써 평양칼리지의 폐쇄를 지시했다.[31] 당시 교파연합을 중시했던 미국의 선교본부가 평양지부의 독단적 노선이 여타 교단과의 연합을 저해하는 것을 우려하고 있었기 때문이다. 1913~15년 사이에 제기된 이른바 '칼리지 문제'는 선교본부의 이러한 입장에 평양의 선교사들이 반발하면서 촉발된 것으로, 기독교교육의 목적과 의의, 지역선교부와 선교본부 사이의 관계설정을 둘러싸고 선교본부와 서울선교사, 평양선교사 사이의 첨예한 입장대립이 일어났다. 결국, 1914년 말 선교본부의 의도대

30) 李省典(2005: 135-146) 및 서정민(2005: 131-151) 참조.

31) 1914년 2월 2일 북장로교 선교본부는 공식적으로 서울칼리지를 조선 내 유일한 기독교칼리지로 공포하고 평양칼리지의 폐쇄를 조선선교부에 지시했다. 이에 대한 조선선교부의 저항은 계속되었는데, 결국 1914년 8월 평양칼리지를 서울칼리지보다 한 단계 낮은 초급칼리지(junior college)로 존속시키는 것으로 조선선교부의 항의를 일부 수용하였다. 자세한 사항은 Richard Baird(2004[1968]) 및 James E. Adams (1920)를 참조.

로 서울에 연합기독교칼리지의 설립이 확정되고, 개교를 추진하게 되었다.

조선총독부가 「사립학교령」을 정비하여 개정 「사립학교규칙」을 발표하고, 중등고등교육에 대한 규정을 새로 세우게 된 것은 바로 서울칼리지의 설립 직전인 1915년 3월의 일이었다. 서울칼리지의 경우, 평양칼리지와는 달리 세속주의적 교육을 지향했기 때문에 이러한 식민지당국의 견제는 치명적일 수밖에 없었다. 특히 학교인정과 학력인정은 핵심적 사안으로서 총독부와의 타협은 필수적이었다. 결국 서울칼리지는 총독부와 지루한 협의를 거쳐 1917년 4월 '연희전문학교'라는 형태로 식민지교육체제에 편입되었다.[32]

V. 나가며

이상에서 살펴보았듯이, 서양인 선교사들이 모색했던 기독교교육체제구상도 총독부와 마찬가지로 교육의 이념 사이의 균열을 내포하고 있다. 선교사들은 서구적 근대성이 조선인들에게 주는 매력을 선교전략으로 적극 활용했지만, '근대=세속교육'의 잠재력은 기독교 정신을 저해하지 않는 범위에서만 의미를 가졌다. 따라서 선교사들이 세속권력으로부터 자율적인 기독교교육체제를 추구한다고 하더라도 세속교육 그 자체를 대체하려 하지 않으며, 대체할 수도 없었다. 베어드는 '교회=지역공동체'를 기반으로 기독교신자의 자율적인 재생산을 추구했고, 언더우드는 세속교육과 접속되는 보다 개방적인 미션스쿨의 네트워크를 지향했다. 하지만 세속교육으로부터 자율을 추구하든, 세속교육과의 타협을 추구하든, 세속교육 그 자체를 부정하지는 않는다는 점에서 양자의 입장은 일치한다.

더욱이 당시의 세속권력이 조선총독부였다는 점을 염두에 둔다면, 식민지

32) 연희전문학교의 설립과 관련해서는 연세대학교백년사편찬위원회, 『연세대학교백년사 1』(연세대출판부, 1985)을 참조.

지배와 식민지교육에 대해 선교사들이 기본적으로 어떤 입장을 가지고 있었는지 알 수 있다. 조선총독부와 서양인 선교사는 한편으로는 대립관계를 이루고 있지만, 다른 한편으로는 현실적인 식민지권력에 대한 인정이라는 점에서는 타협적인 관계를 형성하고 있었다.

그런데 여기서 한 가지 주의할 점이 있다. 미션스쿨을 지지했던 조선인들의 입장과 관점이 반드시 선교사들의 입장과 일치했던 것은 아니라는 사실이다. 장규식(2001)은 당시 조선인 기독교신도는 대체로 교파와 상관없이 '기독교문명론'의 입장을 공유하고 있었고, 사회운동의 측면에서도 같이 활동하는 경우가 적지 않았다고 지적하고 있다. 같은 교파라도 선교사와 조선인 신도들의 기독교와 근대문명에 대한 태도는 다를 수 있었던 것이다. 더욱이 앞서 언급했듯이 서북지역에서 급성장했던 미션스쿨 또한 조선인 신도들의 자체적인 모금과 후원에 의해 설립된 상황을 고려해 본다면, 평양칼리지를 위시한 미션스쿨은 선교사들의 의도와 입장 이상의 것을 의미한다. 1911년 105인 사건에 평양칼리지 즉 숭실대학 출신들이 다수 연루되었다는 사실은 숭실대학을 비롯한 미션스쿨에 선교사들과 더불어 조선인이라고 하는 또 다른 식민지 행위주체(colonial agency)가 깊이 관여하고 있었음을 보여 준다.

이 글에서는 1910년대 식민지 중·고등교육을 둘러싸고, 일본인 지배자와 서양인 선교사라는 식민지 행위주체들이 어떻게 경합하면서, 식민지교육체제를 성립해 가는지를 분석하였다. 하지만, 식민지교육체제 성립과 작동양상을 보다 포괄적으로 분석하기 위해서는 식민지교육이 발 딛고 있는 사회, 즉 식민지사회의 사람들이 행위주체로서 어떻게 관여해 왔는지를 살펴볼 필요가 있다. 이런 과제를 위해서는 조선인 즉 식민지인이 단순히 총독부 주도의 학교 혹은 미션스쿨로부터 교육을 받는 수혜자나 객체가 아니라 식민지교육체제 형성에 적극적으로 관여하는 행위주체(agency)라는 인식의 전환이 필요하다. 이에 대한 연구는 향후의 과제로 남긴다.

번역으로 재현된 '조선(인)' 담론

—번역은 가치중립적인가—

박상현

I. 들어가며

일본의 근대는 번역의 근대였다. 일본은 번역을 통해 얻은 학문적 지식으로 '문명국'으로서의 서양을 따라잡고 뛰어넘고 싶었다. 그래서 일본의 메이지(明治)정부는 유신 직후부터 관(官) 주도로 서양의 번역에 임했다. 즉 1870년에는 외무성에 번역통변(通辯)을, 1872년에는 번역국을 설치했다. 또한 1874년까지는 외무성 · 내무성 · 대장성 · 태정관(太政官) 등의 주요 정부기관에 번역을 담당하는 전문 부서도 두어(斎藤愛, 1999: 33-43), 서양의 역사와 군사, 화학과 의학을 중심으로 한 자연과학, 법학 등을 우선적으로 번역했다(丸山眞男 · 加藤周一, 1998: 63-153). 반면에 서양의 문학과 예술은 우선순위에서 밀려났다(丸山眞男 · 加藤周一, 1998: 150). 결국 서양 열강에 대항하기 위한 수단으로서의 이런 번역 양상은 과학기술의 발전, 헌법을 포함한 여러 국내법의 정비, 불평등조약의 개정에 공헌했다.

한편 일본은 조선에 관한 지식도 필요했다. 조선에 대한 식민화 전략을 세우고, 식민지로서의 조선을 효율적으로 경영하기 위해서였다. 이런 목적에 활용된 것 중의 하나가 또한 번역이었다. 하지만 메이지 정부는 서양의 번역과 달리 관 주도로 정부 기관이 직접 나서서 조선의 번역에 임하지 않고, 간접적으로 지원하는 형태를 취했다. 예컨대 식민지 조선에 있었던 조선연구회(1910), 자유토구사(1920), 봉공회(1924), 조선문제연구소(1936)의 설립과 활동에서 그런 모습을 확인할 수 있다. 이와 같은 서양의 번역과 조선의 번역에 대한 일본 정부의 다른 태도는 서양과 조선이라는 타자에 대한 인식의 차이에서 비롯됐을 것이다.

그런데 현재 일본인은 한국인을 어떻게 인식하고 있을까? 2002년 한일월드컵 공동개최와 한류붐 및 신한류로 일본인의 한국인관이 예전에 비해 긍정적으로 개선된 것은 사실이다. 하지만 역사학자인 다카사키 소지(高崎宗司)가 이미 지적하고 있듯이 일본인의 한국인관은 '멸시와 무관심'으로 대표된다(2002: 200-223). 이런 인식은 진구(神功)황후가 신라를 정벌했다는 『일본서기』(日本書紀, 720)까지 거슬러 올라간다. 예컨대 지금도 적지 않은 일본인이 말하는 '한국인은 공사를 혼동한다' 혹은 '한국인은 사대주의가 강하다' 등과 같은 인식도 일본인의 한국인 멸시관과 관련 속에서 바라봐야 이해하기 쉽다.

그렇다면 일본인의 한국인 멸시관은 언제 대량적으로 생산되어 유통되었을까? 짐작대로 일제강점기다. 그때 생산된 조선(인) 담론은 지금까지도 영향력을 발휘하고 있는데, 그 모습의 한 단면을 다카하시 도루(高橋亨)의 『조선인』(朝鮮人, 조선총독부 발간, 1921)이 잘 보여 준다. 경성제국대학에서 교수로 재직했던 다카하시는 『조선인』에서 조선인의 민족성을 다루었다. 그는 여기서 조선인의 민족성으로 사상의 고착, 사상의 종속, 형식주의, 당파심, 문약(文弱), 심미 관념의 결핍, 공사의 혼동, 관용과 위엄, 순종, 낙천성을 들고 있다(다카하시 도루, 2010: 25-88). 그리고 이런 다카하시의 조선 민족성에 대한 언급은 이후 적지 않은 일본 지식인에게 인용되거나 재인용되면서 일본인의 조선인 담론이 되어 간다.

제국일본이 재현해 낸 일본인의 조선(인)관은 다카하시의 『조선인』 같은 저서를 통해 제국일본의 신민에게 널리 퍼져 나갔다. 그리고 이런 저서와 함께 일본인의 조선(인) 담론을 재현해 내는 데 중요한 역할을 한 것이 있었다. 그것은 뜻밖에도 조선 고서의 일본어 번역이었다.

앞에서 이미 언급했듯이 조선연구회, 자유토구사, 봉공회, 조선문제연구소는 조선 고서를 본격적으로 그리고 적극적으로 일본어로 번역 출판했다. 이들 가운데 특히 주목을 끄는 것은 무엇보다 1920년에 설립된 자유토구사다. 어용언론인 겸 출판인인 호소이 하지메(細井肇)가 설립한 출판사인 자유토구사는 1921년에는 『통속(通俗)조선문고』를, 1922~23년에는 『선만(鮮滿)총서』를 통해 조선 고서를 다량으로 번역하여 출간한다. 그리고 이들 시리즈는 이후 정전(canon)이 되어 갔고, 여기에서 재현된 조선(인)관은 일본인의 조선(인) 담론으로 자리 잡게 된다.

이 논문에서는 자유토구사에서 출간된 조선 고서의 일본어 번역서를 면밀히 검토하여 왜, 어떻게, 무엇을, 누가 번역했는가와 같은 번역의 문제를 살펴본다. 그리고 그 결과 어떤 조선(인) 담론이 구체적으로 재현되었는가를 고찰해 본다.

II. 왜 번역했을까

조선 강탈 직후인 1910년 10월 조선 강제 병합을 기념하기 위해 호소이 하지메는 기쿠치 겐조(菊地謙讓)[1)]와 함께 조선연구회를 설립했다. 하지만 호소이는 이 단체의 경영이 어려워지자 1911년 아오야기 쓰나타로(青柳綱太郎)[2)]

1) 기쿠치 겐조는 『국민신문』의 기자 자격으로 청일전쟁을 취재하기 위해 조선으로 건너왔다. 이후 그는 조선총독부의 기관지 역할을 했던 『경성일보』의 전신인 『한성신보』 주필로 활약하게 된다(다카사키 소지, 2006: 59-60).

2) 그는 1908년 조선으로의 이민을 장려하는 『한국식민책』이라는 저서를 발표한다. 또

에게 그 경영권을 넘겨주고 일단 일본으로 건너갔다. 조선에서 3·1독립운동이 일어나자, 호소이는 그 원인을 수천 년의 특수한 역사와 습속 및 심성(心性)을 가진 조선인을 이해하지 못한 제국일본의 식민정책에서 찾았고, 내선(內鮮)융합을 위해서는 조선문화연구가 중요하다고 인식하게 된다.[3] 그리고 그 실천으로서 1920년 봄에 호소이는 오바 가코(大庭柯公)의 협력으로 조선관계 서적 출판사인 자유토구사를 설립하여 자신이 편집자 겸 발행인이 되어, 『통속조선문고』와 『선만총서』를 출간한다.

호소이는 「통속조선문고의 간행」에서 '공짜와 같은 실비'로 이 시리즈를 제공한다고 말하면서 이 사업이 '일선(日鮮)융합의 대정신'에 기여하기를 바란다고 명확히 적고 있다.[4] 또한 그는 『통속조선문고』와 『선만총서』에 수록되어 있던 번역물 가운데 『춘향전』을 비롯한 10개의 번역 작품을 추려 1924년 11월 봉공회에서 『조선문학걸작집』으로 간행한다. 그 서문격인 「『조선문학걸작집』의 권두에 붙인다」에서 그는 아래와 같이 말한다.

> 다이쇼 8년(1919년-인용자) 3월 1일 독립만세소요(3·1 독립운동-인용자)의 발발(突發)을 동경에서 들었을 때, 나는 내 일생에서 (내) 사명이 명확히 제시되었다는 것을 확인했다. 소요 후 즉시 남북 지나(중국-인용자)를 돌아다녔다. 귀국길에 조선의 사태를 관찰하고는 조선에 시시각각 소리 없이 국가와 민족의 운명을 좀먹어 가는 악질의 '암'이 있다는 것을 뚜렷이 눈으로 볼 수 있었다. 귀국 후에 나는 한 가지 결의를 하고 조선에 가게 되었다. 내선(內鮮)의 진정한 결합은 무엇보다도 내지인(內地人)이 조선인을 이해하는 데 있다. 뛰어난 점(特長)도 결점도 속속들이 알고 그 뛰어난 점에 경의를 표함과 동시에 결점에 동정하는 것에 있다. 상대(對者)의 뛰어난 점도 모르고 단지 그 결점만을 깔보고 미워하면서 말(口頭)로 '친선'·'융화'를 추구해서 무엇을 할 수 있단 말인가. 무릇 국가 민족의 심성(心性)을 이해하기 위해서는 그 국가 민족의 문학을 아는 것보다 빠른 길은 없다. 문학은 인정의 극치를 증류해서 수정(水晶)과 같이 결정된 것으로 단지 당

한 궁내부에서 주사급으로 근무하기도 했다(곤도 시로스케, 2007: 54).

3) 細井肇, 『通俗朝鮮文庫』 第2輯(自由討究社, 1921), 1-2쪽.

4) 細井肇, 『通俗朝鮮文庫』 第4輯(自由討究社, 1921), 2쪽.

시의 시대정신을 아는 데 편의를 주는 것뿐만이 아니다. 고금을 종단해서 그 국민 성격의 유래를 알 수 있다.[5)]

위의 인용문에서 알 수 있듯이 3 · 1 독립운동은 호소이에게 큰 영향을 미친 것 같다. 즉 그가 보기에 3 · 1 독립운동은 내선일체가 제대로 정착되지 못했기에 발생한 것이었다.

결국 호소이는 '일선 융합의 대정신' 곧 '내선의 진정한 결합'을 완수하기 위해 일본인이 조선인을 이해해야 한다고 믿는다. 그 이해란 다름 아닌 조선 '민족의 심성'을 이해하는 것이었다. 그리고 그는 조선 민족의 심성이 드러나 있는 '민족의 문학'인 조선의 문학을 알아야 한다고 말하며, 조선의 고소설을 일본어로 번역했던 것이다. 그에게는 '문학이 국민 성격의 유래'를 알려 줄 것이라는 인식이 강하게 있었다.[6)]

III. 어떻게 번역했을까

그런데 자유토구사는 『통속조선문고』와 『선만총서』에 수록된 조선 고서를 번역하면서 어떻게 번역할 것인가, 곧 번역 방식의 문제에 깊이 고민한다. 자신들이 재현해 낸 조선(인)상을 가능한 한 알기 쉽게 제국일본의 신민에게 전달하고 싶었기 때문이다.

이런 사정은 좀 전에 인용했던 호소이의 「『조선문학걸작집』의 권두에 붙인다」에 잘 나타나 있다.

---

5) 細井肇, 『朝鮮文学傑作集』(奉公会, 1924), 4-5쪽.

6) 문학 작품에서 조선 민족의 심성을 읽어 내어 내선일체에 이바지하겠다는 호소이의 인식은 물론 그의 전유물이 아니었다. 예를 들어 아오야기 쓰나타로가 1912년에 조선연구회에서 출간한 『조선야담집』의 「서(序)」에도 이와 비슷한 인식이 보인다. 즉 조선연구가이자 통감부 촉탁으로 일했던 아오야기는 조선 민족을 동화시키고 그 형제자매와 합치하기 위해서는 '사회생활의 이면'과 '국민성'을 먼저 알아야 한다고 지적하고, 그것을 위해 『조선야담집』을 엮었다고 말한다(青柳綱太郎, 1919: 1-2).

> 조선의 고사고서가 간행된 것은 다음과 같다. 즉 조선고서간행회(1908년 설립-인용자)가 원문 그대로 출판한 것과 조선연구회가 간행한 것의 2종류가 있다. 전자는 값이 비싸서 일반 국민이 사서 읽기에 편리하지 않다. 후자는 직역한 것이어서 뜻을 이해할 수 있는 부분이 적다. 내지인(内地人)에 조선을 이해시키기 위해서는 난해하고 많은 분량인 조선의 고사고서를 그 요점만을 잘 정리해서 일반인이 이해하기 쉬운 언문일치로 해석하고 설명하는 것 만한 것은 없다고 믿는다. 그러기에 그 신념에 전력을 경주한 것이 통속조선문고이고, 선만총서이다.[7]

요컨대 기존의 조선고서간행회와 조선연구회의 조선관계 번역서의 경우는 그 가격뿐만이 아니라 번역 스타일 면에서 폭넓은 독차층을 확보하기가 여의치 않았다. 반면에 『통속조선문고』와 『선만총서』는 요점을 간추린 초역(抄譯)과 일반인도 읽기 쉽도록 고안된 통속역(通俗譯) 곧 언문일치 번역[8]으로 일본인에게 조선을 쉽게 이해시키고자 노력했다.

다음으로 『통속조선문고』와 『선만총서』에는 '번역자의 정치적 개입'도 활발히 이루어졌다. 즉 조선의 고사고서를 원문인 한문 그대로 출판하는 것(조선고서간행회)에는 '번역자의 개입'이 거의 있을 수 없었다. 한편 원문인 한문과 일본어역이 함께 있는 대역(對譯) 형식을 취하는 동시에, 직역(直譯) 곧 한문을 그대로 원용하면서 훈독한 문어체로 번역 출판한 것(조선연구회)에도 역시 '번역자의 개입'이 거의 없거나 적극적일 수 없었다. 그러나 『통속조선문고』와 『선만총서』는 그렇지 않았다.

이런 '번역자의 비윤리적 개입' 곧 호소이의 '텍스트 개입'은 번역 전략에서 잘 드러난다. 예를 들어 사악한 계모로 인한 가정의 갈등과 아버지 배좌수의 무능을 그린 『장화홍련전』을 살펴보자. 1922년 3월 자유토구사에서 출간된 『장화홍련전』은 그 이본(異本) 가운데 하나인 자암본을 번역 대본으로 했다고 한다(서신혜, 2007: 409).

서신혜는 번역 대본인 자암본의 『장화홍련전』과 호소이가 번역한 것을

7) 細井肇, 『朝鮮文学傑作集』, 5-6쪽.

8) 細井肇, 『通俗朝鮮文庫』 第2輯, 1쪽.

비교해 보면 그 내용과 표현은 거의 같은데 '교묘하게 몇몇 부분에서 서술이 간략해지면서 특정 부분이 부각'되어 있다고 말한다. 그 예로 장화홍련에 대한 배좌수의 사랑이 묘사된 〈표 1〉과 같은 대목을 든다(서신혜, 2007: 409-410).

〈표 1〉『장화홍련전』, 자암본과 호소이 번역본

자암본의 『장화홍련전』	호소이 번역본 『장화홍련전』의 한국어 번역	호소이 번역본 『장화홍련전』
……**아비 소녀 형제를 애지즁지ᄒᆞ오ᄆᆡ 남의 업슨 바로 아옵고 어진 ᄇᆡ필를 구ᄒᆞ오ᄃᆡ 계모 ᄉᆡ긔ᄒᆞ오므로 장찻 이십이 되도독 졍혼치 못ᄒᆞ여습더니 소녀의 몸이 원혼이 되어 이렷틋ᄒᆞ믄다믄 연리 아니오라**9) 아비 본ᄃᆡ 조업이 업ᄉᆞᆸ고 어미 ᄌᆡ물이 만ᄉᆞ와 노비 쳔여귀요 젼답이 쳔여셕작이오 기외 금은보화ᄂᆞᆫ 거ᄌᆡ두량이라 소녀 형제 츌가ᄒᆞ오면 ᄌᆡ물을 다 가질가 ᄒᆞ여 소녀 형제를 쥭이고 ᄌᆡ물을 탈취ᄒᆞ여 제 ᄌᆞ식을 쥬고져 ᄒᆞ여 쥬사야탁ᄒᆞ여……	……**아버지께서는 우리 자매를 특별히 사랑하셨으므로 (허씨 부인이) 시기심이 일어났습니다.** 그것은 우리들 두 사람이 혼인을 하면 돌아가신 어머니께서 친정으로부터 지참하고 오신 재물을 대부분 가지고 갈 것이라고 생각했기 때문입니다. 그래서 두 사람을 죽이려는 마음이 일어나……	……**父が我々姉妹を殊の外加愛がりますので、猜みの心を起すやうになりました。**それは私達二人が縁附けば亡き母が実家から持って参りました財産の大方を持って行くだらうとの考からです、及で私達二人を殺して了はうといふ心を起し、……10)

그리고는 이 대목에 보이는 호소이 번역의 특징을 아래와 같이 정리한다.

가장 특징적인 것은 그들 가정에 일어난 각종 문제를 재산과 관련한 문제로 몰아가는 점이다. 특별히 계모 허씨가 장화홍련을 미워하여 죽이기까지 한 이유를 설명하면서 교묘하게 이 모든 것을 재산문제 때문이라고 집중시키고 있다.

9) 이 부분이 호소이의 번역본『장화홍련전』에서는 상당히 간략하게 그려지고 있다.

10) 細井肇,『薔花紅蓮傳』(『朝鮮文学傑作集』 수록), 40쪽.

(중략) 다른 부분에서는 거의 글자까지 차이 없이 자암본을 그대로 번역하였지만 이 부분에서는 곁가지를 최대한 없애고 오직 허씨가 장화홍련을 죽이려는 이유를 재물의 문제로 집중시키고 있다(서신혜, 2007: 409-410).

호소이 번역본 『장화홍련전』은 조경하(趙鏡夏)가 번역한 것을 나중에 호소이가 수정·윤색한 것이다. 그러기에 이 대목이 조경하의 번역 전략에 의한 것인지,[11] 호소이의 번역 전략에 의한 것인지 단언하기는 쉽지 않다. 하지만 호소이가 『장화홍련전』에서 조선인의 심성으로 '공리(功利)적 관념'[12] 곧 재산(재물) 관념이 뿌리내리고 있다고 지적하고 있는 점에 주의할 필요가 있다. 이것을 고려해 보면 재물 문제를 특별히 부각시킨 위 대목에서 호소이는 '선택과 배제'[13]라는 방식으로 텍스트에 깊이 관여했다고 생각된다.

IV. 무엇을 번역했을까

자유토구사에서 1921년에 출간된 『통속조선문고』는 전 12권으로 되어 있다. 여기에는 나가노 도라타로(長野虎太郞)와 호소이 하지메가 편저한 『붕당사화의 검토』와 같은 편저서도 있었고 저서도 있었다. 하지만 주로 조선 고서가 번역·소개되어 있었다. 번역자를 중심으로 그것을 다시 정리해 보면 다음과 같다.

---

11) 조경하는 어떤 번역 전략으로 『장화홍련전』을 옮겼는지 전혀 밝히고 있지 않다.

12) 細井肇, 『薔花紅蓮傳』, 78쪽.

13) 선택과 배제는 『통속조선문고』(1921)의 제2권에 수록된 『장릉지』에서 잘 나타난다. 호소이는 「장릉지의 역술(譯述)에 대해」에서 다음과 같이 말한다. 지금의 독자들은 분묘(墳墓), 사묘(祠廟), 제사(祭祀), 제기(題記), 봉릉(封陵), 건사(建祀) 등에 대해서는 전혀 흥미가 없으므로 이것들은 일일이 번역하지 않는다. 따라서 이 책의 골자라고 할 만한 세조 찬위(簒位)와 그것으로 인해 발생한 사육신의 변, 그리고 무오사화를 중심으로 해설적으로 썼다. 細井肇, 『薔花紅蓮傳』, 3쪽.

〈표 2〉『통속조선문고』(전12권)[14]

① 호소이 하지메	『목민심서』(제1집 수록), 『장릉지』(제2집 수록), 『아언각비』(제10집 수록), 『장화홍련전』(제10집 수록)
② 시마나카 유조 (島中雄三)	『사씨남정기』(제2집 수록), 『구운몽』(제3집 수록), 『광한루기』(제4집 수록), 『추풍감별곡』(제8집 수록)
③ 시미즈 겐키치 (清水鍵吉)	『병자일기』(제6집 수록), 『팔역지』(제8집 수록)
④ 이마무라 도모 (今村鞆)	『조선세시기』(제4집 수록)
⑤ 나가노 나오히코 (長野直彦)	『징비록』(제5집 수록)
⑥ 시라이시 아쓰시 (白石重)	『홍길동전』(제7집 수록)
⑦ 오사와 류시로 (大沢竜二郎)	『심양일기』(제9집 수록)
⑧ 조경하	『심청전』(제9집 수록)

『통속조선문고』 제10집에는 『장화홍련전』이 수록되어 있는데, '趙鏡夏訳 細井肇閱'로 적혀 있다. 곧 조선인 조경하가 번역한 후, 나중에 호소이 하지메가 수정 · 윤색을 했다는 의미다. 이처럼 일본어로 번역된 조선 고서의 번역 과정을 살펴보면, 조선인 번역자가 일본어로 일단 번역한 것을 후에 일본인이 '수정 · 윤색'한 경우가 있다.[15] 이와 같이 수정 · 윤색이 가미된 번역서의 경우, 필자는 수정 · 윤색한 자를 '최종적인' 번역자로 판단한다.[16]

14) 『통속조선문고』 제5집에는 『남훈태평가』가 수록되어 있는데 그 역자를 알 수 없기에 여기서는 논의에서 제외한다.

15) 이와 같이 도착 언어의 네이티브가 원천 언어의 네이티브와 함께 원천 텍스트를 도착 언어로 번역하는 것은 드문 현상이 아니다. 예를 들어 선교사 마틴(W. A. P. Martin)은 『만국공법』을 중국어로 번역할 때 중국인과 공역했다(丸山眞男 · 加藤周一, 1998: 105).

16) 한 예로서 『장화홍련전』을 보자. 호소이가 자필로 적은 「장화홍련전을 번역하고」

여기에 들어가는 작품으로는 『광한루기(춘향전)』 등이 있다. 호소이는 「광한루기의 권말에」에서 역자에 대해 다음과 같이 말한다. 『광한루기(춘향전)』는 조경하가 구어역한 것을 나중에 친구인 시마나카 유조가 통속적인 구어체로 윤색했다.[17] 『추풍감별곡』도 조경하가 번역한 것에 시마나카가 윤색한 것이었다.[18]

또한 자유토구사는 1922~23년에 모두 11권으로 되어 있는 『선만총서』를 출간한다. 『선만총서』에도 기쿠치 겐조의 『각종 조선평론』(제1권)과 같은 저서도 있지만, 역시 주로 조선 고서가 번역되었다.

〈표 3〉 『선만총서』(전11권)

호소이 하지메	『해유록』 상(제1권 수록), 『제비다리』 상권(제1권 수록), 『해유록』 하권(제2권 수록), 『동경정의』 상(제3권 수록), 『봉황금』 하권(제3권 수록), 『동경정의』 하(제5권 수록), 『운영전』(제11권 수록)
시미즈 겐키치	『주영편』 상권(제8권 수록), 『숙향전』 상권(제8권 수록), 『주영편』 하권(제11권 수록), 『오백년기담(奇談)』(제11권 수록)
⑨ 히라이와 유스케(平岩佑介)	『삼국유사』(제6권 수록), 『파수록』(제10권 수록)
시라이시 아쓰시	『봉황금』 상권(제2권 수록)

여기에도 조선인이 일단 번역한 것을 나중에 일본인이 수정 · 윤색한 것이 있다. 『흥부전』인 『제비다리』 상권은 조선인 정재민이 번역한 것을 후에 호소이가 수정 · 윤색한 것이다. 『봉황금』 상권은 조선인 노승갑이 번역

에 따르면, 그는 조경하가 일단 번역한 내용 중에서 적지 않은 부분을 생략했다고 밝힌다. 특히 권두와 권말에 나온 권선징악과 관련된 내용 및 『장화홍련전』의 화자가 독자에게 교훈을 주고자 했던 내용을 생략했다고 한다. 이런 호소이의 적극적인 개입을 고려한다면 역시 『장화홍련전』의 최종적인 번역자는 호소이라고 봐야 하지 않을까.

17) 細井肇, 「広寒樓記の巻末に」, 『通俗朝鮮文庫』 第4輯, 77쪽.

18) 細井肇, 「第八輯の巻頭に」, 『通俗朝鮮文庫』 第8輯(自由討究社, 1921), 5쪽.

한 것을 시라이시 아쓰시가 수정 · 윤색했고, 『봉황금』 하권은 노승갑이 일단 일본어로 옮긴 것을 나중에 호소이가 수정 · 윤색한 것이다.

호소이 하지메는 자유토구사의 문을 닫고, 1924년에는 봉공회를 설립하여 『조선문학걸작집』 전10편을 편찬한다. 하지만 이것은 『통속조선문고』와 『선만총서』에 수록된 것을 다이제스트한 것이었다. 따라서 당연한 이야기지만 『조선문학걸작집』에 수록된 작품은 『통속조선문고』 및 『선만총서』의 작품과 겹친다. 수록된 작품명만 간단히 정리하면 다음과 같다.

〈표 4〉 『조선문학걸작집』(전10편)

『춘향전』, 『심청전』, 『제비다리』, 『사씨남정기』, 『추풍감별곡』, 『장화홍련전』, 『구운몽』, 『남훈태평가』, 『숙향전』, 『운영전』

또한 호소이 하지메가 죽은 후인 1936년 조선문제연구소는 『조선총서』(전3권)를 발행한다. 이것은 작고한 호소이가 주축이 되어 번역 · 출판한 도서 가운데 14권을 추린 것이다.

〈표 5〉 『조선총서』(전3권)

『목민심서』, 『아언각비』, 『주영편』, 『해유록』, 『병자일기』, 『징비록』, 『붕당사화의 검토』, 『이조의 문신』, 『장릉지』, 『삼국유사』, 『오백년기담』, 『조선세시기』, 『팔역지』, 『정감록』

V. 누가 번역했을까

지금까지 알려진 사실은 당시 조선에 거주하던 일본인이 조선 고서를 번역했다는 정도다(최혜주, 2008: 417-448). 여기서 필자는 지금까지 별로 주목받지 못했던 '자유토구사 후원자 명사 방명록'[19] 곧 '자유토구사의 임원진 명부'를 주목하고자 한다.

『통속조선문고』와 『선만총서』에는 각각 임원진 명단이 나와 있다. 이들 사이에는 직위의 변화, 새로운 임원의 추가 및 교체가 보이기는 하지만 거의 같은 인물이 수록되어 있다. 예를 들어 명예고문인 미즈노 렌타로(水野錬太郎)는 〈표 6〉에서는 그 직위가 조선정무총감이었으나, 〈표 7〉에서는 내무대신으로 나온다. 간바야시 게이지로(上林敬次郎)는 〈표 6〉에서는 등장하지 않으나, 〈표 7〉에서는 고문 자격으로 새로 가담한다.[20] 〈표 6〉에서 다케다 노리유키(武田範之)는 사내동인에 들어갔으나, 〈표 7〉에서는 그를 대신해서 이누카이 도키오(犬飼時男)가 참가했다.[21]

〈표 6〉『통속조선문고』에 수록된 '자유토구사 후원자 명사 방명록'[22]

명예고문	고문[23]	평의원	상(常)의원[24]	사내동인(社內同人)
石塚英藏 동양척식주식회사총재	井上角五郎 중의원 의원	今村鞆 이왕직[25] 서무과장	大庭柯公 요미우리(読売) 신문 편집국장	平岩佑介 자유토구사 주간

19) 細井肇, 『鮮滿叢書』 第3巻(自由討究社, 1922), 4쪽.

20) 명예고문과 고문은 특별회비를 내는 후원자였다(최혜주, 2008: 444).

21) 〈표 6〉과 〈표 7〉에서 이들 이름 끝에 '*'를 붙여 놓았다.

22) 細井肇, 『通俗朝鮮文庫』 第10輯(自由討究社, 1921), 16-17쪽.

23) 『통속조선문고』(제9집, 1921)에는 고문직에 고쿠부 쇼타로[国分象太郎: 이왕직(李王職) 차관]가 참여했으나 여기에는 빠져 있다. 쓰시마 출신의 통역관이었던 그는 동경외국어대학교의 전신인 동경외국어학교의 조선어과에서 조선어를 전공했다. 또한 조선연구단체인 한국연구회(1902~5)와 조선고서간행회(1908~18)에서 평의원으로도 활동했다(다테노 아키라 편저, 2006: 109).

24) '상(常)의원'이란 '상치(常置)' 곧 '상임(常任)' 평의원을 말한다.

25) 일본은 대한제국을 강제 병합한 후, 대한제국의 '황제'를 '이왕'이라고 칭하기 시작한다. 또한 왕족 및 공족(公族)의 가무를 관장하는 '이왕직'을 두었다. 이것은 조선 왕실의 일을 맡아 보던 관청이었는데, 여기에는 장관 1명, 차관 1명, 사무관 36명과 그 밖에 몇몇 직원이 있었다(다테노 아키라 편저, 2006: 109).

早川千吉郎 만주철도주식 회사 사장	浜口雄幸 전 대장(大藏) 차관	加藤房藏 전(前) 경성일보 사장	中野正剛 東方時論 주간	白石重 자유토구사 편집주간
加藤高明 귀족원 의원 자작(子爵)	大石正己 전 농상무대신	丸山鶴吉 총독부 경무국장	長野直彦 호지(報知)신문 경성특파원	武田範之*[26] 자유토구사 서무주임
水野錬太郎* 조선정무총감	河野広中 전 농상무대신	牧山耕藏 조선신문 사장	山副昇 요미우리신문 경성특파원	高畠種夫 자유토구사 간사
美濃部俊吉 조선은행 총재	横田五郎 조선총독부 법무국장	藤波義貫 총독부 통역관	島中雄三 문화학회 주간	諸橋鉄造 자유토구사 간사
		權藤四郎介[27] 조선신문 부사장		長尾敏夫 자유토구사 간사
	竹内友次郎 총독부 체신국장	有賀光豊 식산은행 두취(頭取)		細井肇 자유토구사 사장
	江木翼 귀족원 의원	青柳綱太郎 경성신문사 사장		
	安達謙藏 중의원 의원	弓削幸太郎 조선총독부 전 학무과장		
	箕浦勝人 전 체신대신	鈴木一来 동척 경성지점장		

26) 호소이 하지메는 아오야기 쓰나타로가 쓴 『조선통치론』의 「발(跋)」에서 당시 낭인(浪人)들의 아성이었던 창덕궁에서 1908년 다케다 노리유키와 교류를 가졌다고 한다(青柳綱太郎, 1923: 1).

27) 호소이는 『조선통치론』의 「발」에서 창덕궁에서 1908년에 곤도 시로스케와 교류를 가졌다고 밝힌다. 곤도는 후쿠오카(福岡) 출신으로 궁내부 사무관으로 일했다. 이토 히로부미의 하수인이기도 했다(青柳綱太郎, 1923: 1; 곤도 시로스케, 2007: 47).

〈표 7〉『선만총서』에 수록된 '자유토구사 후원자 명사 방명록'[28)]

명예고문	고문	평의원	상(常)의원	사내동인(社内同人)
石塚英藏 동양척식주식회사총재	井上角五郎 중의원 의원	今村鞆 이왕직 서무과장	大庭柯公 요미우리신문 편집국장	平岩佑介 자유토구사 주간
早川千吉郎 만주철도주식회사 사장	浜口雄幸 전 대장(大蔵) 차관	加藤房藏 전(前) 경성일보 사장	中野正剛 東方時論 주간	白石重 자유토구사 편집주간
加藤高明 귀족원 의원 자작(子爵)	大石正己 전 농상무대신	丸山鶴吉 총독부 경무국장	長野直彦 호지신문 경성특파원	犬飼時男* 자유토구사 서무주임
水野錬太郎* 내무대신	河野広中 전 농상무대신	牧山耕藏 조선신문 사장	山副昇 요미우리신문 경성특파원	高畠種夫 자유토구사 간사
美濃部俊吉 조선은행 총재	上林敬次郎* 이왕조 차관	藤波義貫 총독부 통역관	島中雄三 문화학회 주간	諸橋鉄造 자유토구사 간사
	横田五郎 조선총독부 법무국장	權藤四郎介 조선신문 부사장		長尾敏夫 자유토구사 간사
	竹内友次郎 총독부 체신국장	有賀光豊 식산은행 두취(頭取)		細井肇 자유토구사 사장
	江木翼 귀족원 의원	青柳綱太郎 경성신문사 사장		
	安達謙藏 중의원 의원	弓削幸太郎 조선총독부 전 학무과장		
	箕浦勝人 전 체신대신	鈴木一來 동척 경성 지점장		

이런 자유토구사의 임원진에 대해 최혜주는 다음과 같이 서술한다. 그의 지적에서도 알 수 있듯이 자유토구사의 임원진에는 언론계와 총독부 관계자가 적지 않았다.

28) 細井肇,『鮮満叢書』第3巻, 4쪽.

명예고문 미즈노(水野錬太郎)는 정무총감으로 총독 다음가는 막강한 권력을 가진 자리였다. 총독의 대리인으로서 이 연구회를 지원했다. 고문 가운데 주목되는 인물은 이노우에(井上角五郎)와 아다치(安達謙藏)다. 이노우에는 조선의 최초 신문 『한성순보』를 창간하는 데 기여한 인물이다. 아다치는 한성순보 사장을 지내고 명성황후 시해사건에 가담했다. 평의원에는 언론계 인물이 많이 들어 있다. 경성일보, 조선신문, 경성신문 사장으로 이들은 어용언론인으로 식민 통치에 협력했다. 총독부 관련 인물로는 이마무라(今村鞆), 마루야마(丸山鶴吉), 유게(弓削幸太郎)가 있다. 이마무라[29]는 경찰로 병합에 공을 세우고 이왕직의 사무관을 지내면서 조선 풍속연구의 대가로 알려진 조선통이다. 마루야마는 경무국장을 지낸 인물이며 유게는 학무국에서 식민교육의 기초를 만들었다. 아리가(有賀光豊)는 총독부 이재과장 등을 역임하고, 조선 재계의 영향력을 가진 식산은행의 두취로서 연구회에 재정적 지원을 해준 사람이다(최혜주, 2008: 429).

〈표 2〉와 〈표 3〉에서 제시했듯이, 『통속조선문고』와 『선만총서』에 실려 있는 조선 고서를 번역한 사람은 총 9명이다. 일본인으로는 이마무라 도모, 나가노 나오히코, 시마나카 유조, 히라이와 유스케, 시라이시 아쓰시, 호소이 하지메, 시미즈 겐키치, 오사와 류지로가 있고, 조선인으로는 조경하가 있다. 〈표 6〉과 〈표 7〉의 '자유토구사 후원자 명사 방명록' 곧 '자유토구사의 임원진'은 일본인으로만 구성되어 있었는데, 조선인인 조경하를 제외하고 조선 고서를 번역한 일본인 가운데 '자유토구사의 임원진'에 포함되어 있지 않은 사람은 '시미즈 겐키치'와 '오사와 류지로'뿐이었다. 다시 말해서 『조선세시기』를 번역한 이마무라 도모는 자유토구사의 평의원이었다. 『징비록』을 일본어로 옮긴 나가노 나오히코는 자유토구사의 상의원이었고, 『사씨남정기』 등을 번역한 시마나카 유조도 상의원에 속해 있었다. 자유토구사 주간이었던 히라이와 유스케, 자유토구사 편집주간이었던 시라이시 아쓰

29) 1908년 충청북도 경찰부장으로 조선에 부임했다. 그는 조선인을 지도 계몽하고 조선 풍속의 개선을 도모한다는 명목으로 조선의 풍속을 연구하여 그 결과를 『조선풍속집』(1914)으로 세상에 내놓았다. 하지만 남근우는 그의 연구가 일선동조론에 조선 정체(停滯)사관을 접목한 동화주의에 불과하다고 비판한다(남근우, 2008: 122).

시, 자유토구사의 사장이었던 호소이 하지메는 사내동인에 들어가 있었다.

그렇다면 자유토구사의 '임원진'에 포함되지 않았던 '시미즈 겐키치'와 '오사와 류지로'는 어떤 사람이었을까? 자유토구사는 도쿄에는 본사를, 경성에는 지사를 각각 두었는데, '시미즈 겐키치'는 도쿄 본사에서 사무를 담당하고 있었다. 그는 조선에 대해서는 문외한이었는데 학문상의 벗인 호소이 하지메에게서 『징비록』의 교정을 부탁받은 것이 계기가 되어 조선에 관심을 가지게 되었다고 한다. 그리고는 시미즈 겐키치 스스로가 나도 조선에 관한 것을 번역하겠다고 자청해서 번역한 것이 다름 아닌 『병자일기』였다.[30)]

한편 '오사와 류지로'는 어떤 인물이었을까? 호소이 하지메와 절친한 사이였던 아오야기 쓰나타로의 『조선통치론』에 의하면 1908년에 '오사와 류지로'는 창덕궁에서 호소이 하지메 등과 교류를 가졌다고 한다(青柳綱太郎, 1923: 1). 또한 그는 오사와 류지로가 호소이 등과 함께 조선연구회에서 조선의 고사고서를 번역 출간했다고 한다.[31)]

요컨대 『통속조선문고』와 『선만총서』에 수록되어 있는 조선 고서를 주도적으로 번역한 것은 자유토구사의 '임원진'이었다. 특히 그중에서도 언론인으로만 구성되어 있던 상의원과 사내동인이 주축이었다. 또한 자유토구사의 임원은 아니었지만 자유토구사의 본사에서 사무를 맡았던 시미즈 겐키치도 조선 고서를 일본어로 옮기는 데 참여했다. 따라서 조선 고서를 번역했던 일본인 8명 가운데 7명이 자유토구사와 깊게 관련된 인물이었다.

호소이 하지메가 어떤 기준으로 번역자를 선정했는지는 명확히 알 수 없다.[32)] 하지만 지금까지 고찰한 내용을 종합해 보면, 우리는 다음과 같은 사실을 알 수 있다.

---

30) 清水健吉, 「丙子日記の訳述に就て」, 『通俗朝鮮文庫』 第6輯(自由討究社, 1921), 2-7쪽.

31) 青柳綱太郎, 「跋」, 『鮮満の経営』(自由討究社, 1921), 1쪽.

32) 단, 『삼국유사』의 경우는 『삼국유사』의 일본어 번역본을 내고 싶어 했던 호소이 하지메의 속내를 알아차린 히라이와 유스케가 자청함으로써 『삼국유사』의 번역본이 세상에 나오게 되었다. 細井肇, 「三國遺事」, 『鮮満叢書』 第6巻(自由討究社, 1923), 72쪽.

첫째, 호소이는 『통속조선문고』와 『선만총서』를 출판할 때 번역자를 자유토구사 자체 내에서 '우선적'으로 조달했다. 여기에는 이마무라 도모,[33] 나가노 나오히코, 시마나카 유조,[34] 히라이와 유스케, 시라이시 아쓰시,[35] 호소이 하지메, 시미즈 겐키치가 들어간다.

둘째, 호소이는 번역자를 선정할 때 조선 고서를 번역한 경험이 있었는지의 여부에는 별로 신경을 쓰지 않았던 것 같다. 필자가 조사한 바로는 번역자 가운데 이전에 조선 고서를 번역했던 사람이 아무도 없었기 때문이다.[36] 또한 그는 번역자를 정할 때, 조선 전문가인가의 여부도 크게 고려하지는 않은 것 같다. 이마무라 도모를 제외한 나머지 번역자는 자유토구사의 조선 고서 번역 프로젝트에 참여하기 전에는 조선에 관한 논저를 발표했다는 흔적이 전혀 보이지 않는다. 첫 번째 지적과도 관련되는 데, 오히려 그는 자신과 친분이 두터운 사람을 우선적으로 선발했다. 그와 같은 사정은 그와 시마나카 유조, 시미즈 겐키치, 오사와 류지로, 조경하가 절친한 사이였다는 것에서 알 수 있다. 예를 들어 조경하[37]의 경우를 보자. 그와

33) 이마무라 도모는 호소이 하지메의 엄명으로 『조선세시기』를 번역하게 되었다며 그 번역 경위를 밝힌다. 또한 그는 호소이 하지메와는 오랜 친구라고 말한다. 今村鞆, 「朝鮮歲時記の訳出について」, 『通俗朝鮮文庫』 第4輯, 1쪽.

34) 그에 의하면 어느 날 갑자기 호소이 하지메가 자기에게 『사씨남정기』를 보내왔다고 한다. 너밖에 번역할 사람이 없으니 몇날 며칠까지 번역해 달라는 것이었다. 번역자 선정의 일단을 엿볼 수 있는 대목이다. 또한 시마나카 유조가 「사씨남정기의 구어역에 관하여」에서 밝히고 있듯이, 『사씨남정기』를 일본어로 번역하던 시점에서 볼 때 그와 호소이 하지메는 이미 십수 년 전부터 친교가 있었다고 한다. 島中雄三, 「謝氏南征記の口語訳について」, 『通俗朝鮮文庫』 第2輯, 3쪽.

35) 호소이 하지메는 「제8집의 권두에」에서 제8집의 교정을 시라이시 아쓰시에게 일임했다고 밝힌다. 또한 그는 『동경정의』의 상권에 붙인 주(注疏) 가운데 93쪽에서 150쪽은 호소이 자신이 했지만, 그 전후는 시라이시가 했다고 밝힌다. 그와 시라이시와의 밀접한 관계를 알 수 있다. 細井肇, 「第八輯の巻頭に」, 『通俗朝鮮文庫』 第8輯, 5쪽; 『東経正義』(自由討究社, 1922), 6쪽.

36) 조선 고서를 적지 않게 번역한 아오야기 쓰나타로가 자유토구사의 조선 고서 번역 프로젝트에 포함되지 않은 이유도 여기에 있었기 때문이 아닐까.

37) 조선인 번역자로서는 조경하가 눈에 띈다. 임종국은 조경하가 서울 출생으로 보성전문학교를 졸업했고 교사와 서기를 거쳐 1939년에는 충청남도 참여관(산업)을 역

호소이 하지메가 어떤 사이였는지는 『장화홍련전』의 번역 과정에 잘 나타나 있다. 즉 『장화홍련전』을 번역할 때, 일단 조경하가 『장화홍련전』을 일본어로 옮기면, 호소이가 거기에 수정 · 윤색을 했다.

그렇다면 이들이 조선 고서를 번역하면서 재현해 낸 '조선(인)' 담론은 구체적으로 어떤 모습이었을까?

VI. '조선(인)' 담론은 어떤 모습이었을까

일본어로 번역된 각각의 조선 고서에 있는 '역자의 말'을 중심으로 그들이 재현해 낸 '조선(인)'상을 지금부터 구체적으로 살펴보자.[38] 먼저 조선 고서를 번역한 각각의 번역자가 재현해 낸 '조선'상은 사대주의 국가로서의 조선, 지나(支那)의 '속국'으로서의 조선, 모방 문명으로서의 조선, 문약(文弱)한 조선이었다.

첫째, 사대주의 국가로서의 조선에 대한 언급을 보자. 이마무라 도모는 「조선세시기의 역술에 대해서」에서 『조선세시기』는 홍석모의 『동국세시기』를 번역한 것이라고 밝힌다. 그리고 홍석모가 『동국세시기』에서 조선 풍속의 연혁과 기원 등을 설명할 때 뭐든지 지나로부터 전래됐다고 한 점을 지적한다.[39] 그리고 이런 홍석모의 생각을 이마무라 도모는 '사대사상(事大思想)'에 의한 것이라고 비판한다. 또한 시미즈 겐키치는 「병자일기의

임했다고 하고, 광복회는 그가 충청남도 도지사도 지냈다고 적고 있다. 『친일인명사전수록대상자명단』에는 조경하에 대해 좀 더 자세한 언급이 있다. 이에 의하면 그는 1888년생으로 나중에 '青橋鏡夏'로 창씨개명을 했다고 한다. 중위원 참의, 경상북도 달성군 군수도 역임했으며, 주요 훈포상도 받았다고 한다. 정미경은 조경하가 조선총독부의 사무관도 지냈다고 지적한다(임종국, 2004: 233; 광복회, 2002: 242; 친일인명사전편찬위원회 · 민족문제연구소 편, 2000: 109; 鄭美京, 2006: 20).

38) 단, 여기서 조경하의 경우와 같이 '역자의 말'이 없거나, '역자의 말'이 있다고 하더라도 '조선(인)'상을 기술하지 않은 것은 검토 대상에서 제외했다.

39) 今村鞆, 「朝鮮歳時記の訳出について」, 『通俗朝鮮文庫』 第4輯, 3쪽.

역술에 대해서」에서 조선을 '지성사대국(至誠事大國)'·'사대국'이라 평가한다.[40] 호소이 하지메도 「『제비다리』를 번역하고」에서 궁하면 반드시 다른 데서 필요한 것을 받으려고 하는 의혜(依惠)주의가 국격(國格)으로 나타나면 인접한 강대국에 대한 사대주의가 된다면서 조선이 그렇다고 말한다.[41]

둘째, 지나의 속국으로서의 조선이다. 나가노 나오히코는 「징비록의 역술에 대해서」에서 조선은 '대국(大國) 곧 종주국인 지나'의 '속국'임에 만족했다고 지적한다.[42]

셋째, 모방 문명으로서의 조선이다. 호소이 하지메는 「아언각비를 번역하고」에서 조선 문명을 무가치하고 무의미한 모방 문명이라고 위치 지우고, 모방 문명의 비애, 아니 어떤 문명도 갖지 못한 조선에서 비애를 느낀다고 말한다.[43]

넷째, 문약한 조선이다. 호소이 하지메는 「해유록을 번역하고」에서 일본을 야만이라고 말하고 냉멸(冷蔑)하는 신유한에 대해 일본을 제대로 보지 못하는 식견이 없는 일개 문사(文士)라고 평한다. 그리고 조선을 '문약'하다고 지적한다.[44]

다음으로 조선 고서를 번역한 각각의 번역자가 재현해 낸 '조선인'상은 탐관오리에 시달리는 조선인, 당쟁을 즐기는 조선인, 미신을 믿는 조선인, 여성을 물격화하고 잔인한 복수를 하는 조선인, 가족주의의 폐해에 찌들고 의혜주의적인 조선인, 악정(惡政)에 순종적인 노예적 및 굴종적인 조선인, 시기심과 의심(猜疑)이 많은 조선인이었다.

첫째, 탐관오리에 시달리는 조선인이다. 시라이시 아쓰시는 「홍길동전의 권두에」에서 조선사회는 관리와 백성(生民)이라는 계급으로 구성된 사회라고 말하면서, 조선시대 수백 년 동안 조선의 백성은 관리인 탐관오리에 줄

---

40) 清水鍵吉, 「丙子日記の訳述に就て」, 『通俗朝鮮文庫』 第6輯(自由討究社, 1921), 3-4쪽.

41) 細井肇, 「『燕の脚』を閲了して」, 『朝鮮文学傑作集』, 95쪽.

42) 長野直彦, 「懲毖錄の訳出に就て」, 『通俗朝鮮文庫』 第5輯(自由討究社, 1921), 2-4쪽.

43) 細井肇, 「雅言覺非を訳了して」, 『通俗朝鮮文庫』 第10輯, 121-124쪽.

44) 細井肇, 「海遊錄を訳了して」, 『鮮滿叢書』 第2巻(自由討究社, 1922), 1-12쪽.

곧 시달렸다고 말하면서 조선인을 동정하고 있다.[45]

둘째, 당쟁을 즐기는 조선인이다. 호소이 하지메는 「목민심서의 역술에 대해서」에서 조선의 중앙 정부는 분당 사회를 조장했다고 한다.[46] 또한 그는 「장릉지의 역술에 대해서」에서 무오사화(戊午士禍)는 붕당사화의 발단이라고 말하며, 여기서 조선 민족정신의 추악한 면을 발견해 낸다.[47] 계속해서 그는 「제8집의 권두」에서 시미즈 겐키치가 번역한 『팔역지』에 대해 다음과 같이 언급한다.

> 전편(全篇)[48] 중에서 가장 중요한 사민총론(四民總論), 팔도총론(八道總論), 전도(全道) 각별의 논술(論述) 및 팔도(八道)의 인심(人心)만을 게출(揭出)했다. 팔도의 인심은 당화(黨禍)와 관련된 기사가 많다. 이조사림(李朝士林)의 당화와 같이 읽으면 흥미로울 것이라고 생각한다.[49]

셋째, 미신을 믿는 조선인이다. 호소이 하지메는 「장화홍련전을 번역하고」에서 조선인에게는 미신을 믿는 것이 뿌리 깊다[50]고 지적한다. 또한 시미즈 겐키치는 「주영편을 읽고」에서 그가 『주영편』에서 주목한 것은 '조선인의 미신'이었다고 한다. 즉 그는 실행철학인 유교를 국가통치의 이념으로 삼고 있는 조선에서 의외로 귀신을 신봉한다든지 미신을 믿는다고 지적한다.[51] 계속해서 그는 「오백년기담을 읽고」에서 조선인은 '속설(俗說)'을 믿

---

45) 白石重, 「洪吉童傳の巻頭に」, 『通俗朝鮮文庫』 第7輯(自由討究社, 1921), 1-2쪽.

46) 細井肇, 「牧民心書の訳述について」, 『朝鮮叢書』(朝鮮問題研究所, 1936), 7쪽.

47) 細井肇, 「莊陵誌の訳述について」, 『通俗朝鮮文庫』 第2輯, 4쪽.

48) 『팔역지』는 팔도총론과 복거(卜居)총론으로 구성되어 있다. 특히 후자에는 지리, 생리(生利), 인심, 산수(山水)로 구성되어 있는데, 시미즈는 이 가운데 '인심'만을 골라 번역했다.

49) 細井肇, 「第八輯の巻頭に」, 『通俗朝鮮文庫』 第8輯, 4-5쪽.

50) 細井肇, 「薔花紅蓮傳を閲了して」, 『通俗朝鮮文庫』 第10輯, 61쪽. 이 밖에도 호소이는 조선의 민족 심성으로 효심이 깊은 것(그러나 그가 이것을 반드시 긍정적인 의미로 파악하는 것은 아니다), 집요한 것, 복수심이 강한 것, 공리적 관념 곧 재물에 대한 욕심이 많은 것을 제시한다(61-81쪽).

51) 清水鍵吉, 「晝永編を読みて」, 『鮮満叢書』 第8巻(自由討究社, 1923), 1-3쪽.

는다고 말하면서 다음과 같이 지적한다.

> 조선의 책(書物)은 어떤 서책도 거의 미신(迷信)과 전설(傳說)로 장식되어 있다. 본서(『오백년기담』-인용자)도 또한 (그런 유의 것에) 전혀 뒤떨어지지 않는 미신이 제재로 되어 있다.[52)]

넷째, 여성을 물격화하고 잔인한 복수를 하는 조선인이다. 호소이 하지메는 히라이와 유스케가 번역한 『파수록』의 평론문격인 「서문」에서 조선인은 아편, 코카인, 모르핀을 즐긴다고 말한다. 그리고 『파수록』에서 여성을 물격화했던 조선의 병폐를 찾아내고 동시에 조선인의 '복수 행위'가 잔인하다고 지적한다.[53)]

다섯째, 가족주의의 폐해에 찌들고 의혜주의적인 조선인이다. 호소이 하지메는 「『제비 다리』를 번역하고」에서 다음과 같이 말한다.

> 『제비 다리』의 구상을 돌아봐도 동생이 형의 가족에 기식(寄食)하는 것이 당연한 듯이 쓰여 있는 것은 이 가족제도의 폐해에 의한 것이다. 또한 궁하면 반드시 다른 데서 필요한 것을 받으려고 하는 의혜주의는 흥부에게도 흥부의 처에게도 또한 그 자식에게도 침투해 있다.[54)]

여섯째, 악정에 순종적인 노예적 및 굴종적인 조선인이다. 호소이 하지메는 「목민심서의 역술에 대해」에서 『목민심서』를 번역한 후 그 감상을 적고 있는데, 그는 느낀 바가 크게 세 가지가 있었다고 한다. 그 가운데에는 비리횡도(非理横道)를 따르는 조선인의 심성 곧 악정에 순종적인 조선 상민(常民)의 노예적 굴종성이 들어 있다.[55)]

---

52) 清水鍵吉, 「五百年奇譚を読みて」, 『鮮満叢書』 第11巻(自由討究社, 1923), 3쪽.

53) 細井肇, 「はしがき」, 『鮮満叢書』 第10巻(自由討究社, 1921), 2쪽.

54) 細井肇, 「『燕の脚』を閲了して」, 『朝鮮文学傑作集』, 94-95쪽.

55) 細井肇, 「牧民心書の訳述について」, 『朝鮮叢書』, 3쪽. 나머지 두 개는 조선 정치의 부패와 유교의 폐해이다. 그 밖에도 조선인의 심술(心術)로 다음과 같은 것을

일곱째, 시기심과 의심이 많은 조선인이다. 호소이 하지메는 신유한이 쓴 『해유록』을 검토한 후, 조선인이 시기심과 의심이 많은 심성을 가지고 있다고 지적한다.[56)]

VII. 나오면서

영미문학회는 한국의 영미문학 번역 현실을 점검하고 신뢰할 만한 번역본을 선별한다는 취지에서 『영미명작, 좋은 번역을 찾아서 1~2』(창비, 2005 · 2007)를 각각 발간했다. 영미문학회가 『영미명작, 좋은 번역을 찾아서』 시리즈에서 검토한 대상은 광복 이후부터 2005년 8월까지 우리나라에서 번역 출판된 영미문학 관련 번역본이었다. 그리고 이 시리즈는 각 작품의 전반적인 번역 현황과 번역본들의 번역 수준 및 그 특성을 잘 보여 주었다는 점에서 독자들에게 좋은 번역본을 선택하는 데 많은 도움을 주었다고 평가할 수 있다. 그런데 이 시리즈는 어떤 기준으로 좋은 번역본과 그렇지 않은 번역본을 구분했던 것일까? 이 시리즈를 읽어 보면 그 기준은 다름 아닌 번역의 가독성과 충실성이었다는 것을 알 수 있다. 그런 의미에서 『영미명작, 좋은 번역을 찾아서』 시리즈를 엮은 영미문학회는 '번역의 가치중립성'을 기본 전제로 하여 이 시리즈의 논의를 시작했다고 말할 수 있다.

그렇다면 일제강점기의 번역 문제를 논할 때, 즉 식민지 조선에서 일본어로 번역된 조선 고서를 생각할 때, 우리는 과연 번역의 가독성과 충실성의 측면에서만 바라봐야 하나? 그렇지 않다는 것을 지금까지 살펴본 호소이 하지메의 자유토구사는 구체적으로 잘 보여 주고 있다.

든다. 즉 일본인은 담백한데, 조선인은 성급하고, 집요하고, 음험하고, 교활하다. 특히 조선인은 거짓말을 잘 하고, 물건을 훔치는 것이 일상다반사다.

56) 細井肇, 「海遊錄を訳了して」, 『鮮滿叢書』 第2卷, 2쪽.

호소이는 조선에서 3·1 독립운동이 일어나자, 그 원인을 수천 년의 특수한 역사와 습속 및 심성을 가진 조선인을 이해하지 못한 식민정책에서 찾았고, 내선융합을 위해서는 조선문화의 연구가 중요하다고 인식하게 된다. 그런데 사실 이와 같은 호소이의 인식은 그만의 것이 아니었다. 다카하시 도루나 무라야마 지준(村山智順) 등에게서도 보인다. 다만 이들과 조선총독부의 어용언론인이며 조선전문가로 활동했던 호소이 사이에는 다른 점이 있었다. 첫째, 호소이는 그들보다도 조선 고서의 번역에 대단한 관심을 보였다. 둘째, 호소이는 개인 차원에서 조선 고서를 번역하는 데 만족하지 않고, 조선 고서를 전문적으로 번역하여 출간할 출판사를 직접 경영했다.

호소이는 자유토구사를 설립한 후, 『통속조선문고』와 『선만총서』와 같은 조선 고서의 일본어판을 출간한다. 이 번역 프로젝트에 참여한 주요 멤버는 호소이의 지인(知人)들로 구성되어 있었다. 곧 '호소이 사단(師團)'이었다. 그리고 이들이 재현해 낸 '조선(인)' 담론은 사실 그들 자신이 가지고 있었던 '조선(인)'에 대한 인식을 조선 고서에 투영하여 형상화해 낸 것에 다름 아니었다.[57] 한편 번역을 통해 이들이 구축한 부정적 타자로서의 '조선(인)' 담론은 결국에는 긍정적 주체로서의 '일본(인)' 담론의 구축으로 이어진다.

결국 '정치와 권력의 관점'에서 번역을 바라볼 때, 번역은 우리에게 또 다른 모습을 제시해 준다. 그 선명한 모습을 일제강점기에 일본어로 번역된 조선 고서는 잘 보여 주고 있다.

---

57) 자유토구사의 조선 고서 번역 프로젝트에 참여했던 번역자들이 호소이가 가지고 있던 '조선(인)'에 대한 인식을 '공유'하고 있었다는 것은 1911년에 호소이가 지은 『조선문화사론』의 다음 내용에서도 확인할 수 있다. "반도의 역사를 살펴보면, 또한 실로 현재의 상황을 수긍할 만하다. (반도의) 정치는 창부의 심술에 가깝고, (반도의) 문학은 모방에 지나지 않는다. 독창적인 발명도 없으며, 그 신앙(信教)은 오로지 미신일 뿐이다. 위정자가 권력, 허영, 음모, 수다스러움을 좋아했고, 외척의 발호와 유림의 재앙이 계속되었다. 백성(民庶)은 끊임없이 호랑이보다 무서운 가혹한 정치에 억눌렸으며, 왕족도 관료(權官)도 양반도 상민도 모두 생명을 보장받거나 재산을 확보하지 못했다. 이와 같이 나쁜 인습이 장기간 계속되어 백성을 험하게 기만하였으니 분노, 고통을 드러내지 않고 비굴하게 참는 민족성이 배양되었다." 細井肇(1911: 16-17).

한국의 현대사적 학지에 대하여

지명관

'학지(學知)'라는 말은 다소 생소하게 느껴지지만, 사상이나 발상의 '오리엔테이션'이라고 하는 정도로 생각하면서 이 낱말을 사용하기로 한다. 근래 나는 나 자신이 역사에 대한 일종의 낙관론이라고 해야 할 경향을 지니고 있지 않은가 생각한다.

동북아시아의 근대로 가는 역사적 지표라고 한다면, 중국의 경우에는 아편전쟁(1840~1842), 일본의 경우에는 메이지유신(明治維新, 1867), 그리고 조선의 경우에는 강화도조약(1876)을 들 수 있지 않을까 생각한다. 중국의 그것은 영국을 비롯한 외세침략의 개시를 의미했으며 일본의 경우는 유일하게 자국의 힘으로 봉건제도를 거부하고 천황제 하의 근대화를 시작한 것을 의미했다. 그리고 조선의 경우는 그 일본에 의한 침략의 개시였다.

일본이 조선을 침략하는 발길은 1894년 청일전쟁부터는 중국으로 향한다. 이리하여 동북아시아에서의 제국주의 시대란 열강의 경제적인 침략과 영토적인 점령을 수반하는 것이었고 그것은 불가피하게 대국 간의 전쟁을 불러일으키는 역사의 흐름이었다.

일본은 1938년 11월 고노에 후미마로(近衛文麿) 내각이 '동아신질서(東亞新秩序)'를 말하는가 했더니 1941년 12월에 진주만을 기습 공격하면서 본격적으로 태평양전쟁에 돌입하게 되자, 1942년 1월에는 도조 히데키(東条英機) 수상이 중의원회의에서 다음과 같이 말했듯이 '대동아공영권(大東亞共榮圈)'을 내걸고 전쟁일로를 걷는 시대로 돌입하게 된다. 물론 대동아공영권이란 일본을 정점으로 한 위계질서를 의미했다.

> 대동아공영권 건설의 근본방침은 실로 건국의 대정신에 연원하는 것으로서 대동아의 각 국가 및 각 민족으로 하여금 각기 그 자리를 얻게 하고 제국을 핵심으로 한 도의에 근거한 공존공영의 질서를 확립하려고 하는 데 있는 것입니다(吉田裕, 2007: 108).

전후 일본은 오랫동안 이 대동아공영권이라는 침략용어를 회상하면서 아시아와의 관계에 대해서 소극적이었지만 하토야마 유키오(鳩山由紀夫) 전 수상이 처음으로 '동아시아 공동체'라는 말을 서슴지 않고 운위하는 것을 보면 퍽 흥미 있는 일이라고 하겠다. 그 배후에는 동북아시아에 위계적 관계가 아니라 역사상 처음으로 수평적 관계가 성립되기에 이르렀다는 현실이 놓여 있다는 사실을 지적해야 하는 것이 아닌가 생각한다.

동북아시아의 역사를 생각한다면 아편전쟁으로부터 약 100년간 외세침략의 역사를 겪고 나서 1945년에 이르러 해방의 역사가 시작되었다. 한일 간의 관계를 생각한다면 그 후 20년, 1965년에야 한일협정이 성립되고 국교정상화가 찾아왔다. 그리고 그 후 22년, 1987년에는 한국의 민주화가 실현됐으며 또 그 후 22년, 2009년에는 '동북아시아 공동체'를 논하기에 이르렀다고 하겠다.

이것은 정치적으로 엄청난 의미를 가진다고 할 수 있다. 오늘날 알카에다 같은 위협이 존재한다고 하고 핵무기라는 위협적인 상황 아래 놓여 있다고는 해도 우리는 이른바 글로벌한 평화와 경제체제 하에서 경쟁과 협조의 시대를 살아가고 있다. 이러한 역사적 현실 속에서 동북아시아는 성공할 것인가, 성공해야만 하는 것이 아닌가라고 우리는 다짐해야만 한다. 오늘날 세계적으로 이러한 시대에 대한 모색이 계속되고 있다고 하겠다.

다시 말하지만 지금 동북아시아에서는 지금까지 경험하지 못했던 한중일 삼국의 이른바 균형을 이룬 관계를 경험하고 있다. 어떤 의미에서 북한만이 이러한 질서에서 벗어나서 암중모색하고 있는 것같이 보인다고 하겠다. 결론적으로 말하면 나는 이러한 동북아시아의 문제가 한반도의 남북문제를 앞서가고 있다고 생각한다. 그리고 한일관계는 바로 이러한 새로운 차원에서 문제되기에 이르렀다고 보는 것이다. 그런 판도 속에서 나는 한반도에서의 남북문제가 우선한다고 생각한 지난번 정권의 초조감을 다시 생각한다. 이제 곧 한중일이 그 문제를 다룬다고 하지 않는가.

I. 지난날의 근대적 '학지'가 걸어온 길

후쿠자와 유키치(福沢諭吉, 1834~1901)의 『시사신보논집(時事新報論集)』[1]을 보면 1882년 12월 7일에서 12일에 걸쳐서 후쿠자와가 쓴 「동양의 정략을 과연 어떻게 할 것인가」라는 논설이 거기에 수록되어 있다. 여기에 약간 인용해 보자.

> 좀 심하게 말한다면 압제란 내 몸에 받으면 그야말로 증오할 수밖에 없다고 하겠지만 내가 남을 압제하는 것은 매우 유쾌하다고 해도 좋을 것이다. 도덕적인 점에서 논한다면 그 심정을 매우 불량하다고 할 것 같지만 개벽 이래로 지금에 이르기까지 보통 인정으로서 더욱이 풍속습관을 달리하는 외국인과의 교제에서는 가장 그 사실을 보게 된다고 하겠다(436쪽).

---

1) 『福沢諭吉全集』, 慶応義塾編纂, 제8권(岩波書店, 1958), 5쪽. 이하에서는 쪽수로 표시.

이러한 반 휴머니즘의 약육강식의 논리를 전개하면서 후쿠자와는 10여 년 전에 외국을 여행할 때 일을 회상했다. 영국인이 인도나 중국에서 "토인을 지배하는 정황은 방약무인, 거의 동등의 인류를 접하는 것 같지 않아…" 라고 하면서도 그는 "영국인이 마음대로 위엄을 부리는 것은 또한 유쾌하리라고 생각하면서…" 다음과 같이 마음을 먹었다는 것이었다.

> 나도 일본인이다. 앞으로 언젠가 한 번은 일본의 국위(國威)를 빛내어, 인도 지나와 토인들을 지배하는 것을 영국인에게서 배울 뿐만 아니라 그 영국인도 제어하여 동양의 권력을 우리 한 손에 잡아야 할 것이라고 장년혈기의 시절, 은근히 마음에 기약하고 지금도 잊어버리지 못하고 있다(437쪽).

그의 꿈이란 피지배자인 인도나 중국을 해방시킨다는 것이 아니고 영국인과 같이 지배자가 되고 싶다는 것, 아니 그 영국인조차도 지배하고 싶다는 것이었다. 이것이 근대 일본이 걸어가려고 한 길이고 그러다가 패망을 맛보아야 했던 길 아니겠는가.

그리하여 후쿠자와는 그 후 다음과 같은 구체적이며 정치적인 꿈을 품기에 이르렀다는 것이었다.

> 수십만의 군대를 가지고 바다에는 백 척의 군함을 띄우며 지구 어디나 바닷물이 닿는 곳에서는 일본 배를 보지 못하는 법이 없고 일장기가 동양 전체를 뒤덮고 그 기풍(氣風)을 멀리 서양 여러 나라에까지 휘날리게 한다는 것은 역시 유쾌한 일 아니겠는가(437쪽).

그리하여 그는 "우리는 동양(東洋) 제일의 강국의 인민이다"라고 하면서 "아시아 동편에 일대 영국을 출현하게 한다. 결코 어려운 일이 아니다"라고 했던 것이다. 이것이 개화주의자로서의 후쿠자와 유키치라고 한다면 그것이 곧 메이지일본의 모습이고 기개였다고 하지 않을 수 없다.

만약 그것이 근대 일본의 제1세대라고 한다면 그 후에 제2세대라고 할 지식인들이 약 20년 후에 나타난다고 할 수 있지 않을까 생각한다. 그때는 이미 일본이 조선을 강점하고 난 후였지만 물론 이 제2세대의 안중에는 거의 조선이란 존재하지 않았다. 여기서 들 수 있는 것이 바로 나쓰메 소세키(夏目漱石, 1867~1916), 기타무라 도코쿠(北村透谷, 1868~ 1894), 우치무라 간조(內村鑑三, 1861~1930) 같은 인물들이다. 기타무라는 스스로 목숨을 끊었고 무교회주의자였던 우치무라는 크리스천이었기 때문에 조선의 젊은이들과 다소 접촉을 가졌다. 이 세 사람은 근대에 대해서 회의적이었으며 비판적이었다. 여기서는 소설가 나쓰메의 경우에 대해서 조금 언급하고자 한다.

나쓰메는 1911년 일본 서부 와카야마(和歌山)라는 곳에서 "현대일본의 개화(開化)"라는 강연을 했는데 그 안에서 이런 이야기를 했다. '서양의 개화' 즉 일반적인 개화는 '내발적(內發的)'이어서 그것은 "마치 꽃이 피는 것처럼 스스로 망울이 터져서 꽃잎이 밖으로 향한다." 이에 대해서 '외발적(外發的)'인 개화가 있는데 그것이 일본의 경우라고 하면서 그것은 "밖에서 온 힘에 뒤덮여 타인의 힘으로 하는 수 없이 일종의 형식을 취한 것"이라고 했다. 여기에는 근대화에 대한 회의가 짙게 움돋아나고 있었다고 하지 않을 수 없다.

여기에다가 제3세대라고 해서 조선과도 깊은 관계를 가졌던 야나기 무네요시(柳宗悅, 1889~1961)를 들고 싶다. 제2세대보다 한 20년 후에 나타난 사상이라고 하겠는데 여기에는 근대 비판의 사상이 짙게 드리우고 조선 발견이라는 그 당시 식민지 하의 조선 사람들에게서는 좀처럼 발견하기 어려운 일종의 긍정적인 사상이 나타났다고 하겠다. 이 시대는 제1차 세계대전 후 근대에 대한 회의와 비판 그리고 유럽에서라면 동양적인 것에 대한 막연한 동경이 일어나던 시기였다. 야나기의 이른바 조선발견이라는 것도 이러한 시대를 반영한 것이라고 하겠다. 그런 의미에서 그는 3·1운동과도 만났던 것이다.

그러나 그 후 다시 가혹해지는, 제2차 세계대전을 불러일으키고 마는 세계적인 상황 속에서 그것은 더욱 꽃필 수가 없었다. 그리고 야나기의 한국미의 발견이란 일본의 근대사상 속에서는 외로운 길이었던 것은 두말할 것도 없다.

이상과 같이 일본의 '학지'가 걸어온 과정에서 한국은 어떠했는가를 비교 사상적으로 더듬어 보는 데 있어서 나는 최익현(崔益鉉, 1833~1906)과 신채호(申采浩, 1880~1936) 그리고 최남선(崔南善, 1890~1957)을 예로 들면서 생각해 보고자 한다. 일본의 지식인들이 대 유럽적인 발상을 전개하였다면 우리의 경우는 주로 대 일본적인 발상을 전개한 것이라는 점을 들지 않을 수 없다. 그러므로 일본의 '학지'가 낭만주의, 자연주의, 자유주의 등등으로 유럽의 사상사적인 발전에 상당히 상응한 길을 걸어갔다고 한다면, 우리나라의 경우에는 그런 사상사적인 반응보다는 불가피하게 일본에 저항한다는 동일한 기조를 띠지 않을 수 없었다고 해야 하겠다. 식민지 지배의 상황이 계속하는 한 사상이나 문학에서의 '학지' 자체의 변화나 발전은 억압된 채 어떤 의미에서 민족적 저항이라는 동일한 자세를 견지해 온 것이라고 생각한다.

제1세대라고 할 수 있는 최익현은 조선왕조 말의 역사에 나타난 한일관계에 따라 강한 발언을 계속하게 되지만 일제의 침략적 자세가 있는 한 그는 동일한 '학지'의 자세를 반복했다고 해야 하겠다. 여기서는 그가 한일수호조약 즉 강화도조약을 눈앞에 두고 상소한 1876년의 「지부복궐척화의소(持斧伏闕斥和議疏)」[2]를 본다면 그는 일본의 접근에 경고를 발하면서 척화(斥和)를 주장하고 그 이유로서 다섯 가지를 들고 있다.

"우리의 물화(物貨)는 유한한데 저들의 욕구(欲求)는 그침이 없어서…"

"저들의 물화는 모두 음사기완(淫奢奇玩)하고 수공생산품이어서 그 양이 무궁한데 반하여, 우리들의 물화는 모두 민명(民命)이 달려 있는 토지생산품으로서 그 양이 유한합니다."

"저들이 비록 겉으로는 왜(倭)라고 하지만 그 실은 바로 양적(洋賊)들인 것입니다."

"저들이 하륙(下陸)하여 서로 섞이어 왕래하려 할 것이며 혹은 경내에다 축실(築室)마저 하려 할 것입니다."

"사람과 금수가 함께 화호(和好)하여 무리져도 아무 근심 없이 보존할 수 있으리라고 하는 저 설들…"

---

2) 崔昌圭編, 『韓末憂國名上疏文集』(瑞文文庫, 1975), 12쪽 이하 참조.

철저한 양이론(攘夷論)이라고 해야 하겠지만 우리에게는 개국론(開國論)을 뒷받침할 수 있는 혁명적 기반이 없었던 것을 지적하지 않을 수 없다.

다음으로는 신채호와 최남선을 생각해 보아야 하겠는데 먼저 나는 망명사학과 국내사학이라는 문제를 제기하고 싶다. 신채호는 나라 밖에서 그 주장이 점점 첨예화돼 갔다고 한다면 국내에서는 이민족의 지배세력 하에서 그 언론이 점점 심한 제한을 받게 된다는 문제를 염두에 두어야 하는 것이 아닐까.

신채호와 최남선은 그 출발을 함께했다고 보아야 한다고 생각한다. 단재가 1908년 베델(Ernest T. Bethell)의 대한매일신보에 발표한 『독사신론(讀史新論)』을, 최남선은 1910년 8월에 『국사사론(國史私論)』이라는 제목으로 그가 주관하던 『소년』(少年, 제3권 8호)에 다소 논조를 연화시키고 일부를 삭탈하기도 해서 실었다. 단재는 이미 그해 4월에는 망명의 길로 떠나고 국내에는 없었다.

여기에서 우리는 국내사학의 운명과 망명사학이 걸어간 길을 대조해 볼 필요가 있지 않을까 생각한다. 조선사학의 '학지'는 국내에서는 연화의 길을 가고 망명사학에서는 더욱더 경화의 길로 나아갔다. 일본의 '학지'는 점점 제국주의의 경화와 왜곡의 길을 갔을 것이다. 여기에서 『독사신론』의 첫머리 글을 인용해 보자.

> 국가의 역사는 민족의 소장성쇠(消長盛衰)의 상태를 열서(閱敍)할 자(者)라. 민족을 사(捨)하면 역사가 무(無)할지며, 역사를 사하면 민족의 기(其) 국가에 대한 관념이 불대(不大)할지니, 오호(嗚呼)라. 역사가의 책임이 기역(其亦) 중의재(重矣哉)인저.[3]

단재는 이민족 지배 하에서 민족사의 서술을 그 자신의 임무로 삼았다. 1931년에 조선일보에 연재하기 시작했던 『조선상고사(朝鮮上古史)』 첫머리에서도 그는 이렇게 말했다.

---

3) 신채호, 『단재신채호전집』 개정판 상권(형설출판, 1979), 471쪽.

> 역사란 무엇이뇨. 인류사회의 〈아(我)〉와 〈비아(非我)〉의 투쟁이 시간부터 발전하여 공간부터 확대하는 심적(心的) 활동의 상태의 기록이니, 세계사라 하면 세계 인류의 그리되어 온 상태의 기록이며, 조선사라면 조선민족의 그리되어 온 상태의 기록이니라.

참으로 민족사, 국사로서의 역사의 시대였다고 해야 하겠다. 그 시대가 바로 세계적으로 국민국가의 시대였고 민족주의적 대립의 시대였으니까. 말하자면 일본의 역사적 '학지'가 제국주의 사관에 자리하고 있었다면 우리의 역사는 그것에 대한 저항사관에서 이어진 역사일 수밖에 없었다.

이렇게 최남선은 『독사신론』을 신채호와 공유하는 데서 출발했다면 그의 역사는 국내사학으로서 점점 일제 지배 하에서도 민족을 다루기는 하여도 일제와 영합하는 길로 나아갈 수밖에 없었다고 해야 하는 것이 아닐까. 저항의 고난을 자취하는 길이 아니라 살아남으려는 길을 택하는 것을 전세로 하였다면. 송건호의 말을 하나 인용해 보기로 하자.

> 육당은 우가키(宇垣一成) 총독시절에 '조선주의'를 제창하고 또 그 자신 "조선은 세계에 우수한 오랜 민족국가이며 조선의 문화는 세계에 드물게 보는 특수성과 독창력을 발휘한 것이요 또 조선의 위치는 인류문화의 이동선상에 있어서 극히 재미있고 중요한 지점에 있다"고 자랑하면서, 이렇게 자랑할 만한 문화가 "아직까지 세계학계의 생무지 땅, 미개간지로" 있는 것이 안타깝다고 개탄조차 했었다. 이러한 그의 조선문화에 대한 찬탄과 긍지와 자부심은 일찍이 그의 유명한 '불함문화론'에서 나온 것이었다.[4]

이리하여 최남선은 불함문화론(不咸文化論)을 말했고 우리 민족은 태양숭배의 길을 따라 동방으로 이동하고 남하했다고 하면서 한국사에 대한 관심을 정치가 아니라 문화로 향하게 하였으나 유색인종론을 말하면서 점차로 일본주의로 기울어져 갔다. 어쩌면 이것은 일제 하에서 살아남으려고 한다

4) 송건호, 『한국현대인물사론』(한길사, 1984), 398-399쪽.

면 국내 지식인이 택할 수밖에 없었던 숙명적인 과오의 길이라고 할 수 있을지도 모른다. 그리하여 그는 1949년 옥중에서 「자열서(自列書)」[5]를 기록하고 다음과 같이 말했다.

> 내가 변절한 대목 즉 왕년에 신변의 핍박한 사정이 지조냐 학식이냐의 양자 중 하나를 골라잡아야 하게 된 때에 대중은 나에게 지조를 붙잡으라고 하거늘 나는 그 뜻을 휘뿌리치고 학업을 붙잡으면서 다른 것을 버렸다.

이른바 일본에서 말하는 다이쇼(大正) 데모크라시의 시대란 우리나라의 3·1운동 때를 전후해서 1930년대 초까지에 이르는 것이었다면 그 후로는 최남선은 조선사 특히 거의 선사시대에 집중하던 그의 연구를 이리하여 더욱 일본의 신화에 접근시켜 갔다.

이렇게 생각한다면 1994년판의 『한국의 역사가와 역사학』(한길사, 1994) 상·하에서 최남선이 빠졌을 뿐만 아니라 거기에 총설로서 기록된 「우리나라 역사학의 흐름」(한영우)이라는 글에서도 빠졌음을 수긍할 수밖에 없지 않을까 생각한다. 그러나 최남선이 신채호와 함께 역사시대 이전, 이른바 단군시대에 '밝'이라는 개념과 함께 이상향을 그렸다는 문제는 상당한 사상사적인 의미를 지닌다는 것을 상기할 필요가 있지 않을까 생각한다. 민족주의는 역사 속에 이상의 시대를 상정한다. 이슬람 세계에서는 '우마르의 시대라는 높은 고지'를 상정한 것처럼 말이다. 우마르의 시대(Umars' time)란 마호메트의 유업을 받들어 완성시킨 7세기의 회교왕 우마르의 시대를 말하는 것이었다.[6]

여기에 한 가지 첨부해 둘 것이 있다. 조선프롤레타리아예술동맹(KAPF, 1925~1935)의 '학지'를 일본의 전일본무산자예술단체협의회(NAPF)의 '학지'와

---

5) 송건호, 『한국현대인물사론』, 407-408쪽.

6) 필자의 『아시아의 종교와 복음의 논리』(『アジアの宗教と福音の論理』, 新教出版社, 1970)에 수록된 「근대화에서의 종교의 역할」(「近代化における宗教の役割」, 105쪽) 참조.

비교하면서 논한다는 것을 여기서는 포기했다는 점이다. 그것은 나 자신의 연구가 지금까지는 거기에 미치지 못했기 때문이다.

II. 오늘의 현대사적 '학지'의 길

일본에서 사용하기 시작한 '학지'라는 용어가 금후 동북아시아에서 공통적으로 사용하게 될 수 있을 것인가 하는 것은 상당한 문제로 남는다고 나는 생각한다. 여기까지 나는 우리나라의 근대적 '학지'가 오랫동안 불가피한 운명으로서 대일본적 발상을 그 근본에 깔고 있지 않을 수 없었던 것을 상기해 왔다. 언제 우리는 이러한 일본 제국주의의 지배 하에서의 발상 또는 사고의 틀에서 벗어나게 되었으며 그 과정은 어떠한 것이었는가 하는 것은 우리에게 있어서 중요한 사상사적인 과제가 되리라고 생각한다. 그것은 우리의 국가적 독립사상과도 연결된다고 할 수 있지 않을까.

대일 내셔널리즘의 사고틀에서 우리는 언제부터 자유로워졌는가. 1965년 이전까지 우리는 대일 민족주의적 '학지'에서 단재의 『독사신론』이나 『조선상고사』의 틀, 민족사를 생각하면서 '아(我)와 비아(非我)의 투쟁'이라는 민족사 기술의 시대를 이어 온 것이 아닌가 생각된다.

그렇다면 오늘 우리는 역사학적으로 또는 역사기술의 면에서 어디에 서 있다고 할 수 있겠는가, 우리는 민족사 특히 대일 내셔널리즘에 선 '학지'를 벗어나야 하는 것 아니겠는가. 더 나아가서 우리는 동북아시아의 '학지'라고 해야만 하는 것을 찾아서 나아가야 하는 것은 아닌가. 정치학적으로는 우리는 1965년경 한일협정을 둘러싼 반일 내셔널리즘에서 1992년에는 한중국교 재개로 그것을 벗어나기 시작했다고도 할 수 있을 것이다. 그것은 동시에 반공적 역사이해나 국제이해를 벗어나게 됐다는 것도 의미한다. 2000년 6월의 김대중 대통령의 방북이란 이런 의미의 사상사적 상징성을 지닌다고도 할 수 있다.

한국의 현대적 '학지'는 특히 역사에 있어서 동북아시아 또는 동아시아라는 발상을 요구받게 되었다고도 하겠다. 일본이 이번 2009년 8월 말 선거에서 이룩해 낸 정권교체는 근대사에 있어서 일본이 처음으로 달성한 선거혁명이라고도 하겠는데 일본 정치 지도자들로서는 처음으로 '동아시아 공동체'를 말하기 시작한 사실에 우리는 주목할 필요가 있을 것 같다. 일본에서도 내셔널리즘을 넘은 역사가 운위되는 것일까. 그들은 전쟁책임에서 오는 지금까지의 동북아시아에 대한 소극적인 자세를 넘어서려고 한다는 것일까. 거듭 언급하지만 그 배경에는 분명히 동북아시아 3국이 균등한 협력의 시대로 들어감으로써 지난날의 일본 군국주의가 내걸었던 '대동아공영권' 따위의 정치 슬로건이 기만적인 발상이었음을 이제는 대담하게 받아들이려는 자세가 있을지도 모른다.

한국사, 한국 정치 문화의 '학지'에도 동북아시아적으로 스스로를 재편성하려는 의지가 있는 것일까. 동북아시아 3국 중에서 나는 우리 조선이야말로 3·1독립선언에서 보듯이 사실은 지정학적으로 가장 동북아시아라는 '학지'의 터전을 마음에 품어 온 것이라고 생각한다. 그러한 사상을 확인하기 위하여 아널드 토인비(Arnold J. Toynbee)의 『시련에 선 문명』에 나타난 다음과 같은 두 구절을 인용하고 싶다.

> 국제간의 경제적 상호의존 체계란 하나의 국제간의 정치적 상호의존의 체계, 즉 여러 지방적 도시국가의 무질서한 국지적 주권에 대하여 제약을 가하는 정치적 법과 질서를 가지는 어떤 국제적 조직의 테두리 안에 그것이 들어가 있어야만 처음으로 원활하게 운용될 수 있다(Toynbee, 1958: 60-61).

> 우리들은 우리 자신의 나라나 우리들 자신의 문화라는 지방적 단명(短命)한 역사의 감옥을 부숴 버리기에 충분한 상상력과 의지력을 발휘하여야만 한다. 그리하여 역사를 하나의 전체로서 내다볼 수 있는 대국적인 견식에 익숙해져야 한다(Toynbee, 1958: 143).

처음 인용에서는 몰락해 간 희랍 도시국가의 경우를 말한 것이고 그 다음에는 제2차 세계대전 후의 국제정세를 배경으로 해서 말한 것이지만 토인비는 하나의 민족의 역사, 하나의 국가의 역사를 하나의 지방사처럼 바라보는 역사의 새로운 지평을 지금까지의 인류사의 실패를 바라보면서 역설했던 것이다. 그러한 실패의 역사가 이제는 우리에게 교훈으로 다가온다고 했던 셈이다. 칸트(Immauel Kant)도 18세기 말 그의 명저『영구평화를 위하여』(Zum Ewigen Frieden, 1795)에서 국경을 넘는 '상업정신' 또는 '금력' 즉 경제만이 영구 평화를 가져다주리라고 전망했다. 그 후에도 그 많은 전쟁이 인류의 살육이라는 비극을 되풀이했는데도 불구하고 말이다.

끝으로 세계사의 앞날을 바라보면서 좀 더 대담한 역사해석을 시도해 볼 필요가 있을지도 모르겠다. 오늘의 세계사는 지금까지의 민족이나 국가를 넘어서려고 하는 것이 아닌가 생각된다. 국민국가의 시대를 넘어서는 것이다. 그렇다면 국가 안에서도 정치권력과 국민과의 관계가 역전돼 가는 것이 아닐까. 지금까지 정치권력은 스스로 국가를 대표한다고 해오면서 국민 개인들을 예속시키는 경우가 적지 않았다. 그러면서 그들 자신의 정치권력을 강화했던 것이다. 그러나 이제는 국가는 국민 개개인을 위해서 존재한다고 해야 하는 것이 아닐까. 국가 간의 대립과 쟁투가 사라지면 사라질수록 그러한 국가관이 힘을 더해 갈 것이라고 생각된다.

이것은 정치권력의 보수성이나 진보성에 관계없이 역사적인 당위로 설정되어야 하는 것이 아닌가 생각한다. 그렇다면 역사도 근대적인 민족사나 국가사와 양상을 달리할 것이 아닌가. 이런 것을 염두에 두면서 끝으로 두 가지만 지적하고자 한다.

첫째로는 2008년에는 일본에서 열린 G8, 2010년에는 한국에서 열린 G20 등이라고 불리는 국제 정상들의 모임은 무엇인가 하는 것이다. 거기에 대해서 오늘의 현대사적 '학지'에서 오는 지혜를 보여 줄 필요가 있을지도 모른다는 것이다. 또 하나는 북한이 말하는 민족주의를 바라보면서 한국은 어떻게 이에 대응하느냐 하는 문제다. 왜 한반도의 문제인데도 불구하고 한중일이 이에 대해서 협의해야 하는가. 오늘의 역사적 방향, 국제정치의 방향에서 한반도의 남북문제를 우리는 어떻게 설명할 수 있겠는가 하는 것이다.

우리의 현대사적 '학지' 또는 동북아시아사적 '학지'는 이런 우리의 현대적 과제 또는 상황에서 새롭게 요청되고 있는 것 아닌가 하는 생각을 나는 지울 수가 없다.

제3부

문화와 권력의 교차: 매체

메이지 시기 신문을 통해 본 제국일본의 국가이상

송석원

I. 머리말

일반적으로, 한 나라의 국가이상이란 그 나라가 지향하고자 하는 국가 목표를 의미한다. 그러한 점에서 제국일본의 국가이상은 제국일본이 국가적 목표로 지향한 바로서, 후술하는 바와 같이 근대적인 국민국가의 형성이 그것이라 할 수 있다. 나아가 그 연장선상에서의 전쟁에의 국민 동원 역시 제국일본의 국가이상의 주요 내용을 구성한다고 하겠다. 이 글은 이러한 점을 염두에 두면서, 메이지(明治) 시대 제국일본의 국가이상이 형성되고 전파되어 가는 양상을 활자 미디어로서의 신문에 주목하여 살펴보는 것을 목적으로 한다.

주지하는 바와 같이, 일본은 비서구권에서 가장 빠르게 근대화, 서구화를 성공적으로 달성한 국가이다. 1853년 미국의 동인도함대사령관 페리가 일본 우라가(浦賀)에 출현[1])했을 당시 일본과 서구열강 간의 국력 차이는 현저했다. 일본에서는 근대적 의미에서의 국민도 아직 창출되지 않은 상태였다. 그러나 이러한 불리한 조건 속에서도 일본은 단기간에 근대 국민국가로 도약할 수 있었다. 후술하는 바와 같이, 국민국가 창출이 전시체제와 더불어 이루어졌다면, 메이지 시대 청일전쟁과 러일전쟁은 그러한 국민국가 형성에 큰 전기를 마련한 것이라고 할 수 있다. 그러한 점에서, 메이지 시대 제국일본의 국가이상이 신문에 어떻게 투영되고 있는지, 국가이상을 전파하는 매개체로서 신문은 구체적으로 어떠한 국가이상을 어떻게 매개했는지를 청일전쟁과 러일전쟁에서의 신문을 중심으로 살펴보는 것은 메이지 시대 제국일본을 이해하는 데 필요하면서도 불가결한 일이다.

그동안 제국일본 시기의 신문에 대한 연구는 주로 신문편집자나 독자를 각각 중심으로 하는 연구가 주류를 이루고 있었다. 신문편집자(기자 포함) 중심의 연구(예컨대 井上徹英, 1991; 笠信太郎, 1963; 山本武利, 1990)는 정론(政論)의 견지와 상업적 성공 사이의 간극을 신문인으로서 어떻게 인식하고 대처했는지에 역점을 두고 있다. 이와는 대조적으로, 독자 중심의 연구(예컨대 小森陽一, 1996; 永嶺重敏, 1997)는 일반인들이 독서국민으로 성장해 가는 과정에 주목하면서, 신문을 '독서'하는 것을 통해 변화하는 세상을 어떻게 이해하고 수용하였는지에 주된 관심이 집중되어 있다. 이와 같이 신문을 만드는 측(신문편집자)과 소비하는 측(독자)에 대한 연구가 분리되어 진행됨으로써 신문연구의 전체상 파악이 용이하지 못했다. 너욱이 국가형성(state building) 및 국민형성(nation building) 시기의 신문은 국가이상과 불가분의 관계를 맺을 수밖에 없다는 점에서, 국가의 신문 정책을 시야에 넣는 연구만이 신문에 대한 종합적인 이해를 가능케 할 수 있을 것이다.

이상과 같은 사정을 염두에 두고, 본고에서는 활자 미디어로서의 신문에

1) 당시 일본에 출현한 페리 제독이 이끄는 미국 동인도함대의 군함은 모두 4척으로 이루어져 있었다. 이 가운데 기함 서스퀴해나호(2,450톤)와 미시시피호(1,692톤)는 증기선이었으며, 프리마스호(989톤)와 새러토가호(882톤)는 범선이었다. 이에 대한 보다 상세한 내용에 대해서는 송석원(2003) 참조.

나타난 제국일본의 국가이상을 국민 창출과 전쟁(청일전쟁과 러일전쟁) 수행이라는 두 가지 측면을 중심으로 살펴본다. 제국일본이 국민 창출과 전쟁 수행이라는 국가이상에 신문을 동원하기까지에는 먼저 탄생 직후의 신문에 대한 보호 장려정책의 추진과 함께 신문을 국가이상 구현에 봉사하도록 규율해 가는 제도적 장치의 마련과정이 설정될 필요가 있었다. 다시 말해서, 제국일본의 신문에 대한 보호 장려정책과 언론통제의 제도적 장치 구축은 신문(활자 미디어)을 통한 국가이상 실현을 위한 필요하고도 불가결한 조건이었다. 따라서 본고에서는 먼저 제국일본의 활자 미디어 정책을 조망하는 것에서 논의를 시작하고자 한다.

II. 제국일본의 활자 미디어 정책

1. 신문 장려 정책

야마노우치 야스시(山之內靖)에 의하면, 전시체제는 일반적으로 논의되어 온 바와 같은 근대화과정의 일탈이 아니라 오히려 근대화 프로젝트의 새로운 단계이다. 그런 점에서 파시즘 국가뿐만 아니라 연합국들도 전시체제를 거쳐 현대화를 이루었다고 할 수 있다.[2] 전시체제가 국민국가 창출을 위한 장치로서 기능했기 때문이다. 실제로, 두 차례의 세계전쟁이 국민을 총동원하는 형태로 수행되었고, 그렇게 형성된 국민국가의 강력한 이데올로기는 현대에 이르기까지 여전히 국가 그 자체를 규율하고 있음은 주지하는 바와 같다. 일본에서 전시체제의 기점이 된 것은 청일전쟁이다. 물론 일반적으로, 일본의 전시체제는 1941년 12월 7일 일본의 진주만 기습으로 시작된 아시아태평양전쟁 시기의 체제를 의미한다. 그러나 야마노우치 야스시, 강상중(姜尙中) 등이 지적하는 바와 같이, 근대화 프로젝트로서의 전시체제

2) 이에 대한 보다 상세한 논의에 대해서는, 山之內靖 외(1995) 참조.

구축이라는 관점에서는 일본의 전시체제가 이미 청일전쟁에서부터 구축되어 간 것으로 파악하는 것이 타당할 것이다. 사실 청일전쟁은 이후의 러일전쟁, 대만과 한국의 강제 병합, 만주국 건설, 만주사변, 중일전쟁, 남양(南洋) 공략, 아시아태평양전쟁 등으로 이어지는 일련의 침략전쟁의 기점인 동시에 일본인으로 하여금 '국민'으로 동원하는 다양한 장치를 일상생활 속에 장착하고 또 작동하기 시작한 시기이기도 하다(谷藤康弘ほか, 1999: 41). 메이지유신 이래 추진해 온 제국일본의 서구화, 근대화라는 국가이상은 마침내 청일전쟁을 계기로 한 전시체제의 형성과 더불어 실질적으로 완성되어 간다. 따라서 일본의 20세기는 1945년의 패전(종전)을 경계로 각각 50년씩의 전전과 전후로 시대를 구획하는 방식으로는 제대로 총괄할 수 없다고 하면서, 20세기를 100년의 시간 속에 총괄하는 것, 다시 말해서 청일전쟁부터의 일본을 보는 것이 중요하다는 강상중의 지적[3]은 매우 적절한 것으로 보인다. 이러한 인식에 설 때, 비로소 제국일본의 전 시기를 관통하는 국가이상을 총체적으로 파악할 수 있다.

그렇다면 전시체제에서 국민을 동원하는 장치로서 활자 미디어의 양태와 의의는 어떠했을까. 사실 메이지유신 이후 신문, 잡지를 중심으로 한 제국일본에서의 활자 미디어는 청일전쟁 이전까지지도 미미한 수준에 머물러 있었다. 주로 신문과 잡지로 대표되는 활자 미디어가 국민을 동원하는 장치로서 기능하기 위해서는 무엇보다도 국민의 식자(識字)가 가능해야 하고 구입할 수 있는 경제적 여유가 있어야 하며, 게다가 신문이나 잡지를 읽는 것에 흥미를 갖고 이를 통해 무언가를 얻을 수 있을 것이라는 믿음(小林弘忠, 2002: 2-14) 등이 있어야 한다. 즉, 활자 미디어를 소비하는 독자층의 식자율, 경제력, 생활습관은 그것을 생산하는 신문인, 잡지인의 언론인으로서의 자각과 함께 활자 미디어가 존재하고 강화되기 위한 전제조건이다. 이러한 사실은 근대화 프로젝트 속에서 독서인, 독서국민의 탄생에 기초가

3) 강상중의 이 발언은 1995년 6월 29일 국가기밀법에 반대하는 시민간담회가 주최한 '제7회 아사가야(阿佐ヶ谷)시민강좌'에서 나왔다(谷藤康弘ほか, 1999: 41).

되는 국민의 식자율과 독서하는 생활습관 제고를 위한 국가의 개입을 불가피하게 한다. 그리고 전시체제가 강화됨에 따라 국민의 독서 환경 정비에 대한 국가의 개입은 독서의 내용에 대한 개입으로 진화해 간다.

〈표 1〉 제국일본의 신문관계 약사

연 도	내 용
1871	요코하마마이니치(橫浜每日)신문 창간, 신문잡지(新聞雜誌) 창간
1872	도쿄니치니치(東京日日)신문 창간, 우편호치(郵便報知)신문 창간, 학제 공포, 신문해화회(新聞解話會), 신문종람소, 신바시(新橋)－요코하마(橫浜) 간 철도 개통
1873	마이니치히라가나신문(まいにちひらがなしんぶん) 창간
1874	조야(朝野)신문 창간, 요미우리(讀賣)신문 창간
1875	신문지조례, 참방률(讒謗律) 제정, 스에히로 뎃초(末広鉄腸) 탄압1호
1877	도쿄니치니치신문 전지(戰地)에 기자파견, 세이난(西南)진쟁, 진쟁의 유언금지 포고
1879	오사카아사히(大阪朝日)신문 창간
1883	신문지조례 개정 발행금지처분 강화
1889	제국헌법 공포
1892	요로즈초호(萬朝報) 창간
1894	청일전쟁
1897	신문지조례 개정, 발행금지처분 완화
1898	신문기사 단속에 관한 내무성령 발령
1904	러일전쟁
1909	신문지법 공포
1925	치안유지법
1931	군부의 언론간섭 강화
1936	2·26사건으로 언론통제
1938	국가총동원법 공포
1940	내각정보국에 의한 언론통제
1941	신문지 등 게재 제한령, 언론출판집회결사 단속법 공포

출처: 小林弘忠(2002: 321-327)에서 발췌하여 재정리.

일본에서 창간된 최초의 신문은 나가사키(長崎)에서 1861년 6월에 창간된 영자지 *The Nagasaki shippinglist and advertiser* 였다. 같은 해 11월에는 요코하마에서 *Japan Herald* 가 창간되었다. 이처럼 일본에서의 초기 신문은 도쿄 이외의 지역에서, 영어로 창간되고 있음을 알 수 있다. 이러한 종류의 신문은 실제로 일본인을 독자로 했다기보다는 오히려 일본에서 경제적 이익을 위해 분주하던 외국인(과 지극히 한정된 일본인) 대상의 신문이라고 할 수 있다. 일종의 정보지의 성격이 강한 신문이었다고 보는 것이 타당할 것이다. 왜냐하면 후술하는 바와 같이, 당시 일본인의 일본어 해독능력은 그다지 높지 않은 수준이었고, 영어 역시 지극히 한정된 지식인을 제외하고는 전혀 낯선 외국어였기 때문이다.

일본에서 최초로 일본어 일간지로 창간된 것이 1871년의 요코하마마이니치(横浜每日)신문이다. 이어 각지에서 일본어 신문이 창간되기에 이른다. 신문 창간은 마치 시대적인 조류가 된 듯한 느낌이 들 정도로 다양한 신문이 창간되었는데, 이는 이 시기부터 신문의 공급자 측과 수용자 측이 어느 정도 성장하기 시작했음을 의미한다. 그러나 이와 함께 신문에 대한 정부의 간섭 역시 시작되고 있었다. 신문은 근대화를 목표로 하는 정부에게는 필요하면서도 위험한 존재이기도 했기 때문이다.

한편, 메이지 초기에는 앞에서 서술한 요코하마마이니치신문의 창간을 비롯하여 다수의 신문이 창간되기도 하였으나, 또 상당수의 신문이 수년 내에 폐간되어 버리기도 했다. 신문 초창기에 다수의 신문에서 보이는 짧고 미약한 생명력은 무엇보다도 광범위한 독자층의 미형성에 기인한다. 식자율과 경제력, 독서하는 생활습관 등 모든 면에서 독자층과 예비 독자층은 매우 미미한 수준에 있었기 때문이다. 이러한 사실은 조야(朝野)신문이 1875년 3월 2일 기사에서 "세상에 개명이 진행되고는 있지만 아직 신문을 읽는 사람은 우리나라 3,000만 명 가운데 1,000명당 1명 정도"라고 지적하고 있는 데서도 알 수 있다. 이는 결국 전국적으로 1일 발행되는 신문의 총계가 약 3만 부 정도라는 것을 의미한다. 물론, 1875년이라는 시점은 〈표 1〉에서 보는 바와 같이, 제국일본에서 신문이 본격적으로 발행되기 시작한 이래 얼마 지나지 않은 때이다. 그러나 이렇게 저조한 신문 열독률은 신문사 측의 판매망 구축이 완전하지 못한 때문이기도 하지만, 기본적으로 국민들의 식자율이 저조하고 신문을 구독할 정도의 경제적 여유가 확보되지 않았기 때문이다.

신문 발행 초창기의 일본의 식자율을 전국적인 규모로 파악할 수 있는 자료는 없다. 이와 관련하여, 쓰치야 레이코(土屋礼子)는 메이지정부의 문부성이 구미에서 행해지기 시작한 식자조사를 의식하고는 있었으나 통일된 방법에 의한 조사는 실시하지 않았고, 대신에 각 현이 독자적으로 조사했기 때문이라고 지적하고 있다(土屋礼子, 2002: 50). 이러한 가운데 초등학교(소학교) 취학률은 제1회 국회가 소집된 1890년이 되어서도 48.9%에 지나지 않았고 거의 100%에 도달하는 것은 그로부터 약 20년 후인 1910년을 전후한 시기부터라는 점을 고려한다면, 초창기 신문 열독률 저하의 원인으로서의 식자율 저조는 명확하다고 할 수 있다. 더욱이 도쿄니치니치(東京日日)신문이 1875년 1월 1일부터 구독료 인상을 단행하여 1부 3전, 월 70전으로 정하였을 때, 당시 쌀 10kg이 50전 전후였던 것을 고려하면 서민의 신문구독은 결코 용이한 일이 아니었다. 신문 초창기에 신문을 읽는 행위는 그 자체가 다름 아닌 지적 · 경제적 우월감(小林弘忠, 2002: 4)을 나타내는 것이기도 했다.

따라서 신문이나 잡지 등이 일반 서민들에게도 수용되기 위해서는 먼저 이들의 식자율을 높이는 동시에 어떠한 형태로든 이들이 신문, 잡지를 쉽게 접할 수 있게 하는 것이 필요했다. 근대 국민국가 형성에 있어서의 군대나 학교의 역할에 대해서는 이미 베네딕트 앤더슨(Benedict Anderson, 1983)이나 에른스트 겔너(Ernest Gellner, 1983) 등의 연구에 의해 자명한 것으로 받아들여지고 있다. 제국일본의 메이지정부 역시 1872년 학제(學制)를 공포하여 학교교육을 통한 식자율 향상을 도모하였다. 학제 공포는 독서국민을 창출하기 위한 제국일본의 제도적 · 정책적 토대구축의 출발이었다. 그러나 앞에서도 지적한 바와 같이, 취학률이 거의 100%에 달하는 것은 1910년 전후로 학제가 반포된 40여 년 정도 후의 일이었다.

그런 점에서 문명화 · 서구화 · 근대화 등의 국가이상을 내건 메이지정부가 상의하달의 미디어로 창간되기 시작한 신문의 활용 가능성에 주목한 것은 당연한 결과였다. 메이지정부의 신문 독서 장려정책은 현(縣) — 대구(大區) · 소구(小區) — 호장(戶長)과 같은 행정 루트를 통한 신문의 구독 및 회람 장려, 신문해화회(新聞解話會)의 개설, 신문종람소(新聞縱覽所)의 설치 등을 통해 실시되었다. 신문해화회는 지역주민을 모아 승려나 학교교사 등이 신문기사를 알기 쉽게 풀어 읽어 주는 모임으로, 1872년경부터 정부의 후원 아래 각 현에서 실시되었다(永嶺重敏, 2004: 172). 국민 대다수가 아직 비(非)식자층이었던 메이지 초기 단계에서 신문해화회의 시도는 소수의 식자층의 구두 커뮤니케이션을 통해 신문이라는 활자 미디어를 대다수 비식자층에 전달해 간 것으로, 마에다 아이(前田愛)가 적절히 표현한 바와 같이, '문자 커뮤니케이션에 구화(口話) 커뮤니케이션을 덧붙인 형태'라 할 수 있다(前田愛, 1989: 110). 신문종람소는 복수의 신문을 모아 유 · 무료로 읽게 하는 독서시설로, 신문의 보급이 아직 미약했던 메이지 초기에 관(官) 혹은 민간 유지에 의해 다수 설립되었다(永嶺重敏, 2004: 175). 신문해화회가 사람을 모으기가 쉽지 않은 등의 이유로 흐지부지되어 실패로 끝난 것과는 대조적으로, 특히 민간이 설립한 신문종람소는 전국적으로 확대되어 비교적 장기에 걸쳐 지속되었다. 신문종람소는 1872년에 설립되기 시작하였는데, 1877년 이후에도 활동하고 있는 신문종람소가 발견되고 있기 때문이다(永嶺重敏, 2004: 175-194).

이러한 정부와 민간의 신문 독서 장려정책과 함께 신문사로서도 독자를 확보하기 위한 다양한 전략을 구상, 실천하였다. 신문사의 독자층 확보전략의 핵심은 문체, 논설, 잡보 등에 집중되었다. 앞의 〈표 1〉에서 보는 바와 같이, 1870년 요코하마마이니치신문, 1871년 신문잡지(新聞雜誌), 1872년 도쿄니치니치신문과 우편호치신문(郵便報知新聞), 1873년 마이니치히라가나신문(まいにちひらがなしんぶん), 1874년 조야신문과 요미우리(讀賣)신문, 1879년 오사카아사히(大阪朝日)신문, 1892년 요로즈초호(萬朝報) 등이 각각 창간되었다. 일반적으로 초창기의 이들 신문은 체재, 문체, 논설 등을 기준으로 대

신문(大新聞)과 소신문(小新聞) 등으로 구분된다. 고모리 요이치(小森陽一, 1993: 5-6)는 "대신문은 원래 자유민권운동의 흐름을 이어받은 정당기관지적 성격을 강하게 지닌 정론(政論)을 중심으로 한 신문으로 주요 독자층은 메이지의 소위 상등(上等)사회에 속하는 경제력 있는 층이었던 데 반해, 소신문은 총루비(후리가나)로 스캔들이나 읽을거리를 중심으로 한 편집으로 독자는 하등(下等)사회에 속하는 층이라는 점이 청일전쟁 전까지의 일본인의 신문감각이었다"고 지적하여 신문기사의 내용과 성격, 구독자의 속성을 바탕으로 양자를 구별하고 있다. 이러한 점에서 메이지 시기의 소신문은 오늘날의 대중지의 한 원류를 이루는 것이기도 했다.[4] 또한 오노 히데오(小野秀雄)는 소신문의 기원에 대해 '1869년 4월 29일 내외신보의 편자였던 하시즈메 간이치(橋爪貫一)가 도쿄에서 출판한 가이치신보(開知新報)이다'라고 단언하면서, 그 이유로 '이 신문에서는 서양의 설과 비교하면서 하나하나 그 원인을 부녀자(婦女子)와 동몽(童蒙)도 이해하기 쉽게 약도(略圖)를 설정하여 한눈으로 도리를 알 수 있게 한다'는 부분을 들고 있는 바와 같이, 소신문은 '부녀자와 동몽의 이해에 주의한 바가 소신문의 출발'[5]이라고 지적하고 있다. 나아가 오노는 대신문과 소신문에 대해 체재, 문체, 관령(官令), 논설, 잡보, 읽을거리, 투서, 기자, 독자, 판매법, 조례, 부수 등 보다 구체적인 항목으로 나누어 〈표 2〉와 같이 비교, 정리하고 있다.

〈표 2〉 대신문과 소신문

	대신문	소신문
신문지	東京日日新聞, 郵便報知新聞, 朝野新聞, 東京曙新聞, 大阪日報	讀賣新聞, 東京繪入新聞, 假名讀新聞, 浪華新聞
체재	4페이지 대형	4페이지 소형(오신문의 절반 정도)

4) 이에 대해서는 土屋礼子, 2002 참조.

5) 이에 대해서는 小野秀雄(1922), 『日本新聞発達史』, 大阪毎日新聞社 · 東京日日新聞社, 제7장을 참조.

문체	한문구조가 많고, 사회잡보 이외는 루비 없이 가타가나 사용, 사회잡보는 루비와 히라가나 사용	구어체로 히라가나, 총후리가나 사용 관령에는 가타가나 사용도 있음
관령(官令)	게재 항목수가 많고 원문대로 게재	민중과 직접 관련 있는 것만 취함
논설	유	무
잡보	정치, 경제, 해외소식을 중시함	화류계, 경찰 관련 소식, 연예, 스모 등을 중시함(요미우리에는 화류계와 연예 관련 소식 무)
읽을거리	시사문제, 해외지식에 관한 것	요미우리를 제외하고는 잡보 같은 읽을거리 소설을 그림을 넣어 게재
투서	정치에 관한 것이 많음	사회 잡사에 관한 것이 많음
기자	양학자, 한학자, 정치론자, 학생이 많음	국학자, 희작(戱作)자, 교가시(狂歌師) 등이 많음
독자	중류 이상의 신사가 많음	중류 이하의 자, 부인, 예인(藝人) 등
판매법	판매법을 강구하지 않고, 서점에서 팔게 하거나 우송, 직접배달도 함	다양한 광고법을 활용하고 요미우리(읽으며 판매하는 방식)를 행함(단 1879년 12월경부터 금령에 의해 요미우리를 폐지함
조례	정치관계 위반자가 많음	없음. 단 1877년 이후 풍속괴란(壞亂), 참방률에 지촉된 것이 있음
부수	각지(各紙) 큰 차이 없음	각지(各紙) 정돈되지 않음

출처 : 土屋礼子(2002: 15)에서 재인용.

신문해화회, 신문종람소 등으로 대표되는 민관의 신문 독서 장려정책이 독자층의 식자율과 경제력에 초점을 맞추어 입안된 정책이라면, 당연한 일이지만 신문사의 독자층 확보전략은 주로 전자에 초점이 맞추어진 것이다. 신문사의 독자층 확보전략은 주로 문체 문제에 집중되었다. 신문을 읽기 쉽게 하기 위한 히라가나 사용, 한자 사용 제한, 루비 활용, 구어체 문장

도입 등이 주요한 전략이었다. 일반적으로, 대신문은 가로 50cm×세로 36cm, 소신문은 가로 35cm×세로 26cm라는 데서 이러한 명칭이 유래되었다고 할 수 있다(小林弘忠, 2002: 22). 그러나 이와 같이 대신문과 소신문의 명칭이 비록 신문 크기에서 유래된 것이기는 하지만, 사실상 가장 중요한 구별 기준 가운데 하나는 문체이다.

신문 초창기인 메이지 초기는 여전히 에도(江戶)시대의 기풍이 잔존하던 시대였기 때문에 구시대의 사족(士族)을 구독대상자로 하여 한자와 문어체를 고집하는 신문이 있는 반면에, 새로운 구독대상자로서의 서민에 주목하여 신문을 읽기 쉽게 히라가나를 주로 사용하면서 한자를 불가피하게 사용할 경우에는 한자에 후리가나를 붙이는 신문이 등장하였다. 대체로 전자의 신문이 상대적으로 크고, 후자의 신문이 작았기 때문에 대신문, 소신문 등의 명칭이 붙은 것이다. 한자를 둘러싸고 폐지론, 보존론, 제한론 등의 논의가 신문사를 중심으로 전개되었던 것도 신문사의 독자확보 전략과 무관하지 않다. 이와 같이 초창기 신문은 그야말로 한자와 히라가나의 싸움의 장(小林弘忠, 2002: 2-60)이었다고 해도 과언이 아니다. 그런 점에서 청일전쟁에서 비롯된 제국일본의 전시체제 형성은 국민동원의 필요에 의해, 그리고 언론간섭을 통한 내셔널리즘의 균질적 논조에 의해 자연스럽게 대신문의 역할 감퇴와 소신문의 발행부수 증대를 결과하였다(小森陽一, 1993: 6).

한편 신문의 발행이 급격하게 증대된 또 하나의 요인으로 전국적인 규모의 간선철도망의 정비를 들 수 있다. 간선철도는 국가 기간산업으로서 경제적 · 정책적 목적에 의해 개설되는 것이 일반적이다. 그러나 간선철도망 정비는 원래 의도하지 않았던 결과로서 신문 및 잡지와 서적의 전국적 보급을 확대, 강화하는 가장 중요한 계기가 되었다. 철도간선망의 전국적인 정비가 이루어진 것은 1890년대이다. 이미 1872년에 개통되었던 도카이도(東海道)선 신바시(新橋)–요코하마(橫浜) 간 철도가 1889년 고베(神戶)까지 전면 개통되어 도쿄와 간사이(關西)가 연결되었다. 1891년에는 니혼(日本)철도의 우에노(上野)–아오모리(靑森) 간이 전면 개통되어 도쿄와 도호쿠(東北)지방이 연결되었고, 1893년에는 우에노–나오에쓰(直江津) 간의 전면 개통으로 주부(中部)지방이 도쿄와 연결되었다. 오사카(大阪)를 중심으로 한 간선철도의 경우에는, 1894년 산요(山陽)철도가 히로시마(広島)까지, 1901년에는 시모노세키(下関)까지 연결되어 주고쿠(中國)지방이 오사카의 권역 안에 들어오게 되었고, 나아가 1889년에는 호쿠리쿠(北陸)선 도야마(富山)－쓰루가(敦賀) 간의 전면 개통으로 호쿠리쿠도 긴키(近畿)권에 들어오게 되었다(永嶺重敏, 2004: 15).

이렇게 해서 1890년을 전후한 시기에 도쿄와 오사카를 각각 거점으로 하여 도호쿠, 도카이, 주부, 호쿠리쿠, 주고쿠를 맺는 교통수송의 일대 전국 네트워크가 형성된다. 이러한 간선철도망을 통해 사람과 재화가 전국적으로 왕래하였는데, 바로 이 길을 따라 활자 미디어가 전국적으로 유통, 소비되었다. 나가미네 시게토시(永嶺重敏)에 의하면, 이러한 간선철도망이 정비되기 이전까지는 예컨대 호쿠리쿠지방에서 도쿄의 신문잡지를 받아보는 데에 7일간이 필요했으나, 정비 이후에는 일간신문을 같은 날 안에 전국적으로 배포할 수 있게 되었다고 한다(2004: 14-15). 이와 같이 전국적인 철도네트워크 형성이 전국 규모의 미디어 형성을 가능케 한 것이다. 이러한 사실은 [그림 1]의 활자 미디어의 발송 수 추이를 통해서도 확인할 수 있다. 즉, 당시의 신문, 잡지, 서적 등의 활자 미디어는 우편을 통해 전국적으로 유통·소비되어 갔고 우편이 활용한 교통기간이 바로 철도였다는 점을 고려할 때, 간선철도망의 정비와 전국 규모의 미디어 형성 사이에는 매우 밀접한 연관이 발견된다. 예컨대, 신문 및 잡지의 발송 수는 1870년대 후반에는 400~500만 통 정도에 머물러 있었으나, 1881년에 1,000만 통을 넘어서더니 1890년에는 4,000만 통 이상으로 급증하고 있다. 또한 1894년에도 신문 및 잡지 8,000만 통과 서적 500만 통, 1900년에는 신문 및 잡지 1억 3,500만 통과 서적 970만 통 등으로 각각 급증하고 있는 것을 알 수 있다. 철도망의 추가 개통이 실현된 직후의 급증이다. 철도망 구축이 본의 아니게 신문장려정책의 일익을 담당하고 있음을 알 수 있다.

2. 언론통제 정책

이와 같이 신문과 잡지로 대표되는 활자 미디어는 정부에 의해 국민동원 장치로 인식되어 다양한 형태의 지원정책이 모색·시행되었고, 그 결과 활자 미디어는 비약적으로 성장할 수 있었다. 그러나 제국일본 정부가 신문 등을 장려하기만 한 것은 아니었다. 신문이 국민동원에의 활용 가능성과 정부 정책에 대한 비판의 선봉이 될 가능성을 동시에 가지고 있다는 사실을 메이지정부는 잘 알고 있었다. 따라서 비판언론을 통제하기 위해 1875년에 신문지조례와 참방률(讒謗律)을 제정하여 언론에의 간섭을 본격화하였다. 물론 신문지조례와 참방률의 제정과 이를 근거로 한 제국일본의 신문 탄압은 거꾸로 신문이 정치를 움직일 수 있는 힘, 인심을 좌우할 수 있는 힘을 가지고 있으며, 따라서 얼마든지 권력을 위협할 가능성을 갖고 있다는 점을 은연중에 확인하는 것(小森陽一, 1996: 106)이기도 했다.

신문지조례가 반정부 혹은 비정부적 언론에 대한 국가권력의 개입을 규정한 것이라면, 참방률은 신문의 보도로 야기되는 일반 대중의 인권보호를 위한 국가권력의 개입을 규정한 것이라 할 수 있다. 신문지조례에 의한 탄압은 대체로 대신문에 대해 사설이나 투서의 형태를 띤 논설 내용을 중심으로 가해졌다. 따라서 신문지조례에 의한 탄압은 국가권력에 대한 신문의 투쟁사라는 측면을 갖는다고 할 수 있다. 신문지조례 발표 후 불과 한 달 만에 스에히로 뎃초(末広鉄腸)가 최초로 탄압을 받았다. 이와는 대조적으로, 참방률에 의한 소신문의 필화는 주로 불륜 등의 성적인 추문, 친인척 간의 불목(不睦), 도난이나 사기·횡령 등 범죄행위를 다룬 것에 집중되어 있다. 참방률 자체가 비방에 관한 규제이기 때문이다. 신문 초창기의 신문별 필화건수를 표로 나타내면, 〈표 3〉과 같다.

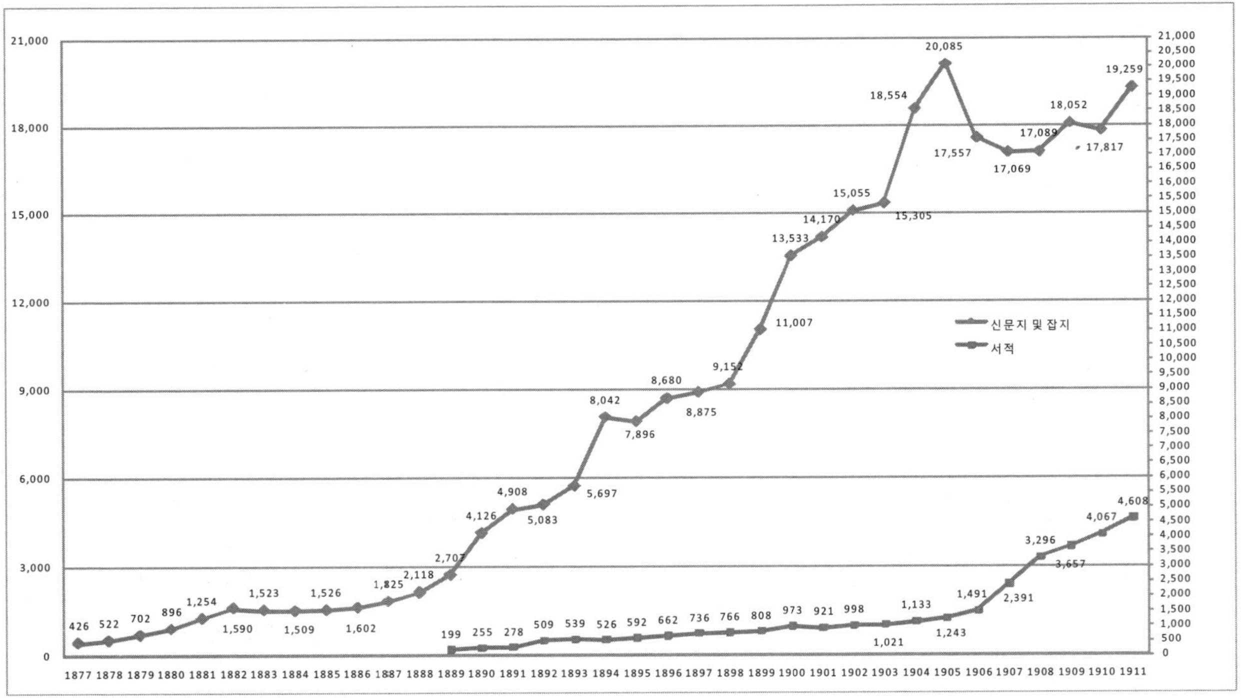

[그림 1] 활자 미디어의 발송 수 추이(단위: 1만 통)

* 1897년부터는 대만을 포함함.

출처: 永嶺重敏(2004: 23)의 표를 토대로 그래프로 재구성한 것임.

〈표 3〉 신문별 필화건수 일람표

신문	1875	1876	1877	1878	1879	1880	계	합계
東京曙	▲△▲ ▲▲5 ●1	▲1 ●●2	▲1 ●1	●●2	●○2	▲1 ●●○● ●●●7	8 15	23
朝野	▲1	▲▲2 ●●○3		▲1 ●●●● ●○●7	▲1 ●●●3	▲1 ○●●● ○●○7	6 20	26
郵便報知	▲1 ●1	▲1 ●●●○ 4	▲▲2 ●1	●1	●●●○ 4	△1 ●○●● 4	5 15	20
東京日日	▲1	▲▲2 ●1	●1	●●2	●●●● ○5	●●2	3 11	14
橫浜每日	▲1 ●1	▲▲2	▲1 ●1	▲1 ●1	○●2	▲1 ●●2	6 7	13
소계 ▲	9	8	4	2	1	4	28	
소계 ●	3	10	4	13	16	22	68	96
讀賣		●●●3	●●●● ○5	▲1 ●●●○ ●○●○ ●○10	○●○● ●○●● ●●●○ ●13	▲1 ○●●○ ○○○○ ○○●○ ●●14	2 45	47
東京繪入		●1	●1	●●●● 4	●●●○ ●●6	●●●○ ●○●● 8	0 20	20
假名讀		●1	●●●● ●●●● ●9	●●○● ○●○● 8	●●●○ ●●●● ●●○● 12	●●●● ●●6	0 36	36
소계 ▲		0	0	1	0	1	2	
소계 ●		5	15	22	31	28	101	103
합계 ▲	9	8	4	3	1	5	30	199
합계 ●	3	15	19	35	47	50	169	
필화 총건수	12	23	23	38	48	55	199	

* ▲△은 신문지조례에 의한 필화, ●○는 참방률에 의한 필화. 단, △○는 두 죄의 동시 적발에 의해 실형이 부과되지 않은 것임.

출처: 土屋礼子(2002: 139).

〈표 3〉은 다음과 같은 몇 가지 특징을 보여 주고 있다. 첫째, 신문지조례에 의한 필화는 거의 대신문에 집중되어 있다. 앞에서 살펴본 바와 같이, 소신문에 신문지조례에 의한 필화가 적은 것은 소신문이 내용상 정론(政論)을 중요하게 다루고 있지 않기 때문이다. 둘째, 참방률에 의한 필화는 대신문과 소신문 구별 없이 다수를 차지하고 있다. 셋째, 메이지 초기 대신문과 소신문 모두에서 전체 필화건수는 해마다 증가하고 있는 데 반해, 신문지조례에 의한 대신문의 필화가 1877년 이후 급격히 감소하고 있다. 이는 같은 해에 일어난 세이난(西南)전쟁에 즈음해서 전쟁의 유언금지가 포고되고 검열제도가 도입되었기 때문이다. 전쟁이라는 국가 위기 상황에 직면하여 신문은 권선(勸善, 우리)징악(懲惡, 남)의 논조를 띨 수밖에 없다는 점도 작용하였을 것이다(小林弘忠, 2002: 231). 신문지조례는 발행금지를 완화 혹은 강화하는 등 몇 차례에 걸쳐 개정되었다. 그리고 1909년 45개조로 구성된 신문지법이 공포되었다. 신문지조례에서는 예심 중인 사건보도를 금지하고 있었지만, 신문지법에서는 검찰이 조사하고 있는 단계의 사건기사도 보도금지되는 등 보도제한 규정이 한층 강화되었다.

III. 활자 미디어 속의 국가이상

이상과 같은 신문에 대한 메이지정부의 보호 장려 및 통제정책은 메이지시대에 구축되는 제국일본의 국가이상 실현을 위해 필요 불가결한 것이었다. 학교교육과 더불어 신문의 보호 장려로 형성된 독서국민은 메이지정부의 초기 국가이상인 국민 창출에 결정적으로 중요한 역할을 하였다. 나아가 신문에 대한 정부의 간섭, 통제의 제도적 장치는 메이지정부가 전시체제를 구축해 가는 과정에서 국가이상의 선전과 전쟁에의 국민동원을 위한 법률적 근거로서 기능하였다. 실제로, 신문은 정부의 보호 장려를 받는 한편으로 통제를 받으면서도 급격하게 성장하였고, 국가이상 구현의 장치로서의 역할을 일정하게 수행하였다. 제국일본의 전시체제 형성기인 청일전쟁과 러일전쟁에서 국가이상을 전면적으로 수용한 신문의 성장과 비판 신문의 퇴조는 메이지정부의 신문정책과 신문을 통한 국가이상 실현이 밀접하게 연동하고 있음을 보여 주고 있다. 이 장에서는 정부로부터의 보호 장려와 더불어 통제를 받는 신문이 구체적으로 국가이상과 어떻게 관련되어 갔는지에 대해 살펴보기로 한다.

1. 국민의 창출

독서국민의 탄생을 가능케 한 것은 활자 인쇄와 대량제본의 기술혁신에 뒷받침된 출판 미디어가 통신과 교통네트워크를 전적으로 활용하면서 그 자체가 독자인 국민을 결합시키는 네트워크로 기능했기 때문이다. 앤더슨이나 겔너 등이 언급하고 있는 근대국민국가 형성기에 있어서의 학교교육을 통한 국민 창출의 과정은 활자 미디어에 의한 독서국민의 형성과정과 중첩된다고 할 수 있다. 결국 학교교육과 활자 미디어는 국민을 형성하는 과정에서 상보(相補)관계에 있음을 알 수 있다.

국민 창출 기제로서의 학교교육이나 신문, 잡지 등의 활자 미디어는 전근대사회부터 존재하는 구성원 사이의 우리(공동체) 의식과 남(타자) 인식을 국가적인 규모로 전위시켜 자국민 의식과 타국 의식으로 전환시켜 갔다. 전근대사회에서의 우리와 남의 경계는 사회 내부의 지배층과 피지배층 사이에 가로놓여 있었다. 전근대사회의 현저한 특징 가운데 하나가 지배층과 피지배층이 침범할 수 없는 엄격한 사회적 규범에 의해 분리된 채, 서로가 서로를 타자로 의식하는 등 상호간의 교류가 원천적으로 차단된 사회였기 때문이다. 그러나 근대 산업사회는 이러한 전근대 농업사회의 고정적이고 계층적인 특질을 붕괴시켜 지배층과 피지배층의 지위를 고정하지 않음으로써 원리적으로도, 실제적으로도, 이전의 양 계층에 속하던 인간 상호간의 교류 및 지위의 상승과 하강이 자유롭게 된 사회라고 할 수 있다. 이것은 곧 기존의 태생적으로 부여받는 지배층과 피지배층이라는 고정된 지위(신분질서)가 마침내 의미를 상실하는 가운데 비로소 모두가 '국민'으로 새롭게 창출되는 것을 뜻하기도 한다. 나아가 근대 산업사회는 오히려 국민국가의 범주를 기준으로 타자를 의식하게 됨으로써, 타국, 타민족이 타자의식의 주요한 내용으로 자리 잡게 된다고 할 수 있다. 이는 곧 국민국가를 기준으로 우리 나라 및 우리 민족과 그 범주의 외부에 속하는 다른 나라 및 다른 민족과의 사이에 장벽을 구축하여, 장벽 내부자들 사이에 동붕(同朋)의식을 공유해 가는 한편, 그 국외자(局外者)에 대해서는 이질적인 타자의식을 강화해 가는 과정이라고 할 수 있다(송석원, 2010: 6-7).

그렇다면 신문, 잡지 등의 활자 미디어에서 우리(자국)와 남(타국)의 구별은 구체적으로 어떻게 전개되었을까. 신문, 잡지에서 우리와 남 의식이 집약적으로 표출되는 소재는 전쟁과 역사이다. 예컨대, 청일전쟁이 한창이던 1895년 1월 하쿠분칸(博文館)에서 창간한 잡지 『소년세계(少年世界)』는 창간호부터 12호까지 청일 간의 전투를 그림과 문장으로 엮은 '정청화담(征清畵談)'을 게재하고 있는데, 여기서 각 장면을 구성하는 주체는 사격하고 점령하고 돌진하거나 후퇴하는 '아군(我軍)'으로서의 일본군이고, 스토리 전개와 표현 형태가 이미 우리 의식으로 일관하고 있다(成田龍一, 2003: 115-116). 또한 같은 잡지 1897년 2월 임시증간호로 간행된 『기원절(紀元節)』에 수록된 '만세일계(萬世一系)'에서는 주인공인 '일본역사(日本歷史)'가 "건국 이래 1897년까지 2257년 … 아니, 앞으로 미래영겁 우리 일본국이 이 세계에 존재하는 한, 만세일계의 군주를 위로 받들고 있는 이 한 가지 사실만으로도 만국에 자랑할 만하다"고 말하고 있는데, 이에 대해 '외국사총대(外國史總代)'는 "일본이 이러한 만세일계의 군주를 받드는 것은 부럽지만, 이것만은 모방하고 싶어도 할 수 없다"(成田龍一, 2003: 121)고 발언한다. 이와 같이, 전쟁 공간에서는 '자국=선, 타국=악'의 구조 속에 권선(자국)징악(타국)의 책무를 자국 스스로에게 부여하고, 나아가 역사 공간에서는 우리의 연속과 남의 단절을 부각시키고 있다. 특히, 타자인 외국인총대도 우리의 선=만세일계의 전통을 인정하고 부러워하는 것으로 묘사되고 있는 정도이다.

페리의 일본 출현으로 개국을 선택한 일본은 서구화, 근대화, 문명화를 국가적인 차원에서 추진하였다. 일본의 서양 배우기는 자신의 문명, 문화

수준이 낮다는 점을 스스로 인정한 결과였다. 그러나 불과 약 1세대 후의 일본은 강력한 권선=문명의 대표자로서의 자기 인식을 갖게 되었다. 청일전쟁에서 아시아태평양전쟁에 이르기까지의 전시체제 속에서 제국일본이 수행한 침략전쟁은 권선(자국)징악(타국)의 이름으로 행해짐으로써 자국의식의 강화에 의한 국민의 창출, 동원, 강화로 귀결되었다. 실제로, 청일전쟁에 대해 후쿠자와 유키치(福沢諭吉)는 동양에서 서구 문명의 대표자인 일본과 전통적 동양 문명=야만국인 청과의 전쟁, 곧 '문야(文野, 문명과 야민)의 전쟁'이라고 정의하였고, 후의 러일전쟁에 대해서는 비전(非戰)론을 전재한 우치무라 간조(內村鑑三)도 '문명전쟁'이라고 논하였음은 주지하는 바와 같다(大谷正ほか, 1994: 196).

청일전쟁에서는 근대적 의미의 정규 국민군 이외에 의용병을 흡수하는 장치로서 군의 수송을 담당하는 민간인을 의미하는 군부(軍夫) 15만 3,974명이 전쟁에 참여하였고 다수 국민이 헌금을 하였다(谷藤康弘ほか, 1999: 45-47). 이러한 사실은 청일전쟁에서 이미 전선(戰線)과 총후(銃後)를 관통하여 국민이 창출되고 또 동원되기 시작하였음을 의미한다. 군부로 전쟁에 참가한 사람들의 의식이 '흑선(黑船, 페리의 일본 방문) 이래 외압에 굴복했다는 통일적인 패자의식'(谷藤康弘ほか, 1999: 46)에 기초하는 한, 이러한 패자의식의 극복과정은 끝없는 전쟁을 통한 승리의 확보과정일 수밖에 없다. 승리야말로 스스로를 문명인으로 확인하는 순간이기 때문이다. 청일전쟁을 시작으로 한 일련의 전쟁이 권선(勸善=자국=문명)징악(懲惡=타국=야만)의 슬로건 하에 수행되어 이미 자국이 문명국임을 내세우고 있었으나, 사실은 약한 타국을 제물로 승리함으로써 문명국으로서의 자화상을 만들어 간 것에 지나지 않는다. 여하튼 청일전쟁에서의 군부와 헌금은 우리의 공동성이 '대일본제국'의 장래에 대한 책임 및 사명과 불가분하게 성립하고 있음을 보여 준다. 바로 이 시기, 곧 1900년을 전후한 시기에 형성된 우리 의식은 '대일본제국 국민'으로 결정(結晶)되고 식민지주의와 일체화한다. 이와 같이 제국일본에서는 국민국가의 우리와 제국의 우리가 청일전쟁을 거치면서 동시에 창출되었다(成田龍一, 2003: 136).

2. 전쟁 수행

다니후지 야스히로(谷藤康弘)와 이노우에 요시야스(井上芳保)는 청일전쟁 시기의 국민동원으로 지식인의 전쟁지지, 군부와 헌금, 신문의 영웅미담 소개, 불교의 설법, 장의와 인보(隣保)제도, 군가와 운동회, 성적 욕망과 공창제도 등을 들고 있다(谷藤康弘ほか, 1999: 45-55). 신문은 전쟁 개시 전부터 대외강경론, 전쟁긍정론의 논조를 보여 왔는데, 전쟁 개시 이후에도 전쟁의 성격을 정의의 전쟁, 문명의 전쟁 등으로 규정하여 전쟁 열기를 선동하였을 뿐만 아니라 전쟁영웅미담을 소개하는 데도 적극적이었다. 가장 대표적인 예가 기구치 고헤이(木口小平) 미담이다. 청일전쟁 개전 직후인 1894년 7월 29일 아산공격에서 아군을 위해, 그리고 자신의 직무를 다하기 위해 중상을 입은 나팔수 기구치가 죽을 때까지 나팔을 놓지 않고 불었다는 미담이다(谷藤康弘ほか, 1999: 47). 기구치 미담은 러일전쟁 개시 전인 1903년 초등학교(尋常小學校) 수신(修身)교과서에 실린 이래 아시아태평양전쟁 중까지 교육에 이용됨으로써 신문에 의해 창출된 군국옹호의 애국주의 내셔널리즘의 한 전형이 되었다. 또한, 지지신보(時事新報)는 1894년 8월 14일 '헌금하는 것을 싫어하는 나도 의연금(義捐金)을 낸다. 일본국민이기 때문에 국사(國事)를 생각해서이다'라는 후쿠자와의 글을 게재하고, 나아가 총후(銃後)의 궁민(窮民)층 헌금을 미화하여 선전(大谷正ほか, 1994: 22)함으로써 독자층인 국민의 참전열기를 고무하였다.

한반도를 둘러싼 청일 간의 각축이 무력충돌의 가능성을 더욱 노골화해 가는 가운데, 창간(1892)된 지 얼마 되지 않은 요로즈초호는 '개인 간에도 덕(德)이 존재하지 않는 오늘날 어찌 국가 간에 덕을 운운하는 미적지근한 일을 할 수 있는가. 위력으로 사람을 복종시키고 위력으로 내 이익을 지키며 위력으로 평화를 유지하는 것이 일반 전술이라면 위력 이외에 의지할 만한 것은 없다'(1893년 5월 24일)고 하면서, 청에 대한 일본의 무력 사용을 청일전쟁 개시 1년 전부터 적극적으로 개진하였다. 신문의 전쟁 지지는 요미우리신문에서도 발견되는데, 동 신문은 청일전쟁을 의전(義戰)으로 규정하면서 전쟁을 통해 '영광을 현창하고 위신을 선양'(1894년 7월 28일)해야 한다고 주장하였다. 청일전쟁에 대해 비전론을 주장한 언론은 거의 없다. 그것은 앞에서도 이미 언급한 바와 같이, 청일전쟁이 국민 창출 장치로서의 측면을 갖고 있었음을 입증하는 것이기도 하다.

그러나 러일전쟁에 즈음해서는 전쟁옹호론을 펴는 신문이 존재하는 한편으로 비전론을 견지하는 신문도 나타났다. 대체로 오사카아사히신문, 도쿄아사히(東京朝日)신문이 가장 강경한 주전론을 펴는 가운데 지지신보, 오사카마이니치(大阪每日)신문, 국민신문(國民新聞) 등도 개전을 주장하였다. 비전론을 주장한 신문으로는 도쿄니치니치신문, 마이니치신문, 니로쿠(二六)신문, 요로즈초호 등이 있었다(小森陽一, 1993: 6). 이 가운데, 요로즈초호는 후에 주전론으로 입장을 선회하였고, 이 과정에서 고토쿠 슈스이(幸德秋水), 사카이 도시히코(堺利彦), 우치무라 간조 등이 동사를 퇴사하였다. 물론 요로즈초호의 이러한 방향전환은 심각한 부수 감소를 방지할 목적도 있었다. 그러나 이러한 사실 자체가 상업 저널리즘에 의해 내셔널리즘이 고양되고 있었던 당시의 풍경을 증명하는 것이기도 했다. 실제로, 고모리는 이들 3인의 퇴사에 대해 '정론을 전개하는 우치무라, 고토쿠, 사카이와 같은 이른바 유명기자 시대의 종언이며, 그런 의미에서 소신문에 재직하고 있던 대신문적인 논객이 상업 저널리즘의 무대에서 내셔널리스틱한 감정에 의해 구축(驅逐)된 것'이라고 지적하고 있다(小森陽一, 1993: 6). 러일 간의 대립이 격화되면서 전쟁의 가능성이 커짐에 따라 주전론을 주장하는 신문이 내셔널리즘에 기초한 논조로 전쟁을 선동하고 있을 때, 청일전쟁을 지지했던 우치무라는 '명목상으로는 러일의 충돌이지만, 실제로는 양국 제국주의의 충돌'[6]이라며 반대 입장을 명확히 하였다. 그러나 자신이 재직하고 있던 요로즈초호가 주전론으로 입장을 선회하는 것을 막을 수는 없었다.

청일전쟁을 보도, 선전하기 위해 1894년 7월부터 1895년 11월까지 66개의 신문사에서 114명의 특파원이 파견되었는데, 러일전쟁에서는 더욱 많아

6) 『萬朝報』 1903년 9월 4일자 기사.

116개사가 특파원을 보냈다(小林弘忠, 2002: 231). 이는 러일전쟁의 시점에 신문의 상업주의 내셔널리즘이 크게 확장하였음을 의미한다. 실제로, 비전론을 전개한 1893년 창간의 니로쿠신문은 사장 아키야마 데이스케(秋山定輔)의 러시아스파이 의혹도 겹쳐 1903년 14만 부에서 1904년 10만 부로 대폭적인 부수 감소를 겪은 데 반해, 주전론을 전개한 대부분의 신문이 전쟁보도를 무기로 급격히 부수를 확장해 갔다. 니로쿠신문과 요로즈초호의 부수 감소와 주전론 전개 신문의 부수 확장은 신문이 스캔들리즘, 센세이셔니즘, 권력비판이라는 형태로 독자층을 형성한 신문의 시대에서 내셔널리즘의 고무, 선동에 의해 독자를 획득해 가는 신문의 시대, 환언하면 상업적 내셔널리즘 신문 시대로 이행하고 있음을 보여 주고 있다.

러일전쟁에서 신문은 전쟁 수행이라는 국가이상을 적극적으로 선전하여 급격한 확장을 도모할 수 있었다. 반면에, 권력비판이 신문의 사명에서 멀어지고 상업적 내셔널리즘이 거의 모든 신문을 석권하고 있을 때, 신문은 제국일본의 국가권력에 의해 간단히 조종될 수도 있었다. 가장 대표적인 사례로 이른바 '7박사의견서'를 전문 게재한 도쿄아사히신문의 보도를 들 수 있다. 7박사의견서는 도쿄제국대학의 도미즈 히론도(戶水寬人), 도미이 마사아키라(富井政章), 오노즈카 기헤이지(小野塚喜平次), 가나이 노부루(金井延), 데라오 도루(寺尾亨), 다카하시 사쿠에(高橋作衛), 가쿠슈인(學習院)대학의 나카무라 신고(中村進午) 등 7명의 교수가 1903년 6월 10일 가쓰라 다로(桂太郎)에게 보낸 의견서로, 가쓰라 내각의 외교를 연약하다고 비판하면서 '바이칼호까지 침공하라'며 주전론을 전개하여 대러시아 무력강경노선의 선택을 촉구한 것이다. 7박사의견서 전문이 신문에 게재되자 여론은 열광적으로 지지했다. 그러나 "먼저 7박사로 하여금 러시아 토벌론을 주창하게 하였다"는 하라 다카시(原敬)의 회상을 인용하며 고모리가 지적하고 있는 바와 같이, 사실 7박사의견서의 신문보도는 정부 측의 주전파가 도쿄제국대학에서 확립되고 있었던 아카데미즘의 권위를 이용하여 여론조작을 상업저널리즘을 사용하여 행한 하나의 사건이었다(小森陽一, 1993: 7). 바꾸어 말하면, 이 사건은 제국일본의 국가이상이 학지(學知, 학문적 지식)를 통해 이론화되고 신문이라는 문화매체를 통해 전파해 갔다고 하는, 학지와 문화매체의 초기적 결합 형태를 보여 주고 있다.

IV. 맺음말

일반적으로, 국가이상은 아카데미즘의 권위를 바탕으로 한 학지(學知), 즉 학문적 지식에 의해 구체화·논리화되고, 다양한 문화매체를 통해 자국민에게 공유되어 간다. 학지와 각종 문화매체가 제국일본의 형성과 자기발전에 공헌하였음은 주지하는 바와 같다. 국가이상의 전파자로서의 문화매체로는 신문과 잡지 등의 활자 미디어, 연극, 영화, 라디오, 텔레비전 등이 있으나, 이 가운데 가장 오래되고 일상적으로 작동하는 매체는 신문과 잡지로 대표되는 활자 미디어이다. 실제로 신문, 잡지 등의 활자 미디어는 다른 어떤 문화매체보다도 국민들에게 조기(早期)에, 체계적으로, 광범위하게 영향을 미쳤다. 뿐만 아니라, 신문, 잡지의 유통과정은 독서국민(讀書國民)[7]의 탄생과 이를 가능케 하는 하드웨어로서의 철도망과 도로망의 구축이라는 제국일본 국가형성기의 국가이상까지도 포함하고 있다.

국민을 형성하는 데 필요한 과제 중의 하나는 독서 능력의 함양이다. 활자 미디어는 사회 구성원들이 일정 수준 이상의 독서 능력을 보유할 때 비로소 존립할 수 있다. 그러나 국민 형성기의 활자 미디어는 사회 구성원의 독서 능력 함양을 견인하는 역할을 하기도 한다. 신문은 독서인을 필요로 하였기 때문에 독서인을 만드는 과제의 일부를 불가피하게 담당하지 않을 수 없었다. 사회구성원이 독서 능력을 확보하여 궁극적으로 이른바 독서국민이 되기 위해서는 언어로서의 국어의 확립, 학교교육 및 활자 미디어를 통한 국어의 학습, 독서의 습관화 등이 무엇보다도 필요하다. 따라서 국민국가 형성기에 학교 설립 및 신문사, 잡지사 등의 활자 미디어 산업 육성은 국가적 과제가 된다. 활자의 유통을 가능케 하는 기간철도망의 구축 역시

---

7) 이에 대해서는 永嶺重敏(2004)의 논의를 참조.

빼놓을 수 없다. 그러나 신문 등 활자 미디어가 태생적으로 권력비판을 견지할 수밖에 없다는 점에서 국가권력은 신문을 장려하는 한편으로 신문에 대한 간섭을 제도화해 간다. 신문은 신문대로 정론과 같은 묵직한 주제로 국민을 계몽해 가고자 하는 이상과 독서시장에서의 우위를 점하고자 하는 욕망 사이에 명멸해 갔다.

여하튼 지금까지 살펴본 바와 같이, 청일전쟁과 러일전쟁에 즈음해서 신문은 국민 창출과 전쟁 수행이라는 국가이상을 전면적으로 수용, 전파해 갔다. 제국일본은 지원과 강제에 의해 상의하달의 미디어로 신문의 활용 가능성을 인식하고 신문을 장려하기 위한 다양한 정책을 추진하였다. 그 결과, 국민의 창출과정에 신문은 일정한 기여를 할 수 있었다. 그러한 한에서 신문의 성공, 나아가 활자 미디어 일반의 성공은 제국일본의 성공이기도 했다. 러일전쟁은 상업적 내셔널리즘 신문 시대 도래의 결정적 계기가 되었다. 그리하여 러일전쟁 직전까지만 해도 가장 많은 발행 부수를 갖는 신문조차 14만 부 정도에 지나지 않았던 신문 독자층은 1925년 고단샤(講談社)에서 창간된 잡지 『킹(キング)』의 시대에 이르러 매월 100만 부를 구독하는 거대한 독자층으로 성장하였다. 1930년에는 도쿄니치니치신문도 100만 부 시대에 합류하였다.

한편, '독서 대중화의 기수인 동시에 파시즘의 선도자'로서의 『킹』은 동창회, 학교, 군대, 공장, 회사, 관청, 은행, 조합 등에서 '킹 모임', '킹 낭독회' 등을 조직하여 읽혔다. 당시 『킹』은 천황제 내셔널리즘에 모더니즘 · 입신출세주의 · 교양주의를 가미한 새로운 내셔널리즘을 사상적 지주로 하고 있었다. 이러한 『킹』 독자 조직화의 배경으로는 다이쇼(大正) 말기 이래 활발해진 사상 선도 움직임을 들 수 있다. 전시체제 강화는 국가권력의 신문, 잡지에 대한 지배를 더욱 노골화하였다. 특히 쇼와(昭和) 전시체제 하에서의 치안유지법(1925), 국가총동원법(1938), 신문지 등 게재 제한령(1941), 언론출판집회결사 단속법(1941) 등은 이른바 사상국방(思想國防)[8]을 전면에 내세

8) 이에 대해서는 荻野富士夫(2000)의 논의를 참조.

우면서 궁극적으로 천황제 중심의 국체사상 이외의 일체의 사상을 부인하는 법적 근거가 되었다. 아시아태평양전쟁 때는 로마자 사용도 금지되어 주간지 『선데이 마이니치(サンデー毎日)』는 『주간 마이니치(週刊毎日)』로, 『에코노미스트(エコノミスト)』는 『경제 마이니치(經濟毎日)』로, 잡지 『킹』은 『후지(富士)』로 각각 제명(題名)을 변경해야만 했다(小林弘忠, 2002: 49).

물론 쇼와 전시체제가 전 시기에 걸쳐 비판 언론을 원천봉쇄했던 것은 아니었다. 모리토 다쓰오(森戸辰男), 야마카와 기쿠에(山川菊栄), 스즈키 모사부로(鈴木茂三郎), 미야모토 유리코(宮本百合子) 등의 사회주의자, 공산주의자들의 글을 1920~1930년대 잡지에서 발견하는 일은 그다지 어려운 일이 아니었다. 그러나 전시체제를 주도하는 군부의 언론간섭이 강화되고 치안유지법과 국가총동원법의 시행으로 국체사상이 유일사상이 된 이래, 이들은 신문과 잡지에서 점차 사라졌다. 이와는 대조적으로, 군 관계 기사가 군부 관계자에 대한 인물평가 기사를 포함해서 크게 늘어났다. 결국 전시체제가 강화될수록 신문과 잡지에는 국가이상의 전파자로서의 역할만이 남게 되었다. 그런 점에서 쇼와 전시체제 아래서의 신문은 실패했고, 궁극적으로 제국일본도 실패·붕괴(패전)되었다.

프로파간다와 엔터테인먼트 사이
—전시기 제국일본의 라디오방송—

엄현섭

I. 머리말

근대 라디오방송은 제국일본의 질서구축과 문화 전파에 지대한 역할을 담당하였고 다양한 문화 콘텐츠를 생산하였다. 그런데 제국일본의 연구는 정치·경제사 중심으로 편향된 경향이 있다. 제국일본의 문화매체가 식민통치체제의 구축에서 정치권력과 동전의 양면과도 같은 기능을 수행하였음에도 불구하고 이 방면에 관한 지식과 연구는 불충분하며 문제설정조차 제대로 이루어지지 못해 온 것이다. 특히 보도(報道), 교양(教養), 위안(慰安)이라는 3대 목적을 갖고 있었던 라디오방송의 연구는 기타 신문, 잡지, 연극, 영화 연구에 비해 너무나도 부족한 실정이다.

이러한 문제의식을 가지고 본고는 전시기(戰時期) 라디오 방송콘텐츠와 방송극의 성격을 분석하고자 한다. 특히 '전시기'라는 시간적 배경은 라디오방송과 권력의 관계를 가장 극명히 파악할 수 있는 기간이기 때문이다. 본고에서 논의될 방송콘텐츠, 즉 위안방송이란 대중문화 콘텐츠를 지칭해도 크게 무리는 없다.[1] 따라서 위안방송은 보도, 교양의 방송종목에 비해 엔터테인먼트적 요소가 짙게 깔려 있으며 위안방송 중에서 가장 문학적인 것은 방송극이다.

방송극은 방송을 위해 창작된 소리를 통해 구현되는 청각 미디어문학이다. 본고가 규명하는 궁극적 목적인 이야기로서의 프로파간다(propaganda) 분석을 위한 대상으로 방송극은 가장 적합한 방송종목이다. 특히 국사극(國史劇)과 관련해서 레퍼토리를 분석하여 제국일본의 프로파간다의 목적과 표상방식을 분석하고자 한다. 이상으로 전시기라는 시간적 배경을 가지고 전시기 라디오방송에서 위안방송의 변성(變性)을 통시적으로 살펴보고 전시기 라디오의 방송극을 중심으로 당대 라디오방송의 성격을 연구하고자 한다.

II. 위안방송의 변성과 성격

제국일본이 구체적으로 라디오방송에 관련된 정보를 취합한 것은 『라디오연감』이다. 1931년(쇼와 6) 『라디오연감』에서는 방송 프로그램 편성방침과 편성에 관련한 3대 강령을 제시하였고, 도쿄 방송국(JOAK)[2]의 방침과 기타 로컬 방송국(오사카 · 나고야 · 경성방송국)의 편성방침을 기술하고 있다(日本放送協會, 1931: 167-180). 본고가 대상으로 하고 있는 위안방송은 "취미위안방송"이란 항목으로 위안방송의 개시를 알렸다. 그 속에는 방송예술론과 방송음악, 방송연극, 무대중계방송, 음악연예 실황 중계방송, 대중연예 등의 소 항목을 나누어서 제국일본의 편성방침을 정하였다(日本放送協會, 1931:

---

1) 위안방송에 관해서는 엄현섭(2007), 「라디오年鑑에 나타난 식민지기(植民地期) 위안방송(慰安放送)과 그 성격」, 『비교문학』(2007. 12)을 참조.
2) 전시체제로 들어서면서 도쿄방송국의 제1방송은 전국방송, 제2방송은 도시방송으로 명칭을 변경하였다.

251-253).[3] 위안방송에 관해서 대략의 세분화 양상은 당시 라디오방송의 청취자 확보의 일환으로 초창기 막대한 인프라 구축에 대한 투자비를 회수하는 것도 주요한 방송정책의 하나였다.[4] 1932년 『라디오연감』에서는 위안방송에 대해 좀 더 구체적으로 기술하고 있다. 마찬가지로 방송음악, 예술방송, 무대중계, 방송극(라디오 드라마, 라디오 풍경, 방송무대극), 라디오 대중연예 등에 관련한 항목을 상세하게 기술하고 있다.

방송개국부터 1932년까지를 살펴보면 다양한 위안방송의 개발로 요약될 수 있다. 초창기 경제적 어려움을 타개하기 위한 방편은 무엇보다도 청취자 수를 증가시키는 것이다. 도쿄방송국이 상당수 청취자를 확보한 것도 역시 위안방송의 위력이었다. 따라서 도쿄방송국은 재미(entertainment)라는 측면이 가미된 다양한 위안방송의 개발이 필요했던 것이다. 이러한 라디오방송 담당자들의 인식은 로컬 방송국의 담당자들도 공통으로 느꼈던 부분이었다. 초창기 방송종목에서 가장 인기를 끌었던 것은 라디오극을 위시로 한 위안방송이었다.[5]

〈표 1〉 도쿄방송국 청취자 기호 조사(1926년 1월 현재)

순위	방송종목	%
1위	라디오극 라쿠고	4.4 4.4
2위	강연	4.0
3위	義太夫	3.8
4위	방송무대극	3.7
5위	長唄	3.5
6위	薩摩琵琶	3.2

3) 이러한 편성방침은 당시 경성방송국(JODK)에 지대한 영향을 미쳤으며 대부분이 도쿄방송국(JOAK)의 편성방식과 위안방송에 관한 기술은 초창기 제국일본의 방송에 관한 의도와 기획을 알 수 있는 자료이다.

4) 라디오 전파망 형성에 관한 자세한 사항은 엄현섭(2009)을 참조.

5) 「東京放送局聴取者嗜好調査」, 『ラジオの日本』 大正 15년 1월.

7위	나니와부시	3.1
8위	新內 동요	3.0 3.0
9위	동화 영화이야기	2.9 2.9
10위	越前琵琶 관현악 常碧津 清元	2.8 2.8 2.8 2.8

초창기는 이렇듯 경제적 논리가 방송을 지배하였다. 많은 초기 투자비를 필요로 하는 방송 사업이 수익을 내지 못하는 사태는 행정 당국이나 방송 관계자들에게는 상당히 곤혹스러웠기 때문에 여러 경제적 특단의 조치들이 취해졌다. 그러나 초창기에 라디오방송에 대해 제국일본의 문화권력[6]은 그 위력에 대해 그다지 주목하지 못하였다.

초기의 산발적인 경향이 있었던 위안방송은 1933년(쇼와 8)『라디오연감』에 '보도, 교양, 위안'이란 별도의 항목이 제정됨으로써 강화된 위상을 보여주고 있다. 특히 분량 면에서 보도, 교양과 비교되지 않을 만큼 압도적이다. 이 해는 위안방송의 개요를 자세하게 기술하고 있으며, 음악도 세밀하게 분류하고, 연예연극 등도 라디오 드라마, 방송무대극, 라디오 풍경, 방송영화 등 10개의 별도 항목으로 분류하고 있다. 본격적으로 위안방송의 확립을 의미하고 있는 것이다. 이후의『라디오연감』은 1933년(쇼와 8)에 제시된 위안방송론에 근거로 도쿄방송국의 프로그램을 편성하였다.

6) 그러나 방송개국의 참여자들은 지독한 제국주의자들이었다. 그 대표적인 인물이 고토 신페이(後藤新平)이다. 고토 신페이(1857~1929)는 유명한 막말의 난학자(蘭學者)이자 다카노 조에이(高野長英)의 친족이었다. 의사로서 사회생활을 시작했지만, 내무성 위생국에 들어가 독일로 유학해, 비스마르크의 국가건설에 많은 영향을 받았다. 당시 독일은 프러시아 나폴레옹 3세를 패배시키고 파리 왕궁에서 독일제국 건국을 선언한 직후여서 상당한 침략적 풍조였다. 고토의 전기에는 비스마르크가 고토에게 '너는 의사라기보다 상당히 정치에 적합한 인물로 보인다'라고 말했다고 한다. 귀국 후, 고토는 실질적으로 근대 정치가로서 길을 걸었다. 정치적 경력으로 대만 총독부 민정장관, 만철 총재를 역임하였다. 엄현섭(2007)을 참조.

그런데 1935년(쇼와 10)에 나온 『라디오연감』에서는 외지 로컬 방송인 조선, 대만에 관련한 내용이 상당히 많이 나타나 있으며 구미 라디오방송에 관심을 많이 기울이고 있다. 이 점은 당대의 시대적 상황과 견주어 좀 더 고찰해야 할 부분이다.[7] 1936년 위안방송 종목 중에서 스포츠방송은 베를린 올림픽을 중계함으로써 국민들이 관심이 높다는 것을 재확인하게 되었다. 전부터 야구중계는 제국일본의 국민들에게 많은 인기가 있었고 상당 시간을 야구 실황중계를 할애하였다. 그러나 그에 앞서 발생한 2 · 26사건은 라디오방송의 위력을 각성시키는 사건이었다. 당시의 정치적으로 뒤숭숭한 분위기를 일순간에 날려 버린 사건이 같은 해 개최되었던 베를린 올림픽이었다.

1933년부터 1940년까지는 위안방송이 확립되었으며 큰 틀의 위안방송이 여러 분야로 세분화되었음을 확인할 수 있다. 또한 무선 전파기술의 발달로 중계방송이 활성화되어 식민지와 피식민지가 하나의 전파망으로 연결되었다. 이는 문화적 논리가 확고하게 자리 잡은 결과이다. 스포츠 중계방송을 통해서 제국일본의 문화권력은 국가의식을 고양시키는 역할을 하였다. 그러나 1937년 중일전쟁의 발발과 함께 위안방송은 군국주의적 경향으로 변성되었다. 특히 1940년(쇼와 15년판)으로 들어서면서 제국일본은 대동아 건설을 목표로 라디오 방송을 통해 그들의 왜곡된 의식을 국민들에게 주입하고자 혈안이 되었다. 기존의 논의에서는 보도 방송이 중심이 되었고 여러 대중연예에 관한 위안방송이 위축되었다고 하나, 이것은 좀 더 엄밀한 고찰이 필요한 부분이다. 물론 전시체제에서 보도종목이 많은 부분 편성되었다고는 하지만 위안방송에 관한 부분은 그다지 위축이 되었다고 보기는 어렵다. 오히려 이 위안방송을 그들의 대동아 질서에 복무하는 수단으로서 적극적으로 활용한 것으로 보인다. 국민가요의 탄생, 국민체조, 여러 방송극은 그것을 반증한다.

1942년(쇼와 17년판)으로 들어서면 위안방송의 용어는 점차 사라지고 대신

---

7) 특히 조선에 관해서는 경성을 넘어 각 도별로 라디오 청취자 수를 조사하고 있다. 이러한 경향은 일제가 패망할 때까지 지속되고 있다.

연예, 음악의 두 항목으로 분리하여 기존의 위안방송의 위치를 대신하고 있다. 이것은 당시 각각의 대중 예술장르에 관한 구체적인 방송론이 정립되었으므로 포괄적인 위안방송이란 것보다 장르별로 각각의 위안방송이 정립되었던 것이다. 대동아전쟁이 시작되고 제국일본의 국력이 고갈되면서 라디오 방송에 관한 조사내용도 상당히 부실해지고, 패망 3년 전부터 연도별로 발간되었던 『라디오연감』도 발간할 수 없을 정도로 어려운 상황이었다. 패망까지의 『라디오연감』은 미군정(GHQ) 시절 발간된 것으로 기존의 형성되었던 큰 틀의 변화는 없다.

미국과 개전 이후 제국일본의 문화권력은 "전국동일 주파수 방송"을 실시하였다. 그 근거 법령이 「국내방송 비상태세요강」이다(日本放送出版協會, 2003). 그 후 주목할 것은 민심의 명랑화(民心の明朗化)와 전의의 고양(戰意の高揚)의 방침으로 만들어진 「전시생활의 명랑화에 관한 건」, 「결전 여론지도 방침요강」이다. 법령 「전시생활의 명랑화에 관한 건」으로 영미(英美)와 관련된 사항들을 제외하고 폐지되었던 위안방송들이 다시 라디오방송에 등장하게 되었다.

이러한 그들의 의도에도 불구하고 전쟁 상황이 악화되고 일본 전역으로 미국의 공습이 계속되자 제국의회는 제국일본의 정보전달과 해외의 국책선전의 기능을 유지하기 위해서 「방송시설 결전태세 정비강화 요강」을 의결하였다. 그러나 1945년 3월의 전황(戰況)은 제국일본이 나락으로 떨어진 상황이었다. 도쿄대공습은 라디오방송에서 나오는 승전보도의 전가를 무색하게 만들었고 국민들의 환청을 일깨우게 되었다. 그렇지만 공습 하의 라디오방송은 국민의 생명을 지키는 필수품이 되었다.

III. 전시기 라디오방송의 양가성

중일전쟁이 발발하기 전 1936년도는 라디오방송의 성격을 규명하는 데 있어서 중요한 사건이 발생한다. 앞서 언급한 2·26사건이 그것이다. 이

사건은 제국일본의 권력자들에게 라디오방송의 위력과 가치를 절실하게 느끼게 한 사건인 동시에 향후 전시기로 접어들면서 라디오방송의 역할과 성격을 규정하는 사건이었다.

2 · 26사건은 구 일본군의 파벌 중 하나인 황도파의 영향을 받은 일부 청년 장교들이 천황의 친정을 명분으로 1936년 2월 26일 새벽 궐기하였다. 그러나 방송전파는 계엄군사령부에 의해 통제되고 있었고 계엄사령부는 방송을 통해서 사령부의 발표를 전파(傳播)하였다. 「병사에게 고함(兵に告く)」이란 방송이 대표적인 방송이었지만 사건 전후의 방송의 전파는 국민들에게 정권의 신뢰와 믿음을 심어 줌으로써 정치적 국가의식을 공고히 시켰으며 전파(電波)의 전파(傳播)는 '제국일본의 국민'됨을 각인시켰던 것이다.

여기에서 라디오방송의 레토릭(rhetoric)에 관해 짚고 넘어가야 할 것이 있다. 사건 초부터 라디오방송에서 반란군의 호칭변화를 살펴보면 기능화된 라디오방송을 관찰할 수 있다. 당시 27일부터 28일까지 육군의 상층부는 혼란에 휩싸여 명확한 지침을 내리지 못했다. 이때 라디오방송은 '궐기부대(蹶起部隊)'라고 불렀다. 뒤이어 '지구대(地區隊)', '점거부대(占據部隊)'라고 불렀지만 얼마 안 있어 '불법출동부대(不法出動部隊)', '소요부대(騷擾部隊)', '반란군(反亂軍)'으로 급격하게 변하였다. 28일 오전 계엄사령부의 요청으로 도쿄방송국은 계엄사령부에 임시방송국[현 구단회관(九段會館)]을 설치하여 사령부의 발표를 방송하였다. 계엄사령부의 발표를 국민에게 알리는 호외보다 먼저 라디오전파는 전국에 계엄사령부의 발표를 방송하기 위해서였다. 이날 오후 9시 50분에 계엄사령부는 라디오방송을 통해 '소요부대'에 대해 "반란군이다"라고 발표하였다(日本放送出版協會, 1997). 이로부터 2 · 26사건의 부대는 반란군으로 규정되었고 토벌명령이 내려졌다. 그러나 계엄사령부는 토벌명령과 더불어 반란군의 설득작업에 들어갔고 최후의 수단은 라디오방송이었다. 이것이 그 유명한 「병사에게 고함(兵に告く)」 방송이었다. 오쿠보 고이치(大久保弘一) 소좌가 작성한 두 페이지 분량의 원고를 나카무라 시게루(中村茂) 아나운서가 3회에 걸쳐서 방송하였다. 이 방송으로 하사관, 병사들은 상당수가 원대복귀를 하였다(稲田植輝, 1994). 사건이 일단락되고 제국일본의 문화권력은 지금까지 라디오방송을 과소평가한 것으로 판단하고 방송기능의 중요성을 인식하고 정책수행의 유력한 무기로서 라디오방송을 이용하기 시작하였다. 이 같은 인식은 곧 제도로서 나타났다. 그것이 「방송용 사설 무선전화 규칙」(放送用私設無線電話規則: 1923. 12)의 개정이었다.[8] 변경된 내용은 체신대신은 전시나 사변, 기타 필요한 경우 방송 시설자에 대해 공익에 관계되는 사항을 방송하게끔 명령할 수 있고, 방송시설도 필요에 따라 조치할 것을 명령할 수 있게 하였다.

본격적인 전시기(戰時期)라고 할 수 있는 중일전쟁이 1937년 발발하였다. 라디오방송은 전시기 프로파간다로 인식이 전환되었다. 노구교(蘆構橋)사건의 발생과 더불어 방송협회는 하루 4회의 뉴스를 최대한 사용하였고 임시뉴스를 편성하여 전국으로 방송하였다. 이해 7월 중순의 전국중계 뉴스의 70%가 노구교사건을 중심으로 한 보도방송이었다. 중일전쟁으로 국민들은 라디오에 대한 역할은 커져 갔다. 그로 인해 청취자 수도 급속한 증가를 나타나게 되었다. 다음은 1937년부터 1941년까지의 청취자 수를 나타낸 것이다(山本文雄ほか, 2000).

〈표 2〉 라디오 청취자 수와 보급률(1937~1941년)

연도별	청취자 수	보급률(%)
1937년	358만 명	26.4
1938년	416만 명	29.4
1939년	487만 명	34.4
1940년	566만 명	39.2
1941년	662만 명	45.8

전시기로 접어들면서 라디오방송은 국민이 중일전쟁 하의 정책과 방침을 직접 당국자들에게 들을 수 있도록 강연방송을 시행하였고, 제일선의

8) 일본 방송법에 관해서는 엄현섭(2009)을 참조.

전황을 직접 현지에서 국민의 의식 속으로 넣기 위해 새로운 시간을 신설하였다. 1937년 8월 1일 오후 7시 30분에서 15분간 톈진(天津)에서 도쿄를 연결해 중국 주둔 군사령관 가즈키 신시(香月淸司)의 「국민에 대한 인사(國民に對する挨拶)」를 방송했다. 이것이 '전선방송(戰線放送)'의 시작이었다. 전선방송은 국민들의 뜨거운 관심을 받게 되었고 특히 가족을 전선으로 보낸 가정에서는 보다 열의를 다해 듣게 되었다. 전쟁의 환청이 본격적으로 제국일본의 국민들의 청(聽)체험에 관여하면서 의식을 망각하게 하는 과정인 것이다. 그러나 대외 선전방송(propaganda broadcast), 특히 구미에 대해서 '그렇게 할 수밖에 없는 진상을 천명하는(已ムヲ得ザルニ眞想ヲ闡明ス)', '제국이 침략적, 호전적으로 된다고 오해(帝國が好戰的、侵略的ナルトスル誤解)'라는 자기변호적 프로파간다가 주류를 이루었다(南博編, 1987). 단 중국에 대해서는 자신들의 힘의 과시를 하는 선무(宣撫)방송을 하였다.

미국과의 전쟁이 개시되자 프로파간다의 주안점은 적국의 비난·중상모략과 제국일본의 과시가 포인트였다. 그러나 이것은 그다지 효과를 불러일으키지 못했다. 오히려 상대국의 분노를 배가시켰으며 제국일본과의 전투심을 크게 일으켰다. 당시 영미의 대중문화와 프로파간다는 우월주의적 경향이 농후했다. 제1차 세계대전이 끝난 후 10여 년간 연합군 정부는 체계적이면서도 독창적인 방법을 통해 사실을 점차 왜곡함으로써 민주주의의 두 거두, 영국과 특히 미국의 국민들을 속였다. 승리의 전율이 시들해지고 군인들이 다치거나 불구가 된 채 집으로 돌아왔다. 그런 가운데 전쟁의 명분은 예전처럼 그렇게 확실해 보이지 않았다. 회고록, 일기 출간, 만찬 후 연설, 역사적 고찰이 뒤늦게 홍수를 이루면서 야만족을 깎아내리기 위해 이루어졌던 선전 정책의 추잡한 면모가 만천하에 드러나기 시작했다. 초기 진보성향의 신문만이 아니라 우익 기관지라고 할 수 있는 『새터데이 이브닝 포스트(Saturday Evening Post)』조차 전시 선전을 둘러싼 실망스런 진실을 폭로했다. 이렇게 미국은 다양한 이익집단이 결탁해 국민을 명분도 없는 외국의 살육 현장으로 내몰았다는 사실이 일반 기업은 물론이고 친영국 성향의 금융 이익집단(모건 하우스 등), 무기 제조업체, 반좌익집단이 앞장서서

정부를 거들었다는 사실이 밝혀졌다.

1920년대부터 제2차 세계대전이 발발할 때까지 프로파간다라는 단어는 단지 거짓말이 아니라 배신의 의미를 띠면서 갈수록 품격이 떨어졌다(에드워드 버네이스, 2009). 이러한 제국일본의 초보적 프로파간다는 고도로 활성화된 미국, 영국의 역(逆) 프로파간다의 먹이가 된 것은 자명한 사실이다. 그 기저의 미국 우월주의가 제1차 세계대전의 '야만인' 프러시아와 붉은 군대에서 '총을 든 원숭이' 일본으로 바뀐 것뿐 본질은 변함이 없다.

그러나 본격적인 태평양전쟁으로 돌입 후 제국일본은 다양한 프로파간다의 수단을 강구했다. 그 대표적인 것이 '에로전단(선전삐라)'과 '도쿄 로즈(東京ローズ)'였다. 1940년 8월 도쿄 간다(神田)에 '다나카 상회(田中商會)'라는 간판의 사무소가 만들어졌다. 이것은 민간 기업을 위장한 참모본부 제2부 제8과 소속의 선전제작 기관이었다. 주요 업무는 동남아시아 각국의 국민, 구미의 병사를 대상으로 전단(선전삐라)을 만드는 것이었다. 이곳의 두드러진 특징은 만화전단을 제작하는 것인데 활자, 사진의 선전삐라보다 이해하기 쉽고 설득효과가 뛰어났기 때문에 만화삐라를 제작한 것이다.

선전만화의 내용은 크게 4가지 종류로 구별된다. 첫째, 염전(厭戰) 기분을 일으키는 것(옛 연인과 즐겁고 행복한 나날들을 상기시기며, 지금 배가 침몰해 바다에 빠져 고래의 밥이 되는 이야기를 통해 과거와 현재의 차이를 확인시키는 그림). 둘째, 적진영의 내부 분열을 조장하는 것(상사들은 후방에서 여자와 술로 쾌락을 즐기는데 병사들은 전선에서 일본군의 탄환에 줄줄이 죽는 그림). 셋째, 현 주민과 구미군의 이반을 획책하는 것(이것은 여러 가지 패턴이 있다. 가장 많은 것은 영국인이 원주민을 학대, 학살하는 것이다. 인도 사람들을 칼로 찔러 죽이고, 처칠 수상이 그 원주민의 살을 먹는 그림이라든지, 인도인의 손을 자르는 그림 등이 있다. 그 외로 구미인을 악마로 묘사하는 것, 식민지 독립운동을 환기하는 것 등의 패턴). 넷째, 불안 양성을 의도하는 것(이것은 죽음의 불안을 유발시키는 것으로 고국에 있는 처, 연인의 변심으로 불안을 부추기는 것) 등이 있다.

다나카 상회의 또 다른 특징의 하나는 4가지 종류의 만화전단 가운데에서 상당수의 양이 '에로전단(エロ宣單)'이었다. 여성의 누드 그림, 여성이 폭

력을 당하는 그림, 성행위 그림 등이 빈번히 나왔다.[9] 다나카 상회가 제작한 '에로전단'은 상당한 수준으로 깊은 인상을 각인시켰다. 흥미로운 것은 미국이 일본 국민, 군인들을 향한 전단에는 이런 '에로전단'이 전무했다.

그러나 무엇보다도 제국일본의 선전전의 꽃은 '도쿄 로즈'였다. 해외방송 「제로 아워(ゼロ・アワー)」는 오키나와 미군진지에 대적방송(對敵放送)을 방송하였다. 젊은 미군병사들은 단파수신기에서 흘러나오는 도쿄 로즈의 목소리에 반하였고 팬은 나날이 증가하였다. 도쿄 로즈라는 호칭은 연합군을 향해 프로파간다 방송에서 여성 아나운서들을 미군병사들이 도쿄 로즈라는 애칭으로 부른 것에서 시작되었다. 이 당시는 수십 명의 여자 아나운서[10]가 활동을 하고 있었고 각기 애칭을 갖고 있었다. 그래서 처음은 도쿄 로즈가 복수의 여자 아나운서를 지칭하는 것으로 여겨졌으나 후에 미군 종군기자의 취재에 의해 유일의 도쿄 로즈는 도쿠니 이쿠코(日本名: 戸栗郁子 / アイヴァ・戸栗・ダキノ)로 판명이 났다. 종전 후에 미국국적의 도쿠니는 군사재판에서 징역 10년에 벌금 만 달러를 선고받고 시민권을 박탈당했다. 이상의 '에로전단(선전삐라)'과 '도쿄 로즈' 방송은 젊은 미국 병사들을 크게 동요시켰고 실제로 상당수의 병사들이 이탈을 하였다.

IV. 전시기 방송극과 제국표상

라디오 프로그램들 중에서 방송극은 가장 문학적이다. 그리고 방송극은 방송을 위해 창작된 소리를 통해 구현되는 청각 미디어문학이다. 이런 면에서 라디오의 방송극은 유성기 음반극과 유사하다. 초창기 유성기 문화와 라디오, 그리고 극영화가 밀접하게 관련을 맺고 있었던 것은 소리(聲)라는 공통분모를 가지고 대중들에게 다가갔기 때문이다. 물론 극(劇)이라는 장르

9) 『日本週報』 1960. 6, 臨時增刊号.
10) 여러 증언에서는 4인에서 20인이라 하고 있으나 정확한 인원은 확인되지 못하고 있다.

적 공통분모를 갖고 있다는 것은 주지의 사실이다.

또한 라디오의 방송극은 이야기하기(storytelling)라는 의미에서 서사적 요소를 가지고 있으며, 소리를 통해 전해지기 때문에 시처럼 간결해야 하는 시적 요소를 가지고 있다. 그리고 대사, 해설의 형식을 갖추기 때문에 극적 요소도 갖고 있다. 초창기 방송극은 무대 연극에 해설만 곁들이는 형식이었지만, 점차로 청각 예술의 특성을 살리면서 음악과 음향이 차지하는 비중이 커져 갔다. 이러한 방송극의 청취자들은 소리를 통해 자신의 내면에 '극 공간'을 그려 내야 하기 때문에 어떠한 장르보다 인간의 상상력에 의지하고 고취하는 장르이다. 소리를 통한 원초적인 호소력은 경우에 따라 문자, 영상보다 더 큰 정서적 감동을 유발할 수 있는 것이다.

그런데 근대 라디오 방송극(放送劇)에 대해 여러 용어가 사용되고 그 장르 인식에 대해 명확한 규정이 없는 것은 그만큼 라디오방송 연구가 소원하다는 것이다. 제국일본에서 '방송극'이란 용어는 총칭적인 의미에서 라디오 드라마, 라디오풍경, 방송무대극, 극본낭독, 방송영화극 등으로 분류되었다. 물론 일상적 용어로 라디오 드라마가 일반적이나 이 용어는 일본식 영어(和製英語)[11]이며 근대 라디오 드라마라는 하나의 세부장르 명칭이 존재하였기 때문에 전체를 아우르는 용어로서 방송극이라는 용어가 제국일본기에는 적절한 것으로 보인다. 이런 문제는 현재까지의 연구가 근대 방송극의 다양한 양식에 대해 정확한 개념을 규정하지 못하였기 때문이다.

위안방송의 한 종목인 방송극은 기존의 음악, 연극, 연예의 혼용이 만들어 낸 마이크로폰(microphone) 예술이며 무대극 양식이 라디오 방송과 만나게 되면서 탄생된 예술이다. 따라서 방송극은 테크놀로지의 발달과 밀접한 관계를 갖고 있다. 즉 마이크로폰이라는 기술적 요소들과 불가분의 관계를 맺고 있는 것이며 라디오의 발전과 더불어 생겨난 새로운 장르라는 점에서 미디어의 기술적 요소들과 밀접한 관련을 맺고 있다.

---

11) 구미에서 방송극(放送劇)은 radio play, audio play라는 용어로 사용된다. 근대 우리의 신문·잡지에 기고된 글에는 라디오드라마라는 용어가 일반적으로 사용되는 것도 일본의 영향인 것이다.

그러나 방송극이 문학적 법칙과 장르의 특징을 따르고 있기 때문에 하나의 극 양식인 것이다. 이러한 논의는 방송극이 언어예술 작품인 것인가 음향극인 것인가, 그리고 어떠한 방송극의 표현수단들이 방송극에 예술성을 부여하는가 등으로 논의가 확장된다. 그렇기 때문에 방송극의 장르 및 본질을 규정하는 논쟁은 지금도 이어지고 있다(엄현섭, 2006).

방송극은 연극과는 다른 특징을 지니고 있지만, 그 공통분모는 극성을 갖고 있다. 그러나 가장 명확한 차이점은 연기를 직접 볼 수 없는 일방적 전달매체라는 데 있다. 라디오는 배우와 청중의 직접적 소통을 차단하는 미디어적 특징을 지니고 있으며 인물들의 행위를 소리로만 전달해야 한다는 청각적 미디어의 속성을 지니고 있다. 모든 인물들의 행위가 소리로만 전달되기 때문에 해설자가 자연스럽게 끼어들 수 있으며, 그 역할의 필요성이 강하게 요청되었다. 즉 사건을 요약·해설하고 사건과 사건 사이에 설명을 부연하는 서사적 화자의 존재가 필수적인 것이다.

초기의 라디오는 다양한 요소들에 의해 변형되고 발전하기 시작하였다. 보통의 문화양상에서 커뮤니케이션 테크놀로지의 변형은 대중들의 필요성, 권력의 압력들, 그리고 사회적, 기술적인 혁신(innovation)의 상호작용의 결과로 발생된다. 그리고 새로운 커뮤니케이션 테크놀로지들은 비교적 낡은 기존 테크놀로지들의 변형(metamorphosis) 과정을 통해서 서서히 등장한다. 라디오방송의 경우에도 신문의 보도를 직접 읽는 방식으로 '듣는 신문'의 역할을 하였으며, 방송극도 무대극을 그대로 실황 중계하는 형식이나 대본을 낭송하는 방식으로 출발하여 다양한 극 양식을 실험하기 시작하였다. 그로 인해 방송극은 다양한 양식태로 존재하였고 제각기 독특한 형식을 갖고 대중들과 만나게 되었다.

그러나 진보된 커뮤니케이션 테크놀로지 형태가 등장한다 하더라도 그와 동시에 기존의 커뮤니케이션 테크놀로지 형태들이 소멸되지는 않으며 계속해서 진화와 선택의 과정을 반복한다. 이러한 진화와 선택으로 라디오방송에서 극만을 위한 단체가 결성되었다. 도쿄방송국(JOAK)에서 라디오방송을 개시한 1925년 공모한 라디오드라마 연구생 12명은 소리만으로 연기

를 하는 전문 배우로서 일본의 성우 제1호로 볼 수 있다. 당시의 신문에서는 '라디오배우(ラジオ役者)'라는 호칭을 사용하였다. 그 후 1941년 NHK는 라디오드라마를 전문으로 하는 배우양성을 위해 '도쿄중앙방송국 전속극단 배우양성소(東京中央放送局専属 劇團俳優養成所)'의 연구생을 공모하여 다음해 1942년 도쿄방송극단의 1기생을 데뷔시켰다. 이것은 성우 제2호라고 볼 수 있는데 '성우(聲優)'라는 단어가 사용된 시기가 이쯤에서이다.[12] 당시 성우는 라디오드라마를 전문으로 하는 도쿄방송극단원과 기타 방송국의 극단원을 지칭하는 것이었다. 이들뿐만 아니라 당시의 유명한 극단의 배우들은 전시기 방송극에 참여를 하였다. 적극적인 프로파간다로서 만든 방송극도 존재했지만 대부분은 제국일본의 역사적 인물들을 부각시키면서 민족혼(大和魂)을 불러일으키는 이야기를 방송하였다. 그 대표적인 것이 국사극(國史劇)이다.

국사극이 탄생하게 된 경위는 1872년(메이지 5)에 제1대 진무(神武)천왕이 즉위한 연도(기원전 660년)를 천왕가의 원년으로 정하였기 때문에 1940년(쇼와 15)이 2600년이 되는 해가 되었다. 이해 1월 1일 오전 0시를 기해 진무천왕이 제를 올렸다는 나라 가시하라 신궁(橿原神宮)에서 태고(太鼓)소리를 전국에 중계시켰다. 제목은 「기원 2600년의 여명을 고하는 큰 북소리」라고 명명했다(日本放送協會, 1977). 당시 제국일본은 국민에 대해 국가의식의 보급 철저, 전의 고양을 목적으로 봉축행사를 행하기 위해 1937년 3월 내각에 '기원 2600년 축전 사무국'을 설치했다. 이 사무국은 각종 문화매체(신문, 잡지, 영화, 연극, 출판, 방송 등)를 총동원해 1940년 1월 1일부터 14일까지 전국에 각종 봉축행사를 진행시켰다.

일본방송협회도 새로 지은 방송회관의 신 스튜디오에서 1940년 1월부터 12월까지 2600년 기념특집 방송을 편성해 국사극, 봉축가, 라디오 풍경, 국민가요 등을 제작하는 것 외에 일본 민족 발생과 연관이 되는 「사적순회(史

12) 성우라는 명칭은 요미우리신문(讀賣新聞)의 예능기자였던 고바야시 도쿠자부로(小林德三郎)에 의한 설과 NHK의 연예 방송 담당 프로듀서 오오카 다쓰오(大岡龍男)가 명명했다는 설이 있다.

蹟めぐり)」, 「신사순회(神社めぐり)」 등을 방송해 국민의 사기고양을 도모하였다. 이러한 기념방송은 프로그램의 연출기법을 진보시켰고 주목할 만한 작품을 창안해 냈다. 그중에서 국사극은 당시 제창되었던 국민연극(國民演劇)에서 새로운 방향을 제시했기 때문에 저명한 극작가에게 작품을 위촉하고 연출자, 배우도 일류로 진영을 갖추었다. 당시 국민연극은 국가권력에 의한 국민의식 통일을 위한 수단으로도 이용되었으며 태평양전쟁 중 국민의 전의앙양을 위하여 국민연극을 계획, 상연한 것이다. 이러한 일련의 움직임은 라디오방송에 그대로 적용이 되어 국사극은 국가 탄생의 신화에서 쇼와(昭和)에 이르는 12가지 역사적인 사상(事象, event)을 선택해 매월 방송하였다.

〈표 3〉 1940년 국사극 방송 일람

1940년(쇼와 15)	제목	작가	출연배우
1월	肇國	吉田鉉二郎	松本辛四郎 外
2월	飛鳥の御代	池田大伍	沢村宗十郎 外
3월	大化の改新	永田衛吉	市用遠之助 外
4월	聖武の御代	池田大伍	沢村宗十郎 外
5월	菅原道具	池田大伍	市用遠之助 外
6월	元寇	中村吉藏	市用寿美藏 外
7월	建武の中興	永田衛吉	市用遠之助 外
8월	桃山時代	水木京太	汐見洋 外
9월	德川光圀と大日本史	中村吉藏	松本辛四郎 外
10월	愛國蘭學者長英	藤森成吉	坂東三津五郎 外
11월	村塾	金子洋文	市用遠之助 外
12월	滿洲拓士の父	關口次郎	市用遠之助 外

위의 표는 『방송오십년사(放送五十年史)』에 기록된 내용이다. 처음 국사극을 기획할 당시에는 8월 「豊太閣の覇業」, 9월 「德川時代の文化」, 10월

「蘭學と尊皇」, 11월 「明治維新」, 12월 「興亞の聖業」을 계획했으나(日本放送協會, 1940) 8월 이후 변경된 것으로 보인다.

국사극은 건국에서 현대에 이르는 사실(史實)에서 소재를 취해 각본을 만들어 제국일본의 역대 성업(聖業)을 나타내기 위해 만든 방송극이다. 국사극을 통해 청취자는 라디오에서 흘러나온 '음(音)'을 진실이라고 굳게 믿고 국가와의 일체감을 강하게 느끼게 되었다. 국가는 내셔널리즘(nationalism)이라는 어려운 용어가 아닌 '나라를 위해서', '고향을 위해서'를 슬로건으로 사람들에게 애국주의를 불러일으키며 그 애국심은 동시에 적에 대한 증오심으로 환기된다.

이렇듯 국가가 문화매체를 통해 역사적 인물을 소비하는 현상은 문화를 매개로 하는 새로운 민족주의를 심화시킨다. 특히 태평양 전쟁의 분위기가 어두워지자 대중의 심리적 불안감, 정치 · 군사적 위기에 따른 강한 남성을 욕망하는 심리가 새로운 역사적 인물을 소비하도록 만들었다. 그리고 이러한 방송극은 호전적인 역사적 인물에게 드러나는 남성성의 상상 효과를 과장하여 표현한다. 방송극에 관계되는 이들은 철저한 객관성이나 역사적 고증보다 제국일본의 역사적 감정을 자극하고 민족혼을 불러일으키는 자극적인 소재를 전진 배치시키는 것이다. 이러한 역사적 인물은 제국일본의 문화민족주의의 홍위병 역할을 하기에 충분하다.

즉, 공공의 영역에 있었던 국가의식이 사사화(私事化)되었고, 일본 국민들은 '제국일본'이라는 이데올로기 속에 자연스럽게 흡수되고 동화되었던 것이다. 일반적으로 라디오방송은 공공성이 강조된다고 하지만 위안방송의 여러 종목은 콘텐츠와 청취자를 동일화시키는 여러 프로그램이 존재한다.

이 지점에서 우리는 문화권력이 작동됨을 인식하지 않으면 안 되는 것이다. 문화권력이라는 개념은 눈에 보이는 구체적인 실체가 아니라 문화와 권력 관계에서 나타나는 상징적 상(像, image)으로서 사람과 사람, 집단과 집단, 국가와 국가 등 여러 영역에서 작용한다.

그런데 문화권력은 대중의 수용이 논리적이거나 과학적인 반응을 거부하고 무의식적 수용을 원한다. 따라서 자연스런 수용의 수단이 바로 문화매체인 것이다(엄현섭, 2009). 앞서 설명한 2·26사건과 베를린 올림픽의 전파는 국민들에게 권력의 신뢰와 믿음을 심어 줌으로써 정치적 국가의식을 공고화시켰으며, '제국일본의 국민'됨을 문화적으로 각인시켰던 것이다. 방송극은 인물의 소소한 대사와 에피소드, 전반적인 내러티브를 통해서 국민의 자연스러운 국가의식의 발로를 이끌었다. 이것이야말로 제국일본의 문화권력이 가장 선호하는 양태인 것이다. 역사의식은 학습을 통해서 배우지만 다시 문화의식을 통해 재구되는 것이다.

노골적인 프로파간다 방송극도 상당수 존재했지만 그보다 고차원적인 문화 프로파간다는 반드시 엔터테인먼트 요소가 들어가야 한다. 재미를 통해서 자연스럽게 현실의식을 인식하고 대응하게끔 하는 방식은 여전히 유효한 것이다. 다음은 1941년 12월부터 1942년의 주요 방송극 일람표이다.

〈표 4〉 1941~42년 주요 방송극 일람

연도	제목	원작(각본)	출연
1941. 12. 18	ロツパと兵隊	火野葦平(菊田一夫)	未詳
1941. 12. 21	立てり東亞	高田保	梅島昇, 丸山定夫
1941. 12. 21 夜	大山元師	吉田鉉二郎	井上正夫
1941. 12. 23	松浦の太鼓	未詳	中村吉右衛門一座
1941. 12. 25	恩讐以上	未詳	尾上菊五郎一座
1941. 12. 26	日本人	未詳	島田五吾, 辰巳柳太郎
1941. 12. 27	熊野灘の唄	英田衛吉	未詳
1942. 1. 1	近江源氏先陣館	未詳	市村羽右衛門
1942. 1. 2	明けゆく東亞	文化奉公會	未詳
1942. 1. 4	壽曾我對面	未詳	未詳
1942. 1. 4 夜	わが家の幸福	未詳	ロツパ一座
1942. 1. 8	立てり東亞	高田保	德川夢聲 外
1942. 1. 11	海底軍艦	(押川春浪)	未詳
1942. 1. 18	熊谷出陣	岡本綺堂	松本辛四郎一座

1942. 1. 16	西鶴の武家養理物話の中	(依田養賢)	未詳
1942. 1. 18	石切梶原	未詳	羽右偉門
1942. 1. 20	心ゆたかに	大島萬世	小衫養男 外
1942. 1. 25	狸	眞船豊	未詳
1942. 1. 2×	梅里先生行狀記	吉川英治(宇野信夫)	市用遠之助 外
1942. 1. 31	綜合放送	未詳	未詳
1942. 2. 2	再生の溫泉	岡田禎子	未詳
1942. 2. 5	東郷平八郎大佐ハワイに出動す	小山祐士	未詳
1942. 2. 8	高粱風	未詳	井上正夫一座
1942. 2. 11	立てり東亞	高田保	未詳
1942. 2. 15	肇國	吉田鉉二郎	辛四郎一座
1942. 2. 17	新嘉坡陷落	綜合放送	未詳
1942. 2. 18	美英東亞の據點遺えたり	高田保	未詳
1942. 2. 19	蔚山城の淸正	未詳	中村吉右衛門一座
1942. 2. 21	春の霜	未詳	辛四郎一座
1942. 2. 28	南の風	未詳	ロツバ一座
1942. 3. 2	塹壕の唄	關川周	山村聽
1942. 3. 6	大楠公夫人	吉川英治(小林勝)	衫村春子 外
1942. 3. 7	元錄忠臣藏	未詳	前進座
1942. 3. 9	開城物語	文化奉公會	未詳
1942. 3. 12	夜土會我	未詳	羽右衛門
1942. 3. 13	二人の船乘と月夜	室龜原德	薄田硏二 外
1942. 3. 15	眞珠灣	高田保	未詳
1942. 3. 25	春が來た	綜合放送	伊馬鵜平(構成)
1942. 3. 28	荒木又右衛門	未詳	遠之助一座
1942. 3. 29	虞美人草	夏目漱石(森本薰)	未詳

1942. 4. 18	生まれた土地	森田薫	丸山正室, 夏川靜江
1942. 5. 5	五月の宵に	堀江林之助	東山千栄子
1942. 9. 24	姫鱒	廡上俊夫(小林勝)	未詳
1942. 11. 1	名人	森田薫	大失市太郎

위의 표에서도 마찬가지로 몇몇 노골적인 프로파간다 방송극을 제외하고 나머지는 국사극과 마찬가지로 재미와 더불어 민족혼을 불러일으키거나 당대 현실과 일상의 소소한 이야기를 결부시킨 작품들이 대부분이다.[13)]

V. 맺음말

이상으로 본고는 전시기라는 시간적 배경을 가지고 위안방송의 전쟁 표상, 특별히 라디오의 방송극을 중심으로 당시의 라디오방송의 성격을 살펴보았다. 직접적으로 전쟁을 미화하는 작품들도 상당수 있었으나 많은 양의 작품들은 그들의 민족혼, 향토애를 불러일으키는 작품들이 중심에 있었고 반드시 재미 요소도 가미되었다.

라디오 방송극의 음(音)이 갖고 있는 권력성이 현저하게 나타나는 것은 말할 것도 없이 전시 하이다. 특히 아시아는 전쟁의 격화와 함께 각국에 국민정신총동원체제가 포고되고 라디오방송은 엄격한 관리를 받았다. 청취자는 라디오에서 흘러나온 '음'을 진실이라고 굳게 믿고, 국가와의 일체감을 강하게 느끼게 되었다. 국가는 내셔널리즘이라는 어려운 용어가 아닌 '나라를 위해서', '고향을 위해서'를 슬로건으로 사람들에게 애국주의를 불러일으키며 그 애국심은 동시에 적에 대한 증오심으로 환기된다.

13) 방송극과 관련된 논의는 본고의 지면관계로 전부 기재하기 어려운 관계로 1941년 말부터 1942년 초까지로 한정한다. 필자가 NHK방송박물관에서 확인한 결과 라디오방송 개국 이후 패전까지 많은 양의 방송극이 존재함을 확인하였다. 추후 궤를 달리해 일본 라디오 방송극에 관해 논의를 펼칠 예정이다.

본고를 기점으로 향후 일본 전전(戰前)의 방송극에 대한 체계적인 접근이 필요하다. 일본이나 한국이나 전전의 방송극에 대한 기초적인 정리도 되어 있지 않은 상태이며 텍스트 분석도 전무한 상태이다. 따라서 본고는 이러한 연구의 기점으로서 의의를 가질 수 있을 것이다.

향후 전전의 방송극 연구는 한일의 방송극, 더 나아가 동아시아(중국, 대만)의 방송극까지 그 연구 범위를 확장시킬 수 있으며 전후의 라디오 방송극, 그리고 TV 방송극 등으로 연결시킬 수 있는 연구의 범위이다. 본고는 그러한 연구를 위해 작지만 의미 있는 출발점이 되어 보고자 한다.

총동원체제의 이동연극과 프로파간다

홍선영

I. 머리말

이동연극은 연극을 위한 공간인 극장과 무대에 대하여 새로운 위상과 성격을 요구하였다. 즉 근대 이후 연극과 관객이 만나는 필수적인 공간이던 '극장'은 이동연극에서 매우 유동적인 성격의 것으로 다양하게 변화를 겪게 되었고, 무대장치와 소품 역시 매우 간소화된 형태의 연극을 지향하게 되었다. 역사적으로 볼 때, 이동연극이 가장 활발했던 시기는 아이러니하게도 신극탄압이 거세던 전시 총동원체제 하였다. 1940년 8월 신협(新協)과 신쓰키지 극장(新築地劇場)에 대한 강제 해산은 당국에 의한 신극 탄압의 시작이었다. 이어 흥행의 합리화, '불건전'한 연극의 배제, 연극잡지의 강제 통합과 연극법의 제정 등, 1940년대 일본 연극계를 둘러싼 상황은 그야말로 '암흑기'였다. 동시에 '신체제'에 부합하는 연극을 모색하는 가운데 이동연극은 때 아닌 '호황'을 누리게 된다.

본고가 주목하는 일본이동연극연맹(이하 '이동연맹')은 전시에 출범하였지만 이동연극이라는 '이동성'의 문제를 중심에 놓고 보았을 때, 그보다 훨씬 거슬러 올라가 메이지(1868~1912)에서 다이쇼 초기(1910년대)까지 이미 지방순회[地方巡業]라는 형식은 상당수 행해지고 있었다.[1] 그러나 연극의 주요 관객이 도쿄, 오사카 등 대도시의 일부 관객에 편중되면서 일반 관객들의 생활과는 인연이 벌어시고 특히 신극은 인텔리의 전유물처럼 되었다. 그러다가 1930년대에 이르러 이동연극은 농촌문화운동으로서 그 필요성이 제기되었고, 전시체제가 되자 정보국과 대정익찬회(大政翼賛會)[2]의 주도로 '일본이동연극연맹'이 탄생하여 '이동극단'에 의한 연극이 주류를 이루게 된 것이다(茨木憲, 1981: 103-108).

그런데 총동원체제의 연극의 일환으로 이동연극에 관한 언급은 국책연극에 참여했던 연극인들에 의해 주도되었다. 예를 들어 실제 이동연맹에 가담했고 전후(戰後)에 이에 관한 본격적인 언급을 한 이즈카 도모이치로(飯塚友一郎)[3]는 이동연맹의 활동이 연극의 '대중적 확산'에 기여했다고 지적한 바 있다.[4] 농산어촌문화협회 미즈호극단(瑞穗劇團)에 소속하여 이동연극운동에 참여해 온 이즈카와 그 밖의 이동연맹 주체들에 의하여 이동연극에 대한 기존 평가가 이루어져 왔다고 해도 과언이 아니다. 아울러 '이동연맹' 활동에 관한 연구가 그간 충분하게 검토되지 못한 까닭도 여기에 기인한다고 하겠다. 다행히 최근 이동연맹 활동을 포함한 전시 하의 문화활동 전반

1) 1915년 예술좌(藝術座)의 만선순업(滿鮮巡業)에 대해서는 홍선영(2009)을 참조.

2) 대정익찬회(大政翼贊會) 1940년 10월~1945년 6월. 고노에 후미마로(近衛文麿) 내각 하 신체제운동의 결과 결성된 관민통제조직. 각 정당을 해산시키고 산업보국회 익찬장년단 대일본부인회를 통합하여 부라쿠카이(部落會), 조나이카이(町內會), 도나리구미(隣組)를 말단조직으로 삼았다.

3) 1890~1983. 연극연구가. 도쿄 출생. 도쿄제국대학 법학부 졸업. 변호사 출신. 니혼대학 예술학부 교수 역임. 대학 재학 당시부터 가부키 연구를 하여『歌舞伎細見』(さいけん, 1926)으로 정리했고, 이후 연극연구에 전념하여『演劇学序說』, 번역서『世界演劇史』(전6권) 등을 출간했다.

4)『演劇百科大事典』, 平凡社를 참조.

에 관한 기초자료의 집성과 복간이 활발하게 일어나고 이에 관한 연구 분위기가 고양되고 있음은 고무적이다.[5] 또 최근 연구에서 '연극신체제'운동의 일환으로 추진되어 온 전시 하 이동연극 문제를 정면으로 다룬 연구가 생겨나고 있다. 이 가운데 바바 다쓰미(馬場辰巳)는 이동연극운동이 본격화된 초기의 기초적인 연구에서 신체제 구상의 이상과 현실의 불협화음에 주목하였지만 이동연극의 핵심적 내용인 '공공성' 실현의 한계를 지적하는 데 그쳤다.[6]

결국 현재까지 이동연맹 활동의 실체에 대한 총체적인 접근은 매우 미흡한 상황이며 특히 이동연맹의 활동이 차지하는 연극사적인 의미에 대한 검토가 요청된다. 본고는 대정익찬회의 결성(1940년 10월)과 정보국의 발족(1940년 12월), 그리고 대정익찬회 제1차 조직개편(1941년 2월)의 시기 이후 본격화된 이동연맹의 발족과 이념에 대해서 구체적으로 검토하고자 한다. 그리고 전시체제 하에서 일본연극계가 연극을 통한 국책의 선전선동의 문제에 어떻게 대응하고 어떻게 협조했는가를 밝히고자 한다. 특히 '일본이동연극연맹'의 형성과 전개를 당시 이동연맹이 발간한 기록 자료와 연극잡지 『국민연극(國民演劇)』[7]을 중심으로 살펴볼 것이다.

---

5) 『占領期雑誌資料大系大衆文化篇』(全5巻, 岩波書店, 2008). 최근 완간된 이 자료집은 전시 하를 비롯한 점령기에 이르는 시기에 관한 귀중자료의 해제로서 일본 근대 연구에서 소극적이었던 전시 및 점령기 연구에 긍정적인 파장을 일으켜 향후 이 시기에 관한 문화연구가 활발해질 것으로 기대되고 있다.

6) 이 연구는 이동연극 공연이 시작된 1940년 9월부터 이동연맹이 발족한 1941년 6월까지의 시기를 대상으로 '연극신체제'의 구상과 변천을 이동연극을 중심으로 고찰한 선구적인 연구이다. 그에 의하면 당시까지 '전시 중 연극연구'는 1차 자료의 부족으로 인하여 연구가 소극적이었다고 한다. 또 연극신체제 구상이란 영리주의적인 흥행으로 인하여 연극과 멀어져 있던 벽지 산촌의 '근로국민'에게 연극의 즐거움을 제공할 수 있는 기구 · 조직으로 연극을 재편성하는 것이었다. 馬場辰巳(1985: 48)를 참조.

7) 연극잡지. 1941년 3월 창간. 1943년 10월 폐간. 도쿄 牧野書店 간행. 菊版[152×218mm, A5(148×210mm)보다 약간 큼]. 월간지. 제1차 연극잡지의 통합이 이루어짐으로써 『中央演劇』, 『舞臺』, 『新演劇』의 잡지가 합동하여 본 잡지로 통합, 간행하게 되었다. 木村富子, 北条秀司, 八木隆一郎 등의 참여로 희곡 게재를 중시하였는데 전시색채가 강하다. 1943년 제2차 연극잡지 통합으로 인하여 『日本演劇』, 『演劇界』로 계승되었다.

아울러 이동연극의 레퍼토리 가운데 최고의 인기를 누린 「한역(寒驛)」이란 연극을 주목하여 그 텍스트에 대한 분석을 시도하고자 한다. 이는 대중의 국민화, 즉 대중의 '감성적 동원'을 위하여 '대중'을 어떻게 국민국가에 편입시키고 어떻게 국가에 대한 귀속감을 창출하였는가라는 문제를 보다 구체적으로 탐구하기 위함이다.

II. '연극신체제'와 신극이 나아갈 바

1. '이동연맹'의 설립과 이념

신극운동에 대한 당국의 탄압이 거세지자 문학좌를 중심으로 활동하던 기시다 구니오(岸田国士)[8]는 신극계의 중심적인 역할을 수행하며 1940년 10월 대정익찬회 문화부장에 취임하였다. 당시 문화에 대한 비합리적인 압박을 익찬회 내부에서 조금이라도 막아 낼 수 있는 인물로서 문단의 기대를 모은 취임이었다(馬場辰巳, 1985: 121). 그의 공적인 활동이 절정기에 달하는 1940년대 초반 그의 '연극과 국가'에 관련한 이념을 살펴볼 필요가 있겠다. 왜냐하면 기시다 구니오는 1940년 대정익찬회의 문화부장에 취임하고,

---

8) 1890～1954. 극작가, 평론가, 일본 신극의 지도자. 도쿄 출생. 사관학교를 거쳐 1917년 도쿄제국대학 불문선과(佛文選科)에 입학. 1919년 프랑스령 인도차이나를 거쳐 파리 등 유럽에 체류하며 연극을 배움. 1922년 귀국 후 희곡 「오래된 장난감」(古い玩具, 『演劇新潮』 1924년3월호), 「動員挿話」(『太陽』, 1927)와 「우시야마 호텔」(1929), 장편 소설 『双面神』 등을 발표. 1937년 구보타 만타로(久保田万太郎), 이와타 도요오(岩田豊雄) 등과 문학좌 결성, 문학좌를 중심으로 연출과 극작을 하는 한편 메이지대학 연극과의 교수를 병행한다. 1927년 4월 신극협회 제3회 공연에서 자신의 희곡 「하자쿠라(葉桜)」를 연출하고 1928년 연극잡지 『悲劇喜劇』을 창간. 1934년 3월 일본프롤레타리아작가동맹의 해산, 7월 일본프롤레타리아극장동맹 해산 등, 당국의 탄압이 심해지는 가운데 무라야마 도모요시(村山知義)의 제창으로 신협극단이 생기고 탄압에서 신극을 지킬 목적으로 12월 일본신극구락부를 설립, 간사장을 맡는다. 1940년 전시 하 대정익찬회 문화부장을 역임하고 신극 극단 문학좌에 관여하였으며 1942년 문화부장을 사임하였다.

1941년 이동연맹의 위원장이 되어 전시 하에서 정부 조직의 문화분과 리더로서 역할을 해왔기 때문이다. 기시다는「새로운 문화의 내용」에 대하여 다음과 같이 언급하였다.

> 문화의 내용은 서양적인 것, 편리함, 예술적인 것으로는 곤란하다. 문화에 세 가지 요소가 있다. 즉 첫째 도덕성, 둘째 과학성, 셋째, 예술성이다. (중략) 문화란 인간이 이상을 추구하기 위하여 만들어 내는 생활표현이다라는 정의가 올바르다. 그러한 의미에서 인간이라는 말은 추상적인 것이 아니라 인간은 반드시 어느 민족에 속해 있는 것이다. 그러므로 인간을 국민이라는 말로 대체해도 무방하다. 바야흐로 일본국민으로서 문화적 이상을 추구해야 한다.[9)]

'일본국민'으로서의 문화적 이상을 추구한다는 현실인식과 함께 문화의 세 가지 요소 가운데 '예술성'은 세 번째로 꼽은 반면, '도덕성'을 첫 번째 요소로 꼽았다. 오랫동안 신극운동에 몸담아 온 연극인이기에 이러한 주장은 공리적인 입장에 선 예술론으로서 매우 이례적인 것이었다. 하지만 그의 이러한 언급은 향후 이동연극의 이념으로서 예술성보다 '공공성'을 우선시하는 입장을 보여 준다. 결론적으로 말하면 적어도 이 시기 기시다는 '힘으로서의 문화'를 주창하면서 국책에 대하여 긍정적인 입장에 서 있었음이 분명하게 드러난다. 1939년 중일전쟁의 확대와 함께 문화통제가 강화되는 가운데 그의 공적인 활동은 보다 본격화되었다.[10)]「문예후방운동」을 위한 강연여행으로 바쁘던 1941년 12월 '신문화건설'의 문제를 언급하면서 그는 정치와 문화의 관계에 대해서 주창하였다.[11)] "문화의 진정한 모습이 담긴

---

9)「新しき文化の內容」,『朝鮮公論』29권 8호, 1941년 8월, 51-52쪽.

10)「岸田国士」,『近代文学研究叢書 75』, 昭和女子大学近代文化研究所, 118쪽. 이 글에 의하면 당국이 문학자들의 국책추진단체 결성을 추진하자 기시다는 대륙개척간화회(大陸開拓懇話會), 상병문학의 모임(傷兵文學の会), 일만문예협회설립준비위원회의 위원, 1940년 5월 문예가협회 주최 문예춘추사, 오사카마이니치, 도쿄니치니치신문사 후원 기획 강연여행, 1940년 10월 만주국 시찰여행 등 일련의 활동을 벌였는데 이 또한 그의 '공적' 활동의 일부분이다.

11)「新文化建設の方向」,『岸田国士全集25』(岩波書店, 1991). 초출은『生活と文化』(青山出版社, 1941)에 수록된 강연록. 이 강연은 잡지『生活と文化』1941년 12월

정신적인 고고함"으로 무장함으로써 "국민생활의 실체"를 장악하는 정치력을 발휘할 것을 주장하고, "국민적 신문화의 기초"를 다져야 한다고 강조한다. 이미 기시다는 전시 요구에 부응하는 문화부문의 대응이 아니라, 그보다 한발 나아가 정치이론의 예술적 분장과 혼합되지 않는 범위에서 '국가의 신속한 연극통제'를 역설하고 있다. 그리고 같은 문장에서 그는 '관객과 신극의 숙명'을 논하면서 일본 신극에 대하여 "현학적인 면과 속물근성에서 탈피"해야 한다고 강하게 비판하였다.[12] 이는 신극의 엘리트주의와 영리주의적인 상업성의 추구라는 전혀 다른 양면성을 비판적으로 지적한 것이다. 하지만 이 글에는 기존 신극운동의 현학과 속물의 측면을 어떻게 극복할 것인가에 대한 구체적인 대안은 제시되지 않은 채 신극이 다하지 못한 숙제를 마치 이동연극이 해결할 것이라는 비약이 숨어 있었다.

이러한 이념이 내용적으로는 국민연극론으로 확대되어 가는 한편, 매우 제한적이기는 하지만 연극이 '이념의 도구'로 전락하는 것을 반대하는 의견이 제시된 사례도 있었다.

> 한 나라의 문화가 큰 계획에 있어 대혁진(大革進)의 궤도에 올랐을 때 모든 문화기관이 그러한 방향으로 향하는 것은 자연스러운 추세이다. (중략) 그러나 과도하게 현재의 기운에 조응하려고 서두른 나머지 대혁진 운동의 이념을 지나치게 적나라하게 표현하여 일종의 선전 도구가 되고 연극 자체를 왜곡함으로써 오히려 직역봉공(職域奉公)의 본분에 어긋나는 일이 되어서는 안 된다. 지금과 같은 시대에는 자칫하면 저속한 윤리도덕을 가르치는 시골농부나 설교자와 같은 연극을 요구하게 되기 쉽다(日高只一, 1941: 126).

라고 하여, 이동연맹이 발족할 당시만 하더라도 이념을 적나라하게 표현하는 '선전 도구화'를 경계하는 목소리가 언론 통제를 비집고 어렵게 잡지에 실리기도 하였다. 그러나 대부분의 논의는 국책에 봉사하는 연극론으로 수

에 실렸지만 실제는 1년 전인 1940년 11월 대정익찬회 문화부장 취임 후에 행한 강연내용이다.

12) 「演劇統制の重点」, 『東京朝日新聞』 1939년 4월 17~19일자.

렴되었으며 연극무대에서 상연된 레퍼토리는 점차 획일적인 내용들로 채워져 갔다. 다음 장에서 살펴보듯 연극인들의 활동은 이동연맹이라는 조직 속에서 제한된 활동만이 가능했기 때문에 그것을 전부 포기하기란 매우 어려운 실정이었다.

결국 연극을 통한 '국민적 신문화의 기초'를 구현하려는 기시다의 이념은 이동연맹의 취의서(趣意書)에 그대로 반영되었다.

> 이동연극운동은 지금껏 오락의 혜택을 받지 못한 농촌과 공장의 근로자들에게 위안과 오락을 제공하기 위한 것으로 이해되는 경향이 있었다. 그러나 이동연극운동의 본래 사명이 국민 문화재의 보급에 있는 이상, 그것이 단순한 위안과 오락만이 아니라 나아가 건전하고 우수한 문화가치를 아울러 갖추지 않으면 안 된다. 다시 말하자면 문화의 다양한 양상 가운데 국민대중과 가장 직접적이며 가장 강력하게 연결될 수 있는 연극의 본성을 이용하여 정서 함양의 측면에서 근로자의 정신 훈련에 크게 기여해야 할 것이다.[13)]

연극을 '국민 문화재'라고 표현하고 이동연극운동은 그러한 문화재를 '보급'하는 사업이며, 오락과 위안의 기능만을 추구하는 것이 아니라 '우수한 문화'를 창출해야 한다고 밝히고 있다.[14)] 더구나 '연극의 본성'이 다른 어떠한 문화형태보다 대중과 "가장 직접적이며 가장 강력하게 연결될 수 있는" 점에서 국민정신에 커다란 영향력을 갖는다고 하였다. '일본이동연극연맹'이라는 일원화된 조직을 통해 국책연극의 조직체를 결성한 배경이 여기에 있었다. 결국, 연극을 통한 대중오락의 문제, 올바른 국민문화 창출의 문제를 현단계 문화 사업의 중대한 과제로 천명하고 있다는 점에서 이는 향후 이동연맹 활동의 근간이 되는 이념이었다.

---

13) 「移動演劇運動の新発足」, 『国民演劇』 1941년 7월호, 126-127쪽.

14) '이동연극'을 가리켜 '문화재'라는 표현을 쓴 것은 이 밖에도 다수 발견할 수 있다. "도회에 집중된 고정극장에서 농산어촌 및 근로계급에 대한 개방과 동원을 실천하고 만민이 향유하는 문화재"가 되는 것이다. 近藤春雄(1941)을 참조.

2. 이동연맹의 조직과 흥행시스템

1941년 6월 '일본이동연극연맹'은 위원장에 기시다 구니오, 사무장에 이토 기사쿠(伊藤熹朔)[15]가 임명되면서 그 중심적인 역할을 하게 된다. 이동연맹의 형성 및 활동의 일련의 과정을 3기로 나누어 설명하면 다음과 같다.

먼저, 1기에 해당하는 시기는 1939년 전후 농촌연극대 활동을 개시한 시기부터 1941년 6월 이동연맹 발족 시기까지이다. 내무성에 '순회연극단 조직'이라는 발상이 생겨나고 1939년 말 산업조합중앙회 등 19개 단체와 농림성, 척식성(拓植省)이 주체가 되어 농산어촌문화협회가 설립된다. 이때 농촌연극대는 '무라 시바이(村芝居)'의 지도와 정화를 목적으로 한 활동이 중심이었다. 이 시기에 대한 연구는 이미 어느 정도 전체적인 내용이 정리되어 있다(村崎敏郎編, 1943: 9).[16] 본격적인 이동연극의 시작은 1941년 1월 쇼치쿠(松竹) 국민이동극단이 가부키를 중심으로 중국 중부전선에서 60여 일간 행한 위문공연이었다. 그리고 도호(東寶) 이동문화대가 현대극을 중심으로 나가노(長野)현의 농촌 곳곳에서 약 한 달간 이동공연을 했다. 이 두 개의 흥행회사에 의한 활동이 본격적인 이동연극의 제1보로서 이동연극단의 선구적인 역할을 담당했다.[17] 그리고 이에 전후하여 요시모토(吉本)의 흥행회사가 역시 이동연극대를 만들어 군 위문을 위해 만주 등 전쟁터에서 활동을 전개하였다.

---

15) 1899~1967. 무대미술가. 도쿄 출생. 1899년 건축가 이토 다메키치(伊藤為吉)의 4남으로 태어남. 큰형 미치오(道郎)가 무대미술가였기 때문에 예술과 가까이 하게 되었고 도쿄미술학교 서양화과 재학시절부터 무대장치의 작품을 발표했다. 배우좌(俳優座)를 창립하고 이끈 신극배우이자 연출가인 센다 고레야(千田是也, 1904~1994; 본명 伊藤圀夫)가 그의 동생이다. 히지카타 요시(土方与志)의 (무대)장치연구소에 들어가 모형무대전을 개최, 무대미술을 향상시켰고 졸업 후 쓰키지소극장이 창립되자 다수의 작품(「夜明け前」, 「夕鶴」, 「桜の園」)의 무대미술을 담당하였으며 한편으로는 쇼치쿠 계의 장치를 맡기도 하였다. 대표저서로는 『移動演劇十講』, 『舞臺裝置の硏究』, 『舞臺裝置三十年史』 등이 있다.

16) 전시 하 농촌연극과 소인연극에 관한 연구는 畑中小百合(2008: 63-89)을 참조.

17) 저자 무라사키 도시로(村崎敏郎)는 이동연맹의 사무국 기획부장을 역임한 조직의 주요 실무자로서 이동연맹의 전 과정을 상세히 파악하고 있는 인물이다.

이러한 분산적인 '이동연극대'를 통합한 시기가 2기이다. 종래 각 단체와 회사에서 개별적으로 각지에 파견하던 이동연극대를 정보국이 통합하고, 내용에 대한 지도와 배급의 일원화를 꾀하게 된 것이 1941년 5월, 연극에 대한 일원적인 통제기관의 설립이다. 처음에 참가한 단체는 쇼치쿠 4개반, 도호 1개반, 신흥연예부 1개반, 요시모토 1개반, 간사이 쇼치쿠 1개반 등 모두 8개의 단체로 출발하였다. 그리하여 정보국의 지도로 대정익찬문화부와 관계기관이 협력하여 익찬회 문화부장인 기시다를 위원장으로 하는 일본이동연극연맹이 정식 발족한 것은 1941년 6월, 본격적인 이동연극 활동기에 해당한다. 1943년 2월 이동연맹은 사단법인으로 바뀌어 회장에 후지야마 아이이치로(藤山愛一郎, 도쿄상공회의소 회장)가 취임, 상무이사에 가미이즈미 히데노부(上泉秀信), 이토 기사쿠, 이사에 기시다 구니오, 오타니 다케지로(大谷竹次郎) 등이 속해 있었다. 총동원체제의 전쟁 국면이 되자 이동연극은 전쟁에 대한 협력이 두드러졌고 전속극단도 급속하게 늘어났다.

한편 3기는 1945년 4월부터 전쟁의 막바지까지 전속, 준전속의 가맹극단 집단 소개(疏開)와 소개지에서 정착하여 연극 활동을 전개한 시기이다. 당시 미즈호극단은 나가노현에 있었으며 사쿠라대(櫻隊)는 히로시마에서 공연을 하다가 원폭에 의해 이동연극대 9명 전원이 사망하였다.[18)]

이동연맹의 조직도를 보면, 대정익찬회, 이동연극연맹, 정보국이 상호보완하면서 농산어촌과 전시의 현장을 연결시키고 도시 중심에서 지방과 현장 중심으로 전면적인 활동의 변화를 가져다주었음을 알 수 있다.

한편 이동연맹의 가맹극단은 조직도 [그림 1]의 하단에 위치하게 되는데, 가장 대표적으로 이동연맹의 활동에 뛰어든 집단은 기업적 경영을 하던 쇼치쿠, 도호, 요시모토 등이다. 구체적인 명칭은 쇼치쿠 국민이동극단, 그리고 도호 이동문화단, 요시모토 이동연극대이다. 이 세 개의 극단은 독점적으로 기업화된 흥행회사로서 현재도 일본 굴지의 문화예술사업을 주도하는

18) 사쿠라대의 대표였던 마루야마 사다오(丸山定夫)에 관한 내용은 이미 잘 알려졌으며 2004년 이노우에 히사시가 사쿠라대의 히로시마에서의 연극활동을 다룬 연극 『가미야초 사쿠라 호텔』을 통해 널리 알려지게 되었다(井上ひさし, 2001: 1-212).

기업으로 존속하고 있다. 그리고 이동연맹의 전속 극단으로서 구로가네대(くろがね隊), 미즈호극단이 있었다. 이 다섯 개 극단에서 출발하였지만 이동연맹 활동 2기에 접어들면서 연맹 가입극단 혹은 준가입 극단은 점차 늘어나 전쟁 막바지에는 신극 전반으로 확대되었다. 신극 활동을 하던 연극인에게 있어 무대에서 연극을 할 수 있는 유일한 길은 이동연맹 활동에 참가하는 것이었기 때문이다.

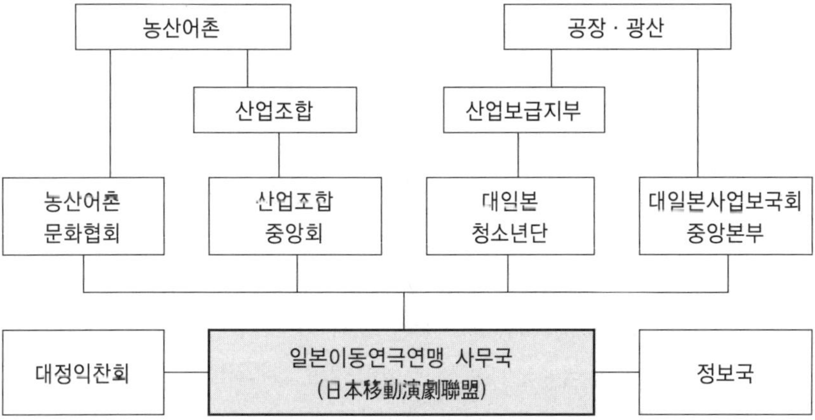

[그림 1] 일본이동연극연맹 조직도(村崎敏郎編, 1943: 15-23)

그런데 위의 조직도에서 알 수 있듯이 이동연맹의 흥행에서 특징적인 점은 조직도의 하단에 위치한 부분이 '연극'을 제공하는 위치에 있다면, 상단에 있는 조직, 즉 산업조합, 농산어촌 문화협회, 산업보국회, 대일본청소년단들은 연극의 수요처 즉 '관객' 동원의 조직을 동반했다는 점이다. 말하자면 수요와 공급 양쪽을 대표하는 조직으로 성립되어 있는 것이다. 예를 들어 조직도의 상단에 있는 어느 단체가 이동연극을 요구하면 하단에 위치한 극단이 움직이는 시스템인 것이다. 이는 지방의 흥행사가 중앙의 극단을 초청하는 것과는 근본적으로 다른 시스템으로서, 말하자면 관객의 수요가 전제된 상태에서 공연이 이뤄진다는 점에서 매우 흥미롭다. 예술의 창조적 생산자 측과 예술의 수용자 측이 동일한 조직체계에서 매우 조직적이고 계획적으로 움직일 수 있는 조직 시스템인데, 정부 주도의 국책 사업으로 진행되었기에 가능한 상황이기도 했다. 이러한 시도는 연극을 '배급'하는 극단 측의 입장에서 볼 때 매우 안정적인 흥행을 담보하는 시스템으로 작용했으리라 짐작할 수 있다.

이동연맹은 구성단체가 추천한 위원으로 구성된 위원회가 전체를 결정하고 사무국이 실무를 담당하였다. 정보국과 익찬회가 추천한 수명의 위원들이 지도 감독의 위치에 있었으므로 이동연맹은 명백하게 국가 기관의 의사가 직접 반영되는 조직이 되었다. 특히 실무적인 일을 담당하는 사무국은 배급부, 제작부, 조사부, 교육부, 선전부, 서무부, 회계부로 나뉘어 이동연극의 수요와 공급과 관련한 연락과 일정을 조율함은 물론, 이동연극의 각본 제작에까지 관여하는 조직이 되었다. 이 가운데 특기할 만한 사항은 조사부인데 의뢰단체, 관객의 종류, 동원가능 관객수, 적절한 레퍼토리 등의 항목을 정해 공연 전후의 제반 사항에 관한 기초조사를 수행하였다.

이상과 같은 조직적인 활동 시스템을 통해 이동극단들은 공장과 광산, 농산어촌 등 평소에 연극을 거의 접한 적이 없던 지역의 관객들을 대상으로 트럭에 몸을 싣고 산야를 순회하며, 또 '황군장병(皇軍將兵)'의 위문을 위하여 멀리 중국 전선에까지 파견되었다. 당시의 이동연극 활동에 관한 기록에 의하면, 1941년 6월에서 1943년 6월 사이의 2년간의 이동연극대의 이동거리는 61만여km, 공연 횟수 3,500회, 관객 동원 약 450만 명이다(日本移動演劇聯盟編, 1943). 이동연맹 가입 극단들의 활동에 관한 기록은 꽤 상세하게 남아 있는데 이러한 기록에 의거하여 극단별 이동공연 횟수, 주최자별 공연관객 동원수, 부현별 공연 횟수 등을 표로 표시하면 〈표 1〉과 같다(伊藤熹朔, 1942: 4).

〈표 1〉에 명시된 극단 가운데 쇼치쿠, 도호, 요시모토, 가고도라(篭虎), 신코(新興), 다카라즈카(寶塚)는 모두 흥행회사이며, 나머지 구로가네대가 전속극단, 미즈호극단은 농산어촌문화협회 소속으로 나중에 전속극단이 된다. 전체적으로는 두 개의 전속극단과 10개의 가맹극단이 있고 일부 임시 참가 극단이 있었다.

〈표 1〉 극단별 이동공연 횟수(1941년 6월~1942년 5월)

극단별/월별	구로가네대	쇼치쿠 제1반	쇼치쿠 제2반	쇼치쿠 간사이	도호 이동문화대	요시모토 연극대	요시모토 연예대	요시모토 간사이극단	가고도라 연극대	가고도라 연예대	신코 연예대	미즈호 극단	다카라즈카 가극	임시 참가	합계
1941.1~12	37	49	66	57	61	71	28	24	40	25	—	—	—	32	490
1942.1~5	58	73	38	54	66	66	(8)	12	22	30	23 (27)	46	33 (47)	59	547 (82)
합계	95	122	104	111	127	137	28	36	62	55	23	46	33	91	1061

구로가네대는 1941년 9월부터 활동을 시작하여 홋카이도(北海道), 규슈(九州), 대만 등의 원거리 지역의 이동공연을 중심으로 하다가 1942년 4월 정식으로 연맹의 전속극단이 되었다. 현대극 중심 극단이며 만자이(漫才)와 무용, 거리예능(大道藝) 등을 곁들여 다양한 프로그램을 보여 주었다. 도호 이동문화대는 농촌 중심으로 다녔으며 도호무용대에서 다수를 기용하여 연극 중심으로 편성하였고 촌극(寸劇)이 장기였다. 가고도라 이동연예대는 경연예(輕演藝)를 중심으로 편성한 극단이며, 신코 이동연예대는 로쿄쿠(浪曲), 만자이 중심, 요시모토 이동연극대는 요시모토 흥행 극장을 모태로 결성한 단체이고, 같은 계열의 요시모토 간사이이동극단은 소가노가(曾我家) 풍의 희극 중심의 이동대로 주부(中部)지방, 규슈지방 위주로 공연을 하였다. 이 밖에 가요, 무용 중심의 다카라즈카 가극이동대와 쇼치쿠 국민이동극단 등이 있으며 이들은 연맹 성립 이전부터 만주 이동공연이라는 장기간에 걸친 경험을 축적하고 있었고 가부키 출신 배우가 상당수 포함된 극단이므로 시대극이 많았다. 한편, 쇼치쿠 간사이이동극단은 쇼치쿠 교토촬영소 출신 배우를 중심으로 시대극과 현대극을 포함하는 연극 극단이다. 미즈호극단은 1942년 2월 농산어촌문화협회 소속 극단으로 출발하여 나중에 연맹에 가입하였고 농산어촌 중심 이동공연을 해왔다. 신극 출신 배우가 많아서 현대극 중심이며 선서극(宣誓劇), 손가락인형, 가요지도 등의 다양한 프로그램을 진행하였다.

이상과 같이 13개의 극단과 임시참가 극단은 〈표 1〉에서 보듯 1941년 6월과 12월 사이에 490회, 1942년 1월과 5월 사이에는 547회의 이동공연이 있었다. 그리고 「도부현(道府懸)별 공연 횟수 조사」를 보면, 1943년 6월 말 현재 대만 18회, 조선 25회로 전체에서 차지하는 비중이 미미한 숫자(합 1.2%)이긴 하나 '외지'에서도 이동연맹의 활동이 전개되었음을 알 수 있다. 이는 1940년대 식민지 조선을 비롯한 대만, 만주, 상해 등 '외지'에서 수행된 이동연맹활동을 파악하기 위해서도 필수적인 사전작업이 될 것이다. '이동연극'은 내지와 외지로 '국민문화'를 발신하였고 전쟁이라는 제국주의적 침탈을 망각시키고 은폐하는 역할을 수행하기도 하였다. 그렇다면 구체적으로 이동연극에 어떤 작품이 선정되었는지 이동연극의 상연 대본의 주요 작품을 중심으로 살펴보자.

3. '국민문화'운동으로서의 연극

이동연극의 각본은 어떠한 성격을 요구하고 또 인기가 많았던 각본의 특징은 무엇이었을까. 1941년 가을 이동연맹 사무국이 문예춘추사와 공동으로 각본 모집을 한 당시의 규정을 보면 다음과 같다(伊藤熹朔, 1942: 20).

> 이동연극각본모집규정
>
> 1. 각본내용 농촌, 어촌, 공장, 광산의 근로자를 관객 대상으로 한 건전오락각본
> 1. 상연시간 30분에서 1시간까지(원고용지 400자 30장에서 60장 정도)
> 1. 등장인물 10명 이내(어린이역을 가능한 쓰지 말 것)
> 1. 무대장치 이동에 간편할 것(장면은 도구 2꾸러미 이내)

이동연극의 각본은 "소극장적 신극적 작극법"으로는 설득력이 약하므로 '소극장적 관념'을 극복하고, 이동연극의 각본은 대체로 "간소하고 박력이 있는" 것으로서 선이 굵고 움직임이 강한 것을 선호하였다. 1942년 이동연극의 상연각본 가운데 상연횟수가 많은 순으로 살펴보면 〈표 2〉와 같다.[19]

---

19) 伊藤熹朔(1942: 7-8)에 수록된 「日本移動演劇連盟事業記録」을 재인용. 참고로

〈표 2〉 이동연극 상연각본별 상연횟수(*표시는 이동연맹의 위촉각본)

작가	각본제목	상연횟수
*阿木翁助	增産へ(宣誓劇)	201
三好十郎	寒驛	133
*小川丈夫	朝	105
南江二郎	聖なる群像(宣誓劇)	104
大島万世	蠶祝ひ	102
*真船豊	狸	99
小川丈夫	戰塵□	90
高原雪絵	菊の下露	82
*연맹구성	大東亞戰爭(宣誓劇)	80
大島万世	麥あけ	78
*小川丈夫	坑山の愛情	77
土師清一	主從無上	55
*菊田一夫	地底の花嫁	55
岡本綺堂	蟹滿寺縁起	54
*山田寿夫	まもりがみ	54
松竹國民移動劇團文藝部	空襲から國土を護れ	51
高原雪絵	乃木將軍	51
金子洋文	勝利の一票	50

1942년 5월 말, 현재 가장 상연수가 많은 각본은 아기 오스케(阿木翁助)의 「증산으로(增産へ)」이지만, 사실 이것은 연극이 아닌 선서극(宣誓劇)이다. 선서극은 주제를 각본으로 하지 않아도 간단하게 효과를 거두는 방법으로 이동연맹에서 자주 하는 레퍼토리였다. 과거 '슈프레히코어(sprechchor)'에 가까운 것으로 간결한 가사를 주고받는 가운데 주제를 관객에게 강렬하게 전달하는 점에서 상당한 효과가 있었던 것으로 받아들여졌다.

이동연맹에 의해 가장 상연횟수가 많은 작품(村崎敏郎編, 1943: 22)은 선서극을 제외하면 1위가 미요시 주로(三好十郎)의 「한역」이며, 다음으로 오가와 다케오(小川丈夫)의 「아침」(朝, 산업보국회의 증산운동 각본)과 오시마 만세이(大島万世)의 「蠶祝ひ」, 마후네 도요(眞船豊)의 「너구리」(狸, 정보국 위촉 이동연극

1942년 5월 말 현재의 통계이다.

각본) 등의 순이었다. 위에서 열거한 각본은 50회 이상 상연된 각본만을 표로 정리한 것이다. 그 밖에도 주목되는 점은 기쿠치 간(菊池寬)의 각본이 「시세는 변한다(時勢は移る)」(41회), 「아버지 돌아오다(父歸る)」(32회) 두 작품이나 포함되어 있었고, 미요시는 「한역」 이외에도 「오사의 소리」(おさの音, 후생성 군사보호원 위촉), 「오리키」(おりき, 정보국 위촉) 등의 작품을 남기고 있어 전시 하 이동연극에서 기쿠치 간과 미요시 주로의 작품이 특히 대중적인 호응이 있었음을 알 수 있다.

도호 이동문화대의 '제1회 농촌출동보고'에 의하면 농촌의 이동연극에서 반응이 좋았던 연극은 「고향」이었다.[20] 「고향」은 도호 이동문화대가 나고야(名古屋) 지방의 공장에서도 공연한 레퍼토리로 "고향은 무대가 농촌이지만 직공으로 일하는 아들을 깨우치는 이야기이므로 공장에서의 상연을 희망하였다"라는 이동연극대의 보고서에서도 언급하듯 관객의 반응이 뜨거웠다고 한다.[21] 오시마의 각본은 「고향」과 함께 상연횟수에서는 단연 으뜸인데 이는 오시마가 20년간 '농촌극'을 써온 성과이며 그의 작품은 밝은 인정극, 관객에게 전달하기 쉽다는 점이 평가되었다. 이 당시 이동연맹이 위촉 제작한 각본은 1년간 약 45편에 이르렀다.[22]

III. 미요시 주로의 「한역」

1. 살아 숨 쉬는 '국민애'를 연극에

그런데 이들 전시 연극 가운데서도 최고의 인기를 누린 연극은 미요시

---

20) 「座談会農村演劇を語る」, 『国民演劇』 1941년 5월, 151쪽; 「特輯農村と国民演劇」, 『国民演劇』 제1권 제2호, 1940년 4월, 140쪽.
21) 도호 이동문화대의 마쓰하라 에이지(松原英次)의 보고서이다. 「演劇隊工場街へ進出 — 名古屋地方出動記録」, 『国民演劇』 1권 4호, 1941년 6월, 165쪽.
22) 1942년 3월 이후 일본연극협회 내에 이동연극각본연구회가 설치되었다.

주로[23]의 「한역」이었다.[24] 이 작품은 1938년 10월 잡지 『청년(靑年)』에 발표되었으며 1939년 1월 오월좌(五月座)에 의해 쓰키지소극장에서 초연되었다. 전선으로 출정하는 병사와 기차역으로 배웅 나온 가족들의 풍경을 배경으로 마을에 흘러들어 온 한 여자의 이야기로서 적은 인원의 등장인물과 적당한 분량의 단막극이라는 점이 이동연극에 적합하였다. 특히 이 작품의 장점은 '뚜렷한 줄거리와 움직임'이었다(村崎敏郎編, 1943: 23). 단편이지만 작가의 기교가 인물의 등퇴장, 인물 간 접촉에서 활발하고 능숙한 움직임, '작부'가 여주인공인 점이 난점이기는 하나 매우 갈채를 받을 만한 작품으로서 평가된 것이다. 죽음의 전쟁터로 떠나가는 한 남자의 앞에서 거칠고 악한 이도 인간적으로 마음을 연다는 전시를 배경으로 '국민애'를 그린 건전한 연극으로 받아들여졌다. 사실 1930년대 중반에서 1940년대에 이르는 전시기는 문학자들에게는 암흑기였다. 하지만 요시모토 다카아키(吉本隆明, 2004: 1-2)에 의하면, 이런 암흑기에 미요시는 거대한 문학자이자 '전중파(戰中派)'[25]를 전부 집어삼킬 정도로 상징적인 존재였다.

여기에서는 미요시 문학 활동의 절정기에 발표한 희곡 「한역」과 관련된 몇 가지 문제를 검토하겠다. 우선 「한역」은 다른 작품에 비해 그간 선행연구에서 거의 언급되지 않았으며 작가 자신조차 생전에 간행한 『미요시 주로 작품집』(三好十郎作品集, 1952)에서 제외시킬 정도로 소외되어 왔다. 이 작품이 이동연극으로서 가장 많은 상연 횟수를 자랑하는 '인기 연극'이었다는 사실은 잊혀져 왔던 것이다(村崎敏郎編, 1943: 22). 물론 패전 후 미요시가 "나는

---

23) 1902~1958. 사가(佐賀)현 출생. 와세다대 영문과 졸업. 시, 소설, 희곡 창작. 1926년 6월 『文藝戰線』에 「눈과 피와 담배의 행군」을 발표한 전후부터 마르크스주의에 경도되었다. 1928년부터는 NARF(전일본무산자예술동맹)의 일원으로서 정력적으로 희곡과 시를 썼다. 1929년에는 프로트(PROT, プロット) 즉, 일본프롤레타리아극장동맹에 참가했다. 『회진』(灰塵, 中央公論社, 1927)이란 작품으로 프롤레타리아 극작가로서 세상에 알려졌다. 대표적인 작품으로는 「유령장(幽霊荘)」, 「불꽃의 사람(炎の人)」, 「부표(浮標)」 등이 있다. 그의 생애에 관해서는 片島紀男(2004)를 참조.

24) 이 논문이 활용한 미요시의 텍스트는 三好十郎(1940), 『三好十郎戲曲集 浮標』, 桜井書店, 223-251쪽이다.

25) 여기서 '전중파'란 태평양전쟁 시기에 청춘을 보낸 세대를 이르는 말이다.

전쟁 중 꽤 수상쩍은 일을 했다"라고 고백한 바 있듯이(三好十郎, 1949: 70), 그가 총동원시기에 전향적인 태도를 보인 것은 의심할 여지가 없다.[26] 따라서 여기에서 주목하고자 하는 점은 전시 하 미요시의 체제영합적인 행보 여부가 아니라, 「한역」에 대한 공정한 평가를 내림과 동시에 전시 이동연극 레퍼토리의 성격을 밝히는 데 있다. 이는 전시 하 국책연극과 프롤레타리아 연극(이하 '프로 연극')에서의 '프로파간다'의 문제, 특히 연극적 방법론의 연속성의 문제를 규명함에 있어 주요한 관건이 되기 때문이다.

이 희곡의 프롤로그는 전선으로 출정하는 병사와 기차역으로 배웅 나온 가족과 마을 사람들의 풍경을 묘사하고 있으며 두 번째 장면은 외지에서 흘러들어 온 한 여자의 이야기로 총 십여 명의 인물이 등장하는 1시간 분량의 단막극이다.

새벽녘 산간마을의 역. 전쟁터로 출정하는 병사 마쓰오 이치로(松尾一郎)를 배웅하러 나온 마을 사람들이 만세 삼창을 하고 돌아간 뒤 역 대합실에 오시노(お篠)라는 젊은 여자가 앉아 있다. 마쓰야라는 술집에서 일하는 오시노는 고향에 두고 온 아들이 위독하다는 전보를 받고 잠시 보러 가려고 마쓰야를 뛰쳐나와 역에 와 있는 것이다. 그러나 돌아갈 기찻삯이 없다. 이때 낡은 양복에 목도리를 두른 남자가 대합실로 뛰어 들어온다. 막노동을 하는 데쓰조(鐵三)이다. 그는 6개월 전부터 돈을 벌기 위해 댐공사 현장에 와서 일하고 있는데 이날 저녁 소집영장을 받아들고 입대를 하기 위해 서둘러 고향으로 돌아가는 길이다. 그럴 의도는 아니었지만 도망친 결과가 되어 버린 오시노는 데쓰조가 추격자인 줄 알고 당황한다. 하지만 사정을 들은 데쓰조가 무일푼의 오시노에게 기차표를 사준다. 이때 나타난 두 남

---

26) 다나카 히토시(田中単之)는 미요시의 '계급의식의 상실과 전쟁 긍정'의 원인이 전쟁=죽음에 대해서 '부자나 가난한 사람에게도 평등하다', 즉 '의사(疑似)사회주의적 사회상황'에 있었다고 지적했다. 즉, 전후 미요시 주로가 '절대평화주의'의 입장에 도달했던 것은 '자신의 피와 연결된 육친과 민족이 살육당하는 죽음'이라는 의사사회주의적 사회상황 앞에서 '저절로 끓는 피에 어떻게 대처할' 것인가라는 '전향의 문제'를 거치지 않고는 도달할 수 없는 지점이라는 것이다(前田角藏, 1995: 86).

자가 데쓰조를 오시노의 기둥서방으로 오인하고 서로 주먹다짐을 하게 되는데 데쓰조는 자신이 소집영장을 받은 '귀한 몸'이므로 때리더라도 다치지 않게 해달라며 저항하지 않는다. 그때 마지막 전차가 들어오고 데쓰조는 남자들에게 제발, 차를 타게 해달라고 빌며 양복 안주머니에서 소집영장을 꺼내 보여 준다. 그러자 남자들은 잘못을 인정하고 "만약 오시노의 말이 거짓이고 이대로 도망친다 해도 그 돈 — 오시노의 몸값 — 은 자네에게 주는 하사금으로 치지 뭐"라고 한다. 오시노와 데쓰조를 태운 마지막 전차가 발차하자 남자들과 역장, 역원들이 만세를 부르며 배웅하는 장면에서 막이 내린다.

이 희곡의 성격에 대하여 가타시마 노리오(片島紀男)는 죽음의 전쟁터로 떠나는 한 남자 앞에서 거칠고 악한 이도 인간적으로 마음을 연다는 전시를 배경으로 '선량한 서민의 심정을 그린 마음 따뜻해지는 드라마'라고 평가한 바 있다(2004: 177). 이는 전쟁 말기에 정보국 위촉 하에 쓴 희곡 「오리키」(1944)를 '전력의 일단(戰力の一端)', 즉 전의고양에 기여한 작품이라고 평가한 것과는 대조적으로 매우 애매하게 위치지운 것이었다(片島紀男, 2004: 257).

그러나 희곡의 전체적인 내용을 볼 때, 출정 병사를 배웅하는 첫 번째 장면은 '전쟁'이라는 현 시국을 직접적인 배경으로 그리고 있다는 점, 또 오시노와 데쓰조 간에 일어나는 사건을 그린 두 번째 장면에서는 사건 해결의 실마리가 데쓰조의 '소집영장'에서 비롯된다는 점에서 '전시'라는 시국을 긍정적으로 그려 내고 있음을 보여 준다. 이어 전쟁터로 떠나는 남자들의 당당하고 선의에 찬 모습을 직접적인 '메시지'로 받아들일 수 있다는 점에서 이 작품이 '전의고양'에 기여하는 내용으로 읽힐 수 있음은 의심할 여지가 없다. 「한역」은 대중에게 오락과 계몽을 옮겨 나르던 신체제 연극운동에서 상당한 반향을 일으켰다는 결과적인 측면뿐만 아니라, 텍스트의 내용면에서도 국책연극으로서의 성격이 부각되고 있다는 점에서 당시의 연극적 실정을 잘 보여 주고 있다.

2. 프로파간다하라!

「한역」은 두 개의 장면으로 이루어진 단막극이다. 그런데 이 두 장면은 서로 연관성이 희박하다. 그저 파노라마처럼 나란히 펼쳐진 두 개의 장면이 있고 첫 장면과 두 번째 장면의 인물들은 내용적인 관련 즉, 사건(혹은 갈등)의 발단, 전개, 해결에서 직접적으로는 무관하다. 특히 첫 장면은 당시 전쟁이라는 긴박한 시대적 배경을 제시하는 데 그치고 있다. 그런데 출정식의 첫 장면에서 두 번째 장면으로 전환하는 지문은 이 두 개의 장면을 다음과 같은 설명으로 연결시킨다.

> 지금까지의 감동적인 소란이 대단했던 만큼 이제 여자 혼자 남아 아무도 없는 대합실은 온통 고요하고 정신이 멍해질 정도로 쓸쓸한 풍경이다(三好十郎, 1940: 230).

이 지문에서 "지금까지의 감동적인 소란(今迄の感動的な騒ぎ)"은 첫 장면에서 등장하는 병사의 출정식 장면을 가리키고, 앞으로 등장하는 장면이 "고요하고 정신이 멍해질 정도로 쓸쓸한 풍경(シーンと気が遠くなるやうに寂しい風景)"으로 바뀌게 됨을 예고한다. 프롤로그에 해당하는 첫 번째 장면에서 등장한 출정병사 이치로를 비롯하여 배웅 나온 가족과 마을 사람들은 극이 끝날 때까지 다시 등장하지 않을 뿐 아니라 그들이 만들어 낸 '감동적인 소란'은 일순 사라지고 정적과 긴장감이 감도는 두 번째 장면으로 전환하는 것이다. 이 텍스트에 '감동적인 소란(感動的な騒ぎ)'과 '쓸쓸한 풍경(寂しい風景)'이라는 두 개의 상반된 장면을 공존시키고 있음은 매우 흥미롭다. 왜냐하면 이 한 편의 희곡 속에서 그려 낸 '감동적인 소란'과 한적하고 쓸쓸한 '한역'이라는 상반된 요소를 어떻게 읽을 것인가라는 문제가 희곡 「한역」의 본질에 접근하는 주요한 실마리가 될 것이기 때문이다.

전쟁터로 향하는 마쓰오 이치로, 그리고 그를 배웅하러 나온 마을 사람들 십여 명이 등장하면서 이 극은 시작된다. 첫 장의 지문에서 등장인물의 소속, 지위를 나타내는 부분을 주목해 보면 매우 특수한 시대적 맥락을 담아내고 있음을 알 수 있다.

> 그런데 지금 대합실에는 사람들이 가득하다. 근처에 사는 응소자 마쓰오 이치로의 출발을 배웅하러 온 마을 사람들 십여 명[이치로의 동생인 소년, 청년단원 몇 명, 여성 청년단원 두 명, 재향군인분회 반장 및 분회원 몇 명, 부락의 도나리구미 이웃 사람들, 그중 구미(組) 총대 무네고로도 섞여 있다. 소학교 직원 등]이 이치로를 둘러싸고 노래를 부른다. 그리고 전차를 기다리는 하이킹 차림의 학생 두 명이 환송하는 이들 뒤에서 모자를 벗고 서 있다. 그 밖에 한두 명의 승객이 있는데 이들도 진지한 표정으로 환송인파 틈에 섞여 있다. 노래가 끝난다(三好十郎, 1940: 225).

우선 역에 나온 마을 청년 마쓰오 이치로는 응소자(應召者), 즉 출병소집에 응하여 출정하기 위해 나왔으며, '청년단' 단원과 여성 청년단 대표 등의 젊은이들이 그를 배웅하려고 나란히 서 있다. 이 희곡이 처음 실린 것은 '대일본연합청년단(大日本聯合靑年團)'이라는 단체가 발간하는 기관지 『청년』이라는 잡지였으므로 이들 청년단 단원의 등장은 작가의 게재 잡지에 대한 배려이자, 청년단을 응원하고 격려하는 의미도 포함되어 있었다. 그리고 그들과 함께 '재향군인 분회 반장'과 회원들이 등장한다. 이들은 전쟁터에서 돌아온 재향군인 조직으로 역시 전쟁터로 떠나는 청년을 배웅하는 '출정식'에서 빠질 수 없는 집단이다. 그리고 마지막으로 '도나리구미(隣組)' 사람들과 '구미 총대(組総代)'라 불리는 무네고로이다. 이러한 인물 설정은 이 희곡의 성격을 규정하는 데 매우 주요한 요소이다. 왜냐하면 전시를 살아가는 동시대 인물과 사회적 상황을 매우 의식적으로 반영하고 있기 때문이다. 즉, 당시에는 곳곳에 형성된 전시 조직 속에서 개개인은 전쟁체제의 동원망에서 벗어날 수 없도록 되어 있었다. 조나이카이(町內會), 부라쿠카이(部落會), 도나리구미(隣組)와 같은 인보(隣保) 조직이 전시 하 국민에 대한 통제와 지배를 위해 중요한 의미를 지니고 있었기 때문이다.[27] 특히 무네

27) 「町内会・部落会・隣組」, 『昭和の歴史 — 太平洋戦争』(集英社, 1980), 60쪽.

고로와 같은 인물이 솔선하여 참여한 도나리구미의 기능은 국가가 결정한 정책을 민중 생활에까지 전파하기 위한 도구로 이용되었는데, 애초에 에도 시대 마을사람들의 조직을 부활시킨다는 취지로 1938년 상호부조 조직으로 시작되었다. 그러나 이는 전시 하 일본 정부에 의해 실시된 수많은 생활 간섭 법령의 하나로 변질되어 대정익찬회의 말단 하부조직으로서 국민의 일상생활의 영역에서 통제와 감시체제를 구축하는 가장 용이한 조직으로 기능하였다(鶴見俊輔, 2001: 203-206).

첫 장면의 주요 등장인물들은 예외 없이 청년단, 재향군인회, 도나리구미 등 전시 하 '총동원' 시스템을 구축하는 인적 네트워크에 소속되어 그 조직에 걸맞은 역할과 임무를 부여받고 있는 군상들이다. 첫 번째 장면이 '감동적인' 것이 되는 배경에는 등장인물들의 성격과 사건에 의해서가 아니라 그들이 처한 위치에 기인하는 바가 크다. 즉 그들은 전쟁터로 떠나는 이치로의 배웅이라는 공통의 관심사로 인하여 지금 역 대합실에 모여 있는 것이다. 이 장면에는 심지어 이들 마을 사람이나 떠나는 이치로와는 전혀 상관이 없는 즉, 하이킹을 떠나려고 역에 와 있던 두 명의 학생들조차 '모자를 벗고' 이치로를 향해 예를 갖춘 모습으로 서 있다. 또 그들 뒤에는 한두 명의 승객들이 있는데 이들 또한 '진지한 얼굴(眞面目な表情)'을 하고 이치로를 배웅하는 사람들 사이에 섞여 하나가 되어 있다.

이와 같이 희곡의 처음 장면에 등장하는 십여 명의 다양한 인물들은 이치로라는 젊은 군인을 보내면서 '하나'가 되어 '환송가'를 합창한다. 그리고 노래 가사의 2절 즈음에 막이 열리도록 되어 있다. 첫 장면에서 주는 이러한 이미지는 국책연극으로서의 '시국적' 특색을 잘 보여 준다. 오월좌 초연 당시의 무대 사진에 군복을 입고 무대 가운데서 객석을 향해 정면을 바라보며 경례를 붙이고 있는 이치로의 모습이 있다. 그리고 나머지 아홉 명의 마을 사람들과 학생들이 깃발을 들고 만세 삼창을 하고 있는 장면은 희곡의 지문을 거의 그대로 무대에 재현시켰음을 알 수 있다(三好十郎, 1940: 225).[28]

28) 참고로 여기에는 1939년 1월 오월좌 공연 당시의 무대 사진이 실려 있다.

이 희곡이 수많은 작품 가운데 1940년대 전시 하에 가장 많이 상연된 레퍼토리였음은 이미 밝힌 바와 같다. 그리고 그러한 배경에는 후방 사람들에게 전하는 메시지 즉, 후방에 '남은 자의 정신(残る者の精神)'이 담겨 있기 때문이기도 하다.[29] 배웅 나온 재향군인회 분회 반장은 이치로를 향해 '황군의 병사(皇軍の兵士)'로서 명예롭게 임무를 다하라는 인사말을 전한다. 이어 이치로의 동생인 어린 소년은 '남은 자의 정신'을 담아 형을 향해 "전쟁에 이기고 돌아와야 돼"라고 소리친다.[30] 소년의 울먹이며 외치는 '남은 자'의 순박한 고백을 들으며 대합실에 모인 여성 청년단원들은 '울음을 터뜨린다(泣き出す)'(三好十郎, 1940: 226). 막이 열리고 불과 얼마 지나지 않은 장면에서 이러한 비장한 눈물은 갑작스러워서 프로파간다의 '목적'이 지나치게 노골적으로 드러나는 부분이다. 이는 전시라는 '비상시기'의 긴박하고 고양된 객석 분위기를 전제로 하지 않는다면 쉽게 납득하기 어렵다. 현재의 시각에서 보면 이러한 프로파간다를 위한 의도적인 측면—시국성을 반영한 선동적인 대사—이 과도해서 오히려 관객으로 하여금 극에 몰입하기 어렵게 만드는 성급한 도입부라 하지 않을 수 없다.

그런데 이러한 점은 곳곳에서 발견된다. 시국적인 상징성은 띠지만 사건이나 갈등에 대한 암시가 없는 '무미건조한' 첫 번째 장면의 마지막 지문 역시 그러하다.

> (전략) 일동 앞서거니 뒤서거니 종종 걸음으로 대합실을 나와 무대 왼쪽으로 퇴장한다. 이러한 소란 가운데 전차가 발차하는 진동음과 함께 마침내 무대 뒤편 멀리서 만세, 만세 소리가 들려온다(三好十郎, 1940: 229).

---

29) **班長**：(ツと進み出て) ええ、今松尾一郎君を送るに当つて、自分達村に残る者の精神に就ては、先程八幡社前に於て詳しく申し上げましたから、(中略) 決して御懸念なく、どうぞ本村の名誉のため、皇軍の兵士として存分に働いて下さるやう、お願ひ致します。(三好十郎, 1940: 225)

30) **弟**：兄ちゃん、俺あ、もうイタヅラはしねえで勉強する…そいから、その暇にはタンボの仕事も手伝ふよ。そいからお父ちゃんに孝行するよ。そいから……だから、戦争に勝つて帰つて来う〔ヌヌ〕よ、な！(三好十郎, 1940: 226)

배웅 나온 인파는 무대 뒤로 퇴장하며 이치로를 태우고 떠나는 전차를 향해 만세를 부르며 손을 흔든다. 하지만 이 장면은 관객에게는 보이지 않고 무대 '뒤편 멀리서' 목소리만을 연출하도록 지문은 지시한다. 이러한 '소란' 속에서 전차는 떠나고 정작 출정하는 병사의 모습도 무대에서 감춰진 채 마무리되는데, 이러한 극의 전반부가 후반부의 장면과 어떻게 이어질 것인지 의아스러운 부분이다. 이렇게 비장함과 다소 억지스러운 '눈물' 가운데 출정병사 이치로를 태운 전차는 떠나고 그 '소란(騒ぎ)', 즉 비장하면서도 시끌벅적한 장면은 배웅 나온 이들이 무대 밖으로 퇴장하고 '멀리서 만세, 만세 소리'가 들려오면서 장면이 바뀐다. 막이 오를 때 설정했던 '환송가' 장면과 함께 등장인물들이 퇴장할 때 들려오는 '만세 삼창'은 '전시 시국'을 환기시키는 데는 성공했으나 연극의 발단 부분에 위치해야 할 어떠한 암시나 내적 갈등도 그려 내지 못한 채 마무리되었다.

결국 출정병사를 배웅하는 첫 장면에서 인물들의 비장한 대사와 '눈물'은 '리얼리티'를 상실한 채 '소란'—감동적인 소란—으로 존재할 뿐이다. 앞서 언급했듯 극의 전반부와 후반부의 두 개의 장면은 직접적으로는 연관이 없으며 전반부의 주요 장면은 '시국적인 성격'을 나타내기 위한 장치로서 '프로파간다'의 목적의식을 노출시키는 데 그치고 있다.

국책의 프로파간다를 의도하는 첫 장면이 다소 부자연스러운 전개를 보이는 데 반해 두 번째 장면은 팽팽한 긴장감과 등장인물 간의 대사가 역동적으로 배치되어 있다. 우선 극의 주요 갈등 요소는 두 번째 장면에서 비로소 전면에 등장한 오시노에 의해 야기된다. 한바탕 소란스러운 장면이 지나간 후 '텅 빈 대합실' 구석에 오시노가 남겨져 있고 지문에서는 세밀한 문장으로 그녀를 묘사한다.[31] 그녀의 무릎에는 보따리가 놓여 있고 행색이

31) あとにはガランとなつた待合室の長椅子の隅に若い女お篠が取り残されてゐる。初めから群集の後ろにゐたのだが、全く目立たずにゐたのである。(중략) 膝の上に風呂敷包みが一つ、酌婦といつた柄でもないが、さりとて堅気な女中でもない様子。今迄の感動的な騒ぎが大きかつただけに、今からして、女一人を残して誰もゐなくなつ［た］待合室全体が、シーンと気が遠くなるやうに寂しい風景である。お篠は身をすくめるやうに小さくなつて動かぬ。(三好十郎, 1940: 230)

언뜻 보기에 '작부'인 듯 '식모'인 듯 가늠할 길이 없다. 출정식의 왁자지껄하던 대합실이 일순 '고요하게 멍해질 만큼 쓸쓸한 풍경' 속에 '몸을 조그맣게 쪼그린 채 움직이지 않는(身をすくめるやうに小さくなつて動かぬ)' 오시노의 모습이 드러난다. 사실은 막이 오른 첫 장면부터 줄곧 그 장소에 있었지만 아무도 눈치 채지 못한 것이다. 웅크린 채 앉아 있는 오시노의 모습만이 아무런 대사 없이 잠시 동안 조용히 관객의 눈에 들어오게 하는 지문이다. 첫 장넌과 두 번째 장면을 대조적으로 분위기 전환을 꾀하면서 앞으로 일어나게 될 무대 위의 이야기에 긴장감을 더해 준다. 뿐만 아니라 말없이 몸을 웅크린 채 움직임이 없는 오시노의 모습을 어둠 속에서 서서히 드러내는 방식은 앞으로 무대 위에서 무슨 일이 일어날까 주의를 집중시키는 기능을 한다.

오시노는 자신이 일하던 마쓰야에서 도망쳐 나와 쫓기고 있는 절박한 상황이다. 이 상황으로 인하여 데쓰조가 자신을 쫓는 사람으로 오해하고 도망치려다 상처를 입고 이를 계기로 두 사람이 가까워지는 것이다. 그들의 만남은 오해에서 시작되었으나 데쓰조는 그녀가 아픈 아들을 만나고자 도망치게 된 사정을 듣고 고향으로 돌아갈 수 있도록 차비를 내준다. 여기서 데쓰조는 자신이 오시노를 돕는 이유를 다음과 같이 강조하며 말한다.

> 데쓰조 (전략) 우리 같은 가난한 농부나 세상살이에 곤란한 이들이 어떻게든 세상을 살아가려면 서로 기대며 서로 도와가는 것밖에는 방법이 없으니 이번에 너도 돈벌이에 나선 이상……(三好十郎, 1940: 243).

즉, 오시노와 같은 비슷한 처지의 사람들끼리 '서로 도와가는(助け合つて行く)' 것밖에 없기 때문인 것이다. 두 번째 장면의 주요 등장인물인 오시노는 유곽에서 일하는 여자이며, 데쓰조는 근처 댐 공사장의 인부이다. 고향에 남겨 놓은 아들과 어머니를 위해 일하는 오시노와 공사장에서 일하면서 집안의 생계를 짊어지는 데쓰조라는 인물들이야말로 미요시 주로가 자신의 희곡에서 어김없이 등장시키는 '사회 저변에서 끈질기게 살아가는' 잡초 같은 이들이다.

오시노가 마쓰야를 도망친 이유가 위독한 병에 걸린 아들 때문이며 대합실에서 실의에 빠져 남겨진 것은 고향으로 돌아갈 차비조차 없기 때문이라는 사정이 밝혀지기까지 데쓰조의 위치는 결정적인 역할을 한다.

> 데쓰조 왜 그러는가.
>
> 오시노 아이가 죽을 거 같아요. 어쩌면 가망이 없을지도 몰라요. 어제 위독하다는 전보가 왔거든요. (중략) 구니오를 한 번 보지 않고는 단념할 수 없어요. 나중에 발각돼 죽는 한이 있더라도요. 도망치다 잡히면 정말 지독하게 당하거든요. 그래도 혹 살아날 가망이 있더라도 내가 안 가면 구니오를 살리지 못할지도 모릅니다. 이미 다한 목숨이라 해도 할머니 손에서 외롭게 죽게 할 수는 없어요. 그건 너무 불쌍해요(三好十郎, 1940: 239-240).

전체를 통틀어 가장 긴 대사인 이 부분은 오시노가 죽음을 앞둔 아들의 임종을 지켜 주기 위하여 어떻게 해서든 고향으로 돌아가야 함을 눈물로 호소하는 장면이다. 아들 구니오(國雄)를 혼자 '죽게 하는 것이 불쌍해서(死なせる事なんか、可哀さうで)'라는 점, 이어 마지막 장면에서 데쓰조에 대한 오해는 오시노를 쫓는 두 남자들에게도 반복하여 일어난다. 데쓰조와 남자들 사이의 몸싸움이 한바탕 일어나고 이 갈등은 '소집영장'으로 인하여 해결되는 과정을 보여 준다. 데쓰조는 소집령을 받고 내일까지 고향 모리오카에 돌아가기 위해 역으로 온 것이다. 만약 몸싸움으로 인해 상처를 입는다면 '나라(お國)'에 대하여 면목이 없다는 그의 호소는 흉악하게 굴던 두 남자들을 설득시킨다. 오시노가 아들 '구니오(國雄)'에 대한 구원을 목적으로 데쓰조의 동정과 연대를 얻었던 것과 동일하게, 데쓰조는 '오쿠니(お國)' 즉 나라를 위한 출정을 이유로 용서를 호소하였으며 이들은 모두 '연대'로써 갈등의 해결을 도모하게 되는 것이다.

3. 민중 속으로 '이동'하는 연극

그런데 미요시의 또 다른 희곡 「상처투성이 오아키(疵だらけのお秋)」에서 등장하는 오아키와 사카이는 「한역」에 등장하는 오시노와 데쓰조의 분신과도 같은 존재였다. 「상처투성이 오아키」는 잡지 『전기(戰旗)』에 1928년 8월부터 11월까지 연재한 희곡으로 일본 프롤레타리아 연극사에 남는 걸작으로 평가되는 작품이다(片島紀男, 2004: 84; 槇林滉二, 2009: 69-78). 작품의 창작연도는 십 년 정도의 차이가 있지만 이 두 개의 희곡은 내용적으로 매우 닮아 있다. 우선 등장인물이 남자는 건설노동자이고 여자는 '창부'라는 점, 그리고 그들은 늘 당당하고 건설적이며 그들 간에 '연대'를 추구한다는 점에서 그러하다.

「상처투성이 오아키」가 파업, 항의 시위 등을 배경으로 했다면 「한역」은 '전쟁출정'이 배경이라는 점에서 상이하게 전개된다. 하지만 「한역」의 오시노, 「상처투성이 오아키」의 오아키는 각각 술집에서 일하며 가족의 생계를 책임지고 자신의 일을 묵묵히 해내는 '빛나는' 여성의 모습을 인상적으로 그렸다는 점에서 공통점을 찾을 수 있다. 또 「상처투성이 오아키」에서 사카이는 파업현장을 지도하러 나서지만 「한역」의 데쓰조는 전쟁터로 떠난다. 이들은 모두 냉혹한 현실을 꿋꿋이 이겨 내는 그녀들과 연대하는 구원자의 역할을 한다는 점에서 또한 공통적이다.

「한역」의 경우 직접적인 배경은 '전쟁'이며, 「상처투성이 오아키」는 '파업'을 희곡의 배경적 사건이자 주요한 긴장요소로 배치하고 있으므로 이들 작품에 나타나는 뚜렷한 메시지는 상이하다. 그러나 등장인물의 주체성 즉, 건설노동자, '창부'와 같은 노동계급이라는 점, 등장인물의 성격이 당당하고 건설적임, 또한 뚜렷한 메시지와 연대성이라는 측면에서 두 작품이 미묘하게 접점을 형성한다.

앞서 첫 장면은 두 번째 장면과 직접적인 연관이 없이 '프로파간다'의 목적의식을 노출하는 중요한 장치로 위치지울 수 있다고 언급했다. 더구나 이치로의 출정과 배웅이라는 소재 이외에 어떠한 사건의 암시도 없는 단순한 설정이 첫 번째 장면의 특징이다. 즉 이치로라는 청년이 어린 동생과 가족을 고향에 남겨 둔 채 전쟁터로 떠난다는 사실만이 제시되어 있다. 그리고 이 장면의 등장인물은 후반부 오시노와 데쓰조의 장면에서 다시 등장하지 않으며 인물 간의 직접적인 연결고리도 찾을 수 없다. 이와 같이 첫 번째 장면은 두 번째 장면의 사건과 갈등 해결의 과정에서 어떠한 개입도 없으며 인물 간의 교류도 전혀 없다. 그렇다고 한 편의 단막극에서 이 두 장면이 전혀 별개의 것이라고 주장할 수는 없다. 즉 전반부의 장면은 후반부와 반드시 연관이 있을 터이기 때문이다. 제한적인 요소이지만 두 장면은 깊은 상관관계를 포함하고 있다는 점을 환기시킨다.

첫째, 오시노는 아들의 절망적인 '죽음'에 대한 예감을 이야기한다. 즉 이 작품의 후반을 비극적인 색채로 물들이는 이유는 이러한 오시노와 위독한 그녀의 아들 '구니오' 때문이다. 오시노의 간절한 소망은 죽음 직전의 아들과의 상봉이며, 이때 그녀가 만나고자 하는 '구니오'는 첫 번째 장면에 등장했던 출정병사 이치로의 모습과 오버랩된다. 또 구니오를 만나려는 오시노의 소망을 실현시켜 주고 자신은 전쟁터로 떠나는 데쓰조의 모습 또한 함께 떠올리게 한다. 즉, 전반부에 등장하는 이치로, 후반부에 나오는 구니오—직접 무대에 등장하지 않는다—와 데쓰조라는 세 명의 인물은 직접적인 접점이 없음에도 불구하고 오시노를 매개로 '죽음'을 연상케 하는 점에서 밀접하게 연결되어 있다.

둘째, 첫 장면의 등장인물인 출정병사 이치로와 두 번째 장면에 등장하는 오시노와 데쓰조를 묘사하는 부분에서 그들 모두를 '아름다운 얼굴(美しい顔)'을 가졌다고 표현하는 대목이다. 오시노에 대해서는 "풀이 죽은 모습, 흠칫흠칫 겁먹은 눈동자의 피로에 지친 아름다운 얼굴(ションボリとした姿、眼をオドオドさせて、疲れ切つた、美しい顔)"이라고 묘사한다.

그리고 이치로와 데쓰조에 대해서도 "결사의 각오를 하고 떠나는 사람은 모두 아름다운 얼굴을 하고 있군"이라고 한다(三好十郎, 1940: 230- 232). '결사'의 각오를 하는 이의 얼굴은 모두 아름답다고 하는 '아름다운 얼굴'에 대한 찬미는 같은 시기 미요시 주로의 다른 작품에서도 종종 발견할 수 있다.

비슷한 시기의 희곡 「부표」(浮漂, 1940)에서도 병든 아내를 간호하는 화가와 그들과 동고동락하며 집안일을 돕는 나이 많은 '아주머니(小母さん)'가 감칠맛 나는 캐릭터로 등장하는데 그녀에 대하여 '아름답다'고 표현하는 대목이 있다. 이는 「한역」에서 등장하는 이치로와 오시노, 데쓰조, 「부표」의 아주머니와 같은 인물에 대하여 미요시 주로가 말했듯이 "우리 국민 — 그중에서도 특히 스스로 일하며 생활하는 그다지 풍요롭지 않은 사람들 — 의 삶"의 모습에서 '독특한 아름다움'을 발견하고자 한 작가의 사상에서 기인하는 것이라 하겠다(三好十郞, 1943: 330).

결국 위에서 지적한 공통점, 즉 첫째, 전반부에 등장하는 인물 이치로라는 출정병사가 후반부에 등장하는 인물과 공통적으로 '죽음'에 직면해 있다는 점을 관객들에게 공통분모로 떠올리게끔 설정되어 있다는 것, 둘째, 이치로와 오시노, 데쓰조라는 인물들이 직접 관련이 없음에도 불구하고 '아름다운' 일본인으로서 찬미하는 대상으로 묘사되었다는 공통점을 지적하였다. 따라서 첫 번째 장면의 '감동적인 소란'과 두 번째 장면의 '쓸쓸한 풍경'은 무관한 듯 대조적인 설정이면서 동시에 관련 깊은 구조를 가지고 있는 것이다.

즉, 작가에게 당면한 문제를 가장 절실한 방식으로 표현했다고 밝힌 것이다. 결국 미요시 주로에게 바로 지금 현실에서 펼쳐지고 있는 '전쟁'을 실감하는 내용은 '한역(寒驛)'과 같이 매우 춥고 쓸쓸한 대합실이지만 반드시 거쳐 가야만 하는 장소였다. 그러한 시선으로 전쟁을 긍정하고 말없이 죽어간 민중들에 대한 무한한 애정과 찬미를 담은 그의 희곡은 국책연극으로 거듭나게 된 것이다. 그런데 이렇게 상반된 요소가 공존한 것은 과연 어째서일까. 이 희곡의 처음으로 되돌아가 보자.

> 몹시 추운 대합실. 정면 안쪽 오른편에는 개찰구. 전차 선로는 그 너머 좌우로 길게 놓여 있다. 왼편에 출구. 새벽녘 산간이므로 대합실 밖은 짙은 어둠 속 아무것도 보이지 않는다. 대합실의 전등은 밝지만 문 밖의 어둠과 대비되어 오히려 한역(寒驛)의 쓸쓸함을 더해 준다(三好十郞, 1940: 225).

역이라는 장소는 출발 지점이자 도착 지점이며, 과거에서 현재, 혹은 현재에서 과거로 시간을 거슬러 올라가는 장소이고 이별과 만남의 장소, 배웅하고 마중하는 장소로서 연극 무대에서는 매우 자주 사용하는 공간이다. 그런데 밝고 씩씩한 연극이어야 할 국책연극과 '한역의 쓸쓸함(寒驛の寂しさ)' 사이에는 메울 수 없는 간극이 존재한다.

앞서 언급했듯 첫 번째 장면을 '소란'이라고 설명하면서도 정세의 긴박함 속에서 '감동적인' 것으로 수식할 수 있는 계산된 의도가 숨어 있었다. 또 출병병사의 아름다운 뒷모습을 떠나보내는 '역'은 성스러운 공간이자 그들의 죽음을 예감하는 비운의 공간이기도 하였다. 그렇기 때문에 소란스러움과 쓸쓸함을 동시에 담아내는 공간이면서 전쟁에서 가장 먼저 죽음에 직면하게 될 민중의 삶처럼 춥고 쓸쓸한 역의 모습을 담아내고자 하였다. 그리하여 첫 번째 장면의 '감동적인 소란'과 두 번째 장면의 한적하고 쓸쓸한 '한역'이라는 상반된 설정이 한 편의 희곡에서 공존하게 된 것이다. 이는 '감동적인 소란'을 통한 국책의 프로파간다는 쉽게 수용될 수 있었으나, 연극적 리얼리즘에 대한 욕망은 충분히 실현하지 못함으로써 '쓸쓸한 풍경'으로 표현된 것으로 보인다.

결국 전쟁을 온몸으로 겪으며 살아가는 서민들의 모습을 진솔하게 그린 「한역」은, '나라와 국민을 강하게' 만드는 국책연극으로서 대표적인 레퍼토리가 되었다. 1941년 이동연맹의 규정을 보면, '농촌, 어촌, 공장, 광산의 근로자를 관객 대상으로 한 건전오락 각본'을 요구하고 있었다.[32] 인기리에 상연된 「한역」이 이에 적합했던 요인은 첫 장면의 '출정식' 때문만은 아닌 것이다. 즉, 적은 인원의 등장인물, 짧은 상연 시간, 간소한 무대장치 등 당시 국책연극에 대해 요구하는 여러 요소들을 충족시켰다. 그리고 가장 중요하게는 '농촌, 어촌, 공장, 광산의 근로자' 관객에게 공감을 얻을 수 있

32) 이에 의하면, 1. 상연시간 30분에서 1시간까지(원고용지 400자 30장에서 60장 정도). 1. 등장인물 10명 이내(어린이역을 가능한 쓰지 말 것). 1. 무대장치 이동에 간편할 것(장면은 도구 2꾸러미 이내)과 같은 규정이 있었다(村崎敏郎編, 1943: 20).

는 각본이어야 한다는 규정이었다. 이동연극이 건전오락의 보급을 목적으로 하는 이상, 계몽만을 추구해서도 곤란하며 즐거움을 주는 각본이 필요하다고 여겨진 것도 사실이다(伊藤熹朔, 1942: 59). 그러나 보다 구체적인 내용으로 들어가면 오락적인 측면만을 만족해서도 안 되고 직접 '계몽'이 될 주제를 가진 각본이 요구되었다. 이념과 주제를 각본으로 표현하는 경우 노골적으로 논리를 전개시키는 것은 간단하지만 연극이라는 형식으로 관객의 마음을 사로잡을 수는 없었다. 개개의 인간과 다양한 사건을 통해서 '산업 전사의 임무의 중대함'을 표현하는 연극이 바람직했다(伊藤熹朔, 1942: 64). 결국 인간성의 근본을 추구하는 각본이면서 '즐길 수 있는 인정극(人情劇)'이어야 한다는 것이 국책연극에 대한 공통적인 요구사항이었다(村崎敏郎, 1943: 21).

그런데 이러한 국책연극에 대한 동시대적 요구는 당시 프로 연극이 모색하는 지점과 공통분모를 형성하였다. 이는 앞서 미요시 주로의 「한역」과 「상처투성이 오아키」에서 구체적으로 지적한 바와 같다. 예를 들어 무라야마 도모요시(村山知義)는 직접적 선전 · 선동(아지 · 프로)을 목적으로 하는 이동극단용 희곡이 "프롤레타리아나 농민들이 가장 절실하게 문제시하는" 내용을 포착해야 하며, 간단명료하고 재미있는 것을 요구한다고 피력하였다(1999: 33-34). 그리고 어떠한 연극을 상연할 것인가라는 문제에 대하여 구체적이고 직접적인 내용을 가진 것, 그리고 강하게 감명을 불러일으키고 가장 많이 교훈을 포함한 것을 선택해야 한다고 구체적으로 설명한 바 있다(무라야마 도모요시, 1999: 21).

요컨대, 국책연극은 공연 형태에서 현장으로의 '이동성'을 추구하고 계몽성, 건전성, 시국성을 주요한 성격으로 하며 내용적으로는 도덕성을, 주제에서는 '국민애' 등을 표방한다. 반면, 프로 연극은 등장인물의 주체성 즉, 건설노동자, 창부와 같은 노동계급일 것, 등장인물의 성격이 당당하고 건설적일 것, 또한 뚜렷한 메시지와 연대성을 띠는 것이 연극으로서의 주요한 요건이 되었다. 이처럼 미요시 주로의 희곡 「한역」은 이상의 상반된 요소들을 모두 가지고 있었을 뿐 아니라, 동시대적 맥락을 구체적으로 살려 냄으로써 다수 관객의 공감을 얻을 수 있는 기반을 마련하였다. 따라서 전시라는 특수한 시대적 배경에서 가장 주목받는 연극으로 자리매김할 수 있었다. 그리고 '프롤레타리아 연극'적 요소를 지니면서 이와 더불어 '국책연극'의 과제를 수행해 낸 희귀한 존재가 된 것이다.

Ⅳ. 맺음말

본고는 국민연극을 표방했던 '총동원' 시기의 국책연극의 실체를 살펴보고자 하였다. 이를 통해 전시 하 일본 신극의 전쟁 협력과 저항의 문제를 밝히고 '국민문화' 형성의 일환으로 실천했던 연극의 프로파간다 문제를 규명하고자 하였다. 또한 이는 1930년대 중반 신극에 대한 탄압과 이로 인한 프로트의 해산, 그리고 신협극단 결성 이후부터 1940년대 전시 하에 이르는 시기의 프로 연극의 모색과 국책연극과의 관계를 밝히는 문제이기도 하다. 이동연극의 상당 부분은 '오락성'에 치우쳐 애초에 이동연극에서 '연극의 본질'을 발견했던 초기의 이상과는 매우 괴리감이 있었다. 결국 이동연맹에 가입하여 활동한 수많은 극단들은 단순한 연극운동이 아닌 '국민문화' 운동으로 전개되었으며 이는 연극의 '이동성(移動性)'으로 인하여 가능하였고 그 결과 '민중성' 구현으로 나아가고자 하였다. 이는 이동연맹의 활동이 국책성 즉, 체제영합적인 성격을 기본으로 하면서도 활동의 방식과 내용의 면에서 '민중성'을 구현하고자 한 측면은 일본연극사에서 간과할 수 없는 중대한 요인이다.

그런데 「한역」은 국책연극으로서의 성격을 분명히 함에도 불구하고 텍스트에는 프롤레타리아 연극적 방법론이 공존하고 있었다. 단순하게 보자면 프로 연극 글쓰기와 국책연극 글쓰기는 매우 상반된 것으로 나타나야 마땅하다. 그러나 「한역」이라는 텍스트에는 이러한 매우 상반된 요소들이 서로 대립하거나 의존하면서 공존하고 있었다. 결국 미요시 주로의 「한역」은 국책연극의 범주를 벗어나지 않았지만 동시에 프로 연극과 국책연극이 교착하는 지점을 형성했다. 애초에 프로 연극에서 출발한 그가 '곤궁하고 치밀한 리얼리즘의 길'을 선언했지만 이는 결국 '국민연극'(국책)으로 '전향' 한 것임을 확인할 수 있었다. 그리고 전쟁 시기에 '국민애'와 건강한 연극을 추구한 극작가 미요시 주로는 「한역」 이외에도 여러 편의 국책연극을 남겼는데 희곡을 발표할 당시 '시국편승적인 극단'에 의한 상연은 거절하고자 한다고 쓰고 있지만,[33] 모두 4개의 각본이 이동연극에 의해 자주 상연된 작품 군에 포함되었다.[34] 이러한 배경에 관하여 "연극이 갖는 사회적 영향력, 연극의 공리성이 사회일반의, 특히 위정자의 주의를 끈 것 같다"라고 지적한 바 있으며(北村喜八, 1941: 128), 이는 앞서 이동연맹의 이념에서도 언급한 바와 같이 연극의 '예술성'보다 '공리성'을 중요시하는 결과를 초래했다.

이상 '일본이동연극연맹'의 이념, 조직과 활동 내용을 검토함으로써 전시기 이동연극이 국책의 선전선동의 문제에 어떻게 대응했는가를 살펴보았다. 철저하게 정부 주도로 결성하여 활동한 '이동연극'은 공연 목적의 측면에서 대부분 증산장려와 전의고양을 위한 국책연극임에 틀림없었다. 그러나 또 다른 측면에서 여태까지 연극을 접한 적이 없던 '내지'의 산간벽지의 작은 마을 주민들과 전선의 장병들, '외지'의 식민지에 이르기까지 연극을 체험할 수 있는 드문 기회가 제공되었다는 점에서 하나의 문화운동으로서 전개되었다. 즉, 소수 엘리트 중심, 도시 하이칼라 관객 중심, 혹은 '내지'에 국한된 연극이던 신극이 '제국'의 범주에서 전개된 '국민문화운동'이었음에 주목하였다. 또한 이동연맹 활동의 방식과 내용의 면에서 '공공성' 혹은 '민중성'을 구현하고자 하였으나 결과적으로 '문화 팽창'적인 성격을 가질 수밖에 없었던 이중적인 면을 간과할 수 없다.

---

33) 당시 미요시 주로는 "영리주의적 극단, 시국편승적인 극단 등에 의한 상연은 미리 거절하고자 한다"라고 「附記 5」에 쓰고 있다.

34) 이 밖에 「おさの音」는 후생성 군사보호원 위촉 각본이며, 1942년 2월에서 3월 국수주의단체인 大東塾이 발행한 『文化維新』에 발표한 희곡이다. 또 1944년에 발표한 「오리키」 역시 정보국 위촉 작품으로 쓰인 희곡이다. 아울러 미요시 주로의 각본 「鷲ノ王峠」 역시 이동연맹에서 46회 상연된 작품이다.

제국일본과 식민지 조선의 음악정책
—국민가와 국민개창운동을 중심으로—

이지선

I. 머리말

본 연구에서는 중일전쟁부터 태평양전쟁까지의 시기에 일본이 제국질서의 구축과 문화전파를 위해 음악을 어떻게 통제하고 이용했는지에 대해서 고찰하고자 한다. 전시 하의 음악정책에 대해 파악하기 위해서는 국민총동원을 위한 음악의 활용, 내무성, 정보국 등의 국가기관과의 관련, 음악 분야의 국책 협력 등의 측면이 고려되어야 한다. 따라서 본 연구에서는 이러한 문제를 염두에 두고 전시기에 일본과 조선에서 행해진 음악의 통제 및 보급정책에 대해서 관제음악인 국민가(國民歌)와 국민교화동원 및 국책선전을 목적으로 전개된 국민개창운동(國民皆唱運動)에 초점을 맞추어 살펴보려고 한다.

지금까지 국민가 및 국민개창운동에 대한 연구로는 전시 하 음악계의 상

황을 논하면서 그 일부로서 국민가 또는 국민개창운동에 대해서 언급한 것(倉田喜弘, 2001; 2006; 戶ノ下達也, 2008), 국민가의 악곡모집을 미디어 이벤트로서의 관점에서 설명한 것(津金沢聰広, 1999), 국민가의 현상공모를 모집 주최로 구분하여 그 특징을 논한 것(戶ノ下達也, 2008), 일제 하 음악사회와 음악인들의 성격을 파악하면서 국민가를 언급한 것(노동은, 1989), 친일음악의 하나로서 조선의 국민개창운동에 대해서 설명하고 있는 것(김창욱, 1995) 등이다. 하지만 이러한 연구에서는 국민가와 국민개창운동에 초점을 맞추어 일본과 조선의 음악정책을 비교 고찰한 것은 찾아볼 수 없다. 당시 조선의 음악정책을 알기 위해서는 내지의 정책에 대한 파악이 선행되어야 함에도 불구하고 기존의 연구에서는 이러한 관점에서 고찰이 이루어지지 않았기 때문에 음악정책을 둘러싼 일본과 조선의 관계 및 그 전개 양상에 대해서 명확하게 밝혀지지 않았다.

음악, 특히 노래라는 매체는 소리로써 전달되기 때문에 대중을 선동하고 세뇌하는 데 큰 파급효과를 가져온다. 일본은 이러한 음악의 성질을 이용하여, 이념적인 사상이나 선동 내용을 음악에 담아 내지뿐 아니라 식민지로 발신하였고, 식민지의 대중은 수용자가 되어 일본 문화를 받아들였으며 이는 제국의 침탈을 은폐하는 역할을 수행하기도 했다. 따라서 전시기에 대중을 상대로 한 음악의 통제 및 보급 정책에 대해 살펴보는 것은 일본의 국책 선전과 선동의 실상을 파악할 수 있는 유의미한 작업이라 할 수 있다.

여기에서 고찰할 구체적인 내용은 일본과 조선에서 시행된 국민가의 제정 및 보급 활동에 관한 것, 국민개창운동의 발생 배경과 전개 양상, 이를 주관한 정부기관과 협력 단체의 활동, 악곡의 내용 등이고, 이와 더불어 조선의 국민가 및 국민개창운동의 양상을 일본의 그것과 비교함으로써 내지와 외지의 영향관계 및 식민지로서의 특수성에 대해서 조명할 것이다.

II. 일본의 국민가의 제정과 보급

일본에서는 만주사변의 발발로 사회, 문화 각 분야에 걸쳐 정부의 통제가 시작되었다. 음악 분야도 예외가 아니어서, 1934년 일본방송협회 개조에 따른 라디오 방송에 대해 국가의 관리가 강화되었고, 같은 해 8월 출판법 개정에 의해 음반검열이 제도화되어 시행되기 시작하였다(이지선, 2009). 하지만 음반검열이 제도화되기 10년 전인 1924년부터 내무성이 음반검열에 나서려는 움직임을 보였고 1932년 재논의를 거쳐 1934년에 본격적으로 실시되었다(山内文登, 2009).

음반검열은 중일전쟁을 계기로 더욱 강화된다. 1937년 7월 중일전쟁이 발발하자 9월 11일 고노에 후미마로(近衛文麿) 내각은 국민을 사상적으로 통합시켜 전쟁에 동원하기 위해 정부 주도의 관제운동인 '국민정신총동원운동'을 추진했다. 거국일치(擧國一致), 진충보국(盡忠報國), 견인지구(堅忍持久)의 슬로건을 걸고, 국가를 위해 자신을 희생하는 멸사봉공의 정신을 강조한 국민정신총동원운동은 사회 전반에 영향을 끼쳤고, 이를 기점으로 음악계에서도 국가적 차원에서의 통제가 이루어지게 되는데, 이는 음반검열을 통해서 나타나기 시작했다.

내무성은 1937년 8월 간담회를 열어, 검열을 통해 시국에 부응하는 음반을 만들게 한다는 음반의 시국 대처방책을 마련했고, 이와 더불어 판매 정책에서도 판매 우선주의를 시국 극복을 위한 봉공주의로 전환할 것을 강조했다.[1] 전시 하에서 국민의 시국 정신의 고취를 위해서 노래 이상 더 좋은 것이 없다고 판단하고, 특히 대중가요의 영향력을 충분히 인식하여 음반검열이라는 대중가요의 정화 작업을 시국적 차원에서 단행해 나간 것인데, 음반검열은 대중가요의 구축을 목적으로 하는 것이 아니라 대중가요를 정

---

1) 이런 방침은 바로 음반 제작에 반영되었는데, 당시 유행가 음반의 신보 발매수는 1938년 4월까지 저조함을 보이는 반면에 시국 관련 음반은 1937년 8월부터 점차 증가하여 다음 해 1월까지 높은 발매수를 기록하고 있는 것으로도 알 수 있다. 内務省警保局図書課(1937~1938) 「支那事変並ニ時局関係レコード(一)~(十)」, 『出版警察資料』 24-30号.

화시키고 결국에는 '시국에 부응하는 음악을 보급하는 것'을 목적으로 한 것이었다. 음반검열을 통한 가요의 정화 작업은 중일전쟁 이후 국가에 의한 본격적인 음악통제의 시작을 알리는 신호탄이 되었다.

당시에는 가요정화를 위한 음반검열이라는 '통제정책'과 더불어 보다 적극적인 방침으로서 시국에 적합한 노래의 '보급정책'이 동시에 진행되었다. 국민의 교화, 동원을 목적으로 한 '국민가'를 제작하여 보급하기 시작한 것이다. 국민가라는 명칭은 중일전쟁을 계기로 국민음악 수립이라는 맥락 속에서 사회상황에 따른 대중가요라는 의미로 사용되고 있었다. 이러한 가운데 당시 음반검열을 담당했던 오가와 지카고로(小川近五郎)는 건전한 음악을 보급하기 위해서는 검열을 통한 음악의 정화운동뿐 아니라 보다 적극적인 방안으로서 공적 유행가라 할 수 있는 국민가의 제정을 주장하였고(小川近五郎, 1941: 67-170), 이후 신체제운동이 전개됨에 따라서 국민가 보급에 대한 여론이 확산되어 갔다(吉本明光, 1941: 77-81).

국민가를 제정하기 위해서는 여론의 지지가 필요했는데, 그 수단으로서 활용된 것이 국민가의 현상모집이었다. 전시체제 중 일본의 국민가 현상모집은 1932년 2월 22일 상해 근처에서 3명의 군인이 폭사(爆死)한 사건을 제재로 삼아 시작되었다. 각 신문은 폭탄삼용사의 보도를 미담으로 전했고, 이 사건은 2월 28일 아사히신문사(朝日新聞社)와 마이니치신문사(每日新聞社)[2]가 주최한 공모에 의해 각각 〈육탄삼용사의 노래(肉彈三勇士の歌)〉와 〈폭탄삼용사의 노래(爆彈三勇士の歌)〉라는 곡으로 만들어졌다. 이 곡들은 신문사의 전쟁협력 활동의 일환으로서 나온 것으로, 이후에도 신문사의 시국 관련 보도와 음반회사의 영업정책이 맞물려 많은 국민가가 양산되었다.

1937년 9월 내각정보부는 거국일치의 결속을 다지는 수단으로서 국민가의 현상모집을 발표했는데, 신문사와 잡지사에 의한 가요의 현상모집은 종

2) 『마이니치신문』은 1942년까지 『오사카마이니치신문(大阪每日新聞)』과 『도쿄니치니치신문(東京日日新聞)』으로 나뉘었으나 1943년 1월 1일부터 명칭이 마이니치신문으로 통일되었다. 본고에서는 편의상 1943년 이전도 마이니치신문으로 통일하여 표기하기로 한다.

종 행해져 왔지만(津金沢聰広, 1999: 75), 정보부에서 가요를 모집하는 것은 처음이었다.

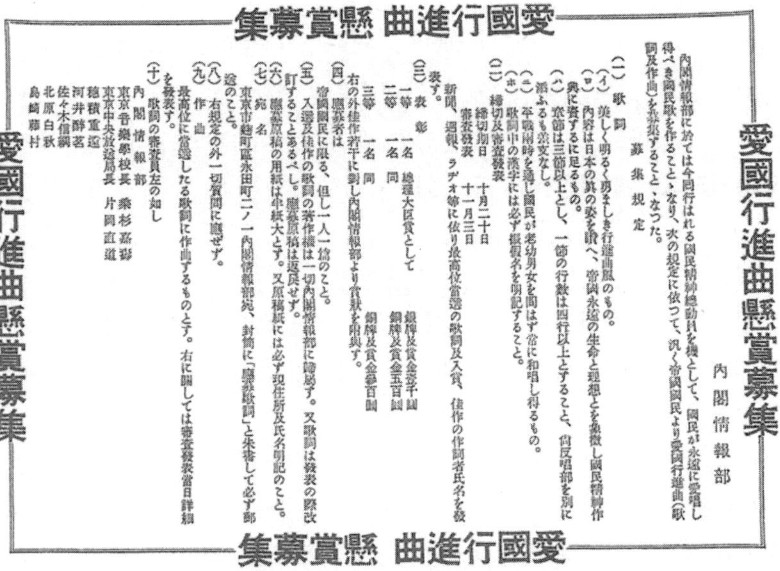

愛國行進曲懸賞募集

内閣情報部

内閣情報部に於ては今回行はれる國民精神總動員を機として、國民が永遠に愛唱し得べき國民歌を作ること、なり、次の規定に依つて、汎く帝國國民より愛國行進曲(歌詞及作曲)を懸賞募集すること、なつた。

募集規定

(一) 歌詞
(イ) 美しく明るく勇ましき行進曲風のもの。
(ロ) 内容は日本の眞の姿を讃へ、帝國永遠の生命と理想とを象徴し國民精神作興に資するに足るもの。
(ハ) 章節は三節以上とし、一節の行數は四行以上とすること、尚反唱部を別に添ふるも差支なし。
(ニ) 平戰兩時を通し國民が老幼男女を問はず常に和唱し得るもの。
(ホ) 歌詞中の漢字には必ず振假名を明記すること。

(二) 締切及審査發表
締切期日 十月二十日
審査發表 十一月三日
新聞、週報、ラヂオ等に依り最高位當選の歌詞及入賞、佳作の作詞者氏名を發表す。

(三) 表彰
一等 一名 總理大臣賞として 銀牌及賞金壹千圓
二等 一名 同 銅牌及賞金五百圓
三等 一名 同 銅牌及賞金參百圓
右の外佳作若干に對し内閣情報部より賞狀を附與す。

(四) 應募者は帝國國民に限る、但し一人一篇のこと。
(五) 入選及佳作の歌詞の著作權は一切内閣情報部に歸屬す。又歌詞は發表の際改訂することあるべし。應募原稿は返戻せず。
(六) 應募原稿の用紙は半紙大とす。又原稿紙には必ず現住所及氏名明記のこと。
(七) 宛名 東京市麹町區永田町二ノ一内閣情報部宛、封筒に「應募歌詞」と朱書して必ず郵送のこと。
(八) 右規定の外一切質問に應ぜず。
(九) 作曲 最高位に當選したる歌詞に作曲するものとす。右に關しては審査發表當日詳細を發表す。
(十) 歌詞の審査員左の如し
内閣情報部
東京音樂學校長 乘杉嘉壽
東京中央放送局長 片岡直道
穗積重遠
河井酔茗
佐々木信綱
北原白秋
島崎藤村

[그림 1] 내각정보부의 〈애국행진곡〉 현상모집[3]

현상모집은 '애국행진곡'을 주제로 하여 가사와 작곡 두 부문에서 이루어졌다. 가사에는 일본 본토를 시작으로 조선, 대만, 만주 각지에서 약 5만 7천 편이 응모하였고 1등 당선작에 대한 작곡에는 약 1만 4백 편의 응모가 있었다(内閣情報部, 1937: 41). 이후 〈애국행진곡(愛國行進曲)〉의 당선작은 같은 해 12월 26일 발표연주회를 통해 공개되었고, 일본방송협회는 이 노래를 '국민가요'라는 프로그램에서 방송하기 시작했다. 또한 각 음반사에서 관현악, 취주악, 혼성합창, 남녀합창, 이중창, 남녀독창, 하모니카 합창, 아동합창, 아동독창 등의 여러 형태로 발매되는 등(内務省警保局圖書課, 1938: 248-249), 정

3) 内閣情報部編(1937), 『週報』 50, 内閣印刷局.

보부는 다양한 미디어를 적극적으로 활용하여 〈애국행진곡〉의 보급 활동을 전개해 나갔다.

악곡의 현상모집은 각 신문사에서 주도적으로 시행했다. 정보부에 의한 〈애국행진곡〉에 앞서 마이니치신문사에서는 중일전쟁 발발 직후인 1937년 7월 31일에 '진군의 노래'를 공모하여 당선작으로 〈진군의 노래(進軍の歌)〉와 가작으로 〈노영의 노래(露營の歌)〉를 선정했는데, 전자는 일본방송협회에서 중계방송이 되었으며 음반으로 발매되어 전국 각지에 퍼져나갔다. 또한 〈노영의 노래〉는 당선작보다 오히려 대중적인 지지를 얻어 제2의 국가로 불리던 〈바다로 가면(海ゆかば)〉과 더불어 전시 하의 대표적인 국민가로서 보급되었다. 마이니치신문사 외에 각 신문사에서도 적극적으로 악곡모집에 나섰는데, 아사히신문사에서는 1937년 11월 〈황군대첩의 노래(皇軍大捷の歌)〉를 시작으로 〈황군장사에 감사의 노래(皇軍將士に感謝の歌)〉, 〈어머니를 기리는 노래(母を讃へる歌)〉, 〈흥아행진곡(興亞行進曲)〉 등을 공모에 의해서 발표했다.

태평양전쟁이 발발하고 처음으로 시행된 악곡모집에서는 1941년 12월 마이니치신문사와 도쿄니치니치신문사(東京日日新聞社) 주최의 '흥국결전의 노래'라는 주제로 〈대동아결전의 노래(大東亞決戰の歌)〉가 선정되었다. 이 곡은 육군성, 해군성, 문부성, 방위총사령부, 군사보호원, 대정익찬회(大政翼贊會), 일본방송협회의 후원을 받으며 빅터와 콜롬비아에서 음반으로 발매되었고, 라디오에서는 이 곡을 거의 매일 방송으로 내보냈다. 이듬해에는 마이니치신문사가 '칠양제패(七洋制覇)의 노래'라는 주제로 공모를 하여 〈바다로 나가는 일본(海行く日本)〉을 선정하였다. 이 외에 1942년 아사히신문사의 '근로보국대가'로 선정된 〈즐거운 봉사(樂しい奉仕)〉, 1943년 요미우리호치신문사(讀賣報知新聞社)의 악곡공모로 제정된 〈학도공의 진군(學徒空の進軍)〉과 아사히신문사의 '국민징용정신가'의 모집으로 선정된 〈승리의 생산(勝利の生産)〉 등이 있다. 이들은 미디어가 정보국, 문부성, 육군성, 후생성 등의 국가기관의 후원과 협찬을 받아 악곡제정과 보급을 통한 국민운동을 담당했다는 점에 특징이 있다.

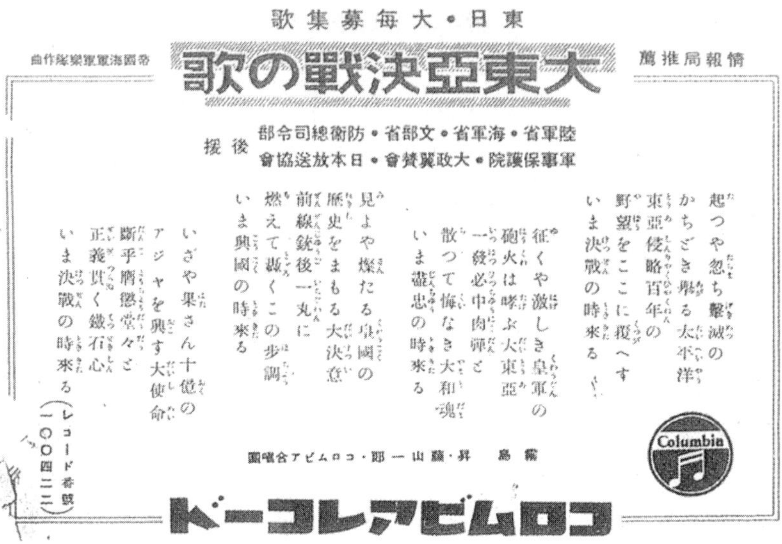
東日・大毎募集歌

大東亞決戰の歌

情報局推薦

帝國海軍軍樂隊作曲

後援 陸軍省・海軍省・文部省・防衛總司令部
軍事保護院・大政翼賛會・日本放送協會

起つや忽ち撃滅の
かちどき挙る太平洋
東亞侵略百年の
野望をここに覆へす
いま決戰の時來る

征くや激しき皇軍の
砲火は叫ぶ大東亞
一發必中肉彈と
散つて悔なき大和魂
いま盡忠の時來る

見よや燦たる皇國の
歴史をまもる大決意
前線銃後一丸に
燃えて轟くこの歩調
いま興國の時來る

いざや果さん十億の
アジヤを興す大使命
斷乎膺懲堂々と
正義貫く鐵石心
いま決戰の時來る

(レコード番號 一〇〇四二二)

霧島 昇・藤山 一郎・コロムビア合唱團

Columbia

コロムビアレコード

[그림 2] 도쿄니치니치신문사 공모 당선, 콜롬비아 발매
〈대동아결전의 노래〉의 음반 가사집[4)]

신문사 외에 출판사도 적극적으로 악곡모집에 관여하였다. 1939년 7월 고단샤(講談社)에서 공모한 〈출정병사를 보내는 노래(出征兵士を送る歌)〉에는 약 13만 명의 응모자가 모였고, 슈후노토모샤(主婦之友社)에서는 1938년에 〈부인애국의 노래(婦人愛國の歌)〉와 〈소년소녀애국의 노래(少年少女愛國の歌)〉를 시작으로, 〈야스쿠니신사의 노래(靖国神社の歌)〉, 〈일본의 어머니의 노래(日本の母の歌)〉 등 매년 악곡을 모집하고 이를 잡지 『슈후노토모(主婦之友)』에 게재함으로써 선전과 보급 활동에 힘을 쏟았다.

국가기관에서는 전술한 정보부를 시작으로 여러 기관에서 악곡모집을 실시했는데, 그중에서도 육군성과 대정익찬회의 활동이 두드러진다. 육군성은 1938년 마정국과 함께 군마의 훈공을 찬양하기 위해 〈애마진군가(愛馬進軍歌)〉를 공모하여 이듬해 1월에 국민가로 선정하였고 음반으로도 발매하였다. 현상공모 외에 육군성은 콜롬비아레코드에서 1940년에 발매한 〈불

4) 福田俊二編(1992: 202)에서 재인용.

타는 대공(燃ゆる大空)〉, 1941년의 〈국민휼병가(國民恤兵歌)〉, 1942년의 〈대동아전쟁육군의 노래(大東亞戰爭陸軍の歌)〉 등을 국민가로 선정했다(倉田喜弘, 2001: 213-214).

[그림 3] 육군성 공모 당선작 〈애마진군가〉 악보[5]와 육군성 선정 〈불타는 대공〉 음반[6]

5) 內閣情報部編(1938), 『週報』 1938年12月28日号, 內閣印刷局.
6) 福田俊二編(1992: 176)에서 재인용.

대정익찬회[7]에서는 1940년 12월에 악곡을 모집하고 다음 해에 〈대정익찬의 노래(大政翼賛の歌)〉의 제정을 시작으로 〈아시아의 힘(アジアの力)〉, 〈나아가자 일억 불덩이다(進め一億火の玉だ)〉 등을 선정하였다. 1944년 정보국에서는 결전의 날을 맞이하여 전 국민의 필승 투혼을 일으킬 만한 국민가를 제정하기 위해 〈필승가(必勝歌)〉의 모집을 실시했는데, 가사와 작곡 공모를 통해 이듬해인 1945년 2월 입선작 악보가 각 신문에 게재되었고, 연주회 발표, 라디오 방송 등 대대적인 보급 활동이 전개되어 갔다.[8] 이 곡은 정보국이 〈애국행진곡〉(1937)에 이어 작사, 작곡의 공모, 심사, 보급을 위한 연주회 후원에 이르기까지 모든 과정을 주관한 관제 국민가로, '국민애국가'로 불리기도 했다.

패전을 목전에 둔 1945년 8월 5일에는 국민의 전의를 고조시키기 위해 일본음악문화협회와 일본방송협회, 아사히 · 마이니치 · 요미우리신문사 및 각 지방 신문사가 공동주최하고 정보국이 후원하여 '국민의 군가'로 불릴 만한 악곡의 작사, 작곡을 공모했다.[9] 그러나 모집 마감일인 8월 15일에 일본이 패전함으로써 각 신문사는 악곡 발표 취소의 기사를 내보냈고[10] 전시기의 현상모집은 이로써 끝이 나게 되었다.

전시기에 현상모집에 의해 선정된 주요한 국민가를 정리하면 〈표 1〉과 같다. 표에서 보듯이 국민가의 현상모집은 정부기관, 신문사, 출판사 등의 미디어를 중심으로 빈번하게 실시되었고, 전쟁에 임하는 후방의 정신과 자세를 다양한 주제로 삼았으며, 선정된 악곡은 음반, 라디오 방송, 음악회, 각 가정에 배포되는 『주보(週報)』, 잡지, 신문 등 각종 매체를 통하여 선전, 보급되었다.

---

7) 1940년 10월 국민적 정치력의 결집에 의해 강력한 정치체제를 확립할 목적으로 모든 정당을 일원화시킨 상의하달의 조직으로, 문화부나 선전부에 의한 건전 오락의 장려, 문화진흥을 목적으로 한 익찬문화운동을 전개해 갔고, 음악과 관련 활동으로는 국민가의 제정과 국민개창운동을 주도적으로 이끌어 나가는 역할을 했다.

8) 「闘魂燃ゆる「必勝歌」」, 『朝日新聞』 1944년12월22일자; 「「必勝歌」 作曲入選決る」, 『朝日新聞』 1945년 2월 6일자; 「「必勝歌」 発表大演奏」, 『朝日新聞』 1945년 2월 7일자.

9) 「「国民の軍歌」 募集」, 『朝日新聞』 1945년 8월 5일자.

10) 「"国民の軍歌"発表取やめ」, 『朝日新聞』 1945년 9월 9일자.

전시체제 하에서는 모든 물자가 전쟁에 동원되고 있었던 것처럼 모든 문화도 '성전 완수'에 동원되어야 했으며 성전 완수에 도움이 되지 않는 것은 문화가 아니라는 인식(吉本明光, 1942: 67)이 팽배했다. 이렇듯 전시 하의 음악은 단순한 오락이 아니라 '군수품'[11]이었고, 국민가를 중심으로 한 당시의 음악은 훌륭한 '전쟁의 병기'로서,[12] 국민의 거국일치의 수단으로서 이용되었다고 하겠다.

〈표 1〉 일본의 현상모집에 의해 선정된 주요 국민가[13]

연도	주최	곡명
1937	마이니치신문사 정보부 아사히신문사 외	진군의 노래, 노영의 노래 애국행진곡 황군대첩의 노래
1938	마이니치신문사 슈후노토모샤 아사히신문사	히노마루행진곡(日の丸行進曲), 대륙행진곡(大陸行進曲) 부인애국의 노래, 소년소녀애국의 노래 황군장사에 감사의 노래
1939	육군성 마이니치신문사 아사히신문사 고단샤 요미우리신문사 일본방송협회 외 애국부인회	애마진군가 태평양행진곡(太平洋行進曲), 근로봉사의 노래(勤勞奉仕の歌), 세계일주 대비행의 노래(世界一周大飛行の歌), 어머니를 기리는 노래 출정병사를 보내는 노래 하늘의 용사를 기리는 노래(空の勇士を讚へる歌) 기원2600년 봉축 국민가(紀元二千六百年奉祝國民歌) 총후 가정강화의 노래(銃後家庭强化の歌)
1940	아사히신문사 마이니치신문사 슈후노토모샤	방공의 노래(防空の歌), 흥아행진곡, 항공일본의 노래(航空日本の歌) 국민진군가(國民進軍歌) 야스쿠니신사의 노래

11) 「一万人合唱」, 『読売新聞』 1941년 5월 8일자.

12) 「音楽は立派な兵器だ」, 『毎日新聞』 1943년 3월 12일 석간.

13) 표는 필자가 조사한 것 외에 倉田喜弘(1992: 204); 津金沢聰広(1999: 74); 戸ノ下達也(2008: 151-169)를 참조해서 작성한 것이다. 이것은 일본 정부와 기관, 군, 각 신문사와 출판사에서 실시한 것을 중심으로 작성한 것으로, 이 외에 음악 관련단체 등 다른 기관의 현상공모도 있으므로 완전한 형태가 아님을 밝혀 둔다.

1941	대정익찬회 아사히신문사 요미우리신문사 마이니치신문사 외	대정익찬의 노래 국민학교의 노래(國民學校の歌) 해국혼의 노래(海國魂の歌), 국민총의의 노래(國民總意の歌) 대동아결전의 노래
1942	요미우리신문사 마이니치신문사 외 아사히신문사 슈후노토모샤 소국민문화협회	특별공격대를 기리는 노래(特別攻擊隊を讃へる歌) 바다로 나가는 일본 즐거운 봉사, 약진철도가(躍進鐵道歌) 일본의 어머니의 노래 소국민진군가(小國民進軍歌)
1943	아사히신문사 일본방송협회 요미우리호치신문사 대정익찬회 후생성 소국민문화협회	증산온도(增産音頭), 승리의 생산(勝利の生産), 앗쓰섬혈전용사 현창국민가(アッツ島血戰勇士顯彰國民歌) 미영격멸행진곡(米英擊滅行進曲) 학도공의 진군 근로보국대의 노래(勤勞報國隊の歌) 여성진군가(女性進軍歌) 애국자장가(愛國子守唄), 소국민가(小國民歌)
1944	정보국 대정익찬회 외	필승가 일억특공대의 노래(一億特攻隊の歌)

III. 조선의 국민정화운동과 국민가의 보급

조선에서는 일본보다 1년 이상 이른 1933년 5월에 음반검열이 시작되었다(이준희, 2007). 사회주의나 민족주의에 입각하여 기존 체제를 부정하는 내용의 '치안방해'와 외설적인 표현을 담은 '풍속괴란'이 검열의 기준이 되었는데, 음반검열의 시작부터 1942년까지의 시기에 금지된 한국어 음반은 치안방해가 풍속괴란보다 2배 가까이 많은 데 비해서 일본의 경우는 반대로 풍속괴란이 치안방해(안녕문란)보다 5배 많은 것으로 나타난다(이지선, 2009: 354). 이렇듯 치안에 중점을 둔 조선의 음반검열에는 식민지라는 특수한 상황이 투영되어 있음을 알 수 있다.

음반검열은 조선총독부 도서과에서 담당했는데 특히 대중에게 가장 영향력이 있는 가요가 중점 대상이 되었다. 총독부 도서과에 의한 음반검열이 진행되는 가운데, 음악에 대한 기본 방침은 조선문예회에 의해서 본격적으로 시행되었다. 조선문예회는 조선총독부 학무국의 주도로 1937년 5월 1일 발족한 관민협동단체이다.[14] 총독정책의 하나인 사회교화를 목적으로 각 예술 분야를 교화 선도하기 위해 설립된 조선문예회는 그 첫 사업으로 감화력이 큰 유행가를 정화하기로 하고, 일본인을 1부로, 조선인을 2부로 하여 시세(時勢)에 적합한 노래를 만들어 방송, 음반 취입 등을 통해 널리 퍼뜨리고자 하였다.[15]

조선문예회의 발회식에서 조선총독부 학무국장 도미나가 분이치(富永文一)는 "레코오드, 기타 각종 비속한 가곡이 가두에 가득하여 사회풍교상 악영향을 미치는 바 많으므로 이것을 선도하여 사회풍교의 정화를 도모하려는 것인데, 장차는 연주, 영화, 기타 문예와 연예의 각 방면에 진출을 하여 실제적으로 교화 선도운동을 일으킬 터이다"(임종국, 1988: 78)라는 담화문을 통하여, 가요정화운동을 중심으로 장차 전 분야의 조직체를 결성하려는 계획하에 조선문예회가 설립되었음을 밝히고 있다.

가요정화운동은 조선문예회의 첫 사업으로서 시행되었지만, 조선의 가요를 정화하고 일본 체제화를 지향하려는 정책은 이미 1910년대부터 조선총독부의 국가적인 정책 중의 하나로 시작되고 있었다. 1929년 2월 22일에는 속요 개선을 목적으로 조선시가협회가 창립되었는데, 여기에는 이광수, 주요한, 이은상, 김억, 변영로, 양주동, 김영환, 김형준, 정순철, 안기영 등 조선의 문예계와 음악계를 대표하는 인사들이 대거 포함되어 있었다.[16] 조선시가협회는 '퇴폐적 악종(惡種)가요를 배격하고 진취적인 노래를 부르자'는 슬로건을 걸고 건전한 조선의 가요를 만들고자 했는데, 이것은 이후 조선문예회의 가요정화운동으로 그대로 답습된다. 조선문예회의 설립 목적이나

---

14) 「官民協同朝鮮文藝會 學務局斡旋으로 五月一日에 發會式」, 『매일신보』 1937년 4월 9일자.

15) 「"朝鮮文藝會"生る　富永學務局長等の音頭で　先づ流行歌浄化に」, 『京城日報』 1937년 4월 3일자.

16) 「조선 시가 협회, 속요 개선이 목적」, 『중외일보』 1929년 2월 24일자; 「사설, 조선 시가협회의 창립」, 『중외일보』 1929년 2월 26일자.

활동 내용뿐 아니라 중심인물에 조선시가협회의 동인이었던 김억, 김영환, 양주동 등이 포함된 것으로도 이는 확인된다.

조선문예회를 중심으로 시행된 가요정화운동은 일본과 조선의 문예가들과 음악인들을 동원하여 새로운 가요를 만들고 보급하고자 하였다. 신작가요는 조선문예회의 주요 간부인 현제명, 홍난파, 이면상, 이종태, 함화진, 하규일 등의 음악인들이 작곡하고, 최남선, 이광수, 김억, 박영철, 방응모 등이 작사에 참여했으며, 일본인으로는 경성고등여학교와 경성사범학교의 음악교사였던 오바 유노스케(大場勇之助)와 요시자와 미노루(吉沢実), 안도 요시아키(安藤芳亮) 등이 작곡을, 작가인 우에다 다다오(上田忠男), 다나카 하쓰오(田中初夫), 데라모토 기이치(寺本喜一) 등이 작사를 담당했다.

1937년 7월 11일에는 제1회 조선문예회 신작가요 발표회가 열렸는데, 이때 조선총독부 김대우 사회교육과장은 "문예 전반에 걸친 활동은 시기상조이므로, 우선 건전한 가요운동을 통하여 정신생활을 윤택케 하고 국민정신의 작흥, 국체관념명징에 일조가 되게 하려고 한다"[17)]는 취지의 담화문을 발표했다. 이 음악회에서는 최남선 작사의 〈내일〉, 〈동산〉, 〈가는 비〉, 〈서울〉 등 6곡의 조선어 가요와 〈조선청년가(朝鮮青年歌)〉, 〈상쾌한 조선(爽やかな朝鮮)〉 등의 일본어 가요 9곡이 불렸다.

같은 해 9월 15일에는 시국 인식 강화와 사기 고취를 위한 목적으로 시국가요 발표회가 개최되었다. 이 음악회에서는 데라모토 기이치 작사, 안도 요시아키 작곡의 〈신국일본(神國日本)〉 등 16곡의 일본어 가요와 최남선 작사, 홍난파 작곡의 〈정의의 개가〉 등 조선어 가요 5곡이 연주되었다. 이 노래들을 보급하기 위해서 9월 30일에는 매일신문사 주최와 조선문예회 후원으로 부민관에서 총후반도의 애국가요대회가 개최되었는데, 여기서는 조선어 가곡 7곡[18)]과 일본어 가곡 17곡 등 24곡의 가요가 발표되었다.

---

17) 「朝鮮文藝會 新作歌謠 發表」, 『매일신보』 1937년 7월 12일자.

18) 임종국(1988: 80)과 노동은(1989: 38)의 논의에는 5편의 조선어 가요가 불렸다고 하지만, 당시 연주된 조선어 노래는 〈종국간호부의 노래〉, 〈김소좌를 생각함〉, 〈정의의 개가〉, 〈총후의남〉, 〈방호단가〉, 〈정의의 사여〉, 〈장성의 파수〉의 7곡으로 확인된다. 박찬호(2009: 585-586)의 논의를 참조.

1937년 7월 11일과 9월 30일에 열린 신작발표회에서 연주된 악곡[19]의 제목을 정리하면 다음의 〈표 2〉와 같다.

〈표 2〉 조선문예회 신작가요 목록

1937. 7. 11. (15곡)	조선어 (6곡)	내일, 동산, 가는 비, 서울, 복사꽃, 붉은 꽃송이
	일본어 (9곡)	조선청년가(朝鮮青年歌), 상쾌한 조선(爽やかな朝鮮), 한강고우타(漢江小唄), 그리운 조선(懐かしき朝鮮), 우리들은 소년(僕らは少年), 반딧불(螢), 오래된 조개껍질(古き貝殻), 결혼의 시(結婚の詩), 근로가(勤勞歌)
1937. 9. 30. (24곡)	조선어 (7곡)	총후의남, 정의의 사여, 종국간호부의 노래, 정의의 개가, 장성의 파수, 김소좌를 생각함, 방호단가
	일본어 (17곡)	황사의 노래(皇師の歌), 일어나라 방호단(奮へ防護團), 진군하라 황군(進め皇軍), 정도를 전송하는 노래(征途を送る歌), 천인침의 노래(千人針の歌), 보정낙성의 노래(保定落城の歌), 전장의 가을(戰場の秋), 공군의 노래(空軍の歌), 전송(お見送り), 일본의 어린이다(日本の子供だ), 신국일본(神國日本), 뉴스(ニュース), 종군간호부의 노래(從軍看護婦の歌), 숙사(宿舍), 총후(銃後), 위문대(慰問袋), 적전상륙(敵前上陸)

〈표 2〉에서 보듯이 7월 11일의 연주회에는 조선어 가요(6곡)와 일본어 가요(9곡)의 비율이 그리 차이가 나지 않지만 9월 30일의 연주회에서는 조선어 가요(7곡)에 비해 일본어 가요(17곡)가 월등히 많아졌음을 알 수 있다. 또한 7월의 연주회에서는 시국가요 외에도 서정적인 내용의 작품이 눈에 띄지만[20] 9월의 연주회에서 불린 곡은 24곡의 제목에서 보듯이 모두 시국적 내용을 담은 노래이다. 이는 중일전쟁의 발발로 전시색이 점차 짙어짐에

19) 노동은(2003: 73-74)에는 '애국가요 발표회'가 1937년 10월 4일 개최되었다고 하지만 9월 30일의 오류로 보인다.

20) 제1회 신작가요발표회에서 발표된 향토적 색채를 띤 4편의 최남선의 작품들도 〈조선청년가〉와 조응하는 것으로, 순수한 서정적인 작품만으로는 볼 수 없다. 특히 최남선의 작품과 조응하는 〈조선청년가〉 가사 속의 시적 수사들은 그 무렵 조선총독부 시정의 근본방침인 일시동인(一視同仁), 내선일체(內鮮一體)나 중일전쟁에 대한 문학적 예찬을 하고 있다. 구인모(2008: 288-289)의 논의를 참조.

따라서 국민에 대한 시국적인 사상 교화가 더욱 강화되어 가고 있음을 말하고 있다.

조선문예회의 5월 설립 당시의 취지문에서 '조선의 문화 수준을 차제로 고도에 추진시켜 2천만 동포의 사회생활의 원만과 풍윤을 기하려고 한다'[21]고 하고 있지만 이는 표면으로 드러내는 방침이었을 뿐이었다. 조선문예회는 〈표 2〉에서 보는 바와 같이 조선의 문화 건설이나 국민의 풍윤과는 관계없이 오로지 시국가요를 보급함으로써 조선을 일본 정신과 그 정서로 교화시켜 나가는 황민화정책을 수행하고 있었다.

한편, 조선문예회가 주도한 가요정화운동과 시국가요 발표 외에, 신문사와 조선총독부, 국민총력조선연맹[22]은 시국가요를 현상공모하고 그 보급활동을 전개해 나갔다. 매일신문사는 1938년 7월 경영독립기념사업의 일환으로 장편소설, 영화소설, 국민가요의 세 부문에 걸쳐 문예작품을 공모했다. 국민가요의 분야는 '전시체제 하에 조선인으로서 가져야 할 국민적 각오를 함양시키고 또 철저히 하기 위해 애국적 정열에 불타는 국민가요를 모집한다'는 취지로 이루어졌는데, 여기에는 조선뿐 아니라 만주국, 지나 등 국외 각지에서도 참가하여 총 900여 명이 응모하였고 당선작 없이 선외가작으로 〈반도청년 애국행진곡〉과 〈애국행진〉이 선정되었다.[23]

이러한 시국적 가요는 연주회나 음반뿐 아니라 라디오로도 방송되었다. 1940년 6월 경성중앙방송국 제2방송부에서는 일본 도쿄중앙방송국의 라디오 프로그램 '국민가요'를 모방하여 '국민신가'(가칭)를 제작, 방송하는 준비

---

21) 「健全한 文藝의 振興을 爲한 『朝鮮文藝會』 創立」, 『매일신보』 1937년 5월 5일자.

22) 1940년부터 1945년에 걸쳐 거대한 조직과 강력한 실천력으로 일본의 장기전 수행에 수반하는 총후 활동의 제반 문제를 처리해 나간 단체이다. 1940년 12월 이후, 모든 문화 활동에도 신체제를 갖추고 활동 분야에 따라 민중을 지도하고자 국민총력조선연맹 사상부를 이분함으로써 문화부를 설치했으며, 연락기관으로 문화협회를 조직하고 그 산하에 연극협회, 음악협회 등의 모든 형태별 조직체를 두었다. 조선연맹 문화부의 기본 방향은 국책협력에서 진행하는 것으로, 문화를 통하여 내선일체에 더욱 심도를 가하고자 하였다.

23) 「本社 經營獨立記念事業 文藝作品懸賞募集: 長篇小說 映畵小說 國民歌謠」, 『매일신보』 1938년 7월 31일자; 「國民歌謠 選外佳作 發表」, 『매일신보』 1939년 1월 26일자.

에 돌입했다. 국민신가는 조선의 특수한 사정을 참작하여 장기전하에 조선인의 정조함양과 국민적 자각을 촉진하기 위해서 마련된 것으로, 종래의 저속하다고 비난받아 오던 조선가요를 일축하고 시대색에 적합한 작사와 작곡을 우수한 작사, 작곡가에게 의뢰하여 정신총동원운동의 일단이 되게 하는 노래를 널리 보급하자는 의도였다.[24]

매일신문사의 악곡공모는 계속되어 1943년 2월 26일에는 '반도개병의 노래'를 공모하였다. '우리는 제국군인'과 '어머니의 기원'을 노래 제목으로 제시한 이 공모의 취지는 국가의 초석이 될 아들을 위하고 청년은 국가를 위해 한 생명을 바칠 결의를 드리는 노래로서, 1944년부터 실시할 징병제를 앞두고 반도개병의 노래를 널리 모집한다는 것이었다.[25] 1943년 3월 20일에 모집을 마감한 후, [그림 4]에 나타낸 두 작품이 당선작으로 선정되었는데,[26] 〈우리는 제국군인〉은 제국

[그림 4]『매일신보』 현상모집 당선작 〈우리는 제국군인〉과 〈어머니의 기원〉27)

24)「低俗한 歌謠 淸算하고 國民新歌(假稱)를 放送」,『매일신보』 1940년 6월 22일자.
25)「半島皆兵의 노래 懸賞募集」,『매일신보』 1943년 2월 26일자;「皆兵의 노래 募集」,『매일신보』 1943년 2월 27일자.
26)「半島皆兵의 노래」,『매일신보』 1943년 5월 1일자.
27)「唱和하자 2千5百萬의 半島皆兵의 노래를」,『매일신보』 1943년 8월 4일자.

의 군인이 되는 징병제 실시의 기쁨과 감격이 넘쳐나 있다는 호평을 받았고, 전문 작곡가에 의해서 선율이 붙여져 음반으로도 발매되었다.[28] 또한 징병제 실시 감사 결의 앙양 주간에 '징병제 감사 매일신문사 4대 기념행사'의 일환으로서 '반도개병의 노래' 발표회를 개최하였으며,[29] [그림 4]에서 보는 바와 같이 『매일신보』에 두 곡의 악보와 가사를 게재하여 그 보급에 박차를 가하였다. 이 악곡들은 일본 가요의 전형적인 음계인 요나누키(ヨナ抜き) 장음계와 요나누키 단음계[30]로 작곡된 곡으로, 일본 제국 찬양의 가사와 더불어 조선 민족의 정서는 찾아볼 수 없는 곡이었다.

1943년 8월 3일 경성 부민관에서 열린 '반도개병 노래 발표회'는 모두 3부로 진행되었는데, 제1부에서는 국민의례로서 궁성요배와 황국신민의 서사 제송 후, 2편의 현상모집 당선작 〈우리는 제국군인〉과 〈어머니의 기원〉에 대한 수상식을 거행하였고, 제2부에서는 〈대동아 결전의 노래〉과 〈바다로 가면〉, 〈우리는 제국군인〉 노래를 불렀다. 제3부에서는 경성 후생실내악단의 연주가 있었으며 마지막에는 참석자 전원이 일본의 국민가인 〈대동아에 아침이 오다〉, 〈남진남아의 노래〉, 〈바다의 진군〉, 〈대일본의 노래〉를 연이어 불렀다.[31]

한편, 국민총력조선연맹의 전신인 국민정신총동원조선연맹 주최에 의한 가요의 현상모집은 1939년 3월에 시작되었다. 이 연맹은 행진가요를 모집하기로 했는데, 그 내용은 활발한 원기를 북돋을 수 있는 의미와 신동아 질서의 건설을 드러내는 것이었다.[32]

---

28) 「徵兵朝鮮을 謳歌한 音盤에 不滅할 感激」, 『매일신보』 1943년 7월 16일자.

29) 「徵兵制에 感謝 本社 四大記念行事」, 『매일신보』 1943년 7월 28, 29일자.

30) 하나의 음계를 이루는 8개의 음을 일본어 숫자를 셀 때 쓰는 '히(1)－후(2)－미(3)－요(4)－이(5)－무(6)－나(7)－야(8)'로 읽기도 하는데, 이 중 4번째 '요' 와 7번째 '나'가 빠진 음계를 요나누키 음계라고 한다. 따라서 요나누키 장음계는 도－레－미－솔－라－도이고, 요나누키 단음계는 라－시－도－미－파－라로 구성된다.

31) 「2千5百萬의 大合唱」, 『매일신보』 1943년 8월 3일자.

32) 「國民精神聯盟 — 聯盟行進歌와 國旗圖案 募集」, 『매일신보』 1939년 3월 10일자.

[그림 5] 국민총력조선연맹 현상모집 당선작
〈일억의 결의〉[33]

이후 국민총력조선연맹은 1941년부터 소설(국문[일문], 문화익찬소설), 가요, 논문(대동아전쟁의 주제)에 대한 현상공모를 실시했다. 1942년 1월 31일에는 전쟁 하에 국민의 사기를 진작시킬 만한 국민가요를 공모했는데, 작사는 일본어이고 작곡은 국민개창에 적합한 것을 조건으로 하여 622통의 응모를 받았고, 1등으로 〈일억의 결의(一億の決意)〉, 가작으로 〈대동아결전의 뜻(大東亞決戰の義)〉과 〈총후반도의 노래(銃後半島の歌)〉가 당선되었다.[34]

---

33) 「國民總力朝鮮聯盟서 募集한 作曲 當選 發表」, 『매일신보』 1942년 3월 23일자.
34) 「國民總力朝鮮聯盟에서 國民歌謠 懸賞募集」, 『매일신보』 1942년 1월 31일자; 「聯

1943년 5월에는 미영을 철저히 격멸하고 미영음악을 거리와 가정에서 완전히 구축하여 전쟁의식을 앙양시키는 것을 취지로 국민총력조선연맹에서 '미영격멸의 가요'를 공모하였다. 가사는 일본어로 제한하였고, 민요 '○○節'과 같이 '미귀영귀 섬멸절(米鬼英鬼殲滅節)' 등으로 하여 일반 민간에게 유행할 수 있는 것으로 하되 철저히 적을 격멸하겠다는 결의를 돕는 것을 요강으로 제시하였다.[35)]

조선총독부 정보과에서도 악곡의 현상모집을 실시했다. 1942년 9월 징병제도의 취지를 선전하고 반도청년에게 씩씩한 기풍을 넣어 준다는 명목 하에 〈반도청년의 노래〉의 가사와 작곡을 모집했는데, 작곡에는 300여 점이 응모에 참가하여 1등 없는 2등 작이 선정되었다.[36)] 이 노래는 이후 대규모의 음악교화운동인 국민개창운동의 선정곡으로도 채택되어[37)] 전국적으로 확산되어 갔다.

1945년 8월 5일에는 일본 내지에서의 현상모집과 동시에 조선에서도 매일신문사가 주최하고 정보국이 후원하여 '국민의 군가'를 공모하였다. '본토결전을 목전에 두고 총력을 다하여 부를 노래를 모집'한다는 내용을 『매일신보』에 게재하였는데 열흘 후 일본은 패전함으로써 악곡은 선정되지 못한 채 끝이 났다.[38)]

지금까지 살펴본 조선에서 현상모집에 의해 선정된 가요를 정리하면 〈표 3〉과 같다.

盟文化部 募集 國民歌 當選者 發表」, 『매일신보』 1942년 2월 23일자; 「國民總力朝鮮聯盟서 募集한 作曲 當選 發表」, 『매일신보』 1943년 3월 23일자.

35) 「米英擊滅의 歌謠 — 聯盟에서 懸賞募集」, 『매일신보』 1943년 5월 14일자.

36) 「半島靑年의 노래」, 『매일신보』 1942년 10월 16일자.

37) 「國民皆唱運動 展開 — 國民士氣 昂揚, 健全情操를 育成」, 『매일신보』 1943년 4월 15일자.

38) 「國民의 軍歌 현상모집」, 『매일신보』 1945년 8월 5일자.

〈표 3〉 조선의 현상모집에 의해 선정된 가요

연도	주최	주제 및 선정된 〈악곡명〉	가사의 언어
1939	매일신문사	시국에 적합한 국민가요 〈반도청년 애국행진곡〉 〈애국행진〉	언 · 한문
	국민정신총동원 조선연맹	신동아 건설을 위한 행진가요	(미확인)
1942	국민총력조선연맹	대동아전쟁 〈일억의 결의〉 〈대동아 결전의 뜻〉 〈총후반도의 노래〉	일본어
	조선총독부	징병제 기념 〈반도청년의 노래〉	일본어
1943	매일신문사	반도개병의 노래 〈우리는 제국군인〉 〈어머니의 기원〉	언 · 한문
	국민총력조선연맹	미영격멸의 가요	일본어
1945	매일신문사	결전의 총력을 위한 군가(패전으로 미선정)	(미선정)

표에서 보듯이 조선에서의 현상모집은 국민총력조선연맹, 조선총독부, 매일신문사가 주축이 되었고, 주제는 신동아 건설, 태평양전쟁, 징병제 찬양, 미영 격멸 등이었다. 가사는 매일신문사에서는 한문과 한글이 혼합된 가사를 제시했지만 국민총력조선연맹과 조선총독부에서는 일본어로 한정시킴으로써 내선융화를 강화시키고자 하였다.

신문사와 국민총력조선연맹의 현상모집에 의해서 보급된 조선의 국민가 외에, 일본의 공모에서 선정된 곡은 바로 조선에서 불리는 경우가 많았다. 내각정보부 현상모집 당선작 〈애국행진곡〉(1937. 11)은 조선에서 음악회뿐 아니라 강연회나 행사에서 국민의례의 일부로도 빈번하게 불렸고,[39] 잡지사 『슈후노토모』의 공모 당선작 〈부인애국의 노래〉(1938. 6)는 일본에서의 발표 다음 달인 7월 조선에서 발표연주회를 가졌으며,[40] 육군성 공모에 당

---

39) 「愛國行進曲을 合唱中에 卒倒」, 『매일신보』 1938년 7월 16일자; 「音樂朝鮮의 새 氣焰」, 『매일신보』 1938년 12월 8일자; 「흙의 勇士에 絢爛한 膳物 開拓民慰問演奏班」, 『매일신보』 1942년 8월 16일자; 「東京音樂學校 職員演奏會」, 『매일신보』 1942년 8월 21일자.

40) 「『부인애국가』의 발표연주회」, 『매일신보』 1937년 7월 10일자.

선된 〈애마진군가〉(1938. 12)는 조선에서 발표연주회와 전 사범학교에 악보를 배포하여[41] 그 보급에 힘을 기울였다. 또한 마이니치신문사 공모 당선작 〈노영의 노래〉(1937. 7)와 〈국민진군가〉(1940. 7), 〈대동아결전의 노래〉(1941. 12)는 독창회, 음악무용발표회, 음악제전 등 각종 음악회에서 연주되었고,[42] 마이니치신문사가 공모하고 해군성이 선정한 〈태평양행진곡〉(1939. 2)과 아사히신문 공모 당선작 〈흥아행진곡〉(1940. 6), 전술한 〈애마진군가〉는 조선음악협회가 주최하고 매일신문사가 후원한 음악경연회의 애국가 과제곡으로 채택되기도 했다.[43]

이와 같은 일본에서 현상모집에 의해서 선정된 악곡은 조선에서 채택된 악곡과 더불어 각종 음악회, 경연대회, 행사 등 군중이 모이는 다양한 장소에서 부르게 함으로써 일본과 조선의 일체화를 꾀하였다.

Ⅳ. 일본의 국민개창운동

1941년 12월 태평양전쟁이 발발하자 정보국은 일본의 적국인 미국과 영국의 문화에 대한 제재를 강화하기 시작하였다. 음악 분야에서는 미영음악을 적성음악(敵性音樂)으로 간주하여, 순음악, 경음악을 막론하고 미·영국인의 작품 연주를 금지한다는 방침을 내렸다. 경음악은 〈성조기여 영원하라〉나 〈워싱턴 포스트〉와 같이 미국인의 사기를 고양하는 곡이고 비속한 재즈이기 때문에 이들을 추방하는 것은 오히려 일본의 음악문화 발전에 유익하다는 이유였다.[44] 미영음악 추방령이 발표되었는데도 불구하고 카페

41) 「愛馬進軍歌」, 『매일신보』 1939년 1월 28일자.

42) 「音樂朝鮮의 새 氣焰」, 『매일신보』 1938년 12월 8일자; 「本社學藝部 後援의 李仁範 獨唱會 曲目: 豫想되는 當夜의 盛況」, 『매일신보』 1940년 11월 25일자; 「오케音樂舞踊 發表會」, 『매일신보』 1941년 2월 19일자; 「音樂家協會 主催 本社 後援 〈空前의 音樂大祭典〉」, 『매일신보』 1941년 6월 1일자; 「2千5百萬의 大合唱」, 『매일신보』 1943년 8월 3일자.

43) 「音協 主催 音樂競演會」, 『매일신보』 1942년 9월 19일자.

44) 다만 〈반딧불(蛍の光)〉과 〈정원의 화초(庭の千草)〉와 같이 일본화되어 일본 제목

등의 공공장소에서 여전히 미영음악이 흘러나오는 등 철저한 단속이 이루어지지 않자, 정보국과 내무성은 보다 적극적인 태도로 단속을 시행해 나갔다. 적성음반 약 1,000여 종의 일람표를 작성하여 1943년 1월 각 부 · 현 경찰부, 각 경찰서, 음식점 조합, 음악관계 단체에 배부하였고, 각 가정에 배포되는 잡지인 『주보』에 곡목 리스트를 게재하는[45] 등 미영음악 추방에 대해 강한 자세를 보였다.

米英音楽閉め出し
喧騒米系ジャズ一掃

[그림 6] 미영음악 금지 기사[46]

으로 연주되는 곡은 종래대로 불러도 상관없다는 예외 조항도 있었다. 「米英音楽閉め出し」, 『中外商業新報』 1941년 12월 31일자.

45) 内閣情報部編(1943), 「米英音楽作品蓄音機レコード一覧表」, 『週報』 328号, 内閣印刷局.

46) 『中外商業新報』 1941년 12월 31일자.

미영음악의 추방은 음반뿐 아니라 악보까지 그 대상이 확대되었다. 1942년 9월에는 음악도서 출판기획심사회가 설치되어 미영악곡의 출판을 금지하였고, 1943년 6월 내무성은 현행의 모든 미영악보를 파기하고 대부분이 미영음악인 악곡집은 그것 전부를 파기하며 일부가 미영음악인 악곡집인 경우는 해당 부분을 잘라 내거나 사용이 불가능할 때까지 말소하라는 지령을 내렸다.[47] 미영음악에 대한 통제와 혐오는 전시색이 짙어짐에 따라서 더욱 강화되어 갔고, 정부뿐 아니라 음악관계자들 사이에서도 미영음악 타파의 목소리가 점차 높아져 갔다.[48] 이렇듯 일본은 대전 상대국의 음악으로서 미영음악에 대해 음반검열, 악보 파기, 가창 금지 등 다양한 측면에서 강력한 '통제'를 시행해 나갔고, 이와 동시에 전쟁에 대한 국민의식 함양을 위해 국민가를 이전보다 더욱 '장려'해 나갔다.

국민가는 전술한 바와 같이 정보부, 육군성, 대정익찬회 등의 정부기관, 각종 신문사, 잡지사, 방송협회 등의 미디어 관련기관이 중심이 되어 현상모집에 의해 악곡을 선정하였고, 정부와 미디어, 음악단체가 일체가 되어 보급 활동을 펼쳐 나갔다. 국민가의 보급 활동에 실천적 주체가 된 것은 일본음악문화협회였다. 1940년 고노에 내각은 일국일당(一國一黨), 거국일치의 정치체제 수립을 목적으로 모든 정당을 대정익찬회로 통합하여 신체제운동을 전개해 갔는데, 신체제운동의 확대는 정치, 경제뿐 아니라 문화 영역에서도 나타났다. 각 분야에서 신체제운동에 호응하여 조직의 통합과 분야별 통제단체의 설립이 요구됨에 따라 음악계에서도 각 음악조직을 일원화하여 1941년 11월 정보국과 문부성의 공동 소관으로 일본음악문화협회가 결성되었다. 작곡부, 연주부, 평론부, 교육부, 국민부로 구성된 일본음악문화협회의 조직에는 클래식 음악가뿐 아니라 대중에게 영향력이 있는 경음악이나 대중음악 관계자들도 참여했는데, 이는 정보국의 결정에 의한

---

47) 「破棄せよ、米英の楽譜 — 音楽文協の決戦第二弾」, 『朝日新聞』 1943년 6월 16일자.

48) 志賀健次郎(1944), 「歌ひ飛ばさう米英を」, 『音楽知識』 8月号, 18-20쪽; 丸山鉄雄 · 和田肇(1944), 「敵米鬼音楽の正體」, 『音楽知識』 11月号, 8-14쪽; あらえびす(1944), 「敵米英の音盤」, 『音楽知識』 11月号, 18-19쪽.

것으로 음악을 국책선전과 국민동원의 수단으로서 활용하려는 방침이 반영된 것이었다.

일본음악문화협회는 창설 초기에는 음악운동주체의 활동에서 볼 때 일반 통제단체와는 성격이 달랐지만 시대 상황과 더불어 국민교화, 국민동원의 담당체로서의 기능이 강화되었고, 국책수행의 실천 기관과 음악계의 상의하달 기관으로서의 역할을 수행해 갔다. 일본음악문화협회가 설립 당시부터 일관해서 적극적으로 제정하고 활용해 간 것은 국민가였다. 이를 보급하기 위해 음악정신대를 조직하고 이를 전국에 파견하여 가창 지도를 실시해 나갔는데, 이러한 활동의 전형적인 예는 국민개창운동에서 찾을 수 있다.

국민개창운동은 대정익찬회가 기획하고, 정보국이 후원, 일본음악문화협회, 일본방송협회, 일본축음기레코드문화협회, 요미우리신문사, 마이니치신문사, 아사히신문사가 협력하여 시행한 전국 규모의 음악을 통한 교화운동이다. 대정익찬회는 1942년 12월 8일 대조봉대일(大詔奉戴日)[49] 1주년 기념을 계기로 국민운동을 전국적으로 전개했는데, 그 일환으로서 국민 모두가 노래를 부르는 운동을 계획하였다.[50] 국민개창운동 실시 이전에 대정익찬회가 전개한 국민운동은 국민개동운동(國民皆動運動), 필승저축운동(必勝貯蓄運動), 중점수송력운동(重點輸送力運動) 등으로, 국책의 요구에 부응하도록 국민에게 희생을 요구하는 성격이 강했다. 이에 대정익찬회 문화부는 엄숙과 희생만을 강요해서 국민을 경직시키는 것은 전쟁 수행상 좋지 않음을 인식하고, 국민에서 밝은 기분을 주입시키고자 국민개창운동을 제안하였다.[51]

---

49) 태평양전쟁의 완수를 위해 대정익찬회가 1942년 1월부터 패전까지 실시했던 국민운동으로, 태평양전쟁이 발발한 1941년 12월 8일에 '선전(宣戰)의 조칙(詔勅)'이 공포됨에 따라 시행일을 매월 8일로 설정하여 이듬해 1월 8일부터 실시하였다. 대조봉대일의 시행으로, 국민에게 이전보다 한층 더 전시에 대한 투철한 의식을 요구했고, 국기게양, 〈기미가요(君が代)〉 연주, 궁성요배, 조칙·칙어의 봉독 등을 더욱 강조했다.

50) 「国民皆唱運動の報告書」, 『音楽之友』, 1943年 7月号, 14쪽.

51) 高橋健二(1943), 「国民皆唱運動の実践」, 『音楽之友』 3月号, 51쪽.

이러한 배경으로 시작된 국민개창운동은 국민에게 총력전에 임하는 건강하고 애국적인 가곡을 부르게 하여 전장 정신을 앙양시키고 이와 동시에 퇴폐적인 적성음악을 일소하는 것을 목적으로, 1943년 2월 본격적으로 시작되었다. 하지만 이 운동이 실시되기 이전에 이미 대정익찬회는 〈바다로 가면〉의 개창운동을 시행하고 있었다. 이 곡은 1942년 12월 국민가로 지정되어 제2의 국가로 불리면서 대대적인 보급 활동에 의해서 전국적으로 퍼져 나갔다. 〈바다로 가면〉의 정신으로 시국을 돌파하고자 각종 회합에서 국민의례 후나 해산 직전에 반드시 이 곡을 제창하게 하였고, 학교, 공장, 음악회, 기타 모든 공공장소에서 부르게 했는데, 〈바다로 가면〉의 보급책은 일본뿐 아니라 후술하는 바와 같이 조선에서도 같은 방식으로 전개되었다.[52)]

일본에서 국민개창운동은 두 차례에 걸쳐 실시되었다. 1943년 2월 1일부터 3월 31일까지의 제1기[53)]의 기간에는 대정익찬회가 정한 필수 가창곡인 〈바다로 가면〉과 〈이 결의(この決意)〉를 시작으로 74곡(후술)을 개창 가곡으로 정하고, 전문음악가들을 중심으로 지도대를 결성하여 전국의 농촌, 어촌, 공장, 광산 등에 파견, 가창 지도를 전개해 나갔다. 당시 음악가들에게는 무슨 방법으로든 음악을 국가를 위해 사용하는 것이 요구되었고, 그 실천방법의 하나는 국민개창운동의 지도자가 되어 국민가를 퍼뜨리는 것이었으며, 개창운동의 지도자가 되는 것은 광영이자 임무로 여겨졌다.[54)]

국민개창가곡으로 지정된 74곡은 개창운동이 본격적으로 실시되기 열흘

52) 高橋健二(1943), 「国民皆唱運動の実践」, 52쪽; 「常会にも「海ゆかば」唱へよ一億"国民の歌"を」, 『朝日新聞』 1942年 12月 16日; 「國民歌 우미유까바, 大政翼贊會서 정식으로 椎賞」, 『매일신보』 1942년 12월 17일자.

53) 제1기 국민개창운동에 대해 戸ノ下達也(2008)는 1942년 11월에 시작되었다고 하기도 하고(80쪽), 1943년 3월부터 4월에 전개되었다고도 하여(102쪽) 같은 책에서 다른 시기를 언급하고 있다. 그러나 1942년 1월 22일자 『朝日新聞』의 「さあ明るく唱はう 来月上旬・職場へ国民歌唱運動」과 1943년 7월 『音楽之友』에 게재된 「國民皆唱運動の報告書」에 따르면 제1기 국민개창운동은 戸ノ下가 제시한 시기가 아닌 1943년(쇼와 18) 2월 1일부터 3월 31일까지 실시되었음을 알 수 있다.

54) 堀内敬三(1943), 「楽壇戦響 国民皆唱運動への参加」, 『音楽之友』 2月号, 63쪽.

전인 1월 22일 각 신문에 발표되었다.[55] 지정된 악곡의 반에 해당하는 노래는 일본방송협회의 라디오 프로그램 '국민가요'[56]와 '국민합창' 등에서 방송된 것이었는데, 국민개창운동이 라디오 프로그램을 이용한 것은 국민 각층의 요구에 대응할 수 있는 악곡을 선곡하는 것이 최대 목적이었기 때문이다.[57] 라디오 전파를 타고 방송되는 악곡을 '전 국민이 애창하는 노래'로 인식하고 이를 국민개창운동의 가창곡으로 선정해 갔는데, 당시 '국민가요'와 '국민합창'에서 방송된 노래는 대부분이 시국에 연동한 국민의식 함양을 목적으로 한 군국가요가 중심이었기 때문에 실제 국민은 선택의 여지없이 이러한 성격의 악곡을 청취할 수밖에 없었다. 그런데 이것이 곧 악곡 선정의 주최 측으로부터 '국민이 애창하는 노래'로 해석되는 것이었다.

제1기 국민개창운동에서는 교재로서 대정익찬회 선전부가 간행한 『국민의 노래』가 활용되었다. 이 노래집에는 국민개창운동을 위해 선정된 74곡이 수록되었는데, 각 곡의 제목을 제시하면 다음과 같다.[58]

---

55) 「さあ明るく唱はう 来月上旬・職場へ国民歌唱運動」, 『朝日新聞』 1942년 1월 22일자.

56) 라디오 프로그램 '국민가요'는 원래 퇴폐적인 가요곡의 정화를 위해 1936년 4월부터 시작된 것이었으나 전시 체제가 강화됨에 따라 점차 시국에 연동하여 국민의식 앙양을 목적으로 한 군국가요 중심의 프로그램으로 변해 갔고, 각 기관에서 공모한 여러 국민가의 악곡은 이러한 라디오 프로그램을 통하여 널리 퍼져 나갔다.

57) 국민개창운동의 지정곡 74곡 중 '국민가요'에서 방송된 곡은 〈낭전초선〉, 〈아침〉, 〈야자의 열매〉, 〈일출의 섬〉, 〈야스쿠니신사의 노래〉, 〈항공결사병〉, 〈날카로운 낫의 빛〉, 〈바다로 가면〉, 〈애국행진곡〉, 〈대일본의 노래〉, 〈흰 백합〉, 〈애마진군가〉, 〈우리 여자들은〉, 〈태평양행진곡〉, 〈철의 힘〉, 〈출정병사를 보내는 노래〉, 〈새벽에 빈다〉, 〈불타는 대공〉, 〈남진남아의 노래〉, 〈흥아행진곡〉, 〈국민진군가〉, 〈귀여운 새끼 말〉의 22곡이고, '국민합창'에서 방송된 곡은 〈바다로 가면〉, 〈우리들의 단결〉, 〈아침이다 힘 있게〉, 〈이 결의〉, 〈세계의 끝까지도〉, 〈하코네 팔리〉, 〈충령탑의 노래〉, 〈올해의 제비〉, 〈젊은 힘〉, 〈남으로 나아가는 일장기〉, 〈출진의 아침〉, 〈올테면 오너라〉, 〈가슴을 펴고〉, 〈아이를 칭찬하다〉, 〈소국민진군가〉, 〈필승의 노래〉의 16곡이다. 이렇듯 국민개창운동 지정곡 74곡 중 '국민가요'와 '국민합창'에서 방송된 악곡은 37곡(〈바다로 가면〉은 중복)으로, 절반에 해당하는 노래가 라디오의 전파를 통해서 국민에서 전달되었음을 알 수 있다.

58) 「さあ明るく唱はう 来月上旬・職場へ国民歌唱運動」, 『朝日新聞』 1942년 1월 22일자; 大政翼賛会(1943), 『楽譜 国民の歌』, 大政翼賛会.

【일본의 국민개창가곡 74곡】

바다로 가면(海ゆかば), 애국행진곡(愛國行進曲), 대정익찬의 노래(大政翼贊の歌), 대조봉대일의 노래(大詔奉戴日の歌), 야스쿠니신사의 노래(靖國神社の歌), 산보청년대가(産報青年隊歌), 대일본청소년단가(大日本青少年團歌), 대일본부인회가(大日本婦人會歌), 세기의 젊은이(世紀の若人), 국민진군가(國民進軍歌), 소국민진군가(小國民進軍歌), 군함행진곡(軍艦行進曲), 적은 기만(敵は幾萬), 올테면 오너라(來れや來れ), 눈의 진군(雪の進軍), 태평양행진곡(太平洋行進曲), 흥아행진곡(興亞行進曲), 애마진군가(愛馬進軍歌), 이 결의(この決意), 나아가자 일억 불덩이다(進め一億火の玉だ), 싸워 이기자 대동아전(戰ひ抜かう大東亞戰), 필승의 노래(必勝の歌), 아시아의 힘(アジアの力), 아시아의 청운(アジヤの青雲), 대일본의 노래(大日本の歌), 대동아결전의 노래(大東亞決戰の歌), 대동아전쟁해군의 노래(大東亞戰爭海軍の歌), 대동아전쟁육군의 노래(大東亞戰爭陸軍の歌), 월월화수목금금(月月火水木金金), 영국동양함대궤멸(英國東洋艦隊潰滅), 하늘의 용사(空の勇士), 불타는 대공(燃ゆる大空), 거친 독수리의 노래(荒鷲の歌), 하늘로 나아가는 일본(空征く日本), 항공결사병(航空決死兵), 공습 무엇이 무서워(空襲何ぞ恐るべき), 노영의 노래(露營の歌), 새벽에 빈다(曉に祈る), 지켜라 태평양(護れ太平洋), 남으로 나아가는 일장기(南へ進む日の御旗), 남진남아의 노래(南進男兒の歌), 부인종군가(婦人從軍歌), 흰 백합(白百合), 충령탑의 노래(忠靈塔の歌), 출정병사를 보내는 노래(出征兵士を送る歌), 십억의 진군(十億の進軍), 병대 고마워(兵隊さんよありがたう), 그렇다 그 의기(さうだその意氣), 귀여운 새끼 말(めんこい仔馬), 나아가라 소국민(進め小國民), 철의 힘(くろがねの力), 아침이다 힘있게(朝だ元氣で), 올해의 제비(今年の燕), 하코네 팔리(箱根八里), 가슴을 펴고(胸を張って), 애국의 꽃(愛國の花), 즐거운 봉사(樂しい奉仕), 기운 있게 개근(元気で皆勤), 아이를 칭찬하다(子を頌ふ), 일본의 어머니의 노래(日本の母の歌), 아리가토상(ありがとうさん), 날카로운 낫의 빛(利鎌の光), 일본의 발소리(日本のあしおと), 우리들의 단결(僕等の團結), 촌은 흙으로부터(村は土から), 아침(朝), 야자의 열매(椰子の實), 출진의 아침(かどでの朝), 세계의 끝까지도(世界の果までも), 젊은 힘(若い力), 우리 여자들은(われらおみなは), 일출의 섬(日の出島), 낭전초선(娘田草船), 산은 부른다 들은 부른다 바다는 부른다(山は呼ぶ野は呼ぶ海は呼ぶ).

이 곡들의 제목에서도 알 수 있듯이, 국민개창가곡은 전쟁과 애국에 대한 의식을 함양하는 내용이 중심을 이루고 있는데, 이들을 군가(軍歌)와 비교하면 그 성격이 더욱 명확하게 드러난다. 선정된 74곡 중에서 군가로 분류되고 있는 노래는 밑줄 친 48곡으로,[59] 메이지(明治)기부터 태평양전쟁기까지의 시기에 만들어진 군가이다.

48곡의 군가 중 메이지기에 나온 대표적인 군가로는 〈올테면 오너라〉와 〈적은 기만〉을 들 수 있다. 〈올테면 오너라〉의 원래 제목은 〈황국의 수비(皇國の守)〉로, 1886년 발행된 『두본군가집(豆本軍歌集)』에 수록되어 있고, 〈적은 기만〉은 군가 중의 걸작으로 알려진다. 청일전쟁기의 군가는 〈부인종군가〉와 〈눈의 진군〉이고, 러일전쟁 직전에 만들어진 것은 〈군함행진곡〉이며, 중일전쟁기의 군가는 〈노영의 노래〉, 〈애마진군가〉, 〈하늘의 용사〉, 〈불타는 대공〉, 〈애국의 꽃〉, 〈흥아행진곡〉, 〈국민진군가〉, 〈애국행진곡〉, 〈바다로 가면〉, 〈그렇다 그 의기〉 등이다. 또한 태평양전쟁기의 군가는 〈대동아결전의 노래〉, 〈월월화수목금금〉, 〈대동아전쟁육군의 노래〉, 〈대동아전쟁해군의 노래〉, 〈십억의 진군〉 등이다. 이렇듯 당시 국민 모두가 가창하도록 장려한 국민가는 대부분이 '군가'임을 알 수 있고, 군대뿐 아니라 후방의 국민 전체가 전쟁이라는 시국에 대한 의식을 확고히 하는 것을 목적으로 불렀음을 쉽게 짐작할 수 있다.

제2기 국민개창운동은 1943년 7월부터 8월까지 두 달 동안 시행되었다. 대정익찬회는 제1기의 필수 가창곡 〈바다로 가면〉에 이어 제2기에서는 〈미타미와레(みたみわれ)〉를 필수곡으로 선정하였다. 〈미타미와레〉는 1943년 1월 대정익찬회가 〈애국백인일수(愛國百人一首)〉[60] 중에서 한 곡을 선택하

59) 山本芳樹(1961), 堀内敬三(1969), 長田曉二編(1971)에 수록되어 있는 군가와 비교한 것이다.

60) 애국의 정신이 표현된 와카(和歌) 100수를 선정한 것을 말한다. 일본문학보국회가 정보국의 후원과 대정익찬회의 찬조, 마이니치신문사의 협력을 받아 기획했는데, 목적은 '성전(聖戰) 하의 국민정신 작흥'으로, 에도(江戶)시대까지의 와카 중에서 애국의 정신이 적극적으로 표현된 것을 선정 기준으로 삼았다. 선정된 100수는 정보국의 검열을 거쳐 1942년 11월 20일 발표되었다.

고, 국민의 노래로서 결전 하의 전 국민이 모든 장소에서 부르게 하기 위해 일본음악문화협회와 아사히신문사가 공동으로 작곡을 일반 공모하여 선정한 곡이다.[61]

[그림 7] 제2기 국민개창운동 필수가창곡 〈미타미와레〉 악보와
발표연주회에서 방공복을 입고 노래하는 모습[62]

일억 국민개창의 국민가로 선정된 〈미타미와레〉는 곧 라디오 프로그램 '국민합창'에서 방송되었고, 전국 각지에 가창지도대가 파견되어 지도활동과 각종 연주회를 통하여 보급되어 갔다.[63] 7월 6일 대정익찬회와 일본방송협회 주최, 일본음악문화협회 협찬, 정보국 후원으로 개최된 '〈미타미와레〉 발표 국민음악회'에서는 결전 하의 음악회라는 것을 안팎으로 인식시키기 위해서 출연자 전원이 방공복 차림으로 연주하는 풍경이 벌어지기도

61) 「国民歌"みたみわれ"作曲募集」, 『朝日新聞』 1943년 1월 15일자; 「旋律に乗る百人一首」, 『朝日新聞』 1943년 1월 21일자; 「「み民われ」の曲成る 歌はん哉"われらの歌"」, 『朝日新聞』 1943년 4월 27일자.

62) 「「み民われ」の曲成る 歌はん哉"われらの歌"」, 『朝日新聞』 1943년 4월 27일자; 「防空服裝で國民歌 昨夜「みたみわれ」 の発表演奏」, 『朝日新聞』 1943년 7월 7일자.

63) 「さあ歌はう「みたみわれ」增産の村へ歌唱指導隊を派遣」, 『朝日新聞』 1943년 4월 20일자.

했다.[64] 이 곡의 보급은 발표음악회와 라디오 방송에 그치지 않고, 일본음악문화협회의 가창지도에 의해 '전장(戰場)정신 앙양 국민가 〈미타미와레〉를 부르는 모임'을 전국 규모로 실시해 가면서 제2기 국민개창운동을 전개해 갔다. 〈바다로 가면〉과 〈미타미와레〉는 국가 〈기미가요(君が代)〉와 함께 '국민의 노래 삼부작'[65]으로도 불리며, 전 국민이 애창하도록 강요된 대표적인 국민가였다.

국민가의 보급을 위해 적극적인 가창 지도를 전개해 갔지만 그 효과에는 의문이 제기되기도 했다. 실제 가창 지도를 행한 음악가들에 의하면 일반 대중은 국민가만으로는 만족하지 않고 대중가요나 창가(唱歌) 등을 요구하는 경우가 종종 있었고, 설문조사에서 미영음악의 금지는 찬성하더라도 오직 형식적인 애국조만으로는 만족하지 않는다는 목소리도 나왔다.[66] 이러한 지적은 선정 악곡의 한계를 여실히 드러내는 것이었다.

그럼에도 불구하고 국민개창운동의 관계자들은 이것이 어디까지나 음악운동이 아닌 '정신운동'이라는 점을 강조하여 강한 추진력을 가지고 강제적인 보급을 이어 갔다. 그들은 국민개창운동의 지도자 중에 이를 순수한 음악운동으로 보는 경향이 있다는 점에 대해서 경계의 소리를 높였고, 다양한 국민의 말단조직을 이용해서 음악을 매개로 국민단결을 강고히 해야 한다고 주장하였으며(吉田信 · 吉本明光, 1943: 8), 정부가 요구하는 정책에 따라 음악을 전쟁 수행의 도구로서 적극적으로 활용해 나갔다.

64) 「防空服装で国民歌 昨夜「みたみわれ」の発表演奏」, 『朝日新聞』 1943년 7월 7일자.
65) 「常会にも「海ゆかば」唱へよ一億"国民の歌"を」, 『朝日新聞』 1942년 12월 16일자.
66) 「葉書回答 1 国民に与へる音楽は? 2 どんな曲目がよいか」, 『音楽之友』 1943年 3月号, 60쪽.

V. 조선의 국민개창운동

조선에서도 태평양전쟁이 시작된 이후 대중문화에 대한 단속이 더욱 강화되어 갔다. 태평양전쟁 발발 직후인 1942년 1월 9일 조선총독부 경무과는 연극, 영화, 음악, 연예 전반에 걸쳐 새로운 지도방침으로 10개의 지도훈을 설정했는데, 그 주요 내용은 흥행시간 중 주요뉴스 방송, 연예대, 영사반, 이동극단 등의 확충, 선외(鮮外) 연예의 단속 강화 등이었다.

이러한 방침에 따라 국민총력조선연맹은 각 하부연맹을 통하여 미영 작곡가의 음악을 담은 음반을 적성음반으로 간주하고 이를 단속하기 시작했다. 일본의 '미영음악 추방'에 발맞추어 조선에서도 대대적으로 적성음반 일소운동이 전개된 것이다.[67] 미영사상 격멸의 실천으로서, 미영음악이 거리에서 흘러나오는 것이 금지되었을 뿐 아니라 일반 시민들의 개인적 청취와 가창에 이르기까지 모두 단속의 대상이 되었다.

음반검열 등을 통한 적국음악에 대한 '통제' 정책과 더불어 시국인식의 앙양을 목적으로 하여 선정된 국민가의 '보급' 정책이 동시에 전개되었다. 국민총력조선연맹은 태평양전쟁의 발발 이후 노래를 통하여 미국과 영국을 격멸하자는 취지로, [그림 8]에서 보는 바와 같이 일본인 작곡가와 작사가에 의한 미영격멸의 노래 〈이겼다 일본(勝ったぞ日本)〉을 추천가로서 발표하기도 했다.

67) 「敵國의 音盤 殲滅」, 『매일신보』 1941년 12월 30일자; 「敵性 레코-드一掃, 黃海道에서 各 方面 協力 要望」, 『매일신보』 1943년 2월 26일자; 「敵性 레코-드 一掃運動」, 『매일신보』 1943년 4월 9일자; 「敵性 音盤을 一掃, 純日本的 音樂으로 士氣를 鼓舞」, 『매일신보』 1943년 4월 20일자.

[그림 8] 국민총력조선연맹 추천가 미영격멸의 노래 〈이겼다 일본〉[68)]

조선에서 국민가의 보급은 조선총독부와 국민총력조선연맹의 주도 하에 조선음악협회가 중심이 되어 추진되었다. 조선음악협회는 1941년 3월 조선총독부의 지도를 받으며, 조선음악계의 신체제운동을 목표로 음악을 통해 일본의 국책수행을 실천하고 보급한 친일 음악단체이다. 이 협회는 창단에 앞서 같은 해 1월에 발기인회를 갖고 협회의 목표와 성격, 사업과 조직, 일정 등을 협의하였다. 목표는 악단을 통하여 직역봉공하고자 하는 조선음악계의 신체제를 이루고 음악의 건전한 발달과 음악가의 소질 향상을 도모하여 문화 발전에 공헌할 것으로 삼았다. 조직 대상은 작곡가, 연극인, 교육음악가, 음악평론가, 음악문필가, 기타 음악의 기예를 가진 사람을 정회원으로 망라하였으며, 조직 부서로는 방악부(邦樂部, 일본악부), 조선악부, 양악부, 교육음악부, 경음악부 등의 부서와 지방에 지부를 두어 조선악단을 총동원하고자 하였다. 또한 사업으로는 음악의 지도와 통제,

68) 「노래로 米英 격멸」, 『매일신보』 1941년 12월 31일자.

음악회 개최, 음악가 표창과 지도에 관한 시설, 음악에 관한 조사연구, 기관지 발행 등으로 하였다.[69)]

조선음악협회는 조선총독부가 국방국가체제 완수와 대동아건설을 목표로 2천 4백만 명을 동원하여 결성한 국민총력조선연맹의 문화부에 가입하여, 총독부와 국민총력조선연맹의 상의하달 조직으로서 내선일체의 정서 강화, 일본 국민음악 보급 등 황국신민화 정책을 수행해 나갔다. 조선음악협회의 주요 사업 중 하나는 음악의 지도와 통제였는데, 그 대표적인 실천은 1943년 국민총력조선연맹과 공동 주최로 전개한 국민개창운동으로 나타난다. 국민개창운동은 일본의 국민개창운동에 따라 시행된 것으로, 총력전을 전개함에 있어 국민의 군가로서 건전 명랑한 국민가곡을 가창하고, 이를 통하여 국민사기의 앙양, 건전한 정신의 육성, 미영적인 불건전한 퇴폐적 적성음악의 일소를 목표로 하였다.[70)]

조선의 제1기 국민개창운동은 일본의 제1기 개창운동(2~3월)이 끝난 직후인 4월부터 5월까지 2달 동안 시행되었다. 하지만 이 운동이 본격적으로 실시되기 이전에도 음악회에서의 지도를 통하여 그 시작의 움직임이 보였다. 일본에서 제1기 국민개창운동이 진행되고 있었던 1943년 2월에는 국민총력조선연맹의 후원으로 개최된 국민음악회에서 국민개창지도로서 현제명(玄山濟明)이 대정익찬회가 정한 필수 가창곡인 〈바다로 가면〉과 〈이 결의〉의 두 곡을 지도한 예가 보인다.[71)] 또한 국민개창운동의 시범으로서 3월 26일 국민총력조선연맹과 조선음악협회의 공동주최로 국민개창운동대회를 개최하여 미영 격멸의 결의를 다지고자 했으며,[72)] 국민총력조선연맹에서는 일반에 모범을 보이고자 4월 5일부터 일본에서 성악가 히라마 후미히사(平間文寿)를 초빙하여 〈바다로 가면〉을 중심으로 일주일 동안 직원들에게 합

69) 「樂團 新體制運動 音樂協會發起人會」, 『매일신보』 1941년 1월 12일자.

70) 「國民皆唱運動 展開 一國民士氣 昂揚, 健全情操를 育成」, 『매일신보』 1943년 4월 15일자.

71) 「總力聯盟 후원下 國民音樂會 개최」, 『매일신보』 1943년 2월 24일자.

72) 「〈聽衆도 함께 唱和〉 聯盟主催 〈國民皆唱運動大會〉盛況」, 『매일신보』 1943년 3월 27일자.

창을 지도하게 했다.73) 국민개창운동을 추진하기 위한 구체적인 실시 방법과 선전 방법은 신문을 통해서 일반에 발표되었다. 실시 방법으로 '가창곡의 선정', '제1기 가창곡 및 지도곡목의 선정', '가창지도대의 파견'의 세 항목을 제시하고 있는데, 가창곡으로는 국민개창에 적합한 74곡을 선정한다고 하여 다음과 같이 밝히고 있다.74)

【조신의 국민개칭가곡 74곡】

바다로 가면, 愛國行進曲, 大政翼贊の歌, 大詔奉戴日의 歌, 靖國神社의 歌, 産報青年隊歌, 大日本青少年團歌, 大日本婦人會歌, 世紀의 절믄이, 國民進軍歌, 小國民進軍歌, 군함行進曲, 大東亞決戰의 歌, 敵은 幾萬, 올테면 오너라, 雪의 進軍, 太平洋行進曲, 愛馬進軍歌, 興亞行進曲, 이 決意, 나아가자 1억 불덩이다, 싸와 이기자 大東亞戰, 必勝の歌, 아세아의 힘, 아세아의 青雲, 南으로 나가는 日章旗, 大東亞戰爭陸軍의 歌, 大東亞戰爭海軍의 歌, 月月火水木金金, 英東洋함대격멸의 歌, 空의 勇士, 불타는 大空, 荒鷲의 歌, 空征日本, 航空決死兵, 空襲 무엇시 무서워, 露營의 歌, 새벽에 빈다, 직히라 太平洋, 箱根八里, 가슴을 헤치고, 愛國의 花, 南進男兒의 歌, 婦人從軍歌, 白百合, 忠靈塔의 歌, 出征兵士를 보내는 노래, 10億의 進軍, 그렷타 그 意氣, 멩꽁이 仔馬, 나아가라 小國民, 고로가네의 힘, 아츰이다 힘잇게, 今年의 燕, 世界의 끗까지, 절문힘, 와레라오미나와, 즐거운 奉仕, 氣運잇게 皆勤, 子頌, 日本의 어머니의 노래, 利鎌의 光, 우리들의 團結, 朝, 門出의 歌, 日出島, 娘田草船, 山은 불너 들은 너머 바다는 부른다, 아리가도상, 村은 흙으로, 日本의 발소리, 子實, (황성의 노래, 반도청년의 노래)

실제 이 곡들은 총 72곡으로, 선정곡이라고 한 74곡에서 2곡이 모자란다. 그런데 선정된 국민개창가곡 중에서 제1기 가창곡과 지도곡목으로 제시된 곡은 〈바다로 가면〉, 〈군국행진곡〉, 〈국민진군가〉, 〈애마진군가〉, 〈아세아

73) 「〈다함께 노래 불으자〉 聯盟職員들이 皆唱運動에 先鞭」, 『매일신보』 1943년 4월 6일자.

74) 「國民皆唱運動 展開 ― 國民士氣 昂揚, 健全情操를 育成」, 『매일신보』 1943년 4월 15일자.

의 힘〉, 〈황성의 노래〉, 〈십억의 진국〉, 〈아츰이다 기운잇께〉, 〈애국의 꽃〉, 〈반도청년의 노래〉의 10곡으로, 〈반도청년의 노래〉와 〈황성의 노래〉는 위의 72곡의 목록에는 없는 악곡이다. 따라서 이 두 곡이 누락된 것으로 보이고, 이 곡들까지 합한 74곡이 국민개창가곡으로 선정된 곡이라고 하겠다.

조선의 국민개창가곡을 앞에서 살펴보았던 일본의 국민개창가곡과 비교하면 누락된 〈반도청년의 노래〉와 〈황성의 노래〉를 제외한 72곡은 완전히 일치한다.[75] 일본의 선정곡에만 있는 악곡은 〈대일본의 노래〉와 〈병대 고마워〉의 2곡인데, 이 곡들 대신 조선에서는 〈반도청년의 노래〉와 〈황성의 노래〉가 선정된 것으로 보인다. 두 곡 중 〈반도청년의 노래〉는 조선총독부 정보과가 징병제도의 취지를 선전하고자 가사와 작곡을 공모하여 선정한 곡으로,[76] 조선 청년에게 씩씩한 기풍을 넣어 준다는 명목 하에 보급되었다.

이렇듯 일본에서 선정된 국민개창가곡은 그대로 조선에서 불리게 했다는 것을 알 수 있는데, 실제 일본의 국민개창가곡 74곡을 수록한 악보집 『국민가창곡집』이 조선에서 일본어 가사로 된 채 그대로 사용되기도 했다.[77]

노래를 보급하기 위해서는 이를 지도할 음악가들이 필요하다. 국민개창운동의 실시 방법에서도 밝히고 있듯이, 국민총력조선연맹에서는 가창 지도대를 편성하고 이를 도내, 농산, 공장, 광산 등에 파견하여 전국에 걸쳐 보급 활동을 펼쳐 나갔다. 1943년 4월 29일부터 5월 9일까지 현제명, 김성태, 이흥렬(直木興烈) 등이 지도대에 참여하여 5개 지역을 돌며 국민개창운동을 실행하기로 하였고, 제1기 운동 기간이 끝난 7월에 들어와서도 가창지도활동은 계속되어 7월 5일부터 9일까지 김태섭, 김성옥 등이 황해도 각

---

75) 〈멩꽁이(仔馬)〉는 일본곡 〈귀여운 새끼말(めんこい仔馬)〉이고, 〈門出의 歌〉는 일본곡 〈출진의 아침(かどでの朝)〉, 〈와레라오미나와〉는 〈우리 여자들은(われらおみなは)〉, 〈子實〉은 〈야자의 열매(椰子の實)〉이다.

76) 「半島靑年의 노래」, 『매일신보』 1942년 10월 16일자.

77) 大政翼賛会, 『国民歌唱曲集』, 新興音楽出版社. 이 악곡집에는 출판정보가 누락되어 있는데, 수록곡 74곡은 1943년 일본에서 제정한 국민개창가곡과 일치하고 쇼와 19년(1944) 5월 5일자 조선총독부도서관의 인장이 찍힌 것으로 보아, 일본과 조선에서 동시에 사용된 국민개창운동의 보급 악보집임을 추정할 수 있다.

지에 파견되어 연주와 지도 활동을 수행해 갔다.[78)]

국민총력조선연맹과 조선음악협회는 이러한 가창지도 활동 외에 다양한 선전 방법으로 국민가의 보급을 꾀하였다. 신문과 기타 보도기관의 이용, 포스터 입간판을 제작하여 각지 요소에 배치, 영화관 휴식시간에 국민가곡의 음반 연주, 영화관의 순서 중에 국민가곡의 가사 등재, 악기점 등에서의 음반 연주는 되도록 국민개창가곡의 음반을 사용하게 하는 것 등이 그것이 있다.[79)] 특히 영화상영 막간에는 15분에서 20분간 '국민개창의 시간'을 넣어 음반뿐 아니라 조선음악협회의 음악가가 직접 파견되어 연주와 지휘를 하면서 관객에게 국민개창가곡의 합창을 지도하였다.[80)]

이러한 실시 방법과 선전 방법을 사용하여 1943년 4월과 5월에 걸쳐 시행된 제1기 국민개창운동은 같은 해 9월부터 10월까지의 2달 동안 전개된 제2기 국민개창운동으로 이어진다. 이에 앞서 8월 26일에는 국민총력조선연맹 사무국에서 국민개창운동위원회를 개최했는데, 여기에는 현제명, 박태현, 오바 유노스케 등의 음악가와 경성방송국 기획부장, 레코드협회장, 국민총력조선연맹 문화과장과 선전과장, 진흥과장, 조선총독부 사회부장과 하무과원, 경성일보 사회부장, 매일신보 학예부장 등이 참석하여, 제1기 개창운동실시에 대한 비판, 제2기 개창운동실시 방안, 제3기 개창운동의 국민가요 지도곡 선정 등에 대해 토의를 하였다.[81)]

제2기 국민개창운동은 가창지도대에 의한 국민가곡의 가창지도와 병행하여 조선총독부 정보과, 국민총력조선연맹, 조선군 보도부, 사단보도부 등에서의 강연회를 개최함으로써 제1기보다 시국인식을 더욱 강화해 갔다.

두 차례의 집중적인 운동기간이 끝난 후에도 국민개창가곡의 보급 활동

---

78) 「國民歌唱指導隊 京畿道에서 各邑面으로 派遣」, 『매일신보』 1943년 4월 24일자; 「國民歌唱指導隊」, 『매일신보』 1943년 6월 23일자.

79) 「國民皆唱運動 展開 ―國民士氣 昻揚, 健全情操를 育成」, 『매일신보』 1943년 4월 15일자.

80) 「映畵館에 〈國民皆唱의 時間〉: 幕間 利用하야 音協서 進出指導」, 『매일신보』 1943년 3월 28일자.

81) 「國民皆唱運動」, 『매일신보』 1943년 8월 27일자.

은 계속되었다. 1944년 8월에는 국민총력조선연맹 문화과에서 국민개창운동의 일환으로서 전시의 산업증산을 독려하는 노래 〈사봉증산가(仕奉增産歌)〉와 황군의 위안부 참가를 독려하기 위한 〈여자정신대가〉의 보급 활동이 전개되었다.[82]

VI. 맺음말

본고에서는 중일전쟁과 태평양전쟁기에 일본과 조선에서 행해진 음악의 통제 및 보급 정책에 대해서 국민가와 국민개창운동을 중심으로 살펴보았다.

중일전쟁의 발발로 일본 정부 주도의 관제운동인 국민정신총동원운동이 추진됨에 따라 음악 분야에서는 불건전한 가요를 정화하여 시국정신을 고취시키고자 음반검열이라는 '통제정책'이 시행되었고, 이와 동시에 국민을 교화, 동원시키는 역할을 한 국민가의 '보급정책'이 실시되었다.

국민가의 제정을 위한 여론 지지의 수단으로 활용된 것은 국민가의 현상모집으로, 이는 내각정보부, 육군성, 마정국, 대정익찬회 등의 정부기관, 신문사, 출판사, 방송국 등의 미디어, 애국부인회, 소국민문화협회 등의 국민운동기관이 담당주체가 되었다. 전시기의 악곡모집은 '국책선전'과 '국민계몽'으로 그 목적이 획일화되었다는 것이 특징으로 나타난다. 선정된 국민가는 각종 음악회, 행사 및 회합 등에서 국민의례로 사용되었으며, 음반 발매와 라디오 프로그램 방송을 통하여 전파되었다. 또한『주보』및 각종 신문, 잡지에 선정곡의 악보를 게재하는 등, 국가적 차원에서 다양한 방법을 활용하여 국민가를 확산시켜갔다.

태평양전쟁이 시작되자 음악에 대한 통제와 보급 정책은 더욱 강화되어 갔다. 미영음악은 적성음악으로서 간주되어 음반, 악보, 연주가 모두 금지되었고, 이와 더불어 국민정신 함양과 교화동원을 목적으로 국민개창운동

82)「우렁찬 皆唱의 노래」,『매일신보』1944년 8월 23일자.

을 실시하여 강압적인 방법에 의해서 국민가를 보급해 나갔다. 대정익찬회와 정보국이 주도하고 일본음악문화협회가 실천 주체로서 실시한 국민개창운동은 1943년 2개월씩 두 차례의 집중적인 운동기간을 통하여 전개되었다. 필수가창곡인 〈바다로 가면〉과 〈미타미와레〉를 시작으로, 선정된 74곡의 개창가곡은 대부분이 메이지기부터 태평양전쟁까지의 시기에 만들어진 '군가'로, 당시 모든 국민에게 애창하도록 강요된 노래는 오로지 시국에 대한 국민정신 작흥, 애국심 앙양을 목적으로 한 노래였음을 일 수 있다. 국민개창운동을 위해 전국적으로 가창지도대가 파견되었고, 음악회는 물론 각종 회합에서도 국민가의 제창이 요구되었으며, 가집 출판, 음반, 라디오, 신문 등 각종 매체를 활용하여 보급 활동을 추진하였다. 하지만 수용층인 일반 대중 사이에서는 국민가의 가창에 불만의 소리도 제기되었던 것으로 부아 당시 국민가의 강제적인 부급에 한계점이 드러나고 있었다는 것을 짐작할 수 있다.

조선에서의 음악정책은 식민지라는 특성상 일본보다 복합적인 양상으로 나타난다. 내지의 정책이 그대로 적용되는 경우도 있고, 조선의 실정에 맞게 변형되거나 조선에서만 실시되는 경우도 보인다.

음반검열은 일본보다 1년 이상 먼저 시행되었다. 가요정화를 목적으로 실시된 음반검열에서 일본은 '풍속괴란'을 이유로 음반 발매가 금지된 경우가 많았지만 조선은 '치안방해'를 이유로 금지된 경우가 월등히 많아, 가요정화의 목적에도 식민지라는 특수한 상황이 투영되어 있음을 알 수 있다.

조선의 음악정책이 일본의 그것과 가장 뚜렷하게 구별되는 점은 모든 음악관련 정책의 구심점에 조선총독부가 있었다는 점이다. 음반검열은 조선총독부 도서과에서 담당했고, 초기의 음악 기본방침의 실천 주체였던 조선문예회는 조선총독부 학무국의 알선으로 조직된 친일단체였으며, 국민개창운동을 주도한 국민총력조선연맹은 조선총독부의 총독을 총재로 하여 총독부의 보조기관으로서의 기능을 담당한 관제단체였다. 또한 국민개창운동의 실천 주체였던 조선음악협회는 조선총독부와 국민총력조선연맹의 상의하달 조직이었다.

조선에서의 악곡 공모는 국민총력조선연맹, 조선총독부, 매일신문사가 주축이 되었는데, 악곡의 주제는 신동아 건설, 태평양전쟁 완수, 징병제 기념, 미영 격멸 등이며, 특히 징병제 찬양, 제국군인, 반도청년 등을 강조함으로써 황민사상의 고취를 주된 목적으로 삼았다. 일본의 현상모집에 의한 국민가의 선정에 비해 조선에서는 공모가 그리 활발하게 시행되지 않았는데, 그 이유 중 하나는 일본의 국민가를 그대로 조선에서 불리게 하는 경우가 빈번했기 때문이다. 일본에서 선정된 국민가는 조선에서도 국민가요, 애국가, 애국가요 등의 명칭으로 불리며, 각종 음악회 및 행사 등에서 필수 가창곡이나 국민의례의 일환으로 사용되었다. 국민가의 보급 취지는 일본과 조선이 동일한 것이었지만, 조선에서는 이와 더불어 내선일체라는 목적이 가미되었다.

태평양전쟁기 조선에서의 음악정책은 기본적으로 일본과 같은 형태를 취하면서 전개되었다. 일본의 미영음악 추방 방침에 따라 조선에서도 대대적으로 적성음악 일소운동이 추진되었고, 이와 동시에 국민가 보급을 위한 국민개창운동이 전국적으로 시행되었다. 조선에서의 국민개창운동이 국민총력조선연맹의 관(官)이 주도하고 신체제운동으로 일원화된 조선음악협회가 실천적 주체로서 개창운동을 이끌어 간 점, 74곡의 악곡 선정과 〈바다로 가면〉의 가창을 중점적으로 실시한 점, 음악가들의 파견을 통한 가창지도, 국민개창음악회 개최, 신문과 라디오 등의 매체를 적극적으로 사용하여 보급 활동을 펼쳐 나간 점 등은 일본에서의 국민개창운동의 전개 방법과 동일하다. 다만 기간상으로 일본의 국민개창운동과 교대로 시행되었고, 조선총독부가 징병제의 취지를 선전하고자 조선인을 대상으로 선정한 〈반도청년의 노래〉는 조선에서만 불렸다는 점 등이 서로 구분된다. 하지만 무엇보다도 조선에서의 국민개창운동은 내지인에게도 요구된 시국정신 외에, 일본의 국민가를 그대로 부르게 함으로써 조선인들을 사상적으로 계몽시키고 일본정신을 구현하여 조선인의 황민화를 목표로 전개했다는 점이 가장 명확하게 구별되는 점이라 할 수 있다.

이상에서 살펴보았듯이 전시체제 하에서의 음악은 단순한 오락이 아니라 소리를 매개로 한 파급력을 통하여 전쟁완수를 위한 무기(佐藤邦雄, 1943: 57)[83])로서 활용되었다는 것을 알 수 있다. 그 중심에 있었던 것이 '국민가' 로, 국민 참여를 독려한 초기의 '장려정책'은 전시색이 짙어짐에 따라 '국민 개창운동'이라는 '강압정책'으로 발전되었다. 전시기의 제국일본과 식민지 조선의 음악정책은 통제와 보급을 동시에 추진해 나간 점, 정부기관이 주도하고 각종 미디어가 협력하였으며 일원화된 음악조직이 실천 주체가 되어 음악을 전쟁의 수단으로서 적극적으로 이용하여 국민을 선동, 동원한 점에서 그 특징을 찾을 수 있다.

83) 「一万人合唱 音楽は軍需品…を強調」, 『読売新聞』 1941년 5월 8일자; 「文化도 전쟁의 무기」, 『매일신문』 1941년 12월 14일자.

식민지 조선과 노(能)

— 경부철도개통식전에서 공연된 '국가예능' 노 —

서정완

I. 들어가며

오늘날 공연되는 노(能)의 기본 골격 대부분을 완성시킨 제아미(世阿弥)가 활동한 1400년대 또는 에도(江戶)시대 노 연구에 비해서 메이지유신(明治維新) 이후의 근대기 노 연구가 상대적으로 지진하다는 문제는 일찍부터 일본 학계에서도 지적되고 있다. 더욱이 식민지 노 연구는 거의 불모지라 해도 과언이 아닐 정도로 연구성과가 미미하며, 역사적 의미에 대한 검토는 말할 것도 없고, 당시 상황조차도 제대로 파악하지 못하고 있는 것이 현실이다. 당연히 식민지 조선의 경우도 예외는 아니다.

그런데 예능/연희란 즐기기 위한 오락이자 교양이라 할 수 있으며, 적어도 일반대중에게 예능/연희라는 것은 정치나 경제와는 달리 손익이나 계산에 의해서 선택하는 것이 아니라, 해당 문화에 대한 이해와 관심 또는 해당 문화와의 일체감이나 친밀도가 중요한 요건이 된다는 일반론이라 할 수 있는 전제가 있다. 그러나 타국을 식민지로 만들어서 자국민을 식민지에 말 그대로 '식민'을 하고, 식민지로 전락한 타국의 국민을 피식민으로 관리 통제하며 나아가 동화시키려는 행위, 즉 식민통치라는 것은 기존의 문화에 실행되는 추가적인 강제적 행위인데 이 행위는 기존의 문화에 어떤 작용을 가하게 된다. 그렇다면 문화나 예능/연희를 주요 대상으로 하는 식민통치 연구라는 것은 문화와 권력의 거리는 어떻게 되며 상호간에 어떠한 힘이 작용하고 있는가, 나아가 권력이 문화를 어떻게 변용시키려 했는가, 시켰는가, 또는 어떻게 수용하고 저항하고 굴복하였는가를 묻는 연구이어야 할 것이다. 그리고 당연히 그 결과가 식민통치 종료 후에 어떻게 이어지는가를 밝히려는 포석까지 품고 있어야 할 것이다. 한편 예능/연희라는 것은 기본적으로 보여 주는 자와 보는 자에 의해 구성되는데, 어느 한쪽에 또는 양쪽 모두에 권력이라는 힘이 작용했을 때, 예능/연희와 권력의 거리에 따라서 다양한 패러다임이 생성된다. 이 패러다임이라는 모자이크를 하나하나 맞추면 식민지라는 공간에서 전개되는 각 모자이크의 집합체이자 연속체인 '문화권력'의 구도를 추출할 수 있다고 믿는다. 왜냐하면 식민지 하에서의 예능/연희는 권력과 문화라는 관계 속에서 그 동태가 형성되기 때문이다.

이상에서와 같은 문제의식을 품고 식민권력 일본의 전통예능을 대표하는 노가 식민지 조선에서 보인 궤적을 추적해서 식민지 조선에서의 문화권력의 밑그림을 그려 보는 것이 이 글의 목적인데, 노의 경우는 이러한 시점에서 접근해야 하는 보다 적극적인 이유가 있다. 바로 노와 권력과의 거리이다.

일본 중세인 무로마치(室町)시대의 최고 권력자인 아시카가 요시미쓰(足利義滿)의 총애를 받은 제아미로 대표되는 노와 집권자의 후원자(patron) 관계, 오다 노부나가(織田信長)와 도요토미 히데요시(豊臣秀吉)라는 시대의 집권자들이 보인 노에 대한 집착과 애호, 그리고 에도시대에는 노가 막부의 시키가쿠(式樂)로 지정되어 에도시대 신분계급인 사농공상(士農工商) 중 가장 높은 자리에 있는 '士(사무라이)'들이 즐기는 교양이자 오락으로서의 지위를 확보하게 되는 과정 등이 바로 그것이다. 즉 노의 역사에는 바로 노와 권력과의 거리라는 문제가 항상 그 중심에 있었던 것이다. 특히 시키가쿠는 제아미 시대의 자유로운 연출의 변경이나 새로운 시도로 대표되는 다이내믹한 창조력이라는 '생명력'을 희생하면서 손에 넣은, 보존과 재생의 반복만이 허용되는 다른 종류의 '생명력'이었다. 즉 전해서 보존하는 전존(傳存)이라는 새로운 '생명력'은 다이내믹한 창조력을 대가로 치른 것이며 맞바꾼 것이다. 그리고 이 보존과 재생이야말로 이에모토(家元)의 가장 중요한 책무였다는 점을 생각하면, 중세의 '좌(座)'라는 운영체제가 에도시대에 접어들면서 '이에모토'라는 운영체제로 바뀌는 과정은 마치 문예가 구승에서 기록으로 전개한 것처럼, '창조'에서 '전존(傳存)'으로 전환하는 과정을 나타내는 표상으로 볼 수 있을 것이다.

어쨌든 이러한 대가를 치르면서 에도시대를 당당히 살아남은 노였으나, 메이지유신에 의해서 갑작스럽게 덮친 '근대화'라는 거친 파도 앞에서 노는 존속의 위기를 맞게 되고, 한 시기 그 운명이 풍전등화와 같았다는 현실은 주지하는 바와 같다. 즉 녹봉을 제공하던 후원자를 메이지유신에 의해서 갑작스럽게 잃어버린 노는 근대국가 일본에 걸맞은 예능으로서 인지(認知)됨으로써 그 생존을 담보했던 것이다. 실제로 황태후나 천황가 왕족인 화족(華族)과 고급관료를 중심으로 한 이른바 지배계층에 의해서 노 재흥(再興)의 기점이 설정된 점, 바꾸어 말하면 대중의 오락으로 사회 저변으로부터 올라온 요구에 의해서 재흥의 기점이 설정된 것이 아니라는 점을 간과해서는 안 된다. 즉 쇠락에서 재흥으로 전환하는 중심에는 새로이 등장한 권력과 노와의 거리의 재편이 있었다.

그렇다면 이 새로이 등장한 권력과 노와의 거리가 식민지 조선에서도 동위(同位)였는지, 또한 내지 일본에서의 노와 수용자와의 거리가 조선의 그것과 같았는가 하는 소박한 의문에 대한 접근이 식민지 조선에서의 노를 고찰하는 기본 시점의 하나가 아닐까 생각한다. 제국을 지향하여 주변국과 지역을 식민지로 편입하면서 팽창을 되풀이한 일본의 전통예능을 대표하는 노가 식민지 조선에서 어떠한 위상으로 존재하였는가, 존재할 수 있었는가, 식민권력에게 노는 무엇이었으며, 또한 조선인에게는 무엇이었는가, 즉 식민지 조선에서의 노를 둘러싼 '문화권력'이 어떻게 작동하였는가 하는 문제에 접근하고자 한다.

여기서는 먼저 그 첫 단계로서 병합에 이르기 직전의 조선과 노의 접촉을 살펴볼 것이다. 엄밀히 말하면 병합 이전이기 때문에 이 시기의 조선은 아직 일본의 식민지는 아니나, 실질적으로는 식민지화를 위한 과정이 진행되던 시기였기에 이 시기를 조사하는 것은 1910년 이후 식민지 조선에서 노의 실태를 밝히는 데 필요하면서도 유효한 수순이 되리라 생각한다.

II. '국가예능'의 위관(偉觀)

한반도에서 노가 공연된 기록 중 가장 이른 것으로는 1616년에 부산왜관 낙성식 축하노가 있다. 그리고 일본에서 조선인이 노를 관람한 기록으로서는 1643년의 조선인 환영 노 공연(朝鮮人御馳走之御能)이 있다. 이 조선인 환영노는 윤순지(尹順之)를 정사로 하는 조선통신사 462명을 환대하기 위한 것이었는데, 이하에 제시하는 바와 같이 간제(觀世), 기타(北, 喜多), 곤파루(金春) 각 파에서 '다유(太夫)'라는 수장들이 직접 담당할 정도로 정중한 환대였다는 것을 알 수 있다.

朝鮮人御馳走御能 (寛永二十年癸未七月十八日)

式三番　三番三　伝右衛門

観世太夫 開口有

高砂 権右衛門庄九郎清次郎 與左衛門庄兵衛　狂言、夷、毘沙門弥太郎八右衛門

七太夫　女連五人

紅葉狩 高安源右衛門 小左衛門 新介又三郎　狂言　靭猿　権之丞

金春太夫

養老 六郎次郎助三十兵衛　彦九郎吉右衛門

(『寛永日記』1))

1) 인용문 중 '三番三'는 '三番叟'일 것이다. 그리고 '太夫'의 '太'도 그대로 인용했다. '大'가 옳음.

한편 근대에 들어와서는 『우메와카 미노루 일기(梅若実日記)』 1904년 3월 20일자에 다음과 같은 기사가 있다.

> 오늘과 내일 21일 이틀에 걸쳐서 간제 기요카도(觀世淸廉) 자택에서 헌금 노가 있다. (중략) 9시 정각에 시작해서 5시 40분에 끝났다. 전쟁 중이라 그런지 (헌금을 위해서) 관객이 많이 왔다.[2)]

[그림 1] 간제 기요카도(觀世淸廉, 1867~1911)

위 기사를 통해서 1904년 3월 20일과 21일 이틀 동안 간제 기요카도 자택에서 '헌금노(獻金能)'가 열린 사실을 확인할 수 있는데, 조선 공사가 이를 관람했다는 사실이 같은 3월 20일자에 있는 "오늘 조선의 공사가 관람하러 오신다"[3)]라는 기술을 통해서 확인된다. 그런데 이 기요카도 자택에서 열린 '헌금노'라는 것은 "오늘과 내일 양일간은 기요카도 자택 군자금 헌금노다. 후일 헌금했음. 400엔과 300엔임"[4)]이라는 기사가 있으며, 일기장에 덧붙인 종이에는 "3월 20일 기요카도 자택 군자금 헌금노 첫날, 헌금 300엔임"[5)]이라는 메모가 있듯이 일본 군부에 헌금하기 위한 노였다. 중세기에 사원에 기부하기 위한 간진노(勸進能)의 응용인지는 모르겠으나, 당시 이러한 노 공연이 꽤 열렸던 것 같다.[6)]

---

2) 本日ト明廿一日ト両日清廉宅献金能有之. (중략) 正九時始五時四十分済. 戦争時節柄ニ致シ見客賑敷事.

3) 本日韓鮮の公使見物ニ参ル.

4) 今明両日ハ清廉宅軍資金献金能 後日献金. 四百円ト又三百円ト申. 1904년 3월 20일.

5) 三月廿日清廉宅軍資金献納能初日. 献金三百円也.

6) 보다 자세한 조사가 필요하겠지만 이와 관련해서 참고가 되는 자료로는 『시사일보(時事新報)』 1894년 9월 5일자에 다음과 같은 기사가 있다. 참고로 1894년 10월은 청일전쟁이 발발한 지 4개월째 되는 시점이다.

같은 해 3월 26일에 "교토 가타야마 구로사부로(片山九郎三郎) 자택 군자금 헌납노(獻納能)"[7]가, 27일에는 "러일전쟁군자금 헌납노가 졸댁(拙宅)에서 열렸다"[8]는 식이다. 참고로 '졸댁'에서 열렸다는 노의 초청장 인사말은 아래와 같다.

댁내 평안하심을 축원 드립니다. 이번에 군자금 헌납을 위한 노를 아래와 같이 공연하게 되었으니 부디 찬조해 주실 것을 부탁드리오며 당일은 바쁘시더라도 꼭 내왕하셔서 관람해 주실 것을 간곡히 부탁드리옵니다. 경 백[9]

시바공원(芝公園) 노가쿠도(能楽堂)에서 열리는 월차노(月次能)는 매년 7, 8, 9월 3개월간은 휴업하는 것이 관례이나, 근래에 들어서 각 극장, 배우, 기타 예술인 사회에서 다양한 공연을 열어서 그 수익금을 휼병부(恤兵部)에 헌금하는 자가 많기 때문에 이번 달 하순이 되면 많이 시원해질 테니 이때 임시 의손(義損) 노가쿠를 열어서 노 배우, 악기 담당인 하야시카타(囃子方), 합창 담당인 지우타이(地謡), 교겐(狂言) 배우 등은 모두 무보수로 봉사하고 의상 대여료 실비를 뺀 수익금을 헌금하기 위해서 협의하고 있다고 한다.

위 기사는 청일전쟁이 발발하자 예술인들이 공연수익금을 휼병(恤兵) 즉 군부대 위문을 위한 헌금을 하고 있어서 원래 7~9월 석 달은 더위 때문에 노 공연이 쉬는 기간인데 9월 하순에는 시원해지기 때문에 노도 헌금 공연을 하기 위해서 준비 중에 있다는 내용을 보도하는 기사이다. 이후에 다음과 같은 군자금 헌금노가 차례로 열린 사실이 확인된다.

1894년 10월 6일, 교토 이나리신사(京都稲荷神社)에서 열린 대승리 보고 축제

1894년 10월 7일, 교토 곤고(金剛) 노가쿠도(能楽堂)에서 열린 군자금 헌금 특별임시 노가쿠

1894년 10월 17일, 교토 노가쿠도에서 열린 군자헌금 노가쿠

1894년 10월 21일, 오사카 이바라기(茨木) 마을 별원(別院)에서 열린 휼병금(恤兵献金) 노가쿠

1894년 11월 3~4일, 11일, 시바공원 노가쿠도에서 열린 군자금 의손 간진노(勧進能)

1894년 11월 4일, 오사카 쇼후샤(松諷社) 유지(有志) 발기인에 의한 휼병금을 위한 노가쿠

7) 西京片山九郎三郎宅軍資金献金能.

8) 日露戦争軍資金献金能。拙宅ニテ催ス.

9) 益御清穆奉賀候. 偖今般軍資金献納の為左之通り能楽相催候間. 何卒御賛助被成下当日ハ万障御差繰御来観之程奉希上候。敬白.

그리고는 공연 프로그램과 연기자에 대해서 상세히 적은 후 다음과 같은 설명이 이어진다.

> 호쇼(宝生)나 간제(觀世)가 공연할 때처럼은 관객이 많지 않다. 특히 날씨가 안 좋아서 더욱 만족스럽지 못했다. 그러나 모금은 할 수 있었다. 총 387엔 50전이었다. 많은 분들께서 조금씩 더 보내 주셔서 400엔을 헌납하였다. 좌석은 특별석 5엔, 일등석 4엔, 이등석 3엔 50전, 삼등석 2엔 50전임[10)]

이상의 일기 내용을 정리하면 우메와카 미노루 자택에서 열린 '러일전쟁 군자금 헌납노'는 5엔에서 2엔 50전까지의 관람료(자릿값)를 받았는데, 총 수입은 387엔 50전이며, 여러 사람의 도움을 얻어서 400엔을 채워서 헌금했다는 것이다. "호쇼(寶生)나 간제(觀世)가 공연할 때처럼은 관객이 많지 않다"고 말하고 있으나, 앞서 언급한 간제 기요카도 자택에서의 '헌금노'와 납부한 금액이 비슷하거나 조금 더 많은 것을 보니, 당시 각 헌금노의 실제 헌금 규모는 엇비슷했을 것이라 짐작이 된다. 어쨌든 이러한 '헌금노'를 조선의 공사가 어떠한 경위로 관람하게 되었는지, 공사가 지불한 헌금액(자릿값)은 얼마였는지, 노의 헌금노라는 것이 언제부터 시작되었는지 등 매우 흥미로운 문제를 품고 있으나, 현재로서는 이들을 확인할 자료를 확보하지 못하여 과제로 남게 되었다. 그러나 여기서 중요한 것은 조선에서 파견된 공사가 관람한 노는 즐기기 위한 순수한 예능/연희를 위한 모임의 자리가 아니라 일본 군부에 헌금하기 위한 정치적 목적이 설정된 장에서의 공연이고 관람이었다는 점을 지적해 두고 싶다.

한편 두 번째 기록으로는 『우메와카 미노루 일기』 1905년 4월 13일자에 아래와 같은 기사가 있다.

---

10) 宝生観世ノ催ノ如ク大客ニハ無之. 殊ニ雨天旁十分ニハアラズ. 乍併募金ハ可成也. 惣〆金三百八十七円五十銭也. 増金諸家ヨリ御送リ被下金四百円ヲ献納. ○席特別金五円 壱等同四円 二等同三円五十銭 三等同弐円五○銭.

조선국에서 오신 대사 의양(義陽) 전하께서 히비야 미쓰이(三井)클럽을 방문하시니, 미쓰이 일가에서 초대하여 노를 공연하였다.[11]

이 미쓰이클럽에서 열린 공연의 구체적인 프로그램을 보면 노 '하시벤케이(橋弁慶)', '쓰치구모(土蜘)'를 공연하고 이어서 교겐(狂言) '고야쿠네리(膏薬煉)' 등을 공연한 사실이 확인된다. 같은 달 10일에 "朝鮮國大使義陽殿下 이재각(李裁覺) 전하를 모시는 노, 오는 13일부터 있다고 구레 다이고로(吳大五郎)한테서 전화가 있었다"[12]는 기사가 있고, 11일자에 "朝鮮國戰爭祝捷之大使義陽殿下 이재각 전하를 위해 미쓰이클럽에서 공연되는 환영노는 오는 13일 저녁 6시에 '하시벤케이'와 '쓰치구모'로 결정되다"[13]라는 기사가 있는 점으로 보아, 러일전쟁에서의 일본군의 승리를 축하하기 위한 대사였다는 것을 알 수 있다. 아마도 러일전쟁 중 여순 공략 또는 지금의 심양인 봉천에서의 전승축하를 위한 특사가 아니었나 생각된다. 이러한 극히 정치적인 장에 조선의 특사가 임석하고 있다는 것 자체가 당시의 양국의 관계를 여실히 드러내는 일이라 할 수 있는데, 여기서 지적하고 싶은 것은 이러한 자리에 노가 있었다는 사실이다.

이상에서처럼, 1905년 3월과 4월 두 달 사이에 조선에서 파견된 공사와 대사가 노를 연달아 관람한 기록을 확인할 수 있는데 여기서 주목해야 하는 것은 어느 경우도 민간의 장에서 민중을 대상으로 하는 '흥행'이 아니었다는 점, 정치외교의 장에서 펼쳐지는 '향연'이나 '식전'의 일부였다는 점이다. 이는 당시 노가 정치외교의 무대에 동원되고 있었다는 노와 권력의 거리를 단적으로 나타내는 표상으로 볼 수 있다.

그런데 이 "朝鮮國戰爭祝捷之大使"를 위한 노가 공연된 지 약 40일 후에 '국가예능'으로서의 노의 위상을 결정적으로 확인할 수 있는 대형 공연이 열리게 된다. 1905년 5월 25일 경성의 남대문정거장 광장에서 거행된

11) 朝鮮国よりの大使義陽殿下日比谷三井倶楽部へ馳走ニ三井一家ニテ招待能楽有之.
12) 朝鮮国大使義陽殿下 李裁覚殿下へ馳走の能来ル十三日ト呉大五郎より電話.
13) 朝鮮国戦争祝捷之大使義陽殿下 李裁覚殿下へ三井ニテ馳走ノ能楽弥来ル十三日夕六時橋弁慶土蜘ト極る.

경부철도개통식전의 이른바 축하노(祝賀能)가 바로 그것이다. 먼저 조선총독부철도국이 간행한 『조선철도사』(朝鮮鐵道史, 1929)를 보면 당시 식전의 상황을 다음과 같이 설명하고 있다.

> 속성공사가 완성했음을 알리고 초량-영등포 간 노선은 예정대로 개통하였으며, 1905년 1월 1일부터 초량-영등포 구역 운수영업을 시작한 것을 포함해서 경성-부산 간 모든 노선이 개통되었다. 때는 5월 25일, 마침 러일전쟁에서 탁월한 활약상으로 세계를 놀라게 한 해전에 앞서기를 이틀, 경성의 남대문정거장 구내 광장[지금의 후루이치초(古市町) 철도국장 관사 부근 언덕 위]에서 성대한 개통식을 거행하였다. 이 자리에는 오우라(大浦) 체신대신을 비롯해서 하세가와(長谷川) 육군대장, 하야시(林) 주한공사, 한국 각 부처 대신과 기타 대관(大官)들, 귀족원과 중의원 의원들, 영·미·불·독 등 각국 공사 및 영사, 그리고 그 외의 귀빈까지 총 1천여 명이 자리를 함께했다. 후루이치(古市) 총재, 가와사키(川崎), 다케우치(竹內) 두 이사 및 이하 회사 직원들은 거류민 유지자들과 함께 내빈 접객을 담당했다. 이날, 일본 천황가에서는 후시미노와카미야 히로야스(伏見若宮博恭)왕 전하가, 그리고 조선 왕실에서는 의양군 이재각 전하께서 참석하셔서 은혜 깊은 영지(令旨)를 내리셨다. 식전은 먼저 후루이치 총재의 인사말로 시작해서, 두 전하의 영지, 후루이치 총재의 봉답(奉答)에 이어서, 오우라 체신대신, 박 농상공대신, 귀족원의원인 오기마치(正親町) 백작, 중의원의원 에바라 소로쿠(江原素六) 및 미·일 두 나라 공사의 연설, 그리고 마지막으로 후루이치 총재의 맺는 말 등이 있은 후, 식전을 모두 마쳤다. 바로 이어서 향연으로 넘어갔으며, 노가쿠(能樂), 스모(角力), 가구라(神樂), 마술, 관기(官妓)들에 의한 무용 등 각종 연희를 베풀어 흥을 돋우었는데, 이들 준비상황의 완벽함은 정말로 아름다울 정도로 훌륭했으며, 경성에서 미증유의 성황을 이루었다.[14)]

---

14) 速成工事完成を告げ草梁・永登浦間の線路は予期の如く開通し，明治三十八年一月一日より草梁・永登浦間の運輸営業を始め京城・釜山間の連絡を全うしたるを以て，五月二十五日時恰も日露戦役中掉尾の活躍に世界を驚歎せしめたる日本海海戦に先つこと二日京城南大門停車場構内広場（現在の古市町鉄道局長官舎附近丘陵上）に於て盛大なる開通式を挙行し大浦逓信大臣を初め長谷川陸軍大将，林駐韓公使，韓国各部大臣其他の大官，貴衆両院議員，英米，仏，独等の各国公使及び領事その他内外の貴賓来会するもの一千余名．古市総裁，川崎，竹内両理事以下会社職員は居留民有志者と共に来賓の接客に当った．此の日我が帝室よりは伏

식전의 규모라든지 '후시미노와카미야 히로야스왕 전하' 그리고 '의양군 이재각 전하'를 비롯한 참석자들의 면모는 물론이고 "경성에서 미증유의 성황을 이루었다"고 평하는 자찬은 일본이 경부철도 개통을 매우 중요한 사업으로 간주하고 있었다는 사실을 말해 준다. 실제로 1905년 5월 25일자 『철도시보(鐵道時報)』 제296호에는 '경부철도개통식 참석자 성명'15)이라는 명부가 게재되어 있는데, 그 내역을 보면 귀족원의원 29명, 중의원의원 145명, 신문기자 18명, 주주 6명, 상인 1명, 기타 62명으로 총 261명에 이른다. 뿐만 아니라 "이날 전체 개통식에는 참석하지 못하나 그 후 때를 봐서 한국으로 오는 자"라는 설명이 달린 '도한자(渡韓者)'라는 분류에 귀족원의원 5명, 중의원의원 13명, 은행관계자 2명, 기자 7명, 철도관계자 1명 등 총 28명의 이름이 올라 있다. 이들을 모두 합치면 귀족원의원 34명, 중의원의원 158명에 이르며, 이 숫자는 당시 의석수의 각각 약 24%, 약 53%에 해당한다. 귀족원의원의 1/4, 중의원의원의 반 이상이 경부철도개통식전에 참가하는 이른바 총동원체제라 할 수 있다. 이 정도 규모로 주요 인사를 대거 참여시킬 정도로 일본이 경부선철도 개통에 커다란 의미를 부여하고 있었다는 것인데 이러한 광경을 보고 『철도시보』의 '기노시타생(木下生)'이라는 필명의 기자는 제299호의 「한국별견록(韓國瞥見綠) 제8신」에서 「개통식의 위관(偉觀)」이라는 제목으로 다음과 같은 기사를 타전하고 있다.

> 450리의 길을 마다하지 않고 멀리 경성까지 온 것은 이번 개통식에 참석하기 위함이다. 이 식전이 어떻게 치러지는지 목격하기 위함이다. 지난 25일 남대문 밖에서 거행된 경부개통식은 당국 관계자들의 비상한 노력에 의해서 유감없이 수행되었으며, 이 씨 건국 이래 공전의 성관(盛觀)을 보였으며 대 성공리에 마쳤

見若宮博恭王殿下又韓廷よりは義陽君李裁覚殿下台臨あらせられ優渥なる令旨を賜うた. 式は先づ古市総裁の式辞に依りて開始せられ両殿下の令旨, 古市総裁の奉答, 大浦逓信大臣, 朴農商工大臣, 貴族院議員正親町伯爵, 衆議院議員江原素六及び, 日米両国公使の演說, 古市総裁の挨拶等ありて式を閉ぢ次いで饗宴に移り能楽, 角力, 神楽, 手品, 官妓舞踊等各種の余興を演じ歓を尽くし散じたるが, 是等の準備万端善美を極め京城に於て真に未曾有の盛況を呈した.

15) 京釜鉄道開通式参列者氏名.

다. 한국에서의 우리 국위의 발전을 보여 주었다. 이 얼마나 대단한 일이며, 어찌 이 실황을 아니 전하겠는가.[16] (경성에서, 5월 26일 오전, 1905년 6월 10일자)

경부철도개통식을 참관한 기자가 내린 결론은 "한국에서의 우리 국위의 발전"이다. 청일전쟁에서의 승리에 의해 맺어진 청일강화조약에서 조선국이 완전무결한 독립자주국임을 확인한다는 '독립자주'란 어디까지나 청국에 대한 독립자주이지, 그 실상은 일본의 영향 아래에 놓이는 극히 비독립적이고 비자주적인 것이었다는 점, 게다가 식전 이틀 후에 대마도 앞바다에서 발틱 함대 격파에 의한 러일전쟁에서의 승리와 그 결과로서 맺은 포츠머스조약, 그리고 한일협상조약(을미조약)에 의한 통감부 설치와 대한제국의 외교권 박탈, 나아가서는 그 5년 후의 한일병합으로 이어지는 역사를 되돌아보면, 일본에게 이 경부철도 개통은 바로 "한국에서의 우리 국위의 발전"을 보여 주는 쾌거였다. 그런 의미에서는 기노시타생이라는 기자의 예측은 결과적으로 매우 정확했다고 할 수 있다. 경부철도개통식전에서 "가장 성대한 여흥이 노"[17]였던 점을 간과할 수 없는 이유가 여기에 있는 것이다.

한반도에서의 주도권 싸움에서 러시아와의 관계가 긴장국면에 이른 일본이 전략적으로 대러시아 우위를 점하기 위해서 공학박사 후루이치 고이(古市公威)를 철도국 총재로 임명하고 공사 기간을 앞당길 것을 재촉한 것이 경부철도였다. 이러한 경부철도개통식에서 최대의 여흥으로 노 공연이 거행된 사실을 어떻게 이해할 것인가. 결코 노가 정치집단화된 것은 아니었으나, 청일전쟁에서 승리하고 이제 러일전쟁 승리를 목전에 두고 팽창을

16) 四百五十里の道を遠しとせずして遥々京城に来りしは此の開通式に列せむが為めなり．其式の如何に施行せらるゝやを目撃せむが為めなり．昨廿五日南大門外に挙行せられたる京釜開通式は当局諸氏の非常なる尽力に依て遺憾なく遂行せられ李氏建国以来空前の盛観を呈し，大成功を以て終れり．韓国に於ける我が国威の発展を授くる夫れ幾許ぞや．請う其実況を記述せんか．

17) 1905년 6월 10일자 『철도신보』 제299호에 "당일 여흥 중 최대의 것은 노가쿠(能樂)였으며, 도쿄에서 간제 기요카도가 일부러 한국까지 건너온 것이다(当日余興の最大なるは能楽にして実に東京より観世清廉の態々渡韓したるものなり)"라는 기사가 있다.

계속하는 제국일본의 '국위'를 과시하는 '국가예능'으로서 동원되고 혹은 동참하고 있는 모습을 볼 수 있는 것이다. 이는 동시에 메이지유신 후에 존속의 위기에 직면한 노가 1881년의 노가쿠샤(能樂社)[18] 설립을 거쳐서 메이지 30년대 후반에는 근대국가일본, 제국일본의 위관을 과시하고 그를 위해서 동원되는 예능 즉 '국가예능'으로서의 지위를 획득했다는 사실을 의미한다. 에도시대 '시키가쿠'에서 '국가예능'으로의 전개는 바로 노와 권력의 거리의 새편성이었으며, 그 시대, 그 체제 하에서 노가 살아남기 위한 하나의 선택이었는지도 모른다.

Ⅲ. 경부철도식전 노와 철도국 총재 후루이치 고이

경부철도개통식전 축하노를 주도한 것은 노 전문가인 간제 기요카도가 아니라 경부철도 총재 후루이치 고이였다. 그는 경부철도 총재이면서 노에 관해서는 프로에 버금가는 실력을 가진 인물이었다. 여기서는 이 후루이치 고이라는 인물과 노라는 시점에서 경부철도개통식 축하노의 의미를 생각해 보고자 한다.

축하노의 구체적인 프로그램과 연기자에 대해서는 앞에서 언급한 『철도시보』 제296호 기사에서 확인할 수 있다. 다음과 같은 프로그램과 연기자명이 게시되어 있다. 교겐 부분은 생략하고 노에 대한 부분만 표시하겠다.

---

18) 메이지유신에 의해 에도막부가 몰락하자 막부 아래에서 신변을 보호받고 있던 노 연기자들은 갈 곳이 없는 신세가 되어 노 존속 자체가 어려운 암흑기를 맞이했다. 그러던 중 이와쿠라 도모미(岩倉具視)를 비롯한 정부요인, 화족(華族)들이 자금을 갹출해서 당시 사루가쿠(猿樂)라 불리던 노를 계승할 조직을 만들었는데 그것이 노가쿠샤(能樂社)이다. 시바공원에 노가쿠도(能樂堂) 즉 노 무대를 건설했는데 이는 노 부흥을 상징하는 대사건이었다. 한편 이때 의도적으로 '사루가쿠'라는 용어를 기피해서 '노', '노가쿠'라는 말을 정착시켰는데, 이 자체가 근대국가인 제국일본의 국격에 걸맞은 명칭의 선택이라고 이해할 수 있다.

五月二十五日午後一時始　　　　　　開通式に於て

式能組

八島　片山九郎三郎 中村猪太郎 大野勘兵衛 大蔵喜太郎 奥浅次郎

羽衣　観世清廉 田中耕吉 林吉蔵 幸清次郎 橋木熊三郎 森田操

小鍛冶　大西亮太郎 中村猪太郎 林吉蔵 幸清次郎

五月二十六日午前十時始

慈善能組

山姥 観世清廉

田村 大江又三郎

望月 大西亮太郎

土蜘 片山九郎三郎

猩々 観世清廉

午後三時より景福宮に於て韓廷の饗應あり

(오후 3시부터 경복궁에서 대한제국 주최 향연이 있다)

그런데 같은 해 6월 10일자 『철도시보』 제299호에서는 연기자 등에 차이가 보이는 다음과 같은 프로그램을 싣고 있다.

八島　片山九郎三郎　田中耕吉　平松甚平 大野勘兵衛　奥知状

羽衣　観世清廉 谷田民之助 林吉蔵 幸清次郎 橋木熊三郎 森田操

小鍛冶　大西亮太郎　田中耕吉 林吉蔵 幸清次郎 小寺隼之助

어느 쪽이 실제로 공연된 프로그램인지는 다른 자료와 대조해서 확인할 필요가 있으나, 『철도시보』 제296호의 기사는 식전 5일 전 기사이기 때문에 사전에 취재한 프로그램을 게재한 것이고, 6월 10일자 『철도시보』 제299호 기사가 당일 실제로 공연을 취재해서 실은 기사가 아닐까 생각할 수 있다. 그러나 두 기사 모두 실제로 공연된 프로그램은 아니었던 것으로 보인다. 고(故) 후루이치 남작 기념사업회에서 간행한 『후루이치 고이』(古市公威, 1937)에는 다음과 같은 기사가 있다.

1905년 5월 25일, 경성에서 경부철도개통식이 거행되었는데 영광스럽게도 후시미노미야 히로야스(伏見宮博恭)왕 전하께서 참석해 주시고, 오우라 체신대신 일행도 참석하였으며, 식전이 끝난 후에는 성대한 축하연이 있었다. 후루이치 선생은 이번 개통식 여흥으로 노가쿠를 공연하기로 하고, 남대문 앞에 임시무대를 신축해서 도쿄, 교토, 오사카에서 20여 명의 노가쿠 연기자들을 불러서 개통식 당일 오후 1시부터 공연을 시작했다. 첫 곡은 교토 가타야마 구로사부로(片山九郎三郎) 씨의 '야시마(八島)', 두 번째 곡은 도쿄 간제 기요카도 씨의 '하고로모(羽衣)', 세 번째 곡은 오사카의 오니시 료타로(大西亮太郎) 씨의 '고카지(小鍛冶)'였는데 다음 날 같은 무대에서 자선노(慈善能)를 개최했다. 프로그램은 후루이치 선생의 '야맘바(山姥)', 간제 기요카도 씨의 '유야(熊野)', 가타야마 구로사부로 씨의 '다무라(田村)'와 '쓰치구모(土蜘蛛)' 그리고 오에 마타자부로(大江又三郎) 씨의 '미다레(亂)' 즉 '쇼조미다레(猩々亂)'였으며, 어느 곡 할 것 없이 모두 노련한 연기를 보였으나, 그중에서도 후루이치 선생의 '야맘바'는 특히 이채로웠다.[19]

『철도시보』 제296호에 의하면 26일 자선노에서는 간제 기요카도가 '야맘바'와 '쇼조' 두 곡을 추게 되어 있었으나, '야맘바'는 후루이치가 춘 듯하다. 처음부터 후루이치가 출 작정이었는지 아니면 간제 기요카도가 두 곡을 담당할 예정이었는데 사정이 생겨서 사퇴하고 후루이치가 대행했는지 등의 자세한 사정에 대해서는 알 수 없으나, 이 후루이치의 '야맘바'에 대해서 『교토히노데신문(京都日出新聞)』에 다음과 같은 기사가 실려 있다.

둘째 날은 오전 10시에 시작해서 5시경에 끝났습니다만 이날 첫 번째 곡'야맘

19) 尋で同三十八年五月二十五日、京城に於て京釜鉄道開通式を挙行し、伏見宮博恭王殿下の台臨を辱うし奉り、大浦逓信大臣の一行も亦之に臨み、式後盛大なる祝賀会ありたり。先生は此の開通式の余興として能楽を催さんと欲し、南大門前に仮舞台を新築し、東京・京都・大阪より二十余人の能楽師を招き、開通式当日午後一時を以て余興演技に移り、初番は京都片山九郎三郎氏の「八島」、二番目は東京観世清廉氏の「羽衣」、三番目は大阪大西亮太郎氏の「小鍛冶」なりしが、翌日同舞台に於て更に慈善能楽会を催し、番組は古市先生の「山姥」、観世清廉氏の「熊野」、片山九郎三郎氏の「田村」と「土蜘蛛」、大江又三郎氏の「乱」にて、孰れも老巧の技を演ぜられしが、就中先生の「山姥」の妙技は、特に異彩を放ちたりしと云う。

바', 설월화(雪月花)의 춤을 후루이치 고이 씨가 맡으셨습니다. 관객은 일본인이 많았으며 조선인은 적었습니다만, 교겐은 대체로 이해를 할 수 있었던 모양입니다.[20]
(1905년 6월 4일)

후루이치 고이의 조부 후지노신다카토모(藤之進孝友)는 에도시대 히메지번(姬路藩)의 재정을 담당하는 책임자였기 때문에 직무상 각 번의 중역 및 에도의 호상(豪商)들과 교제하는 장소에서 요쿄쿠(謠曲)나 노를 주최한 적이 많다. 후루이치는 조부의 영향에 의해서 어릴 때부터 요쿄쿠, 노와 친숙하게 지냄으로써 그 소양을 갖출 수 있었다. 1881년 6월 20일에는 우메와카 미노루에 입문해서 연습에 정진했는데 "1881년 입문부터 1888년 야마가타 아리토모(山県有朋)를 단장으로 하는 구미시찰단에 수행하기까지의 8년간을 봐도 홋카이도 삿포로(札幌)의 도요히라강(豊平川) 개수공사 기간이나 니가타(新潟) 출장소 근무기간 등의 도쿄 부재 시를 제외하면 한 달에 3번에서 5번, 많을 때는 7번에서 9번 연습하러 다니고 있다"[21]고 할 만큼 열성적이었다. 뿐만 아니라 자신의 결혼을 스스로 노로 축하하고, 자택에는 무대를 설치하고, 망자의 명복을 비는 추선노(追善能)도 다수 열고 있으며, "후루이치 사망 후, 입관할 때 노 무대에 오를 때처럼 하오리와 하카마라는 정식 복장을 갖추었다"[22]고 한다. 이처럼 노에 몰입한 후루이치였는데, 그가 가진 노의 역량을 구체적으로 확인할 수 있는 자료로는 스스로 작성한 「요쿄쿠·노가쿠 실연(實演)에 관해서(謠曲能樂實演に就きて)」가 있다. 이 비망록에 의하면 후루이치가 전수받은 곡목은 총 137곡에 이른다. 이 자료는 1886년 9월 10일부터 작성한 기록이기에 우메와카 미노루에 입문해서 5년 동안의 전수나 연습은 반영되지 않은 숫자이다. 이 점을 감안하면 실제로 전수받은 곡은 이보다 훨씬 많았으리라 짐작할 수 있다.

---

20) 二日目には午前十時に始めて五時頃に終ひましたが、此の日の初番（山姥、雪月花の舞、半能）を古市公威氏が勤められました。見物は日本人が多く韓人は少かったですが、狂言は割合に能く解ったやうです。
21) 『古市公威とその時代』(土木図書館委員会 · 土木史研究委員会, 丸善, 2004)에 의함.
22) 앞의 책 『古市公威とその時代』에 의함.

이처럼 노에 대한 열정과 집착이 보통이 아니며 그 역량도 프로에 버금가는 후루이치였지만, 여기서 우리가 주목해야 할 점은 경부철도개통식 이틀째 자선노에서 선보인 '야맘바'는 후루이치가 아끼는 '비장의' 곡이었다는 점이다. 1905년 5월 2일자 『오사카시사신보(大阪時事新報)』에 다음과 같은 기사가 실려 있다.

> 간제 기요카도 일행은 다행히 현재 교토에 체류 중인데, 경부철도 총재 후루이치 고이의 발의에 의해서 다음 달 25~26일 양일간 경성에서 집행하는 경부철도 개업식에 일행을 초빙해서 노가쿠를 공연하려는 계획이 있다. 후루이치 총재는 표면적으로는 아마추어이지만 실제로는 이 길의 달인임을 모두가 인정하고 있으며, 스스로도 이에 대해서는 매우 자부심이 강하기 때문에 이번 흥행 때 운이 좋으면 '바쇼(芭蕉)'나 '유교야나기(遊行柳)'처럼 우아하고 아름다운 유현미(幽玄美) 가득한 곡을 선보일지도 모르고, 경우에 따라서는 비장의 '야맘바'를 선보여서 한국(조선)에 있는 노가쿠통들을 깜짝 놀라게 할 공산일지도 모른다. 노가쿠 연기자의 가와카미 오토지로(川上音次郎)라고도 할 수 있는 간제 기요카도는 기뻐서 덩실거렸다고 한다. 전해 듣기로는 도요토미 히데요시는 기타일류(喜多一流)의 맹장지 장인[23]을 데리고 삼한(三韓)으로 들어가려 했으나, 천명(天命)이 따라 주지 않아서 그 목적을 달성하지 못했다. 본인은 지금 간세의 적류(嫡流)로 태어나서 세상 사람 이목을 깜짝 놀라게 하는 것은 역대 노가쿠가 바라던 바이며 가문의 영광이다. 이 호기를 놓쳐서는 또다시 언제 삼한의 땅에 들어갈 수 있으리오. 바로 동지들을 권유해서 조선 행을 준비하지 않으면 안 된다.[24]

---

23) 여기서 '經師' 즉 '맹장지 장인'이라는 것은 권력을 상징한다. 조선을 정복한 후 고급스러운 맹장지를 사용한 거소를 짓는다는 뜻임.

24) 観世清廉氏の一行は目下京都滞在中なるを幸ひ、京釜鉄道総裁古市公威の発意に依り、来月二十五、二十六両日、京城にて執行する同社開業式に一行を招徠して能楽を開演せんとするの計画あり。同氏は表面こそ素人なれ、内実は斯道の達人として人も許せば自らも亦た平生より大抱負を有する大天狗なれば、此興行を幸ひ芭蕉や遊行柳など云へる幽玄なるものを出し、場合によりては秘蔵の山姥をもさらけ出して、天晴韓国在留の能楽通等にアツと舌を巻せん底巧なりとも知るや知らずや 能楽師の川上音次郎ともいふべき観世清廉は雀躍りして大に勇み、伝へ聞く、太閤秀吉は喜多一流の御経師を率ゐて三韓に入らんとしたるも天命限りありて遂に其目的を達せざりしと云へり、我今観世の嫡統に生れて耳目を驚倒

이 기사는 세 가지를 말하고 있다.

① '야맘바'는 "이 길의 달인임을 모두가 인정하고 있으며, 스스로도 이에 대해 매우 자부심이 강하다"고 평가할 정도로 노의 역량이 탁월한 후루이치의 비장의 곡이었다.

② 경부철도개통식 축하노는 경부철도 총재 후루이치의 발의에 의해서 진행되었다.

③ 후루이치의 발의에 의해서 간제 기요카도가 노의 삼한 진출은 노가쿠 역대의 바라던 바이여서 영광이라고 매우 적극적으로 찬동하고 있다.

①에 대해서는『후루이치 고이』에 "선생이 가장 잘한 곡으로 鉢木(하치노키), 山姥(야맘바), 頼政(요리마사), 百万(햐쿠만), 三井寺(미이데라), 柏崎(가시와자키), 望月(모치즈키), 春日龍神(가스가류진), 実盛(사네모리)가 있다"는 내용이 있으므로 '야맘바'는 후루이치에게 중요한 곡이자 비장의 곡이 맞다. 그러나 문제의 소재는 이 사실이 아니라, ②의 식전 여흥으로 노 공연을 한 점과 직접 무대에 올라서 비장의 곡을 선보인 점의 상관관계와 그 의미이다. 이를 살펴보기 위해서 먼저 ③의 내용부터 검토하고자 한다.『우메와카 미노루 일기』 1905년 5월 19일자에 다음과 같은 내용이 있다.

> 기요카도 일행이 어젯밤 도쿄 신바시(新橋)를 출발했다. 규슈 모지(門司)에서 조선으로 건너가 이틀 동안 노 공연을 하기 위함이다. 이번 공연은 후루이치 고이로부터 부탁받은 일이다. 경성-부산 간 철도가 완성된 것을 축하하기 위해서 후루이치가 호스트가 되어 노 공연을 열게 되었다. 기요카도로서는 예상치 못한 일이었으나 후루이치의 부탁이기에 여기저기 사람을 수소문했다. 와키 하야시카타(拍子方)는 오사카에서 참여하고, 도쿄에서는 고유키 세이지로(小幸清次郎) 1명 외에 제자 2명과 야마시나 야스시(山階康), 나카이 조타로(中井城太郎), 세키오카 겐타로(関岡兼太郎) 등 7명이 참여하기로 했다. 총 24명이 될 예정이다.[25]

せんこと、能楽歴代の本懐にして亦た一門の光栄たり、此好機を外して何時かまた三韓の地に入るを得べきと、俄に同志を勧誘して朝鮮行をすゝむれば…。

25) 清廉事一昨夜新橋発車。門司より朝鮮へ参リ二日能楽有之ニ付出立。是ハ古市

여기서 주목하고 싶은 것은 "예상치 못한"으로 번역한 일본어 원문 '突飛' 라는 두 글자의 의미이다. 해당 부분은 후루이치 고이가 제안한 경성에서의 노 공연이 "예상치 못한 일"이었기에 당황스러웠으나, 후루이치의 부탁이기에 간제 기요카도가 앞장서서 연기자를 알아보고 수배를 했다는 뜻이다. 그런데 중요한 것은 여기서 말하는 "예상치 못한 일"이란 시간적으로 여유가 없어서 급박하게 쫓긴다는 뜻이 아니라, 한 번도 생각해 본 적이 없는, 아무도 생각한 적이 없는 조선에서의 노 공연이라는 놀라움, 예상 외의 제안이라는 뜻이라는 점이다. 국가예능으로서 동원되고 있었다고는 하나, 메이지유신에 의해서 존재기반을 상실한 노가 일본 국내에서의 생존을 걸고 고통스러운 시간을 인내했다는 현실을 고려했을 때 아직은 이른바 해외진출을 꾀할 여유는 없었다고 보아야 할 것이다. 그렇기 때문에 '삼한' 운운으로 이어지는 위 인용문 후반부는 극히 의도적이고 정치적인 발언이라는 인상을 지울 수가 없다.

과연 간제 기요카도는 '삼한정벌'에 대해서 아니면 조선의 역사에 대해서 얼마나 알고 있었으며, 얼마나 관심을 가지고 있었던 것일까. 주지하는 바와 같이 오늘날 이미 '삼한정벌'은 부정되어 위사(僞史)로 판정되고 있으나,[26] 이른바 '삼한정벌'에 의해서 조선은 일본의 속국이 되었다는 『일본서기』 기사를 당시는 역사적 사실로 믿고 있었다. 도요토미 히데요시 때 임진왜란을 일으키면서 침략전쟁을 정당화하는 명분으로 적극적으로 활용된 것이 그 시작이었으며, 메이지에 들어서는 정한론이 대두했을 때도 그리고 대한제국을 병합할 때도 나아가서는 일선동조론을 바탕으로 외지에서 동화

公威より被頼参る。京城ト釜山の鉄道出来の祝ニ古市主トナリ能を催す。清廉事突飛ニ付古市の見込ニテ頼。ワキ拍子方ハ西京大坂の人被参。東京よりハ小幸清次郎一人外ニ内弟子二人ト山階康　中井城太郎　関岡兼太郎七人参る。惣人数廿四人のよし。

26) 가령 『일본서기』나 『고사기』에 근대적 사료비판을 가했다는 공로를 인정받고 있는 일본의 사학자인 쓰다 소우키치(津田左右吉, 1873～1961)는 『일본고전 연구(日本古典の研究)』에서 이른바 '신라토벌'에 대해서 "사실에 입각한 기록 또는 전설이나 구비(口碑)에서 나온 이야기가 아니라, 한참 뒤에 아마도 신라토벌에 관한 진실과 그 사정이 모두 잊혀진 무렵에 이야깃거리로 만들어진 것 같다"고 말하고 있다.

정책이 추진될 때도 사상적 배경과 이론적 명분으로 활용된 것이 이 '삼한'이다.

그런데 여기서 『오사카시사신보』의 해당 기사를 면밀하게 음미하면 조금 이상한 점을 하나 발견할 수 있다. 바로 중간부터 갑작스럽게 "전해 듣기로는"이라는 전문(傳聞) 형식을 취하고 있다는 점이다. 이 "전해 듣기로는"을 경계로 그 '이전'과 '이후'는 문장의 톤과 흐름이 현격히 다르다. '이전'을 후루이치 고이와 예능에 관한 이른바 '民'의 이야기라고 한다면, '이후'는 국민국가적인 사관과 관제(官制)에 의한 애국심이 뒤섞여 있는 '官'의 이야기라고 설명할 수 있는 내용이다. 또한 '이전'은 "한국(조선)에 있는 노가쿠통들"을 대상으로 하고 있으며 이는 이른바 '재조선 일본인' 즉 어디까지나 자국민을 대상으로 하는 발언이지만, '이후'는 타 민족, 타 문화, 타국을 대상으로 하고 있다는 점에서 그 의미와 의도는 전혀 다르다. 물론 '이전'이 단정인 데 반해 '이후'는 전해들은 확실하지 않은 이야기로 되어 있는 점은 말할 것도 없다. 아직은 대한제국이 일본의 식민지가 되지 않은 시기라는 점을 감안하면 거의 '침략'에 가까운 발언으로 받아들여질 수도 있는 내용이다. 이러한 생각을 간제 기요카도가 가지고 있었다, 그렇게 들었다는 것이 『오사카시사신보』의 기사인 것이다. '삼국정벌'에 입각한 당시 일본의 조선관을 언론이 또는 기자가 피력하면서 제국일본의 팽창의 정당성과 위대함을 인위적으로 묘사하려 한 부분으로 보아야 할 것이다. 어쨌든 여기서는 '이전'에 해당하는 "한국(조선)에 있는 노가쿠통들을 깜짝 놀라게 할 공산"이라는 말에 대표되는 후루이치 개인의 노에 대한 욕심과 애정을 설명하는 부분과 '이후'에 해당되는 '삼한정벌'로 상징되는 삼한 진출이 역대 노가쿠가 바라던 바라는 내용 사이에는 기술의도에 커다란 차이가 있음을 밝혀 두겠다.

그런데 경부철도개통식전 노는 비록 가설무대이기는 했지만 상당히 본격적인 노 무대에서 공연되었다. 앞에서 든 『철도시보』 제299호에 「한국별견록(韓國瞥見綠) 제6신 경성 돌아다니기(京城の驅巡り)」라는 기사가 있다.

어젯밤에는 미카즈키 여관에서 1박했다. 어제 아침에 바로 가지마구미(鹿島組)로 숙소를 옮기고 먼저 남대문 바깥에 있다는 경부철도개통식 사무소를 방문했다. 후루이치 총재, 가와사키(川崎) 이사, 가사이(笠井) 개통식위원장을 면담하는 등 매우 바빴다. 준비가 한창인 식장을 돌아봤는데 그 규모는 매우 광대했으며 아치형 문이 대단한 위용이었고, 회식장도 널찍했고, 노 무대는 본격적인 것이었다. 그 어느 것을 보아도 한인들(조선인들)의 눈을 경악케 하고도 남는 것들이었다.[27]

밑줄 친 부분은 조선에 대한 오리엔탈리즘적인 시선 그리고 행사장의 규모와 본격적인 노 무대를 준비한 데에 대한 자부심을 읽을 수 있는 대목인데, 이 '국가예능' 노의 무대에 대한 자부심은 상당한 것이어서 다음과 같은 내용들이 되풀이되고 있다.

누 전하도 특별히 자리를 함께해 수셨다. 잠시 관람하고 계셨으나, 이는 한국(조선)에 거류하고 있는 일본의 신사, 귀부인에게는 가장 기쁜 일이다. 또한 노 무대는 특별히 본격적인 무대로 신축한 것이며, 두 전하께서 먼저 자리에 앉으셨다.[28] (중략)

행사장 구조물은 입구에 회사에서 세운 대형 아치는 도쿄에서도 쉽게 볼 수 없는 크기의 것이며, 식당은 매우 컸고 장식도 잘 되어 있었다. 식장은 약간 소형이나 그 대신에 노 무대가 들어선 주 건물은 아주 정성을 다한 것이었다.[29] (후략)

---

27) 一昨夜は三日月旅館に一泊。昨朝直ちに鹿島組に転宿するや取り敢えず南大門外なる京釜開通式事務所を訪う。古市総裁、川崎理事、笠井開通式委員長等に面会、極めて多忙なり。準備中の式場を一覧せしに其規模頗る宏大にして、緑門の偉大なる、会食場の広々したる、能舞台の本仕掛なる、孰れも韓人の眼を驚かすに足るものならむか。(이하 인용문 밑줄은 인용자에 의함)

28) 両殿下も特に御臨席あり。暫く御覧遊ばれたるが、在韓の日本紳士貴夫人には最も興多かりしことならむ。又能楽舞台は特に本仕掛けに新築せしものにて、始め両殿下の御臨席に充られたり。

29) 会場の構造物は会場の入口に会社の作りたる一大縁緑門は東京にも多く見ざる大なるものにして、食堂は極めて大きく装飾も行届けり。式場は稍や小形なる代りに能舞台の本建物には大に手数を要したるならむ。

그리고 『철도시보』 제299호 「한국별견록」 제8신에는 다음과 같은 기사가 있다.

> 당일 개통식을 구경하기 위해서 그렇지 않아도 신기한 것을 구경하기 좋아하는 태평한 한인들이 아침부터 몰려와서 5만 평 이상 되는 광대한 정거장이 넘쳐날 정도로 밀집되어 있었다. 이를 높은 데서 내려다보니, 그저 '백의흑두(白衣黑頭)' 즉 하얀 옷을 입은 시커먼 머리와 '학아(鶴鵞)' 즉 학과 거위가 뒤섞여서 군거(群居)하는 것과 같았다. 경성이 생긴 이후 최대 인파였음을 의심할 여지가 없었다.[30]

이 기사도 앞에 게시한 기사와 마찬가지로 노 무대가 '본격적인' 무대인 점을 찬미하고 있다. 그리고 그 말미는 밑줄에서처럼 조선인을 '높은 데'서 내려다보면서 '백의흑두', '학아의 군거'라고 표현하고, 식전 규모가 "경성이 생긴 이후 최대 인파였음을 의심할 여지가 없었다"고 자부하는 오리엔탈리즘적인 시선으로 일관되어 있다. 여기서 잠시 부연설명하자면, 여기 국문 원고에서는 편의상 '노 무대'라고 번역을 했기 때문에 공연을 위한 무대(stage)를 설치하는 것으로 이해하고 다만 그 규모가 컸나 보다라고 생각할 수 있는데 사실은 그렇지 않다. 여기서 말하는 '노 무대'라는 것은 엄밀히 말하면 '노가쿠도=能樂堂'이다. 노를 위한 공연 준비는 단순히 무대를 가설하면 되는 것이 아니라, 기둥과 지붕 그리고 등장인물이 등장하는 길인 하시가카리(橋掛り) 등 매우 규격화되고 형식화된 중요한 요소들로 구성된다. '본격적'이라는 말은 이들 노가쿠도(能樂堂)가 요구하는 규격을 모두 충족시킨 전용건물을 한 채 지었다는 뜻이다.

30) 此日開通式を見むとて、左なきだに物見高き呑気なる韓人は朝来続々詰かけ、さしも広大なる五万坪以上の停車場に溢るる計り密集し、高きより之を眺れば唯白衣黒頭、鶴鵞の群居するが如し、又京城ありて以来の人出たるを疑はず。

[그림 2] 경부철도개통식전(남대문역 구내에서) 사진

노 무대 위에서 식전이 진행되고 있으며 하객이 가득할 정도로 성대하다. 왼쪽 상단 사진은 후루이치 고이가 무대에서 공연하는 모습. 하시가카리, 기둥, 소나무 그림 등 완벽하고도 매우 본격적인 노 무대임을 알 수 있다.
(사진제공: 일본 사단법인 토목학회 및 부속토목도서관)

앞에서 든 『오사카시사신보』 기사문에는 경성에서의 노 공연을 삼한정벌의 일환인 조선 진출로 간주하고, 이 진출을 과거에도 삼한으로 들어가려 했으나 미처 이루지 못했던 역대 노가쿠의 숙원을 드디어 실현하는 쾌거로 보는 일종의 이데올로기와 같은 것이 형성되어 있다. 여기에는 당시 일본 · 일본인의 국가관, 조선관의 일단이 표출되어 있는 대목이라 하겠다. 이러한 시점을 견지하고 있었던 그들이었기에 이 '본격적인' 노 무대 설치는 팽창하는 강력하고 위대한 제국일본의 국위를 상징하는 표상이었던 것이다.

그렇다면 '오리엔탈리즘', '이데올로기' 혹은 '국가관'과 같은 담론만으로

이 경부철도개통식전에서 선보인 축하노에 관한 설명은 완결되는가? 다르게 표현하면, 가령 시게야마 센고로(茂山千五郎)[31]가 조선에서 돌아온 후에 "경성에 설치된 무대는 하시가카리 기둥 아랫부분에는 대나무를 사용하고 있었습니다만, 그 외에는 모두 노송으로 만들었으며, 가가미이타(鏡板)에는 훌륭한 소나무가 그려져 있었습니다"(『교토히노데신문』 1905년 6월 6일)라고 말하는 '본격적인' 노 무대도 과연 오리엔탈리즘, 이데올로기, 국가관에 고무된 것으로 보면 모든 설명이 끝나는가 하는 물음이기도 하다. 이미 앞에서 언급한 대로, 1905년 당시 노는 이미 이른바 '국가예능'으로서의 지위를 확보하고 있었다. 따라서 근대국가 일본의 국격(國格)을 내외에 과시하는 데 걸맞은 예능으로서 인지되고 있었다는 지적은 움직이지 않는다. 그러나 이 경부철도개통식전의 축하노를 생각할 때, 노의 달인으로서의 후루이치 고이라는 인물의 영향과 역할을 고려하지 않을 수 없다. 노에 대한 애착과 열정이 보통이 아니었으며, 노를 "신사의 놀이"[32]라고 말하는 후루이치이다. 『오사카시사신보』 기사를 그대로 받아들인다면 노 공연을 기획한 시점에서 이미 스스로도 무대 위에 오를 생각이었다. 적어도 그렇게도 읽히는 기사이다. 그러한 후루이치가 경부철도 총재로서 공식적인 업무 수행의 일환으로 국위선양이라는 전략적이고 정책적인 선택만을 위해서 노를 개통식전 여흥으로 선택했다고는 생각하기 어렵다. 하물며 스스로의 비장의 곡을 직접 경성에서 선보이고 있는데 말이다.

『오사카시사신보』의 기사 "한국(조선)에 있는 노가쿠통들을 깜짝 놀라게 할 공산"이 얼마나 신뢰할 수 있는 기사인지는 확인할 수 없으나 적어도 스스로 무대에 올랐다는 사실과 '본격적'인 노 무대로 상징되는 행사규모와

---

31) 에도시대 초기부터 교토에서 '교겐시(狂言師)' 즉 교겐 연기자로서 활동한 교겐 오쿠라(大藏)류 집안인 시게야마 가의 당주 명. 9대부터 당주 명 '센고로'가 세습되었다. 9대는 마사토라(正虎, 1810~1886)이며, 메이지유신 후의 혼란기에도 교토의 교겐을 지키려고 노력했다. 여기서는 10대 마사시게(正重, 1864~1950).

32) 우메와카 미노루는 1909년에 사망했는데, 1912년에 후루이치 등이 중심이 되어서 우메와카 미노루 동상 건립을 추진했다. 그 제막식에서 발기인 대표로서 한 연설에서 후루이치는 "신사의 놀이는 언제까지나 이랬으면 좋겠다"고 말하고 있다.

내실의 충실함은 권력 측에 서서 그 권한을 실행하는 철도 총재라는 자리에 있었던 공인(公人) 후루이치 고이, 그리고 노에 도취하고 노를 즐겼던 사인(私人) 후루이치 고이라는 상반되는 두 면이 합쳐진 결과였다고 보아야 할 것이다. 결과적으로 후루이치 개인의 소양과 기호 그리고 철도 총재라는 집권자가 노로 하여금 팽창을 꾀하는 대일본제국의 국위를 과시하는 장에 있게 한 것이다. 그리고 그 장소란 바로 조선이고 경성이었던 것이다.

1905년 5월 18일자 『국민신보』는 이 경성철도개통식전 노에 대해서 "해외에서 노가쿠를 공연한 것은 이번 간제 기요카도 일행이 처음이다"라는 기사를 싣고 있다. 즉 메이지유신 이후, 일본의 노/노가쿠가 처음으로 해외공연을 한 공연지는 제국일본 최초의 식민지가 되는 조선 즉 대한제국이었던 것이다.[33)]

IV. 맺는말

주지하는 바와 같이 1905년 12월 21일 「한국에 통감부 및 이사청을 두는 건」(1905년 칙령 제240호)에 의해서 통감부가 설치되고 대한제국의 외교권이 일본에 의해 박탈당한 것은 경부철도개통식 축하를 위한 노 공연에서 7개월이 지난 시점이었다. 그리고 이듬해 1906년 3월 30일에는 경부철도매수법이 공포되어 경부철도는 같은 해 7월 1일에 통감부 철도관리국에 이관된다. 그리고 4년 후인 1910년 10월 1일, 한일병합에 의해서 대한제국은 국권을 완전히 상실하고 일본의 식민지가 되어 버린다.

이러한 역사의 전개를 되돌아보면 경부철도의 역사적, 전략적 의미는 물론이고 이 식전이 외교적으로 그 상징적인 의미가 얼마나 컸는지를 새삼스럽게 확인할 수 있다. 귀족원의원 1/4과 중의원의원 반 이상이 참석한 사

---

33) 대만이 일본에 할양된 것이 1895년이기 때문에 조선의 식민지화보다 15년 빨랐으나, 할양 당시 대만은 독립국가가 아니었다. 제국일본이 독립국가를 병합해서 식민지로 만든 것은 불행하게도 대한제국이 첫 번째였다.

실을 통해서도 알 수 있듯이 매우 중요한 식전이었다. 이런 무거운 식전에서 "당일 여흥 중 최대"인 것이 노 공연이었다는 사실, 바꾸어 말하면 제국 일본의 위관을 과시하는 '국가예능'을 대표하는 예능으로서의 위상을 노가 확보하고 있었다는 사실을 노 역사는 물론이고 한일관계사에 새겨 둘 필요가 있다. 아울러 이 공연을 위해서 매우 '본격적인' 노 무대가 설치되었는데, 아마도 이것이 한반도에 설치된 가장 본격적인 노 무대 즉 노가쿠도일 것이다. 그런데 이 노 무대도 식전이 끝나자 바로 해체되었는지, 1916년 1월 10일자 『경성일보』에 1915년 후반부터 경성에서 우타이(謠)가 성행하기 시작하자 "지금 상황이 발전해서 노 교겐의 유행으로 이어지고 그렇게 되면 노 무대 건설과 같은 일이 기획되는 일도 그리 먼 일은 아닐 수도 있다"는 기사가 등장한다. 경부철도개통식을 위해 남대문역 앞에 임시로 가설한 무대이기는 하지만, 본격적인 노 무대였다는 사실을 모를 리가 없기 때문에 항구적인 노 무대 설치를 원하는 기사로 이해해 두겠다. 그리고 이러한 점과는 별도로 '본격적인' 노 무대의 설치는 식전의 무게와 격을 맞추기 위함도 있었겠지만, 후루이치 스스로 무대에 올라서 비장곡 '야맘바'를 선보이고 있는 점을 고려하면, 여기에는 노에 심취한 사인(私人) 후루이치 고이라는 인물의 기호와 노에 대한 욕심이 강하게 작용하고 있었다고 본다. 물론 이러한 사인 후루이치 고이의 노에 대한 기호와 욕심이 동기로서 강하게 작용한 결과 '본격적인' 노 무대였다고 하더라도, '기노시타생'이라는 기자가 "한국에서 우리 일본의 국위의 발전"이라고 호언장담하고 있듯이, 이러한 애집(愛執)은 내셔널리즘에 입각한 국가주의적인 해석에 지배되고 마는 것이 당시의 시대상이었다. 물론 발상을 거꾸로 하면 후루이치가 보인 노에 대한 애집은 '즐기는' 예능의 본질을 나타내는 면이 있다고도 할 수도 있다. '국가예능'으로 인지됨으로써 그 시대를 살아남은 노였으나, 노를 지탱하는 개개인에게는 '즐기는' 예능으로서의 한 단면이 온존되어 있었다. 이것을 예능 또는 노의 생명력이라고 볼 수 있는지에 대해서는 필자는 아직 해답을 갖고 있지 못하지만, 일본에서 노를 비롯한 예능이 시대를 관통해서 오늘날 '고전'이라는 위상을 확보하고 있다는 사실을 이해하는 데 중요한 요소가 되리라 생각한다.

메이지유신에 의한 노를 비롯한 예능의 위기는 바꾸어 말하면 '전통'과 '근대'의 충돌이었다고 할 수 있다. 그러나 그 충돌은 '전통'이 '근대'라는 시대 혹은 그 권력에 의해서 인지될 때, 즉 '근대'에 편입됨으로서 거꾸로 '고전'이 '근대'를 극복해서 '현대'와 '미래'로 나아가는 식으로 예능의 생명력이 되고 있는 것은 아닌가 하는 입장에 필자는 서 있다. 그렇다면 조선인, 환언하면 대한제국의 일반 민중에게 경부철도개통식전에서 공연된 노란 무엇이었는가? 혹은 노를 어떻게 이해하고 수용하고 있었는가 하는 문제에 대한 이야기를 하고 이미 약속된 지면을 넘어 버린 이 원고를 끝내고자 한다.

일부 조선인 관료를 제외하면 경부철도개통식전 참석자의 대부분은 일본인이었다는 점을 간과해서는 안 된다. '백의흑두(白衣黑頭)'와 '학아의 군거(鶴鵞の群居)' 그리고 "경성이 생긴 이후 최대 인파"라고 할 정도로 경성의 군중들이 응집했음에도 불구하고 "관객은 일본인이 많았으며 한인(조선인)은 적었다"[34]는 『교토히노데신문』 기사가 당시 조선, 조선인의 노에 대한 인식의 정도이자 노의 위상이었다. 그리고 "교겐은 비교적 잘 이해했다"는 말은 교겐의 우스꽝스러운 몸짓에 대한 관객의 반응이 웃음으로 표출되었다는 뜻일 것이다. 프로그램을 보면 알 수 있다. 일본어를 알지 못하며, 일본의 역사나 문화에 대한 지식이 없는 경성의 일반 조선인이 이치조(一条) 천황의 명을 받아서 어검(御劍)을 만드는 '고카지(小鍛冶)'나 소경으로 위장해서 소가(曾我) 형제가 원한을 갚는 이야기를 읊으면서 다양한 연희를 선보이는 '모치즈키'라든지 혹은 '다무라(田村)'나 '야시마(八島)' 등의 헤이케모노가타리에서 취재한 작품을 이해했을 리가 없다. '쇼조(猩々)'의 술을 마시고 춤을 추는 모습이라면 이해했을까? 요컨대 노의 추상적이고 억제된 동작과 일본 고전문학에서 취재한 대사와 줄거리는 당시 대부분의 조선인에게는 애당초부터 이해할 수 있는 대상이 될 수 없었던 것이다. 반대로 "교겐은 비교적 잘 이해했다"는 말은 하인 혼자서 주군과 모기 요정이 씨름을

34) 見物は日本人が多く韓人は少なかった.

한다는 기상천외하고 우스꽝스러운 상황설정과 동작을 보이는 '가즈모(蚊相撲)'라든지 매우 귀한 흑사탕을 몰래 숨어서 먹어 버린 가신 이야기를 우스꽝스러운 동작으로 재연하는 '후시(附子)' 등에 조선인들이 반응을 보인 것을 받아서 내린 평가였다고 생각된다. 바꾸어 말하면 당시 경성의 조선인 관중에게 노는 '즐기는' 예능이 아니었던 것이다. 실례로 다음 기사는 당시 조선의 관중에게 노는 즐기기 위한 '예능/연희'는 아니었다는 점을 시사해 흥미롭다.

> 이상으로 경부철도개통식 여흥에 얼마나 다양한 예능/연희가 준비되었는가를 알 수 있다. 그중에서 일본에서 조선으로 건너온 내빈들 관객이 많았던 것은 한기(韓妓) 즉 조선의 기녀들이 추는 춤이었으며, 반대로 장외에서 구경하던 조선인을 기쁘게 한 것은 지붕 꼭대기에서 아래에 있는 군중을 향해 떡을 던지는 나게모치(投餅)였다.[35]
> (『철도시보』 제298호, 1905년 6월 10일)

그런데 이러한 문제는 조선이기 때문에 야기되는 문제가 아니라, 일본에서도 마찬가지였다. 화족이나 관료 또는 지식인이나 경제적 부유층을 중심으로 노가 부흥을 했기 때문에 '민중예능' 혹은 '국민예능'이 아니라 '국가예능'으로서의 지위가 우선했다. 경부철도개통식 축하노로부터 약 14년이 지난 1919년 12월 19일자 『도쿄니치니치신문(東京日日新聞)』에 "노가쿠를 민중화해서 극장에서 공연하려는 새 운동"이라는 제목의 기사가 있다. 조금 길지만 전문 게재하겠다.

> 지난번에 러시아의 그랜드오페라를 초청해서 호평을 얻었기에 그만한 흥행이 될지 걱정이던 중국 경극의 메이란팡(梅蘭芳) 일행도 예상을 넘는 관객을 동원했다. 이를 보고 흥행에 맛들인 데이코쿠극장(帝國劇場)에서는 내년 봄 2~3월경에 다시 이태리의 대가극단 초빙을 비롯해서 앞으로 각국의 그랜드오페라를 소개해

35) 右にて其余興の如何に多種多様なりしかを知る可く、其中渡韓来賓の見物多かりしは韓妓の踊にして場外見物の韓人を喜ばしたるは投餅なる可し。

서 민중화를 꾀할 생각이라고 한다. 그런데 일부 연극 팬들 사이에는 각국의 가극을 소개하면서 동시에 우리 일본의 그랜드오페라라고 할 수 있는 노가쿠를 데이코쿠극장 무대에 올려서 일반인들에게 공개하고 싶다는 새로운 운동이 일어나고 있다.

이에 관해서 데이코쿠극장 야마모토 전무는 다음과 같이 말했다. "노가쿠를 우리 극장에서 공연하는 것은 매우 바람직하다고 생각한다. 지금까지 3, 4번 비공식적으로 그쪽 사람들 의향을 타진한 적이 있는데, 아무래도 자부심이 강한지 응해 줄 것 같지는 않다. 그러나 시대의 흐름도 옛날과 달라졌기 때문에 이제는 일부 부호들의 전유물적인 오락물로 남지 말고 일반대중에게 공개하는 것이 여러 가지를 고려할 때 유익하다고 생각한다. 데이코쿠극장으로서는 만약에 훌륭한 연기자들이 공연해 준다면 언제든지 기쁜 마음으로 맞이할 생각이다."

한편 우메와카 로쿠로(梅若六郎)[36] 씨는 "내 쪽에서는 절대로 거절하고 또한 그러한 희망도 없다"고 냉정하게 거부하고 그 이유에 대해서는 언급하지 않으나, 노 연기자들이 가부키 등의 배우를 광대라고 경멸해 온 낡아빠진 관념에 사로잡혀 있는 것 같다. 어쨌든 이런 식으로 노가쿠의 민중화는 지금 현재로서는 실마리를 찾을 수 없지만, 연극에 밝은 모 대가는 불끈 화를 내면서 다음과 같이 말하고 있다. "노 배우들은 도쿠가와 시대에 막부 보호를 받아서 배우를 광대라고 비하했지만 '노 배우들은 원숭이와도 같다'는 말도 있듯이 그들의 대부분은 옛날에 귀족부호들 눈치를 보면서 존명한 습관을 지금까지도 벗어던지지 못하고 있다. 보호자가 없으면 살아갈 수 없는 그런 예술은 진정한 예술이라고 할 수 없다."

오늘날에 이르러서도 부호들이 노가쿠 연기자들을 보호하고 있는 것처럼 보이는 것은 보호 그 자체가 진의가 아니라 자기들의 오만함을 자랑하기 위한 수단이다. 그러한 상황에 스스로의 운명을 맡기는 것은 예술가로서의 치욕이며 노가쿠의 장래를 위해서도 반드시 부호의 손에서 벗어나서 일반 민중들을 위한 예술로 다시 태어나지 않으면 안 된다. 노가쿠 연기자들은 자위적인 생각이 앞서서 사회적으로 민중화가 이루어지면 무대에서의 규율이나 춤의 형이 무너지는 것을 매우 두려워하고 있는데, 그런 것은 전혀 이유가 되지 않는다. 일반 민중예술로서 진보하고 발달해야 진정한 그랜드오페라가 될 수 있는 것이다. 이런 식으로 새로

36) 우메와카 로쿠로는 시테카타(シテ方) 간제류(觀世流)의 파의 하나인 우메와카류(梅若流)의 당주가 사용하는 이름. 여기서는 우메와카 로쿠로 52대(1828~1909)를 말하며, 은퇴 후 초대 우메와카 미노루라 했다.

운 운동을 일으킨 측은 노가쿠 연기자들이 품고 있는 의구심을 불식시켜야 할 때가 왔다고 주장하고 있다.

노를 데이코쿠극장에서 공연할 수 있도록 개량해야 한다는 내용에 대한 찬반은 차치하더라도 메이지유신이 휩쓸고 온 구습타파라는 강한 파도 앞에 설 자리를 잃었던 노가 '국가예능'이 되어 살아남는 데는 성공했으나, '국민예능' 혹은 '민중예능'이 되기 위한 요구를 외부로부터 받고 있는 이른바 산고의 과정을 여실히 나타내고 있는 기사라 판단된다. 그만큼 일본 국내에서 노의 사회적 기반이 상류층, 지배계급에 국한 또는 경사되어 있었다는 것을 의미하며, 이는 바로 권력과 노의 거리가 지근함을 나타내는 지표의 하나가 될 것이다. 오히려 이러한 성격의 노였기에 제국일본의 위관을 과시하는 '국가예능' 자격으로 조선에 상륙하기 쉬웠을지도 모른다. 이렇듯 일본에서도 대중화에 대한 문제를 남긴 상태에서 국가예능 노가 조선에서 공연될 때 조선의 일반대중에게 '예능/연희'로서 받아들여질 가능성은 애초부터 매우 낮았다고 보는 것이 타당하다. '예능/연희'라는 개념의 의미범주를 일반대중이 오락으로서 그리고 교양으로서 즐기는 것이라고 가정한다면 조선에서의 노 공연은 적어도 조선인 일반에게는 '예능/연희'로서의 기능이 작동하지 않았다. 그렇게 보면 "한국(조선)에 있는 노가쿠통들을 깜짝 놀라게 할 공산"이라는 발언 또한 조선인을 대상으로 한 발언이 아니라, 재조선일본인 중 노에 대한 교양을 가진 자들을 대상으로 한 발언이라고 보아야 할 것이고, 적어도 1905년 당시는 그러했다고 본다. 다시 말해서 '본격적'인 노 무대를 만들고 화려하게 치러진 경부철도개통을 축하하는 노였으며, 제국일본의 위관을 과시하는 완성도 높은 공연이었으나, 그 화려함 뒤에는 '조선인 부재'라는 제국일본의 조선관, 조선인관이 투영되어 있었다. 바꾸어 말하면 팽창하는 일본의 위관을 과시하는 식민권력의 힘, 경부철도 개통이라는 전략적인 성공 앞에 조선에 대한 오리엔탈리즘적인 시선과 제국일본의 신민임을 자부하는 기자의 눈, 조선에서의 노 공연에 '삼한정벌'이라는 이데올로기를 동원하면서 일본의 팽창을 정당화하는 팽창주의, 스스로 무대에 올라 비장의 곡인 '야맘바'를 선보일 정도로 노에 대한 강한 애집을 소유한 문화인이면서 권력자인 후루이치 고이의 양면성, 노의 융성과 세력 확대를 위해서 그리고 제국일본의 위관을 위해서 현해탄을 건너 부산 경유로 경성까지 온 간제 기요카도 등의 노 연기자들, 노가 무엇인지도 모르고 관심도 없는 조선인, 노보다는 오히려 한기(韓妓)의 춤에 관심을 보인 일본인…. 이러한 혼돈과 부조화 그리고 산만함이 바로 제국일본과 식민지화를 앞둔 조선이라는 시공간에서 전개된 당시의 문화권력의 한 층(layer)이자 현주소였다.

이러한 일본 국내에서의 노의 위상과 추이와 함께 1910년대, 1920년대, 1930년대, 1940년대에 한반도에서 노가 어떠한 존재/예능이었는가에 대한 조사를 수행함으로써 〈식민지 조선과 노〉 연구가 일단락된다는 과제를 확인하면서 졸고를 여기서 마칠까 한다.

부기

귀중한 자료의 열람과 게재를 허락해 주신 일본 (사)토목학회부속 토목도서관에 사의를 표한다.

후기

이 [제국일본의 문화권력] 시리즈는 총 10권을 예정하고 있으며 국내외의 제국의 문화권력 관련 知를 담을 것이다. 국내 일본학 연구가 인문과학, 사회과학 연구와 융화해서 한층 더 발전하는 데 이 시리즈가 작은 계기지만 힘찬 활력이 되었으면 한다.

이 『제국일본의 문화권력』이 세상에 모습을 보이기까지 많은 분들의 도움을 받았다. 연구소를 대표하는 소장으로서 사의를 표하고자 한다. 먼저 옥고의 번역 게재를 흔쾌히 수락해주신 가노 마사나오(鹿野政直), 고마고메 다케시(駒込武), 도베 히데아키(戸邉秀明), 미야모토 마사아키(宮本正明), 미쓰이 다카시(三ツ井崇), 아사노 도요미(浅野豊美), 오카베 마키오(岡部牧夫) 선생님들께 깊은 감사의 말씀을 드린다. 그리고 본 연구소 초대 소장이신 지명관 선생님께서도 옥고의 게재를 흔쾌히 승낙해 주셨다. 늘 따뜻한 시선으로 연구소를 지켜봐 주시고 계신 점에 대해서도 감사의 말씀을 드리고 싶다. 본 연구소 공동연구원이자 중점연구소 사업 연구책임자인 임성모, 송석원 두 분께서는 서문을 비롯해서 많은 역할을 맡아 주셨다. 감사의 말씀을 드린다. 그리고 공동연구원이신 조관자, 박상현, 엄현섭 선생께도 감사드린다. 정준영, 홍선영, 조규헌, 유병관 전임연구원도 많은 시간을 할애해서 분발해 주었다. 감사드린다. 특히 정준영 전임연구원은 편집 작업을 강한 책임감과 초인적인 체력으로 혼자 맡아서 처리해 주었다. 정준영 전임연구원 덕택에 이 책이 간행에 이르렀다고 해도 과언이 아닐 것이다. 감사하다는 말 외에 정말로 수고하셨다는 마음을 건네고 싶다. 새 부임지에서 바쁜데도 불구하고 흔쾌히 이번 기획에 참여 의사를 밝혀 준 이지선 전 전임연구원에게도 감사드린다. 일본에서 학업을 마치고 귀국한 지 첫 학기째인 이광제 선생도 바쁜 와중에 번역작업에 참여해 주셨다. 감사드린다. 도서출판 소화 김우영 씨에게도 감사말씀을 전한다. 마지막으로 본 연구소 심재현 연구원도 책이 간행되기까지 안으로 밖으로 많은 수고를 해주었다. 고맙다는 말을 전한다.

한림대학교 일본학연구소
소장 시정완

참고문헌

1. 국내문헌

1) 연구논문

강인철(1994), 「한국교회 형성과 개신교선교사들 1884-1960」, 『한국학보』 20호 2권.

구인모(2008), 「최남선의 '시국가요'와 식민지의 정치의 미학화」, 『국제어문』 42, 국제어문학회.

김경일(2005), 「대동아공영권의 '이념'과 아시아의 정체성」, 백영서 외, 『동아시아의 지역 질서』, 창작과비평.

김정현(1994), 「일제의 '대동아공영권': 논리와 실체」, 『역사비평』 26.

김창욱(1995), 「일제 팟쇼체제기의 친일음악운동」, 『음악과 민족』 10, 민족음악연구소.

노동은(1989), 「일제하 음악사회의 성격」, 『낭만음악』 통권 4호, 낭만음악사.

______(2003), 「일제하 음악인들의 친일논리와 단체」, 『음악과 민족』 25, 민족음악학회.

문명기(2000), 「중일전쟁 초기 汪精衛파의 화평운동과 화평이론」, 『동양사학연구』 71.

박상현(2009), 「제국일본과 번역: 호소이 하지메의 조선 고소설 번역을 중심으로」, 『일어일문학연구』 제71집.

박양신(2007), 「메이지 사회주의자의 반전론—고토쿠 슈스이(幸德秋水)의 非戰論을 중심으로」, 『아시아 문화연구』 12집.

배경한(2004), 「중일전쟁 시기 중국에서의 동아연맹운동과 汪精衛정권」, 『중국근현대사연구』 21.

山內文登(2009), 「일제시기 한국 녹음문화의 역사민족지: 제국질서와 미시정치」, 한국학중앙연구원 박사학위논문.

서신혜(2007), 「일제시대 일본인의 古書刊行과 호소이 하지메(細井肇)의 활동: 고소설 분야를 중심으로」, 『온지논총』 제16집.

송석원(2003), 「사쿠마 쇼잔(佐久間象山)의 해방론(海防論)과 대 서양관: 막말에 있어서의 「양이를 위한 개국」의 정치사상」, 『한국정치학회보』 37집 5호. 27-49.

______(2010), 「메이지 민족주의에 관한 연구: 시가 시게다카(志賀重昂)와 오카쿠라 텐신(岡倉天心)을 중심으로」, 『한국동북아논총』 15권 1호. 5-25.

슈미드, 안드레(2004), 「오리엔탈 식민주의의 도전: Anglo-American 비판의 한계」, 『역사문제연구』 12호.
엄현섭(2006), 「한국 근대 미디어 텍스트와 극양식 연구」, 성균관대학교 박사학위 논문.
______(2007), 「『라디오年鑑』에 나타난 식민지기 위안방송과 그 성격」, 『비교문학』, 한국비교문학회, 2007. 12.
______(2009), 「전파(電波)와 전파(傳播): 제국일본의 방송권력을 중심으로」, 『日本思想』, 일본사상사학회, 2009. 6. 30
______(2009a), 「제국일본의 문화매체 비교연구: 라디오방송을 중심으로」, 『Comparative Korean Studies』 17.
오가와 하루히사(小川晴久, 2004), 「'平民新聞'과 小國主義」, 『日本思想』 7호.
옥성득(1998), 「한국 장로교의 초기 선교정책(1884~1903): 19세기 "토착교회론"의 한국 수용 배경과 발전에 대한 재검토」, 『한국기독교와 역사』 제9집.
윤건차(2003), 「근대 일본의 이민족 지배」, 윤건차 지음, 이지원 옮김, 『한일 근대 사상이 교차』, 문화과학사.
이광린(1999), 「평양과 기독교」, 『한국기독교와 역사』 제10호.
이수열(2010), 「오자키 호츠미(尾崎秀實)의 중국 인식과 上海 경험」, 『역사와 경계』 75.
이준희(2007), 「일제시대 음반검열 연구」, 『한국문화』 39, 서울대학교 규장각한국학연구원.
이지선(2009), 「중일전쟁 전후 일본의 음반검열에 관한 연구」, 『일본문화학보』 43, 한국일본문화학회.
이진경(2006), 「식민지 인민은 말할 수 없는가?: '동아신질서론'과 조선의 지식인」, 『사회와 역사』 71.
이화진(2008), 「전시기 오락 담론과 이동연극」, 『일제말기의 미디어와 문화정치』, 깊음샘.
임경택(2004), 「야나기타 쿠니오(柳田国男)의 일국(一国)민속학과 식민주의에 관한 일고찰」, 『정신문화연구』.
______(2005), 「야나기타 쿠니오(柳田国男)의 일국(一国)민속학과 문화내셔널리즘: 단일민족론의 민속학적 형성과 전개」, 『日本思想』 8권.
임성모(2005), 「동아협동체론과 '신질서'의 임계」, 백영서 외, 『동아시아의 지역 질서』, 창작과비평.
______(2005), 「동아협동체론과 '신질서'의 임계」, 『동아시아의 지역질서』, 창비.
______(2008), 「근대 일본의 국내식민과 해외이민」, 『동양사학연구』 103.
임종국(2004), 「일제 말 친일 군상의 실태」, 『해방전후사의 인식』 1, 한길사.

장석만(1999), 「근대문명이라는 이름의 개신교」, 『역사비평』.
전경수(2002), 「식민과 전쟁의 일제인류학: 台北帝大와 京城帝大의 人脈과 活動을 중심으로」, 『비교문화연구』 제8집 1호.
정규영(2004), 「식민지근대학교체제의 성립」, 『1910-30년대 한국의 사회와 문화』, 서울대학교한국문화연구소.
정종현(2005), 「중일전쟁과 탈식민의 환타지: 1930년대 후반 식민지 조선 근대주의자들의 '전환기' 담론을 중심으로」, 동국대학교 한국문학연구소 편, 『전쟁의 기억, 역사와 문학(上)』, 월인.
蔡數道(2007), 「戰前 日本의 非戰思想에 관한 일고 — 2人의 非戰論者와 平民新聞의 論據에 대한 분석을 중심으로」, 『일본문화연구』 24집.
최정윤(2007), 「문화와 권력」, 『세계정치 7』, 서울대학교 국제문제연구소.
최혜주(2008), 「한말 일제하 재조일본인의 조선 고서 간행사업」, 『육당이라는 미디어 — 신문학운동과 정전을 둘러싼 경합』, 육당연구학회 2008년도 정기학술발표대회.
______(2009), 「한말 일제하 재조일본인의 조선 고서 간행사업」, 『대동문화연구』 제66집.
친일인명사전편찬위원회 · 민족문제연구소편(2000), 『친일인명사전수록대상자명단』 (www.minjok.or.kr).
한석정(1999), 「대동아공영권과 세계체제론의 적용에 대한 시론」, 『한국사회학』 33-4.
함동주(1996), 「중일전쟁과 미키 키요시의 동아협동체론」, 『동양사학연구』 56.
______(2000), 「미키 키요시의 동아협동체론과 민족문제」, 『인문과학(성대)』 30.
홍선영(2009), 「예술좌의 만선순업(滿鮮巡業)과 그 문화적 파장: 시마무라 호게쓰의 신극론과 관련하여」, 『한림일본학』 15.
______(2010), 「전시기 이동연극과 '국민문화'운동: 일본이동연극연맹(1941.6~1945.8)을 중심으로」, 『일본어문학』 47집.
______(2010a), 「전시 하 국책연극과 '프로파간다': 미요시 주로 「한역(寒駅)」을 중심으로」, 『일본어문학』 50집.
홍성민(1999), 「문화와 상징적 권력: 맑스와 부르디외의 물신숭배 비교」, 『한국정치학회보』.
洪宗郁(2000), 「중일전쟁기(1937~41) 조선 사회주의자의 전향과 그 논리」, 『한국사론』 44.

2) 서적

가노 마사나오(2008), 서정완 역, 『근대 일본의 학문: 관학과 민간학』, 소화.
______(2004), 김석근 역, 『근대 일본사상 길잡이』, 소화.

강상중(1997), 이경덕 외 역, 『오리엔탈리즘을 넘어서』, 이산.
고마고메 다케시(2008), 오성철 외 역, 『식민지제국 일본의 문화통합』, 역사비평사.
고야스 노부쿠니(2007), 김석근 역, 『일본근대사상사비판: 국가 · 전쟁 · 지식인』, 역사비평사.
곤도 시로스케(2007), 이언숙 역, 『대한제국황실비사』, 이마고.
광복회(2002), 『친일반민족행위자 명단』, 우삼.
김진균 · 정근식(1997), 『식민주체와 규율권력』, 문화과학사.
나카무라 미츠오 · 니시타니 게이지 외(2007), 이경훈 · 송태욱 · 김영심 · 김경원 옮김, 『태평양전쟁의 사상』, 이매진.
남근우(2008), 『'조선민속학'과 식민주의』, 동국대학교출판부.
다나카 아키라(2002), 강진아 역, 『소일본주의』, 소화.
다카사키 소지(2005), 김순희 역, 『아사카와 다쿠미 평전』, 효형출판.
______(2006), 이규수 역, 『식민지조선의 일본인들』, 역사와비평사.
______(2010), 구인모 역, 『식민지 조선인을 논하다』, 동국대학교출판부.
다케우치 요시미(2004), 서광덕 외 역, 『일본과 아시아』, 소명출판.
다테노 아키라 편저(2006), 오정환 · 이정환 역, 『그때 그 일본인들』, 한길사.
류대영(2001), 『초기 미국선교사연구: 1884-1910』, 한국기독교역사연구소.
李萬圭(1949), 『朝鮮教育史 2』, 거름출판사.
馬越徹(2001), 한용진 역, 『한국근대대학의 성립과 전개』, 교육과학사.
무라야마 도모요시(2009), 정대성 역, 『일본 프롤레타리아 연극론』, 월인.
민경배(1994), 『한국기독교회사』, 연세대학교출판부.
박찬호(2009), 『한국가요사 1』, 미지북스.
버네이스, 에드워드(2009), 강미경 역, 『프로파간다』, 공존.
사이드, 에드워드(2001), 김성곤 외 역, 『문화와 제국주의』, 창.
山本文雄 外(2000), 김재홍 역, 『일본 매스 커뮤니케이션사』, 커뮤니케이션북스.
상허학회 편(2008), 『일제말기의 미디어와 문화정치』, 깊은샘.
서정민(2005), 『언더우드家이야기』, 살림.
송건호(1984), 『한국현대인물사론』, 한길사.
신광철(1998), 『천주교와 개신교: 그 조우와 갈등의 역사』, 기독교역사연구소.
신채호(1979), 『단재신채호전집』 개정판, 상권, 형설출판사.
오성철(2000), 『식민지 초등교육의 형성』, 교육과학사.
이만열(2000), 『한국기독교와 민족의식: 한국기독교사연구논문』, 지식산업사.
이와타 시게노리(2009), 조규헌 역, 『일본 장례문화의 탄생』, 소화.
임종국(1988), 『친일문학론』, 평화출판사.
장규식(2001), 『일제하 한국기독교민족주의 연구』, 혜안.
정재철(1985), 『日帝의 對韓植民地教育政策史』, 일지사.

프레포지에, 장(2003[1993]), 이소희 · 이지선 · 김지은 역, 『아나키즘의 역사』, 이룸.
한국방송사(1987), 『韓國放送六十年史』.
후지하라 미치오(1997), 허남린 역, 『청일전쟁』, 소화.
Baird, Richard(2004[1968]), 김인수 역, William M. Baird of Korea: A Profile, 쿰란 출판사.
Turner, G.(2001), 김연종 역, 『문화연구 입문』, 한나래.

3) 신문 및 잡지
『京城日報』 1937년 4월.
『매일신보』 1937년 4월~1945년 8월.

2. 외국 문헌

1) 연구논문
Ramirez, F. & Boli, J.(1987), "The Political Construction of Mass Schooling: European Origins and Worldwide Institutionalization," *Sociology of Education*, vol.60, no.1.
Wu, Rwei-Ran(2003), "The Formosan Ideology: Oriental Colonialism and the Rise of Taiwanese Nationalism, 1895-1945," Unpublished Ph. D. Dissertation, University of Chicago.

加藤哲郎(2006), 「体制変革の情報戦 ― 社会民主党から象徴天皇制まで」, 『'帝国' 日本の学知 4巻 ― メデアのなかの'帝国'』, 岩波書店.
加田哲二(1941), 「東亜建設理論の再吟味」, 『太平洋経済戦争論』, 東京: 慶応書房.
姜尙中(1995), 「アジア観の相剋 ― 東洋史学と植民政策学」, 『青丘』 21~24.
堺利彦(1970), 「社会主義運動史話」, 『堺利彦全集』 6巻.
______(1970), 「日本社会主義運動無政府主義役割」, 『堺利彦全集』 6巻.
高橋健二(1943), 「国民皆唱運動の実践」, 『音楽之友』 3月号.
高木敏雄(1913), 「郷土研究の本領」, 『郷土研究』 第1巻 第1号.
高山岩男(1942a), 「歴史の推進力と道義的生命力」, 『中央公論』 57巻 10号.
谷藤康弘 · 井上芳保(1999), 「国民創出装置としての日清戦争」, 『社会情報』 Vol.8 No.2.
菅井幸雄(1978), 「国民演劇論論争」, 『近代日本演劇論争史』, 未来社.
広瀬玲子(1982), 「日清 · 日露戦争間の国國家意識 ― 「二六新報」の主張を中心に」, 鹿野政直 · 由井正臣編, 『近代日本の統合と抵抗 2: 1894-1910』, 日本評論社.

橋川文三(1970),「東亜新秩序の神話」,『近代日本政治思想史 II』, 東京: 有斐閣.
駒込武(2001),「日本の植民地支配と近代 ― 折り重なる暴力」,『トレイシース』思想 928号 別冊.
______(2006),「朝鮮における神社参拝問題と米日関係」,『帝国の戦争経験』, 岩波書店.
堀内敬三(1943),「楽壇戦戦響 国民皆唱運動への参加」『音楽之友』2月号.
近藤春雄(1941),「国民演劇への希望」,『国民演劇』創刊号.
今村鞆(1921),「朝鮮歳時記の訳出について」,『通俗朝鮮文庫』第4輯, 自由討究社.
吉本隆明(2004),「三好十郎のこと」,『三好十郎』, 五月書房.
吉本明光(1941),「国民歌を環って」『音楽之友』12月, 音楽之友社.
______(1942),「国民皆唱と国民音楽」『音楽之友』6月, 音楽之友社.
吉田信・吉本明光(1943),「健全音楽の推進」,『音楽之友』10月号.
金子文夫(1979),「日本における植民地研究の成立事情」, 小島麗逸編,『日本帝国主義と東アジア』, アジア経済研究所.
______(1985),「日本の植民政策学の成立と展開」,『季刊三千里』41.
蝋山政道(1941a),「大東亜広域圏論」, 太平洋協会編,『太平洋問題の再検討』, 東京: 朝日新聞社.
______(1941b),「東亜協同体と帝国主義」,『東亜と世界』, 東京: 改造社.
______(1941c),「ゲオポリティク」, 三木清編,『社会科学新辞典』, 東京: 河出書房.
内閣情報部編(1937),「愛国行進曲成る」,『週報』62, 内閣印刷局.
______(1943),「米英音楽作品蓄音機レコード一覧表」,『週報』328, 内閣印刷局.
内務省警保局図書課(1937～38),「支那事変並ニ時局関係レコード(一)～(十)」,『出版警察資料』24-30.
大内兵衛(1968),「日本植民学の系譜」, 南原繁外編,『矢内原忠雄 信仰・学問・生涯』, 岩波書店.
渡部学(1974),「隈本繁吉文書『教化意見書』解題」, 東京韓国研究所編,『韓』第3巻 10号.
島中雄三(1921),「謝氏南征記の口語訳について」,『通俗朝鮮文庫』第2輯, 自由討究社.
柳田国男(1969),「南道研究の現状」,『定本柳田国男集』25, 筑摩書房.
______(1969),「郷土生活の研究法」,『定本柳田国男集』25, 筑摩書房.
______(1970),「比較民俗学の問題」,『定本柳田国男集』30, 筑摩書房.
______(1970),「山民の生活」,『定本柳田国男集』4, 筑摩書房.
______(1998),「郷土研究と郷土教育」,『定本柳田国男集』17, 筑摩書房.
馬場辰巳(1985),「演劇新体制と移動演劇」,『演劇学論集』23号.
尾崎秀実(1977),「東亜新秩序論の現在及び将来」,『尾崎秀実著作集』2, 東京: 勁草書房.

飯塚恵理人(2008), 「明治末年の韓国における能楽公演 — 明治四三年「国諷」能楽公演を中心に」, 『翰林日本学』 第14輯, 翰林大学校日本学研究所.
白石重(1921), 「洪吉童伝の巻頭に」, 『通俗朝鮮文庫』 第7輯, 自由討究社.
北村喜八(1941), 「行過ぎの是正」, 『国民演劇』 創刊号.
山本武利(2006), 「'帝国'を擔いだメディア」, 『'帝学'日本の学知 4巻 — メデアのなかの'帝国'』, 岩波書店.
山本有造(2000), 「植民地統治における「同化主義」の構造: 山中モデルの批判的検討」, 『人文学報』 第83号.
三木清(1941), 「謙譲論: 民族協和の哲学的考案」, 『東亜連盟』 7月号.
______(1968a), 「国民性の改造」, 『三木清全集』 15, 東京: 岩波書店.
______(1968b), 「新日本の思想原理」, 『三木清全集』 17, 東京: 岩波書店.
______(1968c), 「汪兆銘氏に寄す」, 『三木清全集』 15, 東京: 岩波書店.
______(1968d), 「全体と個人」, 『三木清全集』 14, 東京: 岩波書店.
______(1968e), 「政治と文化」, 『三木清全集』 14, 東京: 岩波書店.
森山茂徳(1989), 「日本の朝鮮支配政策(1910-1945)の政治史的研究」, 『新潟大学・法政理論』 23巻3・4合号.
三好十郎(1943), 「あとがき」, 『夢たち』, 桜井書店.
______(1949), 「或る対話」, 『群像』 1949年8月号.
西田長寿(1958), 「解説」, 史料近代日本史社会主義史科, 『週刊 平民新聞』 1, 創元社.
徐禎完(1997), 「ソウル大学蔵謡本の基礎的研究(1)」, 『名古屋芸能文化』 第6号, 名古屋芸能文化文化会.
______(1999), 「ソウル大学蔵謡本の基礎的研究(2)」, 『名古屋芸能文化』 第9号, 名古屋芸能文化文化会.
______(2003), 「ソウル大学蔵謡本の基礎的研究(3)」, 『名古屋芸能文化』 第13号, 名古屋芸能文化文化会.
西川長夫(1995), 「日本型国民国家の形成比較史的観点から」, 西川長夫・松宮秀治編, 『国民国家形成と文化変容』, 新曜社.
石井公成(2000), 「大東亜共栄圏の合理化と華厳哲学」, 『仏教学』 42.
______(2002a), 「大東亜共栄圏に至る華嚴哲学」, 『思想』 943.
石川徳幸(2009), 「日露開戦過程における非戦論に関する一考察: '万朝報'および週刊'平民新聞'を中心として」, 『政経研究』 46(2).
成田竜一(2003), 「『少年世界』と読書する少年たち: 1900年前後、都市空間のなかの読書共同体」, 『近代都市空間の文化経験』, 岩波書店.
細井肇(1921), 「雅言学非を訳了して」, 『通俗朝鮮文庫』 第10輯, 自由討究社.

______(1921),「莊陵誌の訳述について」,『通俗朝鮮文庫』第2輯, 自由討究社.
______(1921),「薔花紅蓮伝を閲了して」,『通俗朝鮮文庫』第10輯, 自由討究社.
______(1921),「第八輯の巻頭に」,『通俗朝鮮文庫』第8輯, 自由討究社.
______(1921),「廣寒樓記の巻末に」,『通俗朝鮮文庫』第4輯, 自由討究社.
______(1922),「海遊錄を訳了して」,『鮮滿叢書』第2巻, 自由討究社.
______(1923),「三國遺事」,『鮮滿叢書』第6巻, 自由討究社.
______(1923),「はしがき」,『鮮滿叢書』第10巻, 自由討究社.
______(1924),「『燕の脚』を閲了して」,『朝鮮文学傑作集』, 奉公会.
______(1936),「牧民心書の訳述につて」,『朝鮮叢書』, 朝鮮問題研究所.
小森陽一(1993),「文学の時代」,『文学』第4巻第2号, 岩波書店.
______(1996),「近代読者論: 近代国民国家と活字を読む者」,『岩波講座 現代社会学 8 文学と芸術の社会学』, 岩波書店.
小川正人(1993),「徴兵・軍隊とアイヌ教育」,『歴史学研究』649号.
岩本通弥(2009),「生活から民俗へ一日本における民衆運動と民俗学」,『日本学』29号.
岩田重則(1972),「民俗学と差別: 柳田民俗学の形成および「常民」概念をめぐって」,『日本民俗学』.
鈴木成高(1942),「'近代の超克'覚書」,『文学界』10月号.
隅谷三喜男(1959),「社会思想の受容と展開」, 金子武蔵・大塚久雄編,『日本 西洋近代思想收容』(講座 近代思想史 IX), 弘文堂.
源川真希(2000),「『大東亜共栄圏』思想の論理とその帰結」,『人文学報(東京都立大学)』306.
伊藤幹治(2004),「柳田国男と文化ナショナリズム」, 岩波書店.
日高只一(1941),「演劇の宣伝用化を戒めよ」,『国民演劇』創刊号.
日本放送協会(1977),「放送五十年史 本編・資料編」.
日本外務省編(1990),「外地法制誌 2巻: 外地法令制度の概要」, 文生書院.
茨木憲(1981),「移動演劇活動」,『日本新劇小史』, 未来社.
長野直彦(1921),「懲毖錄の訳出に就て」,『通俗朝鮮文庫』第5輯, 自由討究社,
前田角蔵(1995),「書評『田中単之著 三好十郎論』」.
畑中小百合(2008),「戦時下の農村と演劇一素人演劇と移動演劇一」,『演劇学論集』47号.
田中慎一(1982),「植民学の成立」, 北海道大学編,『北大百年史 通説』, 北海道大学出版会.
田中直吉(1943),「大東亜共栄圏の政治構想」, 田村徳治編,『大東亜共栄圏建設の基礎理論』, 京都: 立命館出版部.

田村貞雄(1993), 「内国植民地としての北海道」, 『岩波講座近代日本と植民地』 2, 岩波書店.
鄭美京(2006), 「植民地朝鮮における韓国古典小説翻訳の発刊をめぐる一考察」, 『韓国言語文化研究』 13号.
井上高聡外(2006), 「植民政策学文献解題」, 酒井哲哉編, 『「帝国」日本の学知 1ー「帝学」編成の系譜』, 岩波書店.
井上勝生(2003), 「札幌農学校と植民学」, 北海道大学編, 『北大百二十五年史 論文・資料編』, 北海道大学出版会.
______(2005~07), 「佐藤昌介「植民論」初期講義ノート(上~下の2) 札幌農学校と植民学(2~5)」, 『北海道大学文学研究科紀要』 115-123.
______(2006), 「札幌農学校と植民学の誕生ー佐藤昌介を中心に」, 酒井哲哉編, 『「帝国」日本の学知 1ー「帝国」編成の系譜』, 岩波書店.
井上薫(1994), 「日本帝国主義の朝鮮に対する教育政策: 第一次朝鮮教育令の成立過程における帝国教会の関与」, 『北海道大学教育学部紀要』 第62号.
趙寛子(2003a), 「日中戦争期の'朝鮮学'と'古典復興': 植民地の'知'を問う」, 『思想』 947.
______(2003b), 「植民地帝国日本と'東亜協同体': 自己防衛的な思想連鎖の中で'世界史'を問う」, 『朝鮮史研究会論文集』 41.
______(2004), 「徐寅植の歴史哲学: 世界史の不可能性と'私の運命'」, 『思想』 957.
佐藤邦雄(1943), 「音楽娯楽の軍需性」, 『音楽之友』 3月号.
佐藤正広(2006), 「調査統計の系譜ー植民地における統計調査システム」, 末広昭編, 『「帝国」日本の学知 6ー地域研究としてのアジア』, 岩波書店.
酒井哲哉(1999), 「'東亜協同体論'から'近代化論'へ: 蝋山政道における地域・開発・ナショナリズム論の位相」, 日本政治学会編, 『日本外交におけるアジア主義』, 東京: 岩波書店.
志賀健次郎(1944), 「歌ひ飛ばさう米英を」, 『音楽知識』 8月号.
津金沢聡広(1999), 「メディア・イベントとしての軍歌・軍国歌謡」, 『戦争と軍隊』, 岩波書店.
川村湊(1993), 「大衆オリエンタリズムとアジア認識」, 『岩波講座 近代日本と植民地 7: 文化のなかの植民地』, 岩波書店.
清水靖久(2002), 「日露戦争と非戦論」, 『比較社会文化』 8.
崔眞碩(2003), 「朴致祐における暴力の豫感: '東亜協同体論の一省察'を中心に」, 『現代思想』 31-3.
呉鉉烈(1999), 「韓国当地能楽享受の諸相, 稿ー在韓国謡曲家名鑑ー」, 『法政大学大学院紀要』 第43号.
土屋禮子(2006), 「'帝国' 日本の新聞学」, 『'帝国'日本の学知 4巻ーメデアのなかの'帝国'』, 岩波書店.

波多野澄雄(1981),「「東亜新秩序」と地政学」, 三輪公忠編,『日本の一九三〇年代』, 東京: 彩流社.
坪井正吾郎(1903),「人種論」,『東京人類学会雑誌』205号.
幣原坦(1905),「朝鮮教育改良案」.
______(1919),「朝鮮教育論」.
河西晃祐(2005),「'帝国'と'独立': '大東亜共栄圏'における'自主独立'問題の共振」,『年報日本現代史 10: '帝国'と植民地』, 東京: 現代史料出版.
鶴見太郎(2006),「柳田民俗学の東アジア的展開」,『帝国日本の学知 6』, 岩波書店.
海軍省調査課(1992),「大東亜共栄圏論」, 大久保達正外編,『昭和社会経済史料集成』17, 東京: 大東文化大学東洋研究所.
戸邊秀明(2008),「ポストコロニアリズムと帝国史研究」, 日本植民地研究会編,『日本植民地研究の現状と課題』, 東京: アテネ社.
弘谷多喜夫・広川淑子・鈴木朝英(1972),「台湾・朝鮮における第二次教育令による教育体系の成立過程」,『教育学研究』第39巻1号.
洪宗郁(2004),「一九三〇年代における植民地朝鮮人の思想的模索: 金明植の現実認識と'転向'を中心に」,『朝鮮史研究会論文集』42.
丸山鉄雄・和田肇(1944),「敵米鬼音楽の正体」,『音楽知識』11月号.
槙林滉二(2009),「「疵だらけのお秋」・「おりき」小考 ― 戦前・戦中期の三好十郎 ―」,『尾道大学芸術文化学部 尾道大学芸術文化学部紀要』8.
清水鍵吉(1921),「丙子日記の訳述に就て」,『通俗朝鮮文庫』第6輯, 自由討究社.
______(1923),「五百年奇譚を読みて」,『鮮満叢書』第11巻, 自由討究社.
______(1923),「晝永編を読みて」,『鮮満叢書』第8巻, 自由討究社.
関屋貞三郎(1936),「併合直後に於ける学制の改革」,『朝鮮統治の回顧と批判』, 朝鮮新聞社.
青柳綱太郎(1921),「跋」,『鮮満の経営』, 自由討究社.
あらえびす(1944),「敵米英の音盤」,『音楽知識』11月号.

2) 서적

Adams, James E.(1920), *Presentation of Difficulties Which Have Arisen in the Chosen[Korea] Mission of the Presbyterian Church in USA*.
Anderson, Benedict(1983), *Imagined Communities: Reflections on the Origin and Spread of Nationalism*, Verso.
Gellner, Ernest(1983), *Nations and Nationalism*, Cornell University Press.
Green, Andy(1990), *Education and State Formation: the Rise of Education Systems in England*, France and the USA, Macmillan.
Harootunian, Harry(2000), *Overcome by Modernity: History, Culture and*

Community in Interwar Japan, Princeton: Princeton University Press.
Spurr, David(1993), *The Rhetoric of Empire*, Durham, N.C.: Duke University Press.
Toynbee, Arnold(1958), *Civilization on Trial and The World and the West*, Meridian Books.
Underwood, H. H.(1926), *Modern Education in Korea*, International Press.

Notebelfer, F. G.(1980), 竹山訳, 『幸徳秋水 — 日本革命家の肖像』, 北村出版社.
Titus, David A.(1979[1974]), 大谷堅志郎訳, 『日本の天皇政治: 宮中の役割の研究(Palace and Politics in Prewar Japan)』, サイマル出版会.

家永三郎(1953), 『現代史学批判』, 和光社.
______(1972), 『津田左右吉の思想史的研究』, 岩波書店.
加田哲二(1939), 『東亜協同体論』, 東京: 日本青年外交協会.
故古市男爵記念事業会(1937), 『古市公威』.
高橋濱吉(1927), 『朝鮮教育史考』, 帝国地方行政学会朝鮮支部.
高崎宗司(2002), 『「妄言」の原形 — 日本人の朝鮮観 —』 増補3版, 木犀社.
高柳光寿・竹内理三編(1974), 『日本史辞典(第二版)』, 東京: 角川書店.
高山岩男(1942b), 『世界史の哲学』, 東京: 岩波書店.
______(1943), 『日本の課題と世界史』, 東京: 弘文堂.
高田保馬(1939), 『東亜民族論』, 東京: 岩波書店.
______(1942), 『民族論』, 東京: 岩波書店.
高坂正顕外編(1943), 『世界史的立場と日本』, 東京: 中央公論社.
広松渉(1989), 『「近代の超克」論』, 東京: 講談社.
駒込武(1996), 『植民地帝国日本の文化統合』, 岩波書店.
堀内敬三(1969), 『定本 日本の軍歌』, 実業之日本社.
宮崎正義(1938), 『東亜連盟論』, 東京: 改造社.
吉見俊哉編(2002), 『1930年代のメディアと身体』, 青弓社.
吉田裕(2007), 『アジア・太平洋戦争』, 岩波新書.
南博編(1987), 『昭和文化(1925～1945)』, 勁草書房.
蝋山政道(1941d), 『東亜と世界』, 東京: 改造社.
大谷正・原田敬一編(1994), 『日清戦争の社会史: '文明戦争'と民衆』, フォーラムA.
大橋良介(2001), 『京都学派と日本海軍』, 東京: PHP研究所.
______(2004), 『京都学派の思想』, 京都: 人文書院.
大久保達正外編(1992), 『昭和社会経済史料集成 』17, 東京: 大東文化大学東洋研究所.
大政翼賛会(1943), 『楽譜 国民の歌』, 大政翼賛会.
大政翼賛会(연도미상), 『国民歌唱曲集』, 新興音楽出版社.

大沢真幸(2004),『帝国的ナショナリズム: 日本とアメリカの変容』, 東京: 青土社.
大韓帝國學部(1910),『韓國教育の現狀』.
大蔵省編纂(1923),『日本財政経済史料』巻7, 財政経済学会.
鹿野政直(1997),『民間学事典』全2巻, 三省堂.
柳田国男(1997),『民間伝承論』,『柳田国男全集』8, 筑摩書房.
李省典(2005),『アメリカ人宣教師と朝鮮の近代』, 社会評論社.
笠信太郎(1963),『三代言論人集 第6巻: 黒岩涙香/小野秀雄・徳富蘇峰/阿部賢一・池邊三山』, 時事通信社.
梅若六郎・鳥越文蔵(2003),『梅若実日記』第7巻, 八木書店.
糸屋寿雄(1967),『幸徳秋水研究』, 青木書店.
福田俊二編(1992),『写真で見る昭和の歌謡史 I (戦前・戦中編)』, 柘植書房.
______(1992a),『写真で見る昭和の歌謡史(戦前・戦中編補巻)』, 柘植書房.
福沢諭吉(1958),『福沢諭吉全集』(慶応義塾編纂) 第八巻, 岩波書店.
北島滋(2002),『高田保馬: 理論と政策の無媒介的結合』, 東京: 東信堂.
史料近代日本史社会主義史科(1958),『週刊 平民新聞』1-4, 創元社.
山本武利(1990),『新聞記者の誕生: 日本のメディアをつくった人びと』, 新曜社.
山本芳樹(1961),『思い出の日本軍歌集』, 金園社.
山之内靖・コシュマン ヴィクタ・成田竜一編(1995),『総力戦と現代化』, 柏書房.
森嶋通夫(2001),『日本にできることは何か: 東アジア共同体を提案する』, 東京: 岩波書店.
三好十郎(1940),『三好十郎戯曲集 浮標』, 桜井書店.
西田長寿(1961),『明治時代の新聞と雑誌』, 至文堂.
石井知章・小林英夫・米谷匡史編(2010),『一九三〇年代のアジア社会論: 「東亜協同体」論を中心とする言説空間の諸相』, 東京: 社会評論社.
細井肇(1911),『朝鮮文化史論』, 朝鮮研究会.
______(1921),『通俗朝鮮文庫』第10輯, 自由討究社.
______(1921),『通俗朝鮮文庫』第2輯, 自由討究社.
______(1922),『東経正義』, 自由討究社.
______(1922),『鮮満叢書』第3巻, 自由討究社.
小林弘忠(2002),『ニュース記事にみる日本語の近代』, 日本エディタースクール出版部.
小森陽一(2000),『日本語の近代』, 岩波書店.
小熊英二(2005),『単一民族神話の起源』, 勁草書房.
小川近五郎(1941),『流行歌と世相: 事変下に於ける歌謡の使命』, 日本警察新聞社.
新明正道(1942),『民族社会学の構想』, 東京: 三笠書房.
阿部洋編著(1991)『日本植民地教育政策史料集成(朝鮮編)総目録・解題・索引』, 龍溪書院.

安部博純(1996),『日本ファシズム論』, 東京: 影書房.
永嶺重敏(1997),『雑誌と読者の近代』, 日本エディタースクール出版部.
______(2004),『〈読書国民〉の誕生: 明治30年代の活字メディアと読書文化』, 日本エディタースクール出版部.
五井直弘(1976),『近代日本と東洋史学』, 青木書店.
原覚天(1984),『現代アジア研究成立史論』, 勁草書房.
園池公功編(1940),『公共劇小脚本集 — 誰にも出来る芝居の本』, 모던일본사.
伊藤隆・広橋真光・片島紀男編(1990),『東条内閣総理大臣機密記録』, 東京: 東京大学出版会.
伊藤喜朔(1942),『移動演劇十講』, 建文社.
日本放送協会(1931),『ラジオ年鑑』, 誠文堂.
日本演劇協会編(1943),『日本演劇年鑑1942年』, 東寶書店.
日本外務省編(1965),『日本外交年表並主要文書』, 東京: 原書房.
日本移動演劇連盟編(1943),『移動演劇図誌』, 芸術学院出版部.
長田曉二編(1971),『日本軍歌集』, 新興楽譜出版社.
斎藤愛(1999),『植民地主義とアジアの表象』, 佐藤印刷株式会社つくば営業所.
荻野富士夫(2000),『思想検事』, 岩波書店.
前田愛(1989),『前田愛著作集 2』, 筑摩書房.
町口哲生(2004),『帝国の形而上学: 三木清の歴史哲学』, 東京: 作品社.
井上徹英(1991),『島田三郎と近代日本: 孤高の自由主義者』, 明石書店.
井上ひさし(2001),『紙屋町さくらホテル』, 小学館.
諸橋轍次(1984),『大漢和辞典』 巻1, 大修館書店.
朝鮮総督府鉄道局(1929),『朝鮮鉄道史』.
佐藤由美(2000),『植民地教育政策の研究: 朝鮮・1905-1911』, 龍溪書舍.
佐藤荘一郎(1944),『ハウスホーファー太平洋地政学解説』, 東京: 六興出版社.
佐藤正広(2002),『国勢調査と日本近代』, 岩波書店.
竹野学(2005),『樺太農業と植民学 — 近年の研究動向から』, 札幌大学経済学部附属地域経済研究所.
曽村保信(1984),『地政学入門: 外交戦略の政治学』, 東京: 中央公論社.
池明觀(1970),『アジアの宗教と福音の論理』, 新教出版社.
倉田喜弘(1992),『日本レコード文化史』, 東京書籍.
______(1996),『明治の能楽(3)』, 国立能楽堂.
______(1997),『明治の能楽(4)』, 国立能楽堂.
______(1998),『大正の能楽』, 国立能楽堂.
______(1999),『芸能と文明 開化明治国家と芸能近代化』, 平凡社.
______(2001),『「はやり歌」の考古学 — 開国から戦後復興まで』, 文藝春秋.

浅田喬二(1985), 『日本知識人の植民地認識』, 校倉書房.
______(1990), 『日本植民地研究史論』, 未来社.
川村湊(1993), 『近代日本と植民地7 文化のなかの植民地』, 岩波書店.
______(1996), 『大東亜民俗学の虚実』, 講談社.
村崎敏郎編(1943), 『移動演劇運動とその反響』, 丹青書房.
村井紀(1995), 『南島イデオロギーの発生柳田国男と植民地主義』, 太田出版.
崔昌圭編(1975), 『韓末憂国名上疏文集』, 瑞文文庫.
秋葉隆(1954), 『朝鮮民俗誌』, 六三書院.
土木図書館委員会・土木史研究委員会(2004), 『古市公威とその時代』, 土木学会・丸善.
土屋礼子(2002), 『大衆紙の源流: 明治期小新聞の研究』, 世界思想社.
坂野徹(2005), 『帝国日本と人類学者』, 勁草書房.
片島紀男(2004), 『三好十郎伝』, 五月書房.
______(2004), 『三好十郎』, 五月書房.
平野義太郎(1943), 『民族政治学の理論』, 東京: 日本評論社.
鶴見俊輔(2001), 『戦時期日本の精神史 1931-1945』, 岩波書店.
幸徳秋水全集編纂委員会(1968～1970), 『幸徳秋水全集』 1-5, 明治文獻.
丸山真男・加藤周一(1998), 『翻訳と日本の近代』, 岩波新書.
荒烟寒村(1973), 『平民社時代 ― 日本社会主義運動の搖籃』, 中央公論社.
徳富猪一郎(1894), 『大日本膨脹論』, 民友社.
戸ノ下達也(2008), 『音楽を動員せよ ― 統制と娯楽の十五年戦争』, 青弓社.
教育史編纂会(1963), 『明治以後教育制度発達史』, 10巻(朝鮮編), 教育資料調査会.
稲田植輝(1994), 『放送メディア入門』, 社会評論社.
青柳綱太郎(1919), 『朝鮮野談集』, 朝鮮研究会.
______(1923), 『朝鮮統治論』, 朝鮮研究会.
ハウスホーファー(1941), 『地政学の基礎理論』, 玉城肇訳, 東京: 科学主義工業社.
______(1942), 『ハウスホーファー太平洋地政学』, 太平洋協会編訳, 東京: 岩波書店.
『演劇百科大事典』, 平凡社.
『占領期雑誌資料大系大衆文化篇(全5巻)』(岩波書店, 2008).
NHK報道の記録刊行委員会(1988), 『NHK報道の50年 激動の昭和とともに』, 近藤書店.

3) 신문 및 잡지

「国民皆唱運動の報告書」, 『音楽之友』 1943年 7月号.
「葉書回答 1 国民に與へる音楽は? 2 どんな曲目がよいか」, 『音楽之友』 1943年 3月号.

京城日報社,『京城日報』, 翰林大学日本学研究所所蔵 韓国学術情報㈱ 온라인판.
鉄道時報局,『鉄道時報』第296号, 1910. 5. 20.
『国民演劇』(第1巻1号～第3巻10号), 牧野書店, 1941年 3月～1943年 11月.
『読売新聞』1941年 5月.
『毎日新聞』1943年 3月.
『日本週報』1960年 6月, 臨時増刊号.
『朝日新聞』1942年 1月～1945年 8月.
『中外商業新報』1941年 12月.
『中外日報』1929年 2月.

편자, 저자, 역자 소개

서정완 총괄책임자(연구소 소장) | 서문, 제3부5장 저자. 제1부6장 번역자
한림대학교 일본학과 교수, 릿쿄(立教)대학 객원교수, 호세이(法政)대학 노가쿠연구소(能楽研究所) 연구원 역임. 주 전공 영역은 노(能)의 변천사. 예능 / 연희 변천사에 대한 실증적 연구와 동아시아 예능을 포함한 고대 예능의 전개와 노에 이르기까지의 과정, 근대 식민지에서 노(能)는 무엇이었는가에 대한 역사적 접근 등에 관심을 가지고 있다. 주요 논저로는 일련의 「〈伎樂〉追跡考」 시리즈(일본 國文學硏究資料館, 『表象と表現』 30, 2007 등), 『漢文文化圈の說話世界』(공저, 竹林舍, 2010), 「アジア遊學 138」〈植民地朝鮮と帝國日本〉(徐禎完・增尾伸一郎編, 勉誠出版, 2010) 등이 있다. 역저로는 『근대 일본의 학문』(소화, 2008), 『일본인의 행동패턴』(소화, 2000) 등이 있다.

임성모 학지팀 연구책임자 | 서문, 제2부1장 저자
연세대학교 문과대학 사학과 부교수. 일본근현대사 전공. 일본사학회 총무이사, 역사학회, 동양사학회, 만주학회, 한일민족문제학회에서 연구이사, 편집위원 등을 역임. 주요 저서로는 공저인 『동아시아의 민족이산과 도시』, 『패전 전후 일본의 마이너리티와 냉전』, 『동아시아의 지역질서』와 역서인 『번역과 일본의 근대』, 『전장의 기억』, 『변경에서 바라본 근대』 등이 있다. 주요 관심 분야는 동아시아의 식민주의, 마이너리티와 인구이동, 근대 초기 개념사 등이다.

송석원 문화매체팀 연구책임자 | 서문, 제3부1장 저자
경희대학교 정치외교학과 교수, 정치학 전공. 주요 관심 분야는 사쿠마 쇼잔, 도쿠토미 소호 등 일본 근・현대정치관련 연구와 재외국민 선거, 다문화 참정권 문제 등 디아스포라정치에 관한 연구이다. 주요 논저로 「도쿠토미 소호(德富蘇峰)와 '전쟁': '대일본팽창론'을 중심으로」(『일본문화학보』 50, 2011), 「하토야마 정권의 대외정책과 한일관계 전망」(『국제문제연구』 9(4), 2009), 「메이지(明治) 민족주의에 관한 연구: 시가 시게다카(志賀重昻)와 오카쿠라 덴신(岡倉天心)을 중심으로」(『한국동북아논총』 15(1), 2010), 역서 『논단의 전후사』(소화, 2011) 등이 있다.

■ 제1부

오카베 마키오(岡部牧夫, 1941～2010) 제1부1장 저자

일본근현대사 연구자. 세이케이(成蹊)대학 정치경제학부 졸업. 일본 근대사 분야에서 활발한 연구 및 저술활동을 전개했으며, 특히 '만주국' 연구와 관련해서는 일본 학계 내에서도 뛰어난 학문적 성과를 인정받았다. 대표적인 저서로는 『15년 전쟁사론(十五年戰爭史論 — 原因と結果と責任と)』(青木書店, 1999), 『바다를 건넜던 일본인(海を渡った日本人)』(山川出版社, 2002), 『만주국(滿州國)』(講談學術文庫, 2007), 편저로는 『남만주철도주식회사 연구(南滿洲鉄道會社の硏究)』(日本經濟評論社, 2010) 등이 있다. 한국에는 『만주국의 탄생과 유산: 제국일본의 교두보』(최혜주 역, 어문학사, 2009)가 번역, 소개되었다. 2010년 12월 6일 작고.

도베 히데아키(戸邉秀明) 제1부2장 저자

도쿄경제대학 경제학부 전임강사. 와세다대학 문학연구과에서 역사학을 전공. 전공분야는 일본 근현대사, 사학사. 일본 근현대사 전공. 최근에는 전후 오키나와 복귀 운동사의 사회사적 연구, 전후 일본사학사의 사상사적 연구 등에 관심을 가지고 있다. 주요 논문들이 『이와나미강좌 동아시아근현대통사 8: 베트남전쟁의 시대(岩波講座東アジア近現代通史 8: ベトナム戰爭の時代)』(岩波書店, 2011), 『야스마루 사상사에의 대화(安丸思想史への對論: 文明化・民衆・兩義性)』(ぺりかん社, 2010), 『오키나와, 질문을 던지다(沖縄・問いを立てる: 方言札)』(社会評論社, 2008) 등에 수록되었다.

미쓰이 다카시(三ツ井崇) 제1부3장 저자

도쿄대학 대학원 총합문화연구과 준교수. 히토쓰바시대학 사회학연구과에서 지역사회연구를 전공. 전공 분야는 한국 근현대 교육문화사 및 언어사회론. 근현대 한국사회에서 언어 및 이를 둘러싼 지식이 어떻게 형성되어 갔는지를 정치사, 문화사, 사상사의 맥락에서 재조명하는 연구를 계속하고 있다. 주요 저서로는 『조선 식민지 지배와 언어(朝鮮植民地支配と言語)』(明石書店, 2010)가 있으며, 이 밖에도 『동아시아의 기억의 장(東アジアの記憶の場)』(河出書房新社, 2011), 『역사학의 세기: 20세기 한국과 일본의 역사학』(휴머니스트, 2009) 등에도 주요 논문을 발표했다.

고마고메 다케시(駒込武) 제1부4장 저자

교토대학 교육학부 준교수. 도쿄대학 교육학연구과에서 교육사를 전공. 전공 분야는 식민지교육사, 동아시아근대사. '제국' 연구의 지평을 연 작업으로 유명하지만,

최근에는 식민지대만에 부임한 대영제국의 선교사들을 통해 제국일본의 식민지배를 전 지구적인 제국주의의 맥락 속에 자리매김하고, 더불어 비판할 수 있는 가능성을 모색하고 있다. 주요한 저서로는 『식민지제국 일본의 문화통합(植民地帝國日本の文化統合)』(岩波書店, 1996)이 있으며 편저로는 『제국과 학교(帝國と學校)』(昭和堂, 2007), 『전시 하 학문의 통제와 동원: 일본제학진흥회연구(戰時下學問の統制と動員 — 日本諸學振興委員會の硏究)』(東京大學出版會, 2011) 등이 있다. 한국에는 『식민지 제국 일본의 문화통합』(오성철 외 역, 역사비평사, 2008)이 번역, 소개되었다.

미야모토 마사아키(宮本正明) 제1부5장 저자

(재)세계인권문제연구센터 촉탁연구원, 히토쓰바시대학 비상근강사. 전공분야는 조선근현대사. 주요 저서로는 공저로 『이와나미강좌 동아시아 근현대통사 4: 사회주의와 내셔널리즘(岩波講座東アジア近現代通史 4: 社會主義とナショナリズム)』(岩波書店, 2011), 『근대일본 속의 '한국병합'(近代日本のなかの「韓國併合」)』(東京堂出版, 2010), 『바다 위의 국경선에 대해 생각한다(〈海の上の國境線〉について考える)』(大阪國際理解敎育硏究センター, 2010), 『구식민지 도서관 장서목록(舊植民地圖書館藏書目錄)』(전14권, ゆまに書房, 2002～2004) 등이 있다.

가노 마사나오(鹿野政直) 제1부6장 저자

와세다대학 명예교수. 와세다대학 대학원에서 역사학을 전공했고 와세다대학 교수를 역임했다. 전공 분야는 일본 근대사 및 사상사. 특히 1960년대 이래 일본학계에서 주목받기 시작한 민중사상사 분야의 대표적인 연구자로 평가받고 있다. 30여 권에 이르는 단행본을 출간했으며, 그의 연구성과는 7권의 『가노 마사나오 사상사논집(鹿野政直 思想史論集)』(岩波書店, 2007～2008)으로 정리, 출간되었다. 한국에는 『근대 일본의 학문: 관학과 민간학』(서정완 역, 소화, 2008), 『근대 일본사상 길잡이』(김석근 역, 소화, 2004), 『근대 일본의 사상가들』(이애숙 · 하종문 역, 삼천리, 2009), 『일본의 근대사상』(최혜주 역, 한울아카데미, 2003) 등이 번역, 소개되었다.

아사노 도요미(浅野豊美) 제1부7장 저자

주쿄(中京)대 국제교양학부 교수. 도쿄대학 총합문화연구과에서 국제사회학을 전공. 전공 분야는 동아시아국제관계사, 일본정치외교사. 아시아 지역형성이라는 관점에서 제국일본의 정치적, 문화적 전개양상과 전후의 재편과정을 검토하는 일련의 중요한 연구를 발표해 왔다. 대표적인 논저로는 『제국일본의 식민지법제(帝國日本の植民地法制)』(名古屋大學出版會, 2008), 공저로는 『'제국' 일본의 학지(1): 제국편성의 계보(「帝國」日本の學知(1) 帝國編成の系譜)』(岩波書店, 2006), 『역사로서

한일정상화(歷史としての日韓國交正常化)』(法政大學出版局, 2011), 편저 『식민지 제국일본의 법적 전개(植民地帝國日本の法的展開)』(信山社, 2004) 등이 있다.

이광제 제1부5 · 6장 번역자
한림대학교 일본학과 강사. 나고야대학 대학원 언어문화연구과 졸업. 나고야외국어대학, 일본복지대학, 나고야대학 등에서 비상근강사를 역임. 전공은 한일비교언어학. 주요 논저로는 「財テクの言語學」(『日本硏究』 30, 2011) 등이 있다.

제2부

조규헌 학지팀 전임연구원 | 제2부2장 저자. 제1부3장 번역자
한림대학교 일본학연구소 전임연구원. 일본문화론(일본민속학) 전공. 주요 저서로는 『エコ · イマジネール: 文化の生態系と人類學的展望』(공저), 『일본 사회문화 연습』(공저), 『일본 장례문화의 탄생』(역서), 주요 논문으로는 「일본민속에서 신과 요괴의 분석방법 고찰」, 「야나기타 민속학의 일본문화일원론 재고」 등이 있다. 현재 한림대 일본학연구소의 중점연구소 사업에 참여하면서, 제국일본에서 일본 민속학/인류학 학지의 접점으로 형성된 문화권력을 밝히기 위한 연구를 진행하고 있다.

유병관 학지팀 전임연구원 | 제2부3장 저자. 제1부2장 번역자
한림대학교 일본학연구소 전임연구원. 한국현대문학 전공. 국제어문학회 감사 등을 역임. 주요 논문으로는 「육사의 시와 유교적 전통」, 「백석시의 시간연구」 등과, 「고토쿠 슈스이(幸德秋水)의 제국주의 비판과 일본 아나키즘의 수용과정」, 「1910년대 개인주의와 아나키즘: 오스기 사카에(大衫栄)와 『긴다이시소(近代思想)』를 중심으로」 등이 있다. 최근의 관심 분야는 동아시아 아나키즘과 문화(문예)론의 접점이다.

조관자 학지팀 공동연구원 | 제2부4장 저자
서울대학교 일본연구소 HK교수, 일본근현대 사상사 전공. 주요 저서로는 『植民地朝鮮/帝國日本の文化連環: ナショナリズムと反復する植民地主義』, 공저로는 『知識人から考える公共性』, 『식민지 공공성: 실체와 은유의 거리』, 『'일본'의 발명과 근대』 등이 있다. 주요 관심분야는 동아시아의 민족주의, 역사인식, 문화담론 등이다.

정준영 문화매체팀 전임연구원 | 제2부5장 저자, 제1부2 · 4장 번역자

한림대학교 일본학연구소 전임연구원. 역사사회학, 문화사회학, 교육사회학 전공. 식민지의 지식생산, 교육제도 및 지성사에 대해 관심을 가지고 이에 대한 지식사회학적, 문화사회학적 분석을 시도하고 있다. 주요 논저로는 「식민지의학교육과 헤게모니경쟁」(『사회와 역사』 85, 2010), 「식민통치와 지식 / 권력: 일본형 식민대학의 비교사회학」(『한림일본학』 18, 2011), 「식민지 교육정책의 원점: 이자와 슈지의 동화주의와 청각적 근대성」(『정신문화연구』 123, 2011), 공저로는 『식민권력과 근대지식: 경성제국대학 연구』(서울대출판문화원, 2011) 등이 있다.

박상현 학지팀 공동연구원 | 제2부6장 저자

경희사이버대학교 일본학과 조교수. 일본문화학 전공. 주요 논문으로는 「서두수의 『만엽집(万葉集)』 번역에 관한 연구」(『일본문화연구』 39, 2011)가 있으며, 주요 저서로는 『한국인에게 일본이란 무엇인가』(박문사, 2010; 2010년 문체부우수학술도서)가 있다. 지금까지 주로 『만엽집』을 중심으로 고대동북아시아의 고전학을 연구해 왔고, 최근에는 '번역'을 키워드로 제국일본과 식민지조선의 문제를 고찰하고 있다. 특히 경성제국대학에서 최초로 '국문학=일본문학'을 전공한 서두수에 관한 연구를 활발하게 진행하고 있다.

지명관 제2부7장 저자

전 한림대학교 교수. 한림대 일본학연구소의 초대 소장이었으며, 한일문화교류회의 위원장, 한일문화교류정책자문위원회 위원장, 한일역사연구촉진공동위원회 위원장, 한국방송공사(KBS) 이사장 등을 역임했다. 주요 저서로는 『아시아 종교와 복음의 논리』, 『한국 현대사와 교회사』, 『한국 문화사』, 『저고리와 요로이』, 『한국을 움직인 현대사 61장면』, 『한일 관계사 연구』, 『경계를 넘는 여행자』 등 다수가 있다.

▮제3부

엄현섭 문화매체팀 공동연구원 | 제3부2장 저자

경희대학교 국제지역연구원 전임연구원, 한림대 일본학연구소 학술연구교수를 역임. 한일비교문화, 문학 전공. '제국과 라디오방송국'에 관한 다수의 연구논문이 있다. 주요 논저로는 「전시기 라디오 방송콘텐츠와 방송극 연구」(『일본사상』 18, 2010), 「제국일본의 문화매체 비교연구: 라디오방송을 중심으로」(『비교한국학』 17(1), 2009), 「무성영화에 나타난 근대표상연구: 『임자 없는 나룻배』를 중심으로」(『민족

문화논총』 38, 2008) 등이 있다.

홍선영 문화매체팀 전임연구원 | 제3부3장 저자. 제1부1 · 7장 번역자
한림대학교 일본학연구소 전임연구원. 일본근대문학 전공. 주요 연구 분야는 한일 비교문학, 한일연극교류사. 주요 논저로는 「경성의 일본인극장 변천사」(『일본문화학보』 43, 2009), 「예술좌의 만선순업(滿鮮巡業)과 문화적 파장」(『한림일본학』 15, 2009), 「기쿠치 간(菊池寬)과 조선예술상」(『일본문화학보』 50, 2011), 「제국의 文化領有와 外地巡行: 天勝一座의 〈살로메〉 景福宮 공연」(『일본근대학연구』 33, 2011), 역서 『일본잡지 모던일본과 조선 1940』(공역, 어문학사, 2009) 등 다수가 있다.

이지선 문화매체팀 전 · 전임연구원 | 제3부4장 저자
숙명여자대학교 일본학과 조교수. 한림대 일본학연구소 전임연구원, 서울대 일본연구소 HK연구교수 등을 역임. 일본의 전근대에 발생한 전통예능을 연구해 왔으며, 최근에는 전시기 및 전후 일본의 음악운동 등에 관심을 가지고 있다. 주요 논저로는 「중일전쟁 전후 일본의 음반검열에 관한 연구」(『일본문화학보』 43, 2009), 「일본 고려악을 통해서 본 고대 한국음악에 관한 연구」(『음악과 민족』 38, 2009), 「한국과 일본의 서사적 민중예술 비교」(『만당이혜구박사백수송축논문집』, 2008), 저서 『일본전통공연예술』(제이앤씨, 2007; 문광부 우수도서), 공저 『Musical Notations of Korea』(2010) 등 다수가 있다.

찾아보기

1. 사항

[ㄴ]

[ㄷ]

[ㅈ]

2. 인명

[ㄷ]

3. 서명

한림일본학연구총서 I **제국일본의 문화권력**

제국일본의 문화권력

초판 발행 2011년 8월 26일

편저자 서정완 · 임성모 · 송석원
펴낸이 한림대학교 일본학연구소
펴낸곳 도서출판 소화
등록 제13-412호
주소 서울시 영등포구 영등포동 7가 94-97
전화 02-2677-5890
팩스 02-2636-6393
홈페이지 www.sowha.com

ISBN 978-89-8410-418-1 94080
978-89-8410-417-4 (세트)

값 32,000원

한림일본학연구총서 I **제국일본의 문화권력**
제국일본의 문화권력

초판 발행 2011년 8월 26일

편저자 서정완 · 임성모 · 송석원
펴낸이 한림대학교 일본학연구소
펴낸곳 도서출판 소화
등록 제13-412호
주소 서울시 영등포구 영등포동 7가 94-97
전화 02-2677-5890
팩스 02-2636-6393
홈페이지 www.sowha.com

ISBN 978-89-8410-418-1 94080
978-89-8410-417-4 (세트)

값 32,000원